Novos Desafios da Prova Penal

Novos Desafios da Prova Penal

VOLUME II

2023

Coordenação
Paulo de Sousa Mendes
Rui Soares Pereira

ALMEDINA

NOVOS DESAFIOS DA PROVA PENAL
VOLUME II
COORDENAÇÃO
Paulo de Sousa Mendes
Rui Soares Pereira
EDITOR
EDIÇÕES ALMEDINA, S.A.
Avenida Emídio Navarro, 81, 3D
3000-151 Coimbra
Tel.: 239 851 904 · Fax: 239 851 901
www.almedina.net · editora@almedina.net
DESIGN DE CAPA
EDIÇÕES ALMEDINA, S.A.
PRÉ-IMPRESSÃO
EDIÇÕES ALMEDINA, S.A.

IMPRESSÃO E ACABAMENTO

Março, 2023

ISBN
978-989-40-1059-3

DEPÓSITO LEGAL
....

ALMEDINA | GRUPOALMEDINA

LISTA DE SIGLAS E ABREVIATURAS

5.ª/ 6.ª T	–	5.ª Turma, 6.ª Turma
A., AA.	–	autor, autores
AAFDL	–	Associação Académica da Faculdade de Direito de Lisboa
abr.	–	abril
Ac.	–	acórdão
AdC	–	Autoridade da Concorrência
ADC	–	Ação Direta de Constitucionalidade
ADI	–	Ação Direta de Inconstitucionalidade
ADN/DNA	–	ácido Desoxirribonucleico/Deoxyribonucleic acid
AG	–	Amtsgericht
AIVD	–	Algemene Inlichtingen- en Veiligheidsdienst
AgRg	–	Agravo Regimental
al.	–	alínea
ALD	–	Antilavagem de dinheiro
AN	–	Audiencia Nacional
AP	–	Ação Penal
APM	–	Audiencia Provincial de Madrid
art., art(s).	–	artigo, artigo(s)
ASJP	–	Associação Sindical dos Juízes Portugueses
Bacen	–	Banco Central do Brasil
BFD	–	*Boletim da Faculdade de Direito*
BGH	–	Bundesgerichtshof
BVerfG	–	Bundesverfassungsgericht
CADH	–	Convenção Americana sobre Direitos Humanos

Carf – Conselho Administrativo de Recursos Fiscais
Cass – Cassazione (cassação)
CD – Compact disc
CDI – Comissão de Direito Internacional
CDFUE – Carta dos Direitos Fundamentais da União Europeia
CE – Código da Estrada
C.E.D. – Corte di Cassazione (Corte de Cassação)
CEDH – Convenção Europeia dos Direitos Humanos
CEJ – Centro de Estudos Judiciários
CEsp. – Constituição espanhola
C&R – *Revista de Concorrência e Regulação*
cf. – confira, confronte
CFB – Constituição Federal Brasileira/do Brasil
CIA – Central Intelligence Agency
Cir. – Circuit (Circuito)
CNCTR – Comission Nationale de Contrôle des Techniques de Reiseignement
CNJ – Conselho Nacional de Justiça
CNKI – China National Knowledge Infrastructure
CNMP – Conselho Nacional do Ministério Público
COAF – Conselho de Controle de Atividades Financeiras
COMESA – Common Market for Easthern and Southern Africa
Cons. – Conselheiro(a)
coord. – coordenação, coordenado por
CP – Código Penal
CPP – Código de Processo Penal
CPPB – Código de Processo Penal Brasileiro
CPPIT – Código de Processo Penal Italiano
Cr App R – *Criminal Appeal Reports*
CRP – Constituição da República Portuguesa
D.C. Circ – District of Columbia Circuit
DCIAP – Departamento Central de Investigação e Acção Penal
Dec. – Decreto
DEI – Diretiva Europeia de Investigação
dez. – dezembro

DF – Distrito Federal
dir. – direção, diretor(es), dirigido
DJ – *Direito e Justiça*
DOJ – U.S. Department of Justice
DR – Diário da República
DRCI – Departamento de Recuperação de Ativos e Cooperação
DUDH – Declaração Universal dos Direitos Humanos
DVD – Digital Versatile Disc
ECCC – Extradordinary Chambers in the Courts of Cambodia
ed. – edição, editor
E.D. – Eastern District
E.D. Pa. – Eastern District Of Pennsylvania
E.D. Va. – Eastern District of Virginia
e.g. – exempli gratia (por exemplo)
E-M – Estado(s) Membro(s)
ENCCLA – Estratégia Nacional de Combate à Corrupção e à Lavagem de Dinheiro
EOA – Estatuto da Ordem dos Advogados
ESMP-SP – Escola Superior do Ministério Público de São Paulo
ER – Estatuto de Roma
et al. – et alia (e outros)
EUA/U.S. – Estados Unidos da América/United States
EuCLR – *European Criminal Law Review*
EUROJUST – European Union Agency for Criminal Justice Cooperation
EUROPOL – European Union Agency for Law Enforcement Cooperation
f., fls. – folha, folhas
F. – Federal
F. Supp. – *Federal Supplement*
Fasc. – Fascículo
FAFT – Financial Action Force Task
FBI – Federal Bureau of Investigation
FDUL – Faculdade de Direito da Universidade de Lisboa
Feb. – *February*
FinCEN – Financial Crimes Enforcement Network
FRCP – Federal Rules of Criminal Procedure

F.R.D. – Federal Rules Decisions
GAFI – Groupe d´Action Financiére
GG – Grundgesetz
GIP – Giudice per le indagine preliminare (juiz das investigações preliminares)
GUP – Giudice dell'udienza preliminare (juiz da audiência preliminar)
HC – Habeas Corpus
Ibidem – mesmo autor e mesma obra
ICC – International Criminal Court
ICTR – International Criminal Tribunal for Rwanda
ICTY – International Criminal Tribunal for the former Yugoslavia
ID – Investigação Defensiva
id. – idem (do mesmo modo, igualmente)
IDEPP – Instituto de Direito Penal Económico e Europeu
i.e. – id est (isto é)
INQ – Inquérito
IP – Internet Protocol
ITU – International Telecommunication Union
jan. – janeiro
JI – Juiz de Instrução
jul. – julho
KriPoZ – *Kriminalpolitische Zeitschrift*
LCCrim – Lei do Cibercrime
LG – Landgericht
LIBE – European Parliament's Comitee on Civil Liberties, Justice and Home
LOC – Leis de Organizações Criminosas (Lei 12.850/2013)
LOPJ – Ley Orgánica del Poder Judicial
LV – Livro- Verde (Presunção de Inocência)
mar. – março
MERCOSUL – Mercado Comum do Sul
Min. – Ministro
MI6 – Military Intelligence, Section 6
MJ – Ministério da Justiça
MLAT – Mutual Legal Assistance Treaty

MLC – Movimento de Libertação do Congo
MP – Ministério Público
MPF – Ministério Público Federal
MS – Mandado de Segurança
n(s).m(s). – número(s) marginal(is)
n.r. – nota de rodapé
n.º; No., no., n.ºs. – número, números
nov. – novembro
ob. cit. – obra citada
OECD – Organização para a Cooperação e Desenvolvimento Econômico
ONU – Organização das Nações Unidas
OPC – Órgãos de Polícia Criminal
ORCRIM – Organização(ões) Criminosa(s)
org. – organização, organizado por
p.; pp. – página, páginas
PACG I – Protocolo Adicional à Convenção de Genebra I
PACG II – Protocolo Adicional à Convenção de Genebra II
Pen. – penale (penal)
PET – Petição
PGR – Procuradoria Geral da República
PIB – Produto Interno Bruto
PIDCP – Pacto Internacional sobre os Direitos Civis e Políticos
PJ – Polícia Judiciária
Proc. – processo
p.u. – parágrafo único
QI – Quociente de Inteligência
QO – Questão de Ordem
RDPERS – *Revista da Defensoria Pública do Estado do Rio Grande do Sul*
RCEJ – *Revista do Centro de Estudos Judiciários*
RCL – Reclamação
RDI – *Revista de Direito Intelectual*
Reimpr. – Reimpressão
Rel. – Relator(a)
rev. – revisão, revista
RFPA – Right to Financial Privacy Act

RGICSF – Regime Geral das Instituições de Crédito e Sociedades Financeiras, aprovado pelo Decreto-Lei n.º 298/92, de 31 de dezembro
RHC – Recurso em Habeas Corpus
RIF – Relatório de Inteligência Financeira
RJ – Rio de Janeiro
RLJ – *Revista de Legislação e Jurisprudência*
RMP – *Revista do Ministério Público*
ROA – *Revista da Ordem dos Advogados*
RP – *Revista Penal*
RPCC – *Revista Portuguesa de Ciência Criminal*
S.D. – Southern District
S.D. Cal. – Southern District Of California
Sec. – secção
Sep. – September
SEPBLAC – Servicio Ejecutivo de la Comisión de Prevención del Blanqueo de Capitales e Infracciones Monetarias
Sez. – Sezione (seção)
SISCOAF – Sistema de Informações do COAF
SMMP – Sindicato dos Magistrados do Ministério Público
SP – São Paulo
s., ss. – seguinte, seguintes
STC – Sentencia del Tribunal Constitucional (Espanha)
STF – Supremo Tribunal Federal (Brasil)
StGB – Strafgesetzbuch (Código Penal alemão)
STJ – Supremo Tribunal de Justiça
STJ/BR – Superior Tribunal de Justiça (Brasil)
StPO – Strafprozessordnung (Código de Processo Penal alemão)
STA – Supremo Tribunal Administrativo
STS – Sentencia del Tribunal Supremo (Espanha)
T – Turma
t. – tomo
TC – Tribunal Constitucional
TCE – Tribunal Constitucional de Espanha
T-CY – Comité da Convenção sobre o Cibercrime

TEDH – Tribunal Europeu dos Direitos Humanos
TFUE – Tratado sobre o Funcionamento da União Europeia
TIJ – Tribunal Internacional de Justiça
TPF – Tribunal Pénal Fédéral
TPI – Tribunal Penal Internacional
TPIJ – Tribunal Penal Internacional para a ex-Jugoslávia
TR Sét. Circuns. – Tribunal de Recurso da Sétima Circunscrição
TR Sét. Circ. – Tribunal de Recurso do Sétimo Circuito
trad. – tradução
TRC – Tribunal da Relação de Coimbra
TRE – Tribunal da Relação de Évora
TRF – Tribunal Regional Federal (Brasil)
TRL – Tribunal da Relação de Lisboa
TRP – Tribunal da Relação do Porto
TS – Tribunal Supremo (Espanha)
TSE – Tribunal Superior Eleitoral (Brasil)
UCP – Universidade Católica Portuguesa
UE – União Europeia
UIF – Unidade de Inteligência Financeira ou de Informação Financeira
UK – United Kingdom
UNCAC – United Nations Convention Against Corruption
UNODC – United Nations Office on Drugs and Crime
UNTOC – United Nations Convention against Transnational Organized Crime
U.S. – United States
U.S.C – United States Code
USCA – United States Court of Appeals
USDC – United States District Court
USSC. – United States Supreme Court [Supremo Tribunal dos Estados Unidos]
v. – versus
vide. – veja-se
v.g. – verbi gratia (por exemplo)
v., vol., vols. – volume, volumes

VPN – Virtual Private Network
ZStW – *Zeitschrift für die gesamte Strafrechtswissenschaft*
WLR – *Weekly Law Reports*

NOTA PRÉVIA

Na Faculdade de Direito da Universidade de Lisboa (FDUL), a Teoria da Prova e o Direito Probatório têm encontrado lugar nos programas de algumas das unidades curriculares dos três Ciclos de Estudo: Licenciatura, Mestrado em Direito e Prática Jurídica (MDPJ), Mestrado em Direito e Ciência Jurídica (MDCJ) e Doutoramento.

Surgiram nos últimos anos importantes ofertas letivas em Direito Probatório, quer no domínio civil, quer no domínio penal. Para além da unidade curricular de Direito Probatório do MDPJ – Especialidade de Ciências Jurídico-Forenses, a unidade curricular de Direito Processual Penal do MDCJ – Especialidade de Direito Penal e Ciências Criminais tem sido, desde há vários anos letivos, dedicada inteiramente aos temas da prova penal. Com algumas variações anuais, tem sido apresentado um programa especialmente concebido por forma a oferecer uma visão global da prova penal. A FDUL vem assim dando o seu contributo para estimular o estudo da Teoria da Prova e do Direito Probatório Penal, seguindo a visão de Cavaleiro de Ferreira, para quem "[o] direito probatório é a parte mais viva do processo"[1].

Os Alunos da unidade curricular de Direito Processual Penal do MDCJ, cuja regência vem sendo confiada aos signatários, têm, ao longo dos vários anos letivos, mostrado um interesse crescente pela Teoria da Prova e do Direito Probatório Penal e uma louvável capacidade de investigação nestas áreas. Mesmo diante das adversidades impostas pela Pandemia de COVID-19,

[1] Manuel Cavaleiro de Ferreira, *Curso de Processo Penal*, vol. II, Lisboa: Danúbio, 1986, p. 279-280.

aceitaram o repto de investigarem novos temas, trabalhando com dedicação e profundidade, não obstante as maiores dificuldades de acesso às bibliotecas físicas nesse período.

No final do ano letivo passado, depois de atribuídas as classificações, os signatários decidiram promover a segunda coletânea dos melhores relatórios dos seus Alunos do MDCJ. Os textos passaram por uma cuidadosa revisão científica e editorial, feita pelos próprios signatários, contando sempre com a disponibilidade e a participação dedicada dos Autores para a inclusão das sugestões de revisão nas versões consolidadas.

Os textos agora apresentados oferecem um cruzamento entre a prova penal e alguns temas candentes de Direito Penal e Processual Penal, sejam estes temas clássicos ou atuais, a saber: a presunção de inocência, as informações de segurança, a colaboração premiada, a imparcialidade e a gestão das provas, o valor probatório da confissão, a prova digital, as proibições de prova, a cooperação judiciária e o Direito Penal Internacional.

A obra soma-se aos vários projetos sobre a Teoria da Prova e do Direito Probatório Penal promovidos pelos signatários e de que se deu nota no primeiro volume da coleção de *Novos Desafios da Prova Penal*[2], a que acrescem os projetos posteriormente realizados e a que se têm dedicado quer no domínio do Direito Probatório em geral, quer no domínio da interligação da prova com a inteligência artificial. A esse respeito, cumpre destacar o *II Workshop Quaestio Facti*, coordenado por Jordi Ferrer Béltran, Kai Ambos e Paulo de Sousa Mendes, que teve lugar na FDUL, nos dias 26 e 27 de abril de 2022, cujos textos serão publicados em próximos números da *Quaestio Facti – Revista Internacional de Raciocínio Probatório*, bem como o *Workshop Internacional "A Inteligência Artificial Aplicada ao Direito"*, coordenado por Luís Greco, Paulo de Sousa Mendes, Rui Soares Pereira e João Marques Martins, que teve lugar também na FDUL, no dia 20 de abril de 2020. À relação entre a prova penal e a inteligência artificial têm sido dedicados também vários dos módulos do curso de Pós-graduação da FDUL em Inteligência Artificial na Prática Jurídica e a sua Regulação (*AI in Legal Practice and its Regulation*), coordenado por Paulo de Sousa Mendes e João Marques Martins.

[2] *Novos Desafios da Prova Penal* (coord. Paulo de Sousa Mendes e Rui Soares Pereira), Coimbra: Almedina, 2020.

As publicações já dadas à estampa e as que estão em curso, bem como os projetos realizados e a realizar vêm contribuindo paulatinamente para a constituição de um corpo doutrinário coeso sobre os fundamentos e as aplicações da prova em matéria penal. A presente obra constitui um contributo adicional e esperamos que nela possa o Leitor encontrar um incentivo para a investigação da Teoria da Prova e do Direito Probatório Penal.

Lisboa, 30 de novembro de 2022

Paulo de Sousa Mendes
(Professor Catedrático da FDUL)

Rui Soares Pereira
(Professor Auxiliar com Vínculo Definitivo da FDUL)

ÍNDICE GERAL

CAPÍTULO I
PRESUNÇÃO DE INOCÊNCIA E PROVA

§ 1. Diretiva (UE) 343/2016, relativa à presunção de inocência, e a inversão do ónus da prova
(*Ivana Dias Mascarenhas Alves*)

§ 1.
A DIRETIVA (UE) 2016/343, RELATIVA À PRESUNÇÃO DE INOCÊNCIA, E A INVERSÃO DO ÓNUS DA PROVA

Ivana Dias Mascarenhas Alves*

Sumário: Introdução. I. O *iter* legislativo da Diretiva (UE) 2016/343. 1. Os antecedentes da Diretiva. 2. A adoção da Diretiva. 3. Algumas críticas ao *iter* legislativo da Diretiva. II. A jurisprudência do TEDH sobre a violação da presunção de inocência. 1. Os casos em que não foi considerada violada a presunção de inocência. 1.1. Salabiaku v. França. 1.2. Barberá, Messegué e Jabardo v. Espanha. 1.3. Janosevic e outros v. Suécia. 2. O caso em que foi considerada violada a presunção de inocência: Telfner v. Áustria. 3. Os parâmetros usados pelo TEDH para considerar violada ou não a presunção de inocência. III. As críticas à Diretiva (UE) 2016/343 e à jurisprudência do TEDH. 1. A presunção de inocência como regra de ónus da prova. 1.1. *Common law*. 1.1.1. *Burden of production, persuasive burden* (ou *burden of persuasion*) e *tactical burden of proof*. 1.1.2. O que deve provar a acusação e a posição da doutrina inglesa. 1.1.3. A posição assumida. 1.2. *Civil law*. 1.2.1. Ónus objetivo, ónus subjetivo e ónus tático. 1.2.2. A posição assumida quanto ao ónus formal. 1.2.3. A posição assumida quanto ao ónus objetivo e ao *in dubio pro reo*. 1.2.4. Conclusão acerca do ónus da prova. 2. As presunções de facto ou de direito que distribuem ou invertem o ónus da prova. 3. A não utilização correta das regras de direito comparado. 4. A presunção de inocência como mera cláusula

* Defensora Pública do Estado do Ceará – Brasil. Mestranda em Direito Penal e Ciências Criminais pela Faculdade de Direito da Universidade de Lisboa.

do processo justo. 5. A universalização a partir de casos concretos e seus riscos. IV. As possíveis soluções jurídicas para a inversão do ónus da prova e a presunção de inocência. Conclusão. Bibliografia citada. Jurisprudência citada.

Resumo: O artigo visa investigar o impacto da Diretiva (UE) 2016/343 do Parlamento Europeu e do Conselho, nos E-M, no que concerne à presunção de inocência, especialmente na dimensão do ónus da prova, consubstanciada em seu art. 6.º. No entanto, apesar de tal instrumento de direito europeu prever, em seu considerando n.º 22, que a presunção seria violada caso houvesse uma inversão do ónus da prova, admite diversas exceções pelo direito interno, por meio do estabelecimento de presunções de facto e de direito à luz do seu considerando espelhado na jurisprudência do TEDH, de forma que parece contradizer-se. Será investigado até que ponto se pode compatibilizar e equilibrar os princípios da presunção de inocência e o da eficiência da acusação. Nesse sentido, será analisado se a Diretiva, ao tentar uniformizar, *ex ante*, para toda a UE, as inversões ao ónus da prova, não tornará as próprias exceções em regra, comprometendo, dessa forma, o princípio da presunção de inocência.

Palavras-chave: Diretiva; presunção de inocência; ónus da prova; inversão do ónus da prova; presunções legais.

Introdução

A Diretiva (UE) 2016/343 surgiu com o objetivo de estabelecer regras mínimas atinentes a certos aspetos da presunção de inocência em processo penal, para serem facilitadas a confiança mútua e a cooperação judiciária entre os E-M da UE[1].

Tal ato jurídico da UE, conforme art. 288 da Secção 1 do TFUE, trouxe quatro dimensões da presunção de inocência, sendo que o foco do presente artigo será, especialmente, a dimensão probatória do princípio, prevista no art. 6.º, n.º 1, que dispõe que o ónus da prova "da culpa do suspeito ou do arguido" é da acusação (com certas limitações), e no n.º 2 do mesmo artigo que dispõe que "toda e qualquer dúvida quanto à questão da culpa deve beneficiar o suspeito ou o arguido".

[1] Diretiva UE 2016/343, relativa ao reforço de certos aspetos da presunção de inocência e do direito de comparecer em julgamento em processo penal, de 9 de março de 2016, considerandos 9 e 10.

Ocorre que o facto de a previsão do *ónus da prova* estar em disposição legal distinta da presunção de inocência, arts. 6.º e 3.º, respetivamente, da Diretiva, parece revelar o entendimento do TEDH no sentido de considerar que o ónus da prova e a presunção de inocência são conceitos independentes. Assim sendo, parece entender-se que a inversão do *onus probandi* não infringe, necessariamente, o direito do arguido ou suspeito de ser presumido inocente.

Não por acaso, o TEDH tem analisado a validade das presunções legais que invertem o ónus da prova com autonomia da presunção de inocência, prevista no art. 6.º, n.º 2 da CEDH[2]. Para aquele Tribunal, os E-M são livres para prever delitos que contenham presunções de facto ou de direito[3], desde que as mesmas presunções sejam ilidíveis, tendo em vista a importância dos interesses em jogo e os direitos da defesa. Tal entendimento foi sufragado no considerando 22 da Diretiva: "A presunção de inocência seria violada caso houvesse uma inversão do ónus da prova, sem prejuízo dos poderes *ex officio* do tribunal competente em matéria de apreciação dos factos e da independência dos órgãos judiciais na apreciação da culpa do suspeito ou do arguido, e da utilização de presunções de facto ou de direito em relação à responsabilidade penal de um suspeito ou de um arguido. Estas presunções deverão ser delimitadas de forma razoável, tendo em conta a importância dos interesses em causa e mantendo os direitos de defesa, e os meios empregues deverão ser razoavelmente proporcionados ao objetivo legítimo visado. Essas presunções deverão ser ilidíveis e, em todo o caso, só serão utilizadas quando os direitos de defesa sejam respeitados".

Por assim ser, torna-se essencial saber se, contrariamente ao defendido pelo TEDH e acolhido no referido considerando 22, as ditas presunções legais relativizam ou violam a presunção de inocência? Em caso positivo ou negativo, quais os argumentos que podem ser convocados a favor de uma ou de outra perspetiva?

Adiantamos a nossa posição no sentido de sua violação. Cabe-nos, então, questionar se aqueles dois institutos são conciliáveis de alguma forma e, em

[2] Art. 6.º, n.º 2 da CEDH: "Os Estados-Membros asseguram que o suspeito ou o arguido se presume inocente enquanto a sua culpa não for provada nos termos da lei".

[3] Vamos restringir-nos apenas às presunções de direito (legais).

caso afirmativo, o que fazer para alcançar essa conciliação. Isso porque a banalização da inversão do ónus da prova poderá ter como consequência um aumento do número de condenações injustas.

No primeiro capítulo, será realizada uma breve análise do *iter* legislativo que culminou com a aprovação e adoção da Diretiva (UE) 2016/343, acompanhada das críticas que foram realizadas a esse *iter*.

Analisaremos, no capítulo seguinte, algumas decisões do TEDH em que a presunção de inocência não fora considerada violada e as que o foram, de modo a extrair das decisões os critérios diferenciadores adotados.

No capítulo terceiro, apresentaremos as críticas da doutrina e formularemos as nossas próprias críticas contra a Diretiva (UE) 2016/343, designadamente quanto ao tratamento dado pela Diretiva à presunção de inocência como regra de ónus da prova. Em seguida, analisaremos se as presunções legais que distribuem ou invertem o ónus da prova violam a presunção de inocência. Nesse ponto, analisaremos as correntes doutrinárias substantivistas e processualistas, em cotejo com a jurisprudência do TEDH. Por outro lado, não descuraremos do princípio do processo equitativo, previsto no art. 6.º, n.º 1 da CEDH, o qual, muitas vezes, é aplicado em detrimento da presunção de inocência, não se conferindo, assim, uma proteção integral a este princípio.

Outra crítica que traremos é a da não utilização correta das regras do direito comparado, especialmente a importação de princípios e institutos do direito norte-americano para o direito europeu. Realizaremos, ainda, a análise da universalização a partir de casos concretos e os seus riscos. Tal crítica consiste em utilizar a norma geral extraída dos precedentes peculiares do TEDH como parâmetro para a jurisprudência dos E-M.

Por fim, tentaremos trazer algumas possíveis soluções jurídicas para o problema da inversão do ónus da prova em contraponto com a presunção de inocência. Tais soluções visam estabelecer algum equilíbrio entre os fins e os meios buscados no instrumento de direito europeu, ora estudado. Concluímos que, por meio de tantas exceções, o conteúdo da presunção de inocência poderá ser esvaziado pelo próprio instrumento que buscou protegê-la.

I. O *iter* legislativo da Diretiva (UE) 2016/343

1. Os antecedentes da Diretiva

Na linha do art. 2.º do TUE, em 2006, a Comissão Europeia de Direitos Humanos publicou, em Bruxelas, o "Livro Verde – Presunção de Inocência" (LV)[4], que tinha como um dos objetivos constatar se a presunção de inocência, bem como os direitos dela decorrentes, eram compreendidos da mesma forma em toda a UE, propondo clarificar a interpretação que os E-M lhes dessem.

Isso porque a confiança mútua entre os órgãos judiciários pressupõe garantias de nível equivalente em toda a UE[5]. Com efeito, através de consulta aos estados signatários[6], e tendo em vista a resposta de 11(onze) deles, concordando com a necessidade do reforço do princípio, na prática[7], foi adotada, nos termos do art. 82.º, n.º 2 do TFUE[8], em 27/11/13, a Proposta de Diretiva do Parlamento Europeu e do Conselho relativa ao reforço de certos aspetos da presunção de inocência e do direito de comparecer em tribunal em processo penal-COM/2013/0821 final – 2013/0407 (COD)[9].

A Proposta foi acompanhada de uma grande avaliação de impacto (*Commission Staff Working Document Impact Assessment*), que se centrou não apenas na situação jurídica da presunção de inocência, mas também sua aplicabilidade prática[10].

[4] Comissão Europeia, 2006.

[5] Conclusões da Presidência do Conselho Europeu de Tampere, de 15 e 16 de outubro de 1999, cit. por Comissão Europeia, 2006: 3.

[6] Comissão Europeia, 2006: 2, que constava expressamente que "[s]e da consulta resultar uma eventual carência em matéria destes direitos, será considerada a possibilidade de os incluir numa proposta de decisão-quadro sobre as garantias relativas à prova".

[7] Comissão Europeia, 2013b (Avaliação de Impacto): 10.

[8] Art. 82.º, n.º 2: "Na medida em que tal seja necessário para facilitar o reconhecimento mútuo das sentenças e decisões judiciais e a cooperação policial e judiciária nas matérias penais com dimensão transfronteiriça, o Parlamento Europeu e o Conselho, por meio de diretivas adotadas de acordo com o processo legislativo ordinário, podem estabelecer regras mínimas. Essas regras mínimas têm em conta as diferenças entre as tradições e os sistemas jurídicos dos Estados-Membros".

[9] Comissão Europeia, 2013 (Proposta de Diretiva do Parlamento Europeu e do Conselho relativa ao reforço de certos aspetos da presunção de inocência e do direito de comparecer em tribunal em processo penal COM/2013/0821 final – 2013/0407 (COD), doravante denominada apenas de Proposta de Diretiva).

[10] Comissão Europeia, 2013b: 10.

Conforme consta do estudo, nem a presunção de inocência prevista na CDFUE[11], nem a constante na CEDH[12] eram suficientes para salvaguardá-la[13].

É importante registar que tanto a Proposta de Diretiva quanto o LV previram a inversão do ónus da prova. A primeira dispunha, no art. 5.º, n.º 2[14], acerca da possibilidade de utilização das presunções pelos Estados, desde que ilidíveis. O segundo, no item 2.3, trazia exceções ao ónus da prova exclusivo da acusação, já identificadas na jurisprudência do TEDH, tais como: "a) infrações de responsabilidade objetiva; b) infrações em que se inverte o ónus da prova; e, c) quando é proferida uma ordem de confisco"[15].

Ocorre que, dentre diversos artigos discutidos na fase de negociação para aprovação da Proposta, muitos E-M questionaram o referido art. 5.º, n.º 2, no tocante à inversão do ónus da prova. Os Estados preferiram abster-se, aduzindo que tal previsão poderia gerar mal-entendidos. Da mesma maneira, optaram pela retirada da menção às "presunções de facto e de direito" da parte operativa do texto da (então vindoura) Diretiva. Ressalvaram, contudo, que as presunções seriam válidas desde que estivessem conformes com os parâmetros já utilizados pelos Tribunais internos[16].

Como observaram Steven Cras e Anže Erbežnik, o Conselho refletiu a jurisprudência do TEDH e defendeu a previsão de inversão do ónus da prova

[11] Comunidades Europeias, 2000 (Art. 48.º, n.º 1, "Todo o arguido se presume inocente enquanto não tiver sido legalmente provada a sua culpa").

[12] Conselho da Europa, 1950 (Art. 6.º, n.º 2: "Qualquer pessoa acusada de uma infração presume-se inocente enquanto a sua culpabilidade não tiver sido legalmente provada").

[13] Comissão Europeia, 2013b: 4.

[14] Comissão Europeia, 2013a., Art. 5.º, n.º 2, da Proposta, "[o]s Estados-Membros devem assegurar que qualquer presunção tendo por efeito a inversão do ónus da prova é suficientemente importante para justificar uma derrogação a tal princípio e que é refutável. Para refutar tal presunção, basta que a defesa produza provas suficientes para suscitar uma dúvida razoável quanto à culpabilidade do suspeito ou arguido".

[15] Cf. consta no LV, "[o] ónus que cabe ao arguido é mais pesado do que no caso referido em (a). O TEDH declarou que esta situação é aceitável para infrações "de menor gravidade". Na verdade, entendemos que não há diferença substancial entre as als. "a)" e "b)", uma vez que ao se admitir a responsabilidade objetiva, inverte-se o ónus da prova, a depender do que se entenda que deva provar a acusação.

[16] Cras / Erbežnik, 2016: 25-36.

e das presunções de facto na parte operativa do texto da Diretiva, simultaneamente com as respetivas limitações aplicáveis[17].

Todavia, o Parlamento Europeu foi totalmente contra tal possibilidade. Após as negociações, os citados órgãos chegaram a um consenso e deliberaram pela supressão do art. 5.º, n.º 2 da Proposta de Diretiva qualquer menção à "inversão ao ónus da prova", bem como às "presunções de facto e de direito"[18].

Com efeito, com a supressão do art. 5.º, n.º 2, as ditas presunções migraram para o atual considerando 22 da Diretiva. Por essa razão, o seu art. 6.º, que concerne ao ónus da prova, não as menciona[19], dispondo "apenas" que o *onus probandi* pertence à acusação, sem prejuízo das provas judiciais *ex officio* e da observância do direito da defesa[20]. No seu art. 3.º, é consignada, explicitamente, a presunção de inocência, em seu aspeto amplo, "[o]s Estados-Membros asseguram que o suspeito ou o arguido se presume inocente enquanto a sua culpa não for provada nos termos da lei".

Além disso, todas as partes concordaram no sentido de que qualquer dúvida quanto à culpa deveria beneficiar o arguido. No entanto, a consequência da dúvida foi alvo de dissenso: o Parlamento entendeu que "qualquer dúvida" deveria gerar a absolvição, ao passo que o Conselho discordou que "qualquer dúvida", por menor que fosse, pudesse ter como efeito essa consequência[21].

[17] Cras / Erbežnik, 2016: 30-31. Nesse sentido, observaram os AA. que, apesar de o Conselho dizer que era preferível a menção das presunções no texto, considerou satisfatória a menção apenas no Considerando 22, por dois motivos: "[a] o uso das presunções não é uma exceção verdadeira à regra geral referente ao ónus da prova, mas mais uma aplicação modificada dessa regra [...]; [b] a possibilidade de usar presunções de fato e de direito já são reconhecidas na jurisprudência do TEDH" (ibidem, p. 31). Contudo, os AA. entendem que a possibilidade de usar as presunções são claramente dispostas no considerando 22 da atual Diretiva, e que seria melhor que tivesse estabelecido na própria parte operativa do texto, juntamente com as limitações necessárias para sua utilização, porque, assim, protegeria melhor os cidadãos (p. 31). Esse entendimento é endossado por Villamarín López, M. L., 2017a: 104, referindo-se, inclusive, aos autores.

[18] Cras / Erbežnik, 2016: 30-31.

[19] Cras / Erbežnik, 2016: 31.

[20] Art. 6.º da Diretiva: "Os Estados-Membros asseguram que recai sobre a acusação o ónus da prova da culpa do suspeito ou do arguido, sem prejuízo da obrigação que incumbe ao juiz ou ao tribunal competente de procurarem elementos de prova, tanto incriminatórios como ilibatórios, e do direito da defesa de apresentar provas em conformidade com o direito nacional aplicável".

[21] Cras / Erbežnik, 2016: 31.

Finalmente, chegaram à conclusão que foi disposta no art. 6.2 da Diretiva: "Os Estados-Membros asseguram que toda e qualquer dúvida quanto à questão da culpa deve beneficiar o suspeito ou o arguido, mesmo quando o tribunal aprecia se a pessoa em causa deve ser absolvida"[22].

2. A adoção da Diretiva

Em 9 de março de 2016, foi adotada a Diretiva (UE) 2016/343 do Parlamento Europeu e do Conselho, relativa ao reforço de certos aspetos da presunção de inocência e do direito de comparecer em julgamento em processo penal.

Um ponto peculiar da Diretiva é a previsão da sua aplicabilidade em todas as fases processuais, podendo os interessados valer-se de recursos, desde o início do processo até o trânsito em julgado, perante o TJUE[23].

Por outro lado, ainda que, nos termos do art. 288.º do TFUE, a Diretiva vincule os Estados-membros quanto aos resultados a alcançar, diversos deles ainda não fizeram a sua transposição.[24] Tal facto deve-se, quiçá, em virtude

[22] Cras / Erbežnik, 2016: 31.

[23] Para Oliveira, 2018: 23, a intervenção do TJUE ocorre *ex ante* (questões prejudiciais), e não *ex post*, como no TEDH. Salienta que, em caso de dúvida interpretativa acerca de uma Diretiva, os Tribunais podem valer-se de questões prejudiciais, as quais podem ser facultativas, quando existe meio impugnatório de decisão segundo a legislação do E-M, ou obrigatórias, quando há dúvida de interpretação e não existe recurso no direito interno. Ver, ainda, Oliveira, 2019: 152.

[24] Nos termos do art. 14.º da Diretiva, os E-M dispunham até 1 abril de 2018 para transpô-la em seus respetivos ordenamentos jurídicos. Contudo, até a data de 31/03/2022, nem todos os países o fizeram, cf. consta no site da (https://www.ejn-crimjust.europa.eu/ejn/EJN_Library_StatusOfImpByCat/PT/145), consultado em 16/10/2022. Registe-se que há divergência doutrinária no tocante à aplicação da Diretiva no Direito interno português. Com efeito, adverte Alexandre Oliveira que, em caso de ausência de transposição ou transposição insuficiente, incidirá os efeitos diretos e indiretos. Para o autor, "[i]sto é tanto mais importante se tivermos em consideração que as diretivas de garantias processuais não se aplicam apenas a processos transfronteiriços, antes preveem direitos processuais mínimos e transversais aos ordenamentos processuais penais de cada Estado-Membro da UE". Cf. Oliveira, 2019: 147. No mesmo sentido, Caeiro, 2015: 11. Por sua vez, Antunes / Costa, 2015: 43 sustentam, por já existem normas suficientemente garantísticas da presunção de inocência, que não há que se falar em "mudanças" ou "ajustamentos", em âmbito legislativo, "para além daqueles que possam porventura vir a resultar da opção pela consagração de uma disciplina das suas acepções essenciais no próprio Código de Processo Penal", em decorrência da (então) proposta de Diretiva.

de tal instrumento da UE tocar em temas de extrema controvérsia e que são estruturantes do processo penal de cada E-M[25].

3. Algumas críticas ao *iter* legislativo da Diretiva

O LV tem a sua base jurídica no art. 29.º do TUE, atual art. 67.º do TFUE que prevê a competência da União em matéria penal, a qual tem, dentre outros objetivos, a adoção de "medidas de prevenção da criminalidade" [26].

A Diretiva, por sua vez, trata-se de uma resposta da UE face a esses fenômenos criminógenos. Com efeito, levanta-se a dúvida acerca dos ideários que permearam todo o respetivo trâmite legislativo.

Transparece que o fim de aproximação das legislações em matéria penal pode servir não para proteção de direitos fundamentais, mas para cumprir fins de segurança e de "prevenção de criminalidade", primordialmente[27].

Da análise dos fundamentos do histórico legislativo, extrai-se que o princípio da presunção de inocência é usado para necessidades de eficiência do sistema penal[28].

Ocorre que este posicionamento é inaceitável, pois o arguido não pode servir como um meio para esse fim, sob pena de violação à dignidade da

[25] Diversos países, a exemplo da Holanda, questionaram a utilidade da Diretiva em seu conjunto, ao argumento de que a presunção de inocência já gozava de proteção suficiente pela jurisprudência do TEDH. O Reino Unido — que, à época, ainda fazia parte da UE — outrossim, entendeu desnecessária a elaboração de uma diretiva acerca do assunto, bem como apontou que a Diretiva se pautou em conjeturas de valoração pelos E-M acerca da presunção de inocência sem se ter a real dimensão do problema. Cf. Villamairín López, 2017b: 6.

[26] Art. 67.º do TFUE: "A União envida esforços para garantir um elevado nível de segurança, através de medidas de prevenção da criminalidade, do racismo e da xenofobia e de combate contra estes fenómenos, através de medidas de coordenação e de cooperação entre autoridades policiais e judiciárias e outras autoridades competentes, bem como através do reconhecimento mútuo das decisões judiciais em matéria penal e, se necessário, através da aproximação das legislações penais".

[27] Caterini, 2017: 101-103. Ainda conforme expressa o A., a (então proposta de) Diretiva detinha certo caráter de defesa social, oriundo da Escola Positiva do Crime, agora com outro público-alvo mais alargado, sociedades mais organizadas e complexas (pp. 101-103). Tal entendimento se dá em oposição ao que podemos observar ser o "público-alvo" da presunção. Com efeito, historicamente, "[...] os casos em que a presunção de inocência é discutida envolve crimes que lesem interesses sensíveis da sociedade [...] [como [a] defesa de grupos marginais [...]", nas palavras de Pennington, 2003: 117.

[28] Caterini, 2017: 119.

pessoa humana[29] e aos princípios da culpa e da igualdade. É o que ocorre no caso de uma política legislativa que dispense os elementos do tipo, ou que permita "atalhos probatórios" em favor da acusação, a exemplo da inversão do ónus da prova ou facilidade probatória, que não requerem a prova o desvalor penal da conduta[30].

Reitere-se que a própria Comissão afirmou, na Avaliação de Impacto, que se tratou de uma opção política entre prevalecer o direito civil de proteção da liberdade, consubstanciada, no caso, na presunção de inocência, ou promover uma maior repressão à criminalidade[31].

Além disso, fora consignado, expressamente, no item 1.23 da Proposta, que, através da Avaliação, foi constatado parecer não existir "um problema sistêmico" no nível das garantias previstas nas legislações dos Estados-Membros, mas sim a necessidade de melhorar determinados aspetos dessas mesmas garantias.

Outro ponto digno de nota consiste no facto de que foram avaliados impactos no tocante a custos financeiros da acusação, caso fossem admitidas ou não exceções ao ónus da prova[32].

Ora, os direitos dos acusados não podem ser renunciados apenas em razão de fatores econômicos, especialmente porque se trata de princípio fundamental do sujeito mais fraco da relação jurídico-processual.

Juntamo-nos à crítica de Villamarín López, para quem a Diretiva perdeu uma boa oportunidade de estabelecer parâmetros específicos e claros para os juízes nacionais se poderem pautar. Por isso, a aferição de "compatibilidade com a presunção de inocência" terá de ser feita caso a caso pelos respetivos E-M, com o risco da segurança jurídica dessa prática[33].

[29] Sobre a relação da presunção de inocência com a dignidade humana, cf. Conceição, 2019: 1070-1076.

[30] Caterini, 2017: 127.

[31] Caterini, 2017: 101-103.

[32] Ver anexo VI da Avaliação de Impacto, cit. (n.r. 4).

[33] Villamarín López, 2017a: 99. Todavia, sabemos que tal solução pode gerar risco de decisões não uniformes, sendo tal consequência o oposto da Diretiva (o estabelecimento de padrões mínimos para assegurar segurança jurídica).

II. A jurisprudência do TEDH sobre a violação da presunção de inocência

1. Os casos em que não foi considerada violada a presunção de inocência

1.1. Salabiaku v. França[34]

Comecemos pelo caso de maior referência e mais paradigmático no tocante às presunções de facto e de direito e a relação destas com a presunção de inocência decidido pela jurisprudência do TEDH.

Em 28/07/1979, o Sr. Amosi Salabiaku deslocou-se ao Aeroporto de Rossy, em Paris, para recolher uma encomenda de produtos alimentícios oriundos da África, que teria vindo a bordo da companhia aérea *Air Zaire*. Como não a encontrou, dirigiu-se a um funcionário da empresa para obter as informações pertinentes. O funcionário indicou uma mala pendente de retirada sem identificação. Alertou o Sr. Salabiaku que deveria deixá-la onde estava, porque poderia conter produtos proibidos.

Apesar do alerta recebido, o referido Sr. recolheu o objeto e atravessou a Alfândega, pelo denominado "filtro ou passe verde", destinado a passageiros que não teriam "nada a declarar".[35] Ao subir no ônibus da companhia aérea, foi intercetado por funcionários dos serviços aduaneiros, momento em que constataram que na bagagem havia 10 kg de canábis, guardados num fundo falso. Porém, o Sr. Salabiaku informou que não tinha conhecimento da droga[36].

O Sr. Salabiaku foi acusado e condenado, em 27/03/1981, pelo Tribunal de Instância de Bobigny pelos delitos de importação ilegal de estupefacientes e de contrabando de mercadorias proibidas ("Code des Douanes" ou Código de Aduanas) numa pena de 2 anos de prisão, na proibição definitiva de residir em território francês, e em multa[37].

[34] Salabiaku v. França, n. º 10519/83, de 7 de outubro de 1988.

[35] Salabiaku v. França, n. º 10519/83, de 7 de outubro de 1988, § 9.

[36] Salabiaku v. França, n. º 10519/83, de 7 de outubro de 1988, § 10.

[37] Salabiaku v. França, n. º 10519/83, de 7 de outubro de 1988, § 13. Nos termos do art. 414 do Código de Aduanas, cit. no § 17 no ref. Ac., "cualquier acto de contrabando, así como la importación o la exportación sin declaración de mercancías prohibidas... a la entrada, se castigarán con el comiso del objeto del fraude, de los medios de transporte utilizados, de los objetos para ocultar la infracción, con una multa [...] y con la pena de hasta tres meses de prisión" (em língua original).

Inconformado, recorreu da sentença. O Tribunal de Paris, em 09/02/82, absolveu o recorrente do primeiro crime (importação ilegal de estupefacientes), em razão do "benefício da dúvida", e confirmou, quanto ao delito aduaneiro, a condenação do juízo de primeira Instância[38].

Em face desse Acórdão, o Sr. Salabiaku interpôs recurso, através do qual alegou existir em seu desfavor uma presunção de culpabilidade quase irrefutável, tendo sido violados os direitos a um processo justo e à presunção de inocência.

Não obstante, o Tribunal de Cassação manteve a decisão recorrida, considerando que o art. 392.1 do "Code des Douanes", que trazia a hipótese de responsabilidade penal do possuidor de mercadorias de contrabando, foi "aplicado devidamente"[39].

Acionada a Comissão, esta concluiu que não houve infração aos n.ºs 1 e 2 do art. 6.º, da CEDH, remetendo ao TEDH para a apreciação do mérito[40].

Por fim, o TEDH, ratificando a posição defendida pelo Governo francês e pela maioria da Comissão, entendeu que do facto material, isto é, de possuir mercadorias proibidas ao passar pela alfândega, sem dolo ou negligência, se infere a responsabilidade penal diante da presunção existente no art. 392.1 do citado Código[41], que, por sua vez, o teria feito incidir no delito tipificado no art. 414 do mesmo diploma legal[42].

[38] Salabiaku v. França, n. º 10519/83, de 7 de outubro de 1988, § 14. Cf. trecho do Ac. do Tribunal de Paris, cit. pelo TEDH: "«... toda persona en posesión de una mercancía que haya introducido en Francia sin declararla en la Aduana se presumirá legalmente responsable, salvo que pruebe la existencia de fuerza mayor que le libre de responsabilidad. La fuerza mayor sólo puede resultar de un hecho, independiente de la voluntad humana, que no ha podido preverse ni evitarse...; Amosi Salabiaku pasó a través de la Aduana con la maleta y declaró a los funcionarios que era suya...; por tanto, estaba en posesión de la maleta que contenía estupefacientes »". (Em língua original).

[39] Salabiaku v. França, n. º 10519/83, de 7 de outubro de 1988, §15.

[40] Comissão Europeia, 1986: (Informe da Comissão – "Commission Plenary"), §112 (decisão de admissibilidade do caso Salabiaku v. França).

[41] Cf. Salabiaku v. França, n. º 10519/83, de 7 de outubro de 1988, § 26, "[e]l artículo 392.1, en su opinión [do Governo], no establece «una presunción de culpabilidad irrefutable», sino «una presunción de hecho y de responsabilidad discutible», «estrictamente definida por la jurisprudencia» y justificada «por la propia naturaleza de la materia»; esto supone «una división» y no «una inversión» del *onus probandi* (Memoria del Gobierno ante el Tribunal)" (em língua original).

[42] Salabiaku v. França, n. º 10519/83, de 7 de outubro de 1988, §§ 26 e 27.

De acordo com o TEDH, "o artigo 6.2 não é alheio, portanto, às presunções de facto ou de direito, formuladas nas leis penais. Exige que os Estados os mantenham dentro de limites razoáveis, levando em consideração a seriedade das apostas e respeitando os direitos da defesa"[43].

Acrescentou o TEDH que o ónus da prova do facto material, de acordo com o citado art. 392.1, pertence à acusação, não havendo que se falar em "inversão", mas apenas "divisão" do ónus da prova, tal qual havia sido argumentado pelo Governo francês. Ratificou o alegado pelo Governo e pela Comissão, no sentido de que os Estados são livres para definir os tipos criminais com independência de elementos subjetivos[44].

Todavia, ainda que provada a responsabilidade do possuidor, este não estava desprovido de meios de defesa, designadamente da invocação de atenuantes, tal como dispostas no art. 369. 1 do referido Código, e poderia ser absolvido, desde que demonstrasse que a posse teria resultado de força maior, conforme disposto no art. 399 do mesmo Código[45].

Além disso, o TEDH ponderou que, em razão de uma "efectiva libertad de apreciación" dos Tribunais internos, não estaria excluído o "princípio da dúvida" em favor do arguido[46]. Deduziu que os tribunais *a quo* "têm evitado, com cuidado, a utilização do art. 392.1", buscando um "elemento intencional" no caso concreto, ainda que legalmente dispensável para gerar a condenação[47].

[43] Salabiaku v. França, n. º 10519/83, de 7 de outubro de 1988, § 28 (tradução livre). Essa frase reflete o posicionamento do TEDH quanto ao assunto, tendo sido reiterada em outros julgamentos e praticamente transcrita no texto do Considerando 22 da Diretiva.

[44] O Sr. Tenekides, membro da Comissão, consignou, nos termos dos §§ 2 e 3 do seu voto divergente, que o TEDH, ao analisar apenas o facto material, com dispensa da intenção do agente, valeu-se de espécie de "automatismo", com a consequente inversão do ónus da prova, substituindo a presunção de inocência por uma de culpabilidade, em razão da mera posse de objeto proibido, desrespeitando-se, notoriamente, o art. 6.º, n.º 2 da CEDH. Por tais motivos, considerou que a inversão do *onus probandi* está em dissonância com a evolução do direito penal, que se subordina ao princípio da culpabilidade.

[45] Salabiaku v. França, n. º 10519/83, de 7 de outubro de 1988, § 29. Cf. o art. 399, «no se puede imputar interés en la infracción a la persona en estado de necesidad o que haya actuado por error invencible».

[46] Salabiaku v. França, n. º 10519/83, de 7 de outubro de 1988, § 29.

[47] Salabiaku v. França, n. º 10519/83, de 7 de outubro de 1988, § 29.

Assim, por unanimidade, o Tribunal considerou que não foram infringidos os n.ºs 1 e 2 do art. 6.º da CEDH[48].

1.2. Barberá, Messegué e Jabardo v. Espanha[49]

Em 1977, os Srs. Barberá, Messegué e Jabardo foram acusados do homicídio do Sr. José María Bultó Marquez, ocorrido em sua própria casa, mediante o uso de explosivos.

No juízo de instrução, alegaram que houve confissão mediante tortura em sede policial, quando foram forçados a assinar um documento em que reconheciam as suas participações como autores ou cúmplices do homicídio.

Os arguidos sustentaram, perante o Tribunal Supremo, violação ao art. 849. 2 da Ley de Enjuiciamento Criminal, apartado 42, em virtude de que "seus protestos de inocência não foram refutados perante o juiz". Acrescentaram que "las pruebas no sólo se habían apreciado com error, sino incluso que no existían". Também alegaram que o juízo tomou os feitos como provados, e que isso se devia ao facto de que o juiz havia deixado se influenciar pelas confissões em âmbito policial.[50] Todavia, não foi considerada violada a presunção de inocência pelo Tribunal Supremo.

O Tribunal Constitucional Espanhol, por sua vez, considerou que deveria ser apenas analisada a questão da valoração da prova, e não da falta de provas, como alegado pelos recorrentes, questão que deveria ser resolvida pelas instâncias inferiores.

[48] No caso Pham Hoang v. França, n.º 13191/87, de 25 de setembro de 1992, à semelhança de Salabiaku v. França, tratou-se de caso de acusação sobre tráfico de drogas e de delito aduaneiro de importação mediante contrabando de mercadorias proibidas, ocasião em que foi reiterado o entendimento fixado naquele precedente, no sentido de que as presunções contidas na legislação penal atinente ao tema não eram irrefutáveis. Na decisão fora consignado que não houve recurso automático das presunções legais, ao argumento de que foi levado em conta um conjunto de elementos de facto e de direito, de forma que a aplicação das presunções não foi aplicada de maneira incompatível com os n.ºs 1 e 2 do art. 6.º. O Tribunal declarou, ainda, que não foi suscitado pelo sr. Hoang ter atuado por "necessidade", bem como que as circunstâncias tampouco lhe permitiram gerar uma "defesa de erro inevitável". Consequentemente, entendeu que não houve infração aos n.º s 1 e 2 do art. 6.º da CEDH. Acrescente-se que se decidiu pela absolvição do delito de estupefacientes, e condenação à pena de multa no tocante ao delito aduaneiro.

[49] Barberá, Messegué e Jabardo v. Espanha, n.º 10590/83, de 06 de dezembro de 1988.

[50] Barberá, Messegué e Jabardo v. Espanha, n.º 10590/83, de 06 de dezembro de 1988, § 30.

Por seu turno, a Comissão considerou que, já tendo sido considerado violado o n.º 1 do art. 6.º da CEDH, não seria necessário analisar o n.º 2. No mesmo sentido, aquando do julgamento do TEDH, foi considerado violado o n.º 1, porque, dentre outros fundamentos, se concluiu ter ocorrido utilização de provas não produzidas em fase judicial, nem na presença dos arguidos e de forma pública.

Com efeito, o TEDH entendeu que a presunção de inocência exige que os membros de um tribunal, ao realizarem as suas funções, não devem começar com a ideia preconcebida de que o acusado cometeu o crime imputado. Asseverou que "o ônus da prova recai sobre a acusação, e qualquer dúvida deve beneficiar o acusado"[51]. Entretanto, não foi considerado infringido o art. 6.º, n.º 2 da CEDH, pois, para o Tribunal, não se depreende dos autos do processo originário que o magistrado que presidiu a instrução tenha partido de uma ideia preconcebida acerca da culpabilidade do acusado[52].

1.3. Janosevic e outros v. Suécia[53]

O Sr. Janosevic e a sua empresa de táxi foram objeto de investigação pela Administração Fiscal de Estocolmo, a qual identificou inconsistências nas suas declarações dos impostos. Por essa razão, a tal órgão fiscal ordenou o "pagamento de um recargo impositivo"[54].

Em sede judicial, o arguido alegou a violação da presunção de inocência, invocando que o "ónus da prova" da impossibilidade de pagar o tributo era quase insuperável, assim como que a condenação administrativa teria ocorrido antes de uma decisão judicial definitiva, no tocante às respetivas obrigações, que determinasse a sua "culpabilidade"[55].

Remetido o caso ao TEDH, este considerou, em relação ao primeiro argumento, que, em matéria fiscal, dificilmente será possível fazer prova em contrário. Todavia, o queixoso não estava impedido de apresentar documentos

[51] Barberá, Messegué e Jabardo v. Espanha, n.º 10590/83, de 06 de dezembro de 1988. § 77.

[52] Acerca da relação entre a linguagem judicial e a presunção de inocência, ver também: Allen v. Reino Unido, n.º 25424/09, 12 de julho de 2013.

[53] Janosevic e outros v. Suécia, n.º 34619/97, de 23 de julho de 2002.

[54] Parte "I" do Janosevic e outros v. Suécia, n.º 34619/97, de 23 de julho de 2002.

[55] Janosevic e outros v Suécia, n.º 34619/97, de 23 de julho de 2002, parte 3.II- Decisión del Tribunal, alínea "c", II- Presunción de inocencia.

justificativos que o isentasse de responsabilidade. Registou que, nesse tipo de matéria, importaria ter em vista os interesses econômicos estatais. Acrescentou que a legislação sueca, referente à temática, consignava presunções "dentro de limites razoáveis, respeitando o justo equilíbrio com os interesses em jogo"[56].

Quanto à segunda alegação, o TEDH exarou, da mesma forma, a necessidade de análise do "justo equilíbrio dos interesses em jogo", especialmente no que respeita à execução de medidas prévias à decisão judicial. Para tanto, analisou os interesses de ambas as partes.

Em consequência, entendeu o TEDH que os interesses econômicos do Estado não requereriam, de logo, a cobrança imediata das taxas, em virtude de sua função coercitiva, diferentemente do imposto, fonte de ingresso para os cofres públicos.

Por outro lado, ressaltou-se que o autor poderia ter tido graves consequências, bem como ter a sua defesa prejudicada em processo ulterior, além do ressarcimento integral. Todavia, no caso em tela, segundo o TEDH, não houve cobrança de tributos ao Sr. Janosevic.

Por tais razões, o Tribunal concluiu que não foram infringidos os n.ºs 1 e 2 do art. 6.º da CEDH, no tocante à presunção de inocência[57].

2. O caso em que foi considerada violada a presunção de inocência: Telfner v. Áustria[58]

Na madrugada de 08/04/95, em Obsteig, o Sr. K foi atropelado, sofrendo ferimentos leves. Ato contínuo, a vítima relatou o facto à polícia, oportunidade em que informou que havia identificado o modelo e o número da matrícula do veículo envolvido. Todavia, aduziu que não teve condições de reconhecer o motorista do carro, nem sequer se se tratava de homem ou de mulher[59].

Na mesma manhã, os policiais iniciaram a investigação, tendo encontrado o veículo do suspeito, Sr. Telfner, em nome de sua mãe, Sra. G, estacionado em frente à casa onde aquele residia com a família. A Sra. G informou que não estava dirigindo o veículo, bem como que o Sr. Telfner não estava em casa,

56 Janosevic e outros v. Suécia, n.º 34619/97, de 23 de julho de 2002, parte "3.II, "c".

57 Janosevic e outros v. Suécia, n.º 34619/97, de 23 de julho de 2002, parte "3.II, "c".

58 Telfner v. Áustria, n.º 33501/1996, de 20 de março de 2001.

59 Telfner v. Áustria, n.º 33501/1996, de 20 de março de 2001: 2.

momento em que mostrou aos policiais a cama do suspeito intactamente. Afirmou que o carro era utilizado por vários membros da família. Quando, no fim do mesmo dia, a polícia obteve resposta negativa quanto ao retorno do Sr. Telfner a casa, considerou-o como suspeito e o principal usuário do veículo[60].

Junto ao Tribunal do Distrito de Silz, em duas ocasiões, 20/12/95 e 02/02/96, o acusado declarou-se como "não culpado" e que não conduzia o veículo no momento do atropelamento. Informou que não tinha nada mais a acrescentar a esse respeito. A vítima, por seu turno, reiterou o que disse à polícia, no sentido da impossibilidade de reconhecer o condutor do veículo; a mãe e a irmã do arguido valeram-se do direito de não testemunhar. Por fim, o Sr. Telfner foi condenado, em 1996, a pagar uma indemnização por lesões causadas por negligência ("injury by negligence") ao Sr. K. O Tribunal, com base nas informações recolhidas no inquérito, consignou que o arguido se recusou a fazer declarações sobre o ocorrido porque, presumivelmente, passara a noite bebendo, apesar de não ter havido prova nesse sentido (conforme exarado na decisão)[61].

Irresignado, o Sr. Telfner recorreu da sentença. Ainda assim, a decisão de primeira instância foi confirmada pelo Tribunal Regional de Innstrubck, por se entender que o Recorrente teria tido a oportunidade de dar uma versão diferente dos factos que lhes foram imputados, bem como de aportar provas pertinentes em sua defesa perante o tribunal inferior[62].

O TEDH, por sua vez, considerou que "o ónus da prova está na acusação, e qualquer dúvida deve beneficiar o arguido"[63]. (...) Assim, a presunção de inocência será infringida quando o ónus da prova for deslocado da acusação à defesa"[64].

[60] Telfner v. Áustria, n.º 33501/1996, de 20 de março de 2001: 2.

[61] Telfner v. Áustria, n.º 33501/1996, de 20 de março de 2001: 3.

[62] Telfner v. Áustria, n.º 33501/1996, de 20 de março de 2001: 3.

[63] Telfner v. Áustria, n.º 33501/1996, de 20 de março de 2001: 5, na qual o TEDH se refere ao Ac. Messegué e Jabardo v. Espanha de 6 de dezembro de 1988, Série A, nº. 146, pp. 31 e 33, §§ 67-68 e 77: "(... the burden of proof is on the prosecution, and any doubt should benefit the accused (...)".

[64] John Murray v. Reino Unido, julgado em 8 de fevereiro de 1996, Relatórios de julgamentos e decisões 1996-I, p. 52, § 54, cit. na p. 5 do Ac. Telfner v. Áustria. Na oportunidade, o juiz de Estrasburgo fez um cotejo com o caso John Murray, no qual se ponderou que, além de ter havido prova por parte do MP, existia previsão legal no direito interno que permitia tirar inferências do silêncio do acusado, diante da exigência de uma explicação. Registou que tais

O Tribunal ponderou que, a princípio, as presunções não são incompatíveis com o art. 6.º da CEDH, assim como não o é retirar inferências a partir do silêncio do acusado[65]. Pontuou que, na verdade, não estavam em causa presunções de facto e de direito, mas sim inferências conclusivas diante do silêncio do acusado, sem que a acusação tivesse estabelecido provas suficientes antes de lhe solicitar uma explicação.

Concluiu o TEDH que a circunstância de exigir do Sr. Telfner, uma explicação sem que a acusação se tivesse desincumbido, *prima facie*, de um ónus convincente contra ele, os Tribunais transferiram o ónus da prova ("burden of proof") para a defesa[66-67]. Desse modo, por unanimidade, considerou ter ocorrido violação do art. 6, n.º 2 da CEDH.

3. Os parâmetros usados pelo TEDH para considerar violada ou não a presunção de inocência

Antes de aprofundarmos as críticas à jurisprudência do TEDH e, consequentemente, à solução adotada na Diretiva, inspirada por aquela jurisprudência, podemos extrair dos casos supracitados alguns parâmetros utilizados pelo TEDH para se considerar violada ou não a presunção de inocência.

a) Salabiaku v. França: neste precedente foi estabelecida a admissibilidade de presunções de facto e de direito, desde que fossem observados os seguintes critérios:

inferências estavam sujeitas a importantes salvaguardas judiciais, por tal razão não considerou haver violação ao art. 6.º da CEDH.

65 Vale trazer a lume decisão recente do BGH Alemão que considerou que o direito ao silêncio é integrante do processo justo. Dessa forma, entendeu que o Tribunal Regional violou o direito à não autoincriminação do arguido. Pontuou que, ainda que o acusado tenha ficado em silêncio na primeira oportunidade de falar no processo, e resolvido prestar declarações durante a instrução, tal não deve ser considerado em seu desfavor, porque partiu também de uma avaliação após a colheita de mais provas durante o processo (BGH, Beschl. v. 01.06.2022 – 1 StR 139/22).

66 Cf. consta na p. 5 do Ac., o TEDH registou que os tribunais se basearam, essencialmente, em "um relatório da delegacia de polícia local de que o requerente foi o principal usuário do carro e não estava em casa na noite do acidente", em vez de provas produzidas em juízo, mediante contraditório, i. e., sem provas convincentes estabelecidas ao longo da instrução (Tradução livre).

67 Telfner v. Áustria, n.º 33501/1996, de 20 de março de 2001: 6.

a.1) Refutabilidade, i. e, as presunções devem admitir "prova em contrário". Dessa forma, o TEDH considerou que não se tratava de uma presunção inilidível, já que a responsabilidade prevista poderia ser discutida[68], de modo que seria possível ao acusado apresentar prova no sentido de refutar a presunção de "responsabilidade", tal como a alegação de "força maior", não estando, pois, "alheio a meios de defesa".

Ademais, o Tribunal considerou que houve divisão e não inversão do ónus da prova, não havendo que se falar, por isso, de violação ao princípio reitor[69].

a.2) Que as presunções não isentem os juízes da livre margem de apreciação da matéria: para o TEDH, não houve aplicabilidade automática da presunção legal, já que os tribunais franceses dispunham de livre margem de apreciação da matéria, de forma que poderiam aplicar o "benefício da dúvida para favorecer o acusado", razão pela qual não foi considerada violada a presunção de inocência.[70]

a.3) Que as presunções se mantenham dentro de "limites razoáveis, tendo em conta a gravidade do que está em jogo e respeitando os direitos de defesa"[71-72].

Por essas razões, o TEDH considerou que não fora infringido o art. 6.º, n.º 2 da CEDH.

b) Barberá, Messegué e Jabardo v. Espanha: ónus da prova, *in dubio* e efeito extraprocessual da presunção: nesse precedente, foi enfatizado que o

[68] Ver n.r. 39.

[69] Salabiaku v. França, n. º 10519/83, de 7 de outubro de 1988, § 26

[70] Salabiaku v. França, n. º 10519/83, de 7 de outubro de 1988, § 29. Nesse sentido, Asencio Gallego, 2015: 49, analisando esse mesmo precedente, entende que nem as presunções legais *juris tantum* e nem as judiciais são incompatíveis com a presunção de inocência, "sempre que se apliquem de forma não automática, e excepcionalmente, isto é, não haja prova direta, e se justifique sua necessidade". (Tradução livre).

[71] Salabiaku v. França, n. º 10519/83, de 7 de outubro de 1988, § 28.

[72] Como bem observou Ashworth, no dever de interpretar as leis de acordo com a CEDH, "os tribunais encontraram uma margem de manobra considerável em relação à presunção de inocência (frente à gravidade de um delito, como o de tráfico de drogas) porque, como já indicado, a principal decisão de Estrasburgo sobre o assunto é amplamente redigido e não particularmente útil". Ashworth, 2006: 260.

ónus da prova recai sobre a acusação e que qualquer dúvida razoável deve favorecer o acusado.

Na oportunidade, o TEDH registou outra dimensão (a extraprocessual[73]) da presunção de inocência, além da regra do ónus da prova[74], no sentido de que o princípio obriga as autoridades públicas a não partirem de "ideias preconcebidas de culpa", rechaçando a prática dos tribunais nesse sentido[75].

Ocorre que, apesar dessas considerações, não foi considerada infringida a presunção de inocência, em razão de que, no caso, não restou demonstrado que o magistrado tivesse agido com um "sentimento" de que Barberá y Messegué eram culpados. Isto é, apesar da confissão dos arguidos em sede policial, o juiz não agiu de forma parcial durante o processo e na audiência de instrução[76].

b.1) A questão do processo equitativo: além dos parâmetros supracitados, a presunção de inocência acabou por passar por uma espécie de filtro do processo equitativo. Desse modo, o TEDH considerou que, uma vez considerada a violação do art. 6, n.º 1, desnecessária seria a análise do art. 6, n.º 2 da CEDH.

Diante desse contexto, percebe-se que o perigo é conceber alguns casos como se não houvesse o descumprimento ao princípio, mas, em simultâneo, ser considerado o processo equitativo no seu todo[77].

[73] Dispõe acerca da forma como o suspeito ou arguido deva ser tratado pelas autoridades públicas fora do processo (Considerandos 17 e 18, e Arts. 4.º e 5.º da Diretiva), inclusive aos meios de comunicação social (Considerando 19). Nesse sentido, Nieva Fenoll, 2016: 17; Allué Buiza, 2014: 409-410.

[74] Stumer, 2018: 120.

[75] Allué Buiza traz a questão das dimensões probatórias da presunção de inocência, cujo direito dita a admissibilidade e provas feitas em juízo, e mediante contraditório, segundo se depreende dos casos Barberá e outros v. Espanha e Jalloh v. Alemanha. Cf. Allué Buiza, 2014: 424.

[76] Barberá, Messegué e Jabardo v. Espanha, n.º 10590/83, de 06 de dezembro de 1988. § 97.

[77] Foi o que ocorreu em Jalloh v. Alemanha, quando fora exarado que não caberia ao TEDH pronunciar-se sobre a culpabilidade do acusado. Ao Tribunal caberia responder se o processo como um todo, incluindo o modo como a prova fora obtida, fora justo. Por 11 votos contra 6, o TEDH considerou que houve violação ao art. 6, n.º 1 da CEDH, mas não à presunção de inocência.

Relativamente ao tema em análise, salienta Sousa Mendes que o TEDH evita a enumeração do que seja processo equitativo, optando por fazê-lo casuisticamente. Consequentemente, mesmo que um E-M tenha desrespeitado o princípio da presunção de inocência, o processo pode ser considerado equitativo no seu todo (art. 6, n.º 1), com autonomia do art. 6, n.º 2, que pode ser declarado não infringido[78].

Nesse sentido, a principal crítica ao caso Barberá parece residir no facto de a utilização de provas não judiciais, especialmente se não ratificadas em juízo, como fundamento único para a condenação, viola a presunção de inocência, e não apenas o princípio do processo justo.

c) Janosevic v. Suécia: diferentemente de Salabiaku, em que os limites quanto aos interesses envolvidos foram estabelecidos de forma genérica, e sem critérios objetivos para orientar os E-M, nesse caso foram fixados critérios mais objetivos às ditas limitações[79].

d) Telfner v. Áustria: diferentemente dos demais casos, o TEDH considerou infringida a presunção de inocência em razão da inversão do ónus da prova. Nesse sentido, o Tribunal de Estrasburgo levantou uma peculiaridade a ser observada: não havia sequer um arcabouço probatório mínimo (existia apenas a prova de que o acusado era o principal usuário do veículo) acerca da culpabilidade do acusado, tampouco presunções no direito interno[80] que permitissem inferir alguma conclusão diante do silêncio do arguido.

Nesse sentido, o TEDH evidenciou um parâmetro importante acerca da inversão do *onus probandi*: uma vez havendo prova por parte pelo órgão acusatório no início do processo, seguiria sendo válida uma inversão posterior do *onus probandi*. Esse parâmetro, seria, perigoso, inclusive, porque não se negaria a inversão do *ónus da prova em processos futuros*[81].

[78] Mendes, 2019b: 69-70.

[79] É o que se extrai no cotejo entre ambos os acórdãos e, também, observado por Villamarín López, (2017b: 97.

[80] Tal como ocorreu em John Murray v. Reino Unido. Nesse sentido, ver n.r 64.

[81] Stumer, 2018: 121-122.

Ante o exposto, diante dos casos analisados, entende-se a presunção de inocência como um princípio cujo conteúdo é, em nossa conceção, por vezes, esvaziado pelo TEDH, ainda que o princípio do processo equitativo possa assegurar outras garantias processuais aos acusados. Em nossa interpretação, em todos os casos em que não foi reconhecida a violação da presunção de inocência, foram analisados e feitos prevalecer os interesses do Estado, sejam de natureza económica (como em Janosevic), ou comunitária, a exemplo dos interesses de prevenção de denúncias falsas (Pham Hoang v. França[82]), tudo em detrimento dos direitos processuais e individuais civis dos arguidos.

Percebe-se, assim, que o TEDH e a Diretiva, aos quais, *a priori*, caberiam assegurar a garantia da presunção de inocência, consideram-na bastante relativa. Todavia, a análise dos casos abre espaço para novas perspetivas sobre o tema em análise[83].

III. As críticas à Diretiva (UE) 2016/343 e à jurisprudência do TEDH

1. A presunção de inocência como regra de ónus da prova

Do art. 6.º, n.º 2 da CEDH extrai-se a presunção de inocência no seu aspeto processual. Esta vertente probatória foi herdada do direito anglo-saxão, atribuindo-se o ónus da prova da culpabilidade à acusação[84-85].

[82] Ver n.r . 46.

[83] Como bem enfatizou MENDES, 2019b: 66 e 76, "a jurisprudência do TEDH obriga a ciência jurídica a transcender a zona de conforto dos ordenamentos jurídicos nacionais e potencia o desenvolvimento de uma ciência jurídica universalizável".

[84] Por todos, VILELA, 2000: 54-56. Como observou a A., na p. 55, que, se interpretado a rigor, do art. 6.2 não se extrai sequer a regra de tratamento do acusado. Diferentemente da DUDH, que previa a presunção como regra probatória e regra de tratamento, a CEDH apenas tratou do primeiro viés. Neste último sentido, DUFF, 2012: 12-32.

[85] No presente artigo, assumimos que a entidade acusadora é o MP. Em nenhum momento será utilizada a palavra *acusação* para se referir a certos crimes que exigem dedução de acusação por particulares. Além disso, o estatuto desses particulares poderá não coincidir com o do MP e/ou não merecer o qualificativo de sujeito (o assistente em Portugal é sujeito, mas não o é a vítima, nem o ofendido que não se constitua como assistente, nem o lesado do pedido de indemnização civil). Podem coincidir todos esses qualificativos na mesma pessoa, mas também pode tal não suceder ou pode a pessoa em questão só ter uma dessas qualidades).

Todavia, ficou a cargo da jurisprudência ampliar o alcance do princípio, tal como o faz o TEDH, abarcando a sua vertente de regra de tratamento e função extraprocessual, cujo entendimento foi manifestado na Diretiva[86].

Nesse sentido, conforme observou Oliveira, a Diretiva previu os dois aspetos processuais da presunção de inocência: regra de tratamento, herdada do direito continental europeu (arts. 4.º, 5.º, 7.º, 8.º e 9.º); regra de decisão, concernente às regras do ónus da prova (art. 6.º) e do *in dubio pro reo* (art. 6.º, n.º 2), herdada do direito anglo-saxão [87-88].

Todavia, acrescentamos que a Diretiva trouxe, em seu art. 3.º[89], intitulado "presunção de inocência", a dimensão probatória ampla do princípio, segundo a qual todos se presumem inocentes até a comprovação da culpa (com a função, também, de ser princípio informador do processo penal).

Assim, como regra probatória, inclui-se, dentre outros, a observância de direitos e garantias processuais válidos, admissibilidade de provas, bem como

[86] Por essa regra, vedam-se referências públicas à culpa, à apresentação do acusado como culpado, ao direito ao silêncio, ao impedimento de medidas de coação sem a absoluta necessidade, dentre outras medidas. ver, ainda, n. 71, e caso Jalloh v. Alemanha, n.º 54810/00, de 11 de julho de 2006, em especial p. 42 do voto do juiz que se tratou-se de caso em que fora analisada a presunção de inocência na vertente do direito de não autoincriminação, juiz Zupančič exarou, cf. p. 42 do Ac. do TEDH, que "[o] ónus recai sobre o Governo". Porém, para a desincumbência do ónus, o Estado não pode se valer de meios que se utilize dor ou sofrimentos aos acusados. Assim, em razão da dor sofrida por Jalloh ser equiparável à tortura, e, por conseguinte, ser meio de prova ilícito, sustentou a sua exclusão, citando, na p. 43, trecho do Ac. Saunders v. The United Kingdom (17 dec. 1996, reports 1996-vi). Neste julgado, foi consignado que: "o direito de não se incriminar, em particular, pressupõe que a acusação em um caso criminal procura provar seu caso contra o acusado sem recorrer a provas obtidas através de métodos de coerção ou opressão, desafiando a vontade do acusado. o direito a não autoincriminação está intimamente ligado à presunção de inocência contida no artigo 6, § 2, da Convenção".

[87] Oliveira, 2019: 153-154.

[88] Na verdade, o conceito de presunção não é estanque, de forma que a classificação das formas de manifestação da presunção de inocência na Diretiva, a exemplo da regra de tratamento, extrai-se, também, do seu próprio art. 3.º. Em sentido parecido ao nosso, considerando que a regra de tratamento se encontra no art. 2 ("âmbito de aplicação"), que também dispõe acerca do estado de inocência em favor do indivíduo até o trânsito em julgado da sentença penal condenatória, ver, Guerrero Palomares, 2019: 164.

[89] "Os Estados Membros asseguram que o suspeito ou o arguido se presume inocente enquanto a sua culpa não for provada nos termos da lei."

o mais importante para nosso âmbito de análise: a atividade probatória da acusação[90].

Nesse viés, esse aspeto probatório da presunção de inocência é consignado como um direito passivo, ou seja, guarda relação com a exigência de apresentação de provas pela acusação e a possibilidade o acusado ficar em estado de inércia, sem lhe ter sido causado qualquer prejuízo pela falta de provas aquando do julgamento do feito[91].

Nesse sentido é que entendemos que a presunção de inocência veda qualquer imposição de ónus da prova formal, enquanto iniciativa probatória, bem como de contribuição com o processo, já que o acusado se presume inocente, devendo ser tratado como tal.

Em nosso entendimento, pois, a presunção de inocência não se restringe apenas à incerteza probatória, regida pela aplicação do ónus objetivo e do *in dubio pro reo*. Assim, a dimensão da presunção de inocência relacionada ao ónus da prova diz respeito a dois momentos: a) a *atividade* probatória desenvolvida pelas partes ao longo do processo; b) o critério de julgamento diante do *resultado* das provas apresentadas pela acusação e defesa ao longo do feito[92].

No direito continental europeu, de tradição romano-germânica, a maioria dos países adota o sistema misto de gestão da prova, ou seja, acusatório, já que há a divisão das tarefas de acusar e de julgar, com traços inquisitoriais, uma vez que o juiz detém poderes investigatórios para se descobrir a "verdade material"[93].

Diferentemente, em ordenamentos jurídicos pertencentes à família jurídica do *common law*, adota-se não raras vezes uma estrutura acusatorial pura, em que a verdade, como explicou Sousa Mendes, é apenas um *contingente*,

[90] Fernández López, 2004; Allué Buiza, 2014.

[91] Fernández López, 2004: 234. Nessa vertente, para a A., "a presunção de inocência como regra probatória supõe a necessária existência de atividade probatória de cargo praticada com toda as garantias, de tal forma que sua inexistência obriga o órgão jurisdicional a ditar uma sentença absolutória" (p. 246). Assim, para a autora a presunção de inocência se reflete em dois momentos na sentença. No primeiro, a análise da validade das provas produzidas ao longo do feito, e, no segundo, se a primeira fase não tiver sido concludente, a regra do *in dubio pro reo* (nesse sentido, Fernández López, 2004: 246-247; 268-269); no mesmo sentido, Guerrero Palomares, 2020: 202.

[92] Acerca das aceções da palavra "prova", ver Mendes, 2020:173; Badaró, 2003: 158.

[93] Mendes, 2020: 31 e 216.

diante do "confronto de provas apresentadas pelas partes e apreciadas pelo julgador segundo critérios probabilísticos"[94].

Nesse sistema acusatório puro, vigora o princípio da igualdade das partes, as quais detêm a gestão processual, e, presumivelmente, mais aptidão para averiguar a verdade dos factos. Por essa razão, o juiz assume o papel de mero espectador, de acordo com o princípio do dispositivo[95].

Tendo essas diferenças em mente, e como o TEDH e a Diretiva adotam posturas de ambos os modelos de gestão de prova, tratando-se, a nosso ver, de uma visão nova, *sui generis*[96], justifica-se analisar o ónus da prova nas duas famílias jurídicas.

1.1. *Common law*

1.1.1. *Burden of production*, *persuasive burden* (ou *burden of persuasion*) e *tactical burden of proof*

Nos países de tradição adversarial, a presunção de inocência significa que a acusação tem o ónus de provar a culpabilidade do acusado "beyond a reasonable doubt" (para além de qualquer dúvida razoável)[97]. O princípio da presunção de inocência relaciona-se com o denominado ónus de persuasão, de modo que a acusação deve provar cada elemento do crime e convencer o juiz da sua alegação[98].

Diferentemente do sucede em vários ordenamentos jurídicos continentais, em que a presunção de inocência possui diversas funções, inclusive fora do processo, nos ordenamentos jurídicos de "commom law", em geral, o princípio é visto num sentido estrito, especialmente como uma regra de prova. Disso decorre um outro aspeto: a função de estruturar o "criminal trial" (julgamento criminal), fazendo com que "cada parte saiba o que tem que fazer para obter a decisão desejada, e informa o juiz (ou ao júri, se for o caso) as precondições que devem ser atendidas para ter sua pretensão acolhida"[99].

[94] Mendes, 2020: 216.

[95] Mendes, 2020: 216.

[96] Jackson, 2007: 291-330.

[97] Morais, 2016: 29; Stumer, 2018: 77.

[98] Walton, 2014: 52 e 56; Ho, 2012: 260.

[99] Ho, 2012: 260. Relembra Ho que, a partir de Woolimigton v. DPP, já fora consignado que "[a] presunção atribui à acusação o ónus de provar todos os elementos do crime [...],

Segundo a maioria da doutrina[100], nos direitos anglo-americano e anglo-saxão, o "burden of proof" (ónus da prova) é dividido em "burden of production" ou "evidential burden" (ónus de produção) e "persuasive burden" ou "burden of persuasion" (ónus de persuasão)[101].

Conforme Stumer, o ónus persuasivo se cumpre "convencendo o juiz da verdade de uma afirmação a luz do standard relevante". Quando imposto ao acusado, este deve convencer o juiz (ou os jurados) dentro de um equilíbrio de probabilidades[102].

Em síntese, a) o ónus de persuasão é consignado na abertura da fase de julgamento e é fixo, de forma que cada parte tem ciência do que deve provar para ganhar a causa; b) uma vez atendido, determina quem vence o julgamento; c) rege o standard de prova aplicado, de modo a guiar o peso dos argumentos da acusação e defesa para se convencer o julgador frente aos argumentos da parte contrária[103].

Por conseguinte, em razão da necessidade de convencimento, surgirá a outra espécie de ónus, o "evidential burden", durante os debates, de modo que a parte produza as provas necessárias a esse mister. Assim, o ónus probatório diz respeito à quantidade de provas que o juiz se contenta como uma base razoável para proferir o veredicto, não atribuindo essa questão aos jurados[104].

É importante registar que, diferentemente do ónus de persuasão, o ónus de produção pode mudar[105] de acordo com a avaliação estratégica de quem está ganhando numa particular questão, num determinado momento, quando se evidenciará o ónus tático ("tactical burden of proof")[106].

salvo certas exceções, de refutar qualquer defesa, que tenha sido posta em causa" (pp. 259-260).

[100] Walton, 2014: 65.

[101] Walton, 2014: 65; no mesmo sentido, Morais, 2016: 27-28, acrescentando o "burden of pleading" (ónus de alegar) existente no direito norte-americano, com a ressalva que esse não é propriamente um ónus, mas dele advém o ónus de produção de provas.

[102] Stumer, 2018: 29.

[103] Walton, 2014: 53-54.

[104] Walton, 2014: 53.

[105] Walton, 2014: 54.

[106] Cf. Williams, C. R., "Burdens and Standards in Civil Litigation", *Sydney Law Review*, 9(2), 2003, pp. 165–188, pp. 166 e 168, cit. por Walton, 2014: 65, há duas formas de manifestação do "evidential burden", uma que diz respeito ao ónus de produzir provas, sob pena de o juiz julgar

Como observou Soares, no direito norte-americano, percebe-se uma distribuição dos encargos probatórios. Com efeito, o entendimento sufragado pela doutrina tradicional e jurisprudência estadunidense é no sentido de que somente será imposto ao acusado um ónus de produção se este alegar uma defesa referente aos elementos do crime. No entanto, não há consequências prejudiciais aquando do julgamento do feito, caso o processado não se desincumba do encargo, já que caberia ainda a acusação a prova "mais além de toda dúvida razoável" da refutação da defesa. Caso contrário, na hipótese de alegação de alguma defesa afirmativa não concernente aos elementos do crime, ao acusado seria atribuído o ónus de persuasão sob o standard da probabilidade preponderante[107].

Conforme Duff, é inconsistente com a presunção de inocência impor um ónus persuasivo ao acusado, ainda que apenas baseado num equilíbrio de probabilidades[108]. No entanto, o autor observa que não é claro haver infração ao princípio na imposição de ónus ao acusado de apresentar provas (*"evidencial burden for aduccing"*), quer da ausência de um elemento da ofensa (como no caso das presunções que admitem prova em contrário)[109], quer através da existência de uma defesa formalmente trazida pela lei[110], para gerar uma dúvida razoável.

Nesse caso, o A. entende que viola o princípio se o órgão persecutório não refutar as defesas que neguem os elementos do crime (denominada de "sobrepostas") nem as defesas legais (que não o negam, denominadas de defesas

em favor da parte contrária, sendo esta uma questão de direito. E outra, que diz respeito ao risco que corre a parte de perder numa questão específica, se não apresentar provas. Observa o A., todavia, que grande parte da doutrina denomina esse último aspeto de "ónus tático".

107 Morais, 2016: 31. É pertinente observar que o A. cita, na p. 27, o caso Dixon v. USA, julgado pela Suprema Corte Americana em que foi consignado que o ónus quanto às defesas afirmativas não viola a presunção de inocência nem o "fair trial", já que os elementos do delito ficaram a cargo da acusação (a defesa da coação moral não diz respeito a quaisquer elementos do crime). Além disso, o ónus da prova atribuído à defesa foi o da probabilidade preponderante (logo, mais leve que o ónus que recai sobre a acusação).

108 Duff, 2012: 4.

109 Duff, 2012: 5.

110 Duff, 2012: 5 cita um exemplo de defesa legal ou não sobreposta: "um vendedor que vende 'alimentos que não cumprem os requisitos de segurança alimentar' comete uma infração, mas tem uma defesa se ele puder provar que 'tomou todas as precauções razoáveis e exerceu a devida diligência' para evitar a prática da infração". (Tradução livre).

"não sobrepostas"), desde que ambas as defesas forem condições necessárias para a condenação, sob pena de violação da presunção de inocência.

Essa conclusão se aplicaria mesmo que o acusado não oferecesse provas quanto a tais elementos (isso porque apenas a prova dos factos, sem a refutação de tais defesas, significa que não houve prova estabelecida além de toda a dúvida razoável)[111]. Para o A., porém, excecionalmente, o ónus (persuasivo) ao acusado é justificado se não era oneroso ou indisponível para a defesa, ou quando a lei elenca as formas em que puderem ser exercidas as defesas legais[112]. É o que veremos, mais detidamente, nas linhas abaixo.

1.1.2. O que deve provar a acusação e a posição da doutrina inglesa

A doutrina debate entre duas correntes para delimitar o alcance do princípio da presunção de inocência, investigando o "que deve provar a acusação mais além de toda a dúvida razoável"[113].

Nesse sentido, para a primeira posição, *substantiva*, a "presunção é violada quando uma pessoa é condenada por conduta que não deveria estar sujeita à punição", independentemente de haver ou não inversão do *onus probandi*, conforme explica Picinali. Assim, o A. defende que a regra da presunção de inocência abarca não apenas a fase probatória, mas também a criminalização de condutas. Desse modo, concerne aos tribunais analisarem a lei segundo os princípios do direito penal, como o da culpa[114]. Nesse enfoque, complementa Stumer, delitos de responsabilidade objetiva violam o art. 6.º, n.º 2 da CEDH, salvo se a acusação demonstrar a culpabilidade do acusado[115].

Para a corrente *processualista*, que se subdivide em ampla e restrita, a acusação deve provar todos os elementos do delito, sob pena de violação da presunção de inocência. Conforme a primeira conceção, a corrente ampla do processo, a acusação deve fazê-lo no tocante a todos os elementos necessários para a condenação, sejam elementos básicos do delito, ou os acidentais (i.e., causas de exclusão de responsabilidade penal), já que a lei, geralmente,

[111] Duff, 2012: 6-7.

[112] Duff, 2012: 8-9.

[113] Stumer, 2018: 77.

[114] Picinali, 2014: 245.

[115] Stumer, 2018: 78.

não faz essa diferença[116]. Desse modo, o legislador não pode trasladar para a defesa a prova desses factos, sob pena de configurar inversão do *onus probandi* que, *a priori*, viola a presunção[117]. Nas palavras do A., "a presunção de inocência insta a acusação a provar mais além de toda a dúvida razoável que o acusado entra no âmbito de proibição penal; em caso contrário, não deve ser condenado"[118].

Noutra perspetiva, de acordo com a concorrente restrita de processo, a presunção é violada quando um dos elementos do crime não é provado, de acordo com as escolhas do legislador[119]. Este pode determinar, inclusive, se a *mens rea* será ou não integrante da culpa, estabelecendo delitos de responsabilidade objetiva.

Com efeito, o ónus da prova dos elementos básicos do crime e da negação destes mesmos elementos será da acusação. Nesta segunda hipótese, o acusado deve satisfazer o seu ónus probatório, de forma que o ónus de persuasão não pode recair sobre ele.

Em outras palavras, basta que o acusado cumpra o *evidential burden* quanto a tais defesas. Ressalte-se que, nesta hipótese, cabe à acusação refutá-las para que se satisfaça o standard mais "além de toda a dúvida razoável", sob pena de infração ao art. 6.º, n.º 2 da CEDH[120].

O autor cita um exemplo: "Consiste em um simples requisito formal: (1) Se o legislador decidir que A é um elemento do crime, –A qualifica como um circunstância justificativa; (2) afirmando que a acusação tem o ônus de provar que A significa que tem o ônus de provar À (–A), a negação da defesa; (3) a presunção de inocência coloca sobre a promotoria o ônus de provar A; e (4) assim, o réu não pode ser solicitado a suportar o ônus de provar a defesa –A."[121].

[116] Stumer, 2018: 78, 109 e 114.

[117] Stumer, 2018: 78. Para Stumer, defensor da corrente ampla, é possível limitar a "proteção do inocente", de modo a se admitir a inversão do ónus da prova quando o risco de condenação injusta é baixo ou a pena é mínima. Diferentemente, interesses da comunidade não podem justificar tal efeito (p. 78).

[118] Stumer, 2018: 78.

[119] Picinali, 2014: 246.

[120] Picinali, 2014: 254.

[121] Picinali, 2014: 254.

No entanto, como para a corrente restrita a conduta é o que é definido por lei, não há violação da presunção de inocência se as causas justificativas não negarem nenhum elemento escolhido pelo legislador para definir a conduta. Nesse caso, o ónus (de persuasão) recairá sobre o arguido[122].

Assim, por exemplo, se o crime for apenas, v.g, possuir arma de fogo, sem a exigência de *mens rea*, caberá ao acusado o ónus da prova da ausência de conhecimento e imprudência, uma vez que tais defesas não negam qualquer elemento do delito [123].

1.1.3. A posição assumida

A nosso ver, o TEDH aloca, no tocante às presunções, tanto o "evidential burden" como o "persuasive burden" a cargo do acusado. Note-se que a "força maior", como uma defesa alegada em Salabiaku, não parece conduzir a uma exclusão de qualquer elemento do tipo, apesar de prevista na lei. De facto, a nosso ver, o ónus de persuasão recaiu sobre o réu, como defende a corrente processualista restrita. Nessa perspetiva, ainda, percebe-se a divisão de encargos entre as partes, à luz do que ocorre no sistema anglo-americano.

Nesse sentido, concordamos com Stumer no sentido de que o juiz de Estrasburgo não considera violada a presunção de inocência em caso de inversão do ónus da prova, dado que sempre é possível ao acusado alegar uma excludente de responsabilidade. Conforme o autor, diante da convicção do tribunal à luz de provas suficientes por parte da acusação, não se aplica o ónus da prova como forma de mitigar o risco da não persuasão ou não considera importante a assunção desse risco ao acusado[124].

Por outro lado, o autor considera que o TEDH, no caso Salabiaku, assumiu o caráter substantivista ao permitir que a legislação dos E-M utilize presunções, desde que estejam dentro de *limites razoáveis*, i. e, ilidíveis. Assim, a *contrario sensu*, delitos que possuam presunções inilidíveis feririam o art. 6.º, n.º 2 da CEDH[125].

[122] PICINALI, 2014: 252 e 254.

[123] PICINALI, 2014: 243-246. Nesse sentido, o A. cita, nas p. 244, n.r. 4 e p. 250, n.r 36 que esse foi o entendimento esposado no caso e R. v. Williams [2012] EWCA Crim 2162, para. 19.

[124] STUMER, 2018: 130. Por tal razão, inclusive, o autor adverte que os tribunais ingleses não agir com muita cautela "ao aplicar as decisões de Estrasburgo no juízo nacional".

[125] STUMER, 2018: 130-131.

Ousamos discordar do autor e das próprias premissas da corrente substantiva, uma vez que, se o direito penal realmente limitasse as leis, o princípio da culpa, em especial, teria potencial para impedir as próprias inversões ao ónus da prova no curso do processo. Entender de outro modo equivale a aceitar que uma condenação, mesmo que a acusação não tenha provado a culpabilidade com grau próximo à certeza.

Assim, em nosso entender, caso o TEDH, prestigiasse mais o princípio da culpa, não deixaria espaço livre à legislação para estabelecer os delitos da forma que lhe aprouver.

De igual modo, parece-nos que se utilizou da corrente restrita, já que a acusação deveria provar apenas os elementos básicos do delito, tendo em vista que a "força maior" não nega qualquer elemento do tipo. Se negasse, para essa visão processual, caberia à acusação fazê-lo.

Nesse sentido, em nossa conceção, a jurisprudência do Tribunal de Estrasburgo apesar de considerar a imposição de limites para haver estabelecimento das presunções, que, aliás, já são bem relativizadores da presunção de inocência, admite que a consequente inversão do ónus da prova não viola o art. 6.º, n.º 2 da CEDH.

Destarte, julgamos mais adequado à proteção do inocente um critério misto, isto é, com limitações materiais e processuais amplas. Com efeito, a primeira limitação parte da premissa de que a presunção de inocência é um corolário do princípio da culpa, razão pela qual o direito penal pode limitar o processo penal, no sentido de evitar a criação de tipos[126] de responsabilidade objetiva[127], bem como de presunções que contenham a possibilidade de inversão do ónus da prova no curso do processo. Ainda seria necessária a limitação em âmbito processual, razão pela qual o ónus da prova de todos os elementos do crime, necessários ou acidentais para a condenação, independentemente da denominação que lhes atribuam, recaia sobre a acusação.

[126] Ainda que saibamos que a presunção de inocência não seria uma proteção absoluta contra legislações, como advertiu Duff, 2012: 32.

[127] Caterini, 2017, 123.

1.2. *Civil law*

1.2.1. Ónus objetivo, ónus subjetivo e ónus tático

Pode conceituar-se ónus da prova[128] como a posição que a parte necessita de exercer em favor do seu próprio interesse, de modo a melhorar a sua posição jurídico-processual e convencer o juiz da sua alegação. Todavia, caso não o faça, assume o risco de lhe advir um prejuízo. Trata-se, portanto, da possibilidade de se evitar uma perda[129].

De forma geral, o conceito de ónus envolve as noções de poder e liberdade, aproximando-se do conceito das faculdades[130]. No entanto, é inegável que caso não se desincumba do seu ónus da prova, a parte terá o risco de não ter sua pretensão acolhida. Neste sentido, podemos afirmar que se trata da perda de uma chance de ver sua posição jurídica melhorada, ou, como afirmou Lopes Jr, perda de uma chance de obter a captura psíquica do juiz[131].

Na doutrina civilista portuguesa atual, Menezes Cordeiro diferencia ónus do encargo, recuperando o sentido alemão de *Obliegenheit.* Para este A., "os ónus têm a ver com a carga probatória. Embora a figura seja processual, ela ocorre nas obrigações, com um grande alcance substantivo"[132]. Diferentemente, o encargo, que "prefigura uma conduta de uma das partes, prevista no contrato ou em regras aplicáveis. Tal conduta é necessária, (sic) para a produção de um determinado efeito. Todavia, se for inobservada, a contraparte não tem nem o direito de pedir a sua execução judicial, nem o de exigir uma

[128] Aqui no sentido de prova enquanto atividade probatória, e não como meio de prova ou resultado da atividade probatória. Acerca das diferenças das aceções da palavra "prova", cf. Mendes, 2020: 173.

[129] Goldschmidt, 1936: 82-83, *ónus* se distingue dos *deveres*, tendo em vista que estes são imperativos impostos por interesses de terceiros, bem como da *obrigação*, já que o inadimplemento desta gera uma sanção, o que não ocorre com o descumprimento daquele. Nesse sentido, Badaró, 2003: 171.

[130] Badaró, 2014: 291. Entendemos que as faculdades relacionadas aos ónus no processo penal não se referem ao conceito jurídico civil, próprio do direito das obrigações. Naquele ramo processual utiliza-se no sentido de *possibilidade, decisão* ou *interesse* de tomar uma postura jurídica. No direito civil, cf. Cordeiro, 2019: 541, "a faculdade é um conjunto de poderes ou de outras posições ativas", se opondo aos direitos potestativos (que gera na outra parte as "correspondentes sujeições". Acrescenta o A. que as faculdades exigem, par o seu funcionamento, "o acordo de terceiros".

[131] Lopes Jr., 2014: 563.

[132] Cordeiro, 2019: 543.

indemnização. As consequências da inobservância de encargo exaurem-se na não obtenção do efeito cuja produção se trate ou na sua não obtenção por inteiro"[133]. Diferencia, em suma, o A. que, os ónus se destinam às leis processuais, enquanto a "culpa" do faltoso pelo não "cumprimento" do encargo se aproxima mais dos deveres"[134].

O ónus da prova pode ser classificado em subjetivo, formal ou de produção, que concerne a *quem* sofrerá as consequências de não ter provado um facto durante a instrução e cujo enfoque concerne à atividade probatória das partes, direcionando-as na busca e inserção dos meios de prova no processo[135]; e ónus da prova objetivo ou material, que se trata de regra de julgamento direcionada ao juiz, refletindo "como o juiz deverá julgar, no momento de sentenciar, se estiver em dúvida sobre fato relevante"[136]. Em seu aspeto objetivo, o ónus da prova prescinde de qualquer atividade das partes. Trata-se de critério de decisão diante da proibição do *non liquet*[137].

Para os civilistas João de Castro Mendes e Miguel Teixeira de Sousa, em consequência do princípio dispositivo é possível conceituar duas espécies de ónus: o ónus de alegacão (subjetivo, o qual "compete o autor invocar os atos que integram a causa de pedir, e cabe ao réu alegar os factos que se baseiam as exceções, dilatórias ou peremptórias"; e objetivo, que diz respeito aos riscos inerentes a omissão da parte que não alegou os factos favoráveis para si). Acrescentam os autores que cabe ao réu impugnar os factos afirmados pelo autor na inicial (ónus de impugnação subjetivo), sob pena de os factos não impugnados serem considerados verdadeiros (ónus de impugnação objetivo)[138].

Apesar destas classificações, a questão da existência de um ónus da prova em matéria penal no direito continental europeu vem suscitando intensa polêmica[139]. Para Figueiredo Dias, o ónus da prova corresponde a um instituto

[133] Cordeiro, 2019: 546.

[134] Cordeiro, 2019: 547.

[135] Badaró, 2003: 181-182.

[136] Badaró, 2014: 293.

[137] Badaró, 2003: 178-179.

[138] Mendes/ Sousa, 2022: 89.

[139] Antunes e Costa entendem que, apesar de ser controversa a existência do ónus da prova no processo penal português, a CRP proscreve qualquer ónus da prova a cargo da defesa, ao passo que prescreve que qualquer dúvida deve favorecer o arguido. Há crítica, nosso ver, das autoras, no sentido de que não caberia a Lei interna mudar tal situação, como se

de direito processual civil, que não pode ser utilizado na esfera penal. Nesta seara, pois, defende que não há ónus da prova subjetivo para o órgão ministerial, dado que este, ao menos no sentido formal, não é parte no processo. Não existem interesses contrapostos do MP em relação ao arguido, pois não se busca sua "condenação a qualquer custo", pautando-se aquele pelo "dever de objetividade"[140].

Da mesma forma, segundo o mesmo A., não há que se falar em ónus para o arguido, já que para ele não decorreria prejuízo em virtude de um facto não provado. Observa que, diferentemente do que sucede em processo civil, em que cada parte assume o dever de alegar e provar "sob pena de ter os factos tidos como provados" (ónus formal), a consequência da incerteza de provas, mesmo após o juiz valer-se dos poderes instrutórios para saná-la, será a absolvição em razão do *in dubio pro reo*. Por esse motivo, considera que não é factível utilizar-se do ónus material para fundamentar a consequência de a decisão ser prolatada cm desfavor da acusação[141].

No mesmo sentido, mais recentemente, Nieva Fenoll sustenta que o ónus da prova é uma relíquia que tinha a sua razão de ser no sistema de valoração legal probatória civilista de modo a limitar a inquisitoriedade judicial. Com efeito, cada litigante sabia, aquando do início do processo, exatamente o que deveria provar (aquele que afirma um direito deve prová-lo, assim como deve fazê-lo aquele que o nega), sob pena de se sujeitar às consequências previstas aquando da conclusão do feito, momento em que o instituto evidenciava maior utilidade[142].

Para este A., o *onus probandi* não tem sequer mais razão de ser no sistema de valoração livre de provas do processo civil. Com maior razão, defende a sua exclusão no âmbito processual penal, por ser rara a situação de insuficiência de provas (*non liquet*), já que há sempre prova, por menor que seja, para se valorar. Observa que o ónus encerra o processo de forma prematura e fictícia, o que

extraí da Diretiva (ilação a que chegamos, em virtude de a CRP não prever nenhuma exceção ao princípio da presunção de inocência, como o fez o referido instrumento internacional). Cf. Antunes / Costa, 2015: 32-33.

140 Figueiredo Dias, 1972: 139. Em crítica à posição de Figueiredo Dias, Trechsel / Summers, 2005: 167.

141 Figueiredo Dias, 1972: 139.

142 Nieva Fenoll, 2019: 34; 37.

inadmissível para a ciência jurídica[143]. Para o professor espanhol, o efeito da inexistência do ónus deve ser a aplicação do princípio do *in dubio pro reo,* em razão do princípio da presunção de inocência[144].

Partindo de conceção diversa, Pedro Múrias sustentou que o ónus da prova é um instituto para decidir casos de incerteza em busca de uma solução justa[145], tratando-se de um conceito da teoria geral do direito, da argumentação ou decisão, que tem cabimento em todos os ramos jurídicos, inclusive no processo penal[146].

Todavia, o autor entende que o ónus subjetivo consiste na atividade de produção de provas pelas partes em que vigore o princípio dispositivo, conceito que perde sentido onde o tribunal possa determinar a produção de provas e onde vigore o princípio da aquisição processual[147]. Por essas razões, salienta que não há que falar nessa espécie de ónus no ordenamento português, fundamentando tal conclusão, ainda, na ausência de caráter de parte do MP português[148].

O ónus objetivo, por sua vez, aplica-se, no entender do mesmo A., na fase de julgamento, momento em que o juiz privilegia uma das *versões* (e não as partes) controvertidas no processo, em caso de dúvida sobre facto relevante[149]. Neste caso, aplica-se o *in dubio pro reo,* devendo a decisão ser valorada a favor do arguido, já que é a *acusação a única versão onerada,* diante da insuficiência

[143] NIEVA FENOLL, 2016: 10-11.

[144] NIEVA FENOLL, 2016: 10-12. Mais recentemente, o A. pontua que a consequência da inexistência de ónus, "em sentido prático", seria a ausência de prejuízo para a parte inerte quanto à produção probatória, quando do início do feito. Isso porque, através da aquisição de provas e da valoração judicial quando da sentença, aquela poderá lograr êxito na causa. Em "sentido teórico", se evitaria conclusões errôneas (por parte do juiz), bem como à violação da igualdade de partes, cf. NIEVA FENOLL, 2019: 44-45. A nosso ver, todavia, o respeitável entendimento do autor não é inovador, dado que, pelos simples princípios da comunhão de provas e do livre convencimento motivado, mesmo num processo penal acusatório, se chegaria às mesmas conclusões de um processo sem ónus.

[145] NIEVA FENOLL, 2016: 17.

[146] MÚRIAS, 2000: 25-29.

[147] MÚRIAS, 2000: 21.

[148] MÚRIAS, 2000: 23-25.

[149] MÚRIAS, 2000: 20-21; 25-26.

probatória. Para o A., "[o] *in dubio pro reo* não afasta o *onus probandi*, apenas determina o seu sentido"[150].

Deve-se registar, ainda, que, no sistema misto, em que o juiz detém poderes investigatórios, como em Portugal, o magistrado tem a possibilidade de produzir provas de ofício, de maneira a dirimir dúvida relevante sobre os factos alegados. Apenas se, ainda assim, não logre êxito, entram em jogo as regras do ónus da prova objetivo, aquando do julgamento[151], como observou Vilela[152]. Posição essa, a nosso, ver criticável, haja vista que põe em causa a imparcialidade judicial.

Segundo Sousa Mendes, o ónus tático se evidencia mais do que "pedir a costumeira justiça", podendo as partes corroborar com seus argumentos, trazendo novos elementos, até findar a audiência (de instrução)[153].

1.2.2. A posição assumida quanto ao ónus formal

Primeiramente, a nossa crítica recai no fundamento dos autores supracitados, no sentido de o MP ser um sujeito imparcial, não detentor de um ónus formal. Com efeito, o órgão estatal não ficará indene de posturas processuais.

[150] MÚRIAS, 2000: 26. Mendes, 2020: 217-218, endossa os argumentos de Múrias e observa (em comparação com o *processo acusatório* com um de *estrutura inquisitória*), que embora o MP não tenha o ónus subjetivo, entende que "a acusação, não o MP ou o acusador particular (MÚRIAS, 2000: 26), tem um ónus material (ónus objetivo) de produzir meios de prova (ónus de produção) e de persuadir o tribunal no sentido de que as provas são bastantes para a condenação do arguido (ónus da persuasão)". No tocante ao ónus tático, caberia a ambas as partes, cf. MENDES, 2020: 216-217.

[151] Nesse sentido, BADARÓ, 2003: 191. Na verdade, difere-se do Brasil, em que se denomina *poderes instrutórios*, e a nosso ver, mais restrito, cf. se depreende da análise do art. 157º do CPPB, em comparação aos arts. 288, n.º 1, 288.º, n.º 4, 290.º, n. º 1 do CPP. O processo brasileiro caminha para um processo de partes; além disso, os juízes brasileiros possuem uma postura mais equidistante da prova. Nesse sentido, MORAIS, 2016: 31 e ss. Ver, ainda LEONEL, 2020: 546, com o posicionamento no sentido de que o Pacote Anticrime brasileiro (Lei 13.964/19), que inseriu o art. 3º- A (que se encontra com sua eficácia suspensa) no CPPB, excluiu a possibilidade de o juiz ter o protagonismo probatório. Para o A., essa nova previsão legal revogou tacitamente o art. 156 do CPPB, que prevê o princípio inquisitivo no processo penal. Ver, ainda, a n.r. 161, *infra*, acerca da incompatibilidade do sistema acusatorial e o entendimento de que o MP não é parte parcial no processo penal.

[152] VILELA, 2000: 80-81; 121-122.

[153] MENDES, 2020: 217.

Dessa forma, não se pode negar que, na prática, o *Parquet* buscará, a princípio, confirmar sua afirmação constante da denúncia[154] e nos demais atos acusatórios, como aditamento da denúncia e alegações finais (debates orais), ainda que, em momento posterior, possa pedir a absolvição[155].

Essa conclusão também é válida para a defesa, no que concerne às suas alegações. Em nossa conceção, não se deve perder de vista que, ainda que o MP (ou a "acusação") não seja considerado parte, ou que o juiz detenha poderes instrutórios, a acusação e a defesa assumem posturas processuais e se impulsionam através do ónus subjetivo[156].

Assim, ainda que se considere que não haja ónus formal no processo penal[157] a posição do TEDH é no sentido da sua existência, diante da incerteza factual. O Tribunal admite as consequências inerentes ao processo civil, com prejuízo ao sujeito processual que não se desonerou do ónus.

Tendo isso em vista, deve ser rechaçada a posição do TEDH, não em razão da inexistência de ónus no processo penal, mas, sim, pelo motivo de que o dever de provar (atividade probatória) e a consequência pelo facto não provado (resultado da atividade probatória) recaem exclusivamente no MP.

Assim, discordamos do entendimento de que não há ónus da prova formal no processo penal ou que tal conceito não tem mais importância teórica[158]. Um argumento para essa existência é que, como observou Badaró, no processo penal, o ónus da prova é sempre relativo ou imperfeito, uma vez que o seu não cumprimento não implica, necessariamente, um prejuízo para a parte que dele

[154] Em Portugal, a denúncia é só uma forma de transmissão da notícia do crime ao MP. O que faz as vezes da denúncia (do oferecimento da denúncia) no Brasil é a dedução de acusação.

[155] Badaró, 2003: 228.

[156] Morais, 2016: 37; Fernández López, 2004: 440-441.

[157] Independentemente da controvérsia de o MP, o arguido, ou o defensor serem partes, ou não, no direito português, usamos a expressão "parte" para referir- se a qualquer desses sujeitos que intervém no processo. Nesse sentido, "[n] o conceito de parte integram-se, segundo a formulação de Liebman, não só quem pede ou em face de quem se pede a tutela jurisdicional (colocação de Chiovenda), mas todos os que atuam, no contraditório, perante o juiz. Essas definições do termo "parte" não são contraditórias ou excludentes. Podem ser utilizadas, ora uma, ora outra, para consequências determinadas, com utilidade em certos institutos do processo. V., a respeito, nosso Intervenção de terceiros no processo civil, Saraiva, 1986." Cf. Greco Filho, 2012: 514-515. Nas linhas abaixo, explicamos a nossa posição quanto à natureza do MP como parte no processo penal.

[158] Múrias, 2000: 21.

não se desincumbiu. Por isso, o ónus da prova sofre atenuações, tendo em vista os poderes instrutórios do juiz, bem como e a regra da comunhão das provas, que podem contribuir para a prova da inocência do processado inerte[159].

Por todo o exposto, compactuamos da visão de Soares, no sentido de que ambas as espécies de ónus, subjetivo e objetivo, são expressão de um fenômeno único – o ónus da prova.

Ainda que visto apenas em perspetivas ou versões privilegiadas ou oneradas, consoante Múrias, inevitavelmente, o ónus objetivo prestigiará uma delas em detrimento da outra. Podemos perceber que, uma dessas versões será, consequentemente, de alguma das *partes* bastando que não tenha impulsionado suas alegações ou provas[160-161]. Em outras palavras, a acusação ou defesa sofrerá a consequência da não desincumbência do ónus. Além disso, além de parte, o MP seria um sujeito parcial no processo penal, já que tem

[159] Badaró, 2003: 232-231.

[160] Soares, 2016: 36-37 e 39.

[161] A posição do MP como parte no processo penal é pouco controversa na doutrina brasileira (também no âmbito do processo penal, a posição do Ministério Público é controvertida: parte *sui generis* (Vincenzo Manzini, Hélio Tornaghi); parte imparcial (Alfredo De Marsico, Magalhães Noronha); parte parcial (Francesco Carnelutti); parte material e processual (José Frederico Marques); parte formal, instrumental ou processual (Jorge Olmedo, Giovanni Leone, Fernando da Costa Tourinho Filho); não é parte (Otto Mayer, Biagio Petrocelli)). Discordando de Manzini, para quem o MP não seria parte material no processo penal, e sim formal, possuindo ónus e faculdades, o autor Hugo Nigro Mazilli, entende que em razão de ser interesse do Estado na pretensão punitiva se contrapõe ao direito de liberdade dos acusados. Nas palavras do autor, "(o) Estado tem uma autêntica pretensão punitiva em face de um indivíduo, e o interesse à liberdade, por razões de ordem pública, se contrapõe à pretensão acusatória, ainda que o próprio réu pessoalmente esteja convencido de que merece a punição — e isso porque não convém ao Estado nem à sociedade punir inocentes. Assim, segundo entendemos, existe mesmo uma pretensão punitiva do Estado em face do indivíduo, e essa pretensão só pode ser satisfeita por via jurisdicional verdadeira e própria, após o devido processo da lei, assegurada ampla defesa" Cf. Mazzilli, 2002:5-6 A nosso ver, não há qualquer dúvida de que o MP é parte no processo penal, pois tem interesses contrapostos ao réu. Além disso, como observou Badaró, a posição de não entender o MP como parte vai de encontro ao sistema acusatório, pois, "a concepção do Ministério Público como parte imparcial é incompatível com o processo penal acusatório, que exige um processo no qual haja uma dualidade de partes, em igualdade de condições, e com interesses distintos. Definido o sistema, os sujeitos que nele atuam devem ter a sua função determinada coerentemente com os ditames do modelo processual escolhido. Em um processo penal verdadeiramente acusatório, é necessário rever a posição do Ministério Público como parte imparcial". Badaró, 2015: 285.

interesse em provar a sua pretensão acusatória, perfectibilizada na denúncia, como observou Badaró[162] .

Por outras palavras, e em síntese, a melhor conceituação seria no sentido de que o *onus probandi* é a atividade que as partes devem desenvolver ao longo do processo (ónus subjetivo ou a *perspetiva subjetiva*), assumindo o risco de, não o fazendo, sofrerem consequências negativas, aquando do julgamento do feito ("perspetiva subjetiva do ónus da prova objetivo"[163]).

1.2.3. A posição assumida quanto ao ónus objetivo e ao *in dubio pro reo*

Apesar de serem três conceitos diferentes, presunção de inocência, na vertente probatória, ónus da prova, e *in dubio*, em processo penal, todos eles estão relacionados em razão de a presunção ser um princípio que deve informar todo o processo.

Assim, na perspetiva objetiva, o juiz, uma vez que não tenha se chegado a certeza acerca das provas dos factos, dará os factos como não provados, e aplicará a regra do ónus da prova material, julgando-se em desfavor da acusação. Nesse sentido, o ónus da prova, na *perspetiva objetiva*, trata-se de uma regra de decisão para se julgar em casos de incerteza, de modo a evitar o *non liquet*[164].

Em processo penal, nessa hipótese, a consequência de a acusação não ter logrado êxito em provar a culpabilidade para *além de qualquer dúvida razoável* será a aplicação do *in dubio pro reo* como decorrência lógica da presunção de inocência[165].

Ocorre que, a nosso ver, o facto de o *in dubio* se aplicar após a valoração das provas, não exclui os efeitos da presunção de inocência, uma vez que esta constitui um princípio a permear todo o processo, até o trânsito em julgado

[162] Badaró, 2003: 227-228.

[163] Múrias, 2000: 25.

[164] Múrias, 2000: 19-20.

[165] Apesar de, à primeira vista, não haver relação direta entre ónus subjetivo e presunção de inocência, especialmente se lembrarmos da sua origem histórica civilista, a verdade é que no âmbito penal existe o ónus subjetivo exclusivamente sob o MP, em razão da presunção de inocência, seja quanto aos elementos do tipo, seja quanto à dúvida sobre facto benéfico a defesa. Além disso, a própria atividade da acusação no curso do processo pode, também, ser considerada decorrência da presunção de inocência, tendo em vista a possibilidade de o arguido quedar-se inerte.

(art. 2.º da Diretiva), ou até à decisão que assegura a culpa, nos termos da lei (art. 3.º da Diretiva). Desse modo, a dúvida probatória acerca de qualquer facto benéfico à defesa deve determinar a absolvição ou outra medida concernente.

Nesse sentido, endossamos a posição de parcela da doutrina, por todos, Guerrero Palomares, que defende o *in dubio* como atributo da presunção de inocência, na sua vertente de regra de julgamento, devendo, por isso, ter a mesma natureza jurídica de direito subjetivo e de garantia processual. Não se trata, pois, de "mero princípio informador"[166].

Assim, o autor apresenta um silogismo: se a presunção de inocência impõe o standard de prova "mais além de toda dúvida razoável", que tem assento constitucional e transnacional, e, por outro lado, considerando que, segundo o *in dubio,* não se deve condenar em caso de dúvida, então o standard e o benefício da dúvida são duas faces da mesma "moeda", tendo as mesmas consequências em caso de dúvida ou incerteza sobre a culpabilidade. Salienta que o efeito, no âmbito probatório, é a valoração favorável ao acusado em caso de dúvida sobre facto relevante ou na ausência de prova suficiente, tanto a *ausência* como a *insuficiência* de prova equiparam-se em seus respetivos efeitos[167].

Guerrero Palomares observa ser esse o entendimento já sufragado pacificamente pela jurisprudência do TEDH, a exemplo dos casos Barberá e Telfner[168]. Por tal razão, elogia a Diretiva que elevou o *in dubio* ao *status* de garantia processual[169].

Assiste razão ao professor espanhol e à posição consagrada na Diretiva, ao consignar o *in dubio* (art. 6.º n.º 2) como um dos atributos da presunção de inocência na vertente probatória, o que não exclui as outras manifestações deste princípio trazidas pelo instrumento[170].

Portanto, se se vislumbrar o *in dubio* apenas como um princípio interpretativo, e não como atributo da presunção de inocência[171], o benefício da dúvida não se aplicaria às alternativas a situação de insuficiência probatória diante

[166] Guerrero Palomares, 2019: 167.

[167] Guerrero Palomares, 2020: 202; Fernández López, 2004: 209 e 293.

[168] Guerrero Palomares, 2019: 176.

[169] Guerrero Palomares, 2019: 182. Logo, o *in dubio* deve ter a mesma aptidão de ser controlável e recorrível, inclusive perante o TCE, e não apenas na via ordinária do TS.

[170] Ou seja, diante da incerteza gerada pela insuficiência probatória não prevaleceu o *in dubio pro reo.*

[171] Fernández López, 2004: 234; Badaró, 2003: 298 e ss.

de uma causa diminuição de pena ou exclusão de culpa alegada pela defesa[172]. Em outras palavras, a presunção, se vista apenas como regra de juízo, não se aplicaria à dúvida concernente às circunstâncias favoráveis ao acusado[173].

Nesse sentido, o ónus da prova a cargo da acusação determina-lhe o dever de provar todos os elementos constitutivos da culpa, e, caso não o faça, poderá o juiz, diante da insuficiência ou ausência de prova, decidir em benefício do arguido[174], como decorrência lógica da presunção de inocência, determinando-se a regra de valoração mais justa ao acusado (não necessariamente a absolvição[175]).

1.2.4. Conclusão acerca do ónus da prova

Ante o exposto, na atualidade, percebe-se que, geralmente, ambos os sistemas alocam, ainda que implicitamente, algum encargo probatório, mesmo que "leve", ao réu, seja através do *evidential burden* (ónus de produção), seja no seu, a nosso ver, "correlato", ónus subjetivo.

Com efeito, caso a defesa perceba, no curso processual, que as provas pendem a favor da acusação, cabe-lhe antecipar uma eventual sentença desfavorável (ónus tático) e angariar provas para gerar uma dúvida razoável.

Todavia, incumbe à acusação o ónus da prova dessa alegação além de qualquer dúvida razoável. Embora se trate de uma faculdade[176], é evidente que a defesa tem *interesse* em evitar o prejuízo de uma sentença desfavorável, devendo, por vezes, praticar um ato necessário para consecução desse fim.

2. As presunções de facto ou de direito que distribuem ou invertem o ónus da prova

As presunções invertem ou distribuem o ónus da prova, mas são legitimadas por diversas razões, como, por exemplo, a presunção de inocência não ser um direito absoluto, podendo, por isso, ser limitado[177].

[172] Fernández López, 2004: 302 e 307.
[173] Fernández López, 2004: 306-307.
[174] Guerrero Palomares, 2020: 202.
[175] Nesse sentido, Mendes, 2020: 222.
[176] Ver n.r. 131 e 162.
[177] Stumer, 2018:117 e ss.

Nessa linha, de acordo com o TEDH, a legislação dos E-M pode prever delitos que contenham presunções de facto ou de direito dentro de limites razoáveis. Destarte, em Salabiaku v. França, o juiz de Estrasburgo considerou que do facto material (posse de mercadorias proibidas) se inferiu a responsabilidade penal, que, por sua vez, fez a conduta do autor se subsumir ao delito do art. 414 do Código de Aduanas.

Conforme o Tribunal de Estrasburgo, o MP provou o facto material objetivo, o qual não requeria a existência de dolo ou negligência, sem que o acusado tivesse conseguido "demonstrar que se tratava de «um caso de força maior e inevitável» e adequado para «exculpar-lhe»"[178]. Além disso, ponderou que houve distribuição e não inversão do ónus da prova quando do julgamento.

Ocorre que, conforme já evidenciámos, o risco de se admitir as presunções legais, contanto que sejam, dentre outros requisitos, ilidíveis, significa inverter o ónus da prova, e, por conseguinte, violar ou relativizar a presunção de inocência, já que, em tese, sempre o acusado terá uma defesa quanto às inferências legais[179]. Com efeito, ainda que não se trate de elementos do tipo, a presença das circunstâncias exculpantes era necessária para não haver a condenação[180].

Desse modo, em outros casos, a exemplo de Hoang v. França, o TEDH decidiu, em nosso entendimento, pelo ónus de alegar do acusado, já que considerou que não foi suscitado ter atuado por necessidade nem por erro inevitável. Em Janosevic v. Suécia, o juiz de Estrasburgo considerou que a defesa poderia ter apresentado documentos justificativos que o isentassem de responsabilidade. No mesmo sentido, em Radio France e outros v. França[181], o TEDH considerou que os acusados poderiam ter provado a força maior ou a boa-fé para se escusarem de responsabilidade.

Como podemos perceber, pois, em todos esses precedentes, o arguido teria de ter provado a ausência de um elemento do crime ou a existência de uma "defesa legal", fatores que seriam decisivos para a sua própria condenação caso não lograsse êxito na invocação das circunstâncias, existindo, pois, o ónus de

[178] Salabiaku v. França, n. º 10519/83, de 7 de outubro de 1988, § 26.

[179] Stumer, 2018: 127-129.

[180] É o que prescreve o "processualismo amplo", cf. vimos acima.

[181] Radio France e outros v. França, n.º 53984/00, de 30 de março de 2004.

persuasão, isso sem qualquer certeza (ou sem a máxima certeza) dos factos levados a cabo pela acusação[182].

Com efeito, o risco de se admitir as presunções legais é gerar a inversão do ónus da prova no tocante ao facto presumido, e, por conseguinte, violar ou relativizar a presunção de inocência, já que, em tese, sempre o acusado terá uma defesa quanto às inferências legais[183].

A teor do Ac. Salabiaku v. França, no tocante ao argumento de ter havido "distribuição" e não "inversão", colacionamos a lição de Badaró no sentido de que as presunções, tecnicamente, não invertem o ónus da prova, já que o acusado não deverá provar a pretensão acusatória (facto típico, ilícito, culpável[184]), e a acusação, os factos impeditivos, modificativos e extintivos do seu próprio direito[185]. Todavia, as ditas presunções geram uma alteração na distribuição do *onus probandi,* de modo que a parte por ela beneficiada é dispensada da prova de uma alegacão fáctica[186].

Ainda conforme o autor, com o qual concordamos, não há uma verdadeira divisão civilista dos ónus de modo que a dedução da acusação[187] e a consequente atividade probatória do órgão pressupõe que os factos não ocorreram diante de causas de exclusão de ilicitude, culpabilidade ou punibilidade[188].

De toda forma, como bem observou Badaró, o ónus da prova da inexistência de causas de exclusão de ilicitude e culpabilidade cabe à acusação. Nesse sentido, salienta o A. que a distinção entre factos constitutivos, impeditivos e extintivos do direito do autor é inservível para ser utilizado no direito penal,

[182] A medida de prova corresponde ao grau de convicção que o julgador te de atingir para dar como provadas as alegações de facto sujeitas à sua apreciação, cf. Mendes, 2019a: 19.

[183] Stumer, 2018: 127-129.

[184] Palma, 2018: 33, ainda acrescenta o substrato da punibilidade.

[185] Badaró, 2003: 264- 265.

[186] Badaró, 2003: 265. Quem também faz essa distinção (entre inversão e distribuição do ónus da prova) são os autores Mendes, 2017: 144, referindo-se a hipóteses em que o *visado* deve provar algumas das excludentes de responsabilidade do crime de branqueamento de capitais. Neste caso, há exceções ao ónus da prova, mas não há que se falar em inversão do ónus da prova, já que não referentes aos elementos constitutivos da infração; e Villamarín López, 2017a: 96, aduzindo que as presunções legais não geram propriamente uma inversão, já que continua a cargo do MP a prova da pretensão acusatória ("o facto base" da presunção), e sim uma distribuição do ónus.

[187] Ou o oferecimento da denúncia, como no caso do Brasil.

[188] Badaró, 2003: 258.

sob pena de inversão do ónus da prova. Entender de outra forma seria ratificar que o crime é composto apenas pelo facto típico. Assim, não pode surgir a pretensão punitiva do Estado apenas pela prova da tipicidade[189].

Ainda conforme o A., (...) as excludentes de tipicidade, ilicitude e culpabilidade não são factos impeditivos do direito de punir, mas a negação do facto constitutivo do direito de punir. Por essa razão, não caberia sequer ao acusado gerar uma dúvida razoável acerca da ocorrência de algumas das excludentes[190].

A questão é que, independentemente da classificação que se atribua, e ainda que se considere existente essa distribuição, o ónus da prova da culpabilidade, com todos os elementos citados, é, apenas, do MP. Cabe ao arguido alegar, como forma de exercer um direito ou faculdade, a existência da atipicidade ou de excludentes de ilicitude, culpabilidade (ónus formal), sempre se visando uma sentença favorável (ónus material). Em outras palavras, o ónus da prova exclusivo da acusação não exclui o *interesse* de o arguido angariar provas em seu benefício. Todavia, é aquela quem suportará o ónus (ou *as consequências*) quando não se dispõe de prova suficiente de culpabilidade, como dos factos alegados por este[191].

Além disso, ao admitir que se considere o dolo, integrante da tipicidade, como elemento constitutivo do crime e as excludentes de ilicitudes e culpabilidade como factos "extintivos" do *ius pudiendi* estatal, corresponderia trazer para o direito penal categorias típicas do processo civil, o que

[189] Badaró, 2003: 310.

[190] Badaró, 2003: 319-325.

[191] Fernández López, 2004: 231. Quanto às excludentes de ilicitude, há duas posições doutrinárias, sendo a majoritária a que sustenta que cabe à defesa provar a existência das excludentes e, caso não logre êxito, o juiz poderá julgar em seu desfavor. Contudo, entendemos que está correta a segunda posição, que sustenta que as excludentes de ilicitude/culpabilidade devam ficar a cargo da acusação. Badaró, 2003: 305-324. Para a primeira conceção, as causas de atipicidade ou de afastamento da tipicidade funcionam mais como a impugnação civilista e as causas de exclusão da ilicitude como as exceções, que o arguido terá de alegar e provar para que não restem dúvidas de que a sua conduta, apesar de preencher um tipo criminal, afinal não é ilícita e até é favorecida pelo ordenamento jurídico. As causas de exclusão da culpa podem exigir mais do arguido porque o ordenamento jurídico não favorece a sua conduta, limita-se a compreendê-la ou a desculpá-la.
No mesmo sentido, Dias afirma que, em caso de dúvida, tanto do dolo quanto das excludentes de ilicitude deve prevalecer o princípio do *in dubio pro reo*, com o qual concordamos. Figueiredo Dias,1976: 139-143.

não deve ser aceito uma vez que a divisão do conceito analítico de crime (em "fato típico, ilícito, culpável e punível") se dá apenas para fins conceituais, de modo que para haver condenação o órgão acusatório deverá provar todos os seus elementos[192].

Essa, porém, não foi a postura do TEDH. Para este Tribunal, TEDH, o descumprimento do ónus pelo arguido foi facto decisivo para a sua condenação e mais pesado que o ónus da acusação, que precisou provar apenas o facto material, sem a necessidade de análise dos elementos subjetivos. Outrossim, ainda que o crime seja um fenômeno único, sendo decomponível em substratos apenas para efeitos didáticos, diante do contexto dos julgados e do considerando 22 da Diretiva, percebe-se que este instrumento ratifica o posicionamento do TEDH, no sentido da distribuição do *onus probandi.*

É importante observar o argumento do TEDH, no sentido de que, em razão de as presunções não se terem aplicado automaticamente (i.e., o juiz não estava vinculado a decidir, automaticamente, no sentido da presunção legal), tendo os magistrados *a quo* "margem de apreciação" da matéria, além da possibilidade de se valerem do benefício da dúvida, não houve violação do princípio presunção de inocência.

Em suma, em nossa visão, o ónus, tanto dos factos constitutivos do crime, como das excludentes de responsabilidade, seja de produzir provas, seja de convencer o juiz da respetiva alegação, deve recair apenas sobre a acusação. Todavia, sem a necessidade de o órgão acusatório provar a não ocorrência de tais excludentes caso o arguido não as alegue.

Em face do acusado, poderia pesar apenas o "ónus" de alegar[193] e, se possível à defesa, apresentar provas capazes de provar sua alegação caso tenha interesse em provar sua inocência ou alguma outra defesa. Como se pode perceber, essa faculdade não se confunde com uma obrigatoriedade legal de fazê-lo, ainda que para gerar apenas a convicção judicial à luz de um equilíbrio de probabilidades.

O arguido, pois, poderia apenas suscitar a questão, sem ter o ónus probatório quanto a isso. Uma vez levantado a questão, ainda que sem a apresentação

[192] Sobre o conceito material de crime vide, Palma, 2018: 33; no sentido do crime como fenômeno único, e suas consequências no ónus da prova, Nogueira, 2018: 243-275.
[193] Ver n.r . 101.

de provas convincentes, deve a acusação provar o contrário mais além de toda a dúvida razoável.

Portanto, verifica-se que o TEDH aloca em ambas as partes igual peso e responsabilidade na prova da culpabilidade, tal como ocorre no sistema acusatorial puro. Desse modo, através da análise dos casos ora estudados, podemos notar que não foi imposto ao acusado apenas um ónus de apresentar provas de facto favorável à defesa *ou a refutação de alguma presunção* (ainda que apenas para gerar uma dúvida razoável, embora não conste tal posição nos julgados), mas também um verdadeiro ónus de persuasão, já que apenas se a defesa tivesse desincumbido do ónus, ela teria vencido a causa[194]. Assim, o descumprimento do ónus foi determinante para a condenação, sem a necessidade de a acusação provar mais além de toda a dúvida razoável.

Como salientou Stumer, diante da convicção do tribunal à luz de provas suficientes por parte da acusação, não se aplica o ónus da prova como forma de mitigar o risco da não persuasão ou não se considera importante a assunção desse risco ao acusado[195].

3. A não utilização correta das regras de direito comparado

Apesar de estarmos conscientes dos estudos levados a cabo aquando do Livro Verde, dentre outros realizados pela Comissão, e bem como por ONGs e pela doutrina de referência[196], arriscamos a dizer que a Comissão, ao propor a Diretiva, não fez uso do método do direito comparado, isto é, não realizou estudos comparativos profundos acerca dos fundamentos de institutos jurídicos e ordenamentos penais.

Isso é de fundamental importância, especialmente porque o TEDH ocupa-se de "assuntos que envolvem problemas jurídico-penais (materiais e processuais)" que exigem esse específico conhecimento, como relatou Kai Ambos[197].

[194] Ainda que sem determinar o "standard de prova, além da dúvida razoável ou de um equilíbrio de probabilidades".

[195] Stumer, 2018: 130. Por tal razão, inclusive, o autor adverte que os tribunais ingleses vão agir com muita cautela "ao aplicar as decisões de Estrasburgo no juízo nacional".

[196] Comissão Europeia, 2013b (Avaliação de Impacto): 10-12, sendo que nas pp. 11 e 12 há uma lista de "estudos e publicações".

[197] Ambos, 2018: 17.

Dessa forma, se teria ciência da necessidade ou não de se estabelecer regras mínimas para aproximação legislativa dos Estados, caso fossem constatadas diferenças entre os ordenamentos jurídicos[198].

Para o professor da Universidade de Göttingen, a análise entre os denominados sistemas "civil law" e "common law" deve ser feita apenas na medida em que tenha como função "limitar a investigação a sistemas jurídico-representativos", já que não existe um "verdadeiro sistema processual europeu"[199].

Assim, por meio desse método, deve se centrar "[...] no problema específico sobre o qual se pretende investigar, para indagar posteriormente como se procurou solucionar tal problema em cada um dos ordenamentos jurídicos objetos de investigação [...]"[200]. Também é necessário levar em consideração o problema social que requer uma solução, sem "preconceitos conceituais" ou "dogmáticos"[201], evitando-se "transplantes jurídicos"[202]. O ponto de partida será uma "experiência macro" ("de maneira empírica") até se ir estreitando conforme as particularidades culturais de cada ordenamento[203].

Deve observar-se que o método do direito comparado é empírico-indutivo, o qual propõe uma análise comparativa estrutural do instituto a ser estudado (no caso, o ónus da prova no sistema processual penal de todos os E-M da UE), mesclando o sistema legislativo e a sua "aplicabilidade prática"[204].

Feitas essas observações, a presunção de inocência, e, particularmente, a vertente probatória do ónus da prova, a nosso ver, não requereria uma *solução*, já que o "problema jurídico" parecia ser mais financeiro do que qualquer outro.

4. A presunção de inocência como mera cláusula do processo justo

A par dessas observações, entendemos que a jurisprudência do TEDH parece assumir uma postura probatória típica do "common law", especialmente o

[198] Ambos, 2018: 16. Que é, inclusive, é um dos objetivos da EU, nos termos do seu Considerando n.º 2 da Diretiva.

[199] Ambos, 2018: 17.

[200] Ambos, 2018: 24.

[201] Ambos, 2018: 26.

[202] Ambos, 2018: 28.

[203] Ambos, 2018: 28-29.

[204] Ambos, 2018: 31.

dos EUA[205]. Por consequência, a Diretiva, que tem por base os precedentes do TEDH, revela uma certa importação de princípios e institutos do direito norte-americano para o *civil law* europeu continental, reluzindo aqui o citado "transplante jurídico", expressado por Ambos. Tal facto pode ser o reflexo da ausência de estudos comparativos profundos, que visem buscar a solução do problema jurídico "presunção de inocência" nos E-M da UE, com o intuito de se gerar regras mínimas garantísticas comum[206].

Para além do ónus da prova e do standard de prova, aquele sistema trata a presunção de inocência como regra meramente integrante do devido processo legal[207].

Para Ho, "if the presumption of innocence is only a rule of evidence that regulates proof at the trial (as it is regarded in the United States)", diferentemente do que ocorre no direito europeu e francês[208].

Nesse sentido, concordamos com Hoc Lai, que nos ensina que a presunção de inocência, se reduzida ou sendo apenas mais um dos aspetos do "standard" do "fair trial" (julgamento justo), não é um direito humano. Isso porque ela é o próprio significado do *due process of law*. Com efeito, o Estado apenas pode condenar alguém, uma vez demonstrada a sua culpa, "incluindo direitos e proteções de um julgamento justo"[209].

Nesse sentido, não consideramos a proteção do inocente suficiente com a sua redução à vertente processual (do *fair trial*), já que a presunção de inocência deve brindar com a sua proteção em separado e independente do processo equitativo, como já exposto acima[210].

A propósito, Stumer critica o TEDH ao englobar a presunção de inocência ao processo equitativo, vez que essa prática vai contra a estrutura da CEDH,

[205] No sentido de que o TEDH tem adotado um sistema completamente novo de prova, superando a dicotomia entre os sistemas inquisitorial e adversarial, Jackson, 2007: 312.

[206] Vale lembrar que os efeitos diretos e indiretos da Diretiva podem ser aplicados apenas aos E-M. Todavia, como a jurisdição do TEDH abrange todos os estados do Conselho da Europa, muitos não integrantes da EU, os preceitos da Diretiva podem ser aplicados se pensarmos que ela foi pautada na jurisprudência do TEDH, a qual é vinculante para todos os Estados do Conselho da Europa (art. 46.º, 1 da CEDH).

[207] Ho, 2012: 260.

[208] Ho, 2012: 264.

[209] Ho, 2012: 266.

[210] Nesse sentido, Stumer, 2018: 123-124.

que os coloca em apartados diferentes, n.º 1 e n.º 2 do art. 6.º, respetivamente, de forma que aquele Tribunal está conferindo uma atenção insuficiente ao princípio[211].

Assim, percebe-se que não foi dada a importância necessária, autônoma e suficiente ao princípio da presunção de inocência, parecendo ser apenas um apêndice do processo equitativo[212]. Buíza[213] chega a falar de "concurso aparente" da presunção de inocência com o art. 6.º, n.º 1, de forma que, constatada a infração ao *apartado primeiro*, nem sequer é analisado o art. 6.º, n.º 2.

Em nosso entendimento, a redução do princípio da presunção de inocência à cláusula do processo equitativo não evidencia a sua importante função de chave mestra do nosso sistema processual penal.

Nesse viés, parece notória a influência do direito norte-americano, cujo princípio da presunção de inocência se extrai da cláusula do devido processo legal[214].

5. A universalização a partir de casos concretos e seus riscos

Conforme já exposto supra, o TEDH analisa o processo como um todo, por meio de um "controle externo dos juízes nacionais"[215], e mediante uma prática utilizada no direito norte-americano de "equilíbrio ad hoc", através de um "juízo de proporcionalidade", o que dará lugar a uma "norma geral a ser usada em casos conflituantes"[216].

Nessa linha de raciocínio, a nosso ver, a Comissão foi contraditória ao estabelecer padrões mínimos e gerais, com base em precedentes judiciais peculiares do TEDH, em que a presunção de inocência foi apreciada casuisticamente, não sendo adequados para direcionar casos futuros de violação desse princípio pelos E-M[217].

211 Stumer, 2018: 123.

212 Stumer, 2018: 123-125.

213 Allué Buiza, 2014: 411.

214 Soares, 2016: 27.

215 Mendes, 2019b: 67.

216 Caterini, 2017: 125.

217 Nesse sentido, conforme consta na própria Avaliação de Impacto, pp. 14-15, "[a] jurisprudência do TEDH está extremamente ligada às circunstâncias factuais de cada caso individual e às especificidades do sistema jurídico. Por este motivo, basear-se na jurisprudência é problemático, uma vez que é por natureza fragmentado e reativo e resulta em interpretações muito

Por tal razão, a presunção de inocência pode ter sido violada pelo juiz nacional sem que o TEDH reconheça que tal sucedeu. Ou seja, o princípio perde uma dupla chance de ser salvaguarda, mormente se considerado que o juiz de Estrasburgo pode considerar violado apenas o processo equitativo[218].

IV. As possíveis soluções jurídicas para o conflito entre a inversão do ónus da prova e a presunção de inocência

Ante o exposto, podemos vislumbrar algumas soluções jurídicas.

Uma delas, a nosso ver, foi a que chegaram os advogados do Fórum Penal Português. Os juristas concluíram no sentido de se fazer uma interpretação conjunta da jurisprudência constitucional portuguesa e da jurisprudência do TEDH referentes à utilização de presunções sem análise da culpa, e a do próprio *iter* legislativo que culminou na redação final do art. 6.º da Diretiva, quando foram retiradas as menções às presunções da parte operativa do texto[219].

divergentes por parte dos Estados-Membros (...)" (tradução livre). Ademais, "[a] European Criminal Bar Association, por exemplo, argumentou que seria 'perigoso' confiar no TEDH como o standard de presunção de inocência porque a perspetiva do Tribunal é *ex post facto* e levará em consideração a totalidade dos processos judiciais nacionais. Pode haver um caso de não violação, embora tenha havido uma violação da presunção de inocência em primeira instância" (Avaliação de Impacto, p. 15, tradução livre). Todavia, como pontos positivos, a Avaliação, pp. 40-41, previu que, caso seja adotada uma política legislativa, com a existência de regras mínimas, haveria maior confiança mútua e menos atrasos na cooperação entre os Estados, reduzindo-se os custos pelos atrasos. Também assigna que os Estados se beneficiariam de remédios adequados, em virtude desses padrões mínimos, o que levaria a menos erros judiciais e melhor perceção da justiça por parte dos acusados, vítima e demais, autoridades judiciais, advogados, etc. Cf. Comissão Europeia, 2013b (Avaliação de Impacto): 14-15; 40-41.

218 Vejamos que os tribunais internos, v.g., o STJ, também consideram a presunção de inocência integrante do processo equitativo. Assim, caso o acusado resolvesse acionar o TEDH, haveria o risco de, mais uma vez, a presunção de inocência ser desprezada (Ac. STJ, de 20/02/19, Proc. 557/13.6TACVL.B.S1, Rel. Lopes da Mota).

219 Fórum Penal – Associação de Advogados Penalistas, 2016; nesse sentido, ainda, veja-se Ac. TC n.º 179/2012, de 19/04/2012, Proc. 182/2012, Rel. José da Cunha Barbosa: decisão condenatória em matéria penal assente na demonstração positiva da culpa do arguido e seja obtida sem sacrifício do tríptico garantístico constituído pela presunção de inocência, pelo *in dubio pro reo* e pelo *nemo tenetur se ipsum accusare* e dos demais direitos que gravitam em torno do arguido.

Do mesmo modo, a peculiaridade de cada E-M tem de ser respeitada, dado que nem todos os Estados admitem a imposição de ónus a cargo dos acusados.

Além disso, os E-M deveriam, a exemplo do Reino Unido, padronizar os casos em que podem ser aceites presunções para facilitar a sua aplicação, destrinçando entre, por um lado, o "objetivo legítimo que pretende perseguir"[220], como mencionado em Salabiaku e Janosevic, e os meios que sejam "razoavelmente proporcionais a tal fim".

No entanto, a "padronização" só faz sentido enquanto se busque um ponto de equilíbrio entre os princípios do dano e o da culpa, de um lado, e, de outro, o princípio da presunção de inocência, como observou Caterini. Para este A., uma forma seria o estabelecimento de presunções simples, nem absolutas ou relativas, feitas com base em regras probabilísticas que pudessem ajudar o juiz na formação da sua convicção, sem qualquer inversão do ónus da prova[221].

Não esqueçamos que os casos ainda poderão ser julgados casuisticamente por conta das presunções de facto e de direito, ainda constantes na redação do considerando 22 da Diretiva, espelhadas na jurisprudência do TEDH.

Com efeito, deve haver análise dos casos pontualmente, segundo regras objetivas de contrastes, controláveis através da melhor argumentação jurídica que o juiz consiga fazer[222].

No tocante à transposição, há entendimentos em sentidos diversos nos ordenamentos jurídicos dos E-M. Seguimos aqueles que entendem despicienda a transposição da Diretiva no Direito Português, uma vez que as presunções já eram admitidas em âmbito do TC, bem como em razão de a CRP dispor, expressamente, que todo o arguido se presume inocente até ao trânsito em julgado da sentença penal condenatória. Neste aspeto, como observaram Antunes e Costa, a Constituição veda qualquer imposição de ónus da prova a cargo da defesa[223].

[220] Quais sejam: a) Para determinar se o objetivo prosseguido é legítimo, são considerados os seguintes critérios: O tipo de crime; O tipo de pena associada ao crime; O dano social ou tributário que o crime acarreta; A natureza do elemento do crime a ser presumido; A facilidade ou dificuldade que o acusador tem em provar o facto; b) o julgamento da proporcionalidade", a exemplo dos casos do TEDH, cf. Villamarín López, 2017a: 99-101.

[221] Caterini, 2017: 124.

[222] Nieva Fenoll, 2016: 16.

[223] Ver n.r. 140.

Outra consideração parte de Ashworth, para quem quando se trata de delitos que cominem penas privativas de liberdade não há que se falar em relativização da presunção de inocência, com a inversão do ónus da prova[224].

Conclusão

A relativização do princípio da presunção de inocência, com a inversão ou distribuição do ónus da prova, vai de encontro ao seu próprio significado probatório e de princípio informador de todo o processo penal. Por meio desse princípio, tenta-se equalizar a posição do arguido que está sempre em desvantagem relativamente ao órgão acusatório, detentor de maior poder e aparato.

Não obstante, a Diretiva (UE) 2016/343 tratou a presunção de inocência como uma opção política de eficiência da acusação, em detrimento dos direitos individuais e processuais dos acusados, como foi notório nos Estudos e na Proposta anteriores à sua publicação.

A solução é criticável em quatro aspetos principais. Primeiramente, por ter assentado na regra do ónus da prova, cuja existência é controversa na seara no direito continental europeu. A crítica não decorre do reconhecimento da existência de ónus de prova no processo penal, mas sim da atribuição ao arguido do ónus de prova, por meio de presunções e distribuições ou inversões do ónus da prova.

Assim, verificados alguns requisitos, na forma do considerando 22 da Diretiva e da jurisprudência do TEDH, autoriza-se a relativização da presunção de inocência, impondo-se ao acusado o *onus probandi* para refutar alguma presunção de culpa.

Em nossa opinião, as presunções legais facilitam que o acusado possa ser condenado mesmo que a acusação não se tenha desincumbido da prova da culpabilidade para além de toda a dúvida razoável.

Portanto, o estabelecimento de presunções ilidíveis, e com possibilidade de inversão do ónus da prova no considerando 22 da Diretiva, poderá ser

224 Ashworth, 2006: 262. Outras soluções, a nosso ver, foram as restrições à inversão do *onus probandi* quando a condenação injusta é baixa ou a pena é mínima, como pontuou Stumer, 2018: 78.

gerador de grande insegurança jurídica e enfraquecer ainda mais a posição processual do arguido. Não podemos descartar, ainda, o risco de um maior número de condenações de pessoas inocentes.

Além disso, percebemos que, em algumas situações, a atribuição de encargos para refutar as presunções de facto e de direito, refletem-se no verdadeiro ónus de persuasão, o que pode gerar uma visão do princípio da presunção de inocência meramente formalista.

Outro enfraquecimento do princípio da presunção de inocência concerne aos delitos de responsabilidade objetiva, já que, nesses casos, a acusação provaria apenas a conduta, mas não o dolo (salvo se previsto em lei de acordo com a corrente processualista restritiva). Em tal hipótese, a nosso ver, o direito penal deve limitar o processo penal, de acordo com o princípio da culpa (corrente substantiva), o qual tem uma relação necessária com o da presunção de inocência. Conecta-se, ainda, à regra do ónus da prova afeto à acusação, devendo servir como um óbice à edição de tipos penais de responsabilidade objetiva.

No entanto, se houver necessidade, de facto, de se fazer uso de presunções em matéria penal, via com a qual não concordamos, valeria a pena que, ao menos, se estabelecessem regras claras, como o fez, por exemplo, a doutrina do Reino Unido, através da análise dos casos julgados. Tal implica especificar os tipos de crime ou as circunstâncias em que o estabelecimento de presunções seria admitido.

Acrescentamos, ainda, que outra solução seria considerar a jurisprudência de cada país, que pode conferir maior proteção ao princípio em detrimento do que dispõe a Diretiva, a teor do que prever, inclusive, o seu 13.º[225].

A Comissão, ao propor a Diretiva, não fez uso da metodologia do direito comparado. Consequentemente, não foi capaz de captar a visão que cada E-M tinha da presunção de inocência, para, depois, diante de cada realidade, conseguir analisar o que poderia ser feito para potenciar o princípio, na prática, se fosse o caso.

[225] Nesse sentido, cf. a Diretiva, artigo 13.º "Não regressão": "Nenhuma disposição da presente diretiva pode ser interpretada como uma limitação ou derrogação dos direitos e garantias processuais garantidos pela Carta, pela CEDH e por outras disposições aplicáveis do direito internacional ou pela lei de qualquer Estado-Membro que faculte um nível de proteção superior".

Outra crítica que se pode fazer à Diretiva é que a mesma parece ter-se valido do aspeto da presunção de inocência como uma das exigências do processo equitativo, tal como ocorre no direito norte-americano, o que enfraquece, consideravelmente, tal garantia, já que ela perde uma dupla chance de ser considerada infringida.

Essa conclusão pode ser percebida nos casos do TEDH em que, apesar de a presunção de inocência ter sido violada, o TEDH considerou que o processo "no seu todo" foi considerado válido, em razão do princípio retrocitado. Por fim, a nosso ver, a Comissão foi contraditória na tentativa de estabelecer padrões mínimos e gerais com base em precedentes judiciais peculiares, com vista à confiança mútua entre os E-M. Por assim ser, o efeito será o oposto do esperado (segurança jurídica entre os E-M). Tudo isso sem um parâmetro bem definido para o momento da sua aplicação, de forma a guiar os juízes nacionais.

Bibliografia citada

Allué Buiza, Alfredo,

(2014) "Una presunción de inocencia extensa y poco intensa (art. 6.2 CEDH)", in: Roca García, J., Santolaya, P. (coords.), *La Europa de los derechos: el Convenio Europeo de Derechos Humanos*, 3.ª ed. Madrid: Centro de Estudios Políticos y Constitucionales, pp. 409-429.

Ambos, Kai,

(2018) "Estado e futuro do direito penal comparado", *Anatomia do crime* 6, pp. 9-42.

Antunes, Maria João / Costa, Joana,

(2015) "Proposta de Directiva do Parlamento Europeu e do Conselho relativa ao reforço de certos aspectos da presunção de inocência e do direito de comparecer em tribunal em processo penal (COM (2013) 821 final)", in: Caeiro, P. (org.). *A Agenda da União Europeia sobre os Direitos e Garantias da Defesa em Processo Penal: a "segunda vaga" e o seu previsível impacto sobre o direito português*. Coimbra: Instituto Jurídico Faculdade de Direito da Universidade de Coimbra, 2015, pp. 21-46, disponível em https://www.uc.pt/fduc/ij/areasinvestigacao/pdfs/ebook_1_comentarios.pdf (consultado em 04/11/2021).

Asencio Gallego, Jose,

(2015) "Presunción de inocencia y presunciones iuris tantum en el proceso penal", *Revista General de Derecho Procesal* 36, pp. 1-51.

Ashworth, Andrew,

(2006) "Four threats to the presumption of innocence", *The International Journal of Evidence and Proof* 10, pp. 241-279.

Badaró, Gustavo Henrique

(2003) *Ônus da prova no processo penal*. São Paulo: Revista dos Tribunais.

(2014) *Processo Penal*, 2.ª ed. Rio de Janeiro: Elsevier.
(2015) *Processo Penal*, 3.ª ed. São Paulo; Editora Revista dos Tribunais.
Caeiro, Pedro,
(2015) "Introdução (ou de como todo o processo penal começa com uma Constituição de direitos)", in: Pedro Caeiro (org.), *A Agenda da União Europeia sobre os Direitos e Garantias da Defesa em Processo Penal: a "segunda vaga" e o seu previsível impacto sobre o direito português*. Coimbra: Instituto Jurídico-Faculdade de Direito da Universidade de Coimbra, pp. 7-18, disponível em https://www.uc.pt/fduc/ij/areasinvestigacao/pdfs/ebook_1_comentarios.pdf (consultado em 05/11/2019).
Caterini, Mario,
(2017) "The Presumption of Innocence
in Europe: Developments in Substantive Criminal Law", *Beijing Law Review* 8, pp. 100-140.
Comissão Europeia,
(1986) Informe da Comissão (Commission Plenary) de 16 de abril de 1986.
(1998) *COM (1998) 459: Towards an area of freedom, security and justice*, 03 de dezembro de 1998.
(2006) *COM (2006) 0174: Livro Verde sobre a presunção de inocência*, de 26 de abril de 2006.
(2013a) *Proposta de Diretiva do Parlamento Europeu e do Conselho, relativa ao reforço de certos aspectos da presunção de inocência e do direito de comparecer em tribunal em processo penal*, de 27/11/2013.
(2013b) "Commission Staff Working Document Impact Assessment: Accompanying the document Proposal for measures on the strengthening of certain aspects of the presumption of innocence and of the right to be present at trial in criminal proceedings", 27 de novembro de 2013 (Avaliação de Impacto).
Conceição, Ana Raquel,
(2019) "Presunção de Inocência", in: Albuquerque, P. de, *Comentário da Convenção Europeia dos Direitos Humanos e dos Protocolos Adicionais*, vol. II, Lisboa: Universidade Católica Editora, pp. 1070-1076.
Cordeiro, António Menezes,
(2019), *Tratado de Direito Civil*, VI, 3.ª ed. Coimbra: Almedina.
Cras, Steve / Erbežnik, *Anže*,
(2016) "The Directive on the Presumption of Innocence and the Right to Be Present at Trial, Genesis and Description of the New EU-Measure", *The European Criminal Law Associations' Forum*, Eucrim 1, pp. 25-36. Disponível em: https://eucrim.eu/articles/directive-presumption-innocence-and- right-be-present-trial/ (consultado em 10/12/2019).
Duff, R. A.,
(2012) "Presuming Innocence" in: Roberts, J., Zedner, L. (eds.), *Principles and Values in Criminal Law and Criminal Justice: Essays in Honour of Andrew Ashworth*, Oxford: Oxford University Press, pp. 12-32.
Fernández López, Mercedes,
(2004) *Presunción de inocencia y carga de la prueba en el proceso penal*. Alicante: Facultad de Derecho.

Figueiredo Dias, Jorge,
(1971) "Ónus de Alegar e de Provar em Processo Penal? (Anotação ao Acórdão do Supremo Tribunal de Justiça de 14.7.71)", *RLJ* 105, pp. 125-128 e pp. 139-143.
Fórum Penal Associação de Advogados Penalistas,
(2016) *Comentário à Directiva 2016/343/UE relativa ao reforço de certos aspetos da presunção de inocência e do direito de comparecer em julgamento em processo penal.* Lisboa: Forum Penal, disponível em https://bit.ly/3jpdkxH (consultado em 07/02/2020).
Goldschmidt, James,
(1936) *Teoría general del proceso.* Barcelona: Labor (Colección Labor – Biblioteca de Iniciación Cultural).
Greco Filho, Vicente,
(2012) *Manual de Processo Penal.* São Paulo: Saraiva (e-book).
Guerrero Palomares, Salvador,
(2019) "¿Es necesaria la transposición de la Directiva 343/2016, de 9 marzo, en materia de presunción de inocencia?", *Revista de Estudios Europeos* 1, pp. 164-183.
(2020) "Análisis crítico de la doctrina de la separación entre la presunción de inocencia y el in dubio pro reo", in: Mata, F. B. de, Vadell, L. B., Castell, A. C. G., *La Globalización del Derecho Procesal*, Valencia: Tirant lo blanch, pp. 177-203.
Ho, Hock Lai,
(2012) "The Presumption of Innocence as a Human Right", in: P. Roberts, J. Hunter (eds.), *Criminal Evidence and Human Rights.* Oxford: Hart Publishing, pp. 259-281.
Jackson, John,
(2007) "Taking Comparative Evidence Seriously", in: Roberts, P., Redmayne, M. (eds.), *Innovations in Evidence and Proof: Integrating Theory, Research and Teaching*, London: Hart Publishing, pp. 291-330 (*E-book*).
Leonel, Juliano de Oliveira,
(2020), *Pacote anticrime: estrutura acusatória versus governamentabilidade inquisitiva do processo penal brasileiro contemporâneo, RDPERS* [online], Ano 11, n. 26, disponível em https://revistadpers.emnuvens.com.br/defensoria/issue/view/2/6 (consultado em 23/10/2022).
Lopes Jr., Aury,
(2014), *Direito Processual Penal.* São Paulo: Saraiva.
Mazzilli, Hugo Nigro,
(2002) "A natureza das funções do ministério público e sua posição no processo penal", *Revista dos Tribunais*, 805/464.
Mendes, João de Castro/ Sousa, Miguel Teixeira de,
(2022), *Manual de Processo Civil*, vol I. AAFDL: Lisboa.
Mendes, Paulo de Sousa,
(2017) "A problemática da punição do autobranqueamento e as finalidades de prevenção e repressão do branqueamento de capitais no contexto da harmonização europeia", *Católica Law Review* 1, pp. 127-156.
(2019a) "Medida da prova", in: Paulo Sousa Mendes, Rui Soares Pereira, *Prova penal teórica e prática.* Coimbra: Almedina, pp. 19-40.
(2019b) "O princípio do processo equitativo na jurisprudência do TEDH", *Revista de Estudios Europeos* 1, pp. 66-78.

(2020) *Lições de Direito Processual Penal*. Coimbra: Almedina. (6.ª reimp. da ed. de 2013).

Morais, Felipe,

(2016) "O ônus da prova e a presunção de inocência no processo penal brasileiro". *Revista do MP do RS* 81, pp. 23-52. (consultado em 12/12/2019).

Múrias, Pedro,

(2000) *Por uma distribuição fundamentada do Ónus da Prova*. Lisboa: Lex.

Nieva Fenoll, Jordi,

(2016) *La razón de ser de la presunción de inocencia, Indret Revista para el análisis del derecho* 1, pp. 1-23, disponível em https://indret.com/la-razon-de-ser-de-la-presuncion-de-inocencia/. (consultado em 01/11/2019).

(2019) "La carga de la prueba: una reliquia histórica que debiera ser abolida", in: Nieva Fenoll, Jordi. Ferrer Beltrán, J.; Gianni, Leandro J., *Contra la Carga de la Prueba*. Madrid: Marcial Pons, pp. 23-52.

Nogueira, R. M.,

(2018) "Ônus da prova das excludentes de ilicitude no processo penal e a necessidade de rompimento com a sua matriz civilista". *Rev. Bras. de Direito Processual Penal*, Porto Alegre, vol. 4, n. 1, pp. 243-275.

Oliveira, Alexandre,

(2018) *Garantias processuais e a União Europeia, em especial, a Diretiva 2012/13/UE relativa ao direito à informação em processo penal e Diretiva (UE) 2016/343 relativa ao reforço de certos aspetos da presunção de inocência e do direito de comparecer em julgamento em processo penal*, Direito da União Europeia – Garantias Processuais, CEJ: Lisboa, pp. 9-42, disponível em http://www.cej.mj.pt/cej/recursos/ebooks/penal/eb_DireitoUE_Garantias2018.pdf. (consultado em 01/12/2019).

(2019) "Garantias processuais e a União Europeia, em especial, a Diretiva 2012/13/UE relativa ao direito à informação em processo penal e Diretiva (UE) 2016/343 relativa ao reforço de certos aspetos da presunção de inocência e do direito de comparecer em julgamento em processo penal", *Revista de Estudios Europeos, extraordinario monográfico* 1, pp. 144-163.

Palma, Maria Fernanda,

(2018) *Direito Penal. Parte Geral. A teoria geral da infracção como teoria da decisão penal*. 3.ª ed. Lisboa: AAFDL.

Pennington, Kenneth,

(2003) "Innocent Until Proven Guilty: The Origins of a Legal Maxim", *Jurist* 63, pp. 106-124.

Picinali, Federico,

(2014) "Innocence and burdens of proof in English criminal law", – *LPR* 13, pp. 243-257.

Stumer, Andrew,

(2018) *La presuncion de inocencia: perspectiva desde el derecho probatorio y los derechos humanos*. Madrid: Marcial Pons.

Trechsel, Stefan / Summers, Sarah,

(2005) "Human Rights in Criminal Proceedings" (Collected courses of the Academy of European Law), V. XII/3. Oxford: Oxford University Press.

Vilela, Alexandra,
(2000) *Considerações acerca da presunção de inocência em direito processual penal*. Coimbra: Coimbra Editora.
Villamarín López, Maria Luisa,
(2017a) "'Inversion' de la carga de la prueba y presunción de inocencia desde una perspectiva europea", *Revista de Estudios Europeos Extra* 1, pp. 94-105.
(2017b) "La Directiva Europea 2016/343, de 9 de marzo, sobre presunción de inocencia y el derecho a estar presente en el juicio", *InDret* 3, pp. 1-39.
Walton, Douglas,
(2014) *Burden of proof, presumption and argumentation*. Cambridge: Cambridge University Press.

Jurisprudência citada

Alemanha
BGH, Beschl. v. 01.06.2022 – 1 StR 139/22

Portugal
Ac. TC n.º 179/2012, de 19/04/12, Proc. 182/2012, Rel. José da Cunha Barbosa
Ac. STJ, de 20/02/19, Proc. 557/13.6TACVL.B.S1, Rel. Lopes da Mota

Tribunal Europeu dos Direitos Humanos
Salabiaku v. França, n.º 10519/83, de 07/10/1988
Pham Hoang v. França, n.º 13191/87, de 25/09/1992
Barberá, Messegué e Jabardo v. Espanha, n.º 10590/83, de 06/12/1988
Telfner v. Áustria, n.º 33501/1996, de 20/03/2001
Janosevic e outros v. Suécia, n.º 34619/97, de 23/07/2002
Jalloh v. Alemanha, n.º 54810/00, de 11/07/2006
Radio France e outros v. França, n.º 53984/00, de 30/03/2004
Allen v. Reino Unido, n.º 25424/09, de 12/07/2013

CAPÍTULO II
INFORMAÇÃO DE SEGURANÇA E PROVA

§ 2.
AS INFORMAÇÕES ORIUNDAS DE INTELIGÊNCIA FINANCEIRA E A PROVA PENAL

ANASTÁCIO FERNANDES NETO*

SUMÁRIO: Introdução. I. O caso da Operação Zelotes. 1. Fatos. 2. Decisões. II. A atividade de inteligência financeira no contexto da investigação e persecução penal. 1. As UIF como instrumentos de prevenção e repressão criminais. 2. A natureza jurídica das atividades desenvolvidas pelas UIF. III. A admissibilidade das informações oriundas de inteligência financeira no processo penal e o direito à privacidade e à proteção de dados. 1. A relativização do sigilo das informações financeiras frente ao direito à segurança pública. 2. O acesso às informações financeiras e a proibição das *fishing expeditions*. IV. A natureza e eficácia probatória das informações oriundas de inteligência financeira no processo penal. Conclusão. Bibliografia citada. Jurisprudência citada.

RESUMO: O presente artigo tem como objetivo analisar a repercussão das informações contidas nos relatórios elaborados pelas UIF no processo penal. O caso que serve de objeto ao presente estudo apresenta questões relevantes acerca da legalidade da prova obtida a partir do relatório de inteligência financeira, especialmente quanto

* Promotor de Justiça no Ministério Público do Estado do Paraná-Brasil. Pós-graduado pela Escola da Magistratura do Estado do Rio de Janeiro (EMERJ). Aluno do Mestrado em Direito Penal e Ciências Criminais pela Faculdade de Direito da Universidade de Lisboa. Bacharel em Direito pela Universidade do Estado do Rio de Janeiro (UERJ).

à preservação do sigilo bancário, bem como em relação à eficácia probatória que tais informações podem apresentar no contexto do processo penal. Através da análise da natureza das atividades desenvolvidas pelas UIF, exploram-se parâmetros para conjugar a eficiência apresentada por estes instrumentos de prevenção e repressão criminal e o respeito aos princípios e garantias do devido processo legal. Por fim, conclui-se pela natureza híbrida das informações de inteligência financeira, dentro do sistema processual penal brasileiro, de forma que o seu valor probatório dependerá da estrita observância dos princípios e garantias do processo penal justo.

Palavras-chave: Unidades de Inteligência Financeira; Relatório de Inteligência Financeira; sigilo bancário; processo penal; prova penal; eficácia probatória.

Introdução

As organizações criminosas, na sua grande maioria, desenvolvem suas atividades com o objetivo central da maior obtenção de lucro possível e, de fato, a atividade criminosa organizada, tal como o tráfico de drogas, armas e pessoas, bem como a corrupção gera todos os anos valores incalculáveis de recursos financeiros.

A fim de injetar tais recursos ilícitos na economia legal e usufrui-los, as organizações criminosas, através de sofisticados esquemas, desenvolvem, todos os anos, o branqueamento de capitais, que atinge o montante de 800 biliões a 2 triliões de dólares, o que corresponde entre 2 % e 5 % do PIB mundial[1].

Diante do desenvolvimento do sistema financeiro mundial, o qual permite a realização de inúmeras operações financeiras instantâneas para diversos países, torna-se extremamente difícil e custoso, através dos meios tradicionais de investigação, a distinção entre os recursos lícitos e os provenientes de atividade criminosa[2].

Neste cenário, a atividade de inteligência financeira, desenvolvida pelas UIF[3], surge como um instrumento hábil e eficaz na prevenção e repressão dos delitos de branqueamento de capitais, financiamento ao terrorismo e criminalidade organizada, na medida em que cria um fluxo de informações financeiras relevantes entre os atores do sistema de combate ao branqueamento

[1] United Nations Office on Drugs and Crime, [s.d]

[2] Nunes, 2018: 94.

[3] Em inglês, *Financial Intelligence Unit* (*FIU*).

de capitais[4], dentre eles, as instituições financeiras, unidades de inteligência e órgãos de investigação e persecução penal.

Entretanto, a referida atividade desenvolvida como um esforço global contra o branqueamento de capitais levanta algumas questões quando atua na função de auxílio à investigação e persecução penal. Em específico, suscita a seguinte dúvida: quais os limites à admissibilidade e valoração dessas informações nas investigações e processos criminais?

O tema desperta atenção, uma vez que a estratégia de investigação criminal baseada no conceito de "*follow the money*"[5] tem sido cada vez mais utilizada no combate à criminalidade organizada, razão pela qual deve ser discutida a admissibilidade e o valor probatório dessas informações contidas nos relatórios oriundos das UIF frente a direitos como a privacidade e o sigilo bancário, bem como aos princípios do processo penal.

Para enfrentar essas questões, será adotado o método do caso, no intuito de trazer a forma como as informações oriundas de inteligência financeira foi tratada no processo, ensejando melhor visualização do problema jurídico em análise. Assim, será apresentado, primeiramente, um resumo do caso envolvendo a chamada "Operação Zelotes". Apesar de terem sido julgados, posteriormente, pelos Tribunais brasileiros, outros casos envolvendo a utilização de informações contidas em relatórios de inteligência financeira, o julgamento do caso escolhido da Operação Zelotes proporciona a análise mais detalhada das principais questões processuais relacionadas ao transbordo das referidas informações para o processo penal, tais como a (i)licitude da prova por violação ao sigilo bancário e também a admissibilidade e valoração das informações no processo penal.

Posteriormente, detalharemos o panorama jurídico da atividade de inteligência financeira, desenvolvida pelas UIF no âmbito da investigação e da persecução penal e a forma como essa atividade contribui na prevenção e repressão criminal no intuito de analisar e explorar eventual conclusão acerca da natureza jurídica da atividade de inteligência financeira.

Será abordada ainda a questão da admissibilidade processual das informações oriundas da atividade de inteligência financeira frente aos limites

[4] Tradução literal de *Anti-Money Laundering* (*AML*).

[5] Financial Crimes Enforcement Network, 1970.

constitucionais que envolvem o compartilhamento das informações trabalhadas pelas UIF e o direito fundamental à privacidade e à proteção de dados.

Discorreremos sobre a eficácia probatória que as informações de inteligência financeira desempenham em alguns sistemas jurídicos estrangeiros e, em especial, no ordenamento jurídico brasileiro, de forma a permitir identificar a natureza processual que tais informações adotam e a possibilidade de conciliação com os princípios do devido processo legal.

Por fim, ao examinar o caso selecionado, conclui-se pela viabilidade de utilização das informações oriundas de inteligência financeira pelos órgãos de investigação e persecução penal, desde que sejam adotadas determinadas medidas que visem tanto a preservação dos direitos fundamentais e do devido processo legal como a eficácia do instrumento como importante auxílio no combate ao branqueamento de capitais, o financiamento ao terrorismo e a criminalidade organizada em geral.

I. O caso da Operação Zelotes

1. Fatos

Em março de 2014, após o recebimento de informações por um denunciante, foi instaurado inquérito policial pela Polícia Federal para apuramento dos crimes de tráfico de influência, corrupção, participação em organização criminosa e lavagem de dinheiro no âmbito do CARF, órgão responsável pelo julgamento dos recursos das autuações realizadas pela Receita Federal.

Diante das informações recebidas, foram realizadas diligências de pesquisa, pela autoridade policial, em bancos de dados públicos sobre as pessoas mencionadas pelo denunciante e posteriormente solicitadas à UIF informações sobre eventuais movimentações financeiras atípicas envolvendo os investigados. Remetido o relatório pela UIF à autoridade policial, este continha as seguintes informações: i) o Banco X enviou comunicação de operação suspeita[6] à UIF brasileira relatando a existência de operação de depósito no valor de R$ 2.891.528,00 (dois milhões oitocentos e noventa e um mil quinhentos

[6] BRASIL, 2020: art. 39.

e vinte e oito reais) na conta de uma determinada empresa, cujo investigado era sócio; e ii) existência de matéria jornalística, cujo teor indicava que a empresa mencionada estava sendo investigada por receber recursos oriundos de corrupção. Diante disso e com base nas informações obtidas na investigação, a autoridade policial requereu ao juízo a quebra do sigilo bancário e fiscal das pessoas envolvidas, tendo sido a medida deferida pelo juízo singular.

2. Decisões

Em face desta decisão, um dos investigados interpôs HC no TRF da 1.ª Região[7] com pedido de trancamento da investigação policial por constrangimento ilegal, com base nos seguintes argumentos: (i) o acesso direto, pela Polícia Federal, a dados protegidos por sigilo sem prévia autorização judicial, resulta na obtenção de prova ilícita; (ii) a instauração de medidas cautelares com base exclusivamente em relatório de inteligência financeira que se limita a descrever operações atípicas, sem aprofundamento das investigações e utilização de outros meios menos invasivos, constitui medida manifestamente ilegal; (iii) a quebra de sigilo bancário, fiscal e subsequentes interceptações telefônicas e telemáticas, sequestros e apreensões são derivadas da ilegal obtenção de informações do relatório de inteligência financeira e, por conta disso, provas ilícitas.

Decidiu o TRF que a investigação policial foi instaurada regularmente, diante dos indícios de crimes apontados no Relatório de Inteligência Financeira enviado pela UIF, uma vez que, pela legislação em vigor (Lei n.º 9.613/98), as operações financeiras suspeitas e atípicas devem ser comunicadas à UIF que, por sua vez, comunicará às autoridades competentes na hipótese de existência de fundados indícios da prática de crime de lavagem de dinheiro ou qualquer outro ilícito.

Desta decisão foi interposto recurso para o STJ/BR[8], vindo este Tribunal a entender pela inexistência de ilegalidade no Relatório de Inteligência Financeira, por considerar que se mostra em consonância com a obrigatoriedade de comunicação de atividades suspeitas às autoridades competentes, prevista no art. 15.º da Lei n.º 9.613/98. Além disso, destacou o STJ/BR que o Relatório

[7] TRF, HC 0033000-98.2015.4.01.0000, Rel. Juíza Federal Rosimayre Goncalves de Carvalho, 4.ª T, de 08/03/2016

[8] STJ/BR, RHC 73.331/DF, Rel. Min. Nefi Cordeiro, 6.ª T, de 17/11/2016.

de Inteligência Financeira não consistiu no primeiro ato de investigação, pois havia sido precedido de diligências prévias que também angariaram indícios da prática dos crimes investigados e consistiram em medidas menos invasivas de investigação, estando justificada, assim, a necessidade de quebra do sigilo bancário e fiscal. No mesmo sentido, entendeu o STJ/BR pela ausência de nulidade das interceptações telefônicas, pois também embasadas em outras provas constantes dos autos. Assim, não constatada a ilegalidade na quebra de sigilo, considerou o STJ/BR prejudicada a análise da ilicitude da prova por derivação.

II. A atividade de inteligência financeira no contexto da investigação e persecução penal

1. As UIF como instrumentos de prevenção e repressão criminais

O estudo acerca das atividades desenvolvidas pelas UIF mostra-se evidentemente relevante, na medida em que se constata uma crescente utilização de informações oriundas dessa espécie de mecanismo no âmbito da investigação e persecução penal[9].

As UIF surgiram como parte de um esforço internacional no combate ao branqueamento de capitais, iniciado a partir da Convenção da Organização das Nações Unidas contra o tráfico ilícito de Entorpecentes e Substâncias Psicotrópicas – Convenção de Viena, da UNTOC e da UNCAC.

Entretanto, a implementação e o desenvolvimento efetivo da atividade ocorreram com a criação do *Groupe d'Action Financiére* (GAFI) ou *Financial Action Force Task* (FAFT) e a elaboração de suas 40 Recomendações que visam apresentar uma estrutura consistente de medidas de combate ao branqueamento de capitais e financiamento ao terrorismo, devendo os países integrantes e colaboradores do grupo implementá-las nos seus respectivos ordenamentos jurídicos[10]. Dentre essas medidas encontra-se a Recomendação n.º 29 que trata, especificadamente, da criação das UIF. Segundo o GAFI, tais UIF

[9] A UIF norte-americana – FinCEN – elenca uma série de casos em que as informações oriundas de inteligência financeira foram utilizadas com sucesso em investigações criminais.

[10] FINANCIAL ACTION TASK FORCE. GAFI/FAFT, 2012-2022.

devem atuar como se fossem uma agência central de recebimento, análise e disseminação de comunicações de operações suspeitas, bem como de outras informações relevantes sobre lavagem de dinheiro, crimes antecedentes e financiamento ao terrorismo[11].

No âmbito da UE, as Diretivas do Parlamento Europeu e Conselho da UE (91/308/CE, 2001/97/CE, 2005/60/CE, 2015/849/CE, 2018/843/CE) são responsáveis por influenciar e coordenar a implantação do sistema de prevenção e combate ao branqueamento de capitais, no qual as UIF possuem papel destacado, sendo tais instrumentos posteriormente inseridos no seio dos ordenamentos jurídicos dos países europeus, através de legislação própria[12].

As UIF fazem parte desse sistema de prevenção e combate ao branqueamento de capitais e, de maneira geral, atuam como agências governamentais que recebem informações de transações financeiras suspeitas e atípicas de determinados setores privados legalmente obrigados[13], como instituições financeiras, entidades e pessoas determinadas e posteriormente, promovem a análise, sistematização e eventual disseminação dessas informações, através de relatórios, para órgãos de prevenção e combate ao branqueamento de capitais e ao terrorismo, UIF internacionais, bem como órgãos de investigação e persecução locais[14].

Tal sistema atua através da cooperação entre o setor privado e o setor público, em que as instituições e setores sensíveis à prática do crime de branqueamento de capitais (principalmente financeiros), por meio de diligências internas (*due dilligence*) e procedimentos de registro e identificação de clientes

[11] Recomendação 29 do GAFI: "Os países deveriam estabelecer uma unidade de inteligência financeira (UIF) que sirva como um centro nacional de recebimento e análise de: (a) comunicações de operações suspeitas; e (b) outras informações relevantes sobre lavagem de dinheiro, crimes antecedentes e financiamento do terrorismo, e de disseminação dos resultados de tal análise. A UIF deveria ser capaz de obter informações adicionais das entidades comunicantes e ter acesso rápido a informações financeiras, administrativas e de investigação que necessite para desempenhar suas funções adequadamente" – Grupo de Ação Financeira GAFI/FAFT, 2012.

[12] Em Portugal, atualmente, a Lei n.º 83/2017, de 18 de agosto, é responsável por incorporar as Diretivas do Parlamento Europeu e Conselho da UE e disciplinar o sistema de prevenção e combate ao branqueamento de capitais.

[13] No Brasil são elencados no art. 9.º da Lei n.º 9.613/98. Em Portugal nos arts. 3.º a 7.º da Lei n.º 83/2017.

[14] International Monetary Fund, 2004: 4.

(*know your customer*) adotam uma posição de vigilância sobre as operações realizadas por seus clientes e, no caso, de constatação de suspeita ou mesmo atipicidade de operações financeiras realizadas, possuem o dever legal de comunicá-las à UIF que realizará a análise, o processamento e a eventual disseminação de tais informações aos diversos órgãos competentes de prevenção e combate ao branqueamento de capitais[15].

Apesar das UIF serem estabelecidas para promoverem essas três funções principais, a maneira como tais órgãos se estruturam para a efetivação de tais atividades varia de acordo com a legislação de cada país, existindo quatro modelos de UIF[16]: (i) administrativo; (ii) policial judiciário (*law enforcement*); (iii) judicial ou persecutório (prosecutorial); e (iv) híbrido.

Dentre os mais utilizados, o modelo administrativo é adotado por países como Brasil, Espanha e EUA e possui atribuições exclusivas de recebimento, sistematização e divulgação de eventuais operações suspeitas ou atípicas, sem que tenham poderes investigatórios e persecutórios[17]. Já no modelo policial judiciário, utilizado por países como Portugal, Alemanha e Reino Unido, as UIF situam-se no âmbito das agências de aplicação da lei (*law enforcement agencies*) e normalmente possuem poderes similares a estas agências, como, por exemplo, o de suspender operações e apreender valores de transações financeiras[18].

A crescente complexidade das operações de branqueamento de capitais aliada à falta de estrutura e conhecimento técnico específico dos órgãos de investigação e persecução competentes, num cenário no qual incidem regras de sigilo sobre a maioria das informações privadas, tornam as atividades desenvolvidas pelas UIF componentes centrais no sistema de combate ao branqueamento de capitais, dada a dificuldade de rastreio dos capitais ilícitos[19].

Assim, considerando a função das UIF na prevenção e combate ao delito de branqueamento de capitais, a natureza das atividades desenvolvidas por esses órgãos e, consequentemente, a utilização, pelos órgãos de persecução penal, das informações disseminadas, despertam questionamentos quanto

[15] Piaskoski, 2020: 410.

[16] Scherrer, 2017.

[17] Bottini, 2019.

[18] International Monetary Fund, 2004: 14.

[19] Badaró / Bottini, 2012: 33.

aos limites de sua influência nos direitos e garantias fundamentais e, consequentemente, quanto à sua repercussão na prova penal.

2. A natureza jurídica das atividades desenvolvidas pelas UIF

A análise preliminar acerca da natureza das atividades desenvolvidas pelas UIF mostra-se imprescindível para a investigação sobre a possibilidade de utilização, no processo penal, das informações oriundas da referida atividade pelos órgãos de persecução penal.

Neste contexto, Wolter[20], ao tratar da influência da atividade de inteligência no processo penal, sustenta a necessidade da existência de um "mandato de separação" relacionado à capacidade de obtenção de informações entre o direito processual penal, direito de polícia e de inteligência. Destaca o autor que os três setores possuem competências e faculdades diversas e que a relativização dessa separação acaba por resultar no que o autor chama de "inteligencialização do direito processual penal"[21], ou seja, haveria uma aglutinação de competências e faculdades desses órgãos de controle, a qual resultaria no comprometimento da vinculação à finalidade da informação e na proteção de dados, consequentemente prejudicando a lisura da prova.

No mesmo sentido, Gleizer, Montenegro, Viana destacam que as funções estatais exercidas pela segurança pública, persecução penal e inteligência são distintas, de forma que tais atividades legitimam-se em razão de finalidades específicas. Assim, a transferência de dados entre tais órgãos deve ser tratada como exceção, sob pena de causar uma ruptura da vinculação finalística[22].

A atividade de inteligência, numa concepção ampla e tradicional, caracteriza-se pelo recolhimento, processamento e difusão de dados, com o objetivo de produzir conhecimento e orientar a tomada de decisão dos órgãos competentes, voltados a formulação de políticas estatais de segurança[23]. É um processo de análise de informações, obtidas a partir de diversas fontes disponíveis, com o objetivo de subsidiar e reduzir o nível de incerteza do

[20] Wolter, 2018: 51, no mesmo sentido, o ordenamento jurídico holandês estipula uma estrita separação entre os aparatos de inteligência e os procedimentos de investigação criminal com fundamento no princípio do Estado de Direito. Von Voorhout, 2006: 123.

[21] Wolter, 2018: 57.

[22] Gleizer, Montenegro, Viana, 2021: 56-57.

[23] Bechara, 2016: 171.

tomador de decisão[24]. Tais informações podem ser obtidas através de fontes abertas e publicamente acessíveis, tais como jornais e revistas, como também através de fontes protegidas pelo sigilo legal, tal qual o sigilo bancário[25].

Possui tanto um caráter proativo como agregativo, no sentido em que procura adquirir vasta quantidade de informações e dados, a partir dos quais busca extrair conclusões sobre determinado perigo, antes que o risco subjacente a ele se concretize[26]. Ou seja, atua acauteladamente, em um cenário prévio à existência do perigo ou suspeita[27].

Já a atividade de inteligência financeira, apesar de se traduzir em espécie de inteligência, no sentido do recolhimento, processamento e disseminação de informações, atua de maneira limitada e através de regras próprias que a diferem da inteligência praticada no âmbito da segurança de Estado. As UIF não atuam através de métodos ocultos e clássicos de obtenção de informações, tais como infiltração de agentes, escutas telefônicas e ambientais, medidas normalmente adotadas pelas agências de inteligência relacionadas à segurança de Estado[28].

As referidas UIF são criadas e têm suas competências estabelecidas por lei própria, de maneira geral, como centro de recebimento e análise de informações financeiras enviadas por setores obrigados, em hipóteses previamente listadas na norma legal que as regulamentam.

Dentre as atribuições desenvolvidas pelas UIF, de maneira geral, incluem-se: (i) o recebimento, tratamento e análise das informações prestadas pelos setores obrigados; (ii) a cooperação a nível nacional e internacional com outros órgãos de prevenção e combate ao branqueamento de capitais; (iii) a realização de análises estratégicas de tendências, padrões e ameaças de branqueamento de capitais, a fim de assessorar na prevenção deste delito; (iv) a análise de casos específicos, os quais podem resultar na difusão de informações contendo indícios de crimes aos órgãos competentes[29]; e (v) o poder

[24] Wheaton / Beerbower, 2006: 329.

[25] Bechara, 2014: 71.

[26] Rascoff, 2010: 585.

[27] Gleizer, Montenegro, Viana, 2021: 54.

[28] Vervaele, 2005: 5.

[29] Neste sentido a previsão contida no art. 82.º da Lei n.º 83/2017, de 18 de agosto, do ordenamento jurídico português que estipula as competências da UIF portuguesa, denominada Unidade de Informação Financeira.

sancionatório pelo descumprimento das obrigações de reporte pelos setores obrigados[30].

No Brasil, a UIF, denominada COAF, foi instituída e encontra sua regulação na Lei n.º 9.613/98, que também dispõe sobre o delito de "lavagem" ou ocultação de bens e valores e o sistema de prevenção do referido crime.

De acordo com a referida norma, todas as comunicações remetidas pelas entidades e setores obrigados[31] são recebidas e analisadas, através de um sistema eletrônico (SISCOAF) que utiliza uma programação previamente definida e realiza a separação automática daquelas informações consideradas de baixo risco associado ao branqueamento de capitais, formando um banco de dados que será utilizado para consultas posteriores. Em seguida, as informações que podem conter elementos de risco são analisadas individualmente, sob a ótica de uma matriz de risco e relacionadas com outros dados contidos em diversas bases de informação[32], resultando na abertura de "Casos" para análise mais aprofundada[33].

O resultado da análise desses "Casos" dá ensejo aos chamados Relatórios de Inteligência Financeira, documentos que serão compartilhados, espontaneamente ou a pedido, para outros órgãos de regulação e de investigação e persecução penal, bem como outras UIF.

A atividade de inteligência financeira possui tanto um papel centralizador passivo, ao receber das entidades obrigadas as informações, classificadas pela norma legal como atípicas, e um papel ativo em disseminar às autoridades os relatórios de informação. Entre as etapas de recebimento e disseminação, cabe à UIF proceder ao refinamento dos dados, a fim de identificar aqueles que possuem relevância jurídica[34].

30 Previsão contida no art. 14.º da Lei n.º 9.613/1998 do ordenamento jurídico brasileiro.

31 No Brasil, os parâmetros para comunicação de operações suspeitas (COS) e em espécie (COE) pelas entidades obrigadas são estabelecidos pela Circular n.º 3.978/2020 do Bacen.

32 A UIF brasileira adota como base de consulta de dados Rede Infoseg, Cadastro de Pessoas Físicas (CPF), Cadastro Nacional de Pessoas Jurídicas (CNPJ), Declaração de Operações Imobiliárias (DOI), Sistema Integrado de Administração de Recursos Humanos (Siape), Sistema de Informações Rurais (SIR), Cadastro Nacional de Informações Sociais (CNIS), Cadastro Nacional de Empresas (CNE), Análise das Informações de Comércio Exterior (Alice Web), Base de grandes devedores da União, Bases do TSE Declaração de Porte de Valores (e-DPV), bem como fontes abertas, tais como jornais, revistas e publicações eletrônicas. BRASIL.

33 STF, RE 1.055.941, Rel. Dias Toffoli, Tribunal Pleno, de 18/03/2021.

34 STF, RE 1.055.941, Rel. Dias Toffoli, Tribunal Pleno, de 18/03/2021.

É preciso ressaltar também que a atividade de inteligência não se confunde com atos de investigação.

Apesar de ambas as atividades terem como finalidade a produção de conhecimento, possuem objetivos diversos. A atividade de investigação trabalha no intuito da obtenção de elementos capazes de provar a autoria e materialidade do delito, enquanto a inteligência, apesar de poder auxiliar na tarefa, não tem a finalidade precípua de provar um fato, mas subsidiar com informações o tomador de decisões em diferentes níveis[35].

A atividade desenvolvida pela UIF não tem o objetivo de provar um fato cometido por determinado indivíduo, mas direciona a sua análise às circunstâncias de determinadas transações financeiras anômalas que, por regras previamente estabelecidas, se mostram suspeitas e passam a ser verificadas quanto a eventual ilicitude. Os relatórios de inteligência financeira são elaborados a partir dessas operações financeiras suspeitas, de forma que, operacionalmente, se mostram impessoais, uma vez que não têm como origem a investigação de pessoa determinada, mas a análise objetiva de transações financeiras específicas[36].

Além disso, a UIF somente compartilha, seja espontaneamente ou por solicitação dos órgãos de investigação, informações de operações suspeitas que já constam do seu banco de dados, em decorrência do preenchimento dos requisitos normativos que identificam tal espécie de transação financeira[37].

Assim, pode-se dizer que a inteligência financeira não pode ser considerada ato de investigação[38], bem como difere das atividades de inteligência de Estado, de forma a atuar principalmente como um "instrumento inerente ao poder de regulação do sistema financeiro"[39], no intuito de ampliar o controle sobre diversos setores sensíveis à prática do delito de branqueamento de capitais, visando, através de regras e procedimentos próprios e determinados,

[35] Araujo Neto, 2016.
[36] STF, RE 1.055.941, Rel. Dias Toffoli, Tribunal Pleno, de 18/03/2021.
[37] STF, RE 1.055.941, Rel. Dias Toffoli, Tribunal Pleno, de 18/03/2021.
[38] Bechara / Smanio, 2019: 84.
[39] Bechara / Smanio, 2019: 68.

tanto a proteção do sistema financeiro quanto o combate ao branqueamento de capitais[40].

III. A admissibilidade das informações oriundas de inteligência financeira no processo penal e o direito à privacidade e a proteção de dados

1. A relativização do sigilo das informações financeiras frente ao direito à segurança pública

O resultado do processamento e análise das informações pela UIF pode apontar um caso de anormalidade que levante suspeitas acerca da prática do crime de branqueamento de capitais, financiamento ao terrorismo e outros ilícitos.

Considerando as etapas das atividades desenvolvidas pelas UIF (recolha, processamento, análise e disseminação de informações), relevante questão de ordem constitucional surge em relação ao sigilo das informações financeiras: eventual violação do direito fundamental à privacidade e seus reflexos na licitude da prova[41] a ser produzida e utilizada, eventualmente, na fase de investigação e/ou persecução penal, a partir dessas informações compartilhadas.

Neste aspecto, importante destacar que o direito à privacidade, sob a ótica do sigilo bancário, não possui caráter absoluto. Com fundamento no princípio da relatividade, deve ser sopesado e ponderado com outros direitos fundamentais, dentre eles, o direito à segurança pública que se encontra no mesmo plano dos demais direitos fundamentais e funciona como um limite adicional aos chamados direitos fundamentais de defesa[42].

[40] Sobre a inadmissibilidade de procedimentos administrativos prévios ao inquérito no direito português, Silva Dias e Soares Pereira questionam, no âmbito do branqueamento de capitais, a "recolha de informações de natureza criminal" e os fins os quais serão utilizados os dados provenientes de comunicações suspeitas repassados ao Departamento Central de Investigação e Acção Penal (DCIAP) e à UIF portuguesa. Sustentam que tais práticas, apesar de encontrarem fundamento legal na prevenção, muitas vezes se caracterizam materialmente como atos de investigação criminal – Dias / Pereira, 2018: 77-78.

[41] Termo utilizado para referir-se aos diferentes aspectos da atividade probatória (meio de obtenção de prova, fonte de prova, elemento de prova, meio de prova) – Bechara, 2014: 77.

[42] Morais, 2003: 61, em sentido contrário, ao comentar as decisões do BverfG, cf. Wolter, 2018: 96-97.

Costa Andrade[43], ao tratar das questões sobre a produção e valoração da prova, destaca que, tendo como norte o princípio da ponderação de interesses, cabe determinado sacrifício de direitos individuais "em nome da prevenção e repressão das manifestações mais drásticas e intoleráveis da criminalidade", o que encontra guarida no art. 18.º, n.º 2 da CRP.

A CEDH[44], ao tratar do direito ao respeito pela vida privada e familiar, dispõe expressamente acerca da relatividade deste direito, desde que tal ingerência esteja prevista em lei e, no âmbito de uma sociedade democrática, seja necessária[45] para a segurança pública, para o bem-estar econômico do país e a prevenção de infrações penais.

Neste sentido, a intervenção no direito fundamental à autodeterminação informacional pela segurança pública e pelo processo penal deve obediência estrita à reserva de lei e à reserva parlamentar. A ingerência do Estado no referido direito somente restará justificada a partir da autorização expressa do parlamento[46].

No direito norte-americano, a ponderação entre o direito à privacidade e direito à segurança tem como ícone a denominada *Third Party Doctrine*[47], inaugurada em *Miller v. United States*[48], a qual dispõe acerca da ausência de amparo constitucional pela 4.ª Emenda[49] norte-americana aos dados financeiros custodiados pelas instituições financeiras. Tais informações estão sujeitas

43 Costa Andrade, 1992: 28.

44 Previsão contida no art. 8.º da CEDH.

45 A necessidade da medida relaciona-se com a hipótese de existir um meio menos lesivo ao direito fundamental para se obter o mesmo objetivo. A medida não deve ser, obrigatoriamente, imprescindível, mas razoavelmente necessária e conveniente para se atingir o fim almejado – Bachmaier Winter, 2010: 172.

46 Gleizer, Montenegro, Viana, 2021: 44-45.

47 Kerr, 2009: 573 *et seq.*

48 U.S. v. Miller, 425 U.S. 435, 443 (1976). Segundo a Suprema Corte norte-americana, os clientes bancários não possuem razoável expectativa de privacidade em relação aos seus dados bancários, não sendo tutelado pela 4.ª Emenda Constitucional norte-americana – Rogovin, 1986: 587.

49 Dispõe a 4.ª Emenda: "The right of the people to be secure in their persons, houses, papers, and effects, against unreasonable searches and seizures shall not be violated, and no Warrants shall issue, but upon probable cause, supported by Oath or affirmation, and particularly describing the place to be searched, and the persons or things to be seized".

à regulação por outras normas, em específico a *Right to Financial Privacy Act* (RFPA) que restringe, a determinados casos, o acesso aos dados bancários[50].

Contudo, com a edição do *USA Patriot Act*[51], passa-se a permitir e estimular, fora das hipóteses previstas no RFPA, o compartilhamento de informações financeiras entre as diversas instituições financeiras e os órgãos de regulação e aplicação da lei através da UIF norte- americana (FinCEN), nos casos de branqueamento de capitais e financiamento ao terrorismo[52].

No Brasil, como no próprio caso da Operação Zelotes, a disseminação das informações oriundas da UIF aos órgãos de investigação gerou questionamentos quanto à licitude da prova obtida, em razão da violação ao sigilo bancário, sem autorização judicial.

Contudo, a legislação brasileira possui disposição expressa no §6.º, art. 2.º da Lei Complementar n.º 105/2001, no sentido de que o Bacen e demais órgãos de fiscalização do sistema financeiro deverão enviar ao COAF dados cadastrais e movimentações financeiras pertinentes ao desenvolvimento das atividades pela UIF brasileira.

Em relação à disseminação das informações aos órgãos de persecução, o art. 15.º da Lei n.º 9.613/98 dispõe expressamente que, nos casos em que o COAF concluir pela existência de indícios de crimes, comunicará às autoridades competentes, para instauração dos procedimentos cabíveis.

Além disso, o STF decidiu que a hipótese não caracteriza quebra de sigilo bancário, mas ato de transferência de sigilo das informações entre órgãos da administração pública, uma vez que não haveria circulação e divulgação das informações, mas manutenção do sigilo pelo órgão receptor[53]. Dessa maneira, as informações compartilhadas através dos relatórios emitidos pela UIF são dotadas de sigilo e os órgãos de investigação devem, através de instrumentos cabíveis, zelar pela proteção destes dados.

O direito ao sigilo bancário não possui proteção absoluta frente a outros direitos e garantias, tal qual o direito à segurança pública, permitindo-se,

[50] Gouvin, 2005: 521.

[51] *Sec. 314(a) e (b) do Bank Secret Act.* United States, 2001.

[52] United States. *31 U.S. Code.* § 5319, 2006.

[53] A tese de transferência de sigilo teve como paradigma o julgamento pelo STF, ADI 2390, Rel. Min. Dias Toffoli, de 21/10/2016, cujo objeto era o acesso direto pelo Fisco aos dados bancários dos contribuintes.

inclusive sua restrição em determinados casos previstos em lei, como ocorre, por exemplo, com o disposto no inciso IV, § 3.º, art. 1.º da Lei Complementar n.º 105/2001, o qual define não constituir violação ao dever de sigilo a comunicação às autoridades competentes da prática de ilícitos penais ou administrativos, a qual abrange, inclusive, o fornecimento de informações sobre as operações em questão[54].

Dessa forma, permite-se à UIF o acesso às informações financeiras, no intuito de exercer suas funções legalmente estabelecidas, sem que isso configure quebra do sigilo bancário. Por conseguinte, a disseminação dessas informações, através das UIF, aos órgãos de persecução, tampouco caracterizaria violação ao sigilo das informações financeiras, mas transferência desse sigilo, mantendo-se a obrigação do respectivo órgão destinatário zelar pelas informações sigilosas recebidas[55].

Neste sentido, é o teor da orientação do CNMP contida no art. 6.º da Recomendação n.º 04/2017, o qual dispõe acerca da necessidade de se autuar em caderno apenso ao procedimento investigatório, os Relatórios de Inteligência Financeira remetidos pela UIF ao MP, mantendo-se o sigilo dos dados[56].

Entretanto, verifica-se que a referida tese preponderante nos tribunais brasileiros teve como fundamento uma questão procedimental e não material.

Sob a perspectiva da natureza da informação compartilhada, tampouco pode-se dizer que há considerável violação ao direito à privacidade quando do acesso e disseminação das informações financeiras aos órgãos de investigação e persecução pela UIF.

É certo que o sigilo financeiro ou bancário pode ser enquadrado como projeção do direito fundamental à privacidade. Entretanto, além de estar sujeito a limitações decorrentes do exercício de outros direitos, não é qualquer e todo acesso a informações financeiras que enseja a violação do direito à privacidade e consequentemente sujeitando-se ao princípio da reserva de jurisdição.

[54] STJ/BR, HC 349.945/PE, Rel. Min. Nefi Cordeiro, Rel. p/ Acórdão Ministro Rogerio Schietti Cruz, 6.ª T, de 02/02/2017

[55] Bechara, 2014: 75.

[56] Art. 6.º da Recomendação de Caráter Geral n.º 04/2017, CNMP: "Todos os Relatórios de Inteligência Financeira do Conselho de Controle de Atividades Financeiras devem ser autuados em caderno apenso ao procedimento apuratório, com observância das normas de tramitação sigilosa de dados" – Conselho nacional do ministério público, 2017.

No caso apresentado da Operação Zelotes, consta do Relatório de Inteligência Financeira, remetido pelo COAF à Polícia Federal: (i) a existência de operação de depósito de alto valor na conta da pessoa jurídica investigada anteriormente e cujo sócio era alvo da referida investigação e (ii) a existência de matéria jornalística, cujo teor indicava que a empresa mencionada estava sendo investigada por receber recursos oriundos de corrupção. Tais informações, de maneira alguma, implicam uma violação considerável ao direito à privacidade do investigado: é impossível, através delas, ter acesso a detalhes da vida privada do investigado, vez que, no caso da primeira, trata-se de informação financeira fracionada e, no caso da segunda, trata-se de informação pública.

Maria Fernanda Palma, ao tratar do sigilo bancário, sustenta que o descortinamento da vida privada patrimonial não atinge "a esfera absolutamente intocável da dignidade da pessoa humana, mas apenas aspectos da relação com os outros relevantes para o desenvolvimento de actividade patrimonial e negocial"[57].

As informações disseminadas pela UIF não têm o condão sequer de ingressarem no núcleo da vida privada, pois, apesar de pessoais, dizem respeito a montantes globais, não sendo capazes de gerar uma devassa nos registros financeiros do indivíduo.

Neste sentido, o voto da Min. Rosa Weber do STF, ao dispor que os Relatórios de Inteligência Financeira disseminados pela UIF brasileira não veiculam extratos bancários, mas informações específicas, consideradas atípicas, em ordenamento jurídico previamente estabelecido e através de critérios técnicos, o que afasta qualquer violação à proteção da privacidade[58].

Caso os órgãos de investigação queiram ter acesso à totalidade das informações financeiras que fundamentaram o relatório disseminado pela UIF, devem fazê-lo através de pedido judicial de afastamento de sigilo bancário.

[57] Palma, 2010: 195. No mesmo sentido, cf. o entendimento do TC no julgamento do Ac. TC n.º 42/2007, de 11/05/2007 Proc. 950/2006, 2.ª Secção, Rel. Maria Fernanda Palma o qual entendeu que o objetivo do segredo bancário é preservar as informações relacionadas ao acervo patrimonial do titular da conta, as quais possuem relação com a privacidade do indivíduo, mas que abarca a intimidade da vida privada.

[58] STF, RE 1.055.941, Rel. Dias Toffoli, Tribunal Pleno, de 18/03/2021.

O afastamento total do sigilo bancário, medida, esta sim, capaz de invadir a privacidade por resultar num conjunto de informações que dizem respeito à esfera privada do indivíduo, tais como as compras realizadas, os locais que frequenta, as atividades que pratica, continua a obedecer às regras e garantias do processo penal e se sujeitar à reserva de jurisdição, pois tais informações podem indicar modos de comportamento pessoal ligados à sua imagem relacionamento social.

Sem dúvida alguma, o direito individual à vida privada e intimidade é um dos mais relevantes frente à intervenção do Estado. Contudo, deve ser tratado numa relação de contrapeso com os demais direitos e interesses de bem comum[59], de forma a possibilitar, legalmente, a chamada "eficiência da administração da justiça[60]" sobretudo em áreas imprescindíveis ao bem-estar social, como é o caso do combate à criminalidade organizada, branqueamento de capitais e do financiamento ao terrorismo.

A utilização das informações oriundas de inteligência financeira no processo penal, sob o âmbito da eficiência, justifica-se com a necessidade de conhecimento de agentes e transações financeiras que despertem sinais suspeitos da prática de atos ilícitos capazes de ensejar eventualmente uma investigação ou persecução penal[61].

Dessa forma, sob o âmbito do sigilo bancário, conclui-se que a ausência de autorização judicial não implica na ilicitude da admissão e valoração da prova proveniente da informação financeira compartilhada pela UIF brasileira.

2. O acesso às informações financeiras e a proibição das *fishing expeditions*

Pese embora a desnecessidade de ordem judicial para o acesso às informações financeiras disseminadas aos órgãos de investigação, este acesso não deve ser procedido de maneira irrestrita. Não se admite, sob pena de infringir direitos e garantias fundamentais, as chamadas *fishing expeditions*, diligências investigativas prévias de caráter prospectivo e especulativo, sem amparo em elementos certos e determinados de investigação[62].

[59] Etzioni, 1999: 4.

[60] Roxin, 2007: 103.

[61] Lyman/Potter, 2007: 426.

[62] Melo e Silva, 2017.

As informações disseminadas pela UIF devem servir para um fim específico e determinado, de forma que exista um controle sobre a transmissão e utilização desses dados, proibindo-se a colheita de informações para fins amplos e genéricos como forma de subsidiar futuras investigações.

As informações colhidas, armazenadas, processadas e transmitidas estão sujeitas ao chamado "princípio da vinculação a um fim ou da vinculação finalística (*Zweckbindung*)" e qualquer desvio desse fim deve ser encarado como excepcionalidade a ser legalmente autorizada[63]. A vinculação serve justamente como forma de aferir um necessário juízo de proporcionalidade entre os meios utilizados pelo Estado para a persecução dos fins[64].

Assim, a encomenda, por órgãos de investigação/persecução, de relatórios de inteligência financeira em face de indivíduo(s) que não estejam sob investigação criminal, formalmente instaurada ou contra aqueles, os quais não haja alerta de operações suspeitas emitido de ofício pela UIF, com fundamento na análise das informações já existentes em seu banco de dados, configuraria atividade probatória ilícita.

No ordenamento jurídico norte-americano, apesar de não serem adotados os requisitos previstos no RFPA, a disseminação de informações financeiras pela UIF norte-americana (FinCEN) segue determinados parâmetros ou *guidelines,* de forma a evitar que a informação seja utilizada para fins ilegítimos, bem como revelada de maneira ilegal[65].

Dentre os parâmetros estabelecidos pela FinCEN está a necessidade de demonstração ao órgão: (i) que o caso de lavagem de dinheiro ou financiamento ao terrorismo é baseado em prova verossímil, (ii) da dimensão, impacto ou gravidade do caso investigado, (iii) a impossibilidade de utilização de outras formas tradicionais de investigação ou o esgotamento destas. Além disso, somente são compartilhadas com as agências de investigação informações que já constem do sistema das instituições financeiras e disponibilizadas à UIF[66]. Por fim, as demais condições são estabelecidas através de memorandos

[63] Wolter, 2018: 44.

[64] Gleizer, Montenegro, Viana, 2021: 49.

[65] Kleiman, 1991-1992.

[66] Gouvin, 2005: 538.

de entendimento entre a UIF norte-americana e as agências de aplicação da lei, tais como regras de acesso, retransmissão e utilização das informações[67].

No âmbito da UE, a Diretiva 2016/680 que trata da proteção de dados na esfera da Justiça, dispôs aos Estados algumas *guidelines* no mesmo sentido, em relação aos dados coletados pelas autoridades de investigação e aplicação da lei: (i) serem coletados para propósitos específicos, explícitos e legítimos e utilizados somente para esses propósitos; (ii) serem processados de maneira legal e justa; (iii) serem adequados, relevantes e não excessivos em relação ao propósito pelo qual foram processados[68].

No Brasil, tampouco há norma regulamentadora, mas o COAF adota parâmetros semelhantes para o compartilhamento das informações, tais como: (i) o número e a natureza do procedimento de investigação instaurado, (ii) as informações sobre os fundados indícios da existência do(s) ilícito(s) sob investigação, indicando o respectivo tipo penal e (iii) a identificação das pessoas envolvidas na investigação, com indicação do nome e CPF ou CNPJ[69].

Apesar da existência de parâmetros estabelecidos pela própria UIF e da autonomia desta em compartilhar ou não os dados requeridos pelos órgãos de investigação, a ausência de lei formal, no Brasil, que regulamente, de maneira detalhada, as hipóteses de compartilhamento das informações obtidas pela UIF, desperta questionamentos acerca da efetiva proteção e preservação dos dados[70]. A regulamentação legal da transmissão dessas informações financeiras certamente implicaria em maior proteção e legitimidade do mecanismo de compartilhamento das informações.

IV. A natureza e eficácia probatória das informações oriundas de inteligência financeira no processo penal

A eficácia das informações de inteligência financeira na atividade probatória do processo penal não é tratada de maneira uniforme pelos diversos países

[67] United States, 2006: 23.

[68] European Parliament, 2018: 4.

[69] Ministério da Fazenda e Economia. Brasil, [s.d].

[70] Crítica feita por Greco e Leite acerca da necessidade de "impor limites ao poder informacional do Estado" através de lei formal, cujo teor deveria abarcar os pressupostos, hipóteses e finalidade do compartilhamento dos dados – Greco / Leite, 2019.

que instituíram as UIF em seus ordenamentos jurídicos. Seja em decorrência do tipo de UIF adotado ou por disposição legal quanto à natureza das informações, os sistemas jurídicos adotam contornos diversos quanto à eficácia probatória das informações contidas nos relatórios disseminados pelas UIF.

No ordenamento jurídico espanhol, cuja UIF (Sepblac) adota um modelo de natureza administrativa, impera a proibição de utilização dos "informes de inteligência financeira" em procedimentos administrativos e judiciais, dado seu caráter confidencial. Dispõe o n.º 1 do art. 46.º da Lei n.º 10/2010, de 28 de abril, de maneira clara e objetiva que os dados contidos no referido relatório não possuem valor probatório.

Outro é o tratamento dado no ordenamento jurídico norte-americano. Apesar de legalmente prevista a disseminação das informações oriundas da UIF (FinCEN) aos órgãos de aplicação da lei, através dos chamados *Suspicious Activity Reports* (SAR), a utilização desses dados no processo penal possui caráter excepcional, em razão da natureza das informações e a finalidade pela qual foram recolhidas. Não há proibição absoluta acerca da utilização dos referidos dados coletados, processados e disseminados pela FinCEN como prova no processo penal norte-americano[71].

Entretanto, segundo orientação do Departamento de Justiça norte-americano, em relação às agências de aplicação da lei e aos Promotores de Justiça, os *Suspicious Activity Reports* devem ser considerados como fonte de informação confidencial, a qual posteriormente investigada pode vir a produzir elementos probatórios sobre atividade criminal. Dessa forma, os relatórios não devem ser utilizados diretamente como fundamento para pedidos de busca e apreensão ou mesmo mencionados em informações de indiciamento, mas como uma indicação de fatos a serem investigados[72].

Em Portugal, a UIF insere-se organicamente no âmbito da PJ, servindo de auxílio direto às investigações e conferindo-lhe uma natureza policial judiciária[73]. Além disso, diferentemente dos sistemas adotados por Espanha, EUA e

[71] Joseph, 2007: 8.

[72] Joseph, 2007: 8.

[73] Art. 5.º do Decreto-Lei n.º 42/2009, de 12 de setembro. Questiona-se o modelo adotado por Portugal em razão da inexistência de separação orgânica e informacional entre a atividade de inteligência, de cunho preventivo, exercida pela UIF e o DCIAP e a de investigação e persecução penal capitaneada pela PJ e MP em Mendes, 2017: 138.

Brasil, as comunicações suspeitas obedecem a um sistema duplo, uma vez que são realizadas pelas instituições e pessoas obrigadas tanto à UIF quanto ao DCIAP, setor da PGR, fornecendo diretamente ao órgão de investigação as informações financeiras e documentos relacionados às operações suspeitas[74].

Assim, dada a natureza do modelo adotado pela UIF, a lei portuguesa de combate ao branqueamento de capitais e financiamento ao terrorismo prevê, expressamente, a possibilidade de utilização, pelas autoridades judiciárias e policiais, para efeitos probatórios no processo penal, inquéritos ou outros procedimentos legais, dos elementos de informação comunicados pelas instituições e pessoas obrigadas[75].

No Brasil, a ausência de norma que trate especificamente sobre a admissibilidade e valoração das informações contidas nos Relatórios de Inteligência Financeira no processo penal levanta questionamentos acerca dos limites da eficácia probatória dos referidos dados, como no caso da Operação Zelotes.

O ordenamento processual penal brasileiro, conforme dispõe o art. 155.º do CPPB, estipula, no âmbito da atividade probatória, a distinção entre prova e elementos de informação, no sentido de que somente poderá ser considerada como prova aquela produzida sob o âmbito do contraditório judicial, proibindo o juiz de fundamentar seu conhecimento exclusivamente em elementos de informação, angariados durante a investigação.

A prova deve, necessariamente, ser produzida perante o juízo e passar pelo crivo do contraditório, no qual tanto o conhecimento das informações, bem como a dialética possuem papel determinante na imprescindível participação das partes[76]. Assim, a prova terá sua função persuasiva exercida em relação ao julgador e cognitiva quanto à veracidade de determinada afirmação apresentada[77].

Diversamente, os elementos de informação, produzidos no âmbito da investigação criminal, não exigem tal intensidade no seu método de produção, de forma que a sua obtenção se torna mais dinâmica. Contudo, as funções persuasiva e cognitiva, apesar de também presentes, atuarão de modo diverso. O elemento de informação incidirá persuasivamente sobre aquele que preside

[74] Nunes, 2018: 109.

[75] Art. 56.º, n.º 7 da Lei n.º 83/2017.

[76] Ubertis, 2006: 10.

[77] Bechara, 2014: 78.

ao procedimento investigatório ou mesmo o julgador, mas somente num juízo de admissibilidade, atuando de forma cognitiva quanto à verossimilhança de determinada afirmação[78].

Assim, a eficácia probatória das informações provenientes da atividade de inteligência financeira emana necessariamente da transparência dessa informação, tanto quanto à sua origem como aos métodos utilizados para sua obtenção, de forma a permitir às partes o seu confronto com os demais meios de prova constantes no processo[79].

A decisão acerca da disseminação das informações de inteligência financeira pelo COAF aos órgãos de investigação tem como parâmetro, o contido no art. 15.º da Lei n.º 9.613/98 que dispõe sobre a comunicação pelo COAF, quando concluir pela "existência de crimes previstos nesta Lei, de fundados indícios de sua prática, ou de qualquer outro ilícito".

Considerando a redação do dispositivo, à primeira vista, poderíamos concluir que tais informações teriam a natureza de *noticia criminis*[80]. Contudo, apesar de a norma apontar neste sentido, concluir taxativamente acerca da referida natureza, ignora o fato de que o relatório só pode servir como notícia de crime em função do seu conteúdo. O relatório possui conteúdo variável e poderá apresentar meras operações atípicas ou, em conjunto com outras informações pesquisadas em bancos de dados, apresentar um conjunto de informações que indiquem indícios da prática de delito. Mostra-se temerária a obrigatoriedade de instauração de investigação criminal pelos órgãos de persecução, frente a situações que envolvem somente comunicações de operações atípicas, eventualmente justificáveis por outras fontes não analisadas pela UIF[81].

Então, pode-se dizer que o Relatório de Inteligência Financeira, espontaneamente disseminado pelo COAF aos órgãos de investigação, possui

[78] Bechara, 2014: 78.

[79] Bechara / Smanio, 2019: 79.

[80] Araujo Neto, 2016, em paralelo, no âmbito dos órgãos reguladores do mercado financeiro, Sousa Mendes sustenta que os procedimentos de averiguações preliminares, instaurados pela Comissão de Mercado de Valores Mobiliários portuguesa, quando encaminhados ao MP possuem natureza de notícia de crimes – Mendes, 2015: 143.

[81] Bechara, 2014: 83.

natureza de notícia de fato[82] e os dados ali inseridos podem ser considerados como elementos de informação, cuja análise acerca dos fundamentos para a abertura de eventual investigação criminal, quanto ao grau de robustez e origem do conjunto indiciário contido nas informações, deverá ser feita pelo órgão competente, seja ele o MP ou a PJ[83].

O mesmo raciocínio se aplica à utilização das informações de inteligência financeira como fundamento para a propositura da ação penal[84]. Segundo decisão do Min. Luís Roberto Barroso do STF no julgamento do HC 126.826/PA, de 03/03/2015[85], "não há nulidade em denúncia oferecida pelo Ministério Público cujo supedâneo foi relatório do COAF que, minuciosamente, identificou a ocorrência de crimes vários e a autoria de diversas pessoas". Neste processo de HC estava em análise, ao nível da prova, o trancamento da ação penal iniciada a partir apenas de elementos contidos no relatório de inteligência financeira, o que "por si só não comprovaria a materialidade delitiva e a existência de indícios de autoria". Entendeu, todavia, o STF que o inquérito policial não é indispensável para fundamentar a peça inicial acusatória no processo penal, "visto que o próprio Código de Processo Penal dispõe que, reunindo o Ministério Público ou o acusador privado elementos informativos suficientes para dar início à ação penal, dispensa-se a investigação policial". Reconheceu-se, então, o Relatório de Inteligência Financeira como peça de informação e seu conteúdo considerado apto a lastrear, inclusive, o oferecimento da denúncia, sem a necessidade de complementação por outros indícios.

Vale a pena destacar ainda que as informações contidas nos relatórios do COAF também podem ser consideradas como meio de obtenção de prova ou mesmo meio de prova, a depender da espécie de informação inserida no referido documento[86].

[82] Em se tratando dos denominados relatórios de intercâmbio, quando as informações são disseminadas a requerimento do órgão de investigação, como no caso paradigmático da Operação Zelotes, pressupõe-se a existência de procedimento investigativo instaurado, razão pela qual tais requerimentos devem ser considerados como diligências investigatórias – Conselho Nacional do Ministério Público, 2017.

[83] Aras, 2018.

[84] Suxberger / Pasiani, 2018: 305.

[85] STF, HC 126.826/PA, Rel. Min. Luís Roberto Barroso, de 06/03/2015.

[86] Bechara / Smanio, 2019: 86.

Segundo a doutrina italiana, os meios de prova (*mezzi di prova*) constituem-se como meios capazes, por si só, de fornecerem os fundamentos necessários ao julgador para sustentar o seu convencimento acerca do fato. Diferem-se dos meios de pesquisa ou obtenção de prova (*mezzi di ricerca della prova*) no sentido de que esses, não constituem, por si próprios, fonte de convencimento judicial, mas destinam-se a obter coisas materiais ou declarações dotadas de poder probatório[87].

No caso paradigmático da Operação Zelotes, as informações da *noticia criminis* trazidas pelo denunciante foram conjugadas com diligências investigativas prévias e dados do Relatório de Inteligência Financeira que continha informação sobre um depósito financeiro, enviada à UIF por uma instituição obrigada, bem como informação jornalística sobre um dos investigados. Tal conjunto deu ensejo à quebra de sigilo bancário e fiscal do investigado.

Dessa forma, verifica-se que, no caso em questão, a informação financeira contida no relatório de inteligência financeira pode ser considerada como meio de prova para justificar a medida cautelar de quebra de sigilo, bem como o próprio relatório como meio de obtenção de prova, uma vez que aponta outros meios de prova capazes de fornecer elementos ao convencimento do julgador[88].

Podemos ir mais além e afirmar que as informações de inteligência financeira podem, inclusive, ser aptas a fundamentar, por si só, medidas cautelares que visam o levantamento de informações abarcadas pelo sigilo constitucional, sem que se determine, taxativamente, a obrigatoriedade de outras diligências investigativas prévias como forma de confirmar as suspeitas levantadas pelo trabalho da UIF.

Neste sentido, o voto do Min. Rogério Schietti Cruz do STJ/BR no julgamento do HC 349.945, de 06/122016, no qual dispôs que as informações contidas no relatório produzido pelo COAF são capazes de fundamentar e justificar eventual pedido de quebra de sigilo bancário, uma vez que os dados contidos no documento são sigilosos, sendo ainda injustificada a necessidade de outros elementos de prova, seja porque o relatório é construído com base em informações confiáveis, decorrentes de diversas instituições de controle,

[87] Chiavario, 2012: 353.

[88] Bechara / Smanio, 2019: 86.

seja porque, dada a natureza do delito, sua prática raramente pode ser aferida através de testemunhas ou outras diligências investigativas[89].

Informações contidas no RIF gozam de presunção relativa de veracidade e podem revelar-se aptas a reconstruir fatos, de forma a considerá-las também como meio de prova. Entretanto, tal reconhecimento pressupõe o respeito ao princípio do contraditório, como forma de assegurar as garantias do devido processo legal[90].

Deve permitir-se às partes, sob a supervisão do juiz, o pleno conhecimento das informações, sua origem e procedimento de obtenção, bem como a possibilidade de contraditar tais informações[91].

Ao contrário do que ocorre com as informações oriundas da inteligência de Estado, as informações de inteligência financeira são oriundas das comunicações dos setores obrigados por lei e fontes abertas de informação, razão pela qual o conhecimento da fonte e o método de obtenção da informação deve permitir o pleno exercício do contraditório sob o âmbito judicial[92]. De contrário, restaria prejudicada sua eficácia probatória.

Assim, constata-se que, diversamente do tratamento concedido pelos ordenamentos espanhol e americano, os quais adotam uma regulação restritiva acerca da eficácia probatória das informações oriundas de inteligência financeira, no ordenamento jurídico brasileiro tais informações possuem natureza híbrida e a sua eficácia probatória sujeita-se ao contexto no qual são utilizadas. Podem mostrar-se aptas a fundamentar eventual início da investigação criminal; o oferecimento da denúncia criminal; o ajuizamento de medidas cautelares e, desde que respeitados os princípios do devido processo legal, serem valoradas como meio de prova na ação penal[93].

[89] STJ/BR, HC 349.945/PE, Rel. Min. Nefi Cordeiro, Rel. p/ Acórdão Ministro Rogerio Schietti Cruz, 6.ª T, de 02/02/2017.

[90] Voto Min. Edson Fachin do STF no julgamento do tema de Repercussão Geral n.º 990 em STF, RE 1.055.941, Rel. Dias Toffoli, Tribunal Pleno, de 18/03/2021.

[91] Bechara / Smanio, 2019: 78.

[92] Bechara / Smanio, 2019: 78.

[93] Bechara, 2014: 79.

Conclusão

Numa realidade na qual o sistema financeiro tem sido utilizado intensamente para a prática criminosa, a atividade de inteligência financeira, implementada em diversos países, a partir de um esforço global comum, surge como importante aliado no combate ao crime organizado, ao branqueamento de capitais e ao financiamento ao terrorismo.

Entretanto, a implementação da referida atividade trouxe o desafio de conjugação dessa nova forma de controle preventivo e repressivo com os princípios de um processo penal justo. Indagações relacionadas à utilização das informações no processo penal e o direito à privacidade e proteção dos dados, bem como os limites da valoração das informações no âmbito probatório surgem como questões que necessitam de ser debatidas e reguladas, a fim de serem compatibilizadas com os direitos e garantias fundamentais.

Desta maneira, a partir do caso paradigmático da Operação Zelotes, vimos que é possível conciliar o acesso e a disseminação de informações financeiras consideradas suspeitas pelas UIF com o sigilo bancário, a partir de uma ponderação entre o direito à privacidade e a concepção de eficiência na repressão criminal. Contudo, as hipóteses de acesso a essas informações angariadas pela UIF devem ser objeto de estrita regulamentação, a fim de assegurar a proteção dos dados e evitar sua utilização indevida em finalidades diversas das autorizadas por lei.

Pese embora a diversidade de tratamento dado por alguns sistemas jurídicos estrangeiros quanto à eficácia probatória das informações, é certo que as UIF desempenham papel imprescindível no combate a determinada espécie de criminalidade, mas é preciso que tal instrumento seja acompanhado do respeito aos princípios do devido processo legal.

A atividade de inteligência financeira baseia-se em informações oriundas dos setores obrigados por lei e fontes abertas de informação, sendo que a sua eficácia probatória no processo penal possui estrita relação com a possibilidade de serem submetidas ao contraditório pleno, sob supervisão judicial.

Desta maneira, no ordenamento jurídico brasileiro, podemos afirmar que as referidas informações apresentam natureza híbrida e, a depender do contexto de utilização, podem configurar-se como elementos de informação aptos a iniciar a investigação criminal, a ação penal ou mesmo servir de fundamento para a obtenção de outras fontes de provas através da instrução de medidas cautelares. Além disso, tais informações, respeitado o contraditório, também se mostram aptas a reconstruir fatos e atuar no convencimento judicial como meio de prova.

Assim, considerando a inevitável realidade trazida pela adoção da atividade de inteligência como relevante instrumento de auxílio no combate à criminalidade, deve buscar-se um sistema de cooperação entre esta espécie de atividade, voltada para o controle e análise de informações provenientes dos setores vulneráveis ao branqueamento de capitais e a atividade probatória no processo penal, de forma a atender a parâmetros de eficácia, mas também de legalidade.

Bibliografia citada

Andrade, Manuel da Costa,

(1992) *Sobre as proibições de prova em processo penal.* Coimbra: Coimbra.

Aras, Vladimir,

(2018) *O valor processual das informações de Inteligência Financeira obtidas por Meio da Rede Egmont.* Brasília: ICJI, 2018, 1 vídeo (2 h 59 min 19 s). Publicado pelo Canal do Instituto de Cooperação Jurídica Internacional, disponível em https://www.youtube.com/watch?v=sKI1iJ7HzBI (consultado em 01.03.2020).

Araujo Neto, Oscar Vieira de,

[2016] "Relatório de 'Inteligência' Financeira emitido pelo Conselho de Controle de atividades Financeiras e seu conteúdo sigiloso", *JusBrasil*, disponível em https://oscarvneto.jusbrasil.com.br/artigos/341087078/relatorio-de-inteligencia-financeira-emitido-pelo-conselho-de-controle-de-atividades-financeiras-e-seu-conteudo-sigiloso (consultado em 29.02.2020).

Bachmaier Winter, Lorena,

(2010) "Investigación criminal y protección de la privacidad en la doctrina del Tribunal Europeo de Derechos Humanos", in: Maria Fernanda Palma, Paulo de Sousa Mendes e Augusto Silva Dias (coord.), *2.º Congresso de Investigação Criminal.* Almedina, Coimbra, pp. 161-185.

Badaró, Gustavo Henrique / Bottini, Pierpaolo Cruz,

(2012) *Lavagem de Dinheiro: aspectos penais e processuais penais. Comentários à Lei 9.613/1998, com alterações da Lei 12.683/2012.* São Paulo: Editora Revista dos Tribunais.

Bechara, Fábio Ramazzini,

(2016) "Desafios na investigação de organizações criminosas: meios de obtenção de prova; relatório de inteligência financeira", *Revista Jurídica da Escola Superior do Ministério Público* 10, pp. 159-186.

BECHARA, Fábio Ramazzini,

(2014) "Natureza jurídica do Relatório de Inteligência Financeira do COAF (Conselho de Controle das Atividades Financeiras)", *Revista Fórum de Ciências Criminais* 1, pp. 69-84.

BECHARA, Fabio Ramazzini / SMANIO, Gianpaolo Poggio,

(2019) "Ministério Público e Estratégia de Investigação no Caso Lava Jato: legalidade e eficácia probatória da Informação de Inteligência Financeira", in: Kai Ambos, Marcos Zilli e Paulo de Souza Mendes (org.), *Corrupção: Ensaios sobre a Operação Lava Jato*. São Paulo: Marcial Pons; CEDPAL, pp. 57-92.

BOTTINI, Pierpaolo Cruz,

(2019) "Mudança do Coaf para o BC e o combate à lavagem de dinheiro", *Revista Consultor Jurídico*, 29 de outubro, disponível em: https://www.conjur.com.br/2019-out-29/direito-defesa-mudanca-coaf-bc-combate-lavagem-dinheiro#:~:text=Por%20fim%2C%20as%20administrativas%20t%C3%AAm,ou%20de%20iniciar%20processos%20judiciais (consultado em 16.05.2021).

BRASIL,

[s.d] Ministério da Economia. "Inteligência Financeira", disponível em https://www.gov.br/fazenda/pt-br/assuntos/prevencao-lavagem-dinheiro/inteligencia-financeira (consultado em 11.08.2021).

CHIAVARIO, Mario,

(2012) *Diritto processuale penale: profilo istituzionale*. 5.ª ed. Torino: Utet Giuridica.

CONSELHO NACIONAL DO MINISTÉRIO PÚBLICO,

(2017) *Recomendação de caráter geral CN CNMP n. 04, de 07 agosto de 2017*, disponível em https://www.cnmp.mp.br/portal/images/Recomenda%C3%A7%C3%A3o_04-2017_-_PEP_05-2017_-_assinada.pdf (consultado em 13.04.2021).

DIAS, Augusto Silva / PEREIRA, Rui Soares,

(2018) *Sobre a validade de procedimentos administrativos prévios ao inquérito e de fases administrativas preliminares no processo penal*. Coimbra: Almedina.

ETZIONI, Amitai,

(1999) *The Limits of Privacy*. New York: Basic Books.

EUROPEAN PARLIAMENT,

(2018) *Law Enforcement access to financial data: Briefing. Implementation Appraisal*, disponível em http://www.europarl.europa.eu/RegData/etudes/BRIE/2018/621827/EPRS_BRI(2018)621827_EN.pdf (consultado em 13.04.2021).

FINANCIAL ACTION TASK FORCE,

(2012-2022) *International Standards on Combating Money Laundering and the Financing of Terrorism & Proliferation*, FATF, Paris, France, disponível em www.fatf-gafi.org/recommendations.html (consultado em: 30.11.2022).

FINANTIAL CRIMES ENFORCEMENT NETWORK,

[s.d] The Value of FinCEN Data, disponível em https://www.fincen.gov/resources/law-enforcement/case-examples (consultado em 11.08.2021).

(1970) *What we do*, disponível em https://www.fincen.gov/what-we-do (consultado em 13.02.2020).

Gleizer, Orlandino / Montenegro, Lucas / Viana, Eduardo,
(2021) *O direito de proteção de dados no processo penal e na segurança pública*. São Paulo: Marcial Pons.
Gouvin, Eric,
(2005) "J. Are there any checks and balances on the government´s power to check our balances? The fate of financial privacy in the war on terrorismo" *Temple Political e Civil Rights Law Review* 14, pp. 517-541.
Greco, Luis / Leite, Alaor,
(2019) "Discussão do Supremo sobre caso Coaf joga luz em lacuna legislativa", *Folha de S.Paulo* 19 nov., disponível em https://www1.folha.uol.com.br/poder/2019/11/discussao-do-supremo-sobre-caso-coaf-joga-luz-em-lacuna-legislativa.shtml (consultado em 04.03.2020).
Grupo de Ação Financeira (GAFI/FAFT),
(2012) *Padrões internacionais de combate à lavagem de dinheiro e ao financiamento do terrorismo e da proliferação: as recomendações do GAFI*, disponível em https://www.fatf-gafi.org/media/fatf/documents/recommendations/pdfs/FATF-40-Rec-2012-Portuguese-GAFISUD.pdf (consultado em 15.04.2021).
International Monetary Fund,
(2004) *Monetary and Financial Systems Dept. Financial intelligence units: an overview*, Washington, D.C.: Dept. World Bank, Financial Market Integrity Div., disponível em https://www.imf.org (consultado em 17.02.2020).
Joseph, Lester,
(2007) "Suspicious Activity Reports Disclosure and Protection", *United States Attorney´s Bulletin*, 55, pp. 2-13.
Kerr, Orin S.,
(2009) "The Case for the Third-Party Doctrine", *Michigan Law Review* 107, pp. 561-602.
Kleiman, Matthew N.,
(1991-1992) "Right to Financial Privacy versus Computerized Law Enforcement: A New Fight in an Old Battle", *Northwestern University Law Review* 86, pp. 1169-1228.
Lyman, Michael D. / Potter, Gary W.,
(2007) *Organized Crime*. 4th ed. New Jersey: [*s. n.*].
Melo e Silva, Philipe Benoni,
(2017) *Fishing Expedition: a pesca predatória por provas por parte dos órgãos de investigação*, disponível em https://www.jota.info/opiniao-e-analise/artigos/fishing-expedition-20012017 (consultado em 30.07.2021).
Mendes, Paulo de Sousa,
(2017) "A problemática da punição do autobranqueamento e as finalidades de prevenção e repressão do branqueamento de capitais no contexto da harmonização europeia", *Católica Law Review* 1, pp. 127-156.
(2015) "A regulação financeira, o direito penal e a utilização em processo penal das provas produzidas por autoridades reguladoras financeiras", *Revista de Anatomia do Crime* 1, pp. 129-150.
Morais, Alexandre de,
(2003) *Curso de Direito Constitucional*. 14.ª ed. São Paulo: Atlas.

NUNES, Carlos Casimiro,
(2018) "O Ministério Público na prevenção do branqueamento e do financiamento do terrorismo", *RMP* 153, pp. 93-140.
PALMA, Maria Fernanda,
(2010) "Perspectivas constitucionais em matéria de segredo bancário", in: Maria Fernanda Palma, Paulo de Sousa Mendes e Augusto Silva Dias (coord.), *2.º Congresso de Investigação Criminal*. Almedina, Coimbra, pp. 189-200.
PIASKOSKI, Augusto Cesar,
(2020) "Reporte de informações sobre Operações Suspeitas de Branqueamento de Capitais e a sua utilização como prova no processo penal", in: Paulo de Sousa Mendes e Rui Soares Pereira (coord.), *Novos desafios da prova penal*. Almedina, Coimbra, pp. 405-450.
RASCOFF, Samuel J.,
(2010) "Domesticating Intelligence", *Southern California Law Review*, 83, pp. 575-648.
ROGOVIN, Michael,
(1986) "Privacy of financial records", *Annual Survey of American Law* 3, pp. 587-608.
ROXIN, Claus,
(2007) *Pasado, presente y futuro del derecho procesal penal*. Santa Fe: Rubinzal Culzoni.
SCHERRER, Amandine,
(2017) "Fighting tax crimes: Cooperation between Financial Intelligence Units", *European Parliamentary Research Service* PE 598.603, pp. 1-84, disponível em https://www.europarl.europa.eu/RegData/etudes/STUD/2017/598603/EPRS_STU%282017%29598603_EN.pdf (consultado em 16.05.2021).
SUXBERGER, Antonio Henrique Graciano / PASIANI, Rochelle Pastna Ribeiro,
(2018) "O papel da inteligência financeira na persecução dos crimes de lavagem de dinheiro e ilicitos relacionados", *Revista Brasileira de Políticas Públicas* 8, pp. 290-318.
UBERTIS, Julio,
(2006) *Argomenti di Procedura Penale*. Milano: Giuffré Editore.
UNITED NATIONS OFFICE ON DRUGS AND CRIME,
[s.d] *Money Laundering*, disponível em https://www.unodc.org/unodc/en/money-laundering/overview.html (consultado em 11.08.2021).
UNITED STATES,
(2006) *Department of the Treasure. Financial Crimes Enforcement Network*. pp. 23, disponível em https://www.fincen.gov/sites/default/files/shared/Sections_7.pdf (consultado em 25.02.2020).
(2001) *Public Law 107–56, oct. 26, 2001, Uniting and strengthening America by providing appropriate tools required to intercept and obstruct terrorism (USA PATRIOT ACT) ACT of*, disponível em https://www.govinfo.gov/content/pkg/PLAW-107publ56/pdf/PLAW-107publ56.pdf (consultado em 20.02.2020).
VERVAELE, John A. E.,
(2005) "Terrorism and information sharing between the intelligence and law enforcement communities in the US and the Netherlands: emergency criminal law?", *Utrecht Law Review* 1, pp. 1-27.

Von Voorhout, Jill E.B Coster,
(2006) "Intelligence as legal evidence Comparative criminal research into the viability of the proposed Dutch scheme of shielded intelligence witnesses in England and Wales, and legislative compliance with Article 6 (3) (d) ECHR", *Utrecht Law Review* 2, pp. 119-144.
Wheaton, Kristan J. / Beerbower, Michael T.,
(2006) "Towards a new definition of intelligence", *Stanford Law and Policy Review* 17, pp. 319-339.
Wolter, Jürgen,
(2018) *O Inviolável e o intocável no direito processual penal: reflexões sobre a dignidade humana, proibições de prova, proteções de dados (se separação informacional de poderes) diante da persecução penal* (organização, introdução e tradução de Luis Greco; tradução de Alaor Leite, Eduardo Viana). São Paulo Marcial Pons.

Jurisprudência citada

Brasil

STF, ADI 2390, Rel. Min. Dias Toffoli, de 21/10/2016
STF, HC 126.826/PA, Rel. Min. Luis Roberto Barroso, de 06/03/2015
STJ/BR, HC 349.945/PE, Rel. Min. Nefi Cordeiro, Rel. p/ Acórdão Ministro Rogerio Schietti Cruz, 6.ª T, de 02/02/2017
STJ/BR, RHC 73.331/DF, Rel. Min. Nefi Cordeiro, 6.ª T, de 17/11/2016
STF, RE 1.055.941, Rel. Dias Toffoli, Tribunal Pleno, de 18/03/2021
TRF, HC 0033000-98.2015.4.01.0000, Rel. Juíza Federal Rosimayre Goncalves de Carvalho, 4.ª T, de 08/03/2016

Estados Unidos da América

U.S. v. Miller, 425 U.S. 435, 443 (1976)

Portugal

Ac. TC. n.º 42/2007, de 11/05/2007, Proc. 950/2006, 2.ª Secção, Rel. Maria Fernanda Palma

§ 3.
A INTELIGÊNCIA COMO PROVA PENAL: O SIGILO E AS IMPLICAÇÕES PARA UM JULGAMENTO JUSTO

LEONARDO MARIUZZO PLENS*

SUMÁRIO: Introdução. I. O caso US v. Zacarias Moussaoui. II. A inteligência a serviço do combate ao terrorismo. III. A inteligência no tribunal. 1. O modelo britânico. 2. O modelo holandês. 3. As principais implicações dos modelos analisados. 4. A desclassificação como condição. IV. O controle judicial como possibilidade de conformação. Conclusão. Bibliografia citada. Jurisprudência citada.

RESUMO: Com a intensificação do fenômeno do terrorismo, os serviços de inteligência nacionais passaram a cooperar cada vez mais com a persecução penal dos acusados de atos terroristas. Entretanto, por operar sob sigilo e protegida por instrumentos legais como o segredo de Estado, a informação de inteligência encontra dificuldade em ser utilizada como prova sem contrariar direitos e garantias processuais do acusado. Diante desse problema, e partindo da análise do caso US v. Zacarias Moussaoui, o artigo pretende discutir modelos propostos pelo Reino Unido e pela Holanda para viabilizar o uso de informação de inteligência no processo penal, bem como de ordenamentos jurídicos que condicionam a sua utilização à desclassificação

* Graduado em Direito pela Universidade Presbiteriana Mackenzie (2018), é advogado e mestrando em Direito Penal e Ciências Criminais pela Universidade de Lisboa.

da informação, como em França e Itália. Por fim, entende-se que o uso da inteligência como prova penal é possível e essencial em casos envolvendo terrorismo, desde que feito mediante controle judicial, como propõe o modelo francês e a prática britânica, de acordo com os quais a gestão do sigilo é conduzida por um magistrado.

Palavras-chave: Terrorismo; inteligência como prova penal; segredo de Estado; sigilo; julgamento justo.

Introdução

A intensificação do fenômeno terrorista, sobretudo no final do século XX e início do século XXI, desafiou inegavelmente a tradicional estrutura legal e operacional dos Estados. O atentado ao World Trade Center em Nova Iorque no dia 11 de setembro de 2001 talvez figure como a imagem mais emblemática do terrorismo e, dada a sua magnitude, desencadeou uma reação global dos países na tentativa de lidar com o problema. Neste sentido, a atividade de inteligência, se antes questionada acerca de sua utilidade no período pós-Guerra Fria, ganhou papel de destaque na obtenção e compartilhamento de informações sobre células terroristas, possibilitando assim a tomada de decisões preventivas que salvaguardam a segurança nacional ante tais ameaças.

O protagonismo que a inteligência adquiriu neste sentido fez crescer, não somente a cooperação entre os serviços de inteligência nacionais e transnacionais, mas também repercutiu na relação entre os órgãos de inteligência e de investigação criminal, cujo fluxo de troca de informações aumentou significativamente. Esta cooperação faz-se no processo penal de duas formas distintas: a informação de inteligência pode servir como notícia de crime, suscitando suspeita razoável de forma a impulsionar a investigação criminal, cessando a partir daí seus efeitos; ou, de modo mais profundo, servir como prova penal[1].

E, uma vez que a operação de inteligência se desenvolve sob o sigilo das suas fontes, dos seus recursos e do seu *modus operandi*, surge imediatamente o conflito entre a necessidade de se preservar este sigilo e, no lado oposto, a exigência do exame pleno dos elementos probatórios constantes no processo por parte da defesa, em nome de um julgamento justo.

[1] Eijkman / Ginkel, 2011: 03.

Nascem, portanto, questões que aparentam colidir frontalmente com pilares fundamentais do processo penal como a paridade de armas, a ampla defesa, o contraditório e o devido processo legal. Tendo como questão de fundo uma eventual violação a tais fundamentos, mormente o *fair trial*, previsto em inúmeros diplomas nacionais e instrumentos internacionais, o presente artigo se debruçará sobre a problemática da inteligência como prova penal. Com o objetivo de solucionar esta questão, alguns ordenamentos jurídicos, como o Reino Unido e a Holanda, optaram por criar procedimentos especiais, na tentativa de preservar o sigilo da informação sem que a defesa do acusado restasse tolhida. Outros países, como a Itália e a França, no entanto, não admitem que a informação possua qualquer tipo de sigilo para ser utilizada como prova.

Partindo de um caso concreto, este trabalho cuidará da análise, num primeiro ponto, dos meios pelos quais os serviços de inteligência operam, a sua localização no aparato estatal e a sua relação com o processo penal. Após, serão abordados os modelos legais de países nos quais a relação entre inteligência e prova penal se apresenta com especificidade, como também os procedimentos antagônicos adotados para enfrentar esta questão. Num último momento, tratar-se-á da discussão acerca de uma possível solução para este conflito.

I. O caso US v. Zacarias Moussaoui

O caso US v. Moussaoui constitui um caso emblemático acerca da problemática da inteligência como prova no processo penal. Preso em agosto de 2001 nos EUA, o cidadão francês Zacarias Moussaoui foi acusado, num primeiro momento, de violação da lei de emigração norte-americana enquanto frequentava uma escola de aviação no Minnesota[2]. Com o irromper dos ataques do dia 11 de setembro, contra Moussaoui sobrevieram acusações de conspiração para o cometimento de atos terroristas, sequestro e destruição de aeronaves e uso de armamentos de destruição em massa, entre outras[3].

No decorrer do processo, Moussaoui declarou-se inocente das acusações que lhe pesavam, requerendo, para tanto, a oitiva de Ramzi Bin Al-Shibh, indivíduo tido como um dos responsáveis pela organização do atentado, na

[2] Major events in the Zacarias Moussaoui case, The New York Times.
[3] U.S. v. Zacarias Moussaoui, No. 01-455-A (2006).

altura detido pelo Estado americano em prisão militar de localidade desconhecida. O requerimento foi então deferido com base na disposição da Sexta Emenda à Constituição norte-americana[4], que prevê o direito de submeter testemunhas em juízo, um dos pilares do *fair trial*[5]. Al-Shibh seria questionado diretamente pelas partes por videoconferência, porém num ambiente irreconhecível e com um mecanismo de atraso na transmissão, por meio do qual os agentes de inteligência seriam capazes de interromper a transmissão para evitar o vazamento de informações sensíveis[6].

A U.S. Attorney General, todavia, negou-se a acatar a determinação da corte distrital, uma vez que toda a informação envolvendo a pretensa testemunha era classificada como confidencial e o seu testemunho poderia comprometer os procedimentos da inteligência[7] e de interrogatório dos detidos. De acordo com o Procurador-Geral assistente Michael Chertoff, qualquer declaração prestada por Al-Shibh importaria riscos para a segurança nacional, e que "o dano aos Estados Unidos seria imediato e irreparável[8]".

Perante a recusa, o requerimento da pena de morte e as acusações que o ligavam diretamente aos ataques do 11 de setembro de 2001 foram indeferidos pela juíza que presidia o caso, na U.S. District Court, em Alexandria, estado da Virgínia, uma vez que a impossibilidade do réu em acessar à testemunha indicada dificultava um julgamento justo de tais acusações. Irresignada, a Attorney General recorreu à U.S. 4th Circuit Court of Appeals, que permitiu a submissão de questionamentos às testemunhas pela defesa, desde que por escrito. Tal providência foi rejeitada pelos advogados de Moussaoui, porquanto a ausência de questionamento direto e a oitiva presencial das testemunhas prejudicaria sua defesa.

4 Em inglês, no original: "In all criminal prosecutions, the accused shall enjoy the right to a speedy and public trial, by an impartial jury of the State and district wherein the crime shall have been committed, which district shall have been previously ascertained by law, and to be informed of the nature and cause of the accusation; to be confronted with the witnesses against him; to have compulsory process for obtaining witnesses in his favor, and to have the Assistance of Counsel for his defence".

5 Vervaele, 2005: 12.

6 Turner / Schulhofer, 2005: 50.

7 Mariner, 2003.

8 Moussaoui request risks national security, U.S argues. CNN Law Center, 2003.

Por fim, a Suprema Corte denegou, em março de 2005, o pedido da defesa de Moussaoui, determinando o regular prosseguimento da ação penal, com o enfrentamento integral das incriminações iniciais bem como da pena capital, uma vez provadas as acusações[9]. A inquirição poderia ser realizada, desde que por escrito. Em abril de 2005, Moussaoui declarou-se culpado das seis acusações, e em abril de 2006, submetido a júri popular, Zacarias Moussaoui foi condenado à prisão perpétua[10].

Diante do caso, percebe-se que a problemática da inteligência como prova é indicativa de um choque frontal com a ideia de um julgamento justo, consubstanciado no *fair trial*. A despeito da questão controvertida do caso recair sobre uma prova que favorecia o acusado (*pro reo*), o debate sobre o uso da inteligência como prova no processo penal faz-se presente. Em qual medida, portanto, o uso da inteligência como prova no processo penal poderia tolher a ampla defesa, a paridade de armas e o devido processo legal?

II. A inteligência a serviço do combate ao terrorismo

Pela representação popular à qual sempre foram submetidos, a exemplo do serviço de inteligência britânico MI6 na bem-sucedida franquia de filmes "007", ou pelo papel histórico que ocuparam, principalmente em períodos de conflito bélico nos quais a ameaça constante de guerra e a presença da espionagem eram marcantes, os serviços de inteligência sempre gozaram de uma imagem folclórica e de um posicionamento não muito claro a respeito de suas funções e do seu papel na organização de um Estado.

Considera-se inteligência o processo de obtenção e análise da informação, destinado a embasar e dar suporte a uma tomada de decisão. Neste sentido, pode dizer-se que a inteligência é um processo de filtragem da informação obtida, envolvendo a análise detida do seu conteúdo e a sua qualificação para que o tomador de decisão aja para alcançar a melhor satisfação do seu objetivo, diminuindo ao máximo o grau de incerteza de suas decisões[11].

[9] High court rejects Moussaoui case, CNN, 2005.

[10] Major events in the Zacarias Moussaoui case, The New York Times.

[11] Wheaton / Beerbower, 2006: 02.

Quando operada pelo Estado na área de segurança (no setor privado, a inteligência se faz presente na disputa de mercado, por exemplo), a inteligência adquire a função de proteger a nação contra ameaças à segurança nacional. Segundo Dovydas Vitkauskas, os serviços de inteligência constituíam ferramenta primordial em Estados totalitários, uma vez que instrumentalizavam a repressão e a vigilância contra seus cidadãos. A inteligência também foi essencial durante a Guerra Fria, como forma de defesa contra agentes externos e ideologicamente subversivos[12]. Com o fim do conflito, a existência dos serviços de inteligência foi posta em causa, questionamento este que veio a ser mitigado com a crescente criminalidade transnacional, a intensificação do fenômeno terrorista e a necessidade de uma resposta à altura da complexidade dos problemas.

Assim, quando a inteligência é direcionada ao combate ao terrorismo, o processo de coleta, análise e qualificação da informação é voltado a suportar decisões na política de segurança e de estratégia de defesa. Como os atos de terrorismo extravasam fronteiras e o núcleo terrorista geralmente se encontra fora do país onde o crime é consumado – fatores que dificultam a investigação tradicional –, a operação de inteligência se mostra útil ao criar condições para a impedir o ato terrorista antes mesmo de sua concretização, abrangendo o tipo de alvo mais vulnerável e as ferramentas para a execução do ato numa eficiente prevenção tática e estratégica[13].

Tradicionalmente, na estrutura do Estado, a atividade de inteligência está estabelecida dentro do Poder Executivo, sob o controle de uma ou mais de uma pasta ministerial. O Ministro de Estado titular desta pasta é, na maioria das estruturas de inteligência contemporâneas, responsável pela representação legal e pessoal dos serviços de inteligência[14].

E, considerando que o conteúdo da informação é muitas vezes sensível e tutelado por direitos e garantias, os oficiais de inteligência necessitam de autorizações específicas para acessá-la, a exemplo do Serviço de Inteligência britânico, cujo Investigatory Powers Act de 2016 determina a exigência de expedição de mandado pelo Secretário de Estado para a interceptação de

[12] Vitkauskas, 1999: 03.

[13] Derencinovic / Getos, 2007: 09-10.

[14] Born / Leigh / Wills, 2015: 122.

dados[15], e em França, onde os pedidos de interceptação são remetidos à Comission Nationale de Contrôle des Techniques de Reisegnement (CNCTR), composta por senadores, membros da Assembleia Nacional, membros do Conselho de Estado, magistrados nomeados pelo Presidente e pelo Ministério Público, e um técnico em comunicações eletrônicas. A Comissão emite parecer opinativo ao Primeiro-Ministro, responsável pela decisão e emissão da autorização[16].

Os serviços de inteligência são órgãos tradicionalmente apartados da estrutura policial e da segurança pública, embora a coleta de informação constitua uma necessidade comum. A principal distinção apontada pela doutrina especializada consiste na finalidade dos seus resultados: enquanto a investigação criminal procura elucidar uma prática criminosa já consumada, buscando averiguar sua autoria e a materialidade com o fim de formalizar uma acusação e instruir o subsequente processo judicial, a inteligência tem por finalidade precípua a coleta e a análise de informações a fim de antever perigos e suportar decisões e políticas de segurança pública interna e externa[17].

Gleizer, Montenegro e Viana notam que traçar as distinções existentes nas atividades de persecução penal, segurança pública e inteligência é fundamental no sentido de estabelecer limites às respectivas atividades e condicionar os seus meios de execução de modo a tutelar, ao final, os direitos e garantias do cidadão. O processo penal e a investigação atuam sobre uma suspeita de crime, e todas as graves intervenções dela decorrentes só podem ocorrer a partir de um substrato fático prévio que as autorizam, consolidando-se como atividade repressiva. As atividades de segurança pública fundamentam-se, por outro lado, na existência de perigos e na possibilidade de violações à ordem jurídica, projetando eventuais violações e elaborando medidas exclusivamente preventivas. Por fim, a atividade dos serviços de inteligência pressupõe a antecipação de perigos e, como o próprio termo "inteligência" denota, está vinculada a intervenções de caráter informacional, não dispondo, em regra, das medidas intervencionistas próprias da segurança pública e da persecução penal[18].

[15] Parlamento do Reino Unido, Investigatory Powers Act, 2016: chapter one, 19, power of Secretary of State to issue warrants.

[16] Silva, 2018: 46.

[17] Gleizer / Montenegro / Viana, 2021: 52.

[18] Gleizer / Montenegro / Viana, 2021: 55.

De fato, o TC de Portugal, ao se pronunciar sobre a constitucionalidade de uma disposição constante do regime jurídico do Sistema de Informações do país, entendeu que a atividade de inteligência não se confunde com a atividade policial justamente pelo seu "caráter preventivo", isto é, busca dar suporte a decisões que zelem pela "segurança do Estado, soberania nacional e realização do Estado de Direito (...), mas porque não se dirige à descoberta da autoria de um crime, não reveste a natureza de investigação criminal[19]".

Essa distinção faz-se visível também quanto à disciplina legal. Os serviços de inteligência geralmente possuem enquadramento legal próprio, estranho às disposições legais aplicáveis à atividade policial. Nos EUA, por exemplo, o documento legal que disciplina a inteligência no país, o National Security Act[20] de 1947, veda os poderes de "polícia, intimação, aplicação da lei ou funções de segurança interna[21]" à Central Intelligence Agency (CIA).

Naturalmente o sigilo é imperativo para o sucesso das operações de inteligência. O sigilo dos métodos, das fontes e dos agentes envolvidos na coleta da informação garante a proteção do *modus operandi* dos serviços de inteligência e, por conseguinte, a continuidade e a eficácia de sua atividade. A revelação da técnica adotada pela inteligência pode comprometer a detecção de ameaças, tornar vulnerável o país a ataques, colocar em risco a integridade de agentes infiltrados e acarretar graves imbróglios diplomáticos entre nações[22].

Mas, por mais que as suas áreas de atuação sejam distintas e os seus quadros normativos dissociados, a cooperação entre estes órgãos é tendência que se verifica. Tal diálogo se torna uma ferramenta importante no combate ao terrorismo, mas também impõe ameaças aos princípios fundamentais do direito penal[23] e do direito processual penal. Neste sentido, o problema da presença da inteligência nos tribunais é questão que se impõe.

[19] Ac. TC, n.º 403/2015, de 17/09, Proc. 773/15, Rel. José António Teles Pereira

[20] A criação da Central Intelligence Agency – CIA, um dos principais órgãos de inteligência norte-americanos, deu-se através do National Security Act. Em 2004, a lei sofreu substanciais alterações com o Intelligence Reform and Terrorism Prevenction Act.

[21] Em inglês, no original: "(...) except that the Director of the Central Intelligence Agency shall have no police, subpoena, or law enforcement powers or internal security functions". National Security Act of 1947. Sec. 104A.

[22] Sales, 2007: 08.

[23] Derencinovic / Getos, 2007: 109.

III. A inteligência no tribunal

De acordo com Eijkman e Ginkel[24], a cooperação entre os serviços de inteligência e a Justiça Criminal se faz muito presente em processos de terrorismo por meio do compartilhamento de informações essenciais. Neste sentido, a inteligência poderia cumprir dois papéis distintos no processo penal: num primeiro momento, constatada eventual infração criminal pela atividade da inteligência, os serviços de inteligência notificam a autoridade policial das suas suspeitas. Assim, neste primeiro cenário, a inteligência serviria como verdadeira *notitia criminis*, impulsionando a suspeita inicial à polícia que decidirá, a partir do resultado de seus próprios empreendimentos, acerca da instauração da investigação criminal.

Por outro lado, a inteligência pode servir, não só como notícia do crime, mas também como prova penal. Como consequência, surge a necessidade premente de manter em sigilo as fontes e os métodos com os quais a inteligência acessou as informações, e até mesmo de preservar a identidade dos agentes da inteligência envolvidos na investigação, ainda que atuem como testemunhas num processo penal.

Porque a inteligência se presta a informar a autoridade pública de potenciais riscos à segurança nacional e porque se espera que essa informação não seja conhecida além de seu círculo restrito[25], fato é que, enquanto figuram como prova no Tribunal, as informações de inteligência parecem não se acomodar aos preceitos fundamentais de um processo penal que demanda o confronto pleno das provas pelos sujeitos processuais, justamente por decorrência de que as informações fornecidas pela inteligência são mantidas fora do conhecimento público, através de mecanismos de imposição e manutenção do sigilo, como o ato de classificação do documento como informação secreta/sigilosa. Assim, elementos probatórios advindos dos procedimentos da inteligência acabam se tornando "prova secreta[26]", porquanto inacessível à defesa no todo ou em parte.

24 Eijkman / Ginkel, 2011: 03.

25 Roach, 2010: 04.

26 A literatura especializada denomina como *secret evidence* a prova que foi introduzida no processo através da cooperação entre os órgãos judiciários e Serviços de Inteligência e que carrega consigo algum tipo de sigilo.

A despeito do sigilo ser um elemento fundamental para o sucesso operacional da atividade da inteligência, quando as informações coletadas pelos serviços de inteligência passam a ser utilizadas como prova no âmbito do processo penal, o segredo procedimental da inteligência confronta outros imperativos processuais, consubstanciados no direito a um julgamento justo, o dito *fair trial*.

O *fair trial* aparece positivado em inúmeros documentos internacionais que versam sobre direitos humanos como a DUDH, o PIDCP, a CEDH e a CADH.

Como princípio, determina que a efetivação de um julgamento justo dependa do cumprimento de garantias judiciais, como a existência de um tribunal independente, imparcial e previamente estabelecido por lei[27], a defesa própria ou técnica por um defensor à sua escolha, a presunção de inocência[28], o acesso à natureza e causa da acusação, bem como a garantia ao acusado do direito ao confronto das testemunhas de acusação e de convocar e fazer interrogar as testemunhas de defesa em iguais condições às testemunhas acusatórias[29].

O *fair trial*, portanto, compreende atributos fundamentais para que um processo penal possa garantir ao acusado as condições necessárias para sua defesa, assegurando a paridade necessária para que a persecução penal seja realizada de forma a preservar direitos e a garantir o *jus puniendi* de forma harmônica, sem desequilíbrios. A plenitude de uma defesa envolve também o acesso integral aos elementos de prova trazidos pela acusação e aos que interessem à sua defesa, condição que pode esbarrar na necessidade de sigilo imposta pela atividade de inteligência.

No caso apresentado, o requerimento de Zacarias Moussaoui para convocar um membro da Al-Qaeda para oitiva direta na qualidade de testemunha de defesa foi rejeitado pela Suprema Corte dos Estados Unidos, prevalecendo o entendimento de que o testemunho, ainda que potencialmente absolutório, colocaria em risco os procedimentos da inteligência e segurança nacional. A decisão da Corte de Apelação, mantida pela Suprema Corte norte-americana, relativizou o direito do acusado à oitiva da testemunha em favor da

27 CADH, 1969: art. 8.º, 1.

28 PIDCP, 1966: art. 14, 2.

29 CEDH, 1950: art. 6.º, 3, "d)".

preservação dos métodos da inteligência, optando por um terceiro caminho: a inquirição por escrito da pretensa testemunha de defesa.

Ante o crescimento da cooperação entre inteligência e órgãos de investigação criminal e a intensificação da incidência do uso da inteligência como prova no processo penal, alguns países decidiram por introduzir procedimentos especiais para lidar com o conflito de modo a alcançar um equilíbrio entre o *fair trial* e a preservação do sigilo atinente à inteligência. Desse modo, passa-se, num primeiro momento, à análise dos modelos adotados por alguns ordenamentos jurídicos, como Reino Unido e Holanda, a fim de entender como enfrentam o problema da inteligência no Tribunal.

A escolha destes ordenamentos jurídicos para a análise proposta neste capítulo deu-se principalmente pela existência de previsão específica a respeito. Mais adiante, serão formuladas as principais críticas elencadas pela literatura especializada quanto a essas proposições, e será realizada a contraposição com ordenamentos jurídicos que recusam elementos e informações da inteligência como prova penal.

1. O modelo britânico

O procedimento adotado pelo Reino Unido é fruto de uma condenação da nação no TEDH no caso Chahal v. Reino Unido[30], de 1996. Chahal, cidadão indiano que migrou ilegalmente para o Reino Unido, era ativista político envolvido no movimento religioso e separatista Sikh e investigado sob suspeitas de atos de terrorismo. Em 1990, o Governo do Reino Unido decidiu deportá-lo por entender que a sua presença no território era nociva para a segurança nacional. Chahal, então, requereu a concessão de asilo sustentando que, caso retornasse à Índia, seria submetido a perseguições e tortura em razão de seu engajamento político. O requerimento foi negado e, uma vez que a matéria envolvia elementos de segurança nacional, não foi possível a Chahal recorrer da decisão.

No entanto, a ordem de deportação foi revisada por um órgão consultivo dentro do Poder Executivo, procedimento que não previa a possibilidade de defesa técnica do recorrente e em que o Secretário de Estado decidia quais a informações sobre o caso que lhe seriam então comunicadas. Além disso, a

[30] Chahal v. Reino Unido, n.º 22414/93, de 15/11/1996.

recomendação do órgão era sigilosa e não vinculativa. A decisão sobre a deportação foi mantida e submetida desde então a sucessivas revisões judiciais até alcançar o TEDH.

A Corte, então, entendeu que o procedimento migratório adotado pelo Reino Unido afrontava a CEDH, em decorrência do sigilo das informações utilizadas nas decisões e da ausência de defesa técnica do acusado[31]. O julgamento da Corte traçou novos parâmetros quanto ao uso de material confidencial em causas que envolvam a segurança nacional. Como reação, o parlamento editou o Special Immigration Appeals Act de 1997, provimento legal que inaugurou a figura do *special advocate* no ordenamento jurídico britânico.

Denomina-se *special advocate* o indivíduo indicado para representar legalmente os interesses de requerentes na instância recursal do órgão imigratório no qual a sua presença ou a do seu representante estejam excluídas. Uma vez protocolado o recurso contra decisões de imigração, o Secretário de Estado britânico avalia se a revisão da decisão implica em divulgação de informação sigilosa envolvendo a segurança nacional e, em caso afirmativo, um advogado é indicado pela Procuradoria Geral[32]. A partir de então, o *special advocate* passa a representar legalmente o recorrente e participa de sessões fechadas da Comissão em que se analisam e se confrontam as evidências secretas[33]. O modelo também é referido como *special counsel*.

Embora o modelo tenha surgido primeiramente num contexto de embates migratórios, o sistema de *special advocate* obteve ampla adesão quanto a outros procedimentos envolvendo a segurança nacional no Reino Unido, e veio a mostrar um modelo útil no combate ao terrorismo na esfera administrativa. Na jurisdição civil, o modelo é aplicado desde 2013, através do Justice and Security Act, e utilizado em todo o caso cível cuja revelação completa dos elementos probatórios seja capaz de oferecer risco para a segurança nacional e as atividades de inteligência. Assim sendo, o *special advocate* é indicado para defender os interesses da parte excluída, confrontando possíveis violações ao

31 Eijkman / Ginkel, 2011:14.

32 Forcese / Waldman, 2007: 21.

33 Murphy, 2013: 25.

fair trial sem, contudo, poder comunicar com o cliente a respeito do conjunto probatório sigiloso e quando ausente a autorização do Governo[34].

A Câmara dos Lordes, em parecer sobre o caso Regina v. H, de 2003, reconheceu o valor do modelo do *special advocate* frente ao problema do sigilo probatório na seara criminal como uma abertura de um precedente de jurisprudência, por considerar que "surgirão casos em que a nomeação de um advogado indicado como advogado especial será necessário, no interesse da justiça, para garantir a proteção do direito do acusado a um julgamento justo[35]".

O parecer parlamentar ressalta, no entanto, que a nomeação de *special advocates* a casos criminais deva ser considerada como ferramenta excepcional e última alternativa. A Câmara dos Lordes sinalizou, ademais, que o modelo suscita implicações éticas no que toca à relação advogado-cliente, marcada sobretudo pela confiança entre o acusado e sua defesa técnica e neste contexto mitigada pela natureza do procedimento. Com efeito, desde então não surgiram casos em que houve atuação de um advogado indicado nestes termos[36]. O modelo de *special advocates* foi abrigado também por outros ordenamentos jurídicos da commonwealth, tais como o Canadá[37] e a Nova Zelândia[38].

Ante a resistência em se aplicar o modelo a processos penais, atualmente a regra de revelação de elementos probatórios sigilosos submete-se ao "teste da revelação", disposto na Parte II do Criminal Procedure and Investigations Act e no Code of Pratice, e envolve a atuação conjunta da polícia, da acusação e dos órgãos de inteligência. Assim, é ônus da acusação proceder com a revelação de quaisquer informações que potencialmente influenciem e causem impacto nas acusações formuladas ou, de qualquer forma, auxiliem a defesa do acusado[39].

[34] Parlamento Europeu, 2014, National security and secret evidence in legislation and before the courts: exploring the challenges.

[35] Regina v. H, de 05/02/2004, [2003] EWCA Crim. 2847, Session 2003-04. 12th Report. House of Lords

[36] West, 2018: 45.

[37] Special Advocates Program. Department of Justice. Government of Canada.

[38] Special advocate possible in some exceptional national security proceedings. New Zealand Law Society, 2015.

[39] West, 2018: 26.

Tratando-se de crimes ligados ao terrorismo, desde 2011 a revelação dos elementos probatórios fica a cargo de uma comissão especial que integra a Crown's Prosecution, responsável por avaliar e gerir os processos desta natureza que tragam, em seu bojo, informações de inteligência. A comissão também fica responsável por dialogar com os serviços de inteligência britânicos, providenciando um sumário do caso, as acusações pretendidas e as requisições de uso da inteligência como prova, cuja viabilidade é avaliada pelos órgãos de inteligência.

As informações que potencialmente ofereçam riscos ao interesse público e à segurança nacional uma vez reveladas são nomeadas como "material sensível" e não são acessíveis pela defesa. Caso se entenda que a informação, embora essencial ao processo, não possa ser aberta à defesa, a acusação deve requerer ao juiz a aplicação da imunidade de interesse público – public interest immunity "PII", também conhecida como "privilégio da Coroa". Tal procedimento é realizado sem a presença do acusado, e por ele o magistrado decidirá, atentando-se ao equilíbrio entre a segurança nacional e os direitos do acusado, acerca da manutenção do sigilo[40].

2. O modelo holandês

O ordenamento jurídico holandês determina a vedação de desenvolvimento da atividade de investigação criminal ao serviço de inteligência holandês, conhecido como Serviço Geral de Inteligência e Segurança dos Países Baixos (Algemene Inlichtingen- en Veiligheidsdienst – AIVD). Isso se dá justamente pelos meios intrusivos de que dispõe a atividade de inteligência para perseguir os seus objetivos e realizar o seu mister, como a utilização de escutas, a devassa de correspondência e a infiltração de agentes, procedimentos submetidos ao controle do Ministro do Interior[41] e não ao controle jurisdicional. Esta distância, no entanto, foi estreitada pelo Act on Shielded Witness, adotado desde 2006.

Com a finalidade de viabilizar a cooperação entre órgãos de inteligência e a Justiça Criminal, o ordenamento jurídico holandês aplica o Act on Shielded Witness, não somente a delitos que se identificam como atos de terrorismo,

[40] West, 2018: 29.

[41] West, 2018: 06.

mas a todos os casos criminais[42]. A proposta holandesa permite que os oficiais de inteligência sejam ouvidos na qualidade de testemunha de acusação, numa fase que antecede o julgamento e que se desenvolve independentemente da presença do acusado ou de sua defesa, realizada *ex parte* e de portas fechadas.

A inovação legislativa tornou possível a utilização da inteligência como prova por meio de um relatório escrito fornecido pelo serviço de inteligência holandês e a oitiva de seus oficiais como testemunhas. O exame do relatório e as oitivas são realizados numa fase pré-processual por um juiz com competência específica que decide, com vista a proteger a segurança nacional, quais as informações constantes do relatório que serão conhecidas pelas partes, bem como se a identidade da testemunha deverá ou não permanecer em sigilo[43]. Além disso, o acesso à transcrição do testemunho do oficial de inteligência, tanto pela defesa quanto pela acusação, depende do consentimento expresso do órgão de inteligência[44]. Superada esta fase pré-processual, a causa passa a ser conduzida por outro magistrado e as partes podem formular questões à testemunha "protegida" somente por escrito[45]. Outra inovação relevante foi a de elevar os relatórios de inteligência à qualidade probatória de prova escrita (schriftelijk bescheiden), conforme art. 344 do CPP holandês[46].

Como consequência, o Act on Shielded Witness permite que informações e elementos probatórios determinantes do processo sejam mantidos fora da esfera de conhecimento das partes processuais, bem como dá abrigo à existência da testemunha anônima. O Act on Shielded Witness impõe, igualmente, que o magistrado responsável pela sentença não possua integral acesso às provas, uma vez que a oitiva e transcrição do oficial de inteligência são conduzidas por um juiz com competência específica para tanto.

3. As principais implicações dos modelos analisados

Ainda que a inteligência cumpra um papel fundamental no combate ao terrorismo e mesmo que as informações coletadas pelos órgãos de inteligência sejam por vezes determinantes para a persecução penal, o uso da inteligência

[42] Voorhout, 2006: 03.
[43] Eijkman / Ginkel, 2011: 14.
[44] Voorhout, 2006: 09.
[45] Vervaele, 2005: 10.
[46] Grozdanova, 2018.

como prova no processo penal é controvertido, e até o desenvolvimento de procedimentos especiais não isenta de críticas os modelos que dela se utilizam, nem os tornam automaticamente harmônicos com os preceitos do *fair trial*.

A adoção do modelo de *special advocate* pelo ordenamento jurídico britânico deu-se em decorrência de condenação do Reino Unido no TEDH que, diante do procedimento migratório adotado pela nação, sugeriu tal modelo como ferramenta que torna possível "acomodar preocupações legítimas com a segurança nacional a respeito das fontes da informação da inteligência e, ainda assim, conferem ao indivíduo um processo justo[47]". O modelo, entretanto, e embora tenha sido sugerido pelo TEDH como um mecanismo capaz de balancear o conflito, apresenta limitações.

Em primeiro lugar, critica-se o procedimento justamente porque quebra a íntima relação de confiança que é usual existir entre o acusado e a sua defesa técnica. Uma vez que a representação ficará a cargo de um advogado indicado pela Procuradoria-Geral, o modelo mitiga de plano a liberdade do acusado em ser representado por um advogado à sua escolha. Num segundo momento, aquela confiança encontra dificuldades em se estabelecer na medida em que o advogado indicado não possui liberdade de comunicação com o indivíduo que está a representar ou mesmo sobre os elementos probatórios que pesam contra ele, salvo se autorizado pela corte[48].

Todavia, a ausência desta relação de confiança não impede, por si só, a eficácia da defesa técnica, porquanto o papel a ser desempenhado pelo *special advocate* é justamente o de confrontar as provas e desafiar o sigilo imposto ao material, de forma que o modelo, de acordo com Daphine Barak-Erez e Matthew C. Waxman, "proporciona uma garantia contra o poder governamental nesses procedimentos[49]".

Analisado à luz dos dispositivos supracitados que consagram o direito a um processo equitativo, o referido modelo parece colidir com a liberdade de escolha do defensor, principalmente em relação à CADH, que consagra expressamente a liberdade de comunicação entre o acusado e a sua defesa técnica (art. 8.º, n.º 02, alínea "d"), embora, naturalmente, a título de ilustração.

[47] Chahal v. Reino Unido, n.º 22414/93, de 15/11/1996.

[48] Forcese / Waldman, 2007: 21.

[49] Em inglês, no original: "The special advocate provides a procedural check against the power of the government in these proceedings (...)". Barak-Erez / Waxman, 2009: 31.

Conforme Eijkman e Ginkel, o modelo de *special advocate* é também incompatível com o art. 6.º da CEDH[50].

É de se fazer notar, também, que o modelo limita até mesmo a autodefesa do acusado que, ao não ter acesso à plenitude dos elementos que sustentam a acusação, fica com a sua capacidade defensiva alijada, e não conseguirá rebater plenamente os elementos acusatórios ou de desenvolver sua versão para os fatos em sede de interrogatório judicial ou de oitiva de testemunhas conforme o acervo probatório presente no processo.

Mesmo a solução holandesa também não se manteve livre de críticas pela literatura especializada: uma vez que o magistrado responsável pela emissão da decisão condenatória ou absolutória não possui pleno acesso aos elementos probatórios, cria-se uma limitação à valoração da prova pelo juiz de instrução e julgamento.

Com efeito, pelo fato de que a decisão sobre quais informações constantes do relatório da inteligência serão repassadas ao plenário e a oitiva direta do oficial da inteligência como testemunha é tomada num procedimento apartado do julgamento, diante de um juiz com competência específica para tanto, o magistrado responsável pela sentença está limitado à apreciação das provas no estado em que as recebe, de forma que somente pode, ao lado da defesa e da acusação, confiar no que foi realizado pelo juiz que o antecedeu[51]. Embora esta limitação de acesso pleno à prova possa, em tese, prejudicar gravemente o exercício da defesa, não é cabível sustentar que o procedimento holandês comporte violação à paridade de armas, uma vez que a acusação também se sujeita a essa restrição[52].

Outra implicação relevante consiste na inevitável afetação do direito ao confronto. Trata-se, em síntese, do direito assegurado à defesa de confrontar a testemunha oposta e que se desdobra em inúmeros imperativos, tais como o direito de estar presente no ato de inquirição em audiência pública "right to be present[53]", o compromisso de dizer a verdade, de conhecer a identidade do inquirido e que seja tal prova produzida perante o juiz responsável pela decisão da causa. O direito ao confronto é, com efeito, um ponto muito sensível e caro

[50] Eijkman / Ginkel, 2011: 13.

[51] Eijkman / Ginkel, 2011: 08.

[52] Voorhout, 2006: 10.

[53] Figueiredo, 2020: 29.

ao exercício da defesa, na medida em que o comportamento da testemunha diante do juiz, dos questionamentos das partes e do compromisso de dizer a verdade é avaliado, sopesado e pode até fornecer subsídios suficientes para que a defesa contradite a testemunha.

Como a oitiva do oficial da inteligência na qualidade de testemunha de acusação ocorre num procedimento *ex parte*, sem a presença da defesa e mesmo do juiz responsável pela prolação da sentença, não existe possibilidade de confrontar oralmente a testemunha, observar o seu comportamento ante os questionamentos formulados ou sequer conhecer a sua identidade.

A despeito de ter nascido na Constituição norte-americana, o direito ao confronto foi importado[54] pelos documentos internacionais como a CEDH (art. 6.º, n.º 03, "d"), o PIDCP (art. 14, n.º 03, "e") e a CADH (art. 8.º, n.º 02, "f"), que confiam neste direito como um dos sustentáculos de um julgamento justo. Nota-se, portanto, que o direito ao confronto é profundamente relativizado em face da preservação do sigilo ligado à atividade da inteligência e, sucessivamente, à segurança nacional.

Como forma de contrabalancear o anonimato da testemunha, a jurisprudência holandesa entende que esta prova testemunhal não pode constituir-se como único elemento probatório a ser considerado numa decisão condenatória[55]. De acordo com Van Voorhout, apesar de considerar também que o testemunho anônimo não seria de todo o modo incompatível com a jurisprudência do TEDH[56], a ausência de confrontação pelas partes, inclusive pelo juiz responsável pela prolação da sentença, torna o modelo holandês potencialmente nocivo ao *fair trial*. Para o autor, a proposta holandesa atravessou as fronteiras do *fair trial* como nenhum outro Estado deveria ousar fazer[57].

[54] Figueiredo, 2020: 29.

[55] Voorhout, 2006: 24.

[56] Em Doorson v. Países Baixos, n.º 20524/92, de 26/03/1996, o TEDH entendeu que concorre com os direitos de defesa do acusado o direito à vida, liberdade e segurança da testemunha, igualmente tutelados pelo artigo 8.º da Convenção, de modo que os Estados devem organizar seus procedimentos criminais de forma a não os violar. O Tribunal admitiu, na ocasião, que o anonimato impõe inegáveis desafios à defesa, mas pode haver preservação do *fair trial* se houver o contrabalanceamento destes direitos ameaçados mediante procedimentos estabelecidos sob o controle judicial. Sobre o anonimato no TEDH, conferir Lalas v. Lituânia, n.º 13109/04, de 01/06/2011 e Kok v. Países Baixos, n.º 43149/98, de 04/07/2000.

[57] Voorhout, 2006: 25.

4. A desclassificação como condição

Conforme demonstrado nos tópicos antecedentes, a importância que os serviços de inteligência adquiriram no combate ao terrorismo e a utilização da inteligência como prova forçaram alguns ordenamentos jurídicos à adoção de procedimentos especiais que fornecessem respostas às novas problemáticas.

Outros ordenamentos jurídicos, contudo, optaram pela não admissibilidade de elemento probatório que possua sigilo, exigindo que haja prévia desclassificação de seu conteúdo.

Em Itália, não se admite prova que carregue consigo qualquer tipo de sigilo. Para que a inteligência, tal como a entendemos aqui, seja utilizada como prova, é necessário em primeiro lugar que o seu conteúdo integral seja tornado acessível à defesa, em respeito aos direitos do acusado e ao direito a um julgamento justo, previstos expressamente na Constituição Italiana[58].

O ordenamento jurídico francês igualmente refuta o uso de informações sigilosas como prova, principalmente na jurisdição penal, de forma que todo elemento probatório constante dos autos deva ser objeto de escrutínio pela defesa e amplamente debatido pelas partes. As informações de inteligência que sejam sigilosas são reveladas ainda na fase de inquérito e investigação por um magistrado, assistido de oficiais de polícia, que procurarão tornar acessíveis tanto as provas acusatórias como as provas absolutórias. Caso entenda que dada informação deva ser levada ao plenário como prova, o juiz remete o pedido da desclassificação à Comission Consultative du Secret de la Défense Nationale e, caso o pedido seja aprovado, a evidência se torna de pleno conhecimento das partes[59]. A dinâmica francesa de desclassificação em sede judicial é facilitada pelo fato de a investigação ser conduzida por um juiz de instrução que, decidindo pela materialidade e autoria delitiva, encaminha o processo a outro magistrado responsável pelo julgamento e sentença[60]. Assim, o juge d'instrucion determina a desclassificação, remetendo o processo com os elementos probatórios abertos às partes para que outro magistrado profira sua decisão com base somente em provas abertas.

58 Parlamento Europeu, 2014, National security and secret evidence in legislation and before the courts: exploring the challenges.

59 Eijkman / Ginkel, 2011: 10.

60 Tourinho Filho, 2017: 158-159.

Em Portugal, o art. 137.º do CPP determina expressamente a vedação de inquirição de testemunha sobre fato que seja qualificado como segredo de Estado, bem como o art. 182.º a respeito de documentos ou objetos protegidos por esta forma de segredo. Trata-se, conforme Paulo de Sousa Mendes, de tema de prova proibido e, como tal, não deve ser investigado[61]. A despeito da proibição, a Lei n.º 30/84, que disciplina o Sistema de Informações da República Portuguesa[62], trata da colisão entre segredo de Estado e direito de defesa. Neste sentido, o art. 33.º-A, n.º 2 regula a hipótese em que um funcionário, agente ou dirigente do Sistema de Informações ocupa a posição de acusado em um processo e que sustente que o dever de sigilo deva ceder em favor de seu direito de defesa. Nestes casos, caberá ao juiz ponderar se a matéria de fato possui relevância à sua defesa e, em caso afirmativo, comunicar ao Primeiro-Ministro, que autorizará ou não o uso da informação em sede judicial pelo acusado. Deste modo, tendo em vista que as informações obtidas pela inteligência encontram dificuldade em se tornar objeto de pleno conhecimento, Itália e França condicionam a admissibilidade da inteligência como prova à sua revelação por meio de procedimentos de desclassificação da matéria em questão[63]. O estudo do European Parliament's Comitee on Civil Liberties, Justice and Home Affairs – LIBE, aponta que a desclassificação esbarra também na questão da separação dos poderes. De fato, como anteriormente analisado, via de regra as atividades dos serviços de inteligência estão vinculadas ao Poder Executivo e, em alguns casos, ao controle conjunto do Poder Legislativo.

No caso de Itália, a decisão de tornar a informação sigilosa através do segredo de Estado cabe ao Presidente do Conselho de Ministros e, quando essa informação alcança os Tribunais na qualidade de prova penal, o juiz deverá consultar o Chefe de Governo e, uma vez afirmada por este a existência de

[61] MENDES, 2013: 178.

[62] Note-se que em Portugal, o segredo de Estado dentro do regime jurídico do Sistema de Informações, previsto na Lei n.º 30/84 possui especificidades em relação ao regime de segredo de Estado geral disposto na Lei Orgânica n.º 2/2014. Conforme Mariana Egídio, trata-se de uma classificação *ope legis*, isto é, "basta que os documentos e informações detidos pelos serviços de informações se insiram na actvidade operacional dos mesmos para estarem cobertos, de forma genérica, pelo regime de segredo, não carecendo de qualquer acto administrativo de classificação". EGÍDIO, 2021: 296.

[63] EIJKMAN / GINKEL, 2011: 29.

segredo de Estado e a necessidade de manutenção do sigilo da informação, ao processo não será dado prosseguimento caso tal informação seja vital à elucidação do caso[64]. De igual modo em França, cujo ordenamento jurídico condiciona a desclassificação das informações de inteligência para a sua utilização no Tribunal como prova, ato de competência exclusiva do Poder Executivo e de tímido controle pelo Poder Legislativo, conforme apontado pelo estudo do LIBE[65].

Interessante notar que no caso de Portugal, de acordo com Pedro Costa Gonçalves, trata-se de uma "discricionariedade livre[66]" aquela competência conferida por lei ao Primeiro-Ministro, que ao final possui a decisão última de levantar ou não o segredo sobre a matéria, ainda que advinda de ordem judicial fundamentada em razões de garantia de direitos de defesa de um acusado em processo penal. A ampla margem de liberdade de que goza o Primeiro-Ministro em matéria de imposição do sigilo foi inclusive reconhecida pelo Supremo Tribunal Administrativo do país, uma vez que o ato administrativo de qualificação da informação como de segredo de Estado prescinde de intervenção de qualquer outra entidade, bem como a disciplina legal sobre o tema é "pouco densa". O STA chancela, contudo, que longe de se permitir poderes irrestritos à autoridade, o ato de recusa do levantamento do sigilo, integral ou parcial, pode ser objeto de apreciação judicial, não obstante fugir do controle do Poder Judiciário o seu mérito[67].

Em uma análise específica do processo penal português, a respeito deste tema de prova proibida é possível afirmar que "o interesse público na salvaguarda do segredo de Estado prevalece sobre o interesse igualmente público de descoberta da verdade material[68]", conforme observa Paulo de Sousa Mendes.

Embora não seja objeto da problemática do presente artigo, o fato de os mecanismos de decretação e manutenção do sigilo estarem sob a alçada do

[64] Art. 256, n.º 03 do CPP italiano.

[65] Parlamento Europeu, 2014, National security and secret evidence in legislation and before the courts: exploring the challenges.

[66] Gonçalves, 2020: 280.

[67] Ac. STA, n.º JSTA000P24459, de 11/04/2019, Proc. 0955/16.3BALSB, Rel. Maria Benedita Urbano.

[68] Mendes, 2013: 178.

Poder Executivo ou Legislativo torna dificultoso requerer uma interferência do Poder Judiciário, quando confrontado com casos em que se pretende utilizar a inteligência como prova, sem que o equilíbrio da separação de poderes seja afetado. Ainda assim, a opção dos sistemas jurídicos francês e italiano foi a de refutar o sigilo.

IV. O controle judicial como possibilidade de conformação

Percebe-se, portanto, que existem duas abordagens principais distintas em relação à problemática: para viabilizar o uso da inteligência no Tribunal, procura-se adotar procedimentos especiais de forma a manter algum teor de sigilo, ou, por não se permitir qualquer grau de sigilo à prova, exige-se a desclassificação das informações fornecidas pelos serviços de inteligência para figurar como tal.

Se por um lado a adoção destes procedimentos viabiliza a responsabilização jurídico-penal de acusados de atos de terrorismo – essencial no combate ao fenômeno terrorista – através do uso da inteligência, sem a perigosa exposição dos meios operacionais dos serviços de inteligência, por outro lado tem-se como consequência a relativização de direitos processuais do acusado que colidem frontalmente com o direito a um julgamento justo.

Outra questão que se impõe e que se relaciona diretamente com o problema ora analisado, é o do significado e amplitude da expressão "segurança nacional". Por ser um conceito extremamente abstrato, corre-se o risco de haver manipulação de interesses aplicando-se um verniz de legitimidade e legalidade sob o pretexto de tutela da segurança nacional. O problema também se mostra variável na sua profundidade a partir da complexidade da prova em questão.

Entende-se que a supressão ou ocultação de partes de um relatório escrito de inteligência é de mais fácil realização quando comparada com a imposição de sigilo sobre a identidade do oficial da inteligência enquanto testemunha, sob a ótica do exercício do direito de defesa. Contudo, em qualquer caso é difícil supor de forma teórica qual seria o dano à defesa técnica em suprimir o acesso desta a um elemento probatório, principalmente quando tal prova pende contra a sua absolvição.

Entende-se igualmente que a ausência de um procedimento legal específico a resolver o embate entre a manutenção do sigilo e os direitos de defesa de um acusado pode levar a decisões judiciais pouco precisas e, portanto, injustas. Por realmente não ser admissível aprofundarem-se na matéria objeto da restrição de conhecimento em um procedimento *ex parte*, por exemplo, dada a carência de previsão legal, é crível que os juízes se vejam obrigados a afirmar que a prevalência do sigilo não afetaria os direitos de defesa do acusado, quando, em verdade, sequer puderam ter acesso ao conteúdo da matéria de conhecimento restrito[69].

Neste sentido, o debate sobre a viabilidade da utilização de informações da inteligência como prova no processo penal, independentemente dos modelos adotados pelos países, deve ter como bússola a sua compatibilidade com os preceitos que um julgamento justo impõe. Os modelos propostos pelo Reino Unido e pela Holanda, ora analisados, mantêm o acusado na ignorância quanto às provas que sustentam as acusações contrárias a si, ainda que essa ignorância seja atenuada pela atuação do *special advocate* ou gerenciada judicialmente em procedimento anterior ao julgamento.

As limitações impostas principalmente pelo procedimento holandês não parecem se acomodar bem ao disposto no artigo 6.º da CEDH, nomeadamente no que diz respeito ao direito ao confronto previsto expressamente no diploma (art. 6.º, n. 03, "d"), e o modelo de *special advocate*, embora sugerido pelo TEDH no caso Chahal v. Reino Unido, não sem razão encontra resistência quanto à sua utilização em casos criminais.

Ora, se as provas servem justamente para se extrair a verdade dos fatos, permitindo a reconstrução da história como ela ocorreu, o sigilo imposto pela natureza da prova pode prejudicar a reconstituição dessa verdade, desaguando possivelmente numa verdade como ela convenientemente deve ser. Entende-se, nesta oportunidade, que um julgamento justo tenha como pressuposto uma defesa plena que possa ter acesso aos elementos probatórios apresentados em juízo. O acervo probatório presente em plenário deve ser objeto de livre apreciação pela defesa de modo a permitir a opção pelos diversos caminhos defensivos que um processo penal propõe.

69 Marques, 2020: 22.

Não se pode olvidar, entretanto, que a revelação das informações de inteligência pode acarretar um prejuízo operacional para os serviços de inteligência num primeiro momento e, mais gravemente, a exposição de riscos à segurança nacional, de forma que a exigência de publicidade das provas ao grau irrestrito se torna impraticável nestes casos.

Como proposta de conformação desse problema, entende-se que os elementos probatórios devam ser abertos de forma irrestrita a um magistrado com competência específica para tanto que, confrontando a imperatividade do sigilo com os direitos de defesa do acusado, decidirá sobre a questão.

Interessante notar que, conforme o parecer parlamentar da Câmara dos Lordes no caso Regina v. H, em casos envolvendo o sigilo da prova, a defesa não é bem exercida se procura, por meio de alegações genéricas, forçar a revelação de informação outrora sigilosa, na expectativa de que estas possam ser favoráveis a seu cliente[70]. Justamente por isso é que, longe de se permitir uma devassa desnecessária e potencialmente danosa à segurança nacional e aos meios de operação da inteligência, o gerenciamento do sigilo seja conduzido por um magistrado com competência específica para tanto.

O TEDH, no caso Jasper v. Reino Unido, reconheceu a dificuldade quando da concorrência de interesses como a segurança nacional ou a necessidade de manter o sigilo dos meios de investigação, em contraste com os direitos do acusado, de forma que é permissível a restrição de acesso à prova pela defesa em nome do interesse público. De acordo com o Tribunal, o direito à revelação do sigilo da prova não é absoluto, porém tal limitação deve ser contrabalanceada por procedimentos que se submetam ao controle judicial[71].

O teste da revelação proporcionado pela experiência britânica é um contributo inegável e pode ser útil dentro da proposta de conformação, na medida

70 Regina v. H, de 05/02/2004, [2003] EWCA Crim. 2847, Session 2003-04. 12th Report. House of Lords.

71 No caso Jasper v. Reino Unido, n.º 27052/95, de 16/02/2000, o TEDH entendeu que o procedimento de revelação conduzido sem a presença da defesa, somente perante o juiz responsável pelo julgamento, não importou em violação ao artigo 6.º da Convenção. Na ocasião, o juiz decidiu, mediante requerimento da acusação, que uma prova não seria revelada à defesa, em nome do interesse público e da proteção dos meios investigativos da polícia britânica. Ademais, os juízes entenderam que o controle judicial da revelação e a observância aos direitos do acusado no procedimento pelo magistrado dispensou a necessidade de nomeação de *special advocates* naquele processo penal.

em que estabelece parâmetros concretos à retirada do sigilo, bem como o procedimento *ex parte* pelo qual a acusação requere ao juiz a manutenção de sigilo da prova em nome do interesse público se mostra eficaz na medida em que o controle judicial se faz presente.

A ausência de uma norma processual específica a respeito do impasse entre sigilo e publicidade da prova conduz a soluções criativas, conforme assevera José González Cussac[72].

Assim, o magistrado responsável pela solicitação de desclassificação com competência específica para tanto deve avaliar as informações de inteligência que possuam influência e relevância direta no caso, descartando as informações cuja revelação é inviável em nome da segurança nacional e impedindo, assim, que tais elementos sejam utilizados pela acusação na fase judicial. Redistribuído o processo a outro juiz, mantêm-se a imparcialidade judicial essencial ao feito e impede-se que matérias de segurança nacional não sejam de conhecimento de fora de seu círculo restrito.

E, caso o magistrado entenda que a desclassificação total da informação é inviável, tratando-se de elemento essencial na constituição do caso, e opte pela manutenção parcial do sigilo da prova sobre algum ponto de seu conteúdo, a defesa possui a segurança, em tese, de que esta decisão foi devidamente confrontada com os seus direitos de defesa e que o tal sigilo não importa em prejuízo.

Confia-se, nesta ocasião, na eficácia do controle judicial em tais cenários justamente pela imparcialidade e independência do juiz. Pelo fato de assegurar o devido processo legal em fase judicial, bem como de zelar pelos direitos e garantias fundamentais do acusado na fase investigatória em face do Estado[73], acredita-se que o controle judicial seja capaz de, ante tal problema, assegurar um caminho harmônico entre as duas vias ou, na gravidade de seus antagonismos, escolher aquele que mais colabore para a satisfação do *jus puniendi* estatal com a menor relativização dos direitos de defesa do acusado.Cumpre pontuar também que nenhuma prova poderá fundamentar a acusação ou a decisão condenatória se o seu sigilo for absoluto a ponto de a defesa não conseguir ter tido a ela acesso. A manutenção de sigilo absoluto sobre a prova utilizada

[72] Cussac, 2014: 53.
[73] Lopes Jr., 2018: 59.

em juízo e que passa a integrar a *ratio decidendi* inegavelmente lesa os diretos fundamentais do acusado e conduz a cenários kafkianos incompatíveis com o processo penal decorrente de um Estado Democrático de Direito.

A proposta de conformação parece solucionar o dilema da revelação nos casos em que tal questionamento se faz presente ainda no processo de formalização da acusação. Todavia, no caso de Zacarias Moussaoui, em seu requerimento para submeter Al-Shibh como testemunha de defesa, este dilema ocorre de forma incidental no processo. Nesse sentido, a decisão da juíza distrital parece ter sido a mais acertada, tendo em vista o direito constitucional do acusado em submeter testemunhas em juízo. Ao determinar a realização do depoimento de Al-Shibh por meio de videoconferência e na presença de um juiz no local, com a possibilidade de questionamento direto das partes em plenário, ainda que limitado pelo mecanismo de atraso na transmissão, o direito ao confronto permaneceria minimamente preservado.

Quando o problema surge no decorrer processual, tanto para as provas acusatórias novas ou para as provas defensivas requeridas pela defesa, o magistrado deverá averiguar a relevância da sua introdução no processo e, orientado pelos valores jurídicos postos em causa, optar pelo caminho que menos prejudique os direitos de defesa do acusado e que minimize a exposição dos meios operacionais da inteligência, de modo a conjugar interesses que, por vezes, percorrem caminhos tão distantes uns dos outros.

Conclusão

O problema apresentado tem como questão de fundo o equilíbrio entre a necessidade de se manter certo sigilo das informações de inteligência quando figuram como prova no processo penal e as garantias processuais do acusado, resultando numa persecução penal que atribua a adequada responsabilidade penal, mas que tenha garantido, no decorrer processual, o direito a um julgamento justo ao acusado.

Solucionar esta equação, todavia, implica que um desses fatores seja inevitavelmente relativizado.

Confrontando os ordenamentos jurídicos analisados como exemplos, percebe-se que a manutenção do sigilo na fase judicial é potencialmente danosa para a defesa e, mesmo a tentativa de estabelecer procedimentos especiais, não se mostra capaz de balancear perfeitamente os fatores desta problemática.

Se por um lado o modelo britânico nomeia um advogado indicado e com treinamento especial para desafiar o sigilo e as provas apresentadas contra o acusado, por outro lado mina a possibilidade de uma relação cliente-advogado e limita a comunicação entre o réu e a sua defesa técnica. O modelo holandês, por sua vez, ao viabilizar o testemunho do oficial de inteligência ocultando a sua identidade às partes e até mesmo ao juiz responsável pela sentença, relativiza gravemente o direito do acusado ao confronto da testemunha, bem como prejudica a livre apreciação de provas pelo magistrado.

Por outro lado, Itália e França condicionam o uso da inteligência em sede de julgamento à sua desclassificação que, por sua vez, depende do consenso de órgãos que estão fora do âmbito do Poder Judiciário.

Entende-se que a opção pela manutenção do sigilo decorra de um juiz com competência específica para tanto, que confrontará a compatibilidade da existência do sigilo com os direitos de defesa do acusado. Este parece ser o caminho que mais atende às exigências de um julgamento justo, imperativo tão ameaçado e vulnerável no combate ao terrorismo.

Essa vulnerabilidade se mostra ainda mais grave quando a prova sob a qual recai a necessidade de se manter sigilo se trata de prova testemunhal, como é o caso do processo contra Zacarias Moussaoui, que confiava no depoimento de um integrante da Al-Qaeda, detido em lugar desconhecido pelo Governo norte-americano, para sustentar sua inocência em relação aos ataques do 11 de Setembro.

A solução costurada pela juíza distrital parece ter sido a mais acertada[74] dadas as limitações do caso, a despeito de não ter sido concretizada. O direito de submeter testemunhas em juízo, previsto também na Constituição norte-americana, foi preservado pela decisão judicial, assegurando assim os direitos de defesa do acusado.

E, uma vez que a acusação se negou a submeter a testemunha a depoimento, sob o argumento de violação à segurança nacional e aos procedimentos de inteligência, considerando o caráter profundamente adversarial do

[74] Turner / Schulhofer, 2005: 50.

processo penal norte-americano, o requerimento da pena capital deveria ter sido renunciado.

Bibliografia citada

BARAK-EREZ, Daphine / WAXMAN, Matthew C.,

(2009) *Secret Evidence and the Due Process of Terrorist Detentions*, Public Law & Legal Theory Working Paper Group, Columbia Law School, novembro 2009, disponível em https://papers.ssrn.com/sol3/papers.cfm?abstract_id=1511858 (consultado em 26/04/2020).

BORN, Hans / LEIGH, Ian / WILLS, Aidan,

(2015) *Making International Intelligence Cooperation Accountable*, Norwegian Parliamentary Oversight Comittee on Intelligence and Security Services, setembro 2015, disponível em https://www.dcaf.ch/sites/default/files/publications/documents/MIICA_book-FINAL.pdf (consultado em 30/04/2020).

COMISSÃO EUROPEIA,

(2014) *National security and secret evidence in legislation and before the courts: exploring the challenges, European Parliament's Committee on Civil Liberties, Justice and Home Affairs* (LIBE), setembro 2014, disponível em: https://www.europarl.europa.eu/RegData/etudes/STUD/2014/509991/IPOL_STU%282014%29509991_EN.pdf https://www.europarl.europa.eu/RegData/etudes/STUD/2014/509991/IPOL_STU%282014%29509991_EN.pdf(consultado em 17/04/2020).

CONSELHO DA EUROPA,

(1950) *Convenção Europeia de Direitos Humanos.*

CUSSAC, José L. González,

(2013-2014) *El secreto de Estado en el proceso penal: entre la denegación de auxilio y el delito de revelación*. Revista Penal México, n.º 5, 2012, disponível em: https://www.semanticscholar.org/paper/El-secreto-de-Estado-en-el-proceso-penal%3A-entre-la-Cussac/ba578b8a78542121af582780f5f4cce58e18a2fa (consultado em 07/05/2020).

DERENCINOVIC, Davor / GETOS, Anna-Maria,

Cooperation of law enforcement and intelligence agencies in prevention and suppression of terrorism, European perspective, Revue Internationale de Droit Pénal, Vol. 78, 2007/1, disponível em: https://www.cairn.info/revue-internationale-de-droit-penal-2007-1-page-79.htm (consultado em 07/04/2020).

EGÍDIO, Mariana Melo,

(2021) "Restrições de acesso: matérias classificadas e regime de Segredo de Estado", in: Tiago Fidalgo de Freitas, Pedro Delgado Alves (coord), *O Acesso à Informação Administrativa*. Coimbra: Almedina, pp. 275-306.

EIJKMAN, Quirine / GINKEL, Bibi van,

(2011) *Compatible or Incompatible? Intelligence and Human Rights in Terrorist Trials*, Amsterdam Law Forum, Vol. 3, No. 4, novembro 2011, disponível em: https://papers.ssrn.com/sol3/papers.cfm?abstract_id=1964217 (consultado em 30/04/2020).

FIGUEIREDO, Daniel Diamantaras de,
(2020) *O direito ao confronto na produção da prova penal*. São Paulo: Marcial Pons.
FORCESE, Craig / WALDMAN, Lorne,
(2007) *Seeking Justice in an Unfair Process: Lessons from Canada, the United Kingdom, and New Zealand on the Use of 'Special Advocates"*, National Security Proceedings, agosto 2011 disponível em: https://papers.ssrn.com/sol3/papers.cfm?abstract_id=1623509 (consultado em 16/04/2020).
GABINETE DE SEGURANÇA INSTITUCIONAL,
(2017) *Estratégia Nacional de Inteligência*, 2017, disponível em: https://www.gov.br/abin/pt-br/centrais-de-conteudo/publicacoes/ENINT.pdf (consultado em 08/04/2020).
GLEIZER, Orlandino / MONTENEGRO, Lucas / VIANA, Eduardo,
(2021) *O direito de proteção de dados no processo penal e na segurança pública*. Rio de Janeiro: Marcial Pons.
GONÇALVES, Pedro Costa,
(2020) *Manual de Direito Administrativo*. Coimbra: Almedina.
GROZDANOVA, Rumyana,
(2018) *The Right to Fair Trial and the Rise of Sensitive Intelligence Evidence: Responses from the Dutch and UK Courts*. Verfassungsblog, maio 2018, disponível em: https://verfassungsblog.de/the-right-to-fair-trial-and-the-rise-of-sensitive-intelligence-evidence-responses-from-the-dutch-and-uk-courts/ (consultado em 26/04/2020).
HIRSCHKORN, Phil,
(2003) *Moussaoui request risks national security, U.S argues*. CNN Law Center, junho 2003, disponível em: http://edition.cnn.com/2003/LAW/06/03/moussaoui.trial/index.html (consultado em 13/04/2020).
(2005) *High court rejects Moussaui case*, CNN Law Center, março 2005 disponível em: http://edition.cnn.com/2005/LAW/03/21/scotus.moussaoui/ (consultado em 08/02/2021).
KREBS, Shiri,
(2014) *The Secret Keepers: Judges, Security Detentions, and Secret Evidence*, Liora Lazarus, Christopher McCrudden, Nigel Bowles, (coord.), Reasoning Rights: Comparative Judicial Engagement, no. 197, janeiro 2014, disponível em: https://papers.ssrn.com/sol3/papers.cfm?abstract_id=2818087 (consultado em 18/04/2020).
LOPES JR., Aury,
(2018) *Direito Processual Penal*, 15.ª ed. São Paulo: Saraiva Educação.
MARINER, Joanne,
(2003) *A Fair Trial for Moussaoui*, Findlaw.com, fevereiro 2003, disponível em: https://supreme.findlaw.com/legal-commentary/a-fair-trial-for-moussaoui.html (consultado em 05/04/2020).
MARQUES, Pedro Garcia,
(2020) "O segredo de Estado versus direitos de defesa – ou a crónica em três actos de uma tragédia anunciada?: Acórdão do Supremo Tribunal Administrativo (1ª Secção) de 11.4.2019, P. 955/16.3BALSB", *Cadernos de Justiça Administrativa* – n.139 (Jan.-Fev. 2020), pp. 3-23.
MENDES, Paulo de Sousa,
(2013) *Lições de Direito Processual Penal*. Coimbra: Almedina.

Murphy, Cian C.,
(2013) *Counter-Terrorism and the Culture of Legality: The Case of Special Advocates*, 24 King's Law Journal, no. 19., fevereiro 2012, disponível em: https://papers.ssrn.com/sol3/papers.cfm?abstract_id=2009902 (consultado em 16/04/2020).
Organização das Nações Unidas,
(1948) "Declaração Universal dos Direitos Humanos".
(1966) "Pacto Internacional sobre Direitos Civis e Políticos".
Organização dos Estados Americanos,
(1969) "Convenção Americana sobre Direitos Humanos".
Roach, Kent,
(2010) *The Eroding Distinction Between Intelligence and Evidence in Terrorism Investigations.* Nicola McGarrity, Andrew Lynch, George Williams, (coord.), Counter-terrorism and Beyond, Abington: Routledge, 2010, disponível em: https://papers.ssrn.com/sol3/papers.cfm?abstract_id=1884999 (consultado em 14/04/2020).
Sales, Nathan Alexander,
(2007) *Secrecy and National-Security Investigations*, Alabama Law Review, Vol. 58; Georgetown Public Law Research, março 2006,disponível em: https://papers.ssrn.com/sol3/papers.cfm?abstract_id=893853 (consultado em 09/04/2020).
Silva, Tiago Miguel Martins,
(2018) *Do Acesso aos Dados de Telecomunicações e Internet pelos Serviços de Informações Portugueses.* Dissertação (Mestrado em Direito e Segurança), Universidade Nova de Lisboa, novembro 2018, disponível em: https://run.unl.pt/handle/10362/56419 (consultado em 07/04/2020).
Tourinho Filho, Fernando da Costa,
(2017) *Manual de processo penal*, 17.ª ed. São Paulo: Saraiva Educação.
Turner, Serrin / Schulhoffer, Stephen,
(2005) *The Secrecy Problem in Terrorism Trials.* Liberty & National Security Project. Brennan Center for Justice at NYU School of Law, 2005, disponível em: https://www.brennancenter.org/sites/default/files/2019-08/Report_The_Secrecy_Problem_Terrorism_Trials.pdf (consultado em 29/04/2020).
Vervaele, John A. E.,
(2005) *Terrorism and information sharing between the intelligence and law enforcement communities in the US and the Netherlands: emergency criminal law?.* Utrecht Law Review, Vol. 1, No. 1, setembro 2005, disponível em: https://papers.ssrn.com/sol3/papers.cfm?abstract_id=991582 (consultado em 05/04/2020).
Vitkauskas, Dovydas,
(1997-1999) *The role of a security intelligence service in a democracy* North Atlantic Treaty Organisation, Democratic Institutions Fellowships Programme, junho 1999, disponível em: https://www.nato.int/acad/fellow/97-99/vitkauskas.pdf (consultado em 07/04/2020).
Voorhout, Jill E.B. Coster van,
(2006) *Intelligence as legal evidence. Comparative criminal research into the viability of the proposed Dutch scheme of shielded intelligence witnesses in England and Wales, and legislative compliance with Article 6 (3) (d) ECHR*, Utrecht Law Review, Vol. 2, No. 2, dezembro 2006, dispo-

nível em: https://papers.ssrn.com/sol3/papers.cfm?abstract_id=982847 (consultado em 20/04/2020).

West, Leah,

(2018) *The Problem of "Relevance": Intelligence to Evidence Lessons from UK Terrorism Prosecutions.* Manitoba Law Journal, volume 41, no. 4, outubro 2018, disponível em: https://papers.ssrn.com/sol3/papers.cfm?abstract_id=3142242 (consultado em 27/04/2020).

Wheaton, Kristan J. / Beerbower, Michael T.,

(2006) *Towards a new definition of intelligence,* Stanford Law and Policy Review, Vol. 17, no. 317, maio de 2006, disponível em: https://law.stanford.edu/wp-content/uploads/2018/03/wheaton_beerbower_319.pdf (consultado em 06/04/2020).

Jurisprudência citada

Estados Unidos

U.S. v. Zacarias Moussaoui, No. 01-455-A (2006)

Portugal

Ac. TC, n.º 403/2015, de 17/09, Proc. 773/15, Rel. José António Teles Pereira

Ac. STA, n.º JSTA000P24459, de 11/04/2019, Proc. 0955/16.3BALSB, Rel. Maria Benedita Urbano

Reino Unido

Regina v. H, de 05/02/2004, [2003] EWCA Crim. 2847, Session 2003-04. 12th Report House of Lords

Tribunal Europeu dos Direitos Humanos

Chahal v. Reino Unido, n.º 22414/93, de 15/11/1996

Doorson v. Países Baixos, n.º 20524/92, de 26/03/1996

Jasper v. Reino Unido, n.º 27052/95, de 16/02/2000

CAPÍTULO III
COLABORAÇÃO PREMIADA E PROVA

§ **4.** Diretrizes para a celebração de acordos de colaboração premiada pelas autoridades públicas
(*Rachel Glatt*)

§ 4.
DIRETRIZES PARA A CELEBRAÇÃO DE ACORDOS DE COLABORAÇÃO PREMIADA PELAS AUTORIDADES PÚBLICAS

RACHEL GLATT*

SUMÁRIO: Introdução. I. Colaboração premiada no Direito Processual brasileiro. 1. Breve contextualização. 2. Tratativas e celebração do acordo. 3. Duplo controle pelo Poder Judiciário: homologação e concessão dos benefícios. II. Justiça negociada no Direito Processual Penal norte-americano. 1. Panorama geral. 2. *Cooperation agreements*: conceito, procedimento e regras. III. Parâmetros para atuação da autoridade pública na colaboração premiada. 1. Critérios a serem considerados antes da celebração do acordo. 2. Critérios para a definição dos benefícios a serem oferecidos no acordo. 3. Limitações do acordo celebrado com o réu preso. 4. Procedimentos e consequências da retratação e da rescisão do acordo. 5. Limitação dos deveres e renúncias a direitos a serem impostos ao colaborador. Conclusão. Bibliografia citada. Jurisprudência citada.

RESUMO: Pretende-se, neste artigo, verificar a possibilidade de serem fixadas diretrizes para a celebração do acordo de colaboração premiada no Brasil. Para tal, far-se-á, inicialmente, o exame do atual panorama no ordenamento jurídico brasileiro, após as alterações promovidas pela "Lei Anticrime", bem como nos precedentes

* Advogada. Mestranda em Ciências Jurídico-Criminais na Faculdade de Direito da Universidade de Lisboa. Pós-graduada em Processo Penal e Garantias Fundamentais pela Academia Brasileira de Direito Constitucional.

julgados pelo STF. Em seguida, serão analisadas as normas que regulamentam o *plea bargain* e o *cooperation agreement* nos EUA, tendo em vista a proeminência desta forma de resolução de casos penais neste país. Por fim, serão propostas diretrizes relativas às principais etapas do procedimento de colaboração, buscando preencher as lacunas ainda existentes a partir da legislação norte-americana, com as necessárias adaptações.

Palavras-Chave: Colaboração premiada; justiça negociada; acordos de cooperação; *plea bargain*.

Introdução

O presente artigo abordará uma temática de extrema relevância na conjuntura político-jurídica atual, qual seja a do instituto da colaboração premiada. Diante do imenso papel que este instrumento de justiça negociada vem ocupando nos processos criminais em diversos ordenamentos jurídicos, muitos são os estudos que vêm surgindo sobre o tema, a partir de distintos enfoques e perspetivas, na tentativa de esclarecer, tanto quanto possível, as questões relacionadas com a sua aplicação prática.

Nesta pesquisa se buscará responder, especificamente, se é possível fixar parâmetros que guiem a atuação das autoridades públicas competentes para celebração dos acordos de colaboração premiada no Brasil e, em caso positivo, quais seriam tais parâmetros. À questão são inerentes diversas outras, como, por exemplo, quais os critérios que devem orientar a autoridade pública na decisão de firmar ou não o acordo; se o réu tem o direito subjetivo de firmar acordo de colaboração premiada; se o juiz pode obrigar o órgão competente a celebrar o acordo de colaboração; quais os critérios que devem nortear a autoridade para decidir quais benefícios serão oferecidos ao potencial colaborador; se é possível transigir com réu preso, etc.

A fim de responder a estas e a outras indagações, optou-se por dividir o texto da seguinte forma:

No primeiro capítulo, serão examinadas as disposições legais relativas à colaboração premiada no Brasil, bem como as recomendações produzidas pelos órgãos competentes para celebrar os acordos, e, ainda, posicionamentos dos Tribunais Superiores.

No segundo capítulo, será analisada a regulamentação, nos EUA, da atuação do MP quando da celebração dos acordos de cooperação no processo penal[1]. Escolheu-se examinar o ordenamento desse país tendo em vista sua ampla experiência no uso da justiça negociada, bem como o fato de o legislador brasileiro se ter inspirado nesse modelo[2].

Por fim, no terceiro e último capítulo pretende-se, a partir do estudo de direito comparado e do panorama atual no Brasil, estabelecer parâmetros orientadores da atuação de suas autoridades públicas no tocante ao procedimento da colaboração premiada para que haja, assim, previsibilidade e transparência em relação àquele procedimento em si, garantindo-se, desse modo, maior segurança jurídica para aqueles que se propõem a participar do acordo[3].

I. Colaboração premiada no Direito Processual Penal brasileiro

1. Breve contextualização

Colaborar com autoridades públicas em troca de benefícios no processo penal já era possível no Brasil desde a década de 1990, em razão de diversas leis esparsas[4], mas foi somente a partir da publicação da Lei 12.850/2013 ("Lei de Organizações Criminosas"; "LOC") que o instrumento da colaboração premiada e o seu procedimento passaram a ser regulamentados (na época,

[1] A respeito do exame do sistema norte-americano para buscar soluções para as lacunas da colaboração premiada no Brasil, Morais da Rosa, 2018: 19, afirma: "(...) o desenho normativo da colaboração/ delação premiada no Brasil é insuficiente para descrever as práticas consolidadas em face de um instituto jurídico importado de matriz teórica diversa, cujos pressupostos de aplicação devem ser devidamente 'tropicalizados', a saber, é preciso realizar a devida adaptação/recepção das novidades, especialmente pelo giro de sentido que opera em relação à tradição de assunção de culpa e responsabilização penal".

[2] Cf. Evangelista Pezzotti, 2020: 232.

[3] Tratando de temática semelhante, Martinez, 2017: 35, dispõe referentemente aos acordos de leniência: "(...) é crucial que o programa tenha regras claras, especialmente sobre confidencialidade, e que o candidato potencial saiba desde o início qual é sua exposição e como será conduzida a investigação. Esse tripé – sanções severas, receio de detecção e transparência – é tido como o responsável pelo sucesso de programas como o dos Estados Unidos e o da Comissão Europeia".

[4] São elas: Art. 8° da Lei n. 8072/1990; Art. 159, § 4º do Código Penal; Art. 6º da Lei n. 9034/1995; Art. 16, p.u., da Lei n. 8137/1990; Art. 25, § 2º, da Lei n. 7492/86; Art. 1º, § 5º, da Lei n. 9613/98; Arts. 13 e 14 da Lei n. 9807/1999; Art. 41 da Lei n. 11.343/2006.

pelos arts. 4º a 9º). Esta lei foi significativamente alterada pelo art. 14 da Lei 13.964/2019 ("Lei Anticrime"), que entrou em vigor em janeiro de 2020, trazendo algumas modificações que são especialmente relevantes ao escopo deste artigo, por disporem sobre a fase prévia ao acordo, ou seja, da proposta e tratativas, além de dispositivo que prevê limites à autonomia da vontade no tocante aos benefícios que podem ser negociados. No entanto, como se verá, ainda restam muitas lacunas, que colocam em risco a segurança jurídica em caso de celebração do acordo de colaboração premiada.

2. Tratativas e celebração do acordo

Insta salientar, desde logo, que, ao introduzir o art. 3º-A na LOC, o legislador pacificou sua natureza de "negócio jurídico processual", o que implica diversas consequências, como, por exemplo, a impossibilidade de impugnação do acordo, em si, por coautores ou partícipes do colaborador, pois seriam terceiros, estranhos ao contrato[5]. Assim, tem-se hoje que o acordo de colaboração premiada é um negócio jurídico processual firmado, de um lado, pelo investigado/réu – que se obrigará a cooperar com a investigação/persecução penal – e de outro o MP ou Delegado de Polícia[6] – que lhe proporá benefícios conforme a colaboração prestada.

Ainda no mesmo dispositivo, estabeleceu-se que, para a celebração do acordo, é necessário que haja utilidade e interesse públicos, que estarão atendidos,

[5] Ao tratar do tema, Fredie Didier Jr. e Bomfim, 2018: 136-145, defendem que, considerando que o acordo pode atingir a esfera jurídica do terceiro delatado, ele tem legitimidade e interesse de agir para requerer o controle de validade da decisão homologatória e do ato homologado, mas, por não ser parte no processo, ele não pode fazê-lo nos seus autos, devendo impugnar por meio de ação autônoma. Entretanto, este não é o entendimento adotado pelo STF, como se verifica nos seguintes precedentes: HC 127.483/ PR, PET 7.074/DF, AgRg no INQ 4.619/ DF e AgRg no INQ 4.405/DF. Na PET 5.733/PR, o STF firmou o posicionamento de que "a eventual desconstituição de acordo de colaboração tem âmbito de eficácia restrito às partes que o firmaram, não beneficiando e nem prejudicando terceiros".

[6] Em que pese discuta-se na doutrina sobre a competência da autoridade policial (representada, no Brasil, pelos Delegados da Polícia Civil ou Federal) para firmar acordo de colaboração premiada, o STF decidiu, na ADI 5.508/DF, que por ser a colaboração premiada meio de obtenção de prova, a sua celebração pela Polícia é compatível com os deveres que lhe são atribuídos pelo art. 144 da CRFB.

segundo o item 1 da Orientação Conjunta 1/2018 do MPF[7], desde que da colaboração advenha um ou mais dos resultados previstos no art. 4º da LOC.

O art. 3º-B da LOC identificou como marco do início das negociações o recebimento da proposta para formalização do acordo[8], aplicando-se, daí em diante, o dever de confidencialidade[9], que, se violado (através da divulgação das tratativas – não só do seu conteúdo, mas da sua própria existência), implica quebra da confiança e da boa-fé.

Relevante alteração nesta fase de "proposta de acordo" foi a introdução do § 1º do art. 3°-B, que impôs à autoridade pública o dever de *justificar* a decisão de rejeição da proposta. E não podia ser diferente, já que a própria CFB prevê, no seu art. 129, § 4º, que se aplica ao MP o disposto no art. 93, que, nos incisos IX c/c X, determina que todas as decisões, inclusive administrativas, serão fundamentadas, sob pena de nulidade[10]. Deve, portanto, a autoridade indicar, por escrito, os motivos pelos quais rejeita a proposta de acordo[11], permitindo-se, assim, que se exerça o controle sobre esta decisão, para que não se baseie em puro arbítrio[12] ou em interesses pessoais[13].

Embora a introdução desta obrigação legal mereça elogios, a lei não esclareceu: (1) o que se considera uma motivação suficiente; e (2) se existe

[7] Disponível em: http://www.mpf.mp.br/atuacao-tematica/ccr5/orientacoes/orientacao-conjunta-no-1-2018.pdf. Acesso em: 21/03/2020.

[8] Do art. 3º-C parece decorrer que a proposta de acordo será, em regra, feita pelo colaborador, garantindo-se não só a voluntariedade, mas também a espontaneidade do acordo. A propósito, cf. Borges de Mendonça, 2020: 22; Costa, 2020: 188; Barreiros, 2020: 206. Em sentido contrário, Cordeiro, 2020: 17.

[9] O § 3º do art. 7º da LOC, com a redação atribuída pela Lei Anticrime, passou a prever que "O acordo de colaboração premiada e os depoimentos do colaborador serão mantidos em sigilo até o recebimento da denúncia ou da queixa-crime, sendo vedado ao magistrado decidir por sua publicidade em qualquer hipótese".

[10] Em obediência a este princípio constitucional, o art. 564, V, do CPPB passou a prever, também por alteração daLei Anticrime, que será nula a decisão carente de fundamentação.

[11] Deve atentar-sena hipótese levantada por Borges de Mendonça, 2020: 61: como fica esse dever de fundamentação nos casos em que a negativa seja baseada em provas sigilosas e/ou em diligências ainda em andamento? Nestas hipóteses, parece que a solução é que a autoridade fundamente a rejeição de maneira sucinta, sem adentrar em detalhes que possam prejudicar a eventual investigação.

[12] Cf. Melo / Maia Broeto, 2019.

[13] Cf. Cordeiro, 2020: 77.

possibilidade de impugnar este indeferimento. Para responder à primeira pergunta, pode tomar-se como parâmetro o novo § 2° do art. 315 do CPPB[14], incluído também pela Lei n. 13.964/2019, que impede que a autoridade se limite a justificar a decisão com base em conceitos jurídicos indeterminados (logo, não poderia o celebrante justificar a rejeição, por exemplo, com a "ausência de interesse público"). Tem-se, pois, que embora a autoridade tenha discricionariedade para rejeitar a proposta, é obrigada a fazê-lo por decisão baseada em critérios impessoais, tais como o ineditismo, a natureza, a credibilidade e o potencial probatório dos delitos narrados. Quanto à segunda pergunta, sugere-se a aplicação analógica do novo art. 28-A, § 14, do CPP[15], permitindo-se, dessa forma, que o colaborador possa submeter a decisão de indeferimento à instância revisora do órgão. Por se tratar de um negócio jurídico processual em cujas tratativas o poder judiciário[16] não pode participar

[14] Segundo o qual não se considera fundamentada a decisão que "(i) limitar-se à indicação, à reprodução ou à paráfrase de ato normativo, sem explicar sua relação com a causa ou a questão decidida; (ii) empregar conceitos jurídicos indeterminados, sem explicar o motivo concreto de sua incidência no caso; (iii) invocar motivos que se prestariam a justificar qualquer outra decisão; (iv) não enfrentar todos os argumentos deduzidos no processo capazes de, em tese, infirmar a conclusão adotada pelo julgador; (v) limitar-se a invocar precedente ou enunciado de súmula, sem identificar seus fundamentos determinantes nem demonstrar que o caso sob julgamento se ajusta àqueles fundamentos; (vi) deixar de seguir enunciado de súmula, jurisprudência ou precedente invocado pela parte, sem demonstrar a existência de distinção no caso em julgamento ou a superação do entendimento".

[15] O art. 4° da LOC permite, em seu § 2°, que se aplique ao procedimento da colaboração premiada, no que couber, o art. 28 do CPPB. O art. 28-A prevê: "§ 14. No caso de recusa, por parte do Ministério Público, em propor o acordo de não persecução penal, o investigado poderá requerer a remessa dos autos a órgão superior, na forma do art. 28 deste Código.". O art. 28 dispõe, por sua vez: "Art. 28. Ordenado o arquivamento do inquérito policial ou de quaisquer elementos informativos da mesma natureza, o órgão do Ministério Público comunicará à vítima, ao investigado e à autoridade policial e encaminhará os autos para a instância de revisão ministerial para fins de homologação, na forma da lei. § 1º Se a vítima, ou seu representante legal, não concordar com o arquivamento do inquérito policial, poderá, no prazo de 30 (trinta) dias do recebimento da comunicação, submeter a matéria à revisão da instância competente do órgão ministerial, conforme dispuser a respectiva lei orgânica. (...)". Ressalve-se que a eficácia do art. 28 encontra-se atualmente suspensa por força de decisão liminar proferida pelo STF na ADI 6.305/DF.

[16] Composto, no Brasil, tão somente pelos juízes, Desembargadores e Ministros (equivalente ao Poder Judicial em Portugal).

– por disposição expressa do art. 4º, § 6º[17] –, entende-se que a decisão proferida pela instância revisora do MP seria definitiva.

Não sendo o caso de indeferimento sumário da proposta, antes do prosseguimento das tratativas, as partes firmarão Termo de Confidencialidade (§ 2º e § 5º do art. 3°-B), que vincula os órgãos envolvidos e impede que no futuro a proposta seja indeferida *sem justa causa*. Em seguida, inicia-se a fase de tratativas, tendo a lei acertadamente estabelecido, no § 1º do art. 3°-C, a obrigatoriedade da presença do defensor em todos os atos, que é uma garantia tanto para o colaborador – na medida em que prestará assistência jurídica a seu assistido/ cliente, deixando-lhe ciente de todas as consequências[18] de firmar o acordo[19] – como para o celebrante – na eventualidade de no futuro o colaborador alegar, por exemplo, que foi coagido. Ainda como garantia para ambas as partes, o item 7 da Orientação Conjunta n. 1/2018 do MPF prevê que as tratativas e demais procedimentos relacionados à celebração do acordo, inclusive a entrega de documentos e elementos de prova pelo colaborador, deverão ser registrados no sistema interno da autoridade celebrante, por meio de atas descritivas (data, lugar, participantes e sumário dos assuntos tratados). Complementando esta regra, a nova redação do § 13 do art. 4° da LOC passou a prever que as tratativas e os atos de colaboração devem obrigatoriamente ser registrados por meios ou recursos de gravação, inclusive audiovisual – que deverão ser disponibilizados ao colaborador –, para, assim, obter maior fidelidade das informações.

O novo § 3º do art. 3°-C prevê que o colaborador tem o dever de narrar circunstanciadamente todos os fatos ilícitos para os quais concorreu que tenham relação direta com a investigação[20], solucionando, com esta redação,

[17] "§ 6º O juiz não participará das negociações realizadas entre as partes para a formalização do acordo de colaboração, que ocorrerá entre o delegado de polícia, o investigado e o defensor, com a manifestação do Ministério Público, ou, conforme o caso, entre o Ministério Público e o investigado ou acusado e seu defensor." Sobre a necessidade de distanciamento do juiz, cf. Iontcheva Turner, 2006: 199-200.

[18] Sobre medidas a serem tomadas para garantir que o consentimento do colaborador seja livre e informado, v. item 8 da Orientação do MPF.

[19] Para garantir que a assistência jurídica prestada seja efetiva, o § 2º do art. 3º-C determina que em caso de conflito de interesses – por exemplo, colaboradores com versões dissidentes – ou de colaborador hipossuficiente, o celebrante deverá solicitar a presença de outro advogado ou de defensor público.

[20] Sobre a importância da observação desta limitação, cf. Cordeiro, 2020: 19.

um dos grandes problemas que a doutrina levantava em relação ao conteúdo que deveria constar obrigatoriamente da colaboração[21]. Note-se: a lei não impõe ao colaborador a obrigação de descrever fatos alheios à investigação[22], mas ele não está proibido de fazê-lo; inclusive, se o fizer, poderá ser beneficiado, como se verá, com o não oferecimento da denúncia (nova redação do §4° e 4°-A do art. 4° da LOC)[23].

No que diz respeito à necessidade de corroboração das declarações feitas pelo colaborador[24], complementam-se as normas constantes dos novos § 4º do art. 3°-B, § 4º do art. 3°-C e do item 12 da Orientação do MPF. Sinteticamente, exige-se que a defesa instrua a proposta de colaboração e os anexos com os fatos descritos de forma circunstanciada[25], indicando provas e elementos de corroboração. Entendendo haver necessidade de identificação ou complementação dos fatos narrados, sua definição jurídica, relevância, utilidade e interesse público, poderá a autoridade determinar que haja fase instrutória antes da celebração do acordo, na qual será possível a realização de diligências investigatórias, visando corroborar as provas e informações apresentadas pelo colaborador.

Pormenorizando o procedimento, os subitens 13.1 e 13.4 da Orientação do MPF dispõem que cada fato típico deverá ser descrito em um anexo apartado, que, em seguida, originará um termo de declarações, possibilitando sua

[21] Cf. Melo / Maia Broeto, 2019.

[22] Consequência disso, segundo Cruz Bottini, é que caso a Autoridade tome conhecimento de crimes alheios à investigação de que o colaborador tenha participado, o acordo não poderá ser rescindido com base no critério da omissão dolosa, ficando, entretanto, os factos omitidos, fora do âmbito coberto pelo acordo. Cf. Bottini, 2020.

[23] Se a narrativa de factos criminosos não vinculados àquela investigação específica atrair a competência de outros órgãos, o item 23 da Orientação Conjunta do MPF trata das medidas que poderão ser tomadas.

[24] Nota-se do item 14 da Orientação do MPF que existe uma grande preocupação de que tais declarações sejam corroboradas por outros elementos probatórios, inclusive externos e em poder de terceiros, ou se serão passíveis de corroboração. O item 15 prevê que se o Membro entender que os factos não estão suficientemente descritos ou com indicação incompleta das provas de corroboração, poderá restituir os anexos ao colaborador para que os complemente.

[25] Segundo o item 13.2 da Orientação do MPF em cada anexo deve conter, no mínimo: "a) descrição dos factos delitivos; b) duração dos factos e locais de ocorrência; c) identificação de todas as pessoas envolvidas; d) meios de execução do crime; e) eventual produto ou proveito do crime; f) potenciais testemunhas dos factos e outras provas de corroboração existentes em relação a cada facto e a cada pessoa; g) estimativa dos danos causados".

investigação individualizada. Frise-se, ainda a respeito da necessidade de corroboração das declarações, que a mesma não se pode dar unicamente por confirmação por parte de outros colaboradores nem por provas produzidas unilateralmente pelo colaborador, como anotações em agenda, por exemplo[26]. Destaque-se, igualmente, que a regra de corroboração se aplica não apenas para que se possa condenar outrem com base na colaboração, mas também para receber denúncia oferecida contra o delatado ou decretar medidas cautelares contra ele, em razão da importante alteração da Lei Anticrime no § 16 do art. 4º.

Apresentados os anexos, se a autoridade pública estiver de acordo, inicia-se a fase de discussão dos benefícios que oferecerá. O item 18 da Orientação do MPF prevê os seguintesparâmetros objetivos para guiar a autoridade: "quantidade de fatos delitivos narrados pelo colaborador; oportunidade da colaboração (ou seja, o momento em que revelou os fatos desconhecidos à investigação); a natureza e credibilidade da descrição dos fatos narrados; a culpabilidade do agente em relação ao fato; os antecedentes criminais; a disposição do agente em cooperar com a investigação e persecução de outros fatos; os interesses da vítima; o potencial probatório da colaboração e outras consequências em caso de condenação; as provas apresentadas pelo colaborador e as linhas de investigação ampliadas".

Constam do *caput* do art. 4° da LOC os benefícios passíveis de oferecimento pela autoridade: perdão judicial, redução em até dois terços da pena privativa de liberdade ou sua substituição por restritiva de direitos. Pode o MP, ainda, deixar de oferecer denúncia em face do colaborador[27], conforme previsto no § 4º deste artigo, desde que ele não seja o líder da organização criminosa, seja o primeiro a prestar efetiva colaboração e – por acréscimo da Lei Anticrime – que a proposta de acordo se refira a "infração de cuja existência não

[26] Entendimento firmado pelo STF em decisão no INQ 3.994/DF.

[27] A propósito, veja-se o item 20 da Orientação do MPF, segundo o qual deve-se considerar – além dos previstos na LOC – a gravidade da ofensa e a importância do caso; o valor, para investigação ou processo, da potencial declaração ou das provas a serem produzidas, a qualidade das provas e declarações; a culpabilidade da pessoa em relação aos outros acusados; a possibilidade de oferecer denúncia de maneira eficaz o acusado, sem a concessão do benefício de não exercício da ação penal; e a reparação integral do dano, se for o caso.

tenha prévio conhecimento", ou seja, que não haja inquérito ou procedimento investigatório instaurado para sua apuração (§ 4º-A)[28].

Denota-se, do dito até ao presente momento, que o acordo de colaboração premiada poderá ser firmado durante as investigações ou trâmite processual penal. Mas ele pode também ser celebrado após à prolação da sentença[29], dispondo o § 5º do art. 4º que, neste caso, a pena poderá ser reduzida até a metade ou admitir-se-á a progressão de regime ainda que ausentes os requisitos objetivos. São estes, assim, os benefícios autorizados pela LOC (art. 4º, *caput* e §§ 4º e 5º)[30].

Diante da possibilidade de desistência de celebração do acordo ainda na fase das tratativas ("retratação da proposta"), o novo art. 3º-B, § 6º, passou a estabelecer que no caso de o acordo não ser celebrado por iniciativa da autoridade pública, as informações apresentadas pelo colaborador durante as tratativas não poderão ser utilizadas para qualquer fim, seja contra ele ou contra terceiros. Ocorre que o § 10 do art. 4º (que não foi alterado nem derrogado pela Lei Anticrime) já tratava da hipótese de retratação da proposta, dispondo que, independentemente de quem tomasse a iniciativa, as provas incriminadoras produzidas pelo colaborador não poderiam ser utilizadas exclusivamente em seu desfavor. Fazendo uma leitura conjunta de ambos os dispositivos, tem-se, atualmente, o seguinte panorama relativamente à retratação: se ela se dá por iniciativa da autoridade pública, está terminantemente proibido o uso de quaisquer declarações, provas ou meios de provafornecidos pelo pretenso colaborador, contra qualquer um e para qualquer finalidade;

[28] Tendo em vista que essa disposição é prejudicial ao colaborador e em respeito ao princípio da segurança jurídica, entende-se que não se aplica aos acordos firmados antes da lei.

[29] Dalla / Wunder, 2018: 35, defendem ser possível a celebração de colaboração premiada mesmo após o trânsito em julgado da sentença.

[30] O item 26 da Orientação do MPF dispõe sobre as técnicas através das quais se poderá definir o benefício penal a ser previsto no acordo: "a) patamar máximo unificado de pena decorrente do somatório das sentenças condenatórias, o qual, ao ser atingido, levará à suspensão das demais ações e investigações em curso e seus respectivos prazos prescricionais; b) pena que será efetivamente cumprida pela parte em regimes a serem definidos no acordo; c) suspensão do cumprimento da diferença entre o máximo unificado da pena e a pena que será efetivamente cumprida, com possibilidade de retomada do cumprimento do máximo unificado da pena em caso de rescisão ou descumprimento do acordo; ou 26.2. alternativamente, estabelecimento de patamares mínimos e máximos, a serem delimitados por ocasião da sentença, para cumprimento da pena".

se ela se dá por iniciativa do colaborador, as provas auto incriminadoras por ele produzidas não poderão ser usadas em seu desfavor. Logo, a lei – erroneamente – deixou o terceiro desprotegido no caso de retratação da proposta por parte do colaborador.

Caso as partes decidam por firmar o acordo, o art. 6° da LOC e o item 24 da Orientação do MPF preveem as cláusulas que dele devem obrigatoriamente constar[31], tendo o novo § 7º-B do art. 4° da lei passado a prever serem nulas de pleno direito as cláusulas de renúncia ao direito de impugnar a decisão homologatória.

3. Duplo controle pelo Poder Judiciário: homologação e concessão dos benefícios

Formalizado e assinado o acordo, ele será remetido ao juiz para decidir sobre a sua homologação[32], após cumprir a providência do § 7º do art. 4°, de ouvir sigilosamente o colaborador, acompanhado de seu defensor, para analisar as circunstâncias descritas nos incisos deste parágrafo[33]. A primeira delas é a regularidade e legalidade do acordo, ou seja, deverá o magistrado examinar se foram respeitados os requisitos formais e materiais, sem adentrar no mérito

[31] Ainda no que diz respeito ao conteúdo do acordo, vale atentar para a RCL 23.030, julgada em 2016, pelo STF, sob Relatoria do Min. Gilmar Mendes, no qual restou esclarecido que "o termo de acordo de colaboração deve conter a suma do que será delatado, mas não necessariamente os pormenores".

[32] Quanto à competência para homologação do acordo, é importante atentar para duas questões: (i) a Lei Anticrime acrescentou no CPPB o art. 3°-B, XVII – cuja eficácia está suspensa por força de decisão proferida na ADI 6.298/DF, – sendo certo que, até 29.09.2022, ainda não havia sido firmado o posicionamento do STF –, que atribuiu ao juiz de garantias a competência para decidir sobre a homologação de acordo de colaboração premiada formalizado durante a fase de investigação – facto este que resolve, por um lado, a crítica doutrinária de que o juiz que homologa o acordo deixa de ser imparcial para proferir a sentença ao fim do processo; mas, por outro lado, cria um novo problema, tendo em vista que o art. 3°-C, § 2º, prevê que as decisões proferidas pelo juiz de garantias não vinculam o juiz da instrução, o que, por óbvio, seria inadmissível no caso da colaboração premiada; e (ii) as consequências da homologação do acordo por órgão incompetente. A respeito deste último ponto, Cordeiro, 2020: 27, sustenta que não poderá o colaborador que cumprir as suas obrigações do acordo ser prejudicado pelo Estado, que deverá cumprir as obrigações assumidas, mesmo com homologação por juíz incompetente, de modo que a delação continuará "sendo válida e imponível, não podendo ser revista pelos novos agentes ministeriais ou juízes do processo (...)".

[33] Pela redação anterior, o juiz podia ouvir o colaborador, ou seja, era uma faculdade do juiz; na redação atual, conferida pela Lei Anticrime, esta fase passou a ser obrigatória.

das declarações feitas ou da proporcionalidade das benesses ajustadas, sob pena de restar abalada a sua imparcialidade.

A segunda é a adequação dos benefícios pactuados àqueles previstos no *caput* e nos §§ 4º e 5º do art. 4°, sendo nulas as cláusulas que violem o critério de definição do regime inicial de cumprimento de pena e os requisitos de progressão de regime não abrangidos pelo § 5º do artigo.

Sempre houve grande debate na doutrina quanto ao tema, principalmente por conta da Operação Lava-Jato, em que usualmente o MP vinha firmando acordos nos quais oferecia benefícios não previstos em lei[34]. Tal postura é autorizada, por exemplo, pelo Manual de Colaboração Premiada da ENCCLA, segundo o qual é possível o acordo prever a aplicação de outras espécies de vantagens ao colaborador, além daquelas previstas no "*caput*" do art. 4º, desde que respeitada a Constituição, a lei, os princípios gerais de Direito, e que não atentem "contra a moral, os bons costumes e a ordem pública"

No HC 127.483/PR, o STF já se havia posicionado pela possibilidade de concessão de benefícios extralegais sob o fundamento de que as Convenções de Mérida e Palermo, se interpretadas teleologicamente, autorizariam tal medida. O entendimento foi confirmado pela 1.ª T do Tribunal, em 2018, no AgRg no INQ 4.405/ DF, sob o fundamento de que o princípio da legalidade vedaria a imposição de penas mais graves do que as previstas em lei – por se tratar de garantia instituída em favor do jurisdicionado em face do Estado –, mas que a fixação de pena mais favorável, justamente por esta razão, não violaria o mencionado princípio, pois não há que falar em observância de garantia contra o garantido. Entretanto, este posicionamento não é pacífico no Tribunal, como se observa dos julgamentos da PET 7.074/DF e PET 7.265/DF, em que se decidiu pela necessidade de vinculação ao rol dos benefícios previsto em lei[35].

Da leitura do novo dispositivo inserido pela Lei Anticrime na LOC depreende-se, *a priori*, que está vedada a concessão de benefícios não expressamente previstos nela – ou, no mínimo, que se estabeleceu uma limitação à discricionariedade do MP para oferecer benefícios relacionados ao regime de cumprimento de pena[36]. Infelizmente, se interpretado como uma vedação completa,

[34] Cf. VASCONCELLOS, 2020: 258, 267.

[35] Neste mesmo sentido, cf. DIDIER JR. / BOMFIM. 2018: 122.

[36] Sobre o tema, é pertinente a crítica de WUNDERLICH sobre a vagueza da redação da norma: "A referência legal é genérica e não estabelece distinção entre 'pena criminal' e 'sanção

tal dispositivo poderá implicar em rígida restrição à autonomia das partes, diminuindo sobremaneira a negociação em si, a ponto, inclusive, de afetar o interesse dos réus e investigados em celebrar acordos de colaboração premiada[37]. Interessante, neste ponto, a proposta de Andrey Borges de Mendonça, no sentido de que existe, no ordenamento jurídico brasileiro, um "microssistema da colaboração premiada", composto pelas normas instituídas com o propósito de concessão de benefícios ao agente que auxilia na persecução penal e obtenção de certos resultados (Leis n.º 7.492/1986, 8.072/1990, 9.613/1998, 9.807/1999, 11.343/2006 e 12.529/2011), sendo passível de oferecimento, no âmbito da colaboração premiada, as benesses previstas também nestas legislações[38].

Defende-se, na presente pesquisa, que deveria haver maior espaço de negociação entre as partes para decidir o conteúdo do acordo, vedando-se, no entanto, que fossem excedidos certos limites, como, por exemplo, a pactuação de penas concretas[39], sob pena de se usurpar a competência exclusiva do Poder Judiciário[40] – respeitada pelo *caput* do art. 4°, que dispõe ser dele a atribuição de conceder ou não os benefícios contratados – e do Poder Legislativo – competente para prever as sanções em abstrato, assim como as suas eventuais causas de aumento e diminuição[41].

premial', dando margem ao processo de ampla interpretação, no sentido de que serão nulos aqueles benefícios que não respeitarem as regras de regime inicial de cumprimento de pena, bem como aqueles contrários às regras próprias de cada regime, por exemplo. Se a idealização do texto era a proibição expressa do recurso à "sanção premial diferenciada" nos acordos de colaboração, o legislador perdeu a oportunidade de ser efetivamente objetivo. Diante da vagueza do dispositivo e da omissão sobre eventual vedação, o processo de hermenêutica está a merecer fundamentação, essencialmente a partir de uma visão racional no escopo último do instituto da colaboração premiada – uma avença entre o colaborador de boa-fé, que pretende reparar os danos e retornar para a zona de legalidade e o titular da ação penal, representante do Estado.". Cf. Wunderlich, 2020.

37 Em sentido contrário, cfr. Zilli, 2020: 67.

38 Borges de Mendonça. 2020: 29-31.

39 Em sentido contrário, Borges de Mendonça. 2020: 35. No mesmo sentido, cf. Cabral, 2020: 164.

40 Cf. decisão monocrática proferida pelo Min. Ricardo Lewandowski na PET 7.265/DF.

41 Segundo o Manual da ENCCLA, não deve o Judiciário homologar propostas que preestabeleçam o quanto de redução de pena porque (i) não incumbe ao MP ou autoridade policial proferir sentença, não se devendo prometer algo que não poderão garantir o cumprimento; e (ii) tal proceder implicaria duplo julgamento antecipado do mérito da ação penal: juízo de condenação e da presença dos requisitos necessários à aplicação da causa de diminuição da pena.

A terceira circunstância a ser analisada pelo juiz é se a colaboração é apta a alcançar um ou mais dos resultados previstos nos incisos do art. 4° da LOC: identificação dos demais coautores e partícipes da organização criminosa e das infrações penais por eles praticadas, revelação da estrutura hierárquica e da divisão de tarefas da organização criminosa, prevenção de infrações penais decorrentes das atividades da organização criminosa, recuperação total ou parcial do produto ou do proveito das infrações penais praticadas pela organização criminosa, e/ou localização de eventual vítima com a sua integridade física preservada.

A quarta e última circunstância é a voluntariedade da manifestação de vontade[42], "especialmente nos casos em que o colaborador está ou esteve sob efeito de medidas cautelares" (inciso IV do § 7º art. 4º da LOC). Nota-se, aqui, que foi acertadamente positivada a legitimidade da celebração de acordo de colaboração premiada com réu ou investigado preso, tendo em vista que a sua proibição implicaria numa violação inaceitável do princípio da isonomia, colocando a pessoa que já se encontra em situação mais desfavorável numa posição ainda pior. Por óbvio – e nem se deveria ter que dizer – o Estado não pode prender alguém – ou decretar qualquer medida cautelar – sem que estejam presentes os requisitos legais, com o tão só intuito de forçá-lo a delatar. Mas isso pode ser evitado – como quis demonstrar a lei – de outras formas, que não proibindo completamente a realização da colaboração com réus presos; por exemplo, não se pode considerar válida a cláusula que negoceie a liberdade durante o andamento do processo (não pode a autoridade oferecer a promessa de liberdade em troca dos depoimentos); deve-se verificar a requisição e decisão de prisão preventiva, para que se analise o preenchimento dos requisitos legais, etc.[43]

Examinados os pressupostos legais do acordo, se o juiz os entender preenchidos, o homologará; caso contrário, ele devolverá às partes para que promovam as adequações necessárias, na forma do atual § 8º do art. 4°, que foi apropriadamente alterado pelo legislador, retirando do juiz o poder de ele mesmo adequar a proposta ao caso concreto, o que permitia que ele interferisse no negócio jurídico processual como se fosse parte.

[42] Para que tal voluntariedade se verifique, entende-se imprescindível o dever de "*disclosure*" da autoridade pública. Sobre o tema, cf. Evangelista Pezzotti. 2020: 259.

[43] Zilli, 2020: 71.

Os §§ 17 e 18 do art. 4º da LOC, inseridos pela Lei Anticrime, dispõem, respectivamente, que, caso o colaborador omita, intencionalmente, informação sobre os fatos objetos da colaboração ou venha a cometer novo crime doloso relacionado àqueles, o acordo homologado *poderá* ser rescindido[44]. Lamentavelmente, neste ponto, a lei deveria ter ido mais além, mas não foi, por não ter disciplinado: (i) as demais hipóteses aptas a ensejar a rescisão contratual, (ii) o procedimento para essa rescisão (como, por exemplo, se haveria possibilidade de o colaborador exercer o contraditório antes de o órgão decidir pela rescisão), e (iii) as consequências dessa rescisão[45], a depender da causa que a ensejou.

Independentemente do momento em que a colaboração é feita, fato é que – diferentemente do que ocorre no ordenamento jurídico norte-americano (no qual, feito o acordo, encerra-se o procedimento) – ela não implica na não ocorrência do devido processo legal, isto é, ainda que o investigado ou acusado opte por celebrar o acordo de colaboração premiada – a não ser nas hipóteses de não oferecimento da denúncia[46] –, ainda assim haverá todo o processo, da forma como previsto em Lei (realização de audiências de instrução e julgamento, apresentação de memoriais de alegações finais, recursos e etc.), tendo a LOC inclusive previsto a regra de que "em todas as fases do processo, deve-se garantir ao réu delatado a oportunidade de manifestar-se após o decurso do prazo concedido ao réu que o delatou" (§ 10-A do art. 4°)[47].

Por fim, o juiz decidirá sobre a efetiva concessão dos benefícios quando da prolação da sentença, momento em que, por força do novo § 7º-A, deverá primeiramente analisar a denúncia, o cabimento de perdão judicial e as etapas de aplicação da pena[48], para, só depois, conceder os benefícios pactuados, evitando, assim, uma condenação automática ou a supressão das hipóteses

[44] Ressalve-se que o item 38 da Orientação do MPF, buscando preservar o interesse público no resultado da colaboração, recomenda a inserção de cláusula que preveja penalidades ao colaborador que omitir dolosamente informações, não sendo necessária, assim, a rescisão, desde que o colaborador venha a fornecer a devida complementação e esclarecimentos.

[45] Sobre a distinção entre retratação e rescisão, bem como as consequências de cada uma, cf. Didier Jr. / Bomfim, 2018: 130-131.

[46] Brandalise, 2019: 237.

[47] Posicionamento que já havia sido firmado pelo STF no julgamento do AgRg no HC 157.627/PR, em respeito ao direito ao confronto.

[48] Como consequência deste parágrafo, decorre o facto de não poder constar cláusula no acordo de colaboração que preveja a imediata execução da pena nele proposta, cf. Cordeiro, 2020: 65.

de absolvição sumária. Frise-se que se não houver causas para absolvição – sumária ou definitiva –e se o réu tiver cumprido de maneira eficaz todas as obrigações com que se comprometeu no acordo (§ 11), ele terá um direito subjetivo a receber os benefícios oferecidos, por força dos princípios da segurança jurídica e da proteção da confiança, conforme restou sedimentado pelo STF no julgamento do HC 127.483/PR.

A estrutura do procedimento da colaboração premiada no direito processual penal brasileiro pode ser assim esquematizada:

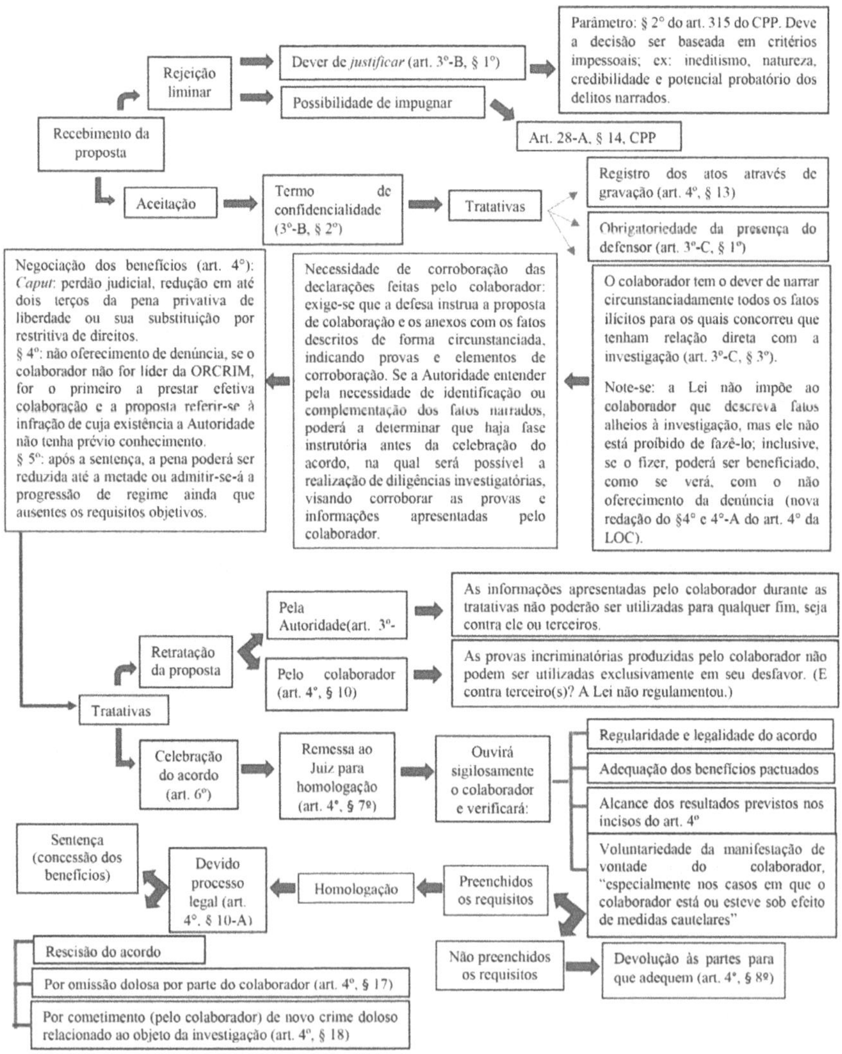

II. Justiça negocial no direito processual norte-americano

A seguir, passa-se a analisar o direito norte-americano, para, fundamentalmente, inspirando-se no conhecimento do case law e nas federal rules e guidelines sobre os cooperation agreements, tentar transpor para o direito brasileiro, à luz do regime legal da colaboração premiada, uma espécie de escalão intermediário entre a legislação geral e abstrata e a jurisprudência, a fim de orientar boas práticas dos operadores de justiça nesta matéria.

1. Panorama geral

Nos EUA o órgão acusador possui um poder de negociação amplo [49], não se submetendo ao princípio da obrigatoriedade da ação penal[50]. Assim, nos EUA a maior parte dos casos criminais é resolvida através de acordo[51], e segundo Stephen Thaman, isso se deve à eficiência e rapidez com que os casos são "solucionados"[52], aliviando a sobrecarga do Poder Judiciário e propiciando que sejam obtidas provas que jamais seriam obtidas sem os mecanismos de negociação[53].

A forma mais conhecida da justiça negocial nos EUA é o chamado *plea bargaining* (confissão em troca de benefícios relativos à pena), mas destacam-se também, dentro do gênero *plea agreements*, o *cooperation agreement*[54] (acordo de cooperação, que, como veremos, é similar à colaboração premiada brasileira) e o *leniency program* (na tradução literal, "programa de leniência"), que têm

[49] Concorda-se com Alschuler, 1968: 71, quando afirma que, para evitar excessos, devem as leis limitar os espaços de discricionariedade para as partes decidirem sobre o caso penal existente no *plea bargaining*.

[50] Cf. Brandalise, 2016: 59.

[51] Os acordos de cooperação possuem um duplo efeito: *detection effect* – aumentam a capacidade do governo de identificar, localizar e submeter à ação penal aqueles que violam a lei –, e o *sanction effect* – reduzem as sanções daqueles que colaboram. Alerta Hechler Baer, 2011: 906-907, que quando um indivíduo percebe que o *dettection effect* é maior do que o *sanction effect*, poderá ser dissuadido de praticar o crime; entretanto, se ele acredita que o efeito sancionatório será maior, o Estado estará literalmente incentivando uma maior prática criminosa.

[52] Thaman, 2010: 94.

[53] Trott, 1996: 1390.

[54] Sobre a distinção de natureza contratual entre os *cooperation agreements* e os *plea agreements*, cf. Thaman, 2020: 247. Advirta-se, ainda, que o descumprimento de uma obrigação estabelecida num deles não pode impactar na concessão dos benefícios estipulados no outro), cf. Bennardo, 2014: 160-168.

sido amplamente utilizados nos casos de organizações criminosas, principalmente cartéis[55]. Na prática, tais negociações são regidas, sobretudo, pela *Federal Rule of Criminal Procedures n. 11* ("Rule 11"), *Federal Rule of Evidence n. 410* ("Rule 410"), *Principles of Federal Prosecution*, previstos no *Justice Manual of the United States Department of Justice*, e *Sentencing Guidelines* (especialmente a §5K1.1)[56]-[57].

Segundo a Rule 11 (a) (1), ao ser submetido ao processo criminal, o acusado poderá, alternativamente: se declarar inocente (*plead not guilty*); declarar-se culpado, implicando a sua condenação criminal, mas "beneficiando" com o abrandamento da pena a ser aplicada, em decorrência de ter confessado o delito praticado (*plead guilty*); ou não contestar a imputação acusatória que lhe foi feita, sem, contudo, assumir a culpa[58] (*with the court's consent, nolo contendere*[59]).

A Rule 11 (b) e (c) trata do procedimento e das condições a serem observados no caso de o réu se declarar culpado ou não contestar, dispondo que as tratativas e o acordo serão feitos exclusivamente pelo promotor e pelo advogado do réu (ou por ele, caso atue em causa própria), proibindo, de forma expressa, a participação do Poder Judiciário/Judicial nas negociações. Em contrapartida à confissão ou não contestação pelo réu, o órgão acusador se obriga a adotar uma das três posturas previstas na Rule 11

[55] Nos Estados Unidos, há duas normas federais que vedam a prática de cartéis: a seção 1 do *Sherman Atitrust Act* e a Seção 5(a) do *Federal Trade Commission Act ("FTC Act")*. Interpretando tais normas, o Supremo Tribunal norteamericano firmou o posicionamento de que a divisão antitruste do Departamento de Justiça norteamericano se restringirá a investigar criminalmente as violações tidas como "*hard core*", que são as práticas de *price-fixing, big-rigging* e *market allocation schemes among horizontal competitors*. https://www.globallegalinsights.com/practice-areas/cartels-laws-and-regulations/usa

[56] Quanto ao grau de vinculação das *sentencing guidelines*, Thaman, 2020: 245, esclarece que são "discricionárias, sendo certo que as sentenças delas divergentes são recorríveis tanto pela acusação quanto pela defesa. A maioria das sentenças, contudo, segue guiada por elas".

[57] Sobre o aumento da celebração de *cooperation agreements* com o implemento das *sentencing guidelines*, cf. Simons, 2003: 16.

[58] Glatt, 2019: 18.

[59] Bibas, 2003: 1382-1388, critica veementemente que se permita ao réu declarar "*nolo contendere*", na medida em que isso possibilita a condenação de inocentes, assim como afeta a percepção da comunidade sobre o sistema de justiça.

(c) (1)[60]-[61], e este dever constará do acordo[62]. Todos os procedimentos relativos ao acordo deverão ser gravados (Rule 11 (c) (2) (g)) e as partes deverão divulgar o acordo em audiência aberta – a não ser que o juiz entenda pela necessidade disso ser feito em gabinete (Rule 11 (c) (2)) – na qual o juiz deverá (i) informar ao réu que está renunciando aos direitos listados no rol da Rule 11 (b) (1); (ii) consultar o réu sobre a voluntariedade de sua manifestação[63]-[64]-[65], e verificar se a mesma não resultou do uso de força, ameaças ou promessas, nos termos da Rule 11 (b) (2); e, por fim, (iii) avaliar a existência de base factual

[60] (1) Não apresentar, ou se posicionar para que não sejam oferecidas, novas acusações; (2) Recomendar ou não se opor a pedidos da defesa de que uma determinada pena ou intervalo de pena é apropriado a previsão das *sentencingguidelines*, ou que determinada causa de aumento ou diminuição se aplica ou não; ou (3) Concordar que uma determinada pena ou intervalo de pena é apropriado à previsão das *sentencingguidelines*, ou que determinada causa de aumento ou diminuição se aplica ou não.

[61] Quanto aos benefícios que podem ser concedidos pela Acusação, Dutra Santos, 2017: 34, defende que não se limitam àqueles previstos nas disposições supra transcritas, sendo possível acatar outras demandas da defesa. Na mesma linha, cf. Martinez, 1999: 145-146; 158.

[62] Na prática, os acordos são vagos quanto aos benefícios que serão concedidos, constando apenas a extensão e o conteúdo da colaboração do réu, cf. Richman, 1995: 100.

[63] Tal previsão é relativizada pelos Tribunais americanas, cujos precedentes são no sentido de que o desconhecimento, pelo acusado, dos efeitos "colaterais" da condenação criminal não invalida o acordo, pois seria dever do seu defensor – e não do juiz ou do órgão acusador – informar-lhe deles. Nos casos *Brady v. U.S.*, *Smith v. O'Grady* e *Parker v. North Carolina* firmou-se o entendimento de que o acordo somente seria nulo se o acusado comprovasse que deixaria de firmá-lo caso soubesse previamente daquela condição. Para Douglass, 2007: 584-585, caso se verifique que a informação não revelada provavelmente geraria dúvida sobre a condenação do colaborador, o acordo não deverá ser válido, por não preenchimento do requisito da voluntariedade. A partir da análise de casos julgados pela Suprema Corte norte-americana, o autor afirma que a mesma reconheceu duas teorias quanto ao dever de *disclosure:* (i) o acordo somente será válido se for voluntário e consciente, e se o réu aceitou entrar no acordo por desconhecer significativas provas exculpatórias não divulgadas, o acordo não seria consciente e, consequentemente, não seria válido; (ii) a regra definida no caso *Brady v. Maryland* – de que a Acusação revele para a defesa todas as provas favoráveis, relevantes para culpa ou pena – é aplicável aos acordos quando há probabilidade razoável de que a revelação daquela prova teria feito com que o colaborador rejeitasse o acordo e fosse a julgamento.

[64] Para uma análise aprofundada e crítica sobre o critério da voluntariedade adotado pela Suprema Corte, cf. Langer, 2006: 223-299.

[65] A Suprema Corte norte-americana entende que a voluntariedade se verifica desde que não tenha havido violência física, promessas falsas ou indevidas ou ameaças ilegais ou abusivas. No caso *Brady v. U.S.*, por exemplo, a Corte entendeu não configurar coação o facto de a promotoria ameaçar o réu de submetê-lo a pena de morte caso optasse pelo julgamento e não pelo *plea*. (Glatt, 2019: 23).

para a condenação, como determinado pela Rule 11 (b) (3). Se o Tribunal entender preenchidos tais requisitos, aceitará o acordo e prolatará a sentença condenatória, não podendo o réu rever sua declaração nem recorrer, salvo nas situações excepcionais previstas pela Rule 11 (c): (i) ausência de voluntariedade; (ii) violação do acordo pelo órgão acusadorou inobservância dele pelo Tribunal – apenas nos casos permitidos pela Rule 11 (c) (5) (B); (iii) vícios no *pretrial process* capazes de comprometer a validade da confissão, caso em que caberá a impugnação através de *appeal* (recurso) ou *habeas corpus*.

No tocante à admissibilidade do acordo, suas tratativas e qualquer procedimento relacionado, a Rule 11 (f) dispõe que estes são regidos pela Federal Rule of Evidence 410, que, por sua vez, veda a utilização contra o réu que fez o acordo ou participou das tratativas de declarações: (1) de culpa, posteriormente retirada; (2) de *nolo contendere*; (3) feitas durante um procedimento de qualquer destes acordos sob a Rule 11 ou um procedimento estatal comparável; ou (4) feitas durante as discussões do acordo com o órgão acusador, se delas não resultou um *guilty plea* ou se resultou um *guilty plea* retirado posteriormente[66]. A mesma Rule 410 prevê exceções a esta regra, assentando que tais declarações poderão ser utilizadas (1) em qualquer procedimento em que outra declaração feita durante o mesmo acordo ou em suas tratativas tenha sido introduzida, se, para ser justo, as declarações devam ser consideradas em conjunto; ou (2) num processo criminal por perjúrio ou declaração falsa, se o réu fez a declaração sob juramento, registrada e com a presença de seu advogado.

Finalmente, a Rule 11 (h) dispõe que se considera "erro inofensivo" qualquer inobservância de suas regras, a não ser que configure violação a direitos substanciais, permitindo, assim, a flexibilização das garantias previstas na norma, o que deixa o réu em clara posição de vulnerabilidade em relação ao órgão acusador, que possui ampla liberdade para propor cláusulas abusivas, sem que o réu possa impugná-las.

Do exposto, nota-se que o *plea bargaining* apresenta algumas semelhanças com o acordo de colaboração premiada brasileiro, como, por exemplo, ser

[66] Quanto à esta vedação legal, a Suprema Corte norte-americana, no caso *Mezzanato v. U.S.*, decidiu por 7 votos a 2 a favor do DOJ e considerou válida a renúncia aos dispositivos da Federal Rule 410 e a Federal Rule of Criminal Procedure 11 (e) (6).

um pacto firmado entre a acusação e a defesa, que será submetido a controle jurisdicional de caráter formal, ou seja, da legalidade, voluntariedade e existência de suporte probatório suficiente a ensejar a condenação criminal, sendo proibida a participação do juiz nas negociações.

No entanto, a colaboração premiada prevista na LOC, diferentemente do *plea bargaining*[67], é um instrumento aplicável especificamente às organizações criminosas, sendo exigível que o réu/investigado colabore com a Justiça, detalhando o esquema criminoso, apontando os demais nele envolvidos e fornecendo elementos que corroborem sua versão, sendo mais compatível, assim, com os *cooperation agreements* norte-americanos[68]. Ainda assim, é preciso ressalvar – sem adentrar em detalhes – que os sistemas vigentes nos EUA e no Brasil são diferentes e cada qual possui suas peculiaridades, as quais implicam, por óbvio, em distinções relativas não só, mas também, às características, aos procedimentos e aos limites da justiça negocial. Enquanto que nos EUA vigora o *adversarial system*, que é tido como um "processo de partes, com plena negociação, até da pena, e o juiz na função meramente controladora dos excessos"[69], no Brasil tem-se por vigente um sistema marcado por forte atuação, intervenção e controle por parte dos juízes e tribunais inclusive nas práticas negociais. Assim, tem-se que a experiência norte-americana de justiça consensual deve ser observada e analisada[70] para que se extraia – principalmente da teoria, isto é, dos diplomas normativos, ainda que tenham a natureza de *soft law* – aquilo que possa ser considerado positivo, e também para que se aprenda com seus erros (sobretudo na prática)[71].

[67] A colaboração premiada e o *plea bargaining* distinguem-se também porque enquanto na colaboração a condenação criminal só é possível através da prolação de sentença pelo Poder Judiciário após o decurso do devido processo penal, no *plea*, segundo LANGER, 2019: 2, se alcança a condenação criminal sem julgamento. A introdução da colaboração premiada no ordenamento jurídico brasileiro, da forma regulamentada pela LOC, teve inspirações no sistema norte-americano, mas não o reproduziu identicamente, afinal os dois Países possuem tradições muito distintas e peculiaridades incompatíveis, razão pela qual não houve o "transplante" do instituto, e sim sua "tradução". Sobre o tema, cf. LANGER, 2010: 80.

[68] Sobre as diferenças entre o *plea bargaining* e o *cooperation agreement*, cf. HUGHES, 1992: 2-4; ROTH, 2016: 755.

[69] CORDEIRO, 2020: 24.

[70] Sobre a importância da reflexão sobre sistemas estrangeiros, cf. WATSON, 1995: 469-476.

[71] Como, por exemplo, a prática do *overcharging* para forçar a cooperação, cf. ALSCHULER, 1968: 95. Esta é uma das razões pelas quais LANGBEIN, 1978: 12, sustenta ser o *plea bargaining*

2. *Cooperation agreements*: conceito, procedimento e regras

O *cooperation agreement* é um contrato no qual, de um lado, o colaborador se incrimina a si e a terceiros (em geral membros de organizações criminosas)[72], e, de outro, o Estado (através do órgão acusador se compromete a recomendar penas ou até mesmo a oferecer imunidade ao colaborador. A decisão da Acusação sobre a celebração do acordo bem como do benefício a ser oferecido em troca da colaboração é tomada com base, principalmente, no § 9-27.400 e ss. do Manual do DOJ, bem como no § 5K1.1 das *sentencing guidelines* e no art. 18 do U.S.C § 3553(C), os quais preveem – como será detalhado adiante – a possibilidade de fixação pelo juízo da pena abaixo do mínimo legal ou estipulado pelas diretrizes se a cooperação cumprir determinadas condições.

O § 9-27.400 do Manual do DOJ[73] aponta os critérios que devem guiar o órgão acusador no momento de decidir por firmar o acordo e qual benefício oferecer, dispondo que os acordos devem refletir a *totalidade* da conduta do réu, sendo regidos pelos mesmos critérios aplicáveis à decisão da instituição acusadora de oferecer ou não a acusação formal: deve o órgão buscar uma declaração de confissão relativa à ofensa mais grave, que seja consistente com a natureza e extensão da conduta do acusado, e que possa resultar em uma condenação sustentável – o que demanda que haja uma avaliação individualizada de todos os fatos e circunstâncias de cada caso particular[74]. Prevê o referido dispositivo, ainda, que a Acusação não deve apresentar denúncias apenas com o intuito de induzir os investigados a celebrarem acordos, do mesmo modo que as acusações não devem ser abandonadas para chegar a um acordo incompatível com a gravidade da conduta praticada pelo acusado.

uma prática coercitiva, equiparável à tortura.

[72] Quanto às obrigações que podem ser impostas ao colaborador, cf. Jacobs / Buseman, 2017.

[73] O referido item dispõe, em síntese, que há três tipos de acordo que podem ser firmados entre o *government attorney* e os acusados: *charge agreements* (o ente estatal com atribuição para acusar se obriga a não apresentar ou pedir que sejam descartadas outras acusações), *sentence agreements* (a Promotoria se compromete a adotar certa posição quanto à sentença a ser imposta) e *mixed agreements* (o *government attorney* assume o dever de combinar as duas posturas). Para selecionar qual benefício oferecerá em troca da confissão, o *government attorney* deve atender aos requisitos previstos no item 9-27.430, que trata do conteúdo da confissão.

[74] Cf. Hughes, 1992: 15.

O § 9-27.400 autoriza também que o órgão acusador requereira ao Tribunal – e esta, com base no § 5K1.1 das *Sentencing Guidelines*, poderá deferir – a aplicação de sanção inferior à mínima prevista nas *guidelines*, fundamentando tal pedido em ter o réu prestado assistência substancial (*substantial assistance*) na investigação ou persecução de crime supostamente praticado por outrem[75]. O dispositivo ainda fixa a competência para a aprovação deste tipo de requerimento, atribuindo-a tão somente ao *United States Attorney*, ao *Chief Assistant*, ao *Supervisory Criminal Assistant* ou a um comitê que inclua ao menos um deles[76], e determina que tais autoridades mantenham a documentação dos fatos e justificativas para cada assistência substancial prestada. O § 5K1.1 indica critérios que podem nortear o Tribunal[77] na decisão sobre a quantificação apropriada da redução de pena conforme a *substantial assistance motion* apresentada: (1) relevância e utilidade da assistência prestada; (2) veracidade, plenitude e confiabilidade de qualquer informação ou testemunho fornecidos[78]; (3) a natureza e extensão da cooperação; (4) qualquer dano ou risco de dano sofrido pelo réu ou sua família decorrente da colaboração; (5) a tempestividade da assistência.

Em seguida, o § 9-27.420, ao listar os requisitos a serem considerados pelo MP para decidir se é apropriado celebrar o acordo, não se limita a elencá-los, o que conferiria ampla margem de discricionariedade para a Promotoria interpretá-los e aplicá-los da maneira que lhe convier. Ao contrário, o mesmo dispositivo acertadamente se ocupa em examiná-los individualmente, definindo os limites mínimos que devem ser observados para que cada um deles seja considerado preenchido. E este é justamente um dos pontos que deveriam servir de base para o ordenamento jurídico brasileiro, impedindo

75 Para Yaroshefsky, 1999: 925-927, as *sentencing guidelines* deslocaram a autoridade para sentenciar dos Tribunais para os *government attorneys*, dando-lhes excessiva discricionariedade quanto ao oferecimento das moções de "*substantial assistance*", sem que haja controle desta escolha.

76 Sobre a necessidade e os possíveis mecanismos de revisão da atuação da Promotoria, cf. Hughes, 1992: 16-21.

77 Jacobs / Buseman, 2007, ressalvam que o *government attorney* não garante, nem poderia, o benefício de redução de pena, pois o juiz sentenciante retém a discricionariedade de impor a sentença que entender razoável, conforme as previsões legais ou as diretrizes.

78 Para Richman, 2017: 14, a veracidade do testemunho prestado pelo colaborador só poderia ser confirmada a partir do exercício do direito ao confronto pelo delatado.

a possibilidade de cometimento de arbitrariedades por parte do Estado e conferindo maior segurança jurídica e estabilidade para os réus que tenham interesse em firmar o acordo de colaboração premiada, para que saibam, de antemão, se no seu caso particular seria possível a celebração do referido pacto. Ademais, tais critérios poderiam servir justamente como o mínimo necessário a ser analisado e explicitado pela Autoridade na decisão escrita relativa à rejeição da proposta (art. 3º-B, § 1º, da Lei 12.850/2013).

Na prática, antes da celebração dos acordos de cooperação é comum que seja realizada uma reunião (*"proffer session"*) entre o membro do MP e o suspeito/acusado, acompanhado de seu defensor[79], que tem duas finalidades[80]: (i) se o réu ainda não decidiu se tem ou não interesse em cooperar, o promotor pode tentar persuadi-lo, nesta oportunidade, de que o conjunto probatório é sólido e que colaborar é a sua melhor opção; (ii) se o réu quer colaborar, nesta reunião ele revelará as informações que está disposto a fornecer – sendo que, para tanto, ele deverá admitir sua participação nos delitos e indicar que dados sobre os crimes praticados ele tem relativamente aos demais participantes[81] –, demonstrando, assim, que possui informações valiosas a oferecer, e, caso o *government attorney* aceite, as partes elaborarão um acordo escrito (*"proffer agreement"*), do qual deverão constar cláusulas, em tese, de proteção ao colaborador em relação ao uso, pelo Estado, em qualquer procedimento posterior, das declarações que fizer durante a reunião (em obediência à Rule of Evidence 410, que, como dito anteriormente, foi relativizada pela Suprema Corte norte-americana no caso *Mezzanatto v. U.S.*).

Frise-se que, na mesma linha da Rule 410, o § 1B1.8(a) das *sentencing guidelines* estabelece que quando um réu concorda em fazer o *cooperation agreement*, e o Estado se compromete a não utilizar contra ele as informações autoincriminatórias fornecidas, elas não poderão ser utilizadas para além da extensão prevista no acordo, a não ser (i) aquelas que o Estado tivesse conhecimento

[79] Considerando que a *proffer session* realizada diretamente com o potencial colaborador expõe as suas declarações a um potencial risco de uso posterior pelo Governo, o ponto inicial ideal da cooperação é que o defensor ofereça ao governo um *attorney proffer* no qual explicará a participação de seu cliente na conduta objeto da investigação e de que forma o cliente pode cooperar com as Autoridades. Após, se o Governo se interessar, será realizado o *client proffer* – cf. Jacobs / Buseman, 2007; Engle / Petitt, 2017.

[80] Simons, 2003: 18.

[81] Cf. Knizhnik, 2015: 1739-1741.

antes mesmo da celebração do acordo; (ii) para compor o histórico criminal do réu para os fins do § 4.1.1 e § B1.1; (iii) num processo por perjúrio ou falso testemunho; (iv) em caso de violação do acordo de cooperação pelo réu; ou (v) para determinar se, ou em que extensão, uma aplicação da pena abaixo do mínimo previsto nas diretrizes é devida, conforme § 5K1.1.

Ocorre que, como esclarecem Thaman[82] e Naftalis[83], é comum que nos *proffer agreements*haja uma cláusula padrão que permite o uso das informações prestadas pelo pretenso colaborador na *proffer session* e das provas obtidas direta ou indiretamente a partir destas declarações, em qualquer ação penal movida contra ele, com a finalidade de *cross-examination*, caso o acusado venha a testemunhar. Adverte Knizhnik, ainda, sobre a prática que se vem admitindo em alguns Estados de o *government attorney* exigir que o colaborador renuncie a esta garantias, permitindo que o Estado se utilize das declarações por ele feitas na *proffer session* para refutar qualquer prova ou argumentos oferecidos por ele ou a seu favor, em qualquer estágio da persecução penal, ainda que ele não testemunhe[84]. Concorda-se com os autores quando afirmam que – na hipótese de não ser alcançado um acordo e de vir a ser realizado o julgamento – isto traz um prejuízo severo ao réu, na medida em que se torna ínfima a possibilidade de convencimento do júri, assim como se restringem significativamente as estratégias defensivas a serem utilizadas.

De todo modo, para decidir, na *proffer session*, se celebrará o *cooperation agreement*, o *government attorney* deverá considerar os requisitos listados no § 9-27.420, interpretados da seguinte forma:

(i) Disposição do réu em cooperar na investigação ou acusação de terceiros: o réu deverá estar disposto a cooperar de forma oportuna e útil, e o peso de sua cooperação variará conforme sua natureza e valor[85].

[82] Thaman, 2020.: 254.

[83] Naftalis, 2003: 2-7.

[84] Knizhnik, 2015: 1742.

[85] Conforme consta do OECD Policy Roundtables – Plea Bargaining – disponível no site oficial da OECD –, nos EUA se entende que a cooperação pelo réu deve incluir, mas não se limita a: "(a) producing [in the United States and at other mutually agreedupon locations] all non-privileged36 documents, including claimed personal documents, and other materials, wherever located,37 in the possession, custody, or control of the defendant, requested by attorneys and agents of the United States; (b) making himself available for interviews [in the

Deve-se avaliar, ainda, se aquela informação poderia ser obtida sem a colaboração;

(ii) Histórico criminal do réu: deve-se verificar a ausência de envolvimento criminal passado do réu e sua cooperação anterior com os agentes da lei como fatos favoráveis à celebração do acordo, de forma a garantir que a proteção da sociedade não seja sacrificada no afã de se realizar o acordo, já que um dos argumentos contra a prática negocial é o de que resultaria na redução do impacto intimidador da lei, levando alguns colaboradores à reincidência;

(iii) Natureza e gravidade dos delitos imputados: deve-se considerar os interesses que a norma que define o tipo penal imputado visou proteger, bem como a natureza e o grau de dano causado ou ameaçado a esses interesses e quaisquer circunstâncias que agravem ou atenuem a infração no caso específico;

(iv) Atitude do réu: deve-se atentar ao comportamento do réu relativamente à conduta criminosa em tese praticada. Favorecem a celebração do acordo, segundo o Manual, postura de remorso ou arrependimento genuíno e disposição para assumir responsabilidade pelo crime, atitudes estas que refletiriam a improbabilidade de repetição da conduta envolvida;

(v) Conveniência da imediata resolução do caso: deve-se levar em conta o momento de oferta do acordo de cooperação[86], sendo que quanto antes o acordo for oferecido, maior sua utilidade, porque,

United States and at other mutually agreed-upon locations], not at the expense of the United States, upon the request of attorneys and agents of the United States; (c) responding fully and truthfully to all inquiries of the United States in connection with any Federal Proceeding, without falsely implicating any person or intentionally withholding any information, subject to the penalties of making false statements (18 U.S.C. ß 1001) and obstruction of justice (18 U.S.C. ß 1503 et seq.); (d) otherwise voluntarily providing the United States with any non--privileged38 material or information, not requested in (a) – (c) of this paragraph, that he may have that is related to any Federal Proceeding; and (e) when called upon to do so by the United States in connection with any Federal Proceeding, testifying in grand jury, trial, and other judicial proceedings[in the United States], fully, truthfully, and under oath, subject to the penalties of perjury (18 U.S.C. ß 1621), making false statements or declarations in grand jury or court proceedings (18 U.S.C. ß 1623), contempt (18 U.S.C. ßß 401 – 402), and obstruction of justice (18 U.S.C. ß 1503 et seq.)".

[86] Sobre o momento de oferta do acordo, cf. Yaroshefsky, 1999: 929.

evidentemente, após a preparação completa do caso dificilmente a oferta será tão vantajosa do ponto de vista da redução de despesa pública quanto a oferecida meses ou semanas antes do julgamento;

(vi) Probabilidade de condenação: deve-se identificar e sopesar todos os riscos e incertezas inerentes ao julgamento do caso criminal concreto – tanto as questões legais como as probatórias –, avaliando, assim, a força do caso para a acusação em relação à defesa. O Manual alerta, no entanto, que caso se entenda que não foram preenchidos os critérios legais para considerar o réu culpado, evidentemente não deverá firmar o acordo;

(vii) Efeitos colaterais: deve-se avaliar as possíveis consequências para as testemunhas e informantes, como, por exemplo, a possibilidade de o testemunho causar constrangimentos, risco de retaliação física ou econômica, revelação de fontes e métodos (ex: identidade dos informantes) que gerem efeitos adversos tanto para o colaborador quanto para o governo e a sociedade em geral;

(viii) Sentença provável: deve-se garantir que o benefício oferecido seja proporcional a todas as circunstâncias do caso;

(ix) Interesse público em ter o caso julgado ao invés de solucionado através de um acordo: deve-se considerar situações nas quais é particularmente importante que a população sinta que "a justiça foi feita", por meio da exposição, no julgamento, da natureza exata das condutas praticadas pelo acusado, mantendo, assim, a confiança do público no sistema de justiça criminal;

(x) Custos do julgamento e apelação: deve-se avaliar as despesas de julgamento e recurso que seriam poupados em caso de acordo, assim como o tempo gasto por juízes, promotores e agentes da lei para fornecer assistência no julgamento, com base em elementos como a complexidade do caso, a duração temporal do julgamento e quaisquer despesas indispensáveis e/ou extraordinárias que possam ocorrer;

(xi) Resolução imediata de outros casos: deve-se considerar os possíveis efeitos da celebração do acordo na resolução de outros casos, seja pelos recursos advindos do acordo original, seja pela possibilidade de o mesmo gerar um "efeito dominó" (levando outros réus a igualmente optarem por fazer acordo com o *government attorney*;

(xii) Interesses da vítima.

Se o órgão acusador entender preenchidos os critérios, celebrará o acordo (*cooperation agreement*), do qual constarão cláusulas identificando, em regra, as obrigações de ambas as partes: de um lado, as obrigações do colaborador – cuja principal, geralmente, é a de prestar depoimento contra os delatados – e, de outro, as obrigações do órgão acusador – notadamente, os benefícios que se compromete a pleitear junto ao Tribunal[87].

Para além dos benefícios relacionados à retirada de acusações e redução de pena, o § 9-27.600 do Manual prevê a possibilidade de serem firmados acordos de não persecução penal em troca de cooperação, estabelecendo que somente serão feitos de forma excepcional e quando preenchidas as seguintes condições: (1.ª) indisponibilidade de outros meios de obtenção oportuna e eficaz da cooperação, já que é preferível oferecer a denúncia contra o infrator – ou pelo menos deixar em aberto a possibilidade de fazê-lo – com base em evidências obtidas independentemente, do que permitir que a ele não seja atribuída qualquer responsabilização; e, ainda, pelo fato de que este acordo de imunidade pode retirar (ou relativizar) a credibilidade da testemunha; (2.ª) aparente necessidade daquela cooperação para o interesse público, que ocorre quando o órgão acusador conclui – a partir dos critérios listados pelo § 9-27.620[88]– que o acordo de não persecução é o único método eficaz para obter a cooperação, após sopesar o custo da acusação em relação ao benefício potencial da cooperação; e (3.ª) aprovação por um supervisor oficial apropriado, fornecendo, assim, uma revisão por um *government attorney* com experiência e garantindo uniformidade de política e prática em relação a esses acordos.

O § 9-27.630 prevê, ainda, os limites que devem ser observados no acordo de não persecução para que não confira imunidade irrestrita ao colaborador, mas sim um *"use immunity"*: ele deverá ser bem redigido e detalhado,

[87] Ocorre que, na prática, o acordo acaba por prever as obrigações do réu, e deixa em aberto os deveres do órgão acusador, até que seja prestado o depoimento, de modo que o *government attorney* tem discricionariedade para decidir, conforme o desempenho do colaborador, se requererá de fato o benefício e em que termos – cf. Yaroshefsky, 1999: 930; Roth, 2016: 755.

[88] "1. The importance of the investigation or prosecution to an effective program of law enforcement, or consideration of other national security or governmental interests; 2. The value of the person's cooperation to the investigation or prosecution; 3. The person's relative culpability in connection with the offense or offenses being investigated or prosecuted and his/her history with respect to criminal activity; and 4. The interests of any victims."

especificando as condutas abrangidas pela imunidade (apenas aquelas que o órgão acusador tomou conhecimento, direta ou indiretamente, por conta da cooperação e/ou sobre as quais tenha competência para atuar), de modo que o colaborador se sinta incentivado a cooperar da forma mais efetiva possível, para, assim, se proteger; e a resguardar o órgão acusador, para caso futuramente venha a obter provas independentes de que o envolvimento criminal da pessoa era mais grave do que inicialmente parecia ser, poderá exercer a ação penal contra o colaborador com base nestas evidências.

Como forma de preservar o órgão acusador e o colaborador, diversos dispositivos, tanto da Rule 11 como do Manual do DOJ (§ 9-27.450 e 9-27.650), determinam que as tratativas e todos os procedimentos relativos ao acordo de cooperação devem ser registrados, inclusive através de memorando escrito, que deverá ser suficientemente detalhado quanto às obrigações das partes envolvidas e assinado pelo colaborador e/ou seu defensor.

III. Parâmetros para atuação da autoridade pública na colaboração premiada

Embora a LOC regulamente o procedimento da colaboração premiada, fato é que na prática brasileira corriqueiramente os limites são ultrapassadosem desfavor do colaborador, sendo necessária a contenção de abusos, preenchimento das ainda existentes lacunas e fixação dos meios de controle da atividade do órgão estatal, para que se assegure que a (óbvia) inexistência de paridade de armas[89] não viole o núcleo básico de direitos fundamentais garantidos pela Constituição a todo o investigado/acusado.

Como forma de controlar a atividade do MP e, simultaneamente, propiciar que a parte mais vulnerável da negociação (investigado/réu) tenha prévio conhecimento de todos os pormenores relativos à sua possível situação, seria necessário um instrumento detalhado e com força coercitiva – portanto, uma Resolução conjunta do CNJ e CNMP – que promovesse a padronização mínima dos ritos a serem adotados nos procedimentos relacionados à colaboração premiada, em consonância com as regras previstas na LOC[90].

[89] Cf. Cordeiro, 2020: 28.

[90] Diante das atribuições do CNJ e do CNMP, previstas no art. 103-B, § 4º, I, e no art. 130-A, § 2º, I, ambos da CFB, e dos exemplos existentes (resolução conjunta n.ºs 3/2013, 4/2014),

Antes de tratar pormenorizadamente de cada etapa do procedimento, tal instrumento deveria listar princípios gerais aplicáveis à colaboração, a fim de que o operador do Direito tenha no que se pautar. Tendo em vista que a colaboração premiada, dentre outras peculiaridades, assumea natureza de negócio jurídico; envolve, como uma das partes, o Estado – com todo seu aparato –, enquanto que a outra é um particular; e afeta questões de processo e direito penal, àfigura devem ser aplicados princípios próprios do direito civil (notadamente os incidentes sobre as relações contratuais, como é o caso da boa-fé), do direito administrativo (sobretudo aqueles que regem a Administração Pública, previstos na CFB, como, por exemplo, os da eficiência, moralidade administrativa e impessoalidade[91]) e do direito penal (processual e material).

Em seguida passa-se a listar pontos que merecem regulamentação:

o ideal seria a edição de uma Resolução conjunta entre esses órgãos. Tais Resoluções, segundo o § 5º do art. 102 do Regimento Interno do CNJ "terão força vinculante, após sua publicação no Diário da Justiça eletrônico (...)". Frise-se que na ADC 12/DF o STF já havia firmado o entendimento, em 2006, de que resoluções do CNJ são ato primário. Tal posicionamento foi mantido pela Corte quando do julgamento da ADI 4638/DF, em 2012. Na mesma linha, no julgamento da ADI 4263/DF, em 2018, o STF estabeleceu, em relação às resoluções do CNMP que: "o ato normativo, de caráter geral e abstrato, foi editado pelo Conselho no exercício de sua competência constitucional e constitui ato primário, sujeito a controle de constitucionalidade, por ação direta, no Supremo Tribunal Federal". Ressalte-se, ainda, que, (i) por força dos art. 103-B, XII c/c § 6º e art. 130-A, V c/c § 4º, o CNJ e o CNMP são compostos, cada um, por dois advogados indicados pelo Conselho Federal da OAB, cujo Presidente oficiará junto ao CNJ e CNMP; logo, haveria participação da classe advocatícia na elaboração da Resolução; e (ii) por conta do controle externo da atividade policial realizado pelo MP, previsto no art. 129, VII, da CF, a Resolução também regulamentará os acordos de colaboração premiada celebrados com a Polícia.

91 A respeito dos princípios administrativos-constitucionais que devem guiar a atividade do Estado, evitando um desvio de finalidade, veja-se trecho de proferida pelo Ministro Alexandre de Moraes no bojo do MS 37.097/DF: "O princípio da impessoalidade está diretamente relacionado com o princípio da supremacia ou preponderância do interesse público, também conhecido por princípio da finalidade pública, consistente no direcionamento da atividade e dos serviços públicos à efetividade do bem comum e constituindo-se em verdadeiro vetor de interpretação do administrador público na edição dos atos administrativos. Por sua vez, pelo princípio da moralidade administrativa, não bastará ao administrador o cumprimento da estrita legalidade; deverá ele, no exercício de sua função pública, respeitar os princípios éticos de razoabilidade e Justiça, pois a moralidade constitui, a partir da Constituição de 1988, pressuposto de validade de todo ato da Administração Pública (...).".

1. Critérios a serem considerados antes da celebração do acordo

Quanto à fase "pré tratativas", entende-se – pelo exposto durante o artigo– que deveria a Resolução regulamentar o dever de *disclosure*[92], no sentido de dispor expressamente que a autoridade – antes mesmo de decidir sobre negociar o acordo –, obrigatoriamente revelará ao pretenso colaborador os elementos de prova – a ele favoráveis ou desfavoráveis – que possui em relação ao objeto daquela investigação[93], para que o colaborador, ciente disso, possa avaliar a relação de custo-benefício entre firmar o acordo ou não: ele precisa de tomar uma decisão informada, sob pena de não se fazer presente o requisito da voluntariedade[94].

Como visto, o art. 3º-A da LOC impõe como condição para a celebração do acordo que haja "utilidade e interesse públicos". Tendo em vista que tais elementos são conceitos jurídicos indeterminados, caberia à Resolução explicitar parâmetros segundo os quais se poderia definir a existência ou não de interesse e utilidade, tal como ocorre no § 9.27-420 do Manual do DOJ norte-americano, vinculando, desta forma, a decisão da autoridade a requisitos previamente detalhados, sempre tomando como base e se limitando pelos critérios gerais constantes da LOC (art. 4°, *caput* e incisos). Dentre outros, sugere-se os seguintes critérios: (i) o momento da formulação da proposta; (ii) a posição do pretenso colaborador na organização criminosa; (iii) a credibilidade das informações prestadas pelo colaborador e a disposição dele em cooperar; (iv) os elementos de corroboração apontados em relação a cada fato narrado e a cada pessoa delatada; (v) o impacto social e a gravidade dos crimes apurados.

Muito embora inexista direito subjetivo do réu à colaboração premiada – por se tratar de negócio jurídico processual personalíssimo (que, portanto, depende da livre vontade das partes)[95] – como visto, para que possa rejeitar a proposta, a autoridade tem a obrigação de fundamentar sua decisão

[92] Nos moldes, por exemplo, do "Standard 3-5.6 Conduct of Negotiated Disposition Discussions, (f)", do "The American Bar Association Criminal Justice Standards for the Prosecution Function".

[93] Quanto à oponibilidade de sigilo das provas contra o colaborador, cf. Borges de Mendonça, 2020: 25.

[94] Cf. Evangelista Pezzotti, 2020: 273.

[95] Cf. Borges de Mendonça, 2017: 60.

(art. 3º-B, §1º da LOC), e deveria fazê-lo com base justamente nos critérios que se sugere sejam definidos na Resolução. Deve este instrumento prever, ainda, o prazo para prolação desta decisão, bem como o meio para a sua impugnação. Frise-se que, por conta da natureza do acordo, entende-se que a reforma só poderia ser feita pela instância revisora do próprio órgão, não podendo o Poder Judiciário obrigar qualquer das partes a firmá-lo. Este foi o entendimento firmado pela 2.ª T do STF aquando do julgamento do MS 35.693 AgR/DF, em maio de 2019.

Entende-se, portanto, pela necessidade de: (i) regulamentar o dever da autoridade de não falsear e, mais, de revelar todos os elementos de prova que possua em favor ou desfavor do pretenso colaborador; (ii) detalhar os parâmetros que deverão ser adotados para decidir sobre a celebração do acordo, na linha do que fez o § 9.27-420 Manual do DOJ americano; (iii) fixar um prazo razoável para a autoridade decidir sobre aceitação ou rejeição da proposta, a fim de evitar, por exemplo, que se chegue a um momento processual tal que o benefício a ser concedido não seja tão favorável quanto poderia ser; (iv) vincular a fundamentação da rejeição a estes critérios; e (v) prever a forma de impugnação desta recusa para a instância revisora do órgão, na linha do que fez o legislador no art. 28-A, § 14, do CPP.

2. Critérios para a definição dos benefícios a serem oferecidos no acordo

Há uma gradação entre os benefícios previstos na lei e, para decidir em cada caso concreto qual deverá ser oferecido, o legislador não definiu critérios[96], razão pela qual, em cada hipótese, a autoridade deverá sopesar alguns fatores, respeitando os princípios da impessoalidade, necessidade, adequação e proporcionalidade. Assim, por exemplo, para concessão do benefício de não oferecimento da denúncia – que é o mais almejado – segundo Dalla e Wunder, "a colaboração deve ser inconteste, de absoluta credibilidade e imune a dúvidas"[97].

Similarmente ao que faz o § 5K1.1 das *sentencing guidelines*, deve a Resolução estabelecer, dentre outros, os seguintes critérios para a decisão sobre os

[96] Cf. Costa, 2020: 191.

[97] Dalla / Wunder, 2018: 23.

benefícios[98]: (1) relevância e utilidade da assistência prestada, medidas pela avaliação da extensão, profundidade e potencial probatório dos elementos revelados pelo colaborador; (2) veracidade, plenitude e confiabilidade das informações fornecidas, a serem atestadas, por exemplo, pela coerência e grau de detalhedo relato[99]; (3) a extensão da cooperação, a ser mensurada, por exemplo, pela quantidade de fatos delitivos descritos pelo colaborador; (4) qualquer dano sofrido ou risco de dano assumido pelo colaborador ou sua família por conta da cooperação; (5) as informações que já detinha a autoridade no momento em que foi prestada a assistência; (6) a posição hierárquica do colaborador na ORCRIM, assim como a gravidade e repercussão social dos atos praticados por ele próprio e pela ORCRIM; (7) histórico criminal do colaborador.

Ademais, defende-se que ao invés de a lei restringir os benefícios passíveis de concessão àqueles nela previstos, deveria tão somente ter imposto limites[100]-[101], a fim de evitar benesses que, ao fim, não poderiam ser autorizadas pelo Poder Judiciário[102], em razão de violarem princípios legais ou constitucionais.

[98] Neste ponto, interessa a proposta de Costa De-Lorenzi, 2019: 312-323, no sentido de que a concessão da sanção premial seja inserida na metodologia geral da aplicação de sanções penais, regulamentada pelo art. 59 do CP brasileiro: "Ter-se-ia, portanto, um método bifásico de determinação do benefício: (1) na primeira fase, deveria ser escolhida a qualidade do benefício com base na valoração dos requisitos ligados ao fato; (2) na segunda fase, deveria ser determinada a quantidade do benefício, com base na valoração da eficácia da colaboração. Esse método teria de ser utilizado já pela autoridade pública envolvida na celebração do acordo e posteriormente submetido a controle judicial."

[99] No tocante à veracidade das informações prestadas pelo colaborador, convém observar os critérios para sua valoração adotados pela jurisprudência italiana – cf. Orlandi, 2020: 302.

[100] Borges de Mendonça, 2017: 104.

[101] Ressalve-se que, observando o que dispõe o novo inciso II do § 7º do art. 4º da LOC, e tendo em vista que as resoluções não podem contrariar a lei, fica vedada a pactuação dos chamados "regimes de cumprimento de pena diferenciados", cuja concessão foi autorizada e homologada pelo STF, por exemplo, nas PET 5.210/DF, 5.244/DF e 6.138/DF, anteriores à alteração legal.

[102] A título exemplificativo, dispõe-se na p. 9 do Manual da ENCCLA: "Também não devem ser homologadas propostas que tragam, por exemplo, local de prisão preventiva ou de cumprimento de pena, promessas de celas especiais (ressalvado o que consta do art. 5.º, inciso VI, da Lei 12.850/13) ou outras benesses cujo atendimento dependa de outro órgão ou autoridade, em momento presente ou futuro. Ninguém pode prometer e o juiz não pode homologar aquilo que não se saberá se poderá ser efetivado.".

3. Limitações do acordo celebrado com o réu preso

Como visto, o STF já firmou posicionamento no sentido de que o requisito de validade do acordo é "a liberdade psíquica do agente, e não sua liberdade de locomoção", razão pela qual estabeleceu a Corte ser permitida a celebração de acordo de colaboração premiada com colaborador "custodiado, provisória ou definitivamente, desde que presente a voluntariedade dessa colaboração", sob pena de se "negar injustamente ao imputado preso a possibilidade de firmar acordo de colaboração e a obter sanções premiais por seu cumprimento, em manifesta vulneração ao princípio da isonomia" (HC 127.483/STF).

De maneira similar, o legislador alterou a LOC para prever que o juiz, antes de homologar o acordo, ao analisar a presença do requisito da voluntariedade, deverá obrigatoriamente reunir-se com o colaborador[103], oportunidade em que fará um "controle especial" nos casos em que o colaborador esteja submetido a medidas cautelares[104].

Entende-se que deve a Resolução expressamente proibir a autoridade pública de se valer da imposição de medidas cautelares para coagir o investigado/réu a colaborar, impedindo-se, por exemplo, a fixação de cláusula de imediata concessão de liberdade em caso de colaboração ou "em prisão preventiva automática em caso de descumprimento da avença, tampouco em restabelecimento da prisão anteriormente revogada"[105].

[103] Entendemos que nessa audiência pessoal com o colaborador deveriam ser averiguados pelo Magistrado os quesitos constantes da *Rule 11(b) do Federal Rules of Criminal Procedure*, de modo a confirmar efetivamente se aquela colaboração é voluntária.

[104] Para esta aferição, deve o juiz, quando da homologação: (i) reavaliar os requisitos e a duração das cautelares impostas, podendo a liberdade do pretenso colaborador ser restabelecida pelo magistrado, independentemente dos termos do acordo realizado; (ii) determinar a realização de exame psicológico, para que se afira as condições emocionais em que se encontrava o preso e a sua efetiva voluntariedade para formalização do acordo; (iii) analisar os impactos do acordo sobre terceiros: em certos casos, quando o acordo é direcionado a favorecer terceiro (em geral familiar), é possível que isso gere dúvidas sobre a voluntariedade da negociação; (iv) se certificar de que foram esclarecidas ao colaborador todas as consequências de firmar o acordo e que se deu conhecimento tanto dos documentos acusatórios quanto dos exculpatórios, para que ele tenha conhecimento dos riscos e do custo-benefício envolvido na negociação – cf. Araripe Carneiro / Porto Ferreira / Suassuna de Vasconcelos, 2020.

[105] Masson / Marçal, 2016: 188.

4. Procedimentos e consequências da retratação e da rescisão do acordo

Apesar das recentes alterações promovidas pela Lei Anticrime na LOC concernentes às hipóteses de retratação e rescisão do acordo, o seu regramento continua incerto e traz à tona diversas dúvidas. Inicialmente, vale a pena destacar que retratação e rescisão não se confundem: a primeira se dá quando as partes desistem da proposta antes da celebração do acordo; a segunda ocorre depois da sua homologação.

Pelo panorama que se tem hoje, se a retratação se der por iniciativa da autoridade, as declarações e provas obtidas durante as tratativas não poderão ser utilizadas contra ninguém ou para qualquer fim (art. 3º-B, § 6º); caso se dê pelo colaborador, as provas auto incriminadoras produzidas não poderão ser usadas "exclusivamente em seu desfavor" (art. 4º, § 10). Não regulamentou a lei, portanto, os efeitos da retratação pelo colaborador em relação ao uso das provas contra os delatados[106]. Entende-se que deveria a Resolução atribuir à retratação pelo colaborador as mesmas consequências da retratação pela autoridade[107], pois as informações fornecidas nas tratativas destinavam-se exclusivamente para fins de negociação[108], com a ressalva de que

[106] Em decisão monocrática proferida nos autos da PET 5.733/PR, o STF estabeleceu – antes da alteração legal – que, neste caso, o material probatório colhido em colaboração premiada podia ser utilizado em face de terceiros, que somente poderiam contestá-los nos eventuais procedimentos ou ações que em face deles viessem a ser promovidos.

[107] No ponto, adere-se integralmente à fundamentação apresentada por Sousa Mendes, 2020: 138: "Se bem interpretamos, tudo o que foi apresentado à autoridade persecutória não poderá ser utilizado. (...) é difícil de aceitar que possa haver aproveitamento dos elementos colhidos na negociação falhada, nem mesmo como provas a utilizar exclusivamente contra outros membros da organização criminosa ou terrorista. Se o acordo não foi concluído, então as informações e elementos obtidos durante as conversações deveriam ser destruídos ou devolvidos à procedência. Não há acordo, não há provas. O suspeito que desistiu da via colaborativa não tem de suportar os riscos para a sua pessoa e seus familiares que adviriam da sua eventual colaboração. Caso contrário, ficará gravemente comprometida a eficiência do próprio instituto da colaboração premiada, já que muitos dos potenciais colaboradores recusarão liminarmente quaisquer conversações exploratórias com vista a um eventual acordo de colaboração premiada. A menos que se lhes garanta o desentranhamento das provas se as negociações falharem.".

[108] Foi o que se recomendou no item 40 da Orientação do MPF. Na mesma linha, cf. Callegari / Linhares, 2020. Borges de Mendonça, 2020: 41-43, sugere que se adotem *safeguards* para assegurar que tais provas não serão usadas. Em sentido contrário, Brandalise, 2019: 223, defende que no caso de retratação, as provas poderão ser usadas contra integrantes da ORCRIM.

poderiam ser utilizadas em caso de comprovada má-fé por parte do colaborador, no sentido de ter participado das tratativas com a finalidade justamente de impossibilitar seu uso.

No tocante à rescisão, continuam sem resposta – e, portanto, merecem tratamento pela Resolução – as seguintes questões:

(1) Quais condutas podem ensejar a rescisão do acordo para além das previstas no art. 4º, §§ 17 e 18? Propõe-se: (a) qualquer das partes descumprir, sem justificativa, as cláusulas do acordo; (b) mentir o colaborador sobre os fatos ilícitos que praticou, participou ou tem conhecimento; (c) recusar-se o colaborador a prestar informações que tenha relacionadas ao objeto do acordo; (d) negar-se o colaborador a entregar, sonegar, adulterar, destruir ou suprimir o colaborador documento, prova ou senha a que tenha acesso; (e) ocultar o colaborador bens que poderiam ser objeto de medidas assecuratórias; (f) fugir ou tentar o colaborador furtar-se à ação da Justiça; (g) não quitar o colaborador, nos prazos estabelecidos no acordo, as multas nele previstas; (h) qualquer das partes quebrar o sigilo a respeito do acordo.

(2) Ocorrida uma dessas situações, deve ser dada à outra parte o direito de se manifestar antes da decisão sobre a rescisão do acordo? Em homenagem ao contraditório, à ampla defesa e à segurança jurídica, entende-se que deve a Resolução regulamentar o procedimento para a rescisão[109], descrevendo suas fases, dentre as quais, obrigatoriamente: (a) manifestação fundamentada do pedido de rescisão, acompanhada das provas que demonstrem o comportamento que a teria ensejado; (b) abertura de vista para a outra parte, que, em querendo, poderá refutá-las e pedir a produção das provas que entender cabíveis; (c) decisão judicial sobre a rescisão, conforme item 37 da Orientação nº 1/2018 do MPF[110].

[109] Cf. Machado Saraiva / Farias Martins, 2019: 531.

[110] Como se depreende do Relatório da PET 7.003/DF, foi apresentado, nestes autos, requerimento da PGR de homologação de rescisão de acordo de colaboração premiada, após a realização de procedimento administrativo dentro do próprio órgão para avaliar a possibilidade de revisão dos ajustes, em que se concluiu, diante da gravidade da extensão e relevância do descumprimento, pela rescisão do acordo, com a perda do direito aos benefícios concedidos

(3) A rescisão é obrigatória no caso de incidência de uma dessas hipóteses pelo colaborador ou a autoridade pode aplicar algum tipo de sanção? Deveria a Resolução estabelecer critérios para avaliação da gravidade do comportamento praticado, para que possa a autoridade definir se ele importará em mera revisão ("*recall*") do acordo (como repactuação da multa ou perda do bem, por exemplo) ou se é necessária a sua rescisão; bem como estabelecer parâmetros para a repactuação[111].

(4) No caso de rescisão, quais as consequências para o colaborador e para os terceiros[112]? Deve a Resolução prever que, se a rescisão for causada pelo colaborador, as declarações e provas obtidas em razão do acordo poderão ser utilizadas e os benefícios não lhe serão concedidos[113]-[114]; se causada pela autoridade, os benefícios serão concedidos, e as informações não poderão ser usadas.

5. Limitação dos deveres e renúncias a direitos a serem impostos ao colaborador

A própria LOC previu hipóteses de renúncias que podem ser impostas e outras que são vedadas (§§ 14 e 7º-B do art. 4°). Diante da rasa regulamentação legal, deve a Resolução limitar os deveres e renúncias a direitos que podem ser estabelecidos no acordo, evitando-se, assim, "ajustes desarrazoados, desproporcionais ou não passíveis de aferição"[115]. Deve-se exigir, no mínimo,

e validade das provas produzidas. O Min. Relator determinou que os colaboradores se manifestassem em relação à pretensão rescisória, o que foi realizado. Após a apresentação de resposta escrita, as partes requereram a produção de provas de que haviam adimplido a maior parte das cláusulas acordadas, o que foi deferido. Por fim, foram os colaboradores ouvidos pessoalmente, tendo o Min. Relator dado por encerrada a instrução probatória. Em março, o Juízo acolheu requerimento da PGR para sobrestar o feito por 60 dias a fim de analisar a possibilidade de repactuação dos respectivos acordos. Até 29.09.2022 não houve decisão sobre o (inicial) pleito rescisório.

[111] Cf. Callegari / Linhares, 2020; Machado Saraiva / Farias Martins, 2019: 535.

[112] Machado Saraiva / Farias Martins, 2019: 545, defendem que a construção jurisprudencial e doutrinária majoritárias, em caso de rescisão do acordo de colaboração premiada, tem sido no sentido de que as informações e provas entregues pelo colaborador somente poderão ser utilizadas contra terceiros.

[113] Cf. Brandalise, 2019: 240; Masson / Marçal, 2016: 229.

[114] Em sentido contrário, Cordeiro, 2020: 54-55.

[115] Cf. Cordeiro, 2020: 60.

que sejam compatíveis com as garantias tidas como fundamentais e que sejam os contratantes titulares do direito do qual dispõem total ou parcialmente[116], vedando-se, assim, por exemplo, cláusulas de renúncia à interposição de todo e qualquer recurso[117] e de renúncia ao direito ao sigilo de contas bancárias alheias[118].

Conclusão

Ante todo o exposto, nota-se que o procedimento da colaboração premiada, como previsto atualmente no Brasil, ainda carece de regulamentação para preencher as lacunas remanescentes, o que, sugere-se, seja feito com base no que já existe de "positivado" (ainda que em *soft law*) sobre a justiça consensual no ordenamento jurídico norte-americano, que serviu de inspiração para o instituto brasileiro.

Apontou-se, assim, de maneira não exaustiva, diretrizes que se entende devam ser previstas – de forma clara, organizada e minuciosa – num instrumento capaz de vincular todos os envolvidos na celebração do acordo de colaboração premiada – o colaborador e a autoridade Pública, seja o MP ou o delegado de polícia, enquanto partes, e o Poder Judiciário, enquanto órgão competente para homologá-lo e, após, conceder os benefícios nele previstos – para que assim se garanta transparência e segurança jurídica na aplicação do instituto. São elas:

(i) Prever detalhadamente o dever de *disclosure* do MP antes das tratativas;

[116] Cf. Decisão monocrática proferida pelo Min. Celso de Mello no HC 144.652/ DF.

[117] Na PET 5.709/DF, o STF determinou que não devem ser homologadas cláusulas que imponham ao colaborador a vedação de interposição de qualquer tipo de recurso, por configurarem renúncia ao pleno exercício do direito fundamental de acesso à Justiça, assegurado pelo art. 5º, XXXV, da CRFB.

[118] Em seu voto nos autos da QO na PET 7.074/DF, o Min. Dias Toffoli deixou de homologar uma cláusula de um acordo de colaboração premiada que dispunha que o colaborador autorizava que o MPF e outros órgãos por ele indicados acessassem todos os dados de sua movimentação financeira no exterior, mesmo de contas que não estivessem no nome dele, mas de offshores ou interpostas pessoas. Para Cruz Bottini, 2017: 187, a decisão do Ministro fundamentou-se no fato de que "não pode o colaborador validamente abrir mão do sigilo de contas bancárias de cartões de titularidades de terceiros".

(ii) Estabelecer parâmetros segundo os quais se poderia definir a existência ou não de interesse e utilidade, tal como ocorre no § 9.27-420 do Manual do DOJ norte-americano;

(iii) Apontar critérios para fundamentação da decisão de indeferimento liminar da proposta de acordo, bem como o prazo para prolação dessa decisão e o meio para impugná-la;

(iv) Similarmente ao que faz o § 5K1.1 das *sentencing guidelines*, apontar critérios para definição dos benefícios a serem oferecidos;

(v) Expressamente proibir a autoridade pública de se valer da imposição de medidas cautelares para coagir o investigado/réu a colaborar, impedindo-se, por exemplo, a fixação de cláusula de imediata concessão de liberdade em caso de colaboração;

(vi) Atribuir à retratação pelo colaborador as mesmas consequências da retratação pela autoridade, com a ressalva de que poderiam ser utilizadas em caso de comprovada má-fé por parte do colaborador;

(vii) Regulamentar quais as condutas que podem ensejar a rescisão do acordo para além das previstas no art. 4º, §§ 17 e 18;

(viii) Regulamentar o procedimento para a rescisão, descrevendo suas fases, dentre as quais, obrigatoriamente: (a) manifestação fundamentada do pedido de rescisão, acompanhada das provas que demonstrem o comportamento que a teria ensejado; (b) abertura de vista para a outra parte, que, em querendo, poderá refutá-las e pedir a produção das provas que entender cabíveis; (c) decisão judicial sobre a rescisão;

(ix) Estabelecer critérios para avaliação da gravidade do comportamento praticado, para que possa a autoridade definir se ele importará em mera revisão ("*recall*") do acordo (como repactuação da multa ou perda do bem, por exemplo) ou se é necessária à sua rescisão; bem como estabelecer parâmetros para a repactuação;

(x) Prever que, se a rescisão for causada pelo colaborador, as declarações e provas obtidas em razão do acordo poderão ser utilizadas e os benefícios não lhe serão concedidos; se causada pela autoridade, os benefícios serão concedidos, e as informações não poderão ser usadas;

(xi) Limitar os deveres e renúncias a direitos que podem ser estabelecidos no acordo, determinando-se que sejam compatíveis com as garantias tidas como fundamentais e que sejam os contratantes titulares do direito do qual dispõem total ou parcialmente.

Bibliografia citada

ALSCHULER, Albert W,

(1968) "The Prosecutor's Role in Plea Bargaining", *University of Chicago Law Review* 36, pp. 50-112.

BADARÓ, Gustavo,

(2020) "A valoração probatória da colaboração premiada", in: Kai Ambos, Marcos Zilli, Paulo de Sousa Mendes (orgs.), *Colaboração Premiada: perspectiva comparada*. São Paulo: Tirant lo Blanch, pp. 85-114.

BAER, Miriam Hechler,

(2011) "Cooperation's Cost", *Washington University Law Review* 88, pp. 903-967.

BARREIROS, José António,

(2020) "A advocacia e a colaboração premiada", in: Kai Ambos, Marcos Zilli, Paulo de Sousa Mendes (orgs.), *Colaboração Premiada: perspectiva comparada*. São Paulo: Tirant lo Blanch, pp. 196-208.

BENNARDO, Kevin,

(2014) "United States v. Erwin and the Folly of Intertwined Cooperation and Plea Agreements", *Washington and Lee Law Review Online* 71, pp. 160-168.

BIBAS, Stephanos,

(2003) "Harmonizing Substantive-Criminal-Law Values and Criminal Procedure: The Case of Alford and Nolo Contendere Pleas", *Cornell Law Review* 88, pp. 1361-1408.

BOTTINI, Pierpaolo Cruz,

(2017) "A homologação e a sentença na colaboração premiada na ótica do STF", in: Pierpaolo Cruz Bottini, Maria Thereza de Assis Moura (coord.), *Colaboração Premiada*. São Paulo: Editora Revista dos Tribunais, pp. 185-200.

(2020) *Direito penal, processo penal e colaboração premiada na lei "anticrime"*, disponível em: https://www.conjur.com.br/2020-jan-06/direito-defesa-direito-penal-processo-penal--delacao-lei-anticrime?imprimir=1. (consultado em 07/01/2020).

BRANDALISE, Rodrigo da Silva,

(2016) *Justiça Penal Negociada: Negociação de Sentença Criminal e Princípios Processuais Relevantes*, Curitiba: Juruá.

(2019) "O acordo de colaboração processual no Brasil: um negócio jurídico inserido no direito probatório", in: Paulo de Sousa Mendes, Rui Soares Pereira (coords.), *Prova Penal Teórica e Prática*. Coimbra: Almedina, pp. 195-247.

CABRAL, José Santos,

(2020) "O direito premial e o seu contexto", in: Kai Ambos, Marcos Zilli, Paulo de Sousa Mendes (orgs.), *Colaboração Premiada: perspectiva comparada*. São Paulo: Tirant lo Blanch, pp. 148-167.

CALLEGARI, André Luis / LINHARES, Raul,
(2020) *A colaboração premiada após a lei "anticrime"*, disponível em: https://conjur.com.br/2020-mar-04/opiniao-colaboracao-premiada-lei-anticrime. (consultado em 24/06/2020).

CARNEIRO, Rafael Araripe / FERREIRA, Pedro Victor Porto / VASCONCELOS, Igor Suassuna de,
(2020) *A voluntariedade do colaborador preso e a nova Lei Anticrime*, disponível em: https://www.conjur.com.br/2020-abr-19/opiniao-voluntariedade-colaborador-lei-anticrime. (consultado em 07/05/2020).

CORDEIRO, Nefi,
(2020) *Colaboração Premiada: caracteres, limites e controles*, Rio de Janeiro: Forense.

COSTA, Joana,
(2020) "Justiça negociada e Constituição: algumas notas sobre os acordos em processo penal, em especial sobre o acordo de colaboração premiada", in: Kai Ambos, Marcos Zilli, Paulo de Sousa Mendes (orgs.), *Colaboração Premiada: perspectiva comparada*. São Paulo: Tirant lo Blanch, pp. 168-195.

COVEY, Russell D,
(2014) "Abolishing Jailhouse Snitch Testimony", *Wake Forest Law Review* 49, pp. 101-157.

DALLA, Humberto / WUNDER, Paulo,
(2018) "Os benefícios legais da colaboração premiada", *Revista Eletrônica de Direito Processual*, vol. 19, pp. 107-144.

DE-LORENZI, Felipe da Costa,
(2019) "A determinação da pena na colaboração premiada: análise da fixação dos benefícios conforme a Lei 12.850/2013 e o Supremo Tribunal Federal", *Revista Brasileira de Ciências Criminais* 155, 27, pp. 293-337.

DIDIER JR., Fredie / BOMFIM, Daniela,
(2018) "Colaboração premiada (Lei n. 12.850/2013): natureza jurídica e controle da validade por demanda autônoma – um diálogo com o direito processual civil", in: *Ensaios sobre os negócios jurídicos processuais*. Salvador: Editora Juspodivm, pp. 111-150.

DOUGLASS, John G,
(2007) "Can Prosecutors Bluff? Brady v. Maryland and plea bargaining", *Case Western Reserve Law Review* 57, pp. 581-592.

ENGLE, Michael J. /PETITT, Adam J.,
(2017) "'Queen for a Day': Assessing the Risks and Rewards of a Proffer Agreement", *Westlaw Journal White-Collar Crime* 31, 8, pp. 1-7.

GLATT, Rachel,
(2019) *Colaboração premiada: Análise do instituto que viabilizou a Operação Lava-Jato*. Florianópolis: Emais.

HUGHES, Graham,
(1992) "Agreements for Cooperation in Criminal Cases", *Vanderbilt Law Review* 45, pp. 2-66.

JACOBS, Brian A. /BUSEMAN, Nicole L.,
(2017) "Navigating the Cooperation Process in a Federal White Collar Criminal Investigation", *Practical Law*, pp. 1-9.

KNIZHNIK, Shana,
(2015) "Failed Snitches and Sentencing Stitches: Substantial Assistance and the Cooperator's Dilemma", *New York University Law Review* 90, pp. 1723-1760.
LANGBEIN, John H.,
(1978) "Torture and Plea Bargaining", *University of Chicago Law Review* 46, pp. 2-22.
(2010) "From legal transplants to legal translations: the globalization of plea bargaining and the americanization thesis in criminal procedure", in: Stephen Thaman, *World Plea Bargaining: Consensual Procedures and the Avoidance of the Full Criminal Trial*. North Carolina: Carolina Academic Press, pp. 3-80.
LANGER, Maximo,
(2019) "Plea bargaining, trial-avoiding conviction mechanisms, and the global administratization of criminal convictions", *Annual Review of Criminology*, pp. 1-66.
(2006) "Rethinking plea bargaining: the practice and reform of prosecutorial adjudication in american criminal procedure", *American Journal of Criminal Law* 33, pp. 223-299.
MARTINEZ, Ana Paula,
(2017) "Parâmetros de negociação de acordo de leniência com o MPF à luz da experiência do CADE", in: Pierpaolo Cruz Bottini, Maria Thereza de Assis Moura (org.), *Colaboração premiada*. São Paulo: Editora Revista dos Tribunais, pp. 31-52.
MARTINEZ, Spencer,
(1999) "Bargaining for Testimony: Bias of Witnesses Who Testify in Exchange for Leniency", *Cleveland State Law Review* 47, pp. 141-160.
MASSON, Cleber / MARÇAL, Vinícius,
(2016) *Crime organizado*, 2.ª ed. São Paulo: Método.
MELO, Valber / BROETO, Filipe Maia,
(2019) *O pacote 'anticrime' e seus impactos na colaboração premiada*, disponível em: https://www.conjur.com.br/2019-dez-29/pacote-anticrime-impactos-colaboracao-premiada. (consultado em 20/03/2020).
MENDES, Paulo de Sousa,
(2020) "A colaboração premiada na ordem jurídica portuguesa: balanço e perspectivas", in: Kai Ambos, Marcos Zilli, Paulo de Sousa Mendes (orgs.), *Colaboração Premiada: perspectiva comparada*. São Paulo: Tirant lo Blanch, pp. 116-147.
MENDONÇA, Andrey Borges de,
(2017) "Os benefícios possíveis na colaboração premiada: entre a legalidade e a autonomia da vontade", in: Pierpaolo Cruz Bottini, Maria Thereza de Assis Moura (org.), *Colaboração premiada*. São Paulo: Editora Revista dos Tribunais, pp. 53-101.
(2020) "Aspectos controvertidos da negociação da colaboração premiada na experiência brasileira", in Kai Ambos, Marcos Zilli, Paulo de Sousa Mendes (orgs.), *Colaboração Premiada: perspectiva comparada*. São Paulo: Tirant lo Blanch, pp. 15-45.
NAFTALIS, Benjamin A.,
(2003) "Queen for a Day Agreements and the Proper Scope of Permissible Waiver of the Federal Plea-Statement Rules", *Columbia Journal of Law and Social Problems* 37, 1, pp. 1-56.

Orlandi, Renzo,

(2020) "Colaboração premiada na experiência italiana", in Kai Ambos, Marcos Zilli, Paulo de Sousa Mendes (orgs.), *Colaboração Premiada: perspectiva comparada.* São Paulo: Tirant lo Blanch, pp. 290-308.

Pezzotti, Olavo Evangelista.

(2020) *Colaboração premiada: uma perspectiva de direito comparado.* São Paulo: Almedina.

Richman, Daniel C,

(2017) *Informants & Cooperators,* disponível em https://scholarship.law.columbia.edu/cgi/viewcontent.cgi?article=3028&context=faculty_scholarship. (consultado em: 27.09.2022).

(1995) "Cooperating Clients", *Ohio State Law Journal* 56, pp. 69-151.

Rosa, Alexandre Morais da,

(2018) *Para entender a delação premiada pela teoria dos jogos: táticas e estratégias do negócio jurídico.* Florianópolis: Emodara.

Roth, Jessica,

(2016) "Informant Witnesses and the Risk of Wrongful Convictions", *American Criminal Law Review* 53, pp. 737-797.

Santos, Marcos Paulo Dutra,

(2017) *Colaboração (delação) premiada,* 2.ª ed. Salvador: JUSPODIVM.

Saraiva, Renata Machado / Martins, Luiza Farias,

(2019) "Retratação e rescisão dos acordos de colaboração premiada: apontamentos e preocupações", in: Fabiane da Rosa Cavalcani, Luciano Feldens, Alberto Ruttke (ed.), *Garantias penais – Estudos alusivos aos 20 anos de docência do Professor Alexandre Wunderlich.* Porto Alegre: Boutique Jurídica, pp. 523-547.

Simons, Michael A.,

(2003) "Retribution for Rats, Cooperation, Punishment and Atonement", *Vanderbilt Law Review* 56, pp. 1-65.

Thaman, Stephen C.,

(2020) "São os acordos de cooperação no direito penal estadounidense reforços à verdade na apuração de fatos em casos graves?", in: Kai Ambos, Marcos Zilli, Paulo de Sousa Mendes (orgs.), *Colaboração Premiada: perspectiva comparada.* São Paulo: Tirant lo Blanch, pp. 241-267.

(2010) *World Plea Bargaininging: Consensual Procedures and the Avoidance of the Full Criminal Trial.* Durham, North Carolina: Ed. Carolina Academic Press.

Trott, Stephen S.,

(1996) "Words of Warning for Prosecutors Using Criminals as Witnesses", *Hastings Law Journal* 47, pp. 1381-1432.

Turner, Jenia Iontcheva,

(2006) "Judicial Participation in Plea Negotiations: A Comparative View", *American Journal of Comparative Law* 54, pp. 199-267.

Vasconcellos, Vinicius Gomes de,

(2020) "Colaboração premiada e negociação na justiça criminal brasileira: acordos para aplicação de sanção penal consentida pelo réu no processo penal", *Revista Brasileira de Ciências Criminais* 166, 28, pp. 241-271.

Watson, Alan,
(1995) "From legal transplants to legal formants", *The American Journal of Comparative Law*, 43, pp. 469-476.
Wunderlich, Alexandre,
(2020) "Sanção premial diferenciada após o pacote 'anticrime'", disponível em: https://www.conjur.com.br/2020-jan-09/wunderlich-sancao-premial-diferenciada-pacote--anticrime. (consultado em 26/03/2020).
Yaroshefsky, Ellen,
(1999) "Cooperation with Federal Prosecutors: Experiences of Truth Telling and Embellishment", *Fordham Law Review* 68, pp. 917-964.
Zilli, Marcos,
(2020) "O acordo de colaboração premiada como negócio jurídico processual. O controle judicial em face dos operadores-legisladores", in: Kai Ambos, Marcos Zilli, Paulo de Sousa Mendes (orgs.), *Colaboração Premiada: perspectiva comparada*. São Paulo: Tirant lo Blanch, pp. 46-84.

Jurisprudência citada

Brasil
STF, ADC 12/DF, Rel. Min. Ayres Brito, Tribunal Pleno, de 18/12/2009
STF, ADI 4.263/DF, Rel. Min. Roberto Barroso, Tribunal Pleno, de 28/10/2020
STF, ADI 4.638/DF, Rel. Min. Marco Aurélio, Tribunal Pleno, de 24/11/2014
STF, ADI 5.508/DF, Rel. Min. Marco Aurélio, Tribunal Pleno, de 05/11/2019
STF, ADI 6.298/DF/, Rel. Min. Luiz Fux, Tribunal Pleno, de 31/01/2020
STF, ADI 6.305/DF, Rel. Min. Luiz Fux, Tribunal Pleno, de 03/02/2020
STF, AgRg no HC 157.627/PR, Rel. Min. Edson Fachin, 2.ª T, de 17/03/2020
STF, AgRg no INQ 4.405/DF, Rel. Min. Roberto Barroso, 1.ª T, de 05/04/2018
STF, AgRg no INQ 4.619/ DF, Rel. Min. Luiz Fux, 1.ª T, de 19/02/2019
STF, HC 127.483/ PR, Rel. Min. Dias Toffoli, Tribunal Pleno, de 04/02/2016
STF, HC 144.652/ DF, Rel. Min. Celso de Mello, decisão monocrática, de 05/10/2020
STF, INQ 3.394/DF, Rel. Min. Edson Fachin, decisão monocrática, de 22/06/2018
STF, MS 35.693 AgR/DF, Rel. Min. Edson Fachin, 2.ª T, de 24/07/2020
STF, MS 37.097/DF, Rel. Min. Alexandre de Moraes, decisão monocrática, de 12/05/2020
STF, PET 5.210/DF, Rel. Min. Edson Fachin, decisão monocrática, de 09/03/2015
STF, PET 5.244/DF, Rel. Min. Edson Fachin, decisão monocrática, de 10/03/2015
STF, PET 5.709/DF, Rel. Min. Teori Zavascki, decisão monocrática, de 04/08/2015
STF, PET 5.733/PR, Rel. Min. Teori Zavascki, decisão monocrática, de 24/09/2015
STF, PET 6.138/DF, Rel. Min. Gilmar Mendes, 2.ª T, de 30/09/2019
STF, PET 7.003/DF, Rel. Min. Edson Fachin, decisão monocrática, de 09/06/2020
STF, PET 7.074/DF, Rel. Min. Edson Fachin, Tribunal Pleno, de 29/06/2017
STF, PET 7.265/DF, Rel. Min. Ricardo Lewandowski, decisão monocrática, de 14/11/2017
STF, RCL 23.030/DF, Rel. Min. Gilmar Mendes, decisão monocrática, de 28/10/2016

Estados Unidos da América
Brady v. Maryland, 373 U.S. 83 (1963)
U.S. v. Mezzanatto, 513 U.S. 196 (1995)
U.S.v. Bagley, 473 U.S. 667 (1985)
Whiskey Cases, 99 U.S. 594 (1878)

CAPÍTULO IV
IMPARCIALIDADE E GESTÃO DE PROVAS

§ 5.
LEI 13.964 DE 2019 ("LEI ANTICRIME"): ORIGINALIDADE COGNITIVA E IMPARCIALIDADE JUDICIAL NA REFORMA DO CÓDIGO DE PROCESSO PENAL BRASILEIRO

Felipe Kazuo Catelan Yano Issayama*

Sumário: Introdução. I. Imparcialidade objetiva e originalidade cognitiva. 1. Lei 13.964 de 2019 ("Lei Anticrime"): a imparcialidade objetiva na reforma do CPPB. 2. O Direito italiano como paradigma para a reforma processual penal brasileira. II. Raízes da imparcialidade objetiva nos sistemas de *civil law* e *common law*: Damaška e os modelos ideais de administração da justiça. III. (Carência de) originalidade cognitiva e atividade probatória oficiosa: dilema inquisitório no direito continental. 1. Festinger, Schünemann e a Teoria da Dissonância Cognitiva. 2. A insuficiência do critério da "subsidiariedade" como limitador dos efeitos da dissonância cognitiva. 3. Proposta de conformação do núcleo fundante do processo penal de *civil law* à imparcialidade objetiva: a fase intermediária de saneamento cognitivo. Conclusão. Bibliografia citada. Jurisprudência citada.

Resumo: A estrutura bifásica do processo penal "misto", predominante em países de *civil law*, privilegia a transferência integral ao julgador dos elementos de

* Advogado. Pós-graduado em Direito Penal e Processo Penal pela Faculdade Toledo de Araçatuba. Mestrando em Direito Penal e Ciências Criminais pela Universidade de Lisboa. Membro do IBCCRIM.

informação obtidos em procedimento investigatório, uma vez deflagrada a acusação. Em juízo e dotado o julgador de amplos poderes para instruir o feito autonomamente, impera a falsa impressão de que sua atuação funcional se dará de maneira neutra e equidistante, sem que o contacto com elementos inquisitórios implique mácula à imparcialidade judicial. Ocorre que, uma vez contaminado por elementos colhidos sem a observância das garantias inerentes à jurisdição penal, é ilusório pensar que o julgador exercerá sua atividade instrutória complementar de forma cognitivamente independente. Neste contexto, o presente artigo visa analisar a influência, na atividade instrutória desempenhada pelo juiz de *civil law*, do seu amplo contacto com elementos obtidos em investigação preliminar, a fim de evidenciar as razões pelas quais, formando a sua convicção inicial com base nos autos de investigação, o julgador não é capaz de oferecer garantias suficientes de que sua atuação funcional não importará, *in concreto*, no desequilíbrio da disputa levada a cabo entre as partes. Para tanto, nos apoiaremos no exame da Lei n.º 13.964 de 2019, popularmente conhecida como "Lei Anticrime", que reformou o processo penal brasileiro e implementou uma "fase de saneamento cognitivo" entre o procedimento investigatório e o processo judicial, apta a mitigar os efeitos da contaminação cognitiva que atinge os julgadores de *civil law*.

Palavras-chave: Atividade probatória oficiosa; originalidade cognitiva; vieses cognitivos; imparcialidade; lei anticrime.

Introdução

A imparcialidade dos juízes criminais é um tema bastante recorrente na doutrina processualista penal desde a Revolução Francesa, período em que o reconhecimento de direitos fundamentais aos cidadãos, sob o manto do Iluminismo, impôs a paulatina desconstrução do modelo inquisitorial puro de processo penal.

Desde então, a tradição jurídica de *civil law* tem-se confrontado com o árduo desafio de compatibilizar as suas leis adjetivas com a exigência de neutralidade funcional do órgão judicial, num modelo processual "misto", caracterizado pela manutenção de viés inquisitório, mormente no que diz respeito à fase de investigação preliminar e à gestão da prova em juízo, permeado, no entanto, por institutos e garantias de essência adversarial[1].

[1] Lopes Junior, 2019a: 179-195. No mesmo sentido: Zilli, 2003: 54.

A estrutura bifásica do processo "misto" predominante em países de *civil law*, que remonta do Código de Instrução Criminal francês de 1808, privilegia a transferência integral ao julgador dos elementos de informação obtidos em procedimento investigatório, uma vez deflagrada a acusação. Em juízo e dotado o julgador de amplos poderes para instruir o feito autonomamente, impera a falsa impressão de que sua atuação funcional se dará de maneira neutra e equidistante, sem que o contacto com elementos inquisitórios implique mácula à imparcialidade judicial.

Ocorre que, uma vez contaminado por elementos colhidos sem a observância das garantias inerentes à jurisdição penal, é ilusório pensar que o julgador exercerá a sua atividade instrutória complementar de forma cognitivamente independente. Pelo contrário, a partir do momento em que ele tenha formado um pré-juízo acerca da lide pendente, mesmo que munido da melhor das intenções, não haverá mecanismo apto a garantir que sua atuação funcional não irá refletir, ainda que inconscientemente, as convicções formadas em momento anterior, o que se explica pela Teoria da Dissonância Cognitiva.

De facto, recentes estudos da ciência da psicologia social, designadamente na área dos vieses cognitivos (*sesgos cognitivos, cognitive bias*), indicam que o juiz, enquanto sujeito cognoscente, após formar a sua convicção inicial sobre o caso através da leitura dos autos de investigação, desenvolve processos mentais involuntários aptos a condicionar sua atuação funcional, em detrimento da exigência de imparcialidade objetiva.

Neste contexto, o presente artigo visa analisar a influência, na atividade instrutória desempenhada pelo juiz de *civil law*, do seu amplo contacto com elementos obtidos em investigação preliminar. Faz-se isso a fim de evidenciar as razões pelas quais, formando sua convicção inicial com base nos autos de investigação, o julgador não é capaz de oferecer garantias suficientes de que sua atuação funcional não importará, *in concreto*, no desequilíbrio da disputa levada a cabo entre as partes (conceção objetiva da imparcialidade judicial).

Para tanto, o primeiro capítulo se dedica ao exame da Lei n.º 13.964 de 2019, popularmente conhecida como "Lei Anticrime", que reformou o processo penal brasileiro e implementou uma "fase de saneamento cognitivo" entre o procedimento investigatório e o processo judicial. No decorrer dessa seção, é abordada também a influência do direito italiano na reforma processual brasileira.

O segundo capítulo consiste numa incursão às raízes da imparcialidade objetiva nos sistemas de *civil law* e *common law*. O estudo realizado por Mirjan R. Damaška possibilita-nos identificar os núcleos fundantes de cada um dos referidos sistemas e, assim, formular uma proposta de conformação para a problemática apresentada, de modo que eventuais reformas não impliquem a total desfiguração da estrutura essencial do modelo processual romano-germânico.

Por fim, no terceiro capítulo são analisados os efeitos da contaminação cognitiva sobre a atuação probatória do julgador, desde uma perspetiva da ciência da psicologia, culminando na formulação de uma proposta para a adequação da atividade instrutória realizada pelo juiz de *civil law* à exigência de sua imparcialidade objetiva.

I. Imparcialidade objetiva e originalidade cognitiva

Apesar de não consagrada expressamente pelas Constituições de *civil law*[2], a imparcialidade judicial acumulou grande densidade conceitual desde a Revolução Francesa, após a qual a reunião das funções de acusar e julgar na figura do juiz inquisidor se tornou insustentável ante os ideais liberais que afloravam na Europa[3].

Historicamente, entende-se a imparcialidade como a exigência de que o juiz não tenha "qualquer interesse, geral ou particular, numa ou outra solução da controvérsia que é chamado a resolver, ao mesmo tempo em que ele não deve ser um sujeito 'representativo', não devendo nenhum interesse ou desejo – nem mesmo da maioria ou da totalidade dos cidadãos – condicionar seu julgamento"[4].

O entendimento de que a imparcialidade judicial pode ser dividida em subjetiva e objetiva é fruto da jurisprudência do TEDH[5]. Pelo viés subjetivo,

[2] Lopes, 2005: 12.

[3] Lopes, 2005: 40.

[4] Ferrajoli, 2014: 534.

[5] Nos casos Piersack v. Bélgica (1982) e De Cubber v. Bélgica (1984), o TEDH consagrou o entendimento de que o juiz que participa ativamente da investigação de determinado fato, perde a imparcialidade (objetiva e subjetiva) necessária para o seu posterior julgamento. Apesar disso, como bem constatado por Dama*ška*, "porque a imparcialidade não é o atributo central do julgador continental, seu conhecimento externo não é tão prontamente assumido como um defeito desqualificante" – Damaška, 1986: 170.

que remonta ao nascimento do princípio, o julgador imparcial é aquele que não possui qualquer conexão pessoal com as partes, levando em consideração apenas os factos e a lei. Já pela conceção objetiva, segunda face da mesma moeda, torna-se necessário também que o juiz ofereça garantias suficientes de que sua atuação funcional não importa, *in concreto*, no desequilíbrio da disputa levada a cabo entre as partes.

Em outras palavras, a imparcialidade judicial objetiva exige que o julgador se abstenha da prática de atos funcionais que o coloquem mais próximo de um dos lados da contenda, de modo a permanecer "em uma situação dotada de garantias bastantes para dissipar qualquer dúvida razoável acerca de sua imparcialidade"[6].

Dessa exigência de isenção funcional (imparcialidade objetiva), decorre a imprescindibilidade de que o juiz tenha preservada a sua "originalidade cognitiva" com relação à causa *sub judice*. Trata-se da necessidade de que ele não tenha, de forma consciente ou inconsciente, formado convicção sobre a questão que irá decidir em juízo[7], ainda que noutro procedimento (*v.g.* investigação preliminar ou instância inferior).

De facto, a partir do momento em que o julgador tenha formado um pré-juízo acerca da lide pendente, mesmo que munido da melhor das intenções, não há mecanismo apto a garantir que a sua atuação funcional não refletirá, ainda que inconscientemente, as convicções formadas em momento anterior. Tal problemática verifica-se na conceção bifásica do processo "acusatório misto", predominante na tradição jurídica romano-germânica, na qual a cisão entre o procedimento investigatório e o processo judicial representa mera formalidade[8], no que diz respeito à preservação da imparcialidade judicial.

Isso porque os juízes de *civil law* são intrinsecamente familiarizados com os elementos produzidos em investigação policial[9], que lhes são transferi-

[6] Lopes Junior, 2019b: 172.

[7] STF, HC 94641, Rel. Min. Ellen Gracie, 2.ª T, de 11/11/2008.

[8] Como veremos adiante, pelo que se sabe, apenas Itália e Brasil, dentre os ordenamentos de *civil law*, limitam significativamente o acesso de seus juízes criminais aos elementos de prova produzidos em sede de investigação policial. Na Espanha, opera-se a exclusão física dos autos de investigação do processo judicial apenas no procedimento do Tribunal do Júri (Lei Orgânica n.º 05, de 22 de maio de 1995).

[9] "Porque a imparcialidade não é o atributo central do julgador continental, seu *conhecimento externo* não é tão prontamente assumido como um defeito desqualificante" – Damaška, 1986:

dos integralmente[10] (há a unidade física dos autos de processos criminais[11]), formando a base de sua ampla atuação funcional[12].

Toda essa contaminação que sofre o julgador continental, por elementos colhidos sem a observância das garantias inerentes à jurisdição penal, revela-se profundamente danosa ao ideal de imparcialidade objetiva e consequente isenção funcional, o que, para além da discussão teórica, restará comprovado adiante.

1. Lei 13.964 de 2019 ("Lei Anticrime"): a imparcialidade objetiva na reforma do Código de Processo Penal brasileiro

Atento à problemática apresentada, o legislador brasileiro enfrentou-a na muito aguardada reforma processual penal a que se submeteu o país em 2019[13].

170.

[10] Segundo Pizzi e Montagna, em diversos países de tradição continental, a exemplo da Holanda, as informações colhidas em investigação policial têm importância tão grande que o julgamento geralmente consiste numa discussão acerca de sua verossimilhança. Mesmo em países nos quais a importância do dossier investigativo é mais limitada, a exemplo da Alemanha, o juiz o terá estudado e estará bastante familiarizado com o seu conteúdo – Pizzi / Montagna, 2004: 434.

[11] Patrício, 2016: 46.

[12] O amplo poder do juiz para instruir o feito autonomamente constitui uma das mais marcantes características do modelo processual penal de *civil law*. Verifica-se a sua presença nos códigos processuais penais alemão (§ 244.2: "Para investigar a verdade, o tribunal deve estender oficiosamente a obtenção de provas a todos os factos e evidências importantes para a decisão); francês (art. 310: "O presidente é investido de uma capacidade discricionária em virtude da qual ele pode, em sua honra e consciência, tomar todas as medidas que julgar úteis para descobrir a verdade [...]"); espanhol (arts. 728: "Não poderão praticar-se outras diligências de prova além das propostas pelas partes, nem examinar-se outras testemunhas além das compreendidas pelas listas apresentadas" e 729.2: "São exceções ao disposto no artigo anterior as diligências de prova não propostas por nenhuma das partes, que o tribunal considere necessárias para a comprovação de qualquer dos factos que hajam sido objeto dos escritos de qualificação"); italiano (art. 507.1: "Terminada a aquisição das provas, o juiz, se absolutamente necessário, pode dispor, mesmo de ofício, da tomada de novos meios de prova"); português (art. 340.º: "O tribunal ordena, oficiosamente, ou a requerimento, a produção de todos os meios de prova cujo conhecimento se lhe afigure necessário à descoberta da verdade e à boa decisão da causa"); brasileiro (art. 156.º: "A prova da alegação incumbirá a quem a fizer, sendo, porém, facultado ao juiz de ofício: I – ordenar, mesmo antes de iniciada a ação penal, a produção de provas consideras urgentes e relevantes, observando a necessidade, adequação e proporcionalidade da medida; II – determinar, no curso da instrução, ou antes de proferir sentença, a realização de diligências para dirimir dúvida sobre ponto relevante"), entre outros.

[13] Operada pela Lei 13.964, de 24 de dezembro de 2019.

Em linhas gerais, a alteração legislativa, popularmente conhecida como "Pacote Anticrime", teve por objetivo precípuo o recrudescimento do sistema criminal como um todo[14], mormente no que diz respeito à criminalidade organizada.

Pese embora a clara prevalência do que Packer[15] denomina "valores de controle da criminalidade"[16], as alterações sofridas pelo projeto de lei ao longo do processo legislativo possibilitaram o advento de institutos garantistas voltados à limitação do *jus puniendi* estatal. É o caso do "juiz das garantias", que surge como figura encarregada do controle judicial da investigação policial, funcionando de maneira passiva[17] até ao recebimento ou à rejeição da inicial acusatória, ocasião em que se esgota a sua competência e se inicia a do juiz de instrução e julgamento.

Dispõe o art. 3.º-B do CPPB: "O juiz das garantias é responsável pelo controle da legalidade da investigação criminal e pela salvaguarda dos direitos individuais cuja franquia tenha sido reservada à autorização prévia do Poder Judiciário [...]".

Destarte, a nova autoridade judicial do processo penal brasileiro é dotada basicamente das funções de zelar pelos direitos e garantias individuais do investigado, decidir sobre requerimentos de medidas cautelares, requerimentos de produção antecipada de provas urgentes ou não-repetíveis, e de utilização de meios de obtenção de prova que restrinjam direitos fundamentais do acusado, bem como das funções de controlar a duração da investigação e receber ou rejeitar a inicial acusatória.

Até 2019, em sentido completamente oposto, a legislação processual brasileira estabelecia a "prevenção" como um dos critérios de fixação da competência penal, de modo que o juiz que antecedia os demais na prática de ato

[14] A Lei 13.964/19 alterou dezassete diplomas normativos de caráter penal e processual penal.

[15] Packer, 1964: 09-13.

[16] O que se verifica pela ampliação das hipóteses de legítima defesa de agentes policiais (art. 25.º do CP), implementação do acordo de não persecução penal (art. 28.º-A do CPPB), desenvolvimento do instituto da colaboração premiada (arts. 3.º-A, 3.º-B e 3.º-C da Lei n.º 12.850/213), entre outros.

[17] Com a alteração legislativa, passou a ser vedada a iniciativa probatória do juiz na fase de investigação (art. 3.º-A do CPPB), à exceção da instauração de incidente de insanidade mental (art. 3.º-B, inciso XIII, do CPPB).

relativo à causa, ainda que em procedimento investigatório, era considerado competente para julgá-la[18].

No entanto, o legislador brasileiro não se contentou com o entendimento, já há muito consolidado na Europa continental[19], de que o juiz que atua em sede de investigação não conserva a imparcialidade objetiva necessária para atuar em juízo. Foi além disso, ao prever a exclusão física do dossier de investigação preliminar (no Brasil, denominado "inquérito policial") dos autos do processo judicial, eliminando definitivamente a "eficácia velada" dos elementos de investigação no processo penal brasileiro[20].

Segundo o art. 3.º-C, § 3.º, do CPPB: "os autos que compõem as matérias de competência do juiz das garantias ficarão acautelados na secretaria desse juízo, à disposição do Ministério Público e da defesa, e não serão apensados aos autos do processo enviados ao juiz da instrução e julgamento, ressalvados os documentos relativos às provas irrepetíveis, medidas de obtenção de provas ou de antecipação de provas, que deverão ser remetidos para apensamento em apartado".

A exclusão física do dossier de investigação, somada à criação de um magistrado específico para a jurisdição em âmbito investigatório, consistem na implementação (no Direito brasileiro) de uma necessária fase de saneamento cognitivo entre o procedimento investigatório e o processo judicial, apta a mitigar os efeitos da contaminação cognitiva (ou contaminação objetiva do processo[21]) que atinge os julgadores continentais. Essa etapa intermediária impede que a (ampla) atuação funcional do juiz brasileiro invariavelmente se guie por elementos de informação produzidos em instrumento de caráter inquisitório, restringindo a formação do seu convencimento às provas produzidas em juízo – à exceção daquelas irrepetíveis ou antecipadas, produzidas no

[18] Art. 83.º do CPPB.

[19] Cf. referência n.º 46.

[20] Segundo Grinover, a "eficácia velada" dos elementos de investigação no processo judicial brasileiro decorre: (1) De que o juízo de admissibilidade da acusação é realizado pelo mesmo juiz responsável pela instrução e julgamento, que, em regra, também atua na investigação; (2) Da regra de que os autos do inquérito policial são integralmente anexados no processo judicial – Grinover, 1996: 239.

[21] Lopes, 2005: 87.

respetivo incidente probatório[22]. A fase judicial torna-se o coração do sistema persecutório[23].

Por óbvio, sem a previsão do juiz de garantias não faria sentido providenciar o desentranhamento dos documentos produzidos em investigação dos autos do processo judicial, visto que o mesmo julgador atuaria em ambas as fases da persecução penal. Tratam-se, portanto, de alterações legislativas complementares que buscam a concretização da imparcialidade judicial em seu viés objetivo, através da preservação da originalidade cognitiva do julgador relativa a elementos colhidos em procedimento extrajudicial.

Neste sentido, é de salutar a introdução da regra do art. 157.º, § 5.º, do CPPB, pela qual "o juiz que conhecer do conteúdo da prova declarada inadmissível não poderá proferir a sentença ou o acórdão". Ora, se a imparcialidade objetiva do julgador resta comprometida pelo contacto irrestrito com elementos obtidos em investigação preliminar, com igual ou maior razão restará comprometida pelo contacto com provas posteriormente julgadas ilícitas, independentemente do momento em que foram produzidas.

Vale a pena mencionar que as denominadas *exclusionary rules* dos EUA, que influenciaram a teoria brasileira sobre a inadmissibilidade das provas ilícitas, foram concebidas, segundo parte de doutrina, justamente para manter afastadas dos julgadores provas ilegítimas que poderiam, entre outros efeitos, "criar preconceitos injustos em suas mentes"[24]. Via de regra, o juízo de admissibilidade das provas no processo norte-americano é realizado em momento anterior ao julgamento[25], razão pela qual as provas excluídas não chegam ao conhecimento do órgão responsável pela sentença[26].

Desta forma, a previsão do art. 157.º, § 5.º, do CPPB advoga pela concretização de um dos objetivos que determinaram a própria construção da teoria

[22] O art. 3.º-B, inciso VII, do CPPB determina que a produção antecipada de provas consideradas urgentes e não repetíveis assegurará o contraditório e a ampla defesa em audiência pública e oral.

[23] Pizzi / Montagna, 2004: 435.

[24] Stanford Encyclopedia of Philosophy, 2015: 08.

[25] Na etapa adjudicatória da persecução penal, na qual *o promotor deduz a acusação e o juiz decide sobre a admissibilidade e licitude das provas apresentadas pelas partes* – Machado, 2009: 100-101.

[26] Neste sentido, a regra 103 (d), artigo I, das *Federal Rules of Evidence*, determina que "to the extent practicable, the court must conduct a jury trial so that inadmissible evidence is not suggested to the jury by any means".

da inadmissibilidade das provas ilícitas, qual seja, o de preservar a cognição do julgador de informações que não devem ser por ele consideradas.

2. O Direito italiano como paradigma para a reforma processual penal brasileira

No que visa preservar a originalidade cognitiva do julgador, a reforma processual brasileira encontra claras inspirações no *Codice di Procedura Penale* italiano de 1988.

A ideia de estabelecer uma fase intermediária de saneamento cognitivo no processo italiano foi gestada pelo renomado jurista Francesco Carnelutti, como uma proposta para superar o modelo bifásico napoleônico, caracterizado pela divisão da persecução penal numa fase inquisitorial sucedida por outra de aspirações adversariais[27].

Segundo Orlandi[28], Carnelutti buscou inspiração, não nos modelos distantes de tradição anglo-americana, mas sim no próprio processo civil italiano e também em institutos do direito alemão, visando atingir a igualdade entre a acusação e a defesa. Com efeito, apesar de ainda possuir traços inquisitórios proeminentes, o processo alemão foi um dos pioneiros na extinção da figura do juiz investigador (*Untersuchungsrichter*), substituindo-o na presidência da investigação preliminar pelo órgão de acusação. O mesmo pode ser dito a respeito do incidente cautelar, datado de 1975, que permite a colheita antecipada de provas respeitando o contraditório e os direitos do investigado (*richterliche Nothandlung*).

As alterações promovidas pelo *Codice* de 1988 surgiram num ambiente conturbado, caracterizado pelo declínio da popularidade do sistema italiano de justiça criminal. Em meados dos anos 80, uma série de erros judiciais que culminaram no "caso Tortora"[29] gerou o cenário sociopolítico adequado

[27] Orlandi, 2019: 566-567.

[28] Orlandi, 2019: 568-569.

[29] "Enzo Tortora foi um apresentador de TV italiano. Em junho de 1983, foi preso por supostamente traficar drogas em noma da Camorra (organização criminosa italiana), no ambiente artístico que frequentava. Ele foi acusado por dois camorristas que se tornaram colaboradores dos magistrados napolitanos. Tortora foi condenado em primeira instância (setembro de 1985), mas conseguiu provar sua inocência em sede recursal (setembro de 1986). Devido à notoriedade do personagem, o caso gerou uma longa batalha política, culminando no referendo de 1987, convocado para revogar uma lei que protegia excessivamente juízes e promotores

à aprovação de normas limitadoras do *ius puniendi* estatal. Situação semelhante se verificou no Brasil. Não obstante a clara prevalência de "valores de controle da criminalidade", a Lei n.º 13.964 de 2019 preocupou-se em responder aos abusos perpetrados por membros do judiciário brasileiro, mormente na condução do famigerado "caso Lava Jato", no qual, inclusive, houve o reconhecimento da parcialidade objetiva de um dos julgadores[30].

Até mesmo as reações dos judiciários italiano e brasileiro ao advento das referidas leis permitem a análise em paralelo. Enquanto a Corte Constitucional italiana proferiu uma série de decisões pela inconstitucionalidade de artigos do novo CPPIT (pugnando pelo retorno ao *statu quo ante*)[31], o STF brasileiro optou pela suspensão cautelar, por tempo indeterminado, da eficácia de algumas das regras da Lei n.º 13.964/2019, sob o argumento de que a implementação de certos institutos exigiria maiores estudos acerca de seus impactos e de sua constitucionalidade[32].

Trilhando o caminho da limitação do *ius puniendi* estatal e da paridade entre defesa e acusação, o CPPIT de 1988 confiou a investigação criminal (*indagini preliminari*) ao MP em conjunto com a Polícia Judiciária, estabelecendo a criação de um "juiz da investigação preliminar" (*giudice per le indagini preliminari*). A autoridade judicial intervém apenas para a proteção dos direitos e garantias do investigado, fiscalização da atividade investigatória, deliberação sobre requerimentos das partes em sede de investigação e condução da audiência preliminar (*udienza preliminare*)[33].

por erros cometidos no exercício de suas funções. É nesse clima de forte deslegitimação da magistratura criminal que a reforma do Código de Processo Criminal foi completada, em outubro de 1988" – Orlandi, 2019: 570.

30 STF, HC 164493, Rel. Min. Edson Fachin, 2.ª T, de 09/03/2021.

31 Julgamentos n.º 24 de 1992, 254 de 1992 e 255 de 1992. Tais decisões levaram à forte atuação do Parlamento italiano em defesa dos institutos inaugurados pelo Código de 1988. A esse respeito: Pizzi / Montagna, 2004: 447-466.

32 O STF brasileiro, no julgamento de medida cautelar em ação direta de inconstitucionalidade, suspendeu por tempo indeterminado a eficácia dos arts. 3.º-A a 3.º-F do CPPB, que instituem o "juiz das garantias", dentre outros dispositivos da Lei n.º 13.964/2019. Até ao dia 24 de novembro de 2022, o mérito da referida ação estava pendente de julgamento – STF, MC em ADI 6298, Rel. Min. Luiz Fux, de 22/01/2020.

33 Art. 328 do CPPIT.

Ao término das investigações[34], verificada a presença dos pressupostos autorizadores da ação penal, é designada audiência preliminar[35] em que o *giudice per le indagini preliminari* (agora denominado "juiz da audiência preliminar") decidirá acerca do recebimento ou rejeição da peça acusatória, com base no contraditório exercido pelas partes através dos elementos que compõem os autos da investigação preliminar (*fasciolo del Pubblico Ministero*).

Recebida a acusação, o juiz competente para a investigação e audiência preliminar determina a formação do fascículo dos debates (*fasciolo per il dibattimento*), composto apenas pelos elementos relacionados no art. 431 do CPPIT, quais sejam: documentos relativos à admissibilidade da ação penal ou civil, provas irrepetíveis (inclusive o corpo de delito) e antecipadas, documentos obtidos no exterior por meio de carta rogatória e documentos relativos ao histórico criminal do acusado.

Portanto, o fascículo dos debates, enviado pelo juiz da audiência preliminar ao tribunal competente para julgamento[36], conta apenas com os elementos de prova já produzidos com observância das garantias inerentes à jurisdição penal. Todos os elementos produzidos inquisitorialmente em investigação preliminar ficam restritos ao fascículo do MP, ao qual o tribunal não tem acesso. Tudo o mais necessário à formação do convencimento do julgador é produzido em juízo.

Assim desenvolve-se o denominado "sistema do duplo fascículo" (*sistema del doppio fascicolo*) no processo penal italiano, orientado a "garantir que a decisão seja tomada por uma entidade absolutamente livre de pré-juízos que não os que resultem de acordo com as provas adquiridas e produzidas em audiência de julgamento, sujeitas ao debate e à contraprova"[37].

Destarte, o legislador brasileiro deu passos largos rumo à concretização do princípio da imparcialidade objetiva no país, por meio das supracitadas

[34] De acordo com o art. 415-*bis* do CPPIT, a conclusão das investigações preliminares demanda prévia notificação do investigado, a fim de que ele tome conhecimento do crime que lhe é imputado, do local em que poderá acessar os autos da investigação preliminar etc. O investigado ainda tem a faculdade de, no prazo de 20 dias contados da notificação, apresentar memoriais, produzir provas documentais, depositar o resultado de investigações defensivas, depor, ser interrogado ou requerer ao Ministério Público a prática de atos de investigação.

[35] Arts. 416 a 433 do CPPIT.

[36] Art. 432 do CPPIT.

[37] Lopes, 2005: 29.

reformas tendentes a preservar a cognição do julgador. Como veremos adiante, a análise da ciência processual à luz de estudos da psicologia social, designadamente na área dos vieses cognitivos, indica que, de facto, a contaminação objetiva do processo somada à ampla atividade probatória oficiosa desencadeia processos psicológicos aptos a minar a imparcialidade objetiva.

Neste contexto, a contaminação objetiva do processo não representa tão grande óbice à imparcialidade judicial na tradição jurídica de *common law*, caracterizada pela passividade dos julgadores. De igual modo, a investigação oficiosa também pode coexistir com o princípio da imparcialidade, em ordenamentos que preservem a originalidade cognitiva de seus juízes. Por outro lado, a carência de originalidade cognitiva somada a poderes instrutórios quase irrestritos, marca registrada dos julgadores de *civil law*, representa combinação capaz de ferir o núcleo essencial da imparcialidade objetiva[38] no processo penal.

Por ora, a análise da conformação dos institutos adotados pelo processo penal brasileiro ao princípio da imparcialidade, sob a ótica da atuação dos sujeitos processuais, impõe alguma imersão no debate inquisitório versus acusatório[39]. Para tanto, nos apoiaremos no trabalho de juristas que buscaram diferenciar os dois grandes sistemas não apenas com base em suas características principais, mas por meio da ideologia estatal que fundamenta o desenvolvimento de cada um deles. Assim, verificaremos de que maneira o processo penal romano-germânico pode melhor adequar-se à exigência de imparcialidade objetiva, sem que eventuais reformas impliquem na total desfiguração de sua estrutura essencial.

[38] Consubstanciado no processo como *actum trium personarum*, no qual o juiz não apenas é distinto e distante das partes, como também não apresenta ou aparenta apresentar qualquer prejuízo ou preconceito em relação à matéria a ser decidida (equidistância *in concreto*) – Lopes, 2005: 88-90.

[39] Lopes, 2005: 38.

II. Raízes da imparcialidade objetiva nos sistemas de *civil law* e *common law*: Damaška e os modelos ideais de administração da justiça

Tão vasta quanto a discussão sobre qual dos grandes arquétipos processuais "prevalece" em cada ordenamento jurídico, é a gama de critérios utilizados pela doutrina comparativista para diferenciá-los.

Tradicionalmente, conceitua-se o modelo inquisitorial, de origem romano-germânica, como um processo criminal secreto e escrito controlado por juízes de carreira dotados do domínio absoluto da investigação dos fatos, cujo objetivo maior é a obtenção da confissão do acusado. De outro lado, o modelo adversarial, de berço anglo-americano, é tido como um processo público e oral controlado pelas partes diante de um julgador passivo, representado por um corpo de jurados ao qual incumbe a prolação do veredicto, via de regra irrecorrível pois formado por livre convicção[40].

Sem perder de vista as definições tradicionais, importantes à medida que nos revelam o arcabouço teórico de cada ordenamento jurídico, facto é que atualmente não se verifica, no plano prático, um modelo processual totalmente puro[41]. Assim, é sábia a lição de Sousa Mendes[42], no sentido de que a conceituação dos modelos abstratos de processo penal, a partir dos respetivos sistemas históricos concretos, deve recair sobre as características principais de cada modelo, prescindindo de descrições históricas exaustivas.

Ainda que nos desprendamos, portanto, de digressões históricas, facto é que a concretização da imparcialidade judicial em maior ou menor medida não pode ser reduzida à mera discricionariedade legislativa. Ao contrário, sua origem remonta ao modelo processual penal predominante e, por via de consequência, às ideologias e relações político-jurídicas que lhe caracterizam.

Neste sentido, o jurista croata-estadunidense Mirjan R. Damaška descartou as distinções usuais entre os dois sistemas processuais, ao adotar um critério de comparação que leva em conta padrões de ideias capazes de moldar formas de administração da justiça. Nas palavras do autor, "as implicações das ideias constituem as características do tipo"[43]. Estabelecem-se como fatores determinantes à distinção dos modelos abstratos o propósito da administração

[40] Illuminati, 2018: 538.

[41] Langer, 2014: 711.

[42] Mendes, 2013: 21.

[43] Damaška, 1986: 5.

da justiça em determinada sociedade e a (consequente) organização do Poder Judicial.

Sem descuidar das oscilações político-ideológicas a que se sujeitam as nações, capazes de gerar sistemas processuais mais ou menos mistos, Damaška sugere que Estados de bem-estar social ou "ativistas", cujo objetivo precípuo é a implementação de melhorias materiais e morais para seus cidadãos, tendem a organizar seu aparato judicial de maneira hierarquizada e burocrática[44], ou seja, dispondo autoridades profissionais em diversos escalões para que julguem os casos que lhes forem submetidos segundo normas técnicas[45].

É o que se verifica na realidade continental[46]. Sem adentrar a discussão acerca da (in)viabilidade de um "Estado mínimo", nota-se que, historicamente, governantes de *civil law* tenderam à expansão da agenda estatal, ao passo que países de *common law* apoiaram-se, em maior medida, na ação privada para satisfação das necessidades sociais[47].

À medida que a missão do Estado ativista consiste na formulação e concretização de políticas voltadas à persecução de seus objetivos, o processo deixa de ser visto como mero instrumento para a resolução de disputas, e passa a estruturar-se de modo a permitir a busca pela melhor resposta política ao evento que lhe deu causa.

Disso, decorre a necessidade de que o feito seja dominado pelo Estado-juiz, reduzindo-se a autonomia das partes, característica marcante do modelo inquisitorial. A conceção de processo como meio de realização do interesse comum pelo Estado resulta na inviabilidade de limitar às partes a produção probatória, uma vez que estas, por atuarem em benefício próprio, tendem a omitir ou alterar factos cujo conhecimento pelo Estado-juiz é imprescindível para a correta determinação da intervenção estatal necessária. A precisa averiguação dos eventos passados é de especial importância num processo voltado

[44] Esta forma de organização judicial remonta ao movimento de unificação da Igreja Católica iniciado no final do século XI – Damaška, 1986: 29.

[45] A lei de Estados puramente ativistas expressa suas próprias políticas, emanando de seus objetivos, e não das práticas da sociedade civil. Há predominância de dispositivos cogentes – Damaška, 1986: 82.

[46] Expressão que abrange os países da América Latina, a exemplo do Brasil, em razão de seu passado colonial ibérico.

[47] Damaška, *1986:* 90.

à implementação de políticas públicas, dado que seu objetivo transcende a mera resolução da lide existente entre as partes.

É neste contexto que nasce o núcleo fundante[48] do modelo processual continental, referido por Damaška como *policy-implementing proceeding* (processo implementador de políticas)[49]: a ampla atuação do julgador omnisciente, legitimada pela busca da verdade ontológica do caso a ele submetido. O aparato judicial hierarquizado, preferido pelos *Welfare States*, favorece tal desiderato à medida que a revisão regular das decisões por instâncias superiores leva, em tese, a um maior grau de certeza quanto ao evento passado e a respetiva reação estatal.

De outro lado, o autor identifica que a tradição jurídica anglo-americana se desenvolveu sob a ótica de um Estado minimalista ou "reativo", cujo objetivo se limita em prover uma estrutura de apoio dentro da qual seus cidadãos possam concretizar seus objetivos particulares. Por não contemplar interesses à parte daqueles eleitos pelos próprios indivíduos da sociedade civil, a administração da justiça em tais Estados tende a assumir o papel de "mera" resolutora de conflitos, desonerando-se, portanto, da escolha da melhor política a ser aplicada ao caso concreto.

É consequência do absenteísmo ideológico dos Estados reativos a preferência por normas que privilegiam a autorregulação da sociedade por seus próprios membros. Isso justifica a alta incidência de formas de acordo, contratos e pactos – em suma, uma maior autonomia das partes[50]. Juízes anglo-americanos, por sua vez, assumem a postura passiva de presidentes do feito,

[48] "Uma vez que o processo penal tem como objetivo precípuo universal a reconstrução de factos pretéritos – seja para a subsequente implementação de políticas estatais, seja para a simples resolução da lide que lhe funda – parece-nos inegável que a – gestão da prova, na forma pela qual ela é realizada, identifica o princípio unificador", que por sua vez, "forma um todo pretensamente orgânico, destinado a uma finalidade" – Coutinho, 1998: 165.

[49] Embora o autor diferencie seus modelos processuais "implementador de políticas" e "resolutor de conflitos" do que se convencionou chamar de "modelo inquisitorial" e "modelo adversarial", em razão das "conotações enganosas da análise tradicional", ele admite que tais sistemas são cognatos. Trata-se, portanto, de uma releitura autoral dos modelos processuais históricos – Damaška, 1986: 80 e 87-88.

[50] Em Estados puramente reativos, a lei emana das relações sociais e busca, primordialmente, estabelecer formas de concretizar as manifestações de vontade das partes. Damaška, *1986:* 75-76.

intervindo na disputa entre as partes apenas na medida necessária para assegurar o exercício paritário de seus direitos e faculdades.

Diferentemente de Estados ativistas, em que aparatos judiciais hierarquizados se revelam benéficos à persecução de seus objetivos, Estados minimalistas tendem a organizar seu Poder Judicial de maneira "coordenada". Assim, idealmente, a atividade jurisdicional é exercida por leigos, a título *ad hoc* ou por tempo limitado, dispostos de maneira horizontal, ou seja, sem que se verifique a patente superioridade hierárquica de uns em relação a outros. Esse estrato unitário de poder é viabilizado pela cooperação mútua, decorrente do temor dos juízes anglo-americanos de que seus esforços sejam frustrados pelas atividades de seus pares, visto que autoridades dispostas em paralelo, e não de maneira hierarquizada, podem facilmente anular a atuação uma das outras.

Em virtude da ampla dispersão do poder jurisdicional, bem como da ausência de julgadores profissionais, as demandas são resolvidas mediante a aplicação de *standards* ou *guidelines*, que refletem as normas éticas, políticas e religiosas predominantes. Trata-se, em verdade, de uma mistura de bom senso e prudência com os valores amparados pelas convicções e expectativas sociais generalizadas, a qual o autor denomina "justiça substantiva"[51].

É deste conjunto de relações político-jurídicas que podemos extrair o núcleo fundante do modelo processual anglo-americano, referido por Damaška como *conflict-solving proceeding* (processo resolutor de conflitos)[52], que consiste na passividade e absenteísmo do julgador frente ao embate entre as partes. Normas vagas ou abertas de justiça substantiva, aliadas à ausência de supervisão hierárquica, configuram o ambiente perfeito para a passividade judicial, consequência direta de uma administração da justiça voltada puramente à resolução de conflitos.

Não obstante as críticas ao trabalho de Damaška, no sentido de que os modelos processuais dualistas por ele propostos seriam complementares, e não opostos (*v.g.*, de Vloger[53] e de Griffith[54]), a intenção expressa do autor foi justamente a de isolar dois extremos teóricos – *policy-implementing proceeding*

[51] Damaška, *1986:* 27.

[52] Cf. referência n.º 17.

[53] Vloger, 2016: 07.

[54] Griffith, 1970: 369.

v. *conflict-solving proceeding* – não verificáveis na realidade contemporânea, de modo a evidenciar pontos de tensão existentes no Direito Processual Penal. Neste sentido, é relevante a contribuição doutrinária de Damaška pelo facto de nos permitir formular pontos de equilíbrio a partir da imposição de limites aos valores em jogo.

Já dizia Maier[55] que, nas ciências penais, "a influência da ideologia vigente ou imposta pelo efetivo exercício do poder se percebe mais 'à flor da pele' do que nos demais ramos jurídicos". Assim, a concretização da imparcialidade objetiva em maior ou menor escala não decorre de mera discricionariedade legislativa, senão de um complexo conjunto de relações político-jurídicas que se desenvolvem no âmbito de um Estado ao longo de sua história, e que, exatamente por isso, refletem valores arraigados à consciência coletiva[56]. Como uma árvore de raízes profundas, cujos frutos podem ser analisados e catalogados isoladamente, mas jamais extintos sem a modificação da estrutura geradora.

III. (Carência de) originalidade cognitiva e atividade probatória oficiosa: dilema inquisitório no direito continental

Como visto, o processo penal romano-germânico pós-iluminista desenvolveu-se sob o entendimento de que a ampla atuação do julgador omnisciente, legitimada pela obtenção da "verdade material", é imprescindível para a correta determinação da intervenção estatal necessária (*policy-implementing proceeding*).

Disso, decorre a prevalência do que Ferrajoli denomina "juízes-atores": profissionais representantes do interesse punitivo do Estado, versados no procedimento e dotados de ampla capacidade de investigação[57]. Esses juízes "historiadores", como bem ensina Sousa Mendes[58], na maior parte das vezes, têm de lançar mão de procedimentos indiciários, recorrendo à perceção de meros factos probatórios através dos quais procurarão provar o facto principal.

[55] Maier, 1999: 260.

[56] "Conjunto das crenças e dos sentimentos comuns à média dos membros de uma mesma sociedade que forma um sistema determinado com vida própria" – Durkheim, 1979: 40-41.

[57] Ferrajoli, 2014: 562.

[58] Mendes, 2010: 1003.

Ocorre que a ausência de originalidade cognitiva, decorrente do amplo contacto com elementos produzidos em fase inquisitorial, somada à possibilidade de instruir o feito autonomamente conduz a um processo psicológico involuntário capaz de comprometer a imparcialidade objetiva no caso concreto. Trata-se do "primado da hipótese sobre o facto" (*primato dell'ipotesi sui fatti*), explicado pela Teoria da Dissonância Cognitiva.

Como ensina Cordero[59], o primado da hipótese sobre o facto consiste na possibilidade de o julgador perseguir de ofício elementos de prova que ratifiquem uma convicção formada anteriormente: "Abre-se ao juiz a possibilidade de decidir antes e, depois, sair em busca do material probatório suficiente para confirmar a sua versão, isto é, o sistema legitima a possibilidade de crença no imaginário, ao qual toma como verdadeiro"[60]. Por consequência, "qualquer experiência ou dado que conflita com as verdades reveladas só pode significar um equívoco ou um erro, um obstáculo ou desvio no caminho da eternidade"[61].

Tal conduta não ocorre por desvio ético ou falta de profissionalismo. Não é possível ao homem, enquanto sujeito cognoscente, anular-se completamente nas relações de conhecimento[62]. A parcialidade, neste ponto, decorre de fatores inconscientes "que afastam as condições psicológicas de julgar com isenção. Desses fatores não está a salvo o juiz honesto, probo e honrado, o qual deve ser o primeiro a suspeitar, não de sua integridade moral, mas de seu estado d'alma"[63].

Apesar de profundamente violadora da imparcialidade judicial, é certo que a combinação de carência de originalidade cognitiva com ampla atividade probatória *ex officio* não é novidade no processo penal de *civil law*. Segundo Sousa Mendes[64], a estruturação do processo reformado europeu, inaugurado pelo *Code d'Instruction Criminelle* francês (1808), se deu mediante a repartição da persecução penal em duas fases: uma de investigação administrativa preliminar, a cargo de um magistrado especializado (*juge d'instruction*), e outra de efetivo julgamento do acusado, que se desenvolvia perante um tribunal ativo.

[59] Cordero, 1986: 51.

[60] Coutinho, 1993: 39.

[61] Boff, 1993: 10.

[62] Coutinho, 1998: 169.

[63] Portanova, 1992: 42.

[64] Mendes, 2014: 407. No mesmo sentido: Orlandi, 2019: 566.

Assim, a despeito da multiplicidade de sujeitos que passaram a atuar na persecução penal, o modelo processual continental se estruturou, *ab initio*, de modo a privilegiar a transferência integral dos elementos colhidos em investigação preliminar a um órgão judicial dotado de amplos poderes instrutórios para perseguir a hipótese levantada, configurando verdadeiro "monstro de duas cabeças", nas palavras de Ferrajoli[65]. Em contrapartida, o aproveitamento em juízo de elementos produzidos em investigação revela-se menos prejudicial à imparcialidade do julgador na sistemática adversarial do processo anglo-americano. Isso porque, despido de poderes instrutórios, o juiz-espectador[66] não pode perseguir a confirmação de sua hipótese.

Com efeito, nos EUA, a matéria é regida, em âmbito federal, pelas denominadas *Federal Rules of Evidence*[67]. Trata-se de um conjunto de normas observadas sobretudo na etapa adjudicatória da persecução penal norte-americana, na qual o promotor deduz a acusação e o juiz decide sobre a admissibilidade e licitude das provas apresentadas pelas partes[68]. Como regra geral, as provas relevantes são admissíveis, enquanto as provas consideradas irrelevantes não o são[69]. Além disso, as evidências devem ser suficientemente confiáveis[70] para apresentação em juízo.

[65] Segundo o autor, o "processo misto" continental é inquisitório na fase de investigação e "tendenciosamente acusatório na fase seguinte dos debates, caracterizada pelo contraditório público e oral entre acusação e defesa, porém destinado a se tornar uma mera repetição ou encenação da primeira fase" – Ferrajoli, 2014: 521-522. No mesmo sentido: Hodgson, 2006: 19.

[66] "Ao sistema acusatório lhe corresponde um juiz-espectador, dedicado, sobretudo, à objetiva e imparcial valoração dos factos e, por isso, mais sábio que esperto" – Ferrajoli, 2014: 562.

[67] "As *Federal Rules of Evidence* governam a admissibilidade das provas no sistema judiciário federal. Cada estado tem suas próprias regras sobre provas, que geralmente são similares às federais". Justia: free law & legal information for lawyers. *Admissibility of evidence*, 2018: 01. Disponível em: https://www.justia.com/criminal/procedure/admissibility-evidence/ (consultado em: 25/06/2020).

[68] Tal etapa "é constituída, essencialmente, pelas audiências de fiança (*bail hearings*), pelas audiências anteriores ao julgamento (*pretrial hearings*) e pela formalização da acusação – Machado, 2009: 100-101.

[69] Art. IV, regra 401, *Federal Rules of Evidence*. "Evidence is relevant if: (a) it has any tendency to make a fact more or less probable than it would be without the evidence; and (b) the fact is of consequence in determining the action" (art. IV, regras 401 (a) e (b), *Federal Rules of Evidence*).

[70] A confiabilidade (*reliability*) das provas é aferida através dos parâmetros fixados pela Suprema Corte em Daubert v. Merrel Dow Pharmaceuticals, Inc. (1993) e Kumho Tire Co. v. Carmichael (1999).

Por fim, as partes podem requerer a inadmissibilidade de provas relevantes apresentadas umas pelas outras, alegando preconceito injusto (*unfair prejudice*), confusão de questões (*confusing the issues*), induzir o júri em erro (*misleading the jury*), atraso indevido (*undue delay*), perda de tempo (*wasting time*) ou apresentação desnecessária de provas cumulativas (*needlessly presenting cumulative evidence*)[71]. Também é na fase adjudicatória que a defesa deve requerer ao juiz a exclusão de provas ilícitas obtidas pelos órgãos de acusação[72], visando evitar, entre outros efeitos, o aparecimento de "preconceitos injustos" nas mentes dos julgadores[73].

Segundo Garner[74], erros na admissão ou exclusão de provas historicamente dão causa a um grande número de recursos. Não obstante, superado o juízo de admissibilidade das provas colhidas em procedimento investigatório[75] e observada a regra segundo a qual as provas inadmitidas não devem ser, de qualquer modo, levadas ao conhecimento dos jurados[76], não se verificam maiores restrições à cognoscibilidade pelo órgão de julgamento dos elementos obtidos em investigação, seja a sua composição singular (*bench trial*) ou colegiada (*jury trial*).

A carência de originalidade cognitiva, no entanto, não importa mácula ao núcleo essencial da imparcialidade, haja vista o processo de *common law* não permitir o afastamento do juiz de seu papel passivo, sob pena de que ele "se comprometa prematuramente a uma ou outra versão dos fatos, falhando na apreciação do valor de toda a evidência coletada"[77]. Ao juiz-espectador, não

[71] Art. IV, regra 403, *Federal Rules of Evidence*. Neste sentido: MUNDAY, 2019: 37-38.

[72] A *exclusionary rule*, estabelecida pela Suprema Corte norte-americana em 1914 no caso Weeks v. United States, determina a impossibilidade de utilização, em juízo, de prova obtida com violação à lei ou à Constituição, exceto se decorrente de fonte independente, se sua descoberta for inevitável ou se não restar evidenciado o nexo causal entre a conduta ilegal ou inconstitucional e a prova – SAHIN, 2015: 720.

[73] Cf. referência n.º 30.

[74] GARNER, 1910: 75.

[75] Realizado preferencialmente na fase adjudicatória da persecução penal. *Exatamente por isso, antes do julgamento, as partes devem compartilhar os elementos de prova que obtiveram umas com as outras* – SAHIN, 2015: 714.

[76] Art. I, regra 103 (d), *Federal Rules of Evidence*. Neste sentido: MESQUITA, 2011: 214-216.

[77] OLDFATHER, 2010: 16. Sobre as distintas atuações funcionais dos juízes de *common law*, Garner menciona que: "Na Inglaterra, o juiz ocupa uma posição de comando no julgamento que lhe é totalmente negada na América. Ele não apenas é investido em grandes poderes

é dada a possibilidade de perseguir a confirmação de sua própria hipótese. Destarte, no processo penal anglo-americano, as consequências da contaminação objetiva do feito restringem-se à subvalorização das informações supervenientes contrárias à linha investigativa e supervalorização daquelas que a ratificam[78], como veremos adiante.

1. Festinger, Schünemann e a Teoria da Dissonância Cognitiva

Como referido anteriormente, a análise da ciência processual à luz de estudos da psicologia social, designadamente na área dos vieses cognitivos, indica-nos que a contaminação objetiva do processo, somada à ampla atividade probatória oficiosa, desencadeia processos psicológicos aptos a minar a imparcialidade objetiva do julgador.

O psicólogo Leon Festinger[79], em sua Teoria da Dissonância Cognitiva, ensina que o indivíduo experimenta um estado de desconforto mental ao se deparar com cognições dissonantes, isto é, quando as suas convicções acerca de si ou do seu meio ambiente são confrontadas pelo contacto com elementos contraditórios. Isso porque o homem nutre um desejo natural de coerência entre suas crenças e opiniões relevantes.

Instalada a dissonância, deflagra-se um processo psicológico no sentido de reduzi-la ou evitar seu recrudescimento, restaurando, assim, o equilíbrio do sistema cognitivo. Esse processo involuntário se desenvolve através da busca seletiva e supervalorização de informações capazes de reduzir a incompatibilidade, bem como evitando-se ativamente situações e informações suscetíveis a expandi-la.

para a seleção de jurados, como também pode revisar e resumir as evidências, distinguir o imaterial do material, colocar as provas perante o júri de forma inteligível e coerente e, se os jurados forem confundidos e induzidos em erro pelos argumentos do advogado, corrigi-los antes de entregar os casos em suas mãos" – Garner, 1910: 61.

[78] Efeitos que podem ser mitigados pelo desenvolvimento da investigação preliminar defensiva.

[79] Festinger, 1975: 11-15.

Neste sentido, ao versar sobre a influência dos vieses cognitivos[80] nas decisões judiciais, Arangunen[81] afirma que o anseio pela coerência da cognição acarreta um processo mental que "se caracteriza pela tendência irracional a buscar, interpretar ou recordar informações de maneira tal que confirme concepções ou hipóteses iniciais, ignorando provas e argumentos que não respaldam as mesmas". Este processo mental, que busca afastar a dissonância, denomina-se atualmente "viés de confirmação" (*sesgo de confirmación, confirmation bias*), e consiste num "erro sistemático do raciocínio indutivo".

Segundo o autor[82], o viés de confirmação aparece, principalmente, "nos aspectos que são emocionalmente relevantes e para estabelecer as crenças que dão forma às expectativas da pessoa". Destarte, estes processos mentais de busca, interpretação e armazenamento de informações "têm sido utilizados para explicar a perseverança de crenças (as crenças em determinadas pessoas permanecem inabaladas mesmo quando a evidência dessas crenças tenha sido provada falsa) e a polarização de atitudes (uma discordância é polarizada, ainda que as partes sejam expostas às mesmas provas)".

Voltando a Festinger, o ponto alto de seu estudo reside justamente na constatação de que, em regra, o indivíduo busca afastar a angústia psíquica decorrente da dissonância cognitiva ajustando seu comportando à manutenção da crença ou opinião estabelecida num primeiro momento[83]. Significa dizer que, no mais das vezes, a convicção preestabelecida é favorecida nesse embate cognitivo. Aplicando o trabalho de Festinger à ciência processual, Bernd Schünemann[84] conduziu uma série de estudos experimentais com o objetivo de verificar se o juiz conhecedor da totalidade dos autos de investigação preliminar e dotado de poderes instrutórios era realmente capaz de conservar-se imparcial, ou se, ao contrário, acabaria preso à rota traçada pelo procedimento investigatório, operando-se os efeitos da Teoria da Dissonância Cognitiva.

80 Os vieses cognitivos são tendências que podem levar a desvios sistemáticos de lógica e a decisões irracionais, frequentemente estudadas em psicologia e economia comportamental. Ver mais em: https://pt.wikipedia.org/wiki/Lista_de_vieses_cognitivos (consultado em 14/06/2020).

81 Arangunen, 2011: 08-09.

82 Festinger, 1975: 70-80.

83 Festinger, 1975: 70-80.

84 Schünemann, 2012: 30-51.

Num desses experimentos, cinquenta e oito juízes e promotores criminais alemães foram reunidos a fim de constatar, especificamente, se o contacto prévio com os autos de investigação os tornaria mais propensos a condenar o acusado por ocasião da audiência de instrução e julgamento. Os julgadores foram divididos em quatro grupos com base nas variáveis "conhecimento dos autos do inquérito" e "possibilidade de inquirição pessoal pelo magistrado", e submetidos à análise de um processo real de crime de libertação, indução ou auxílio à fuga de preso (§ 120 do StGB), cuja narrativa permitia, sem erro técnico, a prolação tanto de sentença condenatória quanto de decreto absolutório[85].

Importante ressaltar que todos os envolvidos na pesquisa tiveram acesso integral aos dados disponíveis sobre o caso, de forma a assegurar que a diferença comportamental verificada por ocasião do julgamento se deu exclusivamente em razão da atuação profissional de cada indivíduo, e não por eventual falta de provas. O modo como as informações foram apresentadas, por outro lado, divergiu de acordo com as variáveis de cada grupo[86]. Os resultados do experimento de Schünemann podem ser verificados nas tabelas abaixo:

1.ª Tabela – Distribuição dos juízes criminais e dos membros do Ministério Público

Base fática para análise do problema:	**Com a possibilidade de inquirir testemunhas:**	**Sem a possibilidade de inquirir testemunhas:**
Autos do inquérito e audiência de instrução e julgamento	14 (08 juízes e 06 membros do MP)	14 (09 juízes e 05 membros do MP)
Apenas a audiência de instrução e julgamento	17 (11 juízes e 06 membros do MP)	13 (07 juízes e 06 membros do MP)

[85] Schünemann, 2012: 36.
[86] Schünemann, 2012: 36.

2.ª Tabela – Sentenças proferidas

	Com a possibilidade de inquirir testemunhas:		Sem a possibilidade de inquirir testemunhas:	
Base fática para análise do problema:	Juízes	MP	Juízes	MP
Autos do inquérito e audiência de instrução e julgamento	8 (C) 0 (A)	2 (C) 4 (A)	9 (C) 0 (A)	1 (C) 4 (A)
Apenas a audiência de instrução e julgamento	3 (C)	1 (C)	5 (C)	1 (C)
	8 (A)	5 (A)	2 (A)	5 (A)
(A) – Absolvição / (C) – Condenação				

Nota-se, pela segunda tabela, que todos os dezassete juízes criminais que conheceram os autos de investigação preliminar optaram pela condenação, ao passo que aqueles que tiveram a mesma base fática formada em juízo sentenciaram com maior nível de ambivalência (8 C e 10 A). A diferença comportamental acentua-se à medida que o julgador tem a possibilidade de inquirir testemunhas – nesta variável, todos os juízes com acesso integral ao produto da investigação condenaram (8 C e 0 A), enquanto a maioria dos juízes que formaram sua convicção sob contraditório absolveram (3 C e 8 A)[87].

Constatou-se, ainda, que as pessoas que tiveram contacto com os autos de investigação, recordaram-se com menor clareza dos depoimentos de testemunhas colhidos em juízo, quando comparadas com aquelas que preservaram sua originalidade cognitiva (6,59 respostas corretas de um total de 11 perguntas, contra 7,69 respostas corretas de um total de 11 perguntas)[88].

Deste modo, Schünemann confirmou a incidência da dissonância cognitiva e as suas consequências (viés de confirmação) no processo penal continental. O julgador forma sua convicção inicial sobre o caso através da leitura dos autos

[87] Schünemann, 2012: 38.
[88] Schünemann, 2012 39.

de investigação, pois, a princípio, não diverge de seu conteúdo[89]. Em razão disso, é natural que, em juízo, busque a prevalência da hipótese originária aceite pela autocompreensão individual[90], operando-se, neste momento, os efeitos da teoria de Festinger.

O experimento demonstra que "a ação voltada à introdução do material probatório é precedida da consideração psicológica pertinente aos rumos que o citado material possa determinar, se efetivamente incorporado ao processo". Assim, a produção de provas *ex officio* não é livre de um "prognóstico, mais ou menos seguro, da real existência do *thema probandum* e, sem dúvida, também das consequências jurídicas que podem advir da positivação da questão fática", uma vez que "quem procura sabe ao certo o que pretende encontrar e isso, em termos de processo penal condenatório, representa uma inclinação ou tendência perigosamente comprometedora da imparcialidade do julgador"[91].

Por outro lado, na cultura jurídica de *common law*, ainda que o juiz forme sua convicção inicial sobre o caso por meio dos elementos colhidos em investigação preliminar, a impossibilidade de produzir provas oficiosamente priva-o de perseguir a confirmação da hipótese originária aceite pela autocompreensão

[89] Neste sentido, Patrício ensina que: "No momento do saneamento do processo, é certo que dos autos constam as peças do inquérito, culminando este, em princípio, na acusação. Ora, sendo o inquérito uma fase processual de natureza inquisitória, onde o princípio do contraditório tem uma expressão diminuta, parece-nos inegável que, ao conhecer peças do inquérito (máxime o despacho de acusação), o juiz conhece, no essencial, o caso tal como ele é visto pela acusação. [...] O juiz só tomará contacto com a visão da defesa algum tempo depois (bastante tempo depois, por vezes, atentas as vicissitudes de funcionamento de muitos Tribunais) [...]". Destarte, "o primeiro contacto que o juiz de julgamento toma com o caso, por via dos autos, em ordem ao saneamento do processo, é, por um lado, um contacto 'desequilibrado' (digamos assim), pois, em regra, nessa altura, o processo há de conter mais suporte de acusação do que da defesa" – Patrício, *2016: 56-57.*

[90] Schünemann, 2012: 35. No mesmo sentido: "O primeiro contacto que o sujeito toma com o objeto é, em qualquer fenômeno de conhecimento, determinante. Viu-se igualmente que, em sede de decisão judicial, é inevitável a formação de 'pré-juízos' por parte do julgador (e, aliás, por parte de qualquer outro sujeito a cujo conhecimento o processo seja oferecido), quando do(s) primeiro(s) contacto(s) com o caso. Viu-se ainda que esses 'pré-juízos', essa antecipação de sentido, condicionam a valoração dos factos e, bem assim, a heurística e a hermenêutica da norma, influenciando, ipso facto, a decisão final' – Patrício, *2016: 55.*

[91] Prado, 2005: 218.

individual, obrigando-o a encarar os desconfortáveis efeitos da dissonância cognitiva instalada pela atuação da defesa[92].

Significa dizer que os modelos processuais que privilegiam a ampla atividade probatória de juízes plenamente familiarizados com elementos colhidos em investigação revelam-se comprometedores da imparcialidade objetiva, por intensificarem os efeitos psicológicos da dissonância cognitiva, levando ao primado da hipótese sobre o fato. Neste ínterim, é necessário estabelecer limites à influência de tais efeitos na isenção funcional dos juízes continentais, o que veremos a seguir.

2. A insuficiência do critério da "subsidiariedade" como limitador dos efeitos da dissonância cognitiva

Diversos juristas da estatura de Castanheira Neves[93] e Figueiredo Dias[94] compartilham do entendimento de que a (ampla) atividade instrutória dos julgadores continentais alinha-se à exigência de imparcialidade com a separação inicial das funções de acusar, defender e julgar, somada à "subsidiariedade" da investigação *ex officio*, que só seria levada a cabo caso resultassem insuficientes os elementos produzidos pelas partes para a formação do convencimento judicial. Trata-se da tônica do atual "sistema adversarial misto", hegemônico na cultura jurídica de *civil law*.

Nesta linha, pode argumentar-se que os efeitos da dissonância cognitiva encontram limites no facto de o julgador só poder perseguir a confirmação de sua hipótese quando forem insuficientes os elementos de prova reunidos pelas partes. Significa dizer que o critério da subsidiariedade, ao limitar a atuação probatória do julgador, acabaria por restringir também os próprios efeitos da dissonância, ou ao menos sua influência no deslinde do feito.

Data venia, entendemos que o respeito ao núcleo essencial da imparcialidade objetiva impõe a reanálise da matéria. Em primeiro lugar, porque a

92 Sobre o tema, Damaška *ensina:* "Se os julgadores obtivessem suas próprias informações independentemente da atividade competitiva e regrada desenvolvida pelas partes em juízo [...] eles ficariam inclinados a ficar ao lado da parte cuja versão dos eventos melhor se adequa às informações que eles adquiriram por seus próprios esforços em acessar as fontes de informação ou por algum outro esforço probatório próprio" – DAMAŠKA, 1997: 49.

93 NEVES, 1968: 32-33.

94 DIAS, 2011: 16.

pretensa supletividade da atividade instrutória *ex officio*, por si só, não impede a ocorrência dos processos mentais já verificados. Segundo porque, à exceção do Direito italiano[95], não se conhece qualquer outro ordenamento jurídico que preveja parâmetros minimamente objetivos para aferir a real subsidiariedade do exercício de tais poderes. Em consequência, não há mecanismo apto a verificar satisfatoriamente se a iniciativa probatória do julgador, *in concreto*, se desenvolveu com caráter suplementar ou de maneira autoritária e, portanto, de forma não condizente com o pretenso sistema acusatório.

Com efeito, no Brasil, o art. 3.º-A do CPPB, introduzido pela Lei n.º 13.964 de 2019 ("Lei Anticrime"), dispõe que "o processo penal terá estrutura acusatória, estando vedadas a iniciativa do juiz na fase de investigação *e a substituição da atuação probatória do órgão de acusação*" (grifo nosso). Já o art. 156.º, inciso II, do mesmo diploma legal, determina que: "A prova da alegação incumbirá a quem a fizer, sendo, porém, facultado ao juiz de ofício [...] determinar, no curso da instrução, ou antes de proferir sentença, a realização de diligências para dirimir dúvida sobre ponto relevante"[96].

A despeito de o diploma processual penal brasileiro ter consagrado a supletividade da iniciativa probatória do julgador, que em nenhuma hipótese pode substituir a atuação do órgão de acusação (art. 3.º-A do CPPB), não previu expressamente os parâmetros dentro dos quais a mencionada supletividade é respeitada. Tanto que, nos termos do art. 156.º, inciso II, o juiz pode determinar a produção de provas antes mesmo do término da atividade instrutória das partes, "no curso da instrução".

A jurisprudência brasileira também não se desincumbiu do ônus de conferir densidade normativa à cláusula geral da "subsidiariedade" da atividade instrutória *ex officio*. Quando confrontados acerca da parcialidade objetiva de julgadores que supostamente excederam os limites da subsidiariedade, os

[95] O CPPIT estabelece que o juiz só pode instruir o feito quando absolutamente necessário, sempre *após* o término da atividade instrutória das partes, devendo, ainda, a atividade probatória oficiosa recair sobre *novos* elementos e ser submetida ao crivo do *contraditório* (art. 507) – Andrade, 2010: 269. Segundo Pereira, "o mencionado dispositivo da legislação italiana agregou razoável instrumento de correção do princípio dispositivo em matéria de prova" – Pereira, 2010: 35-36.

[96] No mesmo sentido do art. 156.º, II, é a regra do art. 209.º, *caput*, do CPPB, segundo a qual: "O juiz, quando julgar necessário, poderá ouvir outras testemunhas, além das indicadas pelas partes".

Tribunais brasileiros invariavelmente orientam-se no sentido de referendar a sua atuação, com base em argumentos de busca da "verdade real", indisponibilidade dos interesses em jogo e realização da Justiça[97].

Neste sentido, Pereira Neto[98] explica, em estudo ao trabalho de Damaška[99], que por ser o processo de *Welfare States* instrumental aos valores nele veiculados,

[97] Neste sentido, cita-se: 1) "PROCESSUAL PENAL. RECURSO EM HABEAS CORPUS. CRIMES CONTRA O SISTEMA FINANCEIRO NACIONAL. OBTENÇÃO, MEDIANTE FRAUDE, DE FINANCIAMENTO EM INSTITUIÇÃO FINANCEIRA. DETERMINAÇÃO DE REALIZAÇÃO DE PERÍCIA GRAFOTÉCNICA DE OFÍCIO PELO JUIZ. ALEGAÇÃO DE VIOLAÇÃO AO PRINCÍPIO ACUSATÓRIO. INEXISTÊNCIA DE FLAGRANTE ILEGALIDADE. RECURSO A QUE SE NEGA PROVIMENTO. 1. No curso do processo penal, admite-se que o juiz, de modo subsidiário, possa – com respeito ao contraditório e à garantia de motivação das decisões judiciais – determinar a produção de provas que entender pertinentes e razoáveis, a fim de dirimir dúvidas sobre pontos relevantes, seja por força do princípio da busca da verdade, seja pela adoção do sistema do livre convencimento motivado. 2. Nos termos do art. 156, II do CPP é facultado ao magistrado, de ofício, 'determinar, no curso da instrução, ou antes de proferir sentença, a realização de diligências para dirimir dúvida sobre ponto relevante'. 3. *In casu*, o juiz, após alegações finais, por se tratar de infração penal que deixou vestígios (obtenção, mediante fraude, de financiamento em instituição financeira), converteu o julgamento em diligência e determinou, com fundamento no art. 156, II, do CPP, a realização de perícia grafotécnica em alguns documentos, com a finalidade de dirimir dúvida sobre ponto relevante para o deslinde da causa (autoria do fato), facultando às partes, ainda, o exercício dos direitos previstos no art. 159 do CPP (possibilidade de o acusado formular quesitos e indicar assistente técnico), o que não configura qualquer ilegalidade. 4. Recurso a que se nega provimento" STJ/BR, RHC 59475, Rel. Min. Maria Thereza de Assis Moura, 6.ª T, de 09/06/2015. 2) "RECURSO ORDINÁRIO EM HABEAS CORPUS. ESTUPRO, AMEAÇA E CÁRCERE PRIVADO. DISPENSA DE UMA DAS TESTEMUNHAS PELA DEFESA. DEPOIMENTO CONSIDERADO NECESSÁRIO PELO MINISTÉRIO PÚBLICO. OITIVA DETERMINADA PELA MAGISTRADA SINGULAR. INEXISTÊNCIA DE OFENSA AO PRINCÍPIO DA AMPLA DEFESA. PRODUÇÃO DE PROVAS NECESSÁRIAS À FORMAÇÃO DO LIVRE CONVENCIMENTO. POSSIBILIDADE. COAÇÃO ILEGAL INEXISTENTE. DESPROVIMENTO DO RECLAMO. 1. Embora o juiz seja um órgão do Estado que deve atuar com imparcialidade, acima dos interesses das partes, o certo é que o próprio ordenamento jurídico vigente permite que, na busca da verdade real, ordene a produção de provas necessárias para a formação do seu livre convencimento, sem que tal procedimento implique ofensa ao princípio acusatório, nos termos dos artigos 156, inciso II, e 209 do Código de Processo Penal. 2. Recurso improvido" – STJ/BR, RHC 57628, Rel. Min. Leopoldo de Arruda Raposo, 5.ª T, de 08/09/2015.

[98] Pereira Neto, 2018: 41.

[99] "Até mesmo regras específicas (no processo continental) necessariamente contêm um elemento de indeterminação, e podem ser interpretadas à luz dos objetivos subjacentes, de forma a levar à resultados desejáveis" – Damaška, 1986: 21.

"permite-se a flexibilização das regras procedimentais quando interesses superiores do sistema recomendam". Não haveria, contudo, "mecanismos muito seguros para verificar até que ponto pode ocorrer a flexibilização em prol dos interesses maiores do direito, o que vai depender de critérios pouco precisos, como os de proporcionalidade e razoabilidade"[100]. Nem mesmo a ampla possibilidade de revisão das decisões judiciais, característica típica do processo continental hierarquizado, serve ao controle da atuação probatória oficiosa "subsidiária".

Até mesmo em Itália, a despeito da previsão de critérios minimamente objetivos de aferição da "subsidiariedade"[101], a Corte de Cassação vem dando interpretação extensiva ao art. 507 do CPPIT[102], a fim de ampliar os poderes instrutórios do juiz[103]. Segundo Pizzi e Montagna[104], a dificuldade em impor limites a tais prerrogativas deve-se ao facto de tradição jurídica de *civil law* se ter desenvolvido de modo que os próprios julgadores se sentem responsáveis pela precisão de seus vereditos.

Destarte, a imparcialidade objetiva do julgador de *civil law* deve ser preservada por meio de institutos jurídicos orientados à manutenção de sua originalidade cognitiva, não bastando a simples menção à "subsidiariedade" da

[100] Daí a necessidade de "identificar e consubstanciar critérios objetiváveis, apreensíveis e avaliáveis sobre a intervenção do juiz no decurso do processo, sendo esta a chave para controlar a equidistância in concreto" – Lopes, 2005: 90.

[101] Cf. referência n.º 103.

[102] Art. 507.1: "Terminada a aquisição das provas, o juiz, se absolutamente necessário, pode dispor, mesmo de ofício, da tomada de novos meios de prova".

[103] Badaró, 2003: 142-144. Neste sentido, pouco após a entrada em vigor do CPPIT de 1988, as Seções Unidas Penais da Corte de Cassação italiana (n.º 11227, de 21/11/1992) orientaram-se no sentido de que: "a) O poder do juiz de assunção, inclusive de ofício, dos meios de prova, bem pode ser exercitado ainda que se tratem de provas das quais as partes não possam produzir – por falta ou por nulidade na indicação do rol do artigo 468 do CPP –, devendo se entender por provas 'novas', conforme o artigo 507 (assim como o entendimento do artigo 603), todas aquelas ainda não dispostas anteriormente, sejam elas preexistentes ou supervenientes, conhecidas ou não conhecidas; b) Tal poder suplementar não encontra obstáculo no fato de que não seja alguma aquisição probatória de iniciativa das partes, visto que a locução 'terminada a aquisição das provas' indica não o pressuposto para o exercício do poder do juiz, mas apenas o momento de instrução probatória, a partir do qual – na hipótese normal na qual tal aquisição estava – pode ocorrer a assunção de novas provas" – Andrade, 2010: 270-271.

[104] Pizzi / Montagna, 2004: 448.

atividade probatória oficiosa, a despeito de sua importância para a manutenção da estrutura acusatória. Significa dizer que a sedimentação do critério da "subsidiariedade" é essencial à persecução de um modelo não inquisitório de processo penal; no entanto, a imparcialidade objetiva demanda o exercício de poderes instrutórios livre da influência dos efeitos psicológicos da dissonância cognitiva.

3. Proposta de conformação do núcleo fundante do processo penal de *civil law* à imparcialidade objetiva: a fase intermediária de saneamento cognitivo

Como bem apontado por Pereira[105], para abordar a atuação funcional do julgador de *civil law* face à exigência de sua imparcialidade objetiva importa "refletir a respeito da inserção da matéria em uma eventual zona de equilíbrio entre dois polos tendencialmente opostos". De um lado da contenda, há o núcleo fundante do modelo processual penal romano-germânico; de outro, milita a exigência de isenção funcional do órgão judicial, que é prejudicada por processos mentais involuntários, como visto no decorrer deste trabalho.

Os princípios fundamentais do processo penal não convergem todos para o mesmo fim, formando um sistema de lógica coerência. Pelo contrário, concorrem muitas vezes em sentidos opostos, cabendo ao processo real transigir entre os mandamentos de otimização, aplicando-os na maior extensão possível. A ciência de que "cada um desses princípios será concretamente limitado pelos termos em que tiver sido reconhecido o princípio oposto" é essencial para evitar o "erro de se pretender realizar qualquer um deles tal como o exigiria a sua admissão pura"[106].

Neste sentido, alijar o juiz de qualquer possibilidade de intervenção sobre o terreno da prova, como meio de tutelar a imparcialidade objetiva, revela-se incompatível com o processo penal de tradição romano-germânica, construído sob o núcleo fundante da ampla atuação do julgador omnisciente legitimada pela obtenção da verdade. A busca de isenção funcional como meio de afastar-nos do passado inquisitório não justifica a construção de um modelo processual puramente adversarial em solo de *civil law*.

[105] Pereira, 2010: 27.

[106] Neves, 1968: 29-30.

A concretização da imparcialidade objetiva no processo continental exige a construção de institutos jurídicos próprios, compatíveis com a estrutura sobre a qual se desenvolveu a cultura jurídica de *civil law*. Para tanto, é imprescindível que nessa ponderação de valores sejam consideradas as diferenças ideológicas, enraizadas na consciência coletiva, que fundam ambos os modelos processuais, bem como a ampla gama de institutos que caracterizam cada um deles[107].

Dito isso, para conciliar a atuação funcional do julgador continental com o princípio da imparcialidade objetiva, atualmente, importa menos saber se os poderes instrutórios complementares devem existir do que saber como tais poderes devem ser exercidos. E a resposta, sem receio de apoiar-nos na ciência da psicologia, parece uma só: devem ser exercidos de maneira cognitivamente independente, e com base em elementos colhidos com observância das garantias inerentes ao exercício da jurisdição penal[108].

Em consequência, a fase intermediária de saneamento cognitivo inaugurada pela reforma processual brasileira, com inspiração no Direito italiano, revela-se um instituto apto a harmonizar os valores de *civil law* à crescente demanda pela imparcialidade objetiva. Se, por um lado, respeita o núcleo fundante do processo penal romano-germânico, por outro, assegura que a investigação complementar levada a cabo pelo juiz não refletirá, inconscientemente, o caminho trilhado em procedimento inquisitório.

Conclusão

No decorrer deste trabalho, constatámos que o amplo contacto do juiz de *civil law* com elementos de informação produzidos em investigação preliminar revela-se comprometedor de sua imparcialidade objetiva, por fomentar os efeitos psicológicos da dissonância cognitiva no exercício da atividade instrutória subsidiária, levando-o ao primado da hipótese sobre o facto.

[107] Pois "em seu habitat natural, cada conjunto de práticas é parte de um todo processual maior, com sua própria coerência interna, camadas de horizontes motivacionais e hábitos arraigados aos atores principais. Criar uma mistura de sucesso não é como fazer compras em uma boutique de formas processuais destacáveis, em que alguém é livre para comprar umas e rejeitar outras" – Damaška, 2003: 121.

[108] Lopes Junior, 2001: 121.

A problemática não se verifica na cultura jurídica de *common law*, pois, ainda que o juiz forme a sua convicção inicial sobre o caso por meio de elementos colhidos em investigação inquisitória, a impossibilidade de produzir provas oficiosamente priva-o de perseguir a confirmação da hipótese originária aceite pela autocompreensão individual, obrigando-o a encarar os desconfortáveis efeitos da dissonância cognitiva instalada pela atuação da defesa.

Neste contexto, é necessário impor limites à influência de tais processos mentais involuntários na atuação funcional do juiz continental. A imparcialidade objetiva do julgador de *civil law* deve ser concretizada por meio de institutos jurídicos próprios, orientados à preservação de sua originalidade cognitiva. Para tanto, não basta a menção vazia à "subsidiariedade" da atividade probatória *ex officio*, a despeito de sua importância para a manutenção da estrutura acusatória.

Por outro lado, afastar o juiz por completo da seara probatória é proposta incompatível com o processo penal de tradição romano-germânica, edificado sob o núcleo fundante da ampla atuação do julgador omnisciente legitimada pela busca da verdade. A concretização de sua isenção funcional na maior extensão possível exige que sejam consideradas as diferenças ideológicas que fundam ambos os sistemas processuais, enraizadas na consciência coletiva, bem como a ampla gama de institutos que caracterizam cada um deles.

Em consequência, a reforma processual brasileira operada pela Lei n.º 13.964 de 2019, no que inaugura uma necessária fase intermediária de saneamento cognitivo entre o procedimento investigatório e o processo judicial, mostra-se paradigmática por caminhar no sentido de harmonizar a atividade instrutória do julgador, característica intrínseca do processo penal de *civil law*, à exigência de sua imparcialidade objetiva.

Bibliografia citada

ANDRADE, Mauro Fonseca,

(2010) "O sistema acusatório e a atividade probatória *ex officio* na visão da Corte Constitucional italiana", *Revista do Ministério Público do Rio Grande do Sul* 67, pp. 259-276.

BADARÓ, Gustavo Henrique,

(2003) *Ônus da prova no processo penal*. São Paulo: Revista dos Tribunais.

BOFF, Leonardo,

(1993) *Directorium inquisitorum, manual dos inquisidores*. Brasília: Rosa dos Tempos.
Cordero, Franco,
(1986) *Guida alla procedura penale*. Torino: Utet.
Coutinho, Jacinto Nelson de Miranda,
(1998) "Introdução aos princípios gerais do processo penal brasileiro", *Revista da Faculdade de Direito da Universidade Federal do Paraná* 30, pp. 26-51.
(1993) *O papel do novo juiz no processo penal*. Rio de Janeiro: ADV Advocacia Dinâmica.
Damaška, Mirjan Radovan,
(2003) "Epistemology and legal regulation of proof". *Law, Probability and Risk* 02, pp. 117-130.
(1997) *Evidence law adrift*. New Haven: Yale University Press.
(1986) *The faces of justice and state authority*. New Haven: Yale University Press.
Dias, Jorge de Figueiredo,
(2011) *Acordos sobre a sentença em processo penal*. Porto: Conselho Distrital do Porto da Ordem dos Advogados.
Durkheim, Émile,
(1979) *Da divisão social do trabalho*. São Paulo: Abril.
Ferrajoli, Luigi,
(2014) *Direito e razão: teoria do garantismo penal*. São Paulo: Revista dos Tribunais.
Festinger, Leon,
(1975) *Teoria da dissonância cognitiva*. Rio de Janeiro: Zahar Editores.
Garner, James W.,
(1910) "Criminal procedure in the United States", *The North American Review* 191, 650, pp. 49-63.
Griffith, John,
(1970) "Ideology in criminal procedure or a third 'model' of the criminal process", *Yale Law Journal* 79, 03, pp. 359-417.
Grinover, Ada Pellegrini,
(1996) *O processo em evolução*. Rio de Janeiro: Forense.
Hodgson, Jacqueline,
(2006) *Conceptions of the trial in inquisitorial and adversarial procedure*. Coventry: Warwick School of Law.
Illuminati, Giulio,
(2018) "Modello processuale accusatorio e sovraccarico del sistema giudiziario", *Revista Brasileira de Direito Processual Penal* 04, 02, pp. 533-557.
Justia: free law & legal information for lawyers,
(2018) *Admissibility of evidence*, Washington, disponível em: https://www.justia.com/criminal/procedure/admissibility-evidence/ (consultado em 20/06/21).
Langer, Maximo,
(2014) "La portée des catégories accusatoire et inquisitoire", *Revue de Science Criminelle et de Droit Penal Compare* 04, pp. 707-728.
Lopes Junior, Aury,
(2019a) *Fundamentos do processo penal: introdução crítica*. São Paulo: Saraivajur.
(2019b) *Direito processual penal*. São Paulo: Saraiva.

(2001) *Sistemas de investigação preliminar no processo penal.* Rio de Janeiro: Lumen Juris.

Lopes, José Mouraz,

(2005) *A tutela da imparcialidade endoprocessual no processo penal português.* Coimbra: Coimbra Editora.

Machado, André Mendes,

(2009) *A investigação criminal defensiva.* São Paulo: USP.

Maier, Julio,

(1999) *Derecho procesal penal: fundamentos, tomo I.* Buenos Aires: Del Puerto.

Mendes, Paulo de Sousa,

(2014) "A questão do aproveitamento probatório das declarações processuais do artigo anteriores ao julgamento", *RFDUL* 55, 01 e 02, pp. 01-24.

(2013) *Lições de direito processual penal.* Coimbra: Almedina.

(2010) "A prova penal e as regras da experiência", in: Manuel da Costa Andrade, Maria João Antunes e Susana Aires de Sousa (coord.), *Estudos em homenagem ao Prof. Doutor Jorge de Figueiredo Dias*, vol. 3. Coimbra: Coimbra Editora, pp. 997-1012.

Mesquita, Paulo Dá,

(2011) *A prova do crime e o que se disse antes do julgamento.* Coimbra: Coimbra Editora.

Munday, Roderick,

(2019) *Evidence.* Oxford: Oxford University Press.

Muños Aranguren, Arturo,

(2011) "La influencia de los sesgos cognitivos em las decisiones jurisdiccionales: El fato humano. Una aproximación", *Revista para el Análisis del Derecho* 02, pp. 01-39.

Neves, António Castanheira,

(1968) *Sumários de processo penal.* Coimbra.

Oldfather, Chad M.,

(2010) *Judging and the judicial process.* Milwaukee: Marquette University Law School.

Orlandi, Renzo,

(2019) "The italian path to reform: Italy's adversarial model of criminal procedure", *The Italian Law Jornal* 05, 02, pp. 565-579.

Packer, Herberth Leslie,

(1964) "Two models of the criminal process", *University of Pennsylvania Law Review* 113, pp. 01-68

Patrício, Rui,

(2016) "Imparcialidade e processo penal: três problemas", *Revista Julgar* 30, pp. 43-61.

Pereira, Frederico Valdez,

(2010) *Iniciativa instrutória do juiz no processo penal: harmonização possível entre a dinâmica probatória ex officio e os princípios do processo penal de civil law*, Relatório de Mestrado. Lisboa: FDUL.

Pereira Neto, Rivaldo,

(2018) *Poderes oficiosos em matéria probatória e a imparcialidade judicial*, Dissertação de Mestrado. Lisboa: FDUL.

Portanova, Rui,

(1992) *Motivações ideológicas da sentença.* Porto Alegre: Livraria do Advogado.

Pizzi, William / Montagna, Mariangela,
(2004) "The battle to establish an adversarial trial system in Italy", *Michigan Journal of International Law* 25, pp. 429-466.
Prado, Geraldo,
(2005) *Sistema acusatório: a conformidade constitucional das leis processuais penais*. Rio de Janeiro: Lumen Juris.
Sahin, Ilyas,
(2015) *A brief summary of criminal procedure process at the United States judicial system*. Ancara: Uyusmazlik Dergisi.
Schünemann, Bernd,
(2012) "O juiz como um terceiro manipulado no processo penal? Uma confirmação empírica dos efeitos perseverança e correspondência comportamental", *Revista Liberdades* 11, pp. 30-51.
Stanford Encyclopedia of Philosophy,
(2015) *The legal concept of evidence*, Palo Alto, disponível em: https://plato.stanford.edu/entries/evidence-legal/ (consultado em 12/01/2021).
Vloger, Richard,
(2016) *A world view of criminal justice*. Nova York: Routledge.
Zilli, Marcos Coelho,
(2003) *A iniciativa instrutória do juiz no processo penal*. São Paulo: Revista dos Tribunais.

Jurisprudência citada

Brasil
STF, HC 164493, Rel. Min. Edson Fachin, 2.ª T, de 09/03/2021
STF, HC 94641, Rel. Min. Ellen Gracie, 2.ª T, de 11/11/2008
STF, MC na ADI 6298, Rel. Min. Luiz Fux, de 22/01/2020
STJ/BR, RHC 59475, Rel. Min. Maria Thereza de Assis Moura, 6.ª T, de 09/06/2015
STJ/BR, RHC 57628, Rel. Min. Leopoldo de Arruda Raposo, 5.ª T, de 08/09/2015

Estados Unidos da América
Daubert v. Merrell Dow Pharmaceuticals, Inc., 509 U.S. 579 (1993)
Kumho Tire Co. v. Carmichael, 526 U.S. 137 (1999)
Weeks v. United States, 232 U.S. 383 (1914)

Itália
Corte Constitucional, n.º 24, de 22/01/1992
Corte Constitucional, n.º 254, de 18/05/1992
Corte Constitucional, n.º 255, de 18/05/1992
Corte de Cassação, n.º 11227, de 21/11/1992

Tribunal Europeu dos Direitos Humanos
Piersack v. Bélgica, n.º 8.692/79, de 01/10/1982
De Cubber v. Bélgica, n.º 9.186/80, de 26/10/1984

§ 6.
A GESTÃO DE PROVAS NO PROCESSO PENAL: UMA ANÁLISE A PARTIR DO SISTEMA ITALIANO

Marianna Rezende de Lucena Marinho*

Sumário: Introdução. I. O sistema da divisão de autos (*sistema del doppio fascicolo*) no processo penal italiano. 1. Breves considerações. 2. Os embates decorrentes da metamorfose do sistema inquisitorial para o sistema acusatório em Itália. 3. O sistema processual da divisão de autos (*doppio fascicolo*). II. A formação dos autos que vão para julgamento (*fascicolo per il dibbattimento*) no processo penal italiano. 1. A discussão acerca dos documentos pertinentes ao crime. 2. A discussão dos atos irrepetíveis. III. A formação dos autos do *Pubblico Ministero* (*il fascicolo del Pubblico Ministero*) e a dinâmica de passagem de documentos para os autos que vão para julgamento no processo penal italiano. IV. A contaminação cognitiva do juiz: um problema de gestão sistemática, de iniciativa probatória ou de conhecimento do conteúdo das investigações pelo magistrado? 1. As opiniões díspares: os dois lados da moeda no processo penal. 2. O sistema acusatório do Chile: breve confronto com o sistema italiano. 3. O sistema acusatório do Brasil: breve confronto com o sistema italiano. 4. *Plädoyer* por um sistema de gestão de provas à italiana. Conclusão. Bibliografia citada. Anexos.

* Advogada. Pós-graduada em Direito Tributário pela Pontifícia Universidade Católica de Minas Gerais. Mestranda em Ciências Jurídico-Criminais na Faculdade de Direito da Universidade de Lisboa. Pós-graduanda em Inteligência Artificial e Direito pela Faculdade de Direito da Universidade de Lisboa.

Resumo: No presente trabalho, pretende-se enfrentar a problemática da contaminação do juiz a partir da averiguação prévia das investigações preliminares, nomeadamente informações ou interrogatórios obtidos antes do julgamento. Para tal, se analisará o sistema processual penal italiano, no qual vigora a divisão dos autos (os autos que vão para julgamento e os autos do *Pubblico Ministero*), visando investigar se a contaminação é um problema decorrente da análise anterior das investigações, se decorre em razão da gestão das provas, ou mesmo da iniciativa probatória do magistrado. Partindo da premissa de que o sistema da divisão dos autos em Itália – em que pese algumas considerações críticas – é o que adotou o modelo mais adversarial da Europa continental e que consegue assegurar – no todo ou em parte – a não influência prévia do juiz. Busca-se realizar, ao final, um comparativo entre esse sistema e o modelo estrutural acusatório adotado pelo Chile e pelo Brasil, ponderando vantagens e desvantagens, numa tentativa de garantir a imparcialidade do magistrado e assegurar melhorias que endossem um julgamento mais limpo, probo, justo e idôneo possível. No final, formula-se um *plädoyer* a favor de um sistema de gestão de provas à italiana.

Palavras-Chave: Sistema acusatório; sistema inquisitório; *doppio fascicolo*; *fascicolo del pubblico ministero*; *fascicolo per il dibattimento*.

Introdução

Decisões divergentes, normas mutáveis, apreciação probatória parcial (em razão de prováveis contaminações prévias do magistrado[1]), jogos de linguagem norteadoras do processo, unidades jurisdicionais autônomas que desaguam em variáveis inconciliáveis entre tribunais[2] – pelos decorrentes desentendimentos e dissensões cognitivas das interpretações das decisões – é o que pode gerar um jogo processual sem nada delineado e definido, além de conduzir a mecanismos específicos para não combater a parcialidade.

O caminho para que não seja admitido um sistema processual penal que é puramente inquisitivo – em que se concentra no juiz as funções de julgar, acusar e defender o arguido – que afasta, como consequência, o contraditório

[1] Cintra / Grinover / Dinamarco, 2010: 58-59, os autores mencionam ser incontestável a importância de um juízo imparcial para que seja garantida a justiça no processo como um todo, sendo inegável ao Estado garantir as partes esse direito, já que tomou para si o exercício da função jurisdicional.

[2] Cf. Rosa, 2020: 40-41.

e a ampla defesa, está sendo cada vez mais adotado até por ordenamentos jurídicos que durante muitos anos tinham sistemas processuais penais de pendor extremamente inquisitorial, não significando dizer que as discussões estão completas: elas apenas iniciaram!

Além de tudo isso, a astúcia e a emoção ainda merecem espaço nesta marcha processual, já que ignorar a subjetividade por completo e acreditar num positivismo exacerbado não se coadunam com a prática presente nas vivências diárias[3]. A diversidade dos sujeitos participantes (levando em conta seus papéis e pensamentos) torna o processo um campo minado em que é imprescindível uma análise de cada cenário, cada contexto, cada estratégia e cada meio sistemático para que se possa alcançar um resultado mais íntegro.

A pergunta que se faz diante de tudo é: onde podemos visualizar uma das obstruções coronarianas que aponta esta problemática? Na gestão de provas? Na iniciativa probatória do juiz? No impedimento ao juiz de julgamento a visualização do inquérito policial em sua totalidade (ou seja, desde a sua fase pré processual)?

A gestão das provas – por ser um princípio reitor e é onde há os maiores freios e contrapesos do processo penal – pode ser a provável solução do imbróglio. Na produção probatória ainda se enxerga várias vicissitudes que merecem reparo e aperfeiçoamento, principalmente quando a figura do juiz é acompanhada de um grande poder nesse sistema (afinal, é ele que irá decidir o caso). Nesse sentido, o manuseio da máquina processual vem sofrendo constantes alterações e transposições: seja para sistemas mistos ou para sistemas mais próximos de um sistema acusatório puro. Mas os melindres do processo penal precisam de ser vislumbrados na prática e o caminho para a verificação dessa realidade é labiríntico.

Nesse diapasão, em Itália, o sistema processual penal, que conta com a ferramenta da divisão de autos, vem contribuindo com essa gestão probatória

[3] Sobre este assunto, Streck, 2009: 118, Lênio Streck em argumentação crítica relata que é complicado simplesmente dotar a razão teórica de "vida autônoma" e separá-la das formas de como pensa, age, das escolhas que são feitas, dentre outros. Sendo assim, afirmar que o direito é aprisionado tão somente no positivismo dos conceitos gerados não é uma assertativa que merece espaço, já que o "positivismo fracassou". Salutar é a sua passagem declarando que "o direito não é um dicionário recheado de conceitos. Na verdade, pensá-lo como uma "lexicografia" é vê-lo tropeçar no primeiro vendedor de picolés [...]".

e a melhoria das garantias previstas por um Estado Democrático de Direito: um processo com contraditório, ampla defesa, paridade de armas e participação de ambos os sujeitos processuais.

Sendo assim, o presente trabalho buscará analisar a partir do sistema de arquivo duplo ou de divisão de autos (*sistema del doppio fascicolo*) – além de outras peculiaridades que compõem o processo penal italiano – se existe uma diferença no tópico da contaminação cognitiva do magistrado em relação a outros sistemas jurídicos, bem como se a maior vicissitude reside no facto da questão da gestão probatória, na iniciativa probatória do juiz, do conhecimento inócuo ou parcial das investigações pelo magistrado. Para isso, visando enriquecer a pesquisa, serão confrontadas, numa perspetiva comparada, as soluções do sistema italiano com as dos sistemas processuais penais chileno e brasileiro.

Em síntese, este trabalho será dividido em quatro capítulos: o primeiro capítulo abordará de forma introdutória o sistema da divisão de autos e os seus vieses históricos, bem como a justificativa da transposição de um sistema totalmente inquisitório para um adversarial; o segundo capítulo, trará as particularidades de como se formam os autos que irão para julgamento e suas principais discussões; o terceiro capítulo, abordará de forma mais dinâmica e inovadora os autos do *Pubblico Ministero*, também trabalhando os seus principais debates; por fim – após explicações acerca do sistema processual penal italiano e a divisão de autos – o quarto capítulo buscará finalizar e concluir elucidando o motivo pelo qual se considera a gestão probatória a maior vicissitude processual e o que se pode apreender do processo penal italiano – que apesar de algumas ponderações, se mostrou mais garantista e eficaz – na comparação com os sistemas do Chile e do Brasil.

I. O sistema da divisão de autos (*sistema del doppio fascicolo*) no processo penal italiano

1. Breves considerações

Um processo justo, democrático, garantista, equitativo, dentro dos ditames legais. Um julgador imparcial. A paridade de armas e a garantia do contraditório e da ampla defesa entre a defesa e a acusação. O devido processo legal resguardado[4]. Um julgamento probo. É assim que deveria se vislumbrar o processo penal: como uma engrenagem necessária para assegurar a racionalidade e fidedignidade do julgamento, visando afastar uma metodologia arbitrária e abrigando uma limitação do poder punitivo estatal para que se identifique epistemologicamente o desvio penal[5].

Todavia, esse viés não se visualiza quando está vigente o modelo inquisitivo[6]. A presunção de inocência é invisível. O acusado já é considerado culpado desde o momento inicial da composição da lide. O juiz – que acumula as funções de acusar, defender e julgar – apenas busca meios para justificar sua decisão e (na maioria das vezes) condenar o arguido.

A presunção de inocência[7] é um princípio fundamental garantido. A salvaguarda de um juiz imparcial é uma condição necessária reconhecida inclusive

[4] Nesse sentido Badaró, 2019: 21, o autor relata que para que se tenha uma justa resolução do fato, existe a necessidade de se dispor de um instrumento que garanta o devido processo legal em conjunto com uma "adequada atividade hermenêutica" visando a "subsunção dos fatos à norma aplicável".

[5] Ferrajoli, 2002: 30.

[6] Brasileiro de Lima, 2020: 43: "Em síntese, podemos afirmar que o sistema inquisitorial é um sistema rigoroso, secreto, que adota ilimitadamente a tortura como meio de atingir o esclarecimento dos fatos e de concretizar a finalidade do processo penal. Nele, não há de se falar em contraditório, pois as funções de acusar, defender e julgar estão reunidas nas mãos do juiz inquisidor, sendo o arguido considerado mero objeto do processo, e não sujeito de direitos. O magistrado, chamado de inquisidor, era a figura do acusador e do juiz ao mesmo tempo, possuindo amplos poderes de investigação e de produção de provas, seja no curso da fase investigatória, seja durante a instrução processual". Neste sentido, também há a citação dos aprendizados escritos por Mendes, 2013a: 29. O autor introduz o tema relatando que a figura do juiz inquisidor traz a concentração em suas mãos do poder de investigar, acusar e julgar, e por esta razão óbvia "não terá a imparcialidade para formar um novo juízo, pois, entretanto, já formou e consolidou a sua opinião durante a investigação." Em Sklansky, 2009: 1703-1704. O autor, após realizar explanações e comparações com o sistema acusatório (principalmente em relação aos EUA), chega à conclusão de que esses modelos contrastantes são inevitáveis em pensamentos políticos e jurídicos, porém, foi de suma importância para que mostrar que inquisitorialismo em nada se mostrou útil no processo penal americano em razão da sua má definição, má estruturação e além disso, por causa da tradição legal que não se identifica com a americana. Em que pese encontrar alguns aspetos que leve em consideração a imitação, acredita que o sistema em si não é confiável e deve ser evitado.

[7] Há inclusive menção a presunção de inocência na Convenção Europeia de Direitos Humanos no art. 6º, inciso 2: "Qualquer pessoa acusada de uma infracção presume-se inocente enquanto a sua culpabilidade não tiver sido legalmente provada."

pela DUDH[8]. Um juiz dirigente[9] – protagonista do processo em sua totalidade – da atividade probatória já não se encaixa mais com essa determinação normativa e a realidade que o mundo tem caminhado para alcançar. A não contaminação prévia e originalidade cognitiva do magistrado são premissas essenciais para a ocorrência de um processo honesto e que assegure as garantias mínimas do arguido

Foi diante desse cenário que a Itália, visando modernizar o processo penal, que há tempos era extremamente inquisitorial e decidiu avançar para uma categoria acusatória[10] – criou uma sistemática de redução de riscos da contaminação cognitiva do juiz *ante judicium*: o sistema da divisão de autos, denominado *doppio fascicolo*. Mas para explicá-lo, torna-se necessária uma breve explanação da evolução do sistema processual penal naquele ordenamento jurídico.

[8] A redação do art. 10º da referida declaração prevê que: "Todo ser humano tem direito, em plena igualdade, a uma justa e pública audiência por parte de um tribunal independente e imparcial, para decidir seus direitos e deveres ou fundamento de qualquer acusação criminal contra eles." Nesse sentido, ocorreram discussões semelhantes e o resultado delas foram normas equivalentes ao art. 10º da Declaração Universal dos Direitos Humanos em: ORGANIZAÇÕES DOS ESTADOS AMERICANOS. *Convenção Americana de Direitos Humanos* (Pacto de San José de Costa Rica), 1969. Disponível em: https://www.cidh.oas.org/basicos/portugues/c.convencao_americana.htm. Acesso em: 06/03/2021. Em seu artigo 8.1; bem como na CONVENÇÃO EUROPEIA DE DIREITOS HUMANOS, 1950. Disponível em: http://www.oas.org/es/cidh/expresion/showarticle.asp?artID=536&lID=4. Acesso em: 06/03/2021. Resguardando a imparcialidade e independência do tribunal no art. 6.1; e por fim na ASSEMBLÉIA GERAL DAS NAÇÕES UNIDAS. *Pacto Internacional sobre Direitos Civis e Políticos*, 1966. Disponível em: http://www.planalto.gov.br/ccivil_03/decreto/1990-1994/d0592.htm. Acesso em: 05/03/2021. Que no art. 14.1 consolidou a igualdade das partes e as garantias de um tribunal competente, independente e imparcial. Percebendo-se então um seguimento ao que fora estabelecido na Declaração Universal dos Direitos Humanos em 1948.

[9] Sobre essa questão BADARÓ, 2019: 24-25. Ao trabalhar com a ideia da imparcialidade, o escritor suscita a abordagem de que no sistema predominantemente inquisitorial essa discussão não teria sentido, já que o juiz protagonista quando determina a produção probatória não substitui as partes, mas sim espera-se dele uma investigação perseverante em busca da verdade dos fatos.

[10] É importante frisar que apesar dos avanços mundiais na busca por um sistema acusatório, nenhum ordenamento jurídico comporta essa característica na sua totalidade. É o que se afirma em LANGER, 2014: 711.

2. Os embates decorrentes da metamorfose do sistema inquisitorial para o sistema acusatório em Itália

O direito processual penal italiano vem passando por constantes mudanças e aperfeiçoamentos. Por muito tempo o sistema criminal do judiciário do país empregou o protótipo puramente inquisitorial[11]. No século XIX, foram surgindo os primeiros escritos do código de processo penal italiano, inspirado no Código francês de 1808 (*Code d'Instruction Criminelle francês*). Posteriormente, em 1865 – durante o período do Reino de Itália – foi promulgado o primeiro CPP. Os Códigos subsequentes (o de 1913 e 1930) tinham fortes influências napoleônicas[12]. Significando dizer, assim, que as alterações caminhavam para um novo modelo: o do sistema misto.

Relíquia do período fascista[13] e reflexo de um sistema de justiça criminal tradicional inquisitorial, o Código de 1930[14] – elaborado e decretado por Benito Mussolini e conhecido por *Codice Rocco* – dividiu o processo penal basicamente em duas fases: a investigação preliminar, ou seja, a fase pré-julgamento para as devidas coletas de provas do crime ("*instruzione*") e o julgamento ("*dibattimento*").

Denotava-se, todavia, maiores conotações inquisitoriais no referido Código, já que o juiz (*giudice instrutore*), além de julgar, possuía ampla capacidade investigatória na fase pré-julgamento e tinha como objetivo primordial a busca da verdade[15], podendo então ouvir testemunhas, especialistas, interrogar o arguido, realizar pesquisas, buscas e apreensões, determinar perícias, entre outros. Enfim, o juiz tinha o direito de realizar toda a averiguação para a construção do arcabouço probatório que poderia consolidar nas investigações e basear a sua decisão final[16].

A defesa, nessa época, não podia participar das investigações e nem ao menos ser notificada da ocorrência destas. Ou seja, o arguido não tinha acesso aos indícios recolhidos na fase de pré-julgamento, não podendo, assim,

[11] Neste sentido ILLUMINATI, 2018: 537; AMODIO, 2004: 489.

[12] Cf. ILLUMINATI, 2005: 567.

[13] ILLUMINATI, 2005: 567.

[14] Cf. PIZZI / MARAFIOTI, 1992: 3-4.

[15] Art. 299 do CPP italiano de 1930.

[16] ILLUMINATI, 2005: 489-490. O autor relata que além da vantajosa abolição do juiz de instrução, também fora retirado o juiz que lidava com as ofensas de menor potencial ofensivo que tinha plenos poderes de ação sempre que a promotoria não estivesse disponibilidade.

exercer o contraditório prévio. O julgamento, tendenciosamente, na maioria dos casos, apenas confirmava o que já havia sido analisado previamente[17]. Nesse sentido, não há de se escusar da problemática advinda desse sistema no que diz respeito à contaminação cognitiva da imparcialidade do juiz ao acompanhar a produção probatória desde a fase investigativa.

A tradição do sistema misto ainda conservava a ideia de que o material probatório recolhido na fase pré-julgamento poderia ser conhecido pelo juiz. Ele tinha acesso – em qualquer momento – a todo o dossiê processual[18]. Durante um grande período, a ideia de privar o julgador de conhecer os materiais preliminarmente à decisão que iria proferir, era desconhecida e não despertava preocupação alguma. Somente há relativamente pouco tempo passou a ser discutida[19].

Uma das características presentes nesse sistema também era a de que os autos que vão diretamente para o julgamento deveria ser puramente escrito e não havia espaço para a oralidade. Era indispensável que o dossiê processual constituísse uma memória histórica e contivesse tudo o que seria analisado[20].

Nestes códigos mais pós-unitários, os juízes sempre tiveram acesso aos autos, que incluíam também os documentos de instrução formal, cujo uso era vedado para a tomada de decisão. Era considerado normal que o magistrado de primeira instância tivesse conhecimento dos resultados alcançados na fase preliminar. Além disso, passou a ser desejável, após um tempo, que o juiz realizasse o julgamento somente depois de um estudo cuidadoso dos atos e após estar preparado para conduzir o debate[21].

A preocupação do surgimento dos materiais não disponíveis aos olhos do juiz começou a aparecer nos Códigos que são mais transformadores. Isso se mostra principalmente quando o estilo mais inglês do julgamento passa a ser discutido inclusive no momento do júri. Há uma máxima proteção da oralidade e essa regra pode ser vista quando se demonstra uma proibição aos

[17] Pizzi / Marafioti, 1992: 3.

[18] Ao longo do artigo, utilizarei a terminologia "arquivos" ou "dossiê" para trabalhar com os documentos que irão compor a divisão de autos (*doppio fascicolo*).

[19] Bronzo, 2017: 09.

[20] Bronzo, 2017: 09.

[21] Bronzo, 2017: 10-11.

jurados de receberem escritos advindos das testemunhas no júri. Os juízes de carreira eram responsáveis por terem a atitude de selecionar os arquivos (documentos)[22] legítimos que utilizariam para tomar a decisão, mesmo que mentalmente. Os arquivos processuais que abrangiam as provas, foi uma característica de todos os sistemas, baseados no esquema do julgamento misto (audiência de instrução e julgamento) que permaneceram em Itália até ao *Codice Rocco* de 1930[23].

A ânsia pela reforma do Código, começou a ficar bastante evidente após a nova Constituição italiana de 22 de dezembro de 1947 que reconheceu uma série de direitos fundamentais do arguido (a liberdade pessoal, o direito de defesa, a ratificação da presunção de inocência, entre outros)[24]. Muito embora algumas modificações tenham sido feitas pelo Parlamento em 1955 (Lei n.º 517/1955) e por uma série de decisões da Corte Constitucional no período de 1965-1972, a maioria dessas alterações diziam respeito apenas à permissão da participação (não efetiva, ou seja, apenas observacional) da defesa na fase de investigação, mas nada tendo em vista uma alteração exclusiva para o exercício eficaz do contraditório[25].

A partir do ano de 1965, o Parlamento começou a considerar a reforma geral do processo criminal, delegando a responsabilidade formal da redação do novo Código apenas em 1974. O primeiro esboço surgiu em 1978, mas apenas ganhou palco após o Parlamento emitir uma nova delegação em 1987, aprovando o novo Código em 24 de outubro de 1989[26].

O Código trouxe consigo viradas revolucionárias para a época[27]. Saltou de um sistema extremamente inquisitório para um dos mais adversariais códigos europeus continentais (mesmo que em alguns aspetos ainda se vislumbre um sistema acusatório misto)[28].

O projeto do Código em 1974 – perspicaz por uma estrutura totalmente divergente da que já estava vigente – previa a obstrução total do juiz de primeira

[22] Verificar NR de n.º 18.

[23] Bronzo, 2017: 10-11.

[24] Lupária / Gialuz, 2019: 33-34.

[25] Pizzi / Marafioti, 1992: 4-5.

[26] Bronzo, 2017: 5.

[27] O Código pode ser enxergado como o meio caminho entre o modelo romano-germânico e o modelo anglo-americano.

[28] Siegel, 2006: 101-102.

instância em relação ao conhecimento dos atos praticados anteriormente. O sistema da divisão de autos ainda não havia sido pensado, mas já estava previsto que o órgão de decisão não conheceria os documentos e que não os poderia utilizar para fundamentar a decisão. O juiz de primeira instância tinha apenas uma lista dos documentos que poderiam ser analisados[29].

O pré-projecto do Código previa 'autos que vão para o julgamento' que era formado pelo escrivão e dele não poderia constar qualquer ato que tivesse sido realizado no inquérito policial. A única exceção prevista era no caso de urgência. Uma lista era preparada pelo juiz de instrução e esta ficava anexa à acusação, o que permitia ao juiz saber quais os atos que haviam sido realizados, mas não teria acesso ao conteúdo específico dos mesmos, apenas se os lesse.

Todavia, havia o problema de não se assegurar nessa situação o contraditório aos sujeitos processuais já que os atos praticados na fase anterior que não eram legíveis – ou seja, os que não eram aprovados para compor os autos que vão para julgamento – ficavam desconhecidos e eram "recolhidos" nos autos informais do *Pubblico Ministero*[30].

Esse sistema impediu que o juiz tivesse a disponibilidade, não apenas dos atos ilegíveis, como também daqueles que poderiam ser adquiridos previamente no processo (os irrepetíveis). Esse regime, então, não estava isento de crítica, principalmente no que dizia respeito à situação cognitiva do juiz e dos sujeitos processuais [31].

Em 16 de fevereiro de 1987, a lei foi aperfeiçoada, já que havia inclusive a necessidade de adaptar o processo penal italiano ao modelo delineado nas convenções internacionais. Nesse sentido, um dos avanços foi o de eliminar a figura do juiz de instrução e dos documentos de instrução[32]. Uma das mudanças operadas foi também a de marcar uma clara distinção das funções do juiz e do representante do MP. Além disso, foi criada a figura de um novo juiz: o das investigações preliminares (*giudice per le indagini preliminare*[33]).

[29] Bronzo, 2017: 12.

[30] Bronzo, 2017: 12-15.

[31] Bronzo, 2017: 13-14.

[32] Respectivamente em suas nomenclaturas originais: "*giudice instruttore*" e "*atti di instruzione*".

[33] Sobre o juiz das investigações preliminares: art. 328, CPP italiano, o autor: Tonini, 2005: 502, entende que a natureza dos poderes desse juiz reflete na sua nominação (por isso agora

Essa separação das funções dos juízes de acusação e de investigação foi, então, um marco, visando garantir a equidistância das partes[34].

Investido da função de intervenção imparcial (quando há a previsão legal ou a requerimento das partes[35]) o juiz das investigações preliminares não gere, nem coordena as investigações[36] e é por essa razão que passa a ser definido como o juiz dos atos e não dos procedimentos. Essa foi uma das viradas revolucionárias trazidas pelo CPP italiano, mas que não sanou todas as problemáticas para a melhoria da não contaminação cognitiva do juiz, em decorrência do tato com o arcabouço probatório.

Além disso, tanto a vítima como o arguido, têm ciência das investigações que estão sendo realizadas. Nas situações em que existam necessidades específicas em relação às investigações realizadas, o *Pubblico Ministero* pode ordenar, mediante decreto fundamentado, o sigilo dos registos por um período não superior a três meses e não renovável. Decorrendo seis meses da data da reclamação, o arguido pode requerer à autoridade encarregada informações sobre o estado da investigação[37].

Após a realização das investigações preliminares[38], diante da concretude ou não dos indícios delitivos, o *Pubblico Ministero* apresentará o pedido de

chamado de "juiz de instrução preliminar", enquanto antigamente era chamado de "juiz das investigações preliminares", já que ele tem apenas a função de controle dos atos praticados durante as investigações preliminares, bem como de fiscalização do *Pubblico Ministero* durante a realização destas. Ele não tem mais a iniciativa de investigar, mas sim de controlar. A iniciativa de investigação pertence ao *Pubblico Ministero*).

[34] Illuminati, 1988: 356.

[35] Illuminati, 2005: 502.

[36] Nesse sentido o art. 328-1, CPP italiano. À título de exemplo, podemos citar também o art. 406-1 do CPP italiano que prevê a função do juiz das investigações preliminares de verificar o prazo para a realização das investigações se o *Pubblico Ministero* fizer o requerimento da dilação de prazo.

[37] Art. 335º, CPP italiano.

[38] É a fase pré-processual penal antes do julgamento (art. 326º, CPP italiano). Além disso, vale salientar que o MP e a polícia judiciária são obrigadas a adquirirem elementos a favor do sujeito caso haja (art. 358º, CPP italiano). Há, nessa fase, ainda, a possibilidade de solicitar o "incidente probatório" que é uma instituição planejada e disciplinada pelo art. 392º do CPP italiano no qual o MP, também mediante pedido da parte lesada e da defesa do suspeito que podem requerer a produção antecipada dos meios de prova nos estágios pré-julgamento por risco de perecimento destas.

acusação (*rinvio a giudizio*[39]) ou de arquivamento na secretaria do tribunal[40] da notícia do fato. Caso o juiz da audiência preliminar[41] (*giudice dell'udienza preliminare*) não se convença da inocência do arguido e receba a acusação, decidirá se o julgamento seguirá pelos ritos alternativos ou se irá para julgamento[42]. Após o recebimento da acusação e a emissão do decreto que assim o fez, é necessário lidar com a formação do processo.

3. O sistema processual da divisão de autos (*doppio fascicolo*)

Outrossim, o atual modelo processual penal trouxe à tona o aspeto mais adversarial presente no Código, que assim como citado anteriormente, denomina-se o sistema do *doppio fascicolo*. Tecnicamente, o ponto central do sistema é a divisão dos autos em dois arquivos distintos: os autos do *Pubblico Ministero* (*fascicolo per il Publicco Ministero*), que fica disponível apenas para os sujeitos processuais – não prevendo nenhum contato com o juiz do julgamento – e possui a documentação realizada desde a fase investigativa de provas repetíveis e irrepetíveis; e os autos da audiência (*fascicolo per il dibattimento*), que é relativo e que abarca uma discussão prévia sobre as provas que serão analisadas[43], seja em julgamento ou na audiência preliminar.

Após o recebimento da acusação, o juiz da audiência preliminar, em conjunto com as partes do processo, iniciará a elaboração e formação dos autos

[39] Ponte / Demercian, 2016: 30-33.

[40] É o que relata o art. 416º, CPP italiano. Abarca ainda como requisitos básicos para compor o pedido da acusação: o relatório do crime, a documentação relativa as investigações realizadas e as atas dos atos praticados perante o juiz para as investigações preliminares. A descrição do delito e seus elementos pertinentes estarão anexados ao arquivo caso não precisem ser mantidos em outro local.

[41] De acordo com Concas, 2017, em *la distinzione tra GIP e GUP*, o juiz de audiência preliminar (*GUP- giudice dell'udienza preliminare*) é o responsável por decidir durante a audiência preliminar e o seu papel fundamental é atuar como um divisor de águas entre a fase de investigação preliminar e a fase de julgamento. Além disso, tem a tarefa de definir a data da audiência preliminar, notificar o acusado e ao ofendido, entre outras funções determinadas legalmente.

[42] Grinover, 1995: 49. A autora relata que a fase de julgamento é conduzida por um tribunal e "calcada na verdadeira oralidade, com todos os seus efeitos corolários, sendo as provas, todas orais, produzidas em contraditório pleno, inclusive pela *cross examination*." O contraditório pleno é realmente extremamente visível desde a investigação. É um diferencial importante no processo penal italiano.

[43] Sobre este assunto, Nobili, 1989: 274-284.

que vão para julgamento[44]. Entretanto, essa dinâmica já é iniciada desde as investigações (quando há a participação também da defesa, podendo colaborar com a investigação defensiva[45]), abrindo espaço então para que ambos os sujeitos processuais participem e exerçam o contraditório.

O sistema extremamente engenhoso, embora visivelmente articulado, criou três níveis de barreira, objetivando melhorar a não contaminação prévia do magistrado e a impermeabilização no processo dos resultados provenientes da investigação, através da indisponibilidade de documentos, da proibição de leituras iniciais aquisitivas[46] e da proibição de utilização[47] em decisão das provas que não forem anteriormente admitidas[48].

A divisão dos autos (*doppio fascicolo*) tem como uma das suas principais implicações a função de suprimir a acumulação da inclusão de todos os atos gradualmente realizados num só dossiê que seria destinado ao desempenho do papel do veículo *judicis ad sententiam*[49], principalmente por visar o respeito aos princípios da oralidade e do contraditório.

A ideia por detrás da reforma era nítida: fornecer ao juiz o conhecimento apenas das informações que ele deve utilizar para fundamentar a decisão, além de oferecer aos sujeitos processuais uma maior paridade de armas, participação processual e assegurar o acesso às informações, bem como uma análise diante de uma igualdade e originalidade cognitiva por parte do magistrado. Mas essa essência nem sempre foi recebida com bons olhos. A mudança brusca da separação entre o procedimento investigatório e os documentos que estariam presentes no processo, assim como a supressão dos poderes instrutórios

[44] Illuminati / Giuliani, 2017: 771. No livro: *Trattato Teorico Pratico di Diritto Processuale Penale – Le Indagini Preliminari e L'udienza Preliminare.*

[45] Fassone, 1995: 1104-1105. A aceitação da investigação defensiva como prova nem sempre foi automática. Nos primeiros rabiscos do código, a ID não poderia ser incluída no fascículo do *Pubblico Ministero*. Somente após algumas discussões foi que ganhou espaço no arquivo e mesmo valor probatório.

[46] Essas leituras proibidas estão consolidadas no art. 514º do CPP italiano com as devidas exceções normativas previstas.

[47] É o que se vê no art. 526º, n. 1, do CPP italiano que trata das provas que podem ser utilizadas para fins de deliberação. O inciso abarca a questão de que o juiz não pode fazer uso de provas diferentes das legitimamente adquiridas em audiência para efeitos de deliberação.

[48] Bronzo, 2017: 2.

[49] Illuminati / Giuliani, 2017: 772. Na obra: *Trattato Teorico Pratico di Diritto Processuale Penale - Le Indagini Preliminari e L'udienza Preliminare.*

dos juízes referente à gestão das provas, geraram diversas tensões entre a doutrina e a jurisprudência que atingiram o novo Código.

Em Itália, durante esses aprimoramentos do Código, diversas foram as crises e transformações sofridas. Além das discussões sobre a leitura das provas pelo juiz antes do julgamento do caso – menos percetível mas tão problemática quanto – foram os imbróglios quanto ao que seria cada conteúdo que estaria presente nos autos oficiais que iriam para esse julgamento (ou seja, os autos que serviriam como base para justificar a decisão final do processo).

A aplicação concreta do sistema de divisão de autos registrou, de facto, uma conspícua intolerância à rigidez do mecanismo bem evidenciada pela frouxidão de interpretação da jurisprudência que parecia alertar para um excesso de 'oralização' do processo. É o que passaremos a abordar a seguir, ao discutir a formação dos autos que vão julgamento[50].

II. A formação dos autos que vão para julgamento (*fascicolo per il dibattimento*) no processo penal italiano

Composto apenas por documentos que podem ser lidos e utilizados como prova para a decisão de mérito, os autos que vão para julgamento são elaborados pelo juiz da audiência preliminar. Constata-se desde as primeiras discussões[51] acerca da constituição desses autos, que o que ocorre na separação elementar dos autos (autos que vão para julgamento e os autos do *Pubblico Ministero*) não é uma atividade meramente automática.

Nesse sentido, o sistema sempre esteve em constante batalha interna por causa de duas motivações específicas: a primeira dizia respeito ao conteúdo que seria disponibilizado para o juiz desde a abertura da fase instrutória, isto é, o material que fará parte dos autos da audiência e que vai para julgamento; e a segunda, em relação aos procedimentos que seriam utilizados para a devida formação desse dossiê, assegurando aos sujeitos processuais o direito de supervisionar a composição regular do processo que será enviado para o juiz da audiência[52].

[50] Bronzo, 2017: 15-16.

[51] Illuminati, 1988: 356.

[52] Illuminati/Giuliani, 2017: 772: "Ma se così è, risulta agevole comprendere che qualsiasi disciplina del sistema del 'doppio fascicolo' si trova fatalmente alle prese con almeno due

O dossiê da audiência é recolhido e colocado à disposição do juiz da audiência preliminar. Nele, há uma série de materiais úteis para a decisão, incluindo relatórios de investigação (que são destinados apenas para o uso probatório após o crivo do contraditório exercido pelos sujeitos processuais). Esses autos são enriquecidos progressivamente pelas aquisições gradativas dos conteúdos. São conhecidos por serem 'autos de teste' já que constituem uma espécie de pacote de informação que é direcionado ao juiz para a gestão formal do debate e para quaisquer acréscimos que venha a sofrer a investigação antes que seja tomada uma decisão[53].

De acordo com o que traz o art. 431º do CPP italiano, nos autos do julgamento, podem ser incluídos, desde o inicio, os seguintes documentos: 1. a) documentos relacionados ao julgamento da ação criminal e ao exercício da ação civil; b) a ata dos atos não repetíveis praticados pela polícia judiciária; c) a ata dos atos não repetíveis praticados pelo *Pubblico Ministero* e pelo defensor; d) documentos adquiridos no exterior por cartas internacionais rogatórias e atas de documentos não repetíveis da mesma maneira; e) a ata das ações praticadas no incidente probatório; f) a ata das ações, exceto as previstas na letra d), levadas ao exterior como resultado de cartas internacionais rogatórias às quais os defensores foram colocados em posição de auxiliar, bem como exercer as faculdades que lhe são permitidas pela lei italiana; g) a certidão geral do registro criminal e os demais documentos indicados no artigo 236; h) o relatório do crime e as coisas pertinentes à ofensa, se elas não precisarem ser mantidas em outro lugar[54].

Essa disposição é complementada pelo art. 514º do CPP italiano que fixa o princípio da ilegibilidade dos atos da investigação, salvo em situações específicas. O regime anterior, que permitia que qualquer leitura que não fosse proibida poderia ser consolidada nos autos, foi derrubado. Ocorreu uma mudança de extrema importância, já que se proibiu a aquisição, em juízo, das atas de

questioni fondamentali: a) il contenuto del fascicolo dibattimentale, e cioè l'individuazione degli atti da mettere a disposizione del giudice sin dall'apertura della fase del giudizio; b) le modalità di formazione del predetto dossier, ossia la previsione di spazi operativi che consentano alle parti di vigilare sulla regolare composizione del fascicolo che sarà trasmesso al giudice del dibattimento."

[53] Bronzo, 2017: 15.

[54] Art. 431º, n. 1, CPP italiano.

instrução e as leituras são previstas em regime de exceção – arts. 511º, 512º e 513º do CPP italiano – pois não toleram expansões de forma interpretativa[55].

Essa proibição geral de leitura ainda é complementada pela proibição de uso das provas que não sejam adquiridas legitimamente para a decisão na audiência[56]. Há um cuidado especial quanto à proteção da decisão ao se enxergar os freios e contrapesos usados para filtrar a prova que vai para julgamento – diferentemente do que antes ocorria quando o juiz possuía poderes para extrair elementos de convicção durante boa parte do processo – e o cumprimento às regras de legalidade.

Entretanto, como dito anteriormente, existiram alguns litígios acerca da sustentação do sistema quanto ao momento de introdução das provas e o que a abrangência de alguns dispositivos poderiam causar por causa de suas devidas redações.

1. A discussão acerca dos documentos pertinentes ao crime

Uma das controvérsias que surgiu foi em relação aos documentos que por si próprios já fazem parte do delito (*il documenti quali cose pertinenti al reato*)[57]. Passou a discutir-se a situação em que o juiz já possuía o conhecimento de relatórios de apuração[58] realizados por autoridades administrativas e se estes poderiam ser utilizados na decisão, já que eram documentos de formação realizada fora de contextos processuais. Sendo assim, entendia-se que faziam parte de documentação pertinente ao que serviria para comprovar a materialidade o delito de forma lícita (art. 431º, n.º 1, letra h).

Diante desse fato, chegou-se a conclusão à época de que qualquer documento que era idôneo para comprovar o crime e que fosse recolhido durante as investigações ou produzido em audiência preliminar tinha validade e poderia ser incluído nos autos que vão para julgamento[59].

[55] Bronzo, 2017: 2.

[56] É o que há expressamente no artigo 526º, n.º 1 do CPP italiano quando se fala das provas utilizáveis para fins deliberativos.

[57] Bronzo, 2017: 16.

[58] Os relatórios de apuração são os que contêm as provas que ainda estão sendo apuradas ou investigadas por autoridades administrativas.

[59] Bronzo, 2017: 17. É o que diz o autor na nota de rodapé n.º 21 de sua obra, quando faz referência às decisões da jurisprudência: "in giurisprudenza, v. Cass., Sez. V, 22 gennaio

O elemento "relevância" para o cometimento do delito é um parâmetro adequado para apuração na fase investigativa, já que é nela que existe a necessidade da legitimidade específica para que se possa descortinar as evidências. Todavia, em relação à fase de julgamento, essa abordagem foi repensada, pois poderia levar tanto a uma amplitude hermenêutica da norma, quanto a uma inflação de componentes probatórios que poderiam ser prejudiciais, uma vez que conduziria a anexar – sempre e em todo o caso – qualquer elemento de prova que fosse constituído fora do processo e que era dotado de uma possível apreciação judicial[60].

Dessa forma, pareceu mais razoável acreditar que as provas documentais deveriam ser apenas inseridas na audiência de julgamento, se indicadas pela parte requerente e se postas diante do contraditório (para que houvesse o pronunciamento sobre a sua admissibilidade). Ademais, através de despacho, a prova referida no artigo 431, n.º 1, letra h, deve ser conjuntamente admitida pelo juiz de primeira instância e materialmente adquirida através da sua inserção nos autos (nos termos do art. 515º[61] do CPP italiano combinado com os arts. 234º[62], 493º[63], 495º[64]).

2003, Atwood, in D&G, 2003, f. 14, p. 113; Cass., Sez. V, 15 aprile 1999, n. 7685, in C.E.D. Cass., n. 213688."

[60] Ob. cit., Bronzo, 2017: 17. Ao relatar essa polêmica, o autor cita em nota de rodapé de n.º 51, na referida página, as seguintes decisões da jurisprudência e doutrinas que levaram as discussões: "in giurisprudenza, v. Cass., Sez. V, 22 gennaio 2003, Atwood, in D&G, 2003, f. 14, p. 113; Cass., Sez. V, 15 aprile 1999, n. 7685, in C.E.D. Cass., n. 213688." Bem como na NR de n.º 53 que cita as referidas decisões da corte constitucional "La tesi è stata anche implicitamente disattesa da Corte cost., 30 marzo 1992, n. 142, in Cass. pen., 1992, p. 1986, e 2632, con nota di O. MAZZA, Formazione del fascicolo, cit., quando ha negato che il verbale di protesto di assegni faccia parte del contenuto originario del fascicolo, notando come esso possa tuttavia trovare ingresso nel processo quale prova documentale (conforme, Cass., Sez. V, 15 aprile 1999, Ceccarini, ivi, 2000, p. 2393)."

[61] O artigo trata do anexo de documentos ao processo para a audiência afirmando que a ata dos documentos lidos e referidos no art. 495º são inseridos juntamente com a ata de audiência no processo que vai para a audiência.

[62] O artigo se refere a prova documental.

[63] De suma importância é o referido artigo, já que traz para o debate como é feita a solicitação de introdução das provas no arquivo de julgamento. Isso será abordado também no tópico do arquivo do *Pubblico Ministero*.

[64] Aqui há a regulamentação acerca das funções do juiz à respeito do julgamento. Trabalha-se nesse artigo as normas quanto as provas emprestadas, a confissão, do momento da admissibilidade ou exclusão das provas. Afirma-se ainda que durante a audiência de instrução, cada

2. A discussão acerca dos atos irrepetíveis

A problemática instala-se no sistema quando há também uma discussão sobre a interpretação do que seriam os atos irrepetíveis[65]. A falta de uma definição normativa do que consiste essa tipologia de atos, impõe o surgimento de critérios-guias de um ou mais elementos que permitam afirmar que determinado ato deverá, essencialmente, compor um processo e que não é passível de ser produzido e debatido em julgamento. A elaboração desse fundamento caberia ao intérprete da norma e apenas em última instância à jurisprudência.

Tal mister estava longe de ser simples. Definir o que é 'irrepetível' depende de interpretação e da visão do que categorizaria esse adjetivo, o qual pode assumir diversos significados, além de que pode acarretar diversas discussões sobre a formação do contraditório durante essa constituição probatória. As compreensões não eram simples, eram várias e foram se desenvolvendo cada vez mais ao longo dos anos.

Algumas visões eram parciais e restritivas, outras já nem tanto e aumentavam exageradamente a noção do que seriam esses atos – ao sacrificarem muitas das vezes a oralidade e as instâncias que garantiam a não dispersão probatória, totalmente ao contrário do que prelecionava o Código – dando margem a diversas interpretações[66].

As grandes discussões e decisões giraram em torno, basicamente, das seguintes situações: do princípio da não surpresa; de saber se havia irrelevância probatória dos atos praticados durante a investigação[67]/[68]; de saber se as informações prestadas pela polícia judiciária ou os relatórios de serviços eram irrepetíveis no momento em que foram constituídos; se os relatórios de prisão ou detenção eram considerados dignos de alegação na

uma das partes pode renunciar, com o consentimento da outra parte, a obtenção de provas admitidas no pedido consolidado.

65 Termo presente no art. 431º, n.º 1, letras b e c do CPP italiano.

66 Ob. cit., Bronzo, 2017: 19.

67 Por exemplo, uma busca e apreensão.

68 Bronzo, 2017: 19. Cita em nota de rodapé de n.º 58 as seguintes decisões da jurisprudência que abarcaram essa discussão: "Cass., Sez. VI, 22 settembre 2002, Castellano, in Cass. pen., 2004, p. 1728, con nota di FANUELE, L'utilizzabilità delle relazioni, cit.; conforme Cass., Sez. I, 14 giugno 2000, n. 8860, Guastalegname, in C.E.D. Cass., n. 216551, a proposito di una relazione concernente attività di constatazione, ad opera della p.g., di fatti dai quali emergeva l'esistenza di determinati rapporti fra due imputati." Além disso, correlaciona-se com a ata dos atos não repetíveis praticados pela polícia judiciária (art. 431º, b, CPP italiano).

corte e utilizáveis[69]; se a noção de não repetibilidade derivava de uma mutabilidade da prova ou perda absoluta de descrição durante uma audiência; se todas as declarações eram tidas como repetíveis (ambíguo já que pessoas mortas não podem realizar declarações)[70]; se o incidente probatório, as cartas rogatórias[71], as provas adquiridas no exterior a pedido de uma autoridade italiana, os relatórios de roubo, entre outros, eram tidos como irrepetíveis.

Dentre essas principais, ocorreram outras tantas discussões: acerca da irrepetibilidade em razão da perda de informações devido à mutabilidade da prova[72]; a possibilidade de partes da documentação virem a ser lidas e

[69] Bronzo, 2017: 22-23.

[70] Bronzo, 2017: 19-20. O autor cita alguns casos da Corte de Cassação que tratam da mutabilidade da prova. Nesse sentido, analisa a situação da denúncia de um furto, em que havia a descrição do bem furtado. Bem como a questão do reconhecimento fotográfico e os registos fotográficos obtidos. Nas situações, as respetivas decisões da jurisprudência citadas pelo autor na nota de rodapé n.º 59, trataram como situações passíveis de mudança com o tempo, sendo então provas irrepetíveis: "Cass., Sez. I, 24 luglio 1993, Delle Fave, in Arch. n. proc. pen., 1993, p. 560: nella specie, un'informativa di reato in cui si riferiva che un sorvegliato speciale era stato notato fuori dell'abitazione in orario non consentito; idem per la denuncia di furto, quanto alla parte descrittiva del bene sottratto (Cass., Sez. II, 25 giugno 1996, Desimone, ivi, 1997, p. 78), il riconoscimento fotografico effettuato davanti alla polizia (Cass., Sez. IV, 5 aprile 1996, Santoro, ivi, 1996, p. 920). Anche Cass., Sez. un., 28 ottobre 1998, Barbagallo, ivi, 1999, p. 2074, pur non esprimendosi sull'acquisibilità della relazione di servizio di per sé, aveva incluso i verbali di sopralluogo e di mera osservazione (con le relative riprese fotografiche) fra gli irripetibili, in quanto riproducenti situazioni soggette a mutamento."

[71] Ob. cit., Illuminati / Giuliani, 2017: 776.

[72] Bronzo, 2017: 19-20. O autor cita alguns casos da Corte de Cassação que tratam da mutabilidade da prova. Nesse sentido, analisa a situação da denúncia de um furto, em que havia a descrição do bem furtado. Bem como a questão do reconhecimento fotográfico e os registos fotográficos obtidos. Nas situações, as respetivas decisões da jurisprudência citadas pelo autor na NR n.º 59, trataram como situações passíveis de mudança com o tempo, sendo então provas irrepetíveis: "Cass., Sez. I, 24 luglio 1993, Delle Fave, in Arch. n. proc. pen., 1993, p. 560: nella specie, un'informativa di reato in cui si riferiva che un sorvegliato speciale era stato notato fuori dell'abitazione in orario non consentito; idem per la denuncia di furto, quanto alla parte descrittiva del bene sottratto (Cass., Sez. II, 25 giugno 1996, Desimone, ivi, 1997, p. 78), il riconoscimento fotografico effettuato davanti alla polizia (Cass., Sez. IV, 5 aprile 1996, Santoro, ivi, 1996, p. 920). Anche Cass., Sez. un., 28 ottobre 1998, Barbagallo, ivi, 1999, p. 2074, pur non esprimendosi sull'acquisibilità della relazione di servizio di per sé, aveva incluso i verbali di sopralluogo e di mera osservazione (con le relative riprese fotografiche) fra gli irripetibili, in quanto riproducenti situazioni soggette a mutamento."

utilizadas no fascículo, enquanto outras não[73]; em relação ao incidente probatório[74]; dentre outras discussões específicas que não abarcam o foco deste trabalho.

Além dos documentos que pertencem adequadamente aos autos que vão para a audiência, desde a sua abertura, há a possibilidade de as partes concordarem entre si[75] para transpor documentos dos autos do *Pubblico Ministero* para a audiência, bem como a documentação que se refere à investigação defensiva[76]. Essa possibilidade nasceu quando as partes – intolerantes à rigidez criada pela barreira de transposição entre os autos – passaram a entrar em acordo extraordinariamente para incluir nos autos pareceres técnicos antes das audiências, ou mesmo quando não houver manifestação contrária da outra parte na indexação de novos documentos (aceitação tácita pelo não pronunciamento contrário)[77].

Nesse viés, portanto, quando há o comum acordo entre as partes (ou aceitação tácita), deduz-se que a passagem dessas provas para os autos de julgamento não poderia conduzir a um resultado diferente do que já fora cristalizado na fase investigatória. Ademais, enfatiza-se a imposição do consentimento das partes para a anexação de provas nos autos da audiência. A gestão probatória do juiz, nesse sentido, fica cada vez mais cquidistantc.

Na fase de instrução processual, caso haja acordo entre as partes para a inserção no dossiê que vai para julgamento de novas provas, estas poderão ser

[73] Bronzo, 2017: 22. O autor cita jurisprudência da Corte de Cassação que se refere a essa discussão: "Cass., Sez. IV, 20 aprile 1995, Greco, in Cass. pen., 1996, p. 1467, con nota di D. POTETTI, Svolta restrittiva, cit."

[74] Já citado na NR de n.º 36 deste trabalho: art. 392º do CPP italiano traz a especificação do incidente probatório.

[75] Illuminati / Giuliani, 2017: 778. Obra: *Trattato Teorico Pratico di Diritto Processuale Penale - Le Indagini Preliminari e L'udienza Preliminare*. O autor relata que na jurisprudência o acordo entre as partes manifesta-se pela vontade expressa do proponente e a ausência de oposição da contraparte. Ou seja, uma *facta concludentia*. A inutilidade dos atos erroneamente incluídos nos autos da audiência não é automática, mas decorre de exceção parcial oportuna.

[76] É o que traz a redação do art. 431º, item 2 do CPP italiano: "Le parti possono concordare l'acquisizione al fascicolo per il dibattimento di atti contenuti nel fascicolo del pubblico ministero, nonché della documentazione relativa all'attività di investigazione difensiva."

[77] Bronzo, 2017: 23. Em nota de rodapé n.º 75 cita: "Cass., Sez. I, 23 gennaio 2003, n. 8739, Cirillo, in Cass. pen., 2005, p. 1287."

incluídas até ao momento das solicitações das mesmas antes do julgamento final[78].

Não são todos os documentos adquiridos na fase de investigação que são transmitidos para o juiz em primeiro plano. Há de se convir que a decisão de redigir sobre a distinção de atos repetíveis e irrepetíveis (apesar de muitas vezes ainda haver a discussão acerca da irrepetibilidade ou não), foi acertada.

Algumas correções foram realizadas em 16 de dezembro de 1999. Hoje, existe um entendimento consolidado no sentido de que os atos irrepetíveis são os que inicialmente são anexados ao processo (incluindo os atos não repetíveis praticados pelos arguidos que são produzidos na investigação defensiva), ao passo que os restantes passarão pelo crivo do contraditório.

III. A formação dos autos do *Pubblico Ministero* (*il fascicolo del Pubblico Ministero*) e a dinâmica da passagem de documentos para os autos que vão para julgamento no processo penal italiano

A contar da data em que o nome do investigado é registado no relatório do crime[79], o *Pubblico Ministero* tem seis meses para realizar a acusação (ou um ano, a depender do delito cometido) juntamente com o arquivo que contém as investigações efetuadas e a ata dos atos praticados perante o juiz da investigação preliminar[80]. Obrigatoriamente, deverá notificar o arguido e a defesa, bem como o lesado, o seu advogado particular (assistente da acusação) caso haja, da conclusão preliminar das investigações. Apenas após o final da audiência preliminar é que o fascículo do *Pubblico Ministero* começa a ser constituído[81].

No fascículo do *Pubblico Ministero* encontram-se todos os atos que não foram encaminhados para o juiz de primeira instância (ou seja, a documentação residual), bem como a ata e os documentos que foram constituídos na audiência preliminar dos quais o juiz de 1.ª instância – ou seja, de julgamento – não

[78] Art. 493º, § 3º e art. 555º, § 4º, CPP italiano.

[79] Art. 415º, n.º 2, CPP italiano.

[80] Art. 405º, n.º 2 do CPP italiano. Preleciona também que se for um dos crimes indicados no art. 407º, n.º 2, al. *a* do CPP italiano, terá um ano para apresentar a acusação. No mesmo sentido o art. 416º do CPP italiano que aborda a questão da apresentação do pedido do *Pubblico Ministero*.

[81] Bronzo, 2017: 251-252.

poderá ter acesso[82]. Normalmente, são atos decorrentes das investigações preliminares (que compõem o inquérito[83]), das investigações suplementares relativas a diligências realizadas após a acusação[84] e a provas produzidas de ofício[85].

É denominado autos do *Pubblico Ministero*, mas que em verdade está à disposição de todas as partes e estas gozam do direito de fiscalizar as diligências realizadas nos autos e serem avisadas caso se verifique a inclusão de novas investigações complementares[86]. Por conseguinte, ao se ter o acesso pleno aos autos, abre-se espaço para que se definam melhor as estratégias a utilizar para a condução da audiência.

A defesa tem ainda o direito de visualizá-lo a qualquer momento na secretaria e de extrair cópia do mesmo[87]. Além de poder apresentar petições, produzir documentos, solicitar determinadas investigações ao *Pubblico Ministero*, fazer declarações, pedir para interrogar o arguido, caso queira, entre outros[88]. Nitidamente, esse direito coaduna com a necessidade constitucional da paridade de armas[89], o pleno direito de defesa e o direito do arguido de dispor de tempo para preparar a sua defesa[90]. Em casos excecionais, pode ser usado no tribunal para quaisquer contestações ou leituras. De forma mais geral, constitui o caminho sobre o qual a audiência será conduzida, realizada preponderantemente por iniciativa da parte[91].

Entretanto, mesmo perante essas normas gerais, algumas dúvidas poderão surgir, tais como: o que se faz com esses autos? Pode ser introduzido no julgamento? O *Pubblico Ministero*, mediante declarações do arguido, pode relatar que ocorreram depoimentos diversos na fase de julgamento em relação ao que fora dito em sede de inquérito preliminar? Qual é o valor da contradição

[82] Art. 433º, CPP italiano.

[83] Art. 421-bis CPP italiano.

[84] Art. 419º, n.º 3, CPP italiano.

[85] Art. 422º, CPP italiano, que se refere a atividade de integração probatória do juiz. No parágrafo 1º há a menção de que o juiz poderá determinar de ofício a requisição das provas que sejam de caráter definitivo para os efeitos da sentença.

[86] Illuminati / Giuliani, 2017: 795-796.

[87] Art. 433º, n.º 2, CPP italiano, bem como art. 430, n.º 2.

[88] São as regras presentes no art. 415-bis, CPP italiano. Mencionadas em: Galgani, 2009: 27.

[89] Art. 111º, n.º 2, da Constituição italiana.

[90] Art. 111º, n.º 3, da Constituição italiana.

[91] Ob. cit., Bronzo, 2017: 15.

alegada pelo *Pubblico Ministero*? Há um valor probatório desses autos ou que ao menos possa enfraquecer o argumento do arguido? E se forem entranhadas provas desses autos para os de julgamento que não passaram pelo crivo do contraditório ou mesmo não foram inseridas no momento correto, o que acontece?

A documentação contida nos autos do *Pubblico Ministero* apenas poderá ir para julgamento caso as partes formulem um pedido ao juiz de primeira instância nesse sentido e este venha a aceitá-lo[92]. Como dito anteriormente, tal significa que os documentos contidos nesses autos são negociáveis para implementação nos autos que vão para audiência, mas tal só ocorrerá se as partes estiverem de comum acordo.

Todavia, caso exista alguma investigação complementar realizada após o momento da acusação e recebimento da denúncia, a mesma fica vulnerável a sofrer um questionamento, já que rompe com as estratégias da parte contrária em relação ao material produzido. É por essa razão que se espera que qualquer material produzido seja imediatamente depositado nos autos do *Pubblico Ministero*, pois, dessa forma, ambas as partes tomarão conhecimento do que está sendo feito e podem discorrer sobre a prova.

Entretanto, a simples assunção da negociação para que seja realizado um acordo entre as partes para a implementação de documentação probatória proveniente do conhecimento de ambas – em decorrência de sua constituição nos autos do *Pubblico Ministero* – não significa dizer que a qualquer momento estas podem ser introduzidas nos autos que vão para julgamento.

Existe um momento processual que estabelece um limite para a introdução dessas investigações complementares, a pedido do *Pubblico Ministero* ou da defesa. O art. 430º[93], n.º 1, do CPP italiano, estabelece que após a promulgação do decreto que ordena a sentença[94], as investigações complementares podem

[92] Art. 433º, n.º 2, CPP italiano.

[93] Art. 430º, CPP italiano.

[94] O art. 428º do CPP italiano abarca o recurso de apelação. No item 3 relata que no caso de uma sentença improcedente a acusação do MP, caso o órgão recorra e o tribunal responsável pelo julgamento da apelação não confirme o que fora sentenciado anteriormente, pronunciará o decreto sentença (fase entre a primeira sentença proferida e a sentença do tribunal) formando o expediente para a audiência em conformidade com os arts. 429º e 431º do CPP italiano ou mesmo sentenciará com as devidas reformulações menos favoráveis ao arguido. Ou seja, por decreto que ordena a sentença, entende-se como um prazo não inferior a 20 (vinte)

ser introduzidas caso sejam requeridas ao juiz de primeira instância. A exceção diz respeito às provas que exigem a participação do arguido ou de seu defensor, as quais, se forem colocadas nos autos, serão tidas como inválidas[95].

Se vier a sofrer algum dano em virtude do momento da apresentação dos documentos provenientes de investigações complementares e inseridos intempestivamente nos autos que vão para julgamento, a defesa poderá contar com adoção de medidas cabíveis pelo juiz, visando reintegrar as suas prerrogativas ou poderá mesmo verificar se cabe o arquivamento imediato daqueles[96].

Em decorrência dessa assertiva, existem posições no sentido de que, se as partes têm acesso aos autos do *Pubblico Ministero,* não se deve falar em violação ao direito de defesa, já que não existe o impedimento da fiscalização das investigações e do que está sendo investigado[97]. De outro modo, há a visão de que, se a prova em questão não for considerada inutilizável, desrespeitará a necessidade predeterminada constitucionalmente da separação dos autos e da proteção efetiva da virgindade cognitiva do juiz de primeira instância e o método contraditório de formação da prova, pondo em causa a impermeabilidade dos documentos indevidamente introduzidos.

Caso ocorra a produção probatória pela defesa na investigação defensiva, esta deve também compor os autos do *Pubblico Ministero,* se houver a intenção de utilizá-la para formular pedidos de provas ao juiz de primeira instância. No entanto, em razão do silêncio normativo, o defensor não precisa de notificar as outras partes, já que seria inimaginável que o *Pubblico Ministero* não

dias prolatado para que reformule e se fixe a sentença e, como mencionado no corpo do texto, se for o caso, que haja a apresentação de investigações complementares.

[95] Bronzo, 2017: 256. O autor acertadamente fala que essas proibições são plausíveis já que em primeiro lugar a denúncia foi analisada pelo *GUP* e mesmo assim o legislador ainda permite que sejam realizadas investigações suplementares e paralelas. Dessa forma, as partes terão que se desdobrar para que haja o contraditório antes do julgamento. Por outro lado, a proibição se aplica para evitar que o representante do MP atrase estrategicamente a realização de atos importante, só os colocando em prática quando o *GUP* recebe a denúncia e o arguido já não pode mais optar por um dos ritos alternativos. É praticamente uma armadilha.

[96] Illuminati, 2017: 979. Em NRs n.ºs 70 e 71 cita as seguintes decisões da jurisprudência: "Così, Cass., Sez. II, 4.5.2011, Esposito e altri, in CED, 2011/250568. V. anche Cass., Sez. IV, 6.11.2007. Assisi e altri, CED, 2007/238950; Così, Cass., Sez. II, 24.4.2012, Barbaro e altri, CED, 2012/254029."

[97] Illuminati, 2017: 979. NR n.º 73: "Così, Cass., Sez. V, 18.1.2011, Mulè e altri, CED, 2011/250165."

conhecesse da movimentação, em virtude de a documentação ser protocolada na própria secretaria[98].

Por um lado, portanto, apesar dos esforços do sistema, ainda assim pode haver o risco inerente da contaminação cognitiva do juiz do julgamento caso surjam provas complementares. Estas provas devem passar pelo crivo do juiz de julgamento para tomar espaço no processo, apesar do conhecimento prévio das mesmas pelo arguido. Mas por outro, existe a possibilidade de a defesa também poder beneficiar desse aspeto, por ter o mesmo direito de solicitar a juntada de documentações referentes à investigação defensiva.

Em conclusão, a essas investigações complementares, caso as partes incluam nos acordos de aquisição (formulado entre elas, como dito anteriormente caso queiram anexar novos documentos) e o momento de apresentação dos acordos ultrapasse o prazo dado, mesmo que queiram inserir, a prova não pode ser utilizada para a decisão final[99].

Por fim, no que diz respeito às divergências das declarações prestadas pelo arguido (ou mesmo por testemunhas) entre a investigação preliminar e a audiência, a redação do art. 503º, n.º 3 e 5 do CPP italiano aponta no sentido de o *Pubblico Ministero* e o(s) arguido(s) poderem utilizar, no todo ou em parte, os depoimentos proferidos anteriormente pela parte examinada e que constam do fascículo do *Pubblico Ministero.* Mas estes depoimentos antes utilizados, só terão validade quando apresentarem relação com fatos ou circunstâncias que já foram relatadas anteriormente, não de novas. Além disso, caso surja alguma declaração que tenha sido realizada anteriormente sob o crivo do contraditório e com a presença do defensor, a mesma poderá integrar os autos que vão para julgamento.

Vê-se, assim, que mesmo diante de quadros dificultosos para a implementação do sistema em razão das discussões mencionadas, em muito se percebe os delineamentos de um sistema acusatório melhorado. Apesar das imperfeições, encontramos diversas virtudes, tais como: o acesso às investigações; a possibilidade de realização de um contraditório prévio; a separação entre o juiz das investigações, o juiz da audiência preliminar e o juiz de julgamento; e principalmente a divisão dos autos após a audiência preliminar, garantindo

98 Illuminati, 2017: 799.

99 Bronzo, 2017: 257-258.

que ambas as partes tenham pleno acesso a toda a documentação e realizem debates orais, contrarrazoem para defesa de anexação de provas – de modo geral – para somente após isso, as provas serem transpostas para os autos que vão para julgamento; e a plena visualização de um processo mais colaborativo/participativo. O sistema processual penal italiano em muito contribui para os avanços das necessidades dos tratamentos igualitários entre as partes, enxergando-se que na gestão de provas é possível ser feito um trabalho de grande valia.

IV. A contaminação cognitiva do juiz: um problema de gestão sistemática, de iniciativa probatória ou de conhecimento do conteúdo das investigações pelo magistrado?

1. As opiniões díspares: os dois lados da moeda no processo penal

O axioma é lógico: o contato prévio na formação da prova pode gerar a tendência a um resultado condenatório. A experiência de campo[100] abordada no estudo de Bernd Schünemann traz à tona essa sobrecarga condenatória. O professor alemão selecionou um processo ambivalente, com produção probatória realizada por ambas as partes. Ou seja, num processo em que existiam provas tanto para condenar, como para absolver o arguido.

A pesquisa foi realizada com 58 juízes e representantes do MP. O primeiro grupo era composto por 8 juízes e 6 representantes do MP que tinham o conhecimento dos autos da investigação preliminar, audiência de instrução e julgamento, além de terem a possibilidade de inquirir testemunhas. Desses, os 8 juízes e 2 representantes do MP condenaram, ao passo que os outros 4 absolveram. No segundo grupo, a participação foi de 9 juízes e 5 representantes do MP que tinham conhecimento dos autos da investigação preliminar, audiência de instrução e julgamento, mas não tinham a possibilidade de inquirir testemunhas. Novamente, os 9 juízes presentes condenaram, e dos representantes do MP 1 condenou e 4 absolveram. No terceiro grupo, estavam incluídos 11 juízes e 6 representantes do MP que apenas tinham o conhecimento da audiência de instrução e julgamento e a possibilidade de

[100] Schünemann, 2013: 210-211.

inquirir testemunhas. Nessa situação, apenas 3 juízes condenaram e os outros 8 absolveram. Já em relação aos representantes do MP, apenas 1 deles condenou e os outros 5 absolveram. O quarto e último grupo trabalhou apenas com o conhecimento da audiência de instrução e julgamento e não havia a possibilidade de inquirir testemunhas. O resultado foi o seguinte: 5 juízes condenaram e 2 absolveram, ao passo que 1 representante do MP condenou e os outros 5 absolveram.

Diante desse cenário, Schünemann chegou às seguintes conclusões: 1) no caso do conhecimento dos autos da investigação preliminar, havia uma tendência de condenação; 2) os juízes que tinham a gnose dos autos não assimilaram perfeitamente o que fora trazido pela defesa na audiência de instrução e julgamento, já que haviam pré-fixado o conteúdo que já sabiam dos autos em decorrência do acompanhamento da documentação da investigação prévia; 3) verificava-se melhor memorização daqueles que absolveram sem o conhecimento dos autos e com a possibilidade de inquirir testemunhas; 4) por último, a elaboração de várias perguntas visava mais garantir a suspeita primária, do que a melhoria qualitativa do conteúdo[101].

É sabido, de acordo com o estudo realizado, que frente a essas descobertas os poderes instrutórios e o conhecimento prévio do juiz sobre a investigação preliminar realizada podem influenciar na decisão, mas que o problema reside principalmente no momento da análise do conteúdo.

De nada adianta o juiz inquirir uma testemunha, por exemplo, se já existe um conhecimento prévio dos autos e se aquele já tinha uma conceção básica do que seria abordado na discussão e do que seria respondido. Há uma predisposição do magistrado de apenas estar buscando confirmar o que leu. Quanto mais se tem acesso aos autos, mais as perguntas que são elaboradas são para confirmar os fatos sobrepostos. Porém, não significa dizer que ao "instruir" o processo, inquirindo as testemunhas (tal como o usado no exemplo do alemão) haverá uma tendência a condenar[102].

[101] Schünemann, 2013: 212-213.

[102] É o que se afirma em Badaró, 2019: 26, o qual relata que, da mesma forma que um cientista ou historiador busca evidências para comprovar o que está procurando (uma verdade mediata ou imediata), o magistrado também se empenha psicologicamente com a "empreitada heurística" e a conclusão proveniente desse resultado, tem uma tendência que já é buscada

Em posição contrária à de Schünemann, Petra Velten, critica o art. 261º[103] StPO, de acordo com o qual o tribunal só decidirá sobre o resultado da obtenção de provas com base na sua livre convicção, extraída da essência da audiência, proibindo, assim, o tribunal de basear a decisão nas provas que foram conhecidas fora dos autos ou fora da audiência principal. A garantia advém do objetivo principal do Código alemão de apoiar os princípios da oralidade, publicidade e imediatismo e é estendido desde a recolha das provas até a tomada de decisão. Sendo assim, o tribunal apenas poderá basear as suas decisões nos documentos escritos apresentados na audiência principal.

Ora, a autora sustenta que é importante o juiz conhecer o inquérito do MP, já que a investigação começa relativamente aberta e que existem várias linhas de pesquisa, com várias hipóteses divergentes e que podem apresentar resultados distintos dos que foram inicialmente tratados, bem como pode ser considerada uma apuração sem conclusão[104].

Em tese, uma boa investigação deve ter toda a ideia da teoria do crime e ainda um relatório alternativo. Dessa forma, o investigador impede que haja

previamente por ele. Acrescenta ainda que "A imparcialidade, além de uma garantia fundamental do devido processo legal, também é uma condição necessária da atividade epistêmica."

103 § 261 *StPO*- Grundsatz der freien richterlichen Beweiswürdigung: Über das Ergebnis der Beweisaufnahme entscheidet das Gericht nach seiner freien, aus dem Inbegriff der Verhandlung geschöpften Überzeugung.

104 Velten, 2016. Vorbemerkung zu §261 StPO. É o que afirma Velten quando relata que o problema está no modo como as investigações foram conduzidas e não em relação ao conhecimento prévio do conteúdo probatório e do efeito psicológico que isso pode causar. Afirma ainda que o valor dado às provas na audiência principal depende tão somente do quão foram exaustivamente investigadas em outros momentos do processo. Quando uma investigação é mal feita, há uma tendência ao aumento do material para incriminar o acusado. Senão vejamos na redação original: "Stets wäre zweifelhaft, ob nicht weitere Beweiserhebungen andere Informationsquellen zutage gefördert hätten. Diese Aussage gilt nicht nur für die Beweis würdigung von Richterinnen und Richtern, die bereits Aktenkenntnis haben, sondern sie gilt auch für diejenigen, die ohne vorherige Aktenkenntnis entscheiden. Es geht also nicht um den psychologischen Mechanismus der Wirkung der Aktenkenntnis, sondern um die wahrscheinlichkeitstheoretische Bedeutung, die der Art und Weise zukommt, in der die Ermittlungen geführt wurden. Der Wert des in der Hauptverhandlung präsentierten Beweismaterials hängt immer davon ab, wie gründlich im Vorverfahren in andere Richtungen ermittelt wurde. Gerade auch erfolglose Ermittlungen in andere Richtungen erhöhen den Beweiswert des schließlich gefundenen (übrig gebliebenen) belastenden Materials."

uma narrativa contra o arguido sobre a imputação de uma acusação[105]. Sendo assim, no despacho acusatório a versão será apenas uma: o juiz apenas conhecerá as vias da acusação e não terá acesso às vias que foram abandonadas ou ficaram incompletas durante a investigação.

Porém, importa sublinhar que o processo é um campo minado, com riscos inerentes à própria ideologia sistemática[106]. É pura utopia confiar que uma investigação será bem elaborada (perfeita) e que um juiz, ao folhear os autos do inquérito, não estará pré disposto a um julgamento anterior e a uma não contaminação cognitiva apenas por ter ciência de fatos não inseridos na acusação. O arguido não deve ser visto desde o início como um acusado, mas sim como inocente, porém, não é o que ocorre no dia a dia do processo criminal.

Ademais, outra discussão relevante diz respeito à questão da sistematização processual e do poder excessivo concedido ao juiz para iniciativa probatória. Não é que o magistrado deva ser uma figura inerte no processo e julgar apenas o que recebe como meio de prova. O que não se pode admitir é que ele se coloque no lugar de um investigador, já que é essa função que denuncia a parcialidade[107]. O aparelho processual deve buscar uma solução intermediária que se mostre capaz de comportar momentos específicos para a apreciação da prova, a fim de garantir a não contaminação cognitiva do magistrado e que corrobore com o melhoramento probatório processual. A persuasão racional fundamentada deve ser protegida.

105 Velten, 2016. A autora utiliza como exemplo o caso de um homicídio em que há a necessidade de, na investigação, analisar se houve motivação para o delito e se havia mais alguém suspeito dentro do círculo de conhecidos da vítima. Caso o processo de investigação tenha sido encerrado assim que foram encontradas as provas consideradas suficientes para incriminar o arguido e não tenha tido a análise, por exemplo, das testemunhas que foram depor para verificação de falso testemunho, o tribunal poderia interferir na questão buscando saber mais do que o que fora apresentado na audiência principal. Ou seja, ele sugere que haja uma verificação do relatório alternativo e das provas produzidas durante o inquérito preliminar.

106 Lopes Júnior, 2021: 87 relata que: "Em que pese o risco inerente ao jogo ou à guerra, em qualquer dos dois casos é necessário definir um sistema (ainda que mínimo) de regras (limites)."

107 Badaró, 2019: 26-31, que circunscreve a ideia de que o juiz que instrui uma prova que já chegou para ele no processo – ou seja, que ele não é o responsável pela produção probatória (estas são advindas do MP ou da defesa), mas sim pelos seus esclarecimentos, já que se encontram presente no processo – não comprometerá a sua imparcialidade. Sendo assim, não comporta espaço a iniciativa probatória do juiz na fase de investigação, pois esta antecipará o que está sendo investigado e possivelmente o envolve psicologicamente no resultado.

Assim como indicado na pesquisa de Schünemann, quando ocorre o prévio conhecimento das provas pelo juiz na fase de investigação, a imparcialidade pode ser danificada. O julgador na figura de perquiridor não é razoável. Uma estrutura processual que comporte a separação da representação de quem investiga, de quem acusa e do magistrado que ao indicar a produção de uma prova diante de uma já existente e já anexada ao processo, parece sensata quando a meta é a de acautelar os direitos do acusado. E nesse aspeto, a Itália conseguiu criar dispositivos de controle.

A tendência de reformar os sistemas processuais penais tem vindo a aumentar. A cultura de alteração do processo penal vem sendo disseminada e a busca pela exclusão de um sistema puramente inquisitório parece ser uma realidade. A mudança para uma sistemática puramente adversarial não é simples, mas há evidência de estar a ser seguida em diversos países, tais como o Chile, a Argentina, o Uruguai ou a Espanha[108].

A virada processual no Chile também foi um claro exemplo de mudança de um sistema totalmente inquisitorial para um sistema adversarial. Baseado em juízos orais e buscando um processo penal mais democrático, a defesa e a acusação foram contempladas com uma maior tecnicidade processual que visa buscar uma maior proximidadc com a paridadc dc armas, o contraditório e a ampla defesa no processo penal chileno após a reforma ocorrida no ano de 2000[109].

2. O sistema acusatório do Chile: breve confronto com o sistema italiano

Na persecução penal chilena, o MP, da mesma forma que em Itália, decide se dará prosseguimento ou não à ação penal ou se irá arquivá-la temporariamente[110]. Caso opte pelo prosseguimento e formalização[111] da acusação, o processo penal poderá correr de duas maneiras: pelo procedimento abreviado, que

[108] Pucheta, 2017: 4-7.

[109] Salamanca, 2009: 264-265.

[110] Não são em todos os casos que isso poderá acontecer apenas levando em consideração a "vontade" do MP. Os arts. 167º, 168º e 169º do CPP chileno abordam o assunto com maior especificidade.

[111] A formalização da acusação deverá passar pelo procedimento prévio de formalização da investigação em que o juiz das garantias que escutará as razões elencadas pelo MP e logo em seguida dará a palavra ao imputado e a defesa para elencar o que estima conveniente. O procedimento está previsto no parágrafo 5º, arts. 229º a 236º do CPP chileno.

se realiza quando há uma recusa ao juízo oral, ou pelo desenvolvimento dos trâmites processuais comuns, ocorrendo primeiro a audiência de preparação do juízo oral e, logo em seguida, o juízo oral[112].

Baseada na oralidade e imediação, a audiência de preparação para o juízo oral[113] – que ocorre num prazo não inferior a 25 dias e não superior a 30 dias, conforme preleciona o art. 260º do CPP chileno – contará com o juiz das garantias que irá realizar uma leitura breve da acusação. Nessa audiência, o MP poderá solicitar o procedimento abreviado ou saída alternativa (seja uma suspensão condicional da pena, um acordo reparatório, etc.[114]). Caso não se opte por nenhum dos dois, inicia-se a preparação para o juízo oral.

Os intervenientes apresentarão as provas que pretendem produzir no juízo oral e submeterão ao juízo de admissibilidade, sem o conhecimento prévio da parte contrária. As provas só podem ser apresentadas em juízo se primeiro passarem pelo filtro nessa audiência. No primeiro momento, as provas são apresentadas pelo MP, logo após será dada a palavra à vítima e, em seguida, à defesa: estas poderão constituir provas específicas e autênticas ou podem aderir às provas apresentadas pelo MP.

Quando apresentadas as provas, o juiz das garantias avalia e debate acerca das conclusões que tomará. Nessa fase, pode ser que seja solicitada a exclusão[115] de alguma prova com base na sua ilegalidade ou ilicitude, ou poderá ocorrer uma convenção probatória em que as partes anuem em manterem provas ou mesmo não comprovar determinada situação. Poderá ocorrer também a suspensão da audiência pelo prazo de 10 dias, se o arguido não oferecer provas em tempo útil por motivos que não lhe são imputáveis[116]. Admitidas as provas, o juiz das garantias irá emitir uma ordem de abertura do juízo oral[117].

112 O avanço do processo penal chileno é marcado também pela presença da oralidade e imediação, sem a presença de escritos durante a condução da audiência de preparação do juízo oral. É o que relata o art. 266º do CPP chileno "Oralidad e inmediación. La audiencia de preparación del juicio oral será dirigida por el juez de garantía, quien la presenciará en su integridad, se desarrollará oralmente y durante su realización no se admitirá la presentación de escritos."

113 Prevista nos arts. 259º a 280º do CPP chileno.

114 Arts. 237º a 246º do CPP chileno.

115 Art. 276º, CPP chileno.

116 Art. 278º, CPP chileno.

117 Art. 277º, CPP chileno.

O juízo oral conta com a audiência presidida por um juiz que convocará, no mínimo, mais dois para compor o tribunal[118] e estes terão o condão de dar a vez da fala à acusação, defesa e às testemunhas e, após a oitiva de todas as provas arroladas e argumentos trazidos, darão o veredicto final em, no máximo, 5 dias.

Como está implícito na designação, o juízo oral é norteado pelo princípio da oralidade e em muito se parece com a audiência preliminar italiana. Verifica-se a particularidade de as alegações realizadas por ambas as partes não encontrarem espaço para declarações, pedidos ou argumentações por escrito. Isso ocorrerá apenas na situação em que uma das partes não fale ou não entenda espanhol, ou caso possua problemas auditivos[119].

De início, as primeiras provas a serem analisadas são as que corroboram a acusação e o provável fato que se busca ser típico, ilícito e culpável. Logo após, são apresentadas as provas elencadas pela defesa[120]. Vale a pena salientar que a oitiva das testemunhas e as perícias, bem como os questionamentos realizados, serão válidos e não poderão ser substituídos por declarações ou documentações trazidas anteriormente, exceto em situações específicas ou para serem utilizadas posteriormente para argumentar a ocorrência de contradição de depoimentos (pela acusação ou defesa), diferentemente do que sucede em Itália[121]. Caso a testemunha e o arguido já tenham prestado o seu

[118] Art. 281º, CPP chileno.

[119] Art. 91º, CPP chileno: "Oralidad. La audiencia del juicio se desarrollará en forma oral, tanto en lo relativo a las alegaciones y argumentaciones de las partes como a las declaraciones del acusado, a la recepción de las pruebas y, en general, a toda intervención de quienes participaren en ella. Las resoluciones serán dictadas y fundamentadas verbalmente por el tribunal y se entenderán notificadas desde el momento de su pronunciamiento, debiendo constar en el registro del juicio. El tribunal no admitirá la presentación de argumentaciones o peticiones por escrito durante la audiencia del juicio oral. Sin embargo, quienes no pudieren hablar o no lo supieren hacer en el idioma castellano, intervendrán por escrito o por medio de intérpretes. El acusado sordo o que no pudiere entender el idioma castellano será asistido de un intérprete que le comunicará el contenido de los actos del juicio."

[120] Art. 328º, CPP chileno.

[121] A regra geral da não substituição dos depoimentos presenciais no juízo oral das testemunhas e perícias encontra previsão no art. 329º do CPP chileno. As exceções, no que dizem respeito a reprodução de declarações emitidas anteriormente ao juízo oral encontram respaldo no art. 331º do CPP chileno. Essas situações abarcam, por exemplo, os casos em que as testemunhas ou peritos: faleceram; foram declarados incapacitados fisicamente ou mentalmente; estão ausentes do país ou não possuem residência de fácil acesso; que por motivo superior

depoimento, o art. 332º permite a leitura na audiência de documentos, laudos e outros meios, de uma parte ou algumas partes, para demonstrar contradições ou solicitar esclarecimentos pertinentes.

A dinâmica probatória de exibição, de leitura ou de exposição de documentos no juízo oral se dá pela indicação da sua procedência e conveniência e do conhecimento do conteúdo pelo consentimento mútuo das partes. Se uma prova for solicitada e não entregue em tempo útil, se houver o requerimento de uma das partes, o tribunal poderá ordenar o recebimento destas quando for justificado não se ter o conhecimento de sua existência previamente. Verificando-se controvérsia em relação à veracidade, autenticidade ou integridade por ocasião da apresentação dessas provas, o tribunal poderá autorizar esclarecimentos acerca destas e a produção de novas provas em decorrência desse fato, mesmo que elas não tenham sido apresentadas em tempo útil[122].

No processo penal chileno garante-se a oralidade, a presença de um juiz das garantias e uma audiência preparatória para o juízo oral. Em Itália, o sentido é semelhante, mas a presença do contraditório prévio (desde o acesso à investigação e participação colaborativa das partes) garante uma acessibilidade maior ao alcance das documentações e paridade de armas entre a defesa e a acusação. A divisão de autos, nesse aspeto, também faz a diferença, já que, no caso de ulteriores provas complementares, ambas as partes poderão acessá-las desde o momento da sua inclusão nos autos do *Pubblico Ministero.*

3. O sistema acusatório do Brasil: breve confronto com o sistema italiano

O CPP brasileiro de 1941 também sofreu alterações. Em dezembro de 2019, foi aprovada a Lei n.º 13.964, que aperfeiçoou e alterou a legislação penal e processual penal do Estado. O chamado "pacote anticrime" prometeu reformas pontuais e voltadas para um Código mais adversarial, iniciando com a descrição de que a estrutura é acusatória – em linha com o que apregoa a Constituição brasileira – e vedando a iniciativa probatória do juiz na fase da investigação e substituição probatória do órgão de acusação[123].

não possam depor em julgamento; quando há o mútuo consentimento de incorporação dos autos ou pareceres no processo; entre outros.

[122] Redações presentes nos artigos 335º e 336º do CPP chileno.

[123] Art. 3º-A, CPP brasileiro.

A modificação da *persecutio criminis* buscou garantir ainda mais a triangulação das partes e o afastamento da contaminação cognitiva do juiz. Por assim ser, a reforma inclui vários pontos positivos, apesar de alguns ainda se encontrarem suspensos. O juiz das garantias é um deles, embora muito polêmico, e está previsto nos arts. 3º-A ao 3º-F. Outrossim, o arquivamento do inquérito policial com previsão no art. 28º; a regra do juiz contaminado (art. 157º, §5º); a exclusão física dos autos da investigação (art. 3º-C, §3º); são as que mais caracterizam o caminho para um sistema mais adversarial.

Após a notícia fática, a polícia inicia as suas investigações e tem o prazo de 10 dias para concluí-las, no caso de prisão em flagrante, ou 30 dias, no caso de o suspeito estar em liberdade. Em seguida, encaminha os resultados dos atos investigativos para o MP, que é o responsável legalmente pela acusação, para oferecê-la ou não.

De acordo com as alterações realizadas pela Lei n.º 13.964/19, durante as investigações, verifica-se o acompanhamento dos atos pelo juiz das garantias que é o responsável por realizar o controle da legalidade da investigação e salvaguardar os direitos individuais do acusado, bem como autorizar determinadas ordens judiciais até ao momento do recebimento da denúncia. Após o recebimento, a sua competência cessa e daí em diante o processo estará nas mãos do juiz do julgamento[124].

Embora ainda esteja a ser aplicada a regra prevista antes da reforma processual – já que as alterações legislativas ainda estão suspensas em razão da liminar deferida em sede de ADI pelo ministro Luiz Fux – os avanços são indiscutíveis. O juiz, que era do início ao fim do processo o gestor das provas – por ser o responsável pelo acompanhamento na fase investigativa, pelo deferimento de medidas cautelares, pela audiência de custódia, etc. – ainda

[124] A previsão dessas competências encontra-se nos arts. 3º-B ao 3º-F. Vale salientar que atualmente todas essa atualização referente ao juiz das garantias, a nova redação acima citada do art. 28º (arquivamento sem a participação do juiz), a contaminação do juiz que teve contato com a prova reconhecida como ilícita (art. 157º, §5º; a exclusão física dos autos de investigação (art. 3º-C); bem como outras regras, ainda estão suspensas em decorrência da liminar proferida pelo presidente do STF Luiz Fux em sede de ações diretas de inconstitucionalidade (ADIs) de números 6.289, 6.299, 6.300 e 6.305. A previsão de julgamento estava prevista para o segundo semestre do ano de 2021. Entretanto, no ano de 2022 ainda não ocorreu o devido julgamento e no dia 25/11/2022 o Ministro Gilmar Mendes pleiteou pela vista dos autos.

era o responsável pelo julgamento da ação penal. Havia a plena caracterização do poderio do juiz no sistema processual.

Todavia, mesmo com a criação da figura do juiz das garantias o processo não ficará isento de vícios. Afirmar que a atuação do juiz das garantias até o momento do recebimento da acusação é uma excelente inovação pode constituir uma cegueira deliberada. Durante o acompanhamento na fase pré processual o juiz já foi contaminado com os atos investigativos produzidos. Como pode esse mesmo juiz ser o responsável pela decisão de recebimento da denúncia ou queixa? Não estará ele contaminado pelas provas analisadas previamente durante a fase investigativa? Nesse ponto estratégico, em Itália se conseguiu harmonizar a gestão das provas criando o filtro divisório da figura dos juízes mencionados no início dessa pesquisa. O juiz que acompanha a investigação, não é o mesmo juiz que recebe a denúncia, bem como não é o juiz que julga o processo e somente tem acesso as provas no momento que chegam em seu balcão já produzidas.

Além disso, o juiz das garantias tem a sua função prolongada e vai até à fase do art. 399º do CPP do Brasil, incumbindo-lhe também a citação do réu, acompanhar a posterior resposta à acusação e decidir se o absolve ou não sumariamente[125]. Somente após essa análise é que os autos são enviados ao juiz de instrução e julgamento.

A outra previsão é a presente no art. 3º-C, §3, que abarca a questão da exclusão dos autos da investigação do processo[126]. Toda a documentação restante ficará disponível na secretaria do juízo das garantias, à disposição do MP e da defesa[127]. Comunga com esse artigo – à luz de uma realidade acusatória

[125] Art. 3º-B. O juiz das garantias é responsável pelo controle da legalidade da investigação criminal e pela salvaguarda dos direitos individuais cuja franquia tenha sido reservada à autorização prévia do Poder Judiciário, competindo-lhe especialmente: [...] XIV – decidir sobre o recebimento da denúncia ou queixa, nos termos do art. 399º deste Código; [...]. Art. 399º. Recebida a denúncia ou queixa, o juiz designará dia e hora para a audiência, ordenando a intimação do acusado, de seu defensor, do Ministério Público e, se for o caso, do querelante e do assistente. (Redação dada pela Lei n.º 11.719, de 2008). § 1º O acusado preso será requisitado para comparecer ao interrogatório, devendo o poder público providenciar sua apresentação. (Incluído pela Lei n.º 11.719, de 2008). § 2º O juiz que presidiu a instrução deverá proferir a sentença. (Incluído pela Lei n.º 11.719, de 2008).

[126] Há a exceção quanto às provas irrepetíveis, medidas de obtenção de provas ou de antecipação de prova, que devem ser remetidas e apensadas em apartado.

[127] Art. 3º-D, CPP brasileiro.

– a redação do art. 155º do CPP brasileiro, sobre a livre apreciação da prova produzida em contraditório judicial, já que o juiz não poderá fundamentar sua decisão, exclusivamente, com base nas informações colhidas durante a fase da investigação, com a ressalva das provas irrepetíveis, cautelares e antecipadas.

A regra do juiz contaminado (art. 157º, §5º) também é um ponto que merece atenção, já que exclui do julgamento do processo aquele juiz que teve contato com alguma prova entranhada nos autos e posteriormente declarada como inadmissível. Mas isso não o isenta de determinar a produção probatória de ofício no momento da instrução (art. 156º, CPP do Brasil), para a sua antecipação ou para dirimir determinadas dúvidas que possam surgir. Assim também ocorre em Itália, quando menciona a atividade de integração probatória do juiz (art. 422º, CPP italiano).

4. *Plädoyer* por um sistema de gestão de provas à italiana

Os sistemas processuais penais italiano, chileno e brasileiro possuem avanços técnicos específicos, em alguns pontos semelhantes, noutros divergentes, mas que nos levam a um só epílogo em relação à contaminação cognitiva do juiz.

A maior desvantagem dos sistemas não está propriamente na iniciativa probatória do juiz, mas é antes uma questão organizacional em relação ao momento processual e sobre o que (qual assunto) poderá o julgador solicitar esclarecimentos. A depender do momento técnico processual, as questões abordadas sê-lo-ão em razão da dilucidação e clareza fática, não necessariamente contaminando o juiz. O contratempo de maior destaque também não se pauta tão somente na falta de análise prévia das investigações, já que tal verificação poderá gerar um risco dispensável para a marcha processual.

A grande mudança do processo penal gira em torno da sistemática da gestão probatória e da possibilidade de contaminação cognitiva do magistrado na hora de emitir uma sentença. Um mecanismo com freios específicos e que garanta um contraditório, ampla defesa e colaboração entre as partes é de uma magnitude.

Apesar de algumas imprecisões específicas, o sistema de gestão das provas constante do CPP italiano demonstrou que o processo penal italiano muito se preocupa com a contaminação do magistrado. Em pensamento semelhante, Paulo de Sousa Mendes, realizou no seu texto sobre "a questão do aproveitamento probatório das declarações processuais do arguido anteriores ao julgamento" uma crítica construtiva à reforma do processo penal português (no qual não estenderemos o tópico, pois não é o objeto de pesquisa deste artigo), pontuando que seria necessário um reforço de sua estrutura acusatória, adotando uma sistemática que impusesse na fase de saneamento processual "o desentranhamento dos autos de todas as provas repetíveis". Neste sentido, utilizou como exemplo a separação dos autos no processo penal italiano[128].

O acompanhamento mútuo pelas partes desde o inquérito policial; a possibilidade da defesa agregar documentações e contribuir com as investigações; a divisão cirúrgica dos juízes em: o juiz do acompanhamento das investigações preliminares, da audiência preliminar e de julgamento; e principalmente a divisão dos autos, que em relação à sua dinâmica de constituição específica, demonstrou ser a característica mais adversarial do Código e que é a maior responsável por uma aproximação plena da paridade de armas, da oralidade, do contraditório e da ampla defesa. Estas são particularidades únicas que solidificam o processo penal italiano e que visam garantir uma postura mais democrática, justa e imparcial.

Conclusão

O sistema processual penal italiano conta com mecanismos de filtros específicos, principalmente o *doppio fascicolo*, a divisão de juízes (juiz das investigações preliminares, juiz da audiência preliminar e juiz de julgamento), bem como o contraditório e a ampla defesa exercidos desde a fase da investigação,

[128] Mendes, 2013b: 1385. Acrescenta o autor ainda que: "Caminhar neste sentido ajudaria, seguramente, à desmistificação da acusação, assumindo-se o imperativo de reconhecer a função primacial do julgamento como lugar para a dialética entre a acusação e a defesa e contribuindo-se assim para um genuíno diálogo de culpa do qual possa emergir finalmente a justa composição entre a necessidade, a um só tempo, de declarar o mal cometido e de evitar, tanto quanto possível, o mal da própria justiça." Em Cruz, 2013: 1194-1216. No mesmo sentido e também mencionando o artigo de Paulo de Sousa Mendes, ao redigir sobre a revisão de 2013 ao Código de processo penal de Portugal, Andreia Cruz critica a nova lei, afirmando que esta "inverte o sentido da reforma de 2007" e brinda com o argumento do professor, relatando que há "uma subversão da estrutura acusatória do processo penal português com ofensa de um conjunto de princípios processuais penais, embora não seja assumida uma intenção de redefinir ou reinterpretar a estrutura acusatória do processo penal português." Alude, ademais, que no direito italiano o que fora produzido durante a investigação, ou seja, na fase anterior ao julgamento, desguarnece de efeito decisório no processo.

a paridade de armas, a oralidade, a legalidade e a preservação das garantias fundamentais do acusado.

Analisado esse sistema, importa concluir, em que pese a existência de opiniões divergentes, a ponte safena para o problema da contaminação cognitiva do juiz está no modo como se trabalha com a gestão das provas. Não está propriamente na iniciativa probatória do juiz – que por óbvio deve ter suas delimitações do momento correto para realizá-la –, e nem no acesso aos autos das investigações preliminares, já que, por se tratar de um risco técnico que possa afetar a imparcialidade do magistrado, deve ser evitado. Apesar de os avanços verificados no processo penal chileno e no processo penal brasileiro, os respetivos sistemas ainda ficam aquém do sistema processual penal italiano.

O processo penal chileno, ainda que em muito se pareça com o italiano – pela semelhança entre a audiência preliminar e a de preparação para o juízo oral; pelo cuidado na separação do juiz das garantias (que acompanha também as investigações preliminares) e o juiz de julgamento; pela preservação da suprema oralidade no processo, entre outros –, não contempla o contraditório e um amplo acesso às documentações e provas da parte contrária antes do julgamento.

No caso do Brasil, apesar dos novos delineamentos e progressões do processo penal, surgem falhas e omissões importantes: não está garantido o contraditório prévio desde a fase de investigação; o juiz das garantias, além de realizar o acompanhamento do inquérito, tem a sua função estendida, sendo o responsável pelo recebimento da denúncia, da citação do réu, da posterior resposta à acusação e da decisão de absolvição sumária ou prosseguimento da ação penal. Entretanto, as garantias da exclusão física dos autos (art. 3-C, §3º), a regra do juiz contaminado (art. 157, §5º) e o arquivamento do inquérito policial (art. 28), são semelhantes ao sistema processual italiano.

Como dito anteriormente, em decorrência dessa busca desenfreada pela clareza processual e imparcialidade do juiz, fora demonstrado, tomando como base e exemplo o CPP italiano e o mecanismo da divisão de autos (*doppio fascicolo*) – que apesar de algumas ponderações específicas que levam em conta alguns riscos que podem surgir durante o processo – que é na gestão probatória que há o núcleo fundante do imbróglio e é nela que devem se concentrar as melhorias e reparos específicos dos sistemas processuais penais.

Por fim, é sabido que o processo penal é um campo minado – pois ao invés do acusado ser visto inicialmente como inocente, já entra no jogo como condenado – e que mecanismos devem ser desenvolvidos dentro da própria sistemática processual para que não hajam brechas para decisões arbitrárias, totalitárias e autoritárias. Nesse contexto, em Itália e outras partes do mundo há uma busca por um sistema processual penal mais garantista, limpo, eficaz e imparcial e que orne efetivamente com os princípios do contraditório, da ampla defesa, da legalidade, da oralidade e da paridade de armas, que busque preservar as garantias fundamentais da parte ré e procure evitar a contaminação cognitiva do magistrado. Deste modo, o sistema processual penal italiano tem se mostrado, principalmente no recorte específico da divisão de autos, uma alternativa plausível e alcançável para assegurar essa eficácia dentro da realidade cultural do país.

Bibliografia citada

AMODIO, Ennio,
(2004) "The accusatorial system lost and regained: reforming criminal procedure in Italy", *The American Jornal of Comparative Law* 52, 2, pp. 489-500.
BADARÓ, Gustavo Henrique,
(2019) *Epistemologia Judiciária e Prova Penal.* São Paulo: Thomson Reuters Brasil.
BRASILEIRO DE LIMA, Renato,
(2020) *Manual de Processo Penal: volume único.* Salvador: Editora JusPodivm.
BRONZO, Pasquale,
(2017), *Il Fascicolo per il Dibattimento. Poteri delle parte e ruolo del giudice.* Milano: Wolters Kluwer.
CASSIBA, Fabio,
(2017) "L'Attività integrativa d'indagine", in: Giulio Illuminati e Livia Giuliani (coord.), *Trattato Teorico Pratico di Diritto Processuale Penale – Le Indagine Preliminari e L'udienza Preliminare.* Torino: G. Giappicheli Editore, pp. 785-806.
CINTRA, Antonio Carlos Araújo / GRINOVER, Ada Pellegrini / DINAMARCO, Cândido Rangel,
(2010) *Teoria geral do processo,* 26.ª ed. São Paulo: Malheiros.
CONCAS, Alessandra,
(2015) *La distinzione tra GIP e GUP.* Diritto. It, disponível em: https://www.diritto.it/la-distinzione-tra-gip-e-gup/ (consultado em 05/07/2021).

CRUZ, Andreia,
(2013) "A revisão de 2013 ao Código de processo penal no domínio das declarações anteriores ao julgamento", *ROA* IV (outubro-dezembro), pp. 1139-1224.
FASSONE, Elvio,
(1995) "Dalla "certezza" all "ipotesi preferibile": un metodo per la valutazione", *Rivista Italiana di Diritto e Procedura Penale* 38, n.º 4, pp. 1104-1131.
FERRAJOLI, Luigi,
(2002) *Direito e Razão. Teoria do Garantismo Penal,* 3.ª ed. Tradução de Ana Paula Zomer Sica; Fauzi Hassan Choukr; Juarez Tavares; Luiz Flávio Gomes. São Paulo: Editora Revista dos Tribunais.
GALGANI, Benedetta,
(2009) "Italian criminal procedure and rights of defense in the pre-trial stage", *Revista Meritum* 4, 1, pp. 25-44.
GRINOVER, Ada Pellegrini,
(1995) "O crime organizado no sistema Italiano", in: Jacques de Carmargo Penteado (coord.), *Justiça Penal 3.* São Paulo: Revista dos Tribunais, pp. 23-26.
ILLUMINATI, Giulio,
(1988) "Il nuevo dibattimento: l'assunzione diretta delle prove", *Rivista Il Foro Italiano* 111, pp. 355-366.
(2005) "The Frustrated Turn to Adversarial Procedure in Italy (Italian Criminal Procedure Code of 1988), *Washington University Global Studies Law Review* 4, pp. 567-581.
(2018) "Modello processuale accusatorio e sovraccarico del sistema giudiziario", *Revista brasileira de direito procesual penal* 4, 2, pp. 533-557.
LOPES JÚNIOR, Aury,
(2021) *Fundamentos do Processo Penal. Introdução crítica.* 7.ª ed. São Paulo: Saraiva.
LANGER, Maximo,
(2014) "La portée des catégories accusatoire et inquisitoire", *Revue de Science criminelle et de droit penal compare* 4, pp. 707-728.
LUPÁRIA, Luca / GIALUZ, Mitja,
(2019) "Italian criminal procedure: thirty years after the great reform", *Roma Tre Law Review* 1, pp. 26-72.
MENDES, Paulo de Sousa,
(2013a) *Lições de Direito Processual Penal.* Coimbra: Almedina.
(2013b) "A questão do aproveitamento probatório das declarações processuais do arguido anteriores ao julgamento", in: Maria Helena Brito, Mariana França Gouveia, Armando Marques Guedes, Rui Pinto Duarte (coord.), *Estudos em Homenagem ao Prof. José Lebre de Freitas: vol. II.* Coimbra: Coimbra Editora, pp. 1363-1387.
NOBILI, Massimo,
(1989) "Concetto Di Prova e Regime Di Utilizzazione Degli Atti Nel Nuovo Codice Di Procedura Penale", *Il Foro Italiano* 112, pp. 274-284.
PIZZI, William / MARAFIOTI, Luca,
(1992) "The New Italian Code of Criminal Procedure: The difficulties of Building an Adversarial Trial System on a Civil Law Foundation", *The Yale Journal of Internacional Law* 17, 1, pp. 01-40.

PONTE, Antonio Carlos da / DEMERCIAN, Pedro Henrique,

(2016) "Algumas considerações sobre o Ministério Público no direito estrangeiro", *Revista Jurídica ESMP-SP* 10, pp. 15-40.

PUCHETA, Diaz Sophia,

(2021) *El sistema acusatorio en los procesos penales de américa del sul,* Revista argumentos: Estudios Transdisciplinarios sobre Culturas Jurídicas y Administración de Justicia, n.º 2021/04, disponível em https://www.justiciacordoba.gob.ar/JusticiaCordoba/Inicio/index.aspx (consultado em 09/08/2021).

ROSA, Alexandre Morais da,

(2020) *Guia do Processo Penal conforme a Teoria dos Jogos.* Florianópolis: EMais.

SALAMANCA, Andrés Bordalí,

(2009) "El derecho fundamental a un tribunal independiente e imparcial en el ordenamiento jurídico chileno", *Revista de Derecho de la Pontificia Universidad Católica de Valparaíso* XXXIII, 2.º semestre, pp. 263-302.

SCELLA, Andrea,

(2017) "Gli adempimenti successivi al decreto che dispone il giudizio", in: Giulio Illuminati e Livia Giuliani (coord.), *Trattato Teorico Pratico di Diritto Processuale Penale – Le Indagine Preliminari e L'udienza Preliminare.* Torino: G. Giappicheli Editore, pp. 771-783.

SCHÜNEMANN, Bernd,

(2013) "O juiz como um terceiro manipulado no processo penal? Uma confirmação empírica dos efeitos perseverança e aliança", in: Bernd Schünemann e Luís Greco (coord.), *Estudos de direito penal, direito processual penal e filosofia do direito.* São Paulo: Marcial Pons, pp. 205-221.

SIEGEL, David M.,

(2006) "Training the Hybrid Lawyer and Implementing the Hybrid System: Two Tasks for Italian Legal Education", *Syracuse Journal of International Law & Commerce* 33, pp. 101-121.

SKLANSKY, David Alan,

(2009) "Anti-inquisitorialism", *Harvard Law Review* 122, 6, pp. 1634-1704.

STRECK, Lênio Luiz,

(2009) "Novo código de processo penal: o problema dos sincretismos de sistema (inquisitorial e acusatório)", *Revista de informação legislativa* 46, 183, pp. 117-139.

TONINI, Paolo,

(2005) *Manuale di Procedura Penale.* Milan: Giuffrè Editore.

VELTEN, Petra,

(2016) "Vorbemerkung zu §261 StPO", in: Jürgen Wolter (coord.), *SK- StPO Systematischer Kommentar zur Straprozessordung Band* 5. Köln: Carl Heymanns Verlag.

Anexos

PROCESSO PENAL ITALIANO

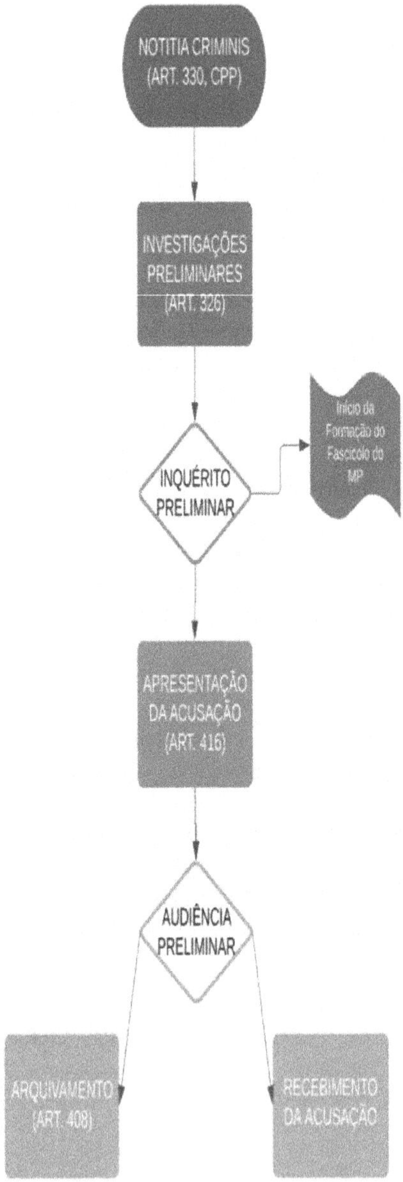

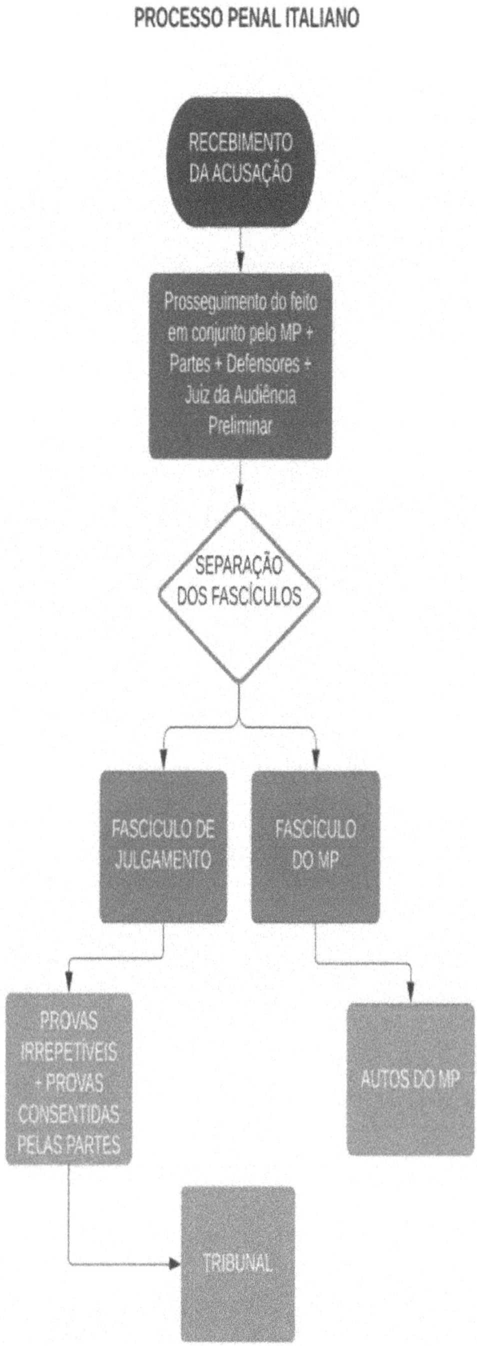
PROCESSO PENAL ITALIANO
RECEBIMENTO DA ACUSAÇÃO
Prosseguimento do feito em conjunto pelo MP + Partes + Defensores + Juiz da Audiência Preliminar
SEPARAÇÃO DOS FASCÍCULOS
FASCÍCULO DE JULGAMENTO
FASCÍCULO DO MP
PROVAS IRREPETÍVEIS + PROVAS CONSENTIDAS PELAS PARTES
AUTOS DO MP
TRIBUNAL

CAPÍTULO V
VALOR PROBATÓRIO DA CONFISSÃO

§ 7. O fenómeno perverso das falsas confissões à luz do caso State of Wiscounsin v. Brendan R. Dassey: uma bomba probatória que estilhaça qualquer oportunidade de defesa?
(*Frederico Ventura Sequeira*)

§ 7.
O FENÓMENO PERVERSO DAS FALSAS CONFISSÕES À LUZ DO CASO STATE OF WISCOUNSIN V. BRENDAN R. DASSEY: UMA BOMBA PROBATÓRIA QUE ESTILHAÇA QUALQUER OPORTUNIDADE DE DEFESA?

FREDERICO VENTURA SEQUEIRA*

SUMÁRIO: Introdução. I. O caso State of Wisconsin v. Brendan R. Dassey. II. O interrogatório policial. 1. A contraposição da *REID Technique* com o modelo *PEACE*. 2. A necessidade de registo eletrónico audiovisual. III. O teste da totalidade das circunstâncias no apuramento da voluntariedade. 1. A (ir)relevância dos fatores internos do interrogado conexo com os fatores externos da ausência de defensor e de responsável parental. 2. Do excessivo formalismo em detrimento da substância. 3. O interrogatório de *per si*: reflexos. IV. O peso da prova por confissão (falsa). 1. Uma questão perigosamente negligenciada. 2. A confissão enquanto único elemento probatório: contributo para uma mudança de paradigma da (prova por) confissão. Conclusão. Bibliografia citada. Jurisprudência citada.

* Licenciado em Direito pela Faculdade de Direito da Universidade de Lisboa e Mestrando em Direito Penal e Ciências Criminais pela mesma Faculdade.

Resumo: O presente escrito analisa até que ponto uma confissão é suficiente de *per si*, enquanto único elemento probatório recolhido, para fundamentar e suportar uma condenação partindo do notável caso State of Wisconsin v. Brendan R. Dassey, através do qual tratamos de trazer à demanda as particularidades deste tipo de prova, nomeadamente a forma como é extraída, o valor que lhe é atribuído e as repercussões em torno da mesma explorando uma realidade silenciosa e negligenciada nos dias correntes, o que se constata em alguns casos como o nosso em que, após serem cumpridas as formalidades, critérios questionáveis e utilizados métodos de interrogatório duvidosos, a (alegada) confissão é obtida possibilitando uma sentença condenatória assente puramente na mesma sem nada que a corrobore, sentenciando inocentes para a vida. Para o efeito, o ordenamento norte-americano assume as rédeas ocupando um papel de destaque enquanto epicentro e berço da nossa investigação dado ser o paradigma de (extrema) leveza e flexibilidade permitindo um útil ponto de partida para traçar o paralelo com outros países que, fruto das suas especificidades, merecem algumas notas sobre a matéria ao mesmo tempo que o ordenamento português é colocado a teste. Isto porque, em maior ou menor grau, a Rainha de todas as provas ainda vive entre nós e de modo a combatermos este problema, queremos com este *paper* contribuir para uma mudança de paradigma da (prova por) confissão – em especial, o seu valor probatório – atribuindo-lhe um novo sentido e alertando para a sua perigosidade espelhada na forma como ainda é vista e interpretada legalmente, razão pela qual defendemos, de *iure condendo*, um valor probatório relativo da mesma em todos os casos, exigindo um *standard* de forte corroboração enquanto condição necessária para se alcançar uma condenação.

Palavras-Chave: falsas confissões; rainha de todas as provas; prova plena; forte corroboração; voluntariedade e fiabilidade; totalidade das circunstâncias; interrogatórios coercivos; engano, contaminação e manipulação de prova; registo eletrónico audiovisual.

Introdução

O objeto da nossa investigação incide sobre as falsas confissões, um tema de extrema sensibilidade que ao longo dos tempos não tem recebido a atenção que merece, continuando hoje a revestir tremenda importância fruto do perigo negligenciado que, de forma silenciosa e quase clandestina, tem trazido consequências desastrosas contribuindo para uma grande percentagem de condenações injustas espalhadas por todo o mundo, sendo precisamente uma das principais causas de erros judiciários. O seu cariz "além-fronteiras" leva a abordarmos as questões que coloca de uma perspetiva global, procurando soluções numa tentativa de unificar a questão, colocando o ordenamento jurídico português a teste e não deixando de ter em mente as especificidades e idiossincrasias de cada sistema. Tendo isto em mente, cumpre fazer referência ao facto de que as exonerações causadas pelo progresso científico do ADN marcaram um ponto de viragem significativo na crença relativa à problemática *sub judice*, proporcionando uma oportunidade única para estudar como as falsas confissões podem ser construídas, os malefícios que trazem e que armas empregues para as combater (ou a falta delas!) são implementadas, algo a que procuramos dar resposta ao fornecer uma base teórica e prática deste fenómeno, daí que, ao mesmo tempo que aferimos do valor atribuído à prova por confissão, procuraremos desmistificar três mitos: *Primo*, que um inocente nunca confessaria um crime que não cometeu, o que se torna o quadro e o ponto de referência[1]; *Secondo*, que apenas a coerção física é capaz de levar a falsas confissões; *Terzo*, distinguir entre uma confissão verdadeira de uma falsa é algo claramente evidente para um ser humano.

Para o efeito, partimos do ordenamento norte-americano e do caso relativamente recente State of Wisconsin v. Brendan R. Dassey, cuja controvérsia foi acompanhada pelo incomensurável mediatismo e olhar atento à escala mundial, dando origem a um documentário lançado pela plataforma *Netflix*, contribuindo para que se tornasse num caso paradigmático, numa das principais traves mestras no que à análise das confissões falsas diz respeito e enquanto *red flag* que nos alerta para o elevado valor e dimensão ainda atribuído à prova por confissão, razão pela qual iremos dar ênfase a este ordenamento.

Uma vez sistematizado e devidamente enquadrado, começamos por analisar as particularidades *sui generis* de toda a conjuntura inserida numa sala de interrogatório através do apuramento da sua natureza uma vez que se revela como o fio condutor de toda a nossa problemática, na qual chamamos a atenção para as técnicas e métodos utilizados na extração de uma confissão e de

[1] Aliás, as palavras (infelizes mas eficazes) utilizadas pelo Procurador Fallon nas alegações finais do nosso caso de estudo State of Wisconsin v. Brendan R. Dassey, case n.º 06CF88, 16.04.2007, p. 144, foram precisamente estas: "After all, who would admit to a crime they did not commit? People who are innocent don't confess in the detail provided to the extent this defendant provided it. They don't do that".

que forma pode afetar a narrativa de um suspeito[2] quando se parte de uma presunção de culpa em contraste com a presunção de inocência, salientando a importância do modo como as confissões são registadas para utilização posterior em tribunal.

Em seguida, analisamos o teste norte-americano da totalidade das circunstâncias necessário a uma condenação nestes termos e contexto, para tal, aferindo de qual o seu real significado e que requisitos se devem encontrar preenchidos para a sua verificação, fazendo referência ao par formalismo-substância que por vezes transparece características de um binómio, às particularidades intrínsecas da pessoa interrogada, e ao papel do responsável a existir – nomeadamente no caso dos menores – a par do defensor, como forma de se aferir da diferença que uma representação eficaz pode fazer nos momentos oportunos. Ainda nesta linha, trazemos à discussão a interpretação anacrónica do conceito de voluntariedade por parte dos tribunais que ignoram a nova forma dos interrogatórios coercivos, fomentando o debate acerca de tal conceito aliado (ou separado) do conceito de fiabilidade das declarações autoincriminatórias.

Chegados aqui, tratamos do principal problema que a nosso ver se coloca: o (excessivo) valor probatório atribuído a uma confissão sem nada que a corrobore, cujas manifestações de Rainha de todas as provas ainda se fazem sentir, permitindo uma condenação assente puramente em declarações obtidas numa fase embrionária do processo desencadeando uma presunção de culpa praticamente irrefutável no qual a polícia tende a dar o caso como resolvido, renunciando a qualquer outra via de investigação, o que nos leva a questionar até que ponto a existência de corroboração tem um papel fundamental na prevenção de condenações injustas. Por conseguinte, a sensibilidade desta questão exige um olhar atento sobre o nosso ordenamento que, mal ou

[2] Deixamos a nota de que, ao longo do texto, as qualificações de "suspeito" e "arguido" variam consoante estarmos a falar do ordenamento norte-americano ou português respetivamente, partindo do pressuposto que, ao fazermos o paralelo dos factos do caso, entre nós, e dada a inquirição dos detetives, o menor iria necessariamente converter-se em arguido nos termos do n.º 1 do art. 59.º do CPP por remissão do art. 2.º do DL n.º 401/82, de 23 setembro (Regime Aplicável a Jovens Delinquentes) *ex vi* art. 9.º do CP pois apesar da sua tenra idade, não deixa de beneficiar dos direitos inerentes que lhe assistem fruto do estatuto de sujeito processual (cf. art. 58.º, n.º 2 do CPP), sob pena das declarações prestadas não serem utilizadas como prova nos termos do n.º 5 do art. 58.º do CPP.

bem, apresenta questões preponderantes a colocar e soluções a apresentar, confrontando-o com a possibilidade de constituir prova plena.

Por fim, pretende-se enfatizar tópicos reveladores de linhas de problematização suscitados pelo nosso caso de estudo ao mesmo tempo que propomos um conjunto de *guidelines* universais, não obstante termos uma posição crítica ao logo de toda a nossa investigação e tendo em mente as especificidades e vicissitudes de cada sistema, de forma a apresentarmos soluções (inclusive, de *iure condendo*) para uma questão tão delicada quanto aparentemente negligenciada ou esquecida no tempo.

I. O caso State of Wisconsin v. Brendan R. Dassey

No dia 25 de abril de 2007, o tribunal de Wisconsin dos EUA julgava um caso construído puramente em torno de uma alegada confissão de um menor obtida numa fase embrionária do processo e registada eletronicamente sem qualquer prova forense que corroborasse as suas declarações autoincriminatórias, sendo que a pedra de toque se posicionou em torno da interpretação do conceito de voluntariedade e fiabilidade na extração das respetivas declarações.

A 31 de outubro de 2005 desaparecia Teresa Halbach de 25 anos, tendo sido vista pela última vez a fotografar veículos para uma revista de revenda de automóveis no Condado de Manitowoc, Wisconsin, na sucata de Steven Avery, tio de Brendan Dassey de 16 anos, tal como tinha agendado com o mesmo e onde, cinco dias depois, foi encontrado o veículo da vítima resultando na obtenção de um mandado de busca a toda a propriedade tendo sido descobertas provas cruciais, entre as quais, partes do corpo da vítima numa fogueira usualmente utilizada para a queima do lixo de peças de veículos, levando consequentemente à detenção de Steven o que provocou um frenesim por parte dos media[3], sendo noticia em todo o país e ulteriormente, um caso paradigmático à escala global. Posteriormente, uma testemunha ocular partilhou com a polícia que tinha visto o sobrinho do arguido junto

[3] Isto porque Avery tinha previamente passado 18 anos encarcerado por um crime que não cometeu, sendo a primeira pessoa exonerada no Estado de Wiscounsin pelos notáveis avanços científicos do ADN.

à fogueira com o seu tio na noite do desaparecimento da jovem, o que levou os detetives a interrogarem o menor após ter admitido a sua presença no local na noite do crime. Tornando-se num dos principais suspeitos, Brendan foi interrogado três vezes[4], sendo basilar o dia 1 de março de 2006, no qual acabou por fazer declarações autoincriminatórias admitindo ter sido cúmplice do seu tio quanto ao cenário macabro que tomou lugar e, fruto do facto desta confissão, registada eletronicamente, ter sido admitida a julgamento após uma moção infrutífera de supressão da mesma, o menor foi declarado culpado por um coletivo de jurados e subsequentemente condenado como um adulto a prisão perpétua por homicídio em 1.º grau, mutilação de cadáver e violação em 2.º grau.

Para nos situarmos no tempo, em 2016 a defesa apresentou uma petição de *Habeas Corpus* tendo o Juiz Duffin, num longo parecer devidamente fundamentado, declarado como involuntária a confissão e revertido a decisão. Subsequentemente, em 2017 o Estado recorreu, mas sem sucesso, tendo um painel dividido de três juízes do TR Sét. Circuns. confirmado esta decisão numa votação favorável de 2-1. Contudo, no final do mesmo ano, o Estado recorreu uma última vez e, no mesmo tribunal, mas agora com todo o painel submetido à votação, esta foi desfavorável de 4-3, tendo Dassey se mantido a cumprir a pena inicialmente prevista, depois da maioria ter considerado a sua confissão como voluntária. Na última tentativa mais recente da equipa de defesa de tentar reverter a decisão, interpôs-se recurso em junho de 2018 para o Supremo Tribunal, tendo este rejeitado avaliar e rever o caso, e num último suspiro que surgiu no passado mês de março de 2022 solicitou-se clemência numa carta endereçada ao governador do Wisconsin que se tornou pública[5],

[4] A polícia interrogou Brendan Dassey em três ocasiões documentadas: 27 de fevereiro de 2006, 1 de março de 2006 e 13 de maio de 2006, todas elas realizadas pelos dois detetives responsáveis Mark Wiegert e Tom Fassbender.

[5] Cf. https://eu.postcrescent.com/story/news/crime/2022/03/04/steven-averys-ex-attorneys--urge-governor-evers-clemency-brendan-dassey/9374049002/, que pela utilização de uma certa frieza pragmática, parece-nos importante destacar (entre outros) o último parágrafo da mesma: "By constitutional design, you can be a governor of grace, not of cruelty or cowardice. We urge you now to be exactly that. Brendan Dassey, many others in prison, and the citizens of Wisconsin will benefit from that grace. There is nobody else to whom the people of this state can turn for clemency. A governor who does not exercise the full clemency power of the office, then, is no full governor at all. That occupant of only part of the office is, in a real sense, graceless".

pelo que, após muitas batalhas litigiosas, é neste ponto que nos encontramos relativamente à condenação deste jovem.

Cronologicamente situados, ilustremos as diferentes perspetivas do caso cujas interpretações assentam em polos distintos: os que propugnam pela admissibilidade da alegada confissão: tribunal *a quo* e o TR Sét. Circuns. (na decisão desfavorável de 4-3) e quem defende a inadmissibilidade da mesma: a decisão de *Habeas Corpus* e o TR Sét. Circuns. (na decisão favorável de 2-1). Em cada posição os argumentos foram semelhantes embora o caso tenha passado por tribunais e juízes diferentes:

Por um lado, o tribunal *a quo*[6], depois de assistir ao registo eletrónico das declarações do menor, observar as expressões, movimentos e linguagem corporal dos intervenientes, considerou que, apesar de Dassey ter um QI relativamente baixo, estava na maior parte das vezes em aulas regulares do ensino secundário; foi entrevistado enquanto estava sentado num sofá confortável; nunca foi impedido de deixar a sala fisicamente; foi-lhe oferecida comida, bebida e pausas para ir à casa de banho; não pareceu estar agitado ou intimidado em nenhum momento do interrogatório; os detetives usaram tons de voz normais sem qualquer tipo de ameaça ou promessa clara de leniência; pressionaram-no a ser honesto como é a sua obrigação moral, dizendo-lhe que estavam do seu lado, e foi devidamente "Mirandizado" não tendo Brendan se recusado, de forma alguma, a cooperar com os detetives dado que em nenhum momento solicitou o término do interrogatório ou a presença da mãe ou de um advogado, ou seja, em nenhum momento invocou os seus direitos Miranda. Na mesma linha, o Sét. Circ.[7] acrescentou o facto de o menor ter alegadamente facultado detalhes do crime em resposta a perguntas abertas e de ter resistido a fortes sugestões específicas dos detetives.

Paralelamente, na formulação de uma petição de *Habeas Corpus*, mais concretamente, segundo o U.S. Code §2254[8], (d-2), a decisão de um tribunal estatal "envolve uma determinação irrazoável dos factos, se se basear numa

[6] *Id.* 1.

[7] U.S. Court of Appeals For the Seventh Circuit, Brendan Dassey v. Michael A. Dittmann, case n.º 16-3397, Argued September 26, 2017 – Decided December 8, 2017.

[8] Com a epígrafe *State custody; remedies in Federal courts of the Antiterrorism and Effective Death Penalty Act*, aplicado ao caso.

averiguação que ignore o peso claro e convincente das provas"[9], daí que, para que um tribunal federal conceda um *Habeas Corpus*, aquela decisão não deve ser meramente errada, mas tão errada que nenhum juiz razoável poderia ter chegado a essa decisão, mais especificamente, o peticionário deve demonstrar um elemento de facto razoável que permita chegar a uma conclusão diferente da que foi alcançada o que, *in casu*, correspondeu à invocação de que a alegada confissão, feita durante o interrogatório de 1 de março de 2006, foi obtida em violação da 5.ª Emenda, derivado da ausência de voluntariedade. Tendo esta especificidade presente e a raridade da aprovação de *Habeas Corpus* no sistema norte-americano[10], o Juiz Duffin, num longo parecer solidamente fundamentado, vem a decidir que a conclusão de que os detetives nunca fizeram tais promessas e a subsequente determinação pouco razoável dos factos não foi um erro menor, mas um facto central e crucial para a conclusão de voluntariedade do tribunal, pelo que consequentemente considera que a confissão foi tão claramente involuntária em sentido constitucional que a decisão em sentido contrário foi uma aplicação irrazoável da lei federal claramente estabelecida[11] e, além disso, porque a confissão foi essencialmente a única prova que o Estado apresentou contra Dassey no julgamento, permitir a sua admissibilidade não poderia ter sido um erro inofensivo (*harmless error*)[12] pois a violação dos direitos constitucionais de Dassey teve um efeito ou influência substancial e prejudicial na determinação do veredicto do júri. Na mesma linha argumentativa,

[9] Cf. Bailey v. Lemke, 735 F.3d 945 (7th Cir. 2013).

[10] Como referiu William E. Duffin, em U.S. District Court for the Eastern District of Wisconsin, Brendan Dassey v. Michael A. Dittmann, case n.º 14-CV-1310, 12.08.2016, "embora as circunstâncias para a concessão de alívio possam ser raras, mesmo extraordinárias, é a conclusão do tribunal que este caso representa o tipo de disfunção extrema no sistema de justiça criminal estatal que o *Habeas Corpus* federal existe para corrigir", não atuando como "mero substituto para a correção de erros comuns através de recurso", tal como ressalvado em Rice v. Collins, 546 U.S. 333 (2006).

[11] Cf. O'Quinn v. Spiller, 14-1836 (7th Cir. 2015).

[12] Isto porque até 1991, se em recurso a confissão fosse considerada como obtida de modo coercivo, a condenação seria (quase que) automaticamente revertida. Contudo, com a decisão no caso Arizona v. Fulminante 499 U.S. 279 (1991), que criou precedente, em certas circunstâncias, a admissibilidade de uma confissão coerciva pode provir de um erro inofensivo, pelo que o tribunal de recurso é obrigado a considerar a confissão num contexto de todas as provas recolhidas de modo a determinar se se consegue extrair um efeito prejudicial sobre a decisão final, i.e., que as outras provas foram suficientes para resultar numa condenação. Sobre o assunto, cf. GREABE, 2016.

o Sét. Circ.[13], relembrou que a admissibilidade da confissão deverá ser alcançada tendo em conta o teste da totalidade das circunstâncias, aferida de acordo com a leitura conjugada e necessária entre as técnicas e métodos empregues na sua obtenção com destaque para a natureza do interrogatório e as características do acusado[14/15] sendo que perante menores ou intelectualmente debilitados (o atípico homem médio), tal análise tem necessariamente de ir muito mais além do que foi pois o raciocínio lógico do teste dita que quanto mais vulnerável e sugestionável for um suspeito, menor coerção é necessária para superar o seu livre arbítrio. Deste modo, para se determinar se existiu ou não manipulação na obtenção da confissão, um tribunal não pode aferir da existência de algo como promessas de leniência de forma isolada, mas se existiram em conjunto com as específicas características do suspeito, o que se traduziu na reprodução da narrativa que os detetives queriam ouvir da boca do menor[16], acabando por se pronunciar a favor da ausência de "totalidade" no teste de totalidade das circunstâncias. De igual modo, considerou não existir uma análise da natureza cumulativa das promessas ou do *fact feeding* da narrativa pelos detetives em face do (extremamente) limitado intelecto do menor, da falta de um adulto que pudesse protegê-lo e de um defensor que pudesse intervir no seu interesse, na confusão e incoerência da narrativa, no seu aparente esforço para dizer o que os detetives queriam ouvir e como as suas respostas mudaram e porquê, na medida em que não se trata de uma história linear que ganha clareza e coerência ao longo do tempo, pelo contrário, sempre que os detetives protestavam contra a veracidade da narrativa de Dassey

[13] U.S. Court of Appeals For the Seventh Circuit, Brendan Dassey v. Michael A. Dittmann, case n.º 16-3397, Argued February 14, 2017 – Decided June 22, 2017.

[14] A expressão "acusado" será utilizada para descrever tanto a acusação de que o menor era alvo por parte dos OPC ainda numa fase embrionária do processo, como a subsequente e efetiva dedução formal de acusação que lhe foi feita.

[15] Em termos gerais, nenhum tribunal tem o direito de escolher quais as provas a considerar perante o teste da totalidade das circunstâncias. Os precedentes estabelecidos do Supremo Tribunal dos EUA (*e.g.*, cf. Schneckloth v. Bustamonte, 412 U.S. 218, 226 (1973)) obrigam a que se analise "a idade, experiência, educação, antecedentes e inteligência do jovem, e se ele tem a capacidade de compreender as advertências que lhe foram feitas, a natureza dos seus direitos da 5.ª Emenda, e as consequências da renúncia a esses direitos".

[16] Como refere a Juíza Rovner em *id.* 13, "na mente de Dassey, as expressões "sê honesto" e outras semelhantes vieram a significar "adivinha de novo até dizeres o que queremos ouvir", precisamente o intuito da condução do interrogatório".

ou lhe forneciam factos, a sua história mudava[17]. Por último, enfatizou-se que coerção não é sinónimo de violência física, o típico "gun to your head", podendo ser tanto física como mental, pelo que "o sangue do acusado não é a única marca de uma inquisição inconstitucional"[18].

II. O interrogatório policial

1. A contraposição da *REID Technique* com o modelo *PEACE*

As práticas interrogatórias variam consoante o país em causa tendo em conta a influência das raízes culturais, do modelo utilizável ou do próprio resquício histórico[19] na atual permissibilidade da lei podendo espelhar uma falta de tutela notória do acusado, o que no modelo anglo-saxónico é encabeçado pelos EUA. Aqui, há muito que a sua complexidade mantém um denominador comum assente na controversa *REID Technique* onde embora seja legalmente permitida e, por isso, de utilização regular, são muitas as críticas tecidas à mesma derivado do seu cariz tão intensamente arbitrário, subjetivo e do uso de técnicas e métodos duvidosos ao munir os detetives de uma confiança exacerbada e perceção errónea de que estão corretos aquando da prática de ciência comportamental sobre os suspeitos ao tentarem aferir da veracidade de uma confissão, o que vem a ter repercussões graves, tal como no caso do

[17] A determinada altura, segundo o menor, o seu tio está a sufocar uma mulher que já está morta. Como refere a Juíza Rovner em *id.* 13: "se alguém [observar a] confissão gravada com um bloco de notas e tentar esboçar os detalhes e a cronologia do crime, o mapa resultante é uma confusão de rascunhos que se tornam mais complexos quanto mais Dassey fala. De facto, apesar do que o Estado descreve como uma confissão detalhada, nunca foi capaz de traçar uma linha temporal coerente do crime, ou de descobrir em que ordem ou onde muitos dos acontecimentos ocorreram".

[18] Cf. Blackburn v. Alabama, 361 U.S. 199 (1960).

[19] Como indica Leo, 2008: 318-320, "primeiro existiu a era do terceiro grau, caracterizada pelo uso sistemático de coerção física e psicológica [cujo símbolo caracterizador era a] tortura. (...) A próxima Era foi a do interrogatório psicológico, em que a policia se focou em desenvolver a psicologia da manipulação, o engano e a persuasão, [tentando fazer dos] interrogadores, detetores de mentiras. (...) Até certo ponto continuamos nesta Era, em que a polícia continua a receber este tipo de treino só que de maneira mais sofisticada, [apurada] e atualizada nas técnicas".

nosso "ator" principal, daí o entendimento de que se trata de uma técnica formativa cientificamente fraudulenta[20].

Tendo em conta esta metodologia, podemos apontar três erros cruciais que podem levar a falsas confissões:

(i) Erro de classificação (*misclassification error*), na medida em que os detetives decidem interrogar uma pessoa presumindo-a automaticamente como culpada, fazendo, muitas das vezes, de um suspeito inocente o seu alvo por via de um interrogatório acusatório e confrontacional presuntivo (material) de culpa[21] fruto da pressão social de apresentar respostas céleres[22], traduzindo uma antecipação do juízo de culpa,

[20] Neste sentido, cf. os estudos de Meissner et al., 2005: 211-227 e Frauke, 2013: 58-63 que demonstram que o sucesso do ser humano em aferir da fidedignidade de uma confissão não é melhor que o acaso ou a sorte ao situar-se numa taxa média de 54%, uma vez que muitas das pistas comportamentais que tipicamente integram a formação, como a linguagem corporal, não estão estatisticamente correlacionadas com a verdade, inexistindo qualquer tipo de suporte científico. Por sua vez, o mito da existência de um detetor de mentiras humano aumenta significativamente a confiança dos detetives relativamente à precisão dos seus julgamentos erróneos, levando ao que a doutrina denomina de "investigator response bias", i.e., a tendência para presumir a culpa de um suspeito sem certezas. Sobre o assunto, cf. também Kassin/Meissner, 2002: 469-480 e Merryman, 2010: 24-25.

[21] Cf. Leo, 2009: 332-343. Como resulta do manual de formação dos interrogadores policiais concebido por Buckley et al., 2013: 12-13, "se o detetive estiver razoavelmente seguro da culpabilidade do suspeito, o interrogatório começa, através de uma abordagem de 9 etapas: (i) O interrogador confronta o suspeito com declarações de culpa; (ii) Desenvolve "temas" que psicologicamente justificam ou desculpam o crime; (iii) Interrompe todos os esforços de negação; (iv) Supera as objeções factuais, morais e emocionais do suspeito; (v) Assegura que o suspeito passivo não se retira da sala; (vi) Mostra simpatia, compreensão e fomenta o suspeito a cooperar; (vii) Oferece uma alternativa de interpretação ao ato do alegado crime; (viii) Faz com que o suspeito conte pormenores do seu crime; (ix) Converte esta última declaração numa confissão escrita completa". Aliás, os AA. desconsideram totalmente a possibilidade de um inocente confessa ao indicarem nas pp. 59-60, que "o suspeito inocente não passará do Terceiro Passo, insistirá em que, independentemente do que o detetive tenha a dizer, não cometeu o ato em questão, [já um] suspeito inocente não apresentará objeções como o culpado normalmente faz, mas será inflexível na sua rejeição de qualquer sugestão de culpabilidade".

[22] Em muitos países (como nos EUA), é mais intenso e notável que, quando alguns crimes geram cobertura de imprensa por parte dos media (onde sobressaem os crimes mais hediondos), aliados a um sentimento de insegurança na comunidade surge um tamborilar contínuo de pressão para que as autoridades resolvam o caso, não obstante, não deixa de ser notável a sua importância ao serem determinantes para estabelecer a inocência de alguns arguidos. A este respeito, cf. Warden, 2003: 803-846.

algo em desconformidade com um Estado de Direito onde vigora por regra a presunção de inocência[23], levando a polícia a desconsiderar provas externas direcionando todo o seu foco e atenção para o interrogatório que é orientado de forma a que o suspeito confirme a presunção de culpa, i.e., uma estratégia de teste positiva por via de declarações autoincriminatórias em detrimento da estratégia de teste negativa para a refutar[24]. Assim, uma vez obtida a confissão, a presunção formal de inocência é rapidamente transformada numa presunção informal de culpa que influencia as subsequentes decisões e análise de provas laterais, *e.g.*, os procuradores procuram descobrir informação que é consistente com a sua crença de existência de culpabilidade, ignorando, desconsiderando ou mesmo suprimindo provas contraditórias ou exculpatórias, enquanto reflexo prático do fenómeno denominado como visão em túnel (*tunnel vision*), problema que se alastra a procuradores, advogados de defesa, juízes e jurados, consistindo na tendência para focalizar num determinado suspeito, selecionar e filtrar a prova que irá construir um caso para a sua condenação ao mesmo tempo que se ignora provas que apontam para longe da existência de uma efetiva culpa. Em súmula, mesmo quando falsas, as confissões surgem como algo de tão poderosas evidencias de culpa que inquina quase todo o julgamento sobre a pessoa, cegando na avaliação e na subsequente tomada de decisão ao ser atribuído um peso tremendo e conclusivo a tais provas, mesmo que venha posteriormente a ser suprimida[25];

[23] Como em tempos referiu Beccaria, 1766: 92, "um homem não pode ser dito réu [i.e., culpado] antes da sentença do juiz", mas como realçou Conlon, 2004: 182-183, para os polícias, a presunção de inocência surge como uma raridade e não como um direito.

[24] Cf. May/Volbert, 2016: 7.

[25] Neste sentido, Findley/Scott, 2006: 291-292. A este respeito, como menciona Pickel, 1995: 407-424, existe uma tensão interna – quase que uma contradição – entre um aviso ao júri acerca do perigo da condenação que tem por base uma confissão, e uma instrução informando-os de que estão claramente autorizados a condenar alguém com base na mesma. Dado o valor atribuído em alguns países, à confissão como *Queen of evidence*, uma advertência revela-se como não sendo suficiente, daí a importância de fundamentar as decisões tendo em conta que os jurados só conseguem decidir na íntima convicção e na prova livre já que não têm, por defeito, "o cabedal de conhecimentos que seria necessário para aplicar complicadas fórmulas probatórias" como aponta Matta, 2004: 234. Não obstante, a verdade é que os peritos podem desempenhar um papel importante ao educar o juiz ou os jurados (consoante o

(ii) Erro de coerção (*coercion error*). Não nos equivoquemos: A principal causa das confissões falsas induzidas pela polícia é a utilização de métodos de interrogatório policiais coercivos, existindo dois tipos[26] de falsas confissões: (a) coercivas psicológicas (sendo o caso de Brendan) ou físicas (sendo o caso do Central Park Five[27] ou de Amanda Knox[28]) em que pessoas inocentes, que sabem que são inocentes, ficam de tal modo confusas que confessam para se libertarem das amarras acusatórias contemporâneas de um ambiente stressante por defeito[29] de modo a evitarem conflitos e agradar ao interlocutor[30] ao mesmo

sistema) sobre os riscos de contaminação da confissão, auxiliando na tomada de uma decisão mais informada, para o efeito, discutindo a literatura científica que documenta confissões falsas induzidas pela polícia, explicando o como e o porquê dos métodos e estratégias particulares de interrogatório poderem levar inocentes a confessar um crime que não cometeram e identificando as condições que aumentam o seu risco. Neste sentido, cf. Blandon-Gitlin et al., 2011: 239-260. Para uma perspetiva europeia teórico-prática, explicitando os prós e contras associados à importância da fundamentação de uma decisão, cf. Thaman, 2011: 613-668.

[26] Este tipo de esquema classificatório forneceu um quadro útil para o estudo das falsas confissões e, desde então, tem sido utilizado, criticado, alargado e aperfeiçoado por outros AA. existindo diferenças na qualificação dos conceitos. Sobre o assunto, cf. Mccann, 1998: 441–453 e Leo, 2008: 198-204, este último A. que, ao utilizar exemplos de casos reais, os cinde em: *compliant false confessions*, *voluntary false confessions* e *persuaded false confessions*.

[27] Cf. People v. Wise, 194 Misc. 2d 481 (N.Y. Sup. Ct. 2002).

[28] Para uma comparação incisiva entre ambos os casos, cf. Annitto, 2017. O caso de Amanda Knox foi particularmente importante ao discutir a prova por confissão e os métodos proibidos de obtenção da mesma, e pelo facto de se tratar de uma americana a ser julgada em Itália, que, como refere Mack, 2011: 3-4, fez com que o sistema de justiça criminal italiano fosse acusado e levado a julgamento nos EUA. Ironicamente, malograda toda a crítica americana, pouco tempo depois estaria nos media a discussão do nosso caso de estudo e, por conseguinte, de todas as idiossincrasias carnavalescas associadas ao ordenamento norte-americano que vieram a ser realçadas pelo país italiano.

[29] As palavras de Beccaria, 1766: 98 acerca da tortura, transpostas para a realidade atual de coerção psicológica parecem fazer aqui todo o sentido: "de dois homens igualmente inocentes ou igualmente culpados, o forte e corajoso será absolvido, o fraco e tímido condenado em virtude deste exato raciocínio: Eu, juiz, devia considerar-vos culpados por um tal delito; tu que és forte soubeste resistir à dor, e por isso te absolvo; tu, que és fraco, cedeste-lhe, e por isso te condeno". Nesta linha, Warville, 1836: 109, alertava para o facto da confissão forçada se tratar de uma "barbárie mais digna de canibais que de povos civilizados, um uso revoltante e abominável, uma invenção da ignorância para salvar o culpado robusto e fazer perecer o frágil inocente".

[30] Neste sentido, Drizin et al., 2010: 3-38, algo que o estudo realizado por López Pérez/Navamuel Nieto, 2017: 20, demonstra.

tempo que possuem uma falsa esperança de que a sua inocência será provada ao longo do desenvolvimento da investigação ou quando provas científicas forem testadas, sendo que nestes casos costumam desistir da confissão (o denominado retratamento) quase imediatamente assim que a pressão da situação é levantada[31]; (b) coercivas-internalizadas[32], que na sua essência, colocam nos indivíduos uma *inception*[33] na qual chegam a acreditar na sua própria culpa em função do uso da mentira e da vulnerabilidade à sugestão, sendo levados a acreditar que é possível que tenham transgredido sem consciência, que tenham feito algo terrível e o reprimam, não se recordando do evento traumatizante antes desenvolvendo uma inferência de que devem ter cometido o crime. Transpondo para a prática, este erro assenta na ideia de que os detetives já sabem que a pessoa praticou o crime, estando apenas interessados em saber como o agente procedeu e porque o fez[34] conduzindo o interrogatório com esse propósito. Para o persuadir, tratam de o confrontar com provas aparentemente objetivas e incontestáveis de culpa, exista ou não uma prova real, já que é legalmente admissível[35] o uso da mentira, da manipulação e do fabrico das mesmas

[31] O próprio Brendan testemunhou, tentando desesperadamente explicar como chegou a confessar um crime que disse não ter cometido, como fazem referência La Vigne/Miles, 2019: 882.

[32] Sobre o assunto, cf. Firstman/Salpeter, 2008 acerca do caso de Marty Tankleff de 17 anos, que em 1989 foi acusado de assassinar os seus pais apesar da total inexistência de provas contra si. O menor negou veementemente as acusações durante várias horas, até que o seu interrogador lhe disse que o seu cabelo tinha sido encontrado nas roupas da sua mãe e que o seu pai o tinha denunciado após sair do coma, o que não era verdade tendo o seu pai nunca chegado a recuperar a consciência e falecido pouco tempo depois. Contudo, a mentira foi suficiente para levar Marty a internalizar o sentimento de culpa.

[33] Associamos esta terminologia ao filme de 2010 realizado por Christopher Nolan com o mesmo nome, que versava precisamente sobre a manipulação da mente, a plantação de conteúdo e o fenómeno de tornar a fantasia numa realidade credível e palpável.

[34] Bem visível no nosso caso, onde os detetives repetiram que "já sabiam o que aconteceu" perto de 30 vezes durante o interrogatório (*id.* 13).

[35] Em Miranda v. Arizona 384 U.S. 436 (1966), discutiu-se que as táticas recomendadas nos manuais de interrogatório padrão fomentavam um ambiente coercivo, mas o tribunal nunca chegou a proibi-las, optando em vez disso por oferecer aos suspeitos algum alívio do efeito coercivo, conferindo-lhes direitos que poderiam ser utilizados para pôr termo aos interrogatórios, os já referenciados avisos Miranda. Contudo, em Frazier v. Cupp 394 U.S. 731 (1969), o Supremo emitiu uma decisão que até hoje tem sido interpretada pela polícia e pelos tribunais

ou o denominado "false evidence ploy"[36], sendo que a *ratio* subjacente à utilização destas técnicas é de convencer o suspeito de que o caso do Estado contra ele é tão convincente e imutável que a sua culpa pode ser estabelecida sem qualquer dúvida existencial e que, por conseguinte, a detenção, a acusação e a condenação são inevitáveis, transmitindo a mensagem de que o suspeito não tem outra escolha senão admitir alguma versão do crime, porque a resistência contínua – à luz das "provas amplas e irrefutáveis contra ele" – é simplesmente inútil e trata-se de uma atitude que pesará ainda mais na sua condenação. O interrogatório é assim pensado como uma espécie de adaptação ao estilo "anti-Miranda warning", onde o suspeito é levado a acreditar que ao não contar a sua versão dos acontecimentos (mantendo-se silente) pode e vai ser usado contra si e que, inversamente, tudo o que disser aos detetives pode e vai funcionar em seu benefício, portanto assistimos a uma total obliteração dos valores de Miranda[37] onde ganham força as táticas de maximização[38] (concebidas para intimidar um suspeito ao fazê-lo acreditar que a magnitude das acusações e a gravidade do crime serão exageradas se ele não confessar) e minimização[39]

como uma luz verde para o engano, no qual, apesar da utilização de táticas enganosas decidiu que a confissão era voluntária, uma vez que o engano de *per si* não é suficiente para tornar uma confissão involuntária, sendo antes apenas um fator entre muitos outros que o tribunal deve considerar na sua análise apesar das numerosas advertências de académicos sobre o tema. Sobre o assunto, cf. Gudjonsson/Kassin, 2004: 35-69 e Gohara, 2006: 791-842.

[36] A determinada altura, os detetives comunicaram a Dassey que os registos telefónicos refutavam uma das suas afirmações de que ele esteve ao telefone durante um período crítico na noite do crime, o que não era verdade. São inúmeros os exemplos deste género, *e.g.*, no caso de Amanda Knox informaram-na falsamente de que era seropositiva como forma de obter informações adicionais sobre os seus parceiros sexuais e disseram-lhe que tinham provas físicas que a ligavam ao local do crime. Sobre o assunto, cf. Annitto, 2017: 192.

[37] São inúmeros os casos documentados que espelham a veracidade desta afirmação. Veja-se, *e.g.*, o caso do menor Allen Chesnet ao mencionar que "se eu dissesse: "sim, eu fiz o que estão a dizer", podia ir para casa, [se não] iria para a prisão, por isso disse que tinha [cometido o crime]". Sobre o caso, cf. Davis/Leo, 2006: 128.

[38] Traduzem incentivos negativos, i.e., táticas que sugerem que o suspeito deve confessar porque nenhuma outra solução é plausível, confrontando suspeitos com provas reais ou inventadas, identificando contradições nas suas declarações e recusando creditar as suas negações ou eventuais álibis.

[39] Traduzem incentivos positivos, i.e., táticas em que o interrogador caracteriza o ato como acidental, oferece simpatia e compreensão banalizando a gravidade do crime e justificando-o

(concebidas para levar o suspeito a acreditar que a magnitude das acusações e a gravidade do crime serão reduzidas ou atenuadas se ele confessar), revelando-se como psicologicamente coercivo. Conexo, encontram-se as promessas de leniência nas quais é verdade que os tribunais rejeitam confissões induzidas por promessas explícitas e diretas de leniência no sentido literal, mas tal como no nosso caso, a leniência pode ser fortemente implícita ao se utilizarem expressões como "não é culpa tua, lembra-te disso", "não fizeste nada de errado", "prometo que não te vou deixar numa má situação"[40], portanto cenários que promovem justificações morais, psicológicas ou legais como forma de desculpabilizar a conduta, dando a entender que a situação do suspeito irá a bom porto e de que nada terá a temer se fizer declarações honestas (diga-se, uma narrativa que vá ao encontro daquilo que os detetives querem ouvir), daí o reconhecimento de que promessas implícitas podem colocar inocentes em risco de confessar;

(iii) Erro de contaminação (*contamination error*), na medida em que se procura aferir de que forma uma pessoa inocente é capaz de narrar uma história que desconhece, sendo neste momento que se mostra relevante o denominado *fact feeding* ou plantação de conteúdo de forma (in)consciente pelos detetives[41], levando o suspeito a reproduzir o que ouviu.

por fatores externos, podendo assumir três formas: as que minimizam as consequências morais, psicológicas ou legais da confissão. Como indica Redlich et al., 2018: 18, "a minimização mina a voluntariedade de uma confissão porque frequentemente funciona como uma promessa de leniência" e, por esta razão, AA. como Donzelmann/Heubrock, 2010: 42-86 e Berresheim/Capellmann, 2013: 93-99 propõem a permissão das formas morais (*e.g.*, "não é por isto que deixará de ser boa pessoa") e psicológicas (*e.g.*, dizer a um suspeito que se sentirá melhor após a confissão), mas proíbem as legais (*e.g.*, que terá uma menor pena se confessar) por serem as que traduzem efetivamente tais promessas. Pessoalmente, temos de discordar pelo facto de, mesmo que tais declarações sejam do interesse da investigação, coloca-se a questão da promoção da vontade de testemunhar com o equilíbrio do direito ao silêncio, pelo que qualquer tática deste género empregue deve ser proibida e qualquer prova obtida, nula.

[40] Cf. Sheriff's Department, 2006: 571.

[41] Infelizmente não se trata de um fenómeno raro. Como indicam Drizin et al., 2012: 847, a presença deste tipo de factos específicos na confissão do suspeito dá-lhe credibilidade e cria uma ilusão de corroboração, fenómeno denominado de "misleading specialized knowledge", enquanto uma espécie de pseudocorroboração, i.e., uma confissão falsamente autêntica.

Paralelamente, nos sistemas romano-germânicos esta visão *sui generis* dos interrogatórios tende a não suceder. Relembramos que o interrogatório não deve ser um meio de obtenção de prova mas sim um meio de defesa pessoal do acusado[42], pelo que só deverá ser realizado quando estiverem reunidos os meios de prova suficientes para a dedução de acusação uma vez que é diante disso que a pessoa se pode defender contrapondo a sua própria versão dos factos, pois ninguém pode defender-se se não conhecer a acusação que sobre ele impende, nem elidir as provas se as não conhecer[43] como dispõe a al. *c)*, do n.º 1 do art. 61.º *ex vi* n.º 4 do art. 141.º ambos do CPP, ao impor que seja informado e esclarecido sobre os seus direitos bem como dos motivos da detenção e dos factos que lhe são imputados, pois a não ser assim, redundaria numa restrição do seu direito de audiência e defesa[44].

Deste modo, devido ao seu elevado grau de prejudicialidade e (potenciais) malefícios, a resposta mais forte seria uma proibição total da técnica utilizada e dos métodos envolvidos[45], tornando nulas todas as confissões resultantes de tal conjuntura, e mais: os detetives devem responder pelas condutas menos impróprias numa sala de interrogatório, nem que seja como se prevê entre nós nos termos do n.º 4 do art. 126.º do CPP[46], se os métodos de obtenção de prova constituírem crime. Nesta linha, defendemos a adoção de um método de

[42] Cf. May/Volbert, 2016: 6.

[43] Neste sentido, Mendes, 2011: 824.

[44] Entre nós, o TC n.º 416/2003, de 24/09/2003, Proc. 82/2004, Rel. Mário José de Araújo Torres, chegou a julgar "inconstitucional, por violação dos arts. 28.º, n.º 1 e 32.º, n.º 1 ambos da CRP, a norma do art. 141.º, n.º 4 do CPP, interpretada no sentido de que, no decurso do interrogatório de arguido detido, a exposição dos factos que lhe são imputados poder consistir na formulação de perguntas gerais e abstratas, sem concretização das circunstâncias de tempo, modo e lugar em que ocorreram os factos que integram a prática desses crimes, nem comunicação (...) dos elementos de prova que sustentam aquelas imputações (...)". Nesta linha, como apontou o TC n.º 72/2012, de 08/02/2012, Proc. 51/2012, Rel. Cunha Barbosa, "o interrogatório é essencialmente garantistico, conformado de modo a garantir ao arguido detido uma defesa efetiva".

[45] Como refere Leo, 2008: 321-322, "[atualmente], o interrogatório contemporâneo norte-americano não cumpre os três objetivos do sistema adversarial (ou acusatório puro): proteger os direitos individuais, verificar o poder injustificado ou exagerado do Estado e promover a procura da verdade". Tal proibição existe atualmente em muitos países, entre os quais conferidores de grande tutela como o Peru, a Inglaterra, Islândia, Alemanha e Portugal.

[46] Semelhante consequência se encontra, *mutatis mutandis*, no ordenamento argentino como aponta Moras Mom, 2004: 201.

interrogatório inquisitorial semelhante ao *PEACE*[47] britânico, modelo criado com a colaboração de investigadores, psicólogos, agentes da polícia e advogados, tendo por base princípios da psicologia que assentam na equidade, abertura, viabilidade, responsabilização e apuramento de factos ao invés da obtenção de uma confissão a qualquer custo característico do típico interrogatório acusatório norte-americano, proibindo a utilização de técnicas coercivas (como as realçadas *supra*) sendo substituídas por técnicas de entrevista onde se colocam questões em aberto partindo de uma efetiva presunção de inocência material e formal em que se procura recolher informações junto do interrogado[48] confrontando-o com os factos apurados até ao momento, com a intenção primária de orientar o trabalho policial numa ou noutra direção ou, se possível, estimular uma linha de investigação que já se revelou frutuosa apresentando, por isso, uma relevância e utilidade extra processual, pelo que só no caso de o suspeito fazer (ou reproduzir) declarações autoincriminatórias na presença de autoridade judiciária e na presença do seu defensor é que estas poderão ser tidas em consideração, daí a importância de realçar que a espécie de "ónus de prova da inocência" – particularmente visível no nosso caso – deverá ser inadmissível perante uma ordem jurídica inspirada por um critério superior de liberdade assente no valor moral primário da dignidade da pessoa humana, pois nunca é demais relembrar que a pessoa suspeita não é necessariamente a culpada do crime pela qual é acusada[49]. Este estilo inquisitorial

[47] A mnemónica *PEACE* foi utilizada para descrever as cinco partes distintas da nova abordagem dos interrogatórios: *"Preparation and Planning", "Engage and Explain", "Account", "Closure" and "Evaluate"*. Para se ter uma perspetiva comparativa das técnicas de interrogatório utilizadas em vários ordenamentos e subsequentemente a evolução do uso da *PEACE*, veja-se SCHOLLUM, 2017: 30-34.

[48] Na própria doutrina americana esta solução é defendida. Ideia chave presente em LEO, 2008: 327 é a de que o interrogatório policial deve ter uma função de investigação e não de acusação e perseguição, não deve ser presuntivo de culpa e o seu objetivo não deve ser o de incriminar o suspeito a fim de construir um caso "bem-sucedido" contra ele. Em vez disso, deveria ser sempre o de obter a verdade – mesmo que a verdade prove que as teorias dos detetives estão erradas, demonstre a inocência dos suspeitos, ou extraia informações que favoreçam a defesa em detrimento da acusação.

[49] Se alguém é interrogado como arguido, há razões para crer que poderá ser o responsável, devendo aí sim, ser confrontado com as provas que se tem sobre ele e não o inverso. Num esquema simples, deve evitar-se o modelo presuntivo de culpa norte-americano espelhado no nosso caso de: arguido culpado --> interrogatório acusatório --> confissão do crime, antes seguindo o modelo que deverá assentar na génese dos princípios basilares de

permite assim uma análise mais precisa e, por conseguinte, um melhor nível de eficiência nas taxas das confissões (verdadeiras)[50] possibilitando, acima de tudo, reduzir falsas declarações autoincriminatórias ao ter em consideração as fontes vulneráveis que podem estar presentes em alguns dos suspeitos a fim de minimizar o risco do seu surgimento, sendo que a sua credibilidade levou a que países como a Nova Zelândia ou a Noruega a adotassem como política nacional de interrogatório.

2. A necessidade de registo eletrónico audiovisual

No ordenamento norte-americano, devido ao facto de não existir nenhuma norma constitucional que obrigue a que o interrogatório seja registado, de modo a impor esta regra é necessário que exista um estatuto federal[51]. Felizmente, alguns Estados impõem-no, existindo essencialmente três métodos possíveis de o colocar em prática: (i) nos "Estados de presunção de involuntariedade", uma declaração não registada será sujeita à presunção refutável de que foi involuntária e, portanto, não admissível a menos que o Estado supere a presunção[52]; (ii) nos "Estados de instrução do júri", a acusação pode apresentar provas de interrogatórios que, em violação da lei, não tenham sido registados, mas o tribunal instruirá o júri sobre a obrigação legal de registar as declarações apesar de os informar de que as não registadas são menos exatas e fiáveis[53]; (iii) nos "Estados de exclusão", se um interrogatório não tiver sido

um processo penal: suspeito --> interrogatório confrontacional das provas que se tem sobre o mesmo --> obtenção (legal) de uma confissão devidamente comprovada.

[50] Segundo os resultados obtidos por Rigoni, 2007, a técnica inquisitorial decresce acentuadamente a taxa de falsas confissões sem baixar a taxa de verdadeiras confissões.

[51] Uma vez que constitui precedente, cf. U.S. v. Silva-Arzeta, 602 F.3d 1208 (10th Cir. 2010). Para um excurso histórico sobre a implementação do registo eletrónico nos Estados norte-americanos, cf. Department of Justice, 2015: 1552-1559. O mesmo sucede, *mutatis mutandis*, no Canadá, ainda que a prática geral consista em registar os interrogatórios policiais (cf. Patry et al., 2012: 332).

[52] Neste sentido, *e.g.*, Columbia Statute §5-116.03 (2012): "Esta presunção pode ser ultrapassada se a acusação provar, através de provas claras e convincentes, que a declaração foi voluntariamente prestada".

[53] Neste sentido, *e.g.*, Oregon Statute §133.400(3)(a) (2013): "Se o Estado oferecer uma declaração não registada e for incapaz de demonstrar, por uma preponderância de prova que se aplica uma exceção, a pedido do arguido o tribunal instruirá o júri relativamente à exigência legal de gravar interrogatórios e à fiabilidade superior das gravações eletrónicas quando comparado com o testemunho sobre o que foi dito e feito".

registado e não se aplicarem exceções legais[54], a declaração não será admissível. O Wiscounsin insere-se neste último[55], tendo sido utilizado no caso de Brendan o que permitiu extrair muitas conclusões apesar de não ter servido para impedir a sua condenação[56].

Entre nós, a atual solução legislativa é de que "todo o interrogatório deverá ser registado através de audiovisual, salvo fundamentação expressa da impossibilidade de tal gravação, recorrendo-se então ao registo áudio ou aos meios estenográficos e estenotípicos usuais, devendo o funcionário fazer a transcrição no período mais curto possível"[57]. Não concordamos com esta "leveza" de solução consagrada na nossa lei atual pois embora o n.º 7 do art. 141.º do CPP (*ex vi* n.º 1 do art. 101.º do CPP) permita uma tutela na teoria, atentamos na perigosidade de alcance prático desta redação ao utilizar-se a conjunção coordenativa disjuntiva "ou", conferindo uma possibilidade demasiado ampla e permissiva de que a prestação de declarações não seja documentada com esse registo cumulativo, o que fará com que, muito provavelmente, a exceção se torne na regra, bastando que, decorram nos mesmos serviços do MP (sobretudo nas comarcas de menor dimensão) dois interrogatórios simultaneamente e que só haja um aparelho de gravação disponível. De igual modo, é frequentemente invocado as despesas relacionadas com o custo do equipamento, a sua manutenção e a irrelevância do registo por se temer que os suspeitos possam ficar relutantes em falar abertamente sabendo que estão a ser gravados, contudo nenhum destes argumentos nos parece convincente. Primariamente, embora os custos de instalação e manutenção das gravações de vídeo possam parecer elevados, são mais do que compensados pelas poupanças que oferecem em termos de tempo e recursos valiosos dos detetives e do

[54] Enunciando as exceções com a ressalva de que devem ser usadas com moderação e prudência por serem facilmente utilizáveis como desculpa para não se registar eletronicamente o interrogatório o que é desvantajoso para o suspeito, cf. Department of Justice, 2015.

[55] No caso do Wisconsin Statute §938.31(3)(b) (2014): "Uma declaração feita pelo jovem durante um interrogatório não é admissível como prova contra ele em qualquer processo judicial que alegue que o jovem é [culpado], a menos que (...) tenha sido registado por áudio ou de forma audiovisual".

[56] Uma vez que a gravação audiovisual do caso nos parece totalmente esclarecedora, cf. os efetivos registos eletrónicos dos três interrogatórios do menor, disponíveis em: https://www.businessinsider.com/making-a-murderer-brendan-dassey-confession-2016-1.

[57] Cf. Martins, 2014: 127.

próprio tribunal. Por outro lado, estudos, como o de Geller[58], dão a entender que a maioria dos departamentos parece receber mais informações incriminatórias dos suspeitos aquando da gravação dos interrogatórios.

Nesta linha, apesar de não resolver inteiramente o problema, não deixa de oferecer aos juízes uma oportunidade de avaliar de forma objetiva as circunstâncias em que a confissão foi extraída, e se os direitos fundamentais não foram violados, já tendo levado ao suprimento de inúmeras autoincriminações que, embora questionáveis em vídeo, teriam muito provavelmente sido admitidas sem uma gravação[59]. Ao mesmo tempo, remove o secretismo e a especulação do processo interrogatório beneficiando todas as partes envolvidas ao proteger a polícia de falsas acusações de impropriedade ao mesmo tempo que protege os suspeitos contra práticas policiais legalmente inadmissíveis permitindo um acréscimo das garantias do interrogado, pois tornar-se-á mais fácil provar a existência de qualquer pergunta sugestiva ou de qualquer irregularidade em comparação ao que sucede atualmente com a mera transcrição[60], facultando um maior contacto entre o juiz e a prova. De igual forma, possibilita que se questione os métodos utilizados, desmotivando os detetives de utilizarem as técnicas pouco ortodoxas já referenciadas, sendo mais cuidadosos na abordagem e tornando-os mais responsáveis pelos seus atos[61], mas isto não se deve ao facto dos OPC serem mais desonestos que o homem médio, mas antes porque temos o direito a assumir que não são menos humanos nós, e que por

[58] Geller, 1993: 1-11.

[59] Casos como o de State v. Jeffrey, 03-16977ª (Fla. Cir. Ct. Oct. 16, 2006), no qual o tribunal suprimiu uma confissão que mostrava o arguido a reproduzir as afirmações do detetive, terminando a sua declaração a perguntar se tinha feito bem. O caso foi de tal forma impactante que o Juiz Pineiro fez notar que previamente não acreditava ser necessário gravar a totalidade do interrogatório de um arguido, mas que, posteriormente passou a acreditar que, independentemente da praticabilidade, a gravação em vídeo deverá ser imperativa.

[60] Nesta linha, apontando a morosidade do tempo causada por este elemento, pregoando pelo registo audiovisual que permite alocar e orientar os outros recursos para a investigação, cf. na doutrina chinesa Yupeng, 2009: 110-118. De igual modo, cf. Sullivan, 2004: 132-134, observando que os suspeitos ficam mais nervosos e falam menos quando os detetives tiram notas durante um interrogatório. Por último, *vide*, entre nós, Perestrelo, 2013: 37, ao defender que uma mera transcrição daquilo que foi dito pelo arguido durante o interrogatório não pode, de forma alguma, garantir o mesmo grau de fiabilidade que uma declaração gravada, sendo que é esta última que contribui para uma avaliação fidedigna da veracidade do depoimento.

[61] Cf. Taslitz, 2010: 64-67.

vezes estão inclinados a reconstruir e interpretar os factos como pensam que devem ser construídos e interpretados em situações em que surgem como "juízes em causa própria"[62]. Para mais, as gravações serão úteis na resolução de casos, mas também como meio formativo de modo a ensinar os próprios detetives daquilo que se deve ou não fazer, permitindo clarificar e desenvolver regras mais especificas do comportamento e método policial, estabelecendo critérios e traçando limites até onde e o que é possível aos OPC fazerem. Por fim, poupa tempo e dinheiro ao conservar recursos na sobrecarga do sistema criminal e ao reduzir o tempo que a polícia, procuradores, juízes e jurados devem despender em reconstruir, testemunhar ou avaliar os interrogatórios e as confissões. Em suma, o registo de todos os intervenientes[63] promove os objetivos de apuramento da verdade, tratamento justo, e imputação de responsabilidade, contribuindo para a prevenção das condenações erróneas através da abertura de todo o processo de interrogatório ao escrutínio e permitindo uma efetiva tomada de decisão mais informada[64] ao observar-se não só a confissão, mas as condições em que foi obtida.

Deste modo, o custo-benefício do registo eletrónico (diga-se, da dupla audiovisual) faz com que seja essencial e estritamente indispensável enquanto

[62] A este respeito, cf. o relato do detetive Trainum, 2007, que reconta um caso em que um suspeito que lhe tinha confessado um crime foi mais tarde exonerado: "Anos mais tarde, durante uma revisão [da gravação do interrogatório], descobrimos o nosso erro. Tínhamos caído numa armadilha clássica. Acreditámos tanto na culpa do nosso suspeito que ignorámos todas as provas em contrário. Para demonstrar a força do nosso caso, mostrámos ao suspeito as nossas provas, e, involuntariamente, alimentámo-lo com os detalhes de tal forma que os reproduziu de volta, (...) e sem o vídeo nunca teríamos sabido".

[63] A favor: Parecer ASJP, 2012: 13. Contra: posicionou-se o Parecer SMMP, 2010: 8, que vê a gravação audiovisual como algo demasiado complexo, não só por exigir uma câmara apta para efetuar uma mudança de ângulos consoante os intervenientes, como também por não existirem meios técnicos e humanos disponíveis para o efeito. Não concordamos. Primariamente temos dúvidas relativamente à exequibilidade desta afirmação na medida em que, regra geral, uma câmara está colocada a um canto de uma pequena sala de quatro paredes no qual é possível cobrir todos os intervenientes, em segundo lugar, tal como acontece em muitos casos comprovados de falsas confissões, tanto ou mais do que o que é dito, é o que sucedeu ou está a acontecer naquele momento, algo que apenas a imagem visual é capaz de mostrar e trazendo a velha expressão popular atribuída a Confúcio, "uma imagem vale mais que mil palavras". Neste sentido, Benforado, 2010: 1351-1360.

[64] Cf. Geers et al., 2002: 867-874 e Diamond et al., 2007: 224-226.

regra[65], daí a urgência em fornecer os meios necessários para que a regra seja efetivamente cumprida devendo alocar-se fundos adicionais para o efeito sendo que a sua falta deverá culminar na impossibilidade de as declarações poderem ser utilizadas como prova[66] uma vez que está intimamente relacionada com os métodos proibidos de prova (cf. n.º 1 do art. 126.º do CPP), porque sem ela, será impossível aferir se os direitos fundamentais do interrogado foram colocados em causa (*ex vi* n.º 8 do art. 32.º da CRP). Inversamente, se o desvalor fosse o da irregularidade nos termos conjugados dos arts. 118.º, n.º 2 e 123.º ambos do CPP, teria de ser arguida e ainda que possibilitando que fosse *ex officio*, não nos parece acautelar suficientemente o interrogado que deve beneficiar de uma proteção *ab initio* que lhe seja inerente enquanto formalidade fundamental como *e.g.*, o caso da constituição de arguido nos termos do n.º 5 do art. 58.º do CPP o é. Enquanto exceção, apregoamos que as declarações só poderão ser valoradas se gravadas em registo visual[67] ao mesmo tempo que os detetives deverão – nessas ocasiões excecionais – tirar as notas em papel, pois tornar-se-á mais fácil invocar e comprovar qualquer anomalia que tenha decorrido do ato de interrogatório, apresentando a linguagem corporal um relevo imenso no que toca ao problema *sub judice*, pelo que a essencialidade da imagem visual como a fonte mais viável para resolver muitas das contradições em torno do controlo do crime e do devido processo inerente ao interrogatório policial, não permite a abdicação da mesma.

65 Cf. Leo, 2008: 304-305.

66 Seguimos de perto a decisão do Supremo Tribunal do Alaska no caso Stephan v. State, 711 P.2d 1156 (1985), ao sustentar que "uma falha injustificada do registo eletrónico de um interrogatório (...) viola o direito do suspeito ao devido processo, (...) [pelo que] qualquer declaração assim obtida é geralmente inadmissível". Paralelamente, não concordamos com a observação de Andrade, 2013: 315, de que "se o interrogatório for declarado nulo por falta de gravação áudio ou audiovisual não fundamentada, cremos que neste caso não há razão para afastar as provas mediatas, [pois] o que se pretende acautelar é que o juiz de julgamento tenha acesso ao interrogatório de um modo mais fidedigno do que aquela que resulta da mera transcrição, finalidade que não fica afetada pela utilização das provas alcançadas a partir do depoimento do arguido", pois como explicámos, fica afetada, e muito.

67 Desde finais do século XX que o uso de tecnologia eletrónica pelos OPC tem vindo a ser popular em variados contextos como documentar cenas de um crime ou conduzir operações de vigilância disfarçadas precisamente pelas características de eficiência e eficácia. Ora, estas finalidades podem ser transpostas para a realidade atual interrogatória, ao permitir analisar o que foi dito, como foi dito, o que foi feito, e de que forma o foi, auxiliado pela linguagem corporal, permitindo fornecer respostas que as próprias palavras não clarificam.

III. O teste da totalidade das circunstâncias no apuramento da voluntariedade

1. A (ir)relevância dos fatores internos do interrogado conexo com os fatores externos da ausência de defensor e de responsável parental

Até ao século XVIII, as confissões extrajudiciais eram admissíveis como prova, mesmo que fossem o produto involuntário da coerção policial. Contudo, no caso The King v. Warrickshall (1783)[68], um tribunal inglês reconhecia a inerente falta de fiabilidade das confissões involuntárias estabelecendo a primeira regra de exclusão segundo a qual, as confissões eram admitidas como prova ou rejeitadas como inadmissíveis sob uma consideração se eram ou não "intituladas a crédito", i.e., uma confissão livre e voluntária seria merecedora do mais alto crédito porque se presumia decorrer do mais forte sentimento de culpa, mas uma confissão forçada por perspetivas de esperança ou pela tortura do medo adotava uma forma tão questionável que nenhum crédito lhe deveria ser atribuído, devendo a prova ser antes rejeitada.

Esta razoável interpretação com mais de 200 anos não vingou no sistema norte-americano que, ao se debruçar sobre a admissibilidade da prova por confissão, exige que um tribunal realize o teste da totalidade das circunstâncias[69]. Para o efeito, considera-se as características pessoais do confessor (*e.g.*, idade, inteligência, estabilidade emocional ou vulnerabilidade) ao mesmo tempo que se leva em conta as condições em que foi realizado o interrogatório, bem como as táticas que foram utilizadas, ou seja, uma confissão será voluntária se, à luz da totalidade das circunstâncias, for o produto de um intelecto racional e do livre arbítrio e não o resultado de intimidação física ou psicológica que permita superar essa liberdade. Para mais, no que diz respeito aos menores, na maioria dos Estados, os tribunais ainda aplicavam um toque excessivamente leve ao determinarem se a sua renúncia aos avisos Miranda era voluntária e consciente[70], uma questão desconsiderada até ao caso J.D.B.

[68] The King v. Warrickshall, 1 Leach C.C. 262, 168 E.R. 234 (K.B. 1783).

[69] Cf. U.S. v. Dillon, 150 F.3d 754 (7th Cir. 1998).

[70] Admitindo as confissões de jovens analfabetos e mentalmente retardados incapazes de raciocínio abstrato. Sobre o assunto, cf. Goldstein et al., 2018.

v. Carolina do Norte (2011)[71] onde se deu um passo significativo no sentido de alinhar a doutrina Miranda com a realidade juvenil, criando uma exceção à análise interrogatória dos mais jovens tendo em conta as várias especificidades desta faixa etária que difere categoricamente dos adultos. Tendo isto presente, chamamos a atenção para o facto de que as particularidades do "ator" principal do nosso caso e toda a conjuntura interrogatória terem produzido uma combinação letal para o desastre: estava em causa um jovem menor de 16 anos, com atraso cognitivo e de desenvolvimento, dotado de claras carências linguísticas e cognitivas subdesenvolvidas, a juntar ao facto de que não teve qualquer defensor ou parente presente ao seu lado durante os interrogatórios, o que nos permite tecer algumas considerações.

Primo, alguns indivíduos, como os que apresentam patologias mentais, os jovens em particular, ou mesmo ambos, são especialmente suscetíveis a pressões psicológicas de um interrogatório acusatório presuntivo de culpa cedendo facilmente à pressão, e fruto dos seus défices cognitivos e capacidades sociais limitadas assumem-se como pensadores lentos que se confundem facilmente, muitas vezes sem capacidade de avaliar a gravidade de uma situação, levando a que não compreendam as consequências das suas ações[72]. Era precisamente o que sucedia com Brendan, um menor que estava no segundo ano do ensino secundário onde frequentava aulas de educação especial com evidentes e comprovados problemas do foro psicológico, possuía um *QI* muito inferior para a sua idade compreendido entre 69-73 no limite da fronteira da deficiência intelectual possuindo um grave défice de competências

[71] No caso J.D.B. v. Carolina do Norte 564 U.S. 261 (2011), os tribunais tinham admitido declarações feitas sem aviso Miranda por J.D.B., de 13 anos, durante um interrogatório. O Supremo Tribunal inverteu a decisão na esteira da exigência da 8.ª Emenda de evitar punições cruéis e incomuns, reconhecendo a inadequação de ver as crianças como "adultos em miniatura" subscrevendo uma norma de "criança razoável" tendo em conta as características dos menores, baseando-se na impetuosidade e na capacidade de impressão das crianças, sendo por defeito mais vulneráveis e suscetíveis a pressões externas, carecendo da experiência, perspetiva e julgamento para reconhecer e evitar escolhas que lhes possam ser prejudiciais.

[72] Exemplo crasso foi quando Dassey perguntou à polícia quando regressaria à escola porque tinha de entregar um trabalho, isto logo após ter acabado de alegadamente "confessar" o homicídio, o que segundo opinião da Juíza Woods constitui prova mais que conclusiva das suas debilidades e falta de consciência (*id.* 13).

linguísticas[73] e de comunicação subdesenvolvidas, tendo inclusive sido avaliado clinicamente[74] como sendo um individuo altamente sugestivo, com baixa autoestima, tímido e ingénuo, fazendo com que seja mais colaborador perante uma figura de autoridade uma vez que se sente intimidado e a pretende agradar mesmo que o comprometa. Como resultado, o ser humano dito atípico encontra-se desproporcionalmente representado nos casos documentados de falsas confissões[75].

Secondo, o direito a defensor é um direito inerente a um suspeito de tal forma importante e útil que qualquer pessoa deverá beneficiar dele *ab initio*, não sendo algo de que necessite de ser invocado como uma espécie de ónus, de uma opção a seu cargo que se deve ou não fazer uso através da invocação dos avisos Miranda, como sucede no ordenamento norte-americano. O seu cariz deverá ser obrigatório ao possuir sobretudo uma função de garantia, de controlo da legalidade dos atos processuais e de assistência técnica qualificada para que o arguido possa estar bem informado dos seus direitos e deveres processuais e das consequências jurídicas dos seus atos. Para mais, tratando-se de um menor e tendo carências do foro psicológico, maior é a necessidade de assistência técnica dado que a sua defesa pessoal se presume diminuída. Nada disto ocorreu. Aliás, esta necessidade de uma defesa eficaz foi notória no nosso caso de estudo, o que poderia ter feito a diferença ao ser um ponto de destaque uma vez que foi atribuído ao primeiro advogado de Brendan uma das razões para a sua condenação fruto de uma representação ineficaz,

[73] Para uma visão geral das características da deficiência linguística nos adolescentes e do impacto na vida académica, social, económica e pessoal, cf. Reed, 2017: 169-184.

[74] No julgamento (*id.* 13), a defesa apresentou o testemunho de um psicólogo forense que examinou Dassey, que apresentou alguns dos percentis extremos do menor: *e.g.*, quando se tratava de evitar a socialização, testou no primeiro percentil, o que significa que 99 em cada 100 pessoas seriam classificadas como mais extrovertidas socialmente do que ele. Quanto à introversão e alienação social, situava-se nos percentis 2,3 e 1,5, respetivamente sendo considerado uma pessoa passiva e submissa. Por fim, os testes à sua inteligência indicaram que se situava no limite, i.e., no percentil 10 a 13, o que lhe permitiu concluir que Dassey era altamente sugestionável ao ser interrogado. Para uma análise científica mais profunda e escrutinada acerca das suas efetivas debilidades e limitações confrontando-as com o discurso utilizado pelos detetives, cf. a análise científica teórico-prática de Lavigne/Miles, 2019: 904-905.

[75] Cerca de 27% dos falsos confessores do estudo de Leo/Ofshe, 2001: 303 possuíam uma deficiência mental e segundo Drizin/Leo, 2004: 944, os menores são normalmente responsáveis por cerca de um terço das amostras.

tendo sido afastado do caso logo após o primeiro julgamento[76]. Ora, no ordenamento português, como é característico dos sistemas romano-germânicos, como a Itália[77] ou a Espanha[78], mas também do Chile[79], os arts. 20.º, n.º 2 e 32.º, n.º 3 da CRP *ex vi* arts. 61.º, n.º 1, al. *f)*, 62.º, 63.º, 64.º e 144.º, n.º 3 todos do CPP concedem ao arguido uma tutela robusta que se traduz no direito, *rectius*, na obrigatoriedade de ser assistido por defensor em todos os atos do processo[80] enquanto elemento essencial à administração da justiça como um dever para com a comunidade em conformidade com o art. 208.º da CRP e o EOA, não esquecendo a existência de efetiva garantia de defesa consagrada na jurisprudência europeia[81] a par dos atos europeus, *maxime* a Diretiva n.º 2016/800/UE, de 11 de maio de 2016, relativa a garantias processuais para os menores suspeitos ou arguidos em processo penal[82] e a Diretiva n.º 2013/48/UE, de 22 de outubro de 2013, relativa ao direito de acesso a um advogado em processo penal[83]. Na sua falta, entendemos que dá azo a uma nulidade insanável[84] nos termos gerais das nulidades prevista no art. 119.º, al. *c)* do CPP,

[76] Foi o caso Strickland v. Washington 466 U.S. 668 (1984) que estabeleceu a referência para a ineficácia de representatividade aliada à garantia da 6.ª Emenda. Como explica Berry, 2003: 490, "[é] da responsabilidade do advogado de defesa proteger [o cliente] dos erros dos outros, nomeadamente da pressão dos agentes. [*A contrario*], o resultado é uma cascata de erros que dilui, ou mesmo destrói, a barreira [da inocência, permitindo] uma condenação injusta", precisamente o que sucedeu na deplorável representação de Brendan pelo seu advogado inicial, que não só acreditou imediatamente na falsa confissão produzida, como enviou o seu próprio detetive para extrair uma nova e melhor confissão.

[77] Cf. Annitto, 2017: 200-204.

[78] Cf. Bernuz Beneitez, 2019: 17.

[79] Cf. Riego Ramírez, 2019: 277.

[80] Já dizia Almeida et al., 1972: 277 que "é ilegal e viciosa, atentatória dos direitos de defesa e incompreensível, ouvir o arguido sem a presença do seu advogado. A lei portuguesa (...) procura assegurar a plena liberdade do depoimento, protegendo o detido contra todos os meios de interrogatório impróprios".

[81] Para uma reunião de alguns casos do TEDH recentes que alertam e enaltecem este importante direito, cf. Valente, 2019: 756, nota rodapé (12).

[82] Nomeadamente, a al. *b)*, do n.º 4, do art. 6.º: "os E-M asseguram que o menor seja assistido por advogado no interrogatório e que o advogado possa neste participar efetivamente".

[83] Estipulando na al. *b)*, do n.º 3, do art. 3.º que os E-M garantem que o suspeito ou acusado tenha o direito a que o seu advogado esteja presente e participe efetivamente nos interrogatórios. Sobre a Diretiva, cf. o importante contributo de Valente, 2019: 761. Numa perspetiva comparada, cf. Jimeno Bulnes, 2014: 443-489 e Bachmaier Winter, 2015: 111-131.

[84] Densificando o ponto, cf. Albuquerque, 2011: 203 e 317 e Valente, 2019: 758.

pelo que, podendo ser arguida *ex officio* em qualquer fase do procedimento, torna inválido o ato de interrogatório, bem como os que dele dependerem e aquelas puderem afetar, exigindo-se a sua repetição de acordo com o art. 122.º do CPP e sendo consequentemente proibida a prova obtida por violação de uma garantia fulcral do processo criminal, não podendo ser invocadas teorias de admissibilidade da prova ilícita[85].

Terzo, o próprio interesse dos pais no interrogatório dos filhos também é algo que tem sido negligenciado, especialmente em países como os EUA em que a polícia não é legalmente obrigada a contactar os pais de um menor que interroga[86] contrariamente à solução europeia[87]. Em primeiro lugar, antes de interrogar um jovem, a polícia deveria de fazer um esforço razoável e de boa-fé para contactar os seus responsáveis, informá-los sobre a natureza e os riscos do interrogatório e obter o seu consentimento. Ulteriormente, uma vez contactados, os pais devem ter a capacidade de efetivamente proteger os filhos dos perigos da confissão sendo que à primeira vista parecem perfeitamente aptos a auxiliá-los na sala de interrogatório quando presentes, querendo, naturalmente, agir no seu melhor interesse, mas a verdade é que, inconscientemente e de forma bem intencionada, são muitos os que acrescentam pressão integrando parte da estrutura coerciva[88] na medida em que, emocionalmente sobrecarregados, entendem mal os avisos Miranda e subestimam os perigos que as crianças enfrentam nos interrogatórios a que são sujeitas, pressionando-as muitas das vezes a "fazer o que está certo", pelo que a simples presença

[85] Na esteira de Valente, 2019: 761, "nenhuma tem acolhimento jurídico-operativo e a realização da justiça criminal tem limites inultrapassáveis, caso contrário, convertemo-la em vingança".

[86] Cf. U.S. v. Wilderness, 160 F.3d 1173, 1176 (7th Cir. 1998).

[87] A este respeito, é de salientar a Diretiva 2016/800, de 11 maio, nomeadamente o n.º 4 do art. 15.º segundo o qual, "os E-M asseguram que os menores tenham o direito a ser acompanhados pelo titular da responsabilidade parental ou por outro adulto idóneo, nos termos do n.º 2, durante as fases do processo (...), sempre que a autoridade competente considerar que: a) é do superior interesse da criança ser acompanhado por essa pessoa; e b) a presença dessa pessoa não prejudica o processo penal", e o art. 5.º que versa sobre o direito do menor a que o titular da responsabilidade parental seja informado, nomeadamente do que está a ser acusado. Em Portugal, de realçar a transposição da Diretiva pela Lei n.º 33/2019, de 22 maio, destacando a nossa al. *i)*, do n.º 1, do art. 61.º do CPP.

[88] Defendendo esta ideia, veja-se a doutrina de Lapp, 2017: 934-935, ao mencionar que a polícia é treinada para obter a cooperação dos pais e utiliza-os para obter a confissão das crianças.

parental não oferece proteção suficiente contra falsas confissões na medida em que um pai não deve ser obrigado a decidir entre dar uma lição moral a um filho e protegê-lo de graves consequências legais.

2. Do excessivo formalismo em detrimento da substância

Existem dois pontos de vulnerabilidade característicos do interrogatório acusatório: os avisos Miranda e as Emendas constitucionais. Ambos remetem para o momento inicial no qual, quando o suspeito é detido, os detetives são obrigados a recitarem os avisos Miranda[89].

Olhemos para os dispositivos normativos que regulam a admissibilidade de uma prova por confissão, fundamentais para situações semelhantes ao nosso caso. A 5.ª Emenda (privilégio contra a autoincriminação) permite que os juízes excluam as confissões como prova caso a polícia não recite os avisos Miranda ou caso haja um assentimento (*waiver*) de forma voluntária da parte do sujeito, de como não compreendeu estes avisos. De acordo com a 6.ª Emenda (direito a um julgamento justo) a confissão pode ser excluída como prova se, após um suspeito ter sido indiciado, for questionado sem a presença de um defensor. Por fim, segundo a 14.ª Emenda (direito a um processo equitativo) uma confissão será inadmissível se os métodos de um interrogatório policial forem a consequência de uma confissão involuntária. Ora, este *standard* é avaliado casuisticamente com base na totalidade das circunstâncias. Problema? Atualmente, na prática, nenhuma destas normas confere efetiva proteção contra a admissibilidade de falsas confissões em julgamento permitindo aferir que há muito que o nexo precoce entre fiabilidade e voluntariedade foi quebrado[90], daí que, se uma confissão não fiável for

[89] De relembrar que tiveram origem no caso Miranda v. Arizona, 384 U.S. 436 (1966) que estabeleceu os avisos e direitos conexos que aqui reproduzimos: "O senhor tem o direito de permanecer em silêncio; Tudo o que disser pode ser usado contra si em tribunal; Tem o direito de consultar um advogado e de o ter presente durante o interrogatório; Se não puder pagar um advogado, será nomeado um para o representar; Pode invocar o direito ao silêncio antes ou durante um interrogatório e, se o fizer, o interrogatório deve cessar; Pode invocar o direito de ter um advogado presente e, até que o seu advogado esteja presente, o interrogatório deve cessar". Contudo, muitos Estados têm as suas próprias variações destes direitos, pelo que o seu conteúdo (embora tenha finalidade semelhante) difere ligeiramente.

[90] Neste sentido, cf. Parry/Richardson, 2013: 176 ao destacarem que o teste não se preocupa de forma alguma com a fiabilidade de uma confissão.

excluída à luz da totalidade das circunstâncias é apenas porque a confissão foi julgada involuntária ou porque as pressões policiais foram tão injustas a ponto de chocar a consciência judicial, mas confissões não fiáveis i.e., falsas, produzidas por métodos ou procedimentos de interrogatório *standard* que não alcançam o nível da coercividade legal ou da injustiça fundamental, são admitidas como prova[91], pelo que nenhum dos dispositivos invocados confere a devida tutela neste campo à substância da confissão que também ela deve ser protegida. Não nos esqueçamos: a falsa confissão poderá muito bem ser voluntária e não coerciva que não deixará de revestir falsidade pelo simples facto de uma pessoa poder confessar por motivos (internos) vários[92], como o puro interesse processual, motivos nobres (*e.g.*, para proteger um familiar ou para evitar danos a terceiros inocentes), motivos censuráveis (*e.g.*, por dinheiro ou para proteger o real agente do crime) ou mesmo razões catárticas de expiação de culpa sobre transgressões anteriores[93].

O mesmo parece suceder com os avisos Miranda, pelo que questionamos se estes avisos tutelam na prática os direitos do falso confessor, sendo a resposta negativa[94]. Encontram-se pensados para questões relacionadas com o procedimento formal, i.e., se foram efetivamente invocados, ignorando que a maioria das pessoas (scjam jovens ou adultos) não compreendem materialmente, de forma consciente, os seus direitos Miranda, o que são, do que se tratam e as consequências que a sua preclusão trás de modo a poderem invocá-los[95]

[91] Ficou bem claro no caso U.S. v. Rutledge, 900 F.2d 1127 (7th Cir. 1990) que a lei permite à polícia pressionar e persuadir, esconder factos materiais e enganar ativamente até aos "limites", e como ficou demonstrado em U.S. v. Villalpando, 588 F.3d 1124 (7th Cir. 2009), "truques e enganos não tornam uma confissão inadmissível".

[92] Cf. Sangero, 2007: 110, que baseado em casos reais indica razões da mais variada índole, algumas delas até bizarras, desde confissões feitas com o intuito de se chegar rapidamente a um exame na universidade ou a um importante jogo de xadrez; pelo facto da pessoa não se lembrar do que aconteceu fruto da sua incapacidade acidental; para impressionar a namorada; e até como um desejo patológico de notoriedade, especialmente em casos de grande visibilidade relatados nos media. Nesta linha, para uma reunião da maioria dos fatores de risco, cf. López Pérez/Navamuel Nieto, 2017: 11-25.

[93] Neste sentido, Ferreira, 1986: 228 realça precisamente a existência de pessoas com tendências autodestrutivas.

[94] Neste sentido, aferindo se 50 anos depois os avisos Miranda vieram cumprir o seu objetivo inicial, cf. Drizin et al., 2010: 3-38.

[95] Na decisão histórica e controversa do caso relativamente recente Berghuis v. Thompkins, 560 U.S. 370 (2010), ficou estabelecido que "o silêncio de um suspeito durante o interrogatório

perante um interrogatório acusatório carregado de pressão, questões estas que contribuem para a totalidade das circunstâncias[96] mais uma vez se constatando uma carência a nível substantivo[97] e demonstrando que a lei que governa as confissões coloca muito ênfase e importância em garantir um procedimento justo do procedimento do interrogatório e muito pouca importância na veracidade substantiva de uma confissão, fazendo com que Miranda não impeça os detetives de utilizarem métodos coercivos ou técnicas eticamente reprováveis, aliás, é como se essa fosse a regra, e a exceção passará por o suspeito não se querer submeter a tal, sendo exigido que invoque precisamente algo que não lhe é cognoscível, o que nos parece grave ao estar diretamente relacionado com a produção de falsas confissões[98] e embora os avisos Miranda sejam logicamente independentes da aferição do *standard* de voluntariedade, o raciocínio ficou confirmado no caso Missouri v. Seibert (2004)[99], denotando-se uma relação quase que umbilical uma vez que os tribunais tendem a declarar uma confissão como voluntária se os procedimentos Miranda aparentarem ter sido propriamente seguidos e respeitados, ignorando por completo os métodos utilizados para a sua obtenção e fiabilidade.

O procedimento criminal não tem, assim, qualquer válvula de segurança material, inexistindo quaisquer regras que (tentem) garantir a fiabilidade de

não invoca o seu direito de permanecer em silêncio sob Miranda v. Arizona, [uma vez que] a invocação desse direito deve ser inequívoca e o silêncio não é suficiente para o invocar". Nesta linha, também os nossos tribunais parecem ter evoluído desde a ultrapassada decisão infeliz do STJ, de 05/02/1998, Ano VI, p. 190, de que "o arguido não tem o dever de colaborar com a justiça, mas se guardar silêncio, é legitimo que o tribunal conclua que não houve arrependimento". Trata-se de questões desprovidas de sentido na medida em que do silêncio nunca deverá ser retirada qualquer espécie de presunção ou indício de culpabilidade.

96 Cf. Fare v. Michael C. 442 U.S. 707 (1979).

97 Cf. Penney, 2012: 274-284.

98 Neste sentido, Condie et al., 2004: 359-369. Estudos científicos comprovam esta correlação como o de Grisso, 1980: 1134-1135 que, ainda nos primórdios da década de 80′ apurou que metade (55,3%) dos jovens, em contraste com menos de um quarto (23,1%) dos adultos não compreendia pelo menos um dos avisos Miranda e que apenas um quinto (20,9%) dos jovens, em comparação com quase metade (42,3%) dos adultos, compreendia a totalidade dos avisos. Nesta linha, Garmoe et al., 2005: 359-369 também estimaram que cerca de 50% das pessoas com ligeiro atraso mental na sua amostra não conseguiu parafrasear corretamente nenhum dos avisos Miranda. Numa perspetiva mais atual que não foge muito à original, cf. Drogin et al., 2014: 104-116.

99 Missouri v. Seibert, 542 U.S. 600 (2004).

uma confissão pelo que, aferir da efetiva voluntariedade a par da fiabilidade de uma confissão – realçamos, dois conceitos distintos – revela-se hoje, uma utopia jurisprudencial estando em causa uma abordagem puramente formalista, subjetiva e arbitrária[100], enquanto (outra) manifestação do tratamento da questão de forma negligenciada, ao não enfrentar adequadamente este perigo.

3. O interrogatório de *per si*: reflexos

Relacionando a aplicação do teste da totalidade das circunstâncias com o tipo de interrogatório utilizado e restantes especificidades do nosso caso de estudo até aqui enunciadas, já é possível formular algumas observações.

Entre as quais, destacamos o facto de o menor ter alcançado a "verdade" que os detetives lhe exigiam, por acaso, i.e., ao adivinhar[101] os detalhes cruciais através da informação que ia armazenando e repetidas sugestões orientadas[102],

[100] Ao longo dos anos, os tribunais rejeitaram como involuntária uma confissão que era dada no momento da detenção, manteve uma que foi dada após catorze dias de interrogatório, rejeitou uma dada depois de o arguido ter sido despido e manteve uma dada depois de a polícia ter colocado os ossos da vítima no colo do suspeito. Sobre o assunto, cf. Parry/Richardson, 2013: 177-178.

[101] Um desses momentos-chave reconduziu-se ao facto de a vítima ter sido atingida a tiro na cabeça, algo que só após inúmeras tentativas do menor em adivinhar o que tinha acontecido com a cabeça da vítima é que chega a essa resposta dita "correta". Sobre este momento que aqui transcrevemos, cf. Sheriff's Department, 2006: 584-587: "**Wiegert**: What else did he do to her? We know something else was done. Tell us, Come on. (pause) Something with the head, (pause) **Dassey**: Huh? **Wiegert**: What else did you guys do, come on. **Fassbender**: We know he made you do somethin' else. **Fassbender**: We have the evidence Brendan, we just need you to be honest with us. **Dassey**: That he cut off her hair. **Fassbender**: What else was done to her head? (pause) **Dassey**: That he punched her. **Wiegert**: What else? (pause) **Fassbender**: He made you do something to her, didn't he? It's ok, what did he make you do? (pause) **Dassey**: Cut her. **Wiegert**: Cut her where? **Dassey**: On her throat. **Wiegert**: What else happens to her in the head? **Fassbender**: It's extremely important you tell us this, for us to believe you. **Wiegert**: Come on Brendan, what else? (pause) **Dassey**: That is all I can remember. **Wiegert**: All right, I'm just gonna come out and ask you. Who shot her in the head? **Dassey**: He did. **Fassbender**: Then why didn't you tell us that? **Dassey**: 'Cuz I couldn't think of it". Como referiu a Juíza Woods no seu voto dissidente (*id.* 7), "a coerção psicológica, perguntas para as quais a polícia forneceu as respostas, e jogos macabros de "20 Perguntas", nos quais Dassey adivinhou vezes sem conta antes de aterrar na história "correta" (ou seja, aquela que a polícia queria), levou à [única prova alguma vez encontrada contra si]".

[102] Algo que para o Juiz Hamilton, relator da decisão desfavorável do Sét. Circ., não sucedeu, mencionando que o menor soube resistir às sugestões dos detetives (*id.* 7). Contudo, Lavigne/Miles, 2019: 928 reviram exaustivamente a entrevista completa de 1 de março de modo a

possibilitando-o de formar a narrativa, tendo a promessa de liberdade ficado ligada à ideia de "verdade" que ficou definida para Brendan como "aquilo que os detetives queriam ouvir", um padrão facilmente observável – quer no registo eletrónico audiovisual do interrogatório, quer nas transcrições do mesmo – de que os detalhes foram o produto de contaminação ou de suposições lógicas em vez de um conhecimento real do crime[103]. A juntar a isto, tínhamos as reiteradas falsas afirmações dos detetives de que já sabiam o que tinha acontecido, fazendo questão de indicar ao menor, depois de muito esforço, quando é que ia conseguindo emparelhar a sua narrativa com a história desejada que procuravam e sempre que saía fora do roteiro não aceitável pelos detetives, estes tratavam de o relembrar das repercussões que poderia ter para si, não sendo normal numa confissão todas as incongruências e contradições que se retiram da sua narrativa dos factos. Por outro lado, é verdade que os detetives nunca fizeram tipos explícitos e específicos de promessas de leniência que um adulto de ordinária inteligência pudesse entender como "se confessar não vai ser punido", mas para um menor vulnerável, extremamente sugestivo e influenciável, dotado de pobres *social skills*, baixo QI e limitadas habilitações linguísticas e cognitivas, tais promessas implícitas têm um efeito completamente diferente, o que se refletiu no facto do menor ter sido tranquilizado ao longo do seu interrogatório de que ser "honesto" lhe permitiria, *rectius*, corresponderia a sair "em liberdade", mais precisamente um dos detetives chegou a dizer-lhe que "honesty is the only thing that will set you free"[104] e embora um adulto de inteligência média possa reconhecer a alusão bíblica a João 8:32: "se permanecerdes na minha palavra (...) conhecereis a verdade e a verdade vos libertará"[105], Dassey não era um adulto e não era de inteligência

procurar provas de resistência e não encontraram nenhuma, ao invés, descreveram Brendan como sendo extremamente complacente, concordando em responder a perguntas que se traduziram em simples respostas que envolviam um "sim" de confirmação (cerca de 247 vezes), acenos (cerca de 236), um "não" de um modo confirmatório (cerca de 136), respondendo "não sei" ou "não me lembro" (cerca de 41) e alterando aspetos da história em resposta ao interrogatório da polícia (cerca de 58), sempre sem grande conteúdo.

103 Acompanhamos a argumentação lógica de William E. Duffin em *id.* 10.

104 Sheriff's Department, *id.* 40. Regra geral não é tomado de forma literal pelos tribunais como no caso People v. Thompson, B242201 (Cal. Ct. App. Jun. 20, 2013) no qual se considerou o comentário como uma "declaração geral sobre aliviar a consciência [sendo um encorajamento para ser honesto] em vez de uma promessa de liberdade".

105 Bíblia, 2003: 1865.

média, mas sim um adolescente mentalmente limitado e incapacitado que não compreendia ideias abstratas acreditando que se tratavam de promessas reais[106] o que contribuiu para as suas declarações incriminatórias.

Em suma, os tribunais que o condenaram ignoraram toda a envolvência, contexto, idiossincrasias e cada singularidade do caso, razões pelas quais o teste obriga a que haja maior preocupação e escrutínio com as confissões de jovens e/ou intelectualmente debilitados[107] sendo que, por tudo isto, a confissão do menor não foi nem voluntária, nem fiável, ambas necessariamente requeridas[108] de modo a que uma confissão seja consistente e conforme com o devido processo.

[106] Os testes que revelaram a extrema insuficiência cognitiva de Dassey assim o indicaram (*id.* 74), aliás, depois de ter alegadamente admitido ter cometido crimes de elevada gravidade, o menor expressou por duas vezes a sua expectativa de que lhe seria permitido regressar à escola nesse dia (*id.* 40, p. 667), e no final do interrogatório, quando lhe perguntaram o que pensava que deveria acontecer, não há absolutamente nenhum indício de que Dassey previu, genuinamente, que seria detido (*id.* 40, p. 668). Para mais, o próprio Supremo Tribunal há muito que reconhece que uma falsa promessa é uma força poderosa na superação do livre arbítrio de uma pessoa (cf. Bram v. U.S., 168 U.S. 532 (1897)).

[107] Fruto do raciocínio tão assertivo e problematizante, é de extrema importância recuperar as palavras da Juíza Rovner no seu voto dissidente (*id.* 7, pp. 58-70), ao mencionar que "no reasonable state court, knowing what we now know about coercive interrogation techniques and viewing Dassey's interrogation in light of his age, intellectual deficits, and manipulability, could possibly have concluded that Dassey's confession was voluntarily given. Although it is my hope that our courts will, when evaluating the totality of the circumstances, engage with the more current understanding of coercion, (...) Dassey does not need a change in our existing Supreme Court precedent or any existing law (...). To comply with the Supreme Court's command, a court must include in the test the impact of coercive interrogation techniques on the particular vulnerabilities of the individual subject to those techniques. In carrying it out, most court assessments of coercion are still largely based on outdated ideas about human psychology and rational decision-making. It is time to bring our understanding of coercion into the 21st century. What has changed is not the law, but our understanding of the facts that illuminate what constitutes coercion under the law. Moreover, even under our current, anachronistic understanding of coercion, Dassey's confession was so obviously and transparently coercively obtained that it is unreasonable to have found otherwise. (...) His confession was not voluntary and his conviction should not stand, and yet an impaired teenager has been sentenced to life in prison. I view this as a profound miscarriage of justice".

[108] Ideia vincada pelo Juiz William E. Duffin (*id.* 10) foi de que o Supremo Tribunal há muito que separou a admissibilidade de uma confissão da sua fiabilidade e fez apenas da voluntariedade a referência de admissibilidade, razão pela qual a voluntariedade é "uma questão a ser respondida com total desrespeito pelo facto de o peticionário ter ou não falado verdade"

Não obstante, a verdade é que tudo isto poderia ser evitável, ou no limite, mais acautelado mesmo passando apenas por uma pura aferição da voluntariedade caso existisse uma devida tutela que impusesse aos detetives determinadas regras e balizasse a sua atuação, impedindo-os de afetar o livre arbítrio do menor e de o manipular. Deste modo, é preciso ter presente que a proteção dos cidadãos contra quaisquer ingerências abusivas aos seus direitos deve ser paradigma de um Estado de Direito, sendo a proibição de prova uma das armas de defesa fornecidas pela lei para a realização desse desiderato, constituindo barreiras colocadas à determinação dos factos que constituem objeto do processo enquanto limite à descoberta da verdade, sacrificando de uma maneira necessária a verdade material em termos tais que a sua busca jamais poderá ser procurada a qualquer preço, mas tão somente através de meios moralmente admissíveis na sua prossecução, o que se pretende atingir em qualquer Processo Penal, vindo a refletir-se na opção legislativa e na sua permissibilidade, daí a urgência da existência de métodos que proíbam tais práticas e que relembrem os OPC de que não vale tudo para obter a verdade e alcançar a justiça. Entre nós, encontram-se nos arts. 32.º, n.º 8 da CRP e 126.º do CPP[109] (*ex vi* art. 122.º, n.º 1 do CPP), opção tomada pela nossa CRP e que se impõe a qualquer ordenamento jurídico de modo a fazer frente a abusos contra a dignidade humana através da violação de direitos fundamentais cominando com a nulidade da prova obtida, porque a dignidade humana é o próprio fundamento dos direitos e, por isso, nunca deverá ser sacrificada[110] apresentando um efeito dissuasor à violação dos mesmos. Aplicado ao caso, importaria aqui a aplicação das als. *a)*, *d)* e *e)* do n.º 2 do art. 126.º do CPP ao tutelarem contra a utilização de meios enganosos, o fornecimento de elementos falsos de modo a levar o interrogado a modificar as suas declarações (incluindo a mentira sobre os elementos do processo) e as promessas de leniência traduzidas em

(cf. Rogers v. Richmond, 365 U.S. 534 (1961)), cabendo ao júri aferir da fiabilidade das declarações.

109 Preceito que surge como meramente indicativo ao valorar os demais atentados de afronta à dignidade humana, à liberdade de decisão ou de vontade, ou à integridade física ou moral das pessoas.

110 Neste sentido, CUNHA, 2016: 41. Deste modo, como refere ANDRADE, 2013: 313-314, trata-se de algo "que parece denunciar a intencionalidade de, em vez de a circunscrever às declarações diretamente obtidas, generalizar a proibição de valoração a todas as provas inquinadas pelo veneno do método proibido".

promessas de liberdade, de atenuação especial da pena ou da sua exclusão do processo crime.

Numa perspetiva comparada[111], destacamos o exemplo inglês no qual as disposições estatutárias que regem atualmente a lei inglesa relativa às confissões podem ser encontradas na secção 76 do *PACE act of 1984*, cujo preceito é analisado sob quatro conceitos: opressão (parcialmente definido na secção 76(8)), falta de fiabilidade, causalidade e ónus da prova, sendo de realçar o seu n.º 2 ao dispor que "em qualquer processo em que a acusação se proponha apresentar como prova uma confissão feita por uma pessoa acusada, o tribunal levará em conta que a confissão foi ou pode ter sido obtida: (a) por opressão da pessoa que a fez; ou (b) em consequência de tudo o que foi dito ou feito que, nas circunstâncias existentes na altura, fosse suscetível de a tornar não fiável. Pelo que em consequência da mesma, o tribunal não permitirá a sua valoração, exceto na medida em que a acusação prove ao tribunal, para além de qualquer dúvida razoável, que a confissão (não obstante poder ser verdadeira) não foi obtida como acima referido", o que se revela um contributo muito desejável ao invés da exigência americana de que a voluntariedade da confissão seja provada por uma preponderância das provas, uma vez que, dada a centralidade e destaque conferido à confissão em muitos ordenamentos para efeitos de condenação a par da sua perigosidade em condenar inocentes tendo por base confissões falsas, é adequado exigir-se que a voluntariedade da confissão seja provada para além de uma dúvida razoável, isto porque se existe uma probabilidade de cerca de 60% (ou mesmo 80%) de a confissão ter sido voluntária, isto também significa que existe uma possibilidade de 40% (ou mesmo 20%) de ter sido involuntária, daí que, por conseguinte, tal "prova" obtida deve ser rejeitada e considerada inadmissível.

[111] Apresentando solução semelhante à nossa, cf. na Alemanha, Kunz et al., 2018: 259-266, chamando a atenção para o §136, al. *a)* do StPO que permite extrair a conclusão de que as proibições de prova são barreiras ao objeto sobre que pode recair a sentença, daí que de acordo com este último preceito, são proibidos os métodos de interrogatório que interferirem com a liberdade e o exercício da vontade ou condicionem de forma física ou mental os acusados impossibilitando-os de decidir livremente sobre o âmbito e o conteúdo da declaração, incluindo a apresentação de factos falsos. No Chile, cf. Riego Ramírez, 2019: 278, ao salientar que os métodos de interrogatório proibidos deverão ser suficientemente robustos dada a urgência em transpor o conceito de voluntariedade para o século XXI.

IV. O peso da prova por confissão (falsa)

1. Uma questão perigosamente negligenciada

Como vimos, acabámos de propor algumas formas de tutelar materialmente e, *ipso facto*, efetivamente o acusado de maneira a prevenir a existência de declarações não verdadeiras o que, a nosso ver, se revela como um dos maiores problemas, i.e., a forma como se interpreta a confissão e o valor que lhe é atribuído o que, porém, não é reconhecido pela grande maioria que ocupa um papel de destaque e com capacidade de intervenção na sociedade, aliás, referia o Juiz Hamilton, enquanto relator da decisão desfavorável do Sét. Circ., que "embora se admita que as falsas confissões sejam um fenómeno real, não se pode concluir, pelos estudos doutrinários e estatísticos sobre as mesmas, que exista um problema epidémico"[112]. Ora, esta afirmação espelha precisamente a mensagem contrária que vimos a querer transmitir: as falsas confissões são um problema real, de intensa e extrema gravidade, trazendo consequências desastrosas, pelo que aquela linha de raciocínio típica de perceção comum revela falta de conhecimento científico e de sensibilidade sobre a matéria[113], refletindo-se nos pobres meios existentes para as combater e com repercussão nas infelizes decisões a que continuamos a assistir nos dias correntes um pouco por todo o mundo.

A investigação não mente[114], e são os estudos científicos que confirmam a sua perigosidade. Num estudo[115] de 873 casos de exoneração entre 1989 e

[112] *Id.* 13.

[113] Como referiu a Juíza Woods no seu voto dissidente (*id.* 7) acompanhada de estudos científicos sobre o assunto, a verdade é que "sabemos, no entanto, [que a afirmação do juiz] é inequivocamente incorreta. De facto, pessoas inocentes confessam, e fazem-no com uma regularidade chocante".

[114] Não existe este tipo de estudos com valores tão gritantes em alguns países como Portugal, problema que nos parece ter que ver com o facto dos estudos e estatísticas relacionadas com condenações injustas assentes nesta problemática tão sensível e particular ainda serem embrionários, a par dos casos acreditados existentes não nos permitirem ligar a tal causa ou nunca chegarem a ser efetivamente descobertos pelo facto do estatuto de *Queen of evidence* não ser tão evidente e poderoso como no sistema norte-americano (cf. Riego Ramírez, 2019: 283, nota rodapé 27 com explicação similar quanto ao país chileno). Mas atenção: como se fez referência, por não estarem documentados não significa que não existam, sendo grave a falta de informação sobre o assunto, quer para consciencializar as pessoas, quer para arranjar "armas" eficientes de modo a combater-se uma questão que surge muitas das vezes de forma silenciosa, mas repleta de efeitos nefastos.

[115] Cf. Cauffman et al., 2014: 186.

2012, revelou-se que cerca de 15% das pessoas confessaram falsamente e que essa percentagem subiu para 42% relativamente a jovens; noutro[116], que entre 14% e 25% dos casos analisados se tratavam de falsas confissões sendo que 81% ocorreram em casos de homicídio e violação e as restantes num grupo mais vasto de crimes; num outro estudo islandês[117], que em cerca de 1.900 pessoas interrogadas pela polícia, 9% dos jovens e 5,7% dos jovens adultos confessaram falsamente. Nos EUA, foi sempre uma das principais causas de erros judiciais, mais concretamente, de condenações injustas a rondarem os 25% dos casos documentados[118] e segundo números do Projeto Inocência, as confissões falsas contribuíram para 63% dos 113 casos em que um suspeito foi condenado injustamente por homicídio, relatando, de igual modo, que contribuíram para mais de 25% das suas 356 exonerações de ADN e, nesta linha, que de 1.927 casos do Registo Nacional de Exonerações, cerca de 13% dos condenados tinham confessado falsamente[119].

Há, por isso, boas razões para acreditar que os casos documentados subestimam a verdadeira extensão do fenómeno suscetível de representar apenas a ponta de um iceberg muito maior[120], sendo importante não esquecer os casos em que o ADN não conseguiu exonerar os inocentes, ou os que são desconhecidos pelos media impedindo que sejam analisados e confrontados, ou casos (como o nosso) em que os tribunais ainda fazem uma avaliação e aferição do conceito de voluntariedade anacrónica desconsiderando o conteúdo das declarações, focando-se no formalismo em detrimento da substância. Deste modo, tendo presente os estudos metodologicamente sólidos, comprova-se que este problema continua a ocorrer a uma frequência alarmante, denotando-se uma magnitude substancial e suficientemente profunda a larga escala para requerer a devida atenção, não se tratando de uma anomalia esporádica isolada, mas antes de um problema estrutural à escala global[121].

[116] Cf. Kassin, 2017: 1.

[117] Cf. Asgeirsdottir et al., 2006: 54-55.

[118] Cf. Drizin/Leo, 2004: 907.

[119] Cf. Alceste et al., 2018: 63.

[120] Neste sentido se pronunciou a Juíza Woods no seu voto dissidente (*id.* 7).

[121] Cf. Drizin et al., 2012: 849. Enquanto reflexo desta afirmação, para uma reunião de estudos científicos em inúmeros países do mundo de uma perspetiva comparada, cf. Drizin et al., 2010: 3-38.

2. A confissão enquanto único elemento probatório: contributo para uma mudança de paradigma da (prova por) confissão

As diferentes interpretações acerca da necessidade ou não de corroboração das declarações autoincriminatórias e, consequentemente, do valor isolado que assumem não é atual. Por um lado, dizia Muyart de Vouglans[122], insuspeito de inclinações humanitaristas, que a consciência de que a confissão poderia ser determinada não pela verdade, mas por motivos como o medo ou o desespero, não operava a condenação à pena capital sem que com ela concorressem várias condições como ser acompanhada de indícios prementes ou do depoimento de uma boa testemunha e do corpo de delito, por não haver menos injustiça em declarar absolvido um suspeito do que em condenar alguém sem contra ele se produzir uma prova completa. Por outro, Daniel Jousse[123] explicava que a certeza que nasce da confissão e da ciência do acusado é, de todas, a mais incontestável, infalível e a mais completa das provas, formando uma convicção perfeita no espírito do juiz.

Hoje, após o fracasso da regra do *corpus delicti*[124] e na sequência de duas decisões proferidas no mesmo dia – Smith v. U.S. (1954)[125] e Opper v. U.S. (1954)[126] – o ordenamento norte-americano adotou uma nova posição, mais concretamente, o Supremo Tribunal anunciou a nova regra da fidedignidade (*trustworthiness*) que exige a corroboração da confissão em si mesma, i.e., o Estado não pode introduzir uma confissão a menos que forneça provas substanciais independentes que tenderiam a estabelecer, precisamente, a sua fidedignidade. Em teoria, parece impedir as falsas confissões de entrarem no fluxo de provas no julgamento, devendo a acusação provar três elementos principais: (i) a ocorrência do dano ou prejuízo que constitui o crime; (ii) que esse dano ou prejuízo foi praticado de forma criminosa; e (iii) que o agente foi a pessoa que infligiu o respetivo dano ou prejuízo. Na prática, porém, a regra não tem funcionado para tutelar este problema, ao serem apenas necessárias

122 Vouglans, 1957: 338-341.

123 Jousse, 1771: 655-672 e 825.

124 Acerca do funcionamento desta regra aplicada outrora e severamente criticada pelo malogrado objetivo referente à prevenção de falsas confissões que não foi capaz de vingar, cf. Drizin et al., 2010: 3-38.

125 Smith v. U.S., 348 U.S. 147 (1954).

126 Opper v. U.S., 348 U.S. 84 (1954).

provas "ligeiras" que corroborem o que foi dito, e, como vimos, são muitas as vezes que os detetives sugerem e incorporam detalhes do crime na narrativa de um suspeito, deliberada ou inadvertidamente, tornando muitas confissões falsas altamente credíveis, tal como sucedeu no nosso caso em que apesar das descrições de uma morte horripilante com alegado esfaqueamento, corte de garganta, corte de cabelo, violação, e um tiroteio, os detetives nunca encontraram uma única gota de sangue, cabelo ou ADN da vítima no local do crime, e, por conseguinte, inexistiam provas forenses que suportassem a narrativa dos acontecimentos traçada por Dassey[127].

Nestes moldes, e fruto de muitas tentativas frustradas se denota que a confissão é um tipo de prova que cega o homem médio desencadeando uma presunção de culpa aparentemente irrefutável, daí a tendência para lhe ser atribuído um peso exagerado como verdadeira *Queen of evidence*, *maxime* nos EUA, sendo desejada porque se tratar de uma prova muito poderosa de culpa e, com exceção da observação em flagrante delito da prática de um crime

[127] *Id.* 13, assinalando que "o Estado não tinha encontrado provas físicas que o ligassem ao crime". A este respeito referiu o Juiz Hamilton no seu voto dissidente que a prova física não prova nem refuta a culpa de Dassey, nem a exatidão da sua confissão pois o Estado ofereceu provas substanciais que tendiam a corroborar alguns detalhes da mesma, como foi exemplo a declaração de um amigo da família de que viu Avery e Dassey junto a uma fogueira na propriedade de Avery na noite do crime conexo com o facto de que os ossos da vítima estarem carbonizados nas cinzas dessa fogueira. Acerca da prova indiciária (ou circunstancial na terminologia anglo-saxónica), na esteira de Cabral, 2020: 18, relembramos que a sua força se prende com a certeza do indício, a força do raciocínio inferencial, o grau de probabilidade da inferência efetuada e a gravidade da presunção resultante, sendo que é da conjunção de todos esses fatores que há-de resultar a certeza possível num processo judicial, certeza que deverá ultrapassar a dúvida razoável. Assim, o facto de o indício não ter uma conexão direta com o *factum probandum* leva a que o respetivo valor probatório seja variável, dependente do tipo de ilações que o indício autoriza, daí que um indício será tanto mais seguro quanto menos ilações alternativas permita, pelo que, quando o facto pode ser atribuído a várias causas, a prova de um facto que constitui uma dessas causas é também somente um indício provável ou possível (cf. Matta, 2004: 227). A juntar a isto, como já mencionou, entre nós, o TC n.º 391/2015, de 12/08/2015, Proc. 224/2015, Rel. Cura Mariano, "[a sua utilização] não atenta contra a presunção de inocência ou contra o princípio *in dubio pro reo*. O que sucede é que a presunção de inocência é superada por uma presunção de sinal oposto prevalecente, não havendo lugar a uma situação de dúvida que deva ser resolvida a favor do réu". A questão é que no nosso caso nada disto se verificou de modo a existir uma sobreposição do estilo uma vez que o indício era fraco na medida em que, era muito recorrente o menor ir ajudar o seu tio na queima do lixo, não se tratando de um caso único, esporádico, isolado no tempo e no espaço, mas recorrente e reiterado.

que o torna irrefutável, trata-se da prova mais persuasiva que o Estado pode apresentar contra o acusado[128], um talismã capaz de dissipar magicamente quaisquer dúvidas sobre a culpabilidade de alguém, o *crème de la crème* da prova da acusação, apresentando um efeito prejudicial e supérfluo sobre os outros meios de prova[129]. Contudo, o estatuto que lhe é atribuído e o poder conferido não é um problema de *bad apples* no sistema dado que as inúmeras decisões que acabam por conduzir a falhas de justiça são tipicamente baseadas na ignorância, parcialidade e negligência, e não na malícia[130].

É perante este estado da arte que, enquanto ponto fulcral, pregoamos pela necessidade de um requisito de forte corroboração[131], existindo duas possibilidades, a nosso ver, de se aferir da fidedignidade de uma confissão: *Primo*,

128 No caso Colorado v. Connelly, 479 U.S. 157 (1986) mencionava-se que "no other class of evidence is so profoundly prejudicial" e no caso People v. Cahill, 5 Cal.4th 478 (Cal. 1993) que "the confession operates as a kind of evidentiary bombshell which shatters the defense", daí o visível cariz singularmente potente que tem na capacidade de cegar os intervenientes a favor da acusação, sobrepondo-se a provas contraditórias ou exculpatórias, e levando a condenações de inocentes.

129 Como indica Volbert, 2013: 231, depois de uma confissão, os álibis desaparecem, as testemunhas reformulam a narrativa, a polícia ignora as provas exculpatórias e os cientistas forenses reinterpretam o material, passando todas as provas a alinhar-se para a apoiar.

130 Como apontou o Juiz William E. Duffin (*id.* 10), "o tribunal não atribui qualquer motivo de mal-entendido aos detetives. Em vez de um esforço intencional e concertado para enganar Dassey a confessar, o que ocorreu aqui pode ter sido o resultado de não terem percebido como articular declarações de que "já sabiam tudo o que aconteceu" com garantias de que "Dassey não tinha nada com que se preocupar", [o que resultou em] promessas constitucionalmente inadmissíveis".

131 Deste modo, partilhamos da opinião de Sangero, 2007: 128, de que "qualquer exigência probatória adicional para além da forte corroboração deve ser evitada como a peste", pelo que os padrões inferiores de provas adicionais não servem o seu propósito, sendo que na melhor das hipóteses deverá corresponder a uma prova independente derivada de uma fonte extrínseca à fonte da prova que requer corroboração, na medida em que o indivíduo não deve ser uma ferramenta para fornecer provas autoincriminatórias. Aliás, como escreveu a Juíza israelita Dalia Dorner no caso Cr.F.H 4342, 4350/97 Israel v. Al Abid; Al Abid v. Israel 51(1) P.D. 736, 836, "a confissão de uma pessoa acusada é suspeita, mesmo que tenha sido feita sem qualquer pressão externa sobre o acusado, pois sem outras provas conclusivas que poderiam provar a culpa do arguido mesmo na ausência de uma confissão, em muitos casos [trata-se de] um ato irracional e tomar o próprio passo irracional de fazer uma confissão levanta uma suspeita quanto à veracidade da mesma, algo que não é meramente teórico, antes tem sido provado várias vezes pela experiência humana". A este respeito veja-se ainda o curioso caso do Direito judeu em Rosenberg/Rosenberg, 1988: 955, segundo o qual uma pessoa é legalmente incapaz de se autoincriminar, uma vez que a confissão é inadmissível como prova

sendo verdadeira, é difícil de acreditar que o autor do crime seja incapaz de orientar os detetives para provas extrínsecas corroborantes, onde se inclui a identificação de elementos do crime que não foram tornados públicos nem do conhecimento da própria polícia (*e.g.*, um método pouco usual de matar como a mutilação do corpo ou características especificas do crime) ou uma descrição precisa dos detalhes mundanos que não é facilmente adivinhável pelo sorte ou o acaso (e.g., como é que a vítima estava vestida, marcas ou sinais de nascença pouco notórios ou a presença de objetos específicos na cena do crime), i.e., certos e determinados detalhes que apenas o real perpetrador terá conhecimento e que, uma vez verificados e provados, permitem que lhe seja imputada a responsabilidade por serem dados objetivos. Pelo contrário, a narrativa de um inocente, assentará em detalhes contraditórios sem nexo (como sucedeu com Brendan) pelo que o próprio facto de não ser possível corroborar a confissão, deve suscitar uma dúvida razoável que exige uma absolvição; *Secondo*, caso o suspeito não esteja disposto a "cooperar" com os detetives, i.e., se se retratar sem que antes tivesse dado algum elemento corroborador da sua responsabilidade, poderá, de igual modo, ser um indício de uma confissão suspeita, aumentando a probabilidade de não ter sido prestada *ab initio* de forma livre e voluntária, afetando a sua vontade e credibilidade. Por conseguinte, sem uma forte corroboração, ninguém deverá ser condenado com base numa pura e simples confissão isolada[132], devendo os tribunais insistir a nível de praticabilidade num mínimo *standard* de fiabilidade assim como na procura de provas independentes como condição de se admitir uma confissão como prova (verdadeira), algo que a lei deverá acompanhar. O que propomos tem dois objetivos centrais: o primeiro é (tentar) prevenir as falsas confissões de uma maneira eficiente e o segundo, orientar os detetives a não se limitarem ao interrogatório e à extração de uma confissão, fazendo uso das técnicas sofisticadas de investigação atuais fruto do progresso da ciência

devido ao receio de que, mesmo que não tenha sido feita como resultado de pressão externa, ser possível que a pressão interna tenha levado a uma falsa confissão.

[132] Hoje, as famosas palavras do Juiz Arthur Goldberg em Escobedo v. Illinois, 378 U.S. 478 (1964), parecem mais adequadas do que nunca ao mencionar à época: "já aprendemos com as lições da História (antiga e moderna) que um sistema de aplicação da lei penal que passa a depender da confissão será, a longo prazo, menos fiável e mais sujeito a abusos do que um sistema que depende de provas extrínsecas asseguradas de forma independente através de uma investigação habilidosa".

forense e um esforço contínuo para localizar provas objetivas, tangíveis e extrínsecas[133], sendo que este exercício poderá não levar necessariamente à conclusão de que o suspeito é o perpetrador implicando antes um terceiro.

O argumento central levantado contra a exigência de uma corroboração forte é que por vezes não existe qualquer prova corroborante, algum tipo de confirmação capaz de sustentar o que foi dito pelo alegado confessor permitindo que o culpado seja absolvido em julgamento. Porém, a realidade é que existe uma elevada taxa de condenação em julgamentos criminais[134] logo, a possibilidade de por vezes um culpado ser absolvido não é (nem pode ser) a grave ameaça que nos deveria fazer perder o sono, mas sim a condenação de pessoas inocentes que ao mesmo tempo que são encarceradas deixam o real perpetrador em liberdade[135] pelo que, perante um Direito penal moderno em nítido contraste com os dias da Inquisição, devemos limitar as condenações aos casos em que a culpabilidade é provada, pelo menos, com elevado grau de probabilidade, a saber: para lá de qualquer dúvida razoável[136], o que apenas é conseguido através de uma forte corroboração. Alguns ordenamentos apresentam este tipo de soluções como é exemplo o Peru que nos termos do seu

[133] Neste sentido, como refere Moras Mom, 2004: 63, "nada – nem a confissão do arguido como verdade fictícia – pode pôr de lado toda a atividade aquisitiva-probatória obrigatória (...) de investigar a materialidade do ato". De igual modo, na esteira de Guihong, 2016: 12-13, o estabelecimento de regras (substantivas e processuais) para o reforço da confissão é necessário para a descoberta da verdade e a proteção dos direitos humanos no processo penal, atuando com o propósito de assegurar a força probatória de uma confissão, sendo a sua pedra angular.

[134] Aliás, num estudo realizado por iniciativa da Comissão Runciman inglesa (cf. Report, 1993), foi determinado que existem provas corroborantes na esmagadora maioria dos casos e que, nos casos em que tal não sucede, a polícia teria sido capaz de as encontrar se tivessem predispostos a tal, i.e., não se focando puramente na alegada confissão e continuando a investigação.

[135] Como no caso do Central Park Five (*id.* 27) em que na sequência da extração de falsas confissões a cinco menores, o verdadeiro perpetrador da violação, Matias Reyes, manteve-se a monte o que lhe permitiu cometer uma pluralidade de violações e um assassinato até mais tarde decidir confessar o crime, corroborando a sua implicação no mesmo.

[136] Ainda que seja característico do sistema norte-americano onde o princípio de prova exige a máxima certeza para a condenação (cf. Coffin v. U.S., 156 U.S. 432 (1895)) ao indicar perto de cem por cento de certeza), no Direito europeu, apesar de se impor a certeza como medida da prova, esta é qualificada como elevado grau de probabilidade traduzindo-se na certeza possível para as "necessidades da vida", cabendo ao juiz procurar atingi-la em situações que só consentem juízos de probabilidade. Sobre o assunto, Mendes, 2010: 998-1001.

n.º 2 do art. 160.º do CPP exige que para a confissão valer como prova tem de ser devidamente corroborada por outros elementos probatórios[137], a par do que sucede, embora de forma menos incisiva, no Brasil, onde o art. 197.º do CPP estabelece que na apreciação do valor da confissão o juiz deverá confrontá-la com as demais provas do processo verificando se existe compatibilidade entre ambas[138], ou mesmo na Alemanha, onde a confissão está sujeita – como qualquer outra prova – à livre apreciação de acordo com o §261 do StPO fruto do seu papel preponderante na estrutura do processo penal alemão, levando a doutrina a tomar posição a favor de que o juiz não está vinculado às declarações realizadas na medida em que se requer o apuramento da sua precisão com base noutro tipo de provas, especialmente materiais[139].

A solução do nosso legislador é merecedora de uma análise cuidada. Em Portugal, o valor atribuído à prova por confissão já é mais restrito e a tutela conferida é maior, encontrando-se espelhada na redação do art. 344.º do CPP, norma *ex libris* acerca do tema *sub judice*, ao permitir que a confissão possa ser valorada se feita em julgamento (inclusive através do art. 357.º do CPP enquanto exceção ao princípio da imediação, apesar das suas especificidades[140]), com o intuito de, na teoria, prevenir a existência de uma percentagem significativa de erros judiciários fundados em confissões falsas, daí que o valor ou os efeitos probatórios da confissão dependam da sua modalidade[141] e da sua fase processual. Quanto a esta última, na fase de inquérito ou de instrução,

[137] Como refere Rabanal Palacios, 2004: 72, "este requisito significa que a confissão não é uma prova autónoma e por si só não pode cumprir a função de provar o facto delituoso, devendo estar em sintonia com uma fonte probatória distinta", daí os tribunais terem decidido que a confissão apenas tem um valor relativo, não constituindo prova suficiente contra o acusado de modo a fundar uma sentença condenatória.

[138] Acompanhamos de perto Lopes Jr., 2019: 663, ao referir que "o atributo da relatividade de valor significa que a confissão possui valor relativo e não goza de maior prestígio que as demais provas", desta forma, a confissão do réu não deve ser avaliada de forma isolada, mas sim diante do conjunto probatório dos autos.

[139] Cf. Kroll, 2012: 18.

[140] É importante não esquecer que, nos termos do seu n.º 2, "as declarações anteriormente prestadas pelo arguido reproduzidas ou lidas em audiência não valem como confissão nos termos e para os efeitos do art. 344.º", i.e., não existe a possibilidade de fazer prova plena.

[141] Faz prova plena se a confissão for integral (abrange todos os factos imputados ao arguido) e sem reservas (não acrescenta novos factos suscetíveis de dar aos imputados um tratamento diferente do pretendido), ou prova livre se a confissão for parcial ou com reservas.

a confissão fica sujeita à livre apreciação da autoridade que dirige a respetiva fase processual e não dispensa a continuação da recolha e produção de prova nos termos do art. 127.º do CPP com o intuito de evitar situações em que, na fase de julgamento, o tribunal seja colocado perante uma alteração da situação confessória do arguido sem que existam outros meios probatórios. Porém, nesta fase, nos termos da leitura conjugada do n.ºs 2 e 3 do art. 344.º do CPP, a confissão ganha o estatuto de Rainha de todas as provas, fazendo prova plena[142] perante determinadas circunstâncias, ou seja, no caso de uma confissão integral e sem reservas se ao crime imputado não corresponder uma pena de prisão superior a 5 anos, ficando sujeita a um juízo de livre convicção da parte do julgador que, ao ser positivo, leva a ulteriores efeitos processuais que o adstringem a dar como provados todos os factos constantes da acusação relativos à culpabilidade, sendo proibida a produção de outras provas sobre tais factos (sem prejuízo da necessidade de produzir prova sobre a personalidade e condições socioeconómicas do arguido) passando-se de imediato às alegações orais, e se o arguido não dever ser absolvido por outros motivos, à determinação da sanção aplicável e redução da taxa de justiça a metade (n.º 2). Por outro lado, tal não sucederá se, entre outros casos[143], o tribunal suspeitar da liberdade da confissão, nomeadamente da veracidade dos factos confessados, fazendo depender a sua eficácia probatória do confronto com todos os outros elementos de prova produzidos que, só de *per si*, poderiam

[142] Não obstante, AA. como Mendes, 2010: 1009, recusam atribuir valor de prova plena ou pleníssima à confissão, apenas admitindo que tenha valor de prova bastante pelo facto de o julgador poder suspeitar do carácter livre da confissão (cf. al. *b)*, do n.º 3, do art. 344.º do CPP), nomeadamente por ter dúvidas sobre a imputabilidade do arguido ou sobre a veracidade dos factos confessados. Contudo, isto acontece ainda num primeiro momento de um processo a dois tempos, diga-se, na fase de livre apreciação da parte do juiz, contudo, no segundo momento, os efeitos posteriores à sua análise e entendimento podem, de facto, forçá-lo a seguir determinada decisão que foge ao seu alcance, i.e., uma coisa é a liberdade que o juiz tem de apreciar a liberdade do arguido para confessar, a sua capacidade para entender a confissão e eventualmente o seu grau de esclarecimento sobre as consequências jurídicas da sua confissão ou até da veracidade dos factos confessados. Diferentemente, outra coisa será a liberdade, que o juiz nesses casos não terá, de não considerar como assentes os factos objeto de uma confissão integral e sem reservas (cf. Pereira, 2014: 221).

[143] São eles, nos termos do n.º 3, do art. 344.º do CPP, o caso de existirem coarguidos, de não existir uma confissão integral, sem reservas e coerente de todos eles e se o crime em causa for punível com pena de prisão superior a 5 anos.

ser insuficientes para desvirtuar a presunção de inocência, mas que, conexas às declarações, atestam a sua veracidade permitindo um juízo de culpa. Contudo, esta é uma solução que deverá ser adotada no seu cômputo geral, caso contrário, tendemos a concordar com algumas das ressalvas feitas por Francisco Veloso que, já em finais da década de 80', interpretava o art. 344.º do CPP como sendo dotado de uma virtualidade (negativa) de permitir mandar o arguido "para a cadeia, sem julgamento em forma, sem produção de provas além da sua confissão (...) logo de imediato sentenciado e condenado"[144], que é o que acaba por ser permitido nos termos do n.º 2.

Paralelamente Rui Soares Pereira indica que o articulado, "evidenciando alguma inspiração anglo-saxónica, dela se afasta na medida em que o legislador preveniu a possibilidade de confissões falsas ou sem qualquer correspondência com a realidade"[145]. É verdade, o legislador foi cauteloso em relação à confissão, estabelecendo a possibilidade e o dever de o tribunal controlar o seu carácter (voluntariedade), mas não a efetiva veracidade dos factos confessados (fiabilidade) pois liberdade não é sinónimo de fidedignidade como tivemos oportunidade de ver, pelo que os conceitos não andam necessariamente de mãos dadas, daí que a solução legislativa (o que se intitula de limite processual ao valor probatório plcno da confissão) cmbora louvávcl dc uma pcrspctiva de Direito Comparado ao assumir um grau de tutela incomparável ao lado do sistema (carnavalesco) norte-americano, ainda assim não nos parece suficiente, nem justa, uma vez que, após todo este excurso de uma problemática negligenciada[146], não é possível deixarmos algumas "pontas soltas", o que sucede ao manter-se um resquício de Rainha de todas as provas no nosso ordenamento, pois se é verdade que o legislador adotou uma postura mais cautelosa, também é verdade que o equilíbrio que tenta alcançar entre prevenir

[144] Veloso, 1989: 17-18. Continua o A.: "por muita desconfiança que ao olho clínico do magistrado suscite uma confissão, o dever de proceder segundo a lei e os elementos objetivos de que dispõe, não lhe permitirão sempre o deixar de a "engolir". (...) Nada disto existia no Direito anterior, para o qual a confissão do réu não valia desacompanhada de outros elementos de prova (256º e §único do CPP de 1929)". Afirmação que poderá ser transposta, *mutatis mutandis*, para o nosso n.º 2 do art. 344.º do CPP atual, tendo em conta o efeito de prova plena.

[145] Pereira, 2014: 221.

[146] Trazendo novamente as palavras de Veloso, 1989: 17, pertinentes mesmo para um contexto atual: "O público não dá por estas mudanças, antes de as padecer na carne, antes que algum exemplo escandaloso se verifique".

a existência de falsas confissões e proteger os interesses da comunidade, não é atingido com a possibilidade conferida pelo n.º 2 do art. 344.º do CPP, pelo que, há que fechar de vez esta janela permissiva que atribui um intenso valor probatório a puras declarações autoincriminatórias não corroboradas quando, *e.g.*, estamos perante crimes inferiores a 5 anos, critério quantitativo cuja razão de ser questionamos: por ser inferior a 5 anos já será legitimo condenar alguém nessa situação?[147] Mais, como menciona o ponto II, n.º 6, al. *b)* do preâmbulo do nosso CPP, "um segundo eixo [vertical] estabelece a fronteira entre aquilo que se pode designar por espaços de consenso e espaços de conflito no processo penal (...). [N]o tratamento da pequena criminalidade [*in casu*, para o que nos interessa, crimes com pena inferior a 5 anos], devem privilegiar-se soluções de consenso, enquanto no da criminalidade mais grave [*in casu*, crimes com pena superior a 5 anos], devem, inversamente, viabilizar-se soluções que passem pelo reconhecimento e clarificação do conflito", havendo quem o utilize, enquanto elemento declarativo-interpretativo, como complemento à justificação da solução legislativa[148]. Quererá isto significar que uma moldura penal inferior é sinónimo de leveza probatória por estar inserida em espaços de consenso e os crimes serem considerados de menor relevo e importância como parece extrair-se do ponto II, n.º 6 ao desenvolver a existência dos eixos horizontal e vertical?

Contra a nossa interpretação, poderá invocar-se e questionar-se, como pode alguém que confessa um crime sair em liberdade, ou se este tipo de situação não é configurador de uma injustiça material que coloca em causa a eficácia da justiça penal perante a sociedade, correndo o risco de se colocar nas mãos do confessor uma fonte de permissibilidade para expiação dos seus pecados e, de certa forma, fazê-lo useiro e vezeiro do sistema criminal dado que tudo pode fazer e nada lhe acontece[149]. Pois bem: a questão é que um

[147] A este respeito, se olharmos para alguns dos tipos de crimes cuja moldura penal é quantitativamente inferior a 5 anos, como são exemplo alguns crimes que atentam contra a vida, como o homicídio a pedido da vítima (art. 134.º do CP) ou o homicídio por negligência (art. 137.º, n.º 1 do CP) podendo alguém ser condenado com base numa confissão isolada parece-nos algo difícil de compreender. Qualquer que seja o crime deve ser analisado e comprovado robustamente com toda a seriedade e cautela que exige.

[148] Sobre o assunto de maneira mais desenvolvida, cf. Cunha, 2016: 91-110 e 163-170.

[149] Adaptamos o posicionamento de Faria, 2011: 1-3 e Perestrelo, 2013: 46-50 cuja argumentação, embora seja mais direcionada à valoração da confissão em fases anteriores ao

raciocínio deste tipo parte de uma presunção infeliz de culpa, geralmente aceite pelo homem médio, de que todo o confessor é efetivamente culpado dado que tudo o que declara é necessariamente verdadeiro[150] pois, ao fim ao cabo, quem confessaria um crime que não cometeu? Este é um raciocínio usual, mas perigoso. Para além das razões externas que podem levar uma pessoa a confessar (sendo nesse prisma, de facto, possível ao juiz aferir da voluntariedade da mesma), a verdade é que pode ter confessado por razões internas e aqui, embora o exercício de livre apreciação deva ser entendido não como uma operação puramente subjetiva mas de valoração racional e crítica, de acordo com as regras comuns da lógica, da razão, das máximas da experiência e dos conhecimentos científicos que permita objetivar a apreciação, devendo, no melhor dos cenários, tratar-se de uma convicção da verdade dos factos para além de toda a dúvida razoável[151], isto não se coaduna na prática por ser tarefa verdadeiramente impossível aferir-se da fidedignidade das palavras do confessor sem nada que as corrobore dado que ninguém, nem mesmo o juiz (porque o seu estatuto não lhe confere o título de *human lie detector*) o consegue fazer, pelo que, perante uma situação destas somos da opinião de que se cria um *non liquet*, uma dúvida insanável na medida em que o princípio do *in dubio pro reu* transmite a dúvida, a não prova, o infundado na questão probatória, devendo aqui ser valorado a favor do arguido levando necessariamente à sua absolvição[152] uma vez que o juiz deve concluir que os factos alegados podem ter-se por verificados, mas que não é conclusiva a avaliação de toda a prova, i.e., poderá passar no teste da voluntariedade, mas estar-se-á ante uma incógnita relativamente à fiabilidade do conteúdo da confissão.

julgamento, possibilita o paralelo de alguns pontos para a matéria em análise.

150 Ao fim ao cabo, a verdade nua e crua é que, como refere Mendes, 2010: 1007, "este regime demonstra que (...) quem confessa fala verdade, o que torna dispensável mais indagações".

151 Sobre o assunto, cf. o ac. TRL, de 04/07/2012, Proc. 679/06.0GDTVD.L1-3, Rel. João Carlos Lee Ferreira; o ac. TRC, de 27/02/2019, Proc. 107/17.5PBCVL.C1, Rel. Belmiro Andrade; e o ac. TRL, de 22/09/2020, Proc. 3773/12.4TDLSB.L1-5, Rel. Jorge Gonçalves, a par das referências doutrinárias neles invocadas.

152 Não queremos com este tipo de afirmações proteger o culpado antes pelo contrário, o que desejamos é que se comprove efetivamente, de forma minimamente fundada, que determinada pessoa poderá, de facto, ter estado envolvida no crime, pois a não ser assim, abrimos uma perigosa janela de oportunidade de se condenar pessoas inocentes. Para mais, com esta linha de raciocínio conseguimos fazer jus aos princípios de prevenção geral e especial que regem o nosso processo penal, como é referenciado por Acker, 2013: 1689-1691.

É importante relembrar e nunca esquecer que o Direito processual penal tem como finalidades primárias a realização da justiça e a descoberta da verdade material, e ao possibilitar que um inocente seja encarcerado – porque efetivamente acontece, tratando-se de um fenómeno real a larga escala – tal não se compadece com tais princípios a partir do momento em que inexiste uma mínima garantia da sua real culpabilidade, daí propugnarmos, de *iure condendo*, que a lei seja expressa neste ponto e o solucione no sentido de que as declarações autoincriminatórias devem ser confrontadas com corroboração forte para que possam fundamentar a decisão condenatória, consistindo verdadeiro impedimento que esta se funde exclusivamente e de modo decisivo nela própria, não valendo por si só.

Conclusão

Como salientou Gross[153], "uma forma de pensar em falsas confissões é como uma espécie de acidentes. Tal como muitos acidentes, são causadas por uma mistura de descuido, má conduta e má sorte, [mas ao mesmo tempo] podem ser minimizadas e mesmo evitadas se nos preocuparmos em enfrentar as fontes sistémicas de descuido, má conduta e má sorte", pelo que, de forma a combatermos este fenómeno estrutural global e os seus problemas derivativos que acabam por ter um efeito de larga escala, passamos a enunciar alguns pontos chave[154] que podem ser levados em consideração:

i. Mais que a procura pela descoberta da verdade, o objetivo de uma investigação policial passa, muitas das vezes, por dar respostas sucumbindo quer à pressão social, quer a razões conexas com a promoção na carreira, contribuindo para a elevada percentagem de condenações e acabando, (in)conscientemente, por se sobrepor à efetiva justiça e ao interesse público[155]. Enquanto reflexo, *ab initio* estamos perante um processo em cadeia espelhado numa bola de neve que se inicia com a polícia a operar sob uma conceção errónea de culpa do suspeito em

[153] Gross et al., 2005: 542.

[154] A este respeito, cf. o conjunto de *guidelines* propostas pelo Projeto Inocência, 2016 em torno do nosso tema.

[155] Cf. Sangero, 2007: 125-126.

contraste direto com a presunção de inocência, chegando a um ponto que estamos ante uma pura Lei de Murphy: tudo o que pode correr mal, vai correr mal. Foi deste modo que as graves limitações e menoridade de Brendan, aliado à ausência de defensor e de encarregado presente, se tornaram nos ingredientes que fizeram dele o *cocktail* perfeito para se extrair uma confissão, pelo que se revela fundamental interrogar-se apenas os indivíduos que têm suficiente causa provável para suportar um juízo culposo, aliás, o interrogatório deve consistir numa atividade de recolha de provas e ocorrer após os detetives terem conduzido uma investigação inicial e determinado, com um grau razoável de certeza, que o suspeito a interrogar cometeu o crime e não o inverso através da condução de um interrogatório acusatório presuntivo de culpa. Relembramos que a aceleração processual não deve fazer-se à custa das garantias de defesa uma vez que o princípio da celeridade processual impõe, justamente, a proibição do sacrifício de direitos fundamentais a pretexto da necessidade de uma justiça célere e eficaz[156].

ii. A um nível formal deve apostar-se na regulamentação dos interrogatórios, nomeadamente balizar as técnicas utilizadas pelos detetives (o que pode ou não ser feito)[157], pois como fizemos notar, existe ainda muita fragilidade legislativa em alguns ordenamentos jurídicos (*e.g.*, EUA, Inglaterra ou Israel), e apesar da maior tutela conferida por outros (*e.g.*, Portugal ou Itália), entendemos não ser suficiente. Como cientificamente comprovado, o elevado cariz prejudicial deve fazer abolir a *Reid Technique* ou quaisquer métodos de interrogatório semelhantes que envolvam a contaminação, o *fact feeding*, o engano, a mentira, a manipulação e o fabrico de provas, sob pena dos seus responsáveis responderem criminalmente enquanto boa resposta de que o fim não justifica todos os meios empregues[158], algo que, na teoria, tem

[156] Cf. Rodrigues, 1998: 241-242.

[157] Cf. Riego Ramírez, 2019: 293.

[158] Nas famosas palavras do Juiz Earl Warren proferidas no caso Miranda v. Arizona, 384 U.S. 436 (1966): "it is not admissible to do a great right by doing a little wrong. It is not sufficient to do justice by obtaining a proper result by irregular or improper means".

vindo a ser defendido pela doutrina e jurisprudência sem, contudo, ter produzido efeitos práticos em muitos países.

iii. A par do formalismo, o foco deve ser orientado para a necessidade material de alterar as técnicas dos interrogatórios, sendo que o homem médio não sabe distinguir entre uma confissão verdadeira ou falsa, mesmo que acredite piamente no inverso como é comprovado por estudos científicos tendo sido revelados os seguintes resultados interessantes: (i) os detetives não identificam melhor as falsas confissões do que estudantes sendo que as únicas diferenças assentam no facto dos detetives estarem muito seguros de si próprios – mesmo quando estão errados – levando a que operem sob uma conceção errada de culpa do suspeito ao mesmo tempo que tendem a desacreditar quaisquer negações; (ii) a taxa de sucesso do ser humano enquanto detetor de mentiras é semelhante à sorte ou ao acaso, ou seja, as probabilidades de sucesso são as mesmas do que, literalmente, atirar uma moeda ao ar[159]. Dito isto, deverá existir maior sensibilidade nos interrogatórios devendo ser adaptado de acordo com a pessoa em causa, levando em conta as suas idiossincrasias: se se trata de uma pessoa submissa, ingénua, influenciável, sugestiva, se é um menor ou se padece de alguma deficiência.

Conexo, deve primar-se pela obrigatoriedade da presença e assistência (qualitativa) do defensor em todas as fases do processo, especialmente dentro de uma sala de interrogatório que, como vimos, tem uma importância acrescida podendo fazer a diferença, ao invés de se tratar de um ónus a ser invocado para a sua efetiva presença, permitindo salvaguardar e atuar de acordo com os interesses do seu cliente, especialmente dos mais vulneráveis como os menores[160], evitando a cultivação de pressões psicológicas e físicas conducentes às falsas confissões uma vez que não existe um processo penal válido sem prova que o sustente, nem um processo penal legítimo sem respeito pelas garantias de defesa[161].

159 Cf. Kassin et al., 2005: 211-227.

160 Cf. Manco, 2016: 48-77.

161 Cf. Beleza/Pinto, 2013: 5.

iv. As garantias materiais exigem tanta ou mais atenção que as exigências formais em determinadas situações. Queremos com isto tutelar efetivamente a pessoa e não deixá-la à mercê de burocracias e formalismos de pouca dura, como é exemplo disso o ónus de renúncia aos avisos Miranda da parte do acusado quando na grande maioria das vezes não compreende os seus direitos nem o que está em causa, nomeadamente as consequências que lhe pode trazer, de modo a ser capaz de tomar uma decisão informada em conformidade. Nos menores e nos intelectualmente debilitados a situação revela-se ainda mais crítica derivado das suas especificidades, cabendo aos detetives fornecer, na prática, proteções materiais, *e.g.*, solicitando que expliquem com as suas próprias palavras o que significam os direitos que lhes assistem de modo a garantir a sua compreensão, pelo que um simples aceno de cabeça nunca deverá ser sinónimo de renúncia consciente e racional aos seus direitos. De igual modo, a própria condução dos interrogatórios deverá ser adaptada às especificidades do interrogado, nomeadamente nos casos da população mais vulnerável, deve ser exigido a quem interroga que utilize linguagem simples, fale de forma lenta, clara e compreensível, evite perguntas sugestivas e de escolha forçada, faça pausas regulares e peça aos interrogados que expliquem a sua resposta em vez de simplesmente responderem positiva ou negativamente[162]. Como verificação final contra falsas confissões, a alegada confissão extraída deve ser submetida a uma espécie de "análise pós-confissão" que deve envolver a devida ponderação por parte da autoridade responsável.

v. A necessidade urgente de mudança da perceção e (re)interpretação do conceito de voluntariedade que se revela anacrónico, a par da infeliz subvalorização da fiabilidade de uma confissão, com o intuito de evitar inquinar o teste da totalidade das circunstâncias quando aplicado, pois a situação atual faz com que os métodos estandardizados questionáveis de interrogatório ou procedimentos que não alcançam o nível legal de coerção ou injustiça sejam admitidos como prova e, ao mesmo tempo, quando uma confissão involuntária se comprova como

[162] Cf. Leo, 2008: 312-313.

sendo erradamente admitida, uma condenação não será anulada se o tribunal considerar que foi um erro inofensivo (*harmeless error*) e que as restantes provas (a existirem) foram suficientes para resultar numa condenação. Contudo, mesmo os ordenamentos que trazem o conceito de voluntariedade para o século XXI (i.e., que poderão ser produto não de uma pressão exclusivamente física, mas também de manipulação psicológica), como é o caso português, perdem na falta de cuidado e de tutela de algo igualmente importante: a fiabilidade, traduzida na veracidade e fidedignidade de uma declaração autoincriminatória. Daí as nossas constantes indagações acerca do facto de se permitir que uma pessoa seja sentenciada por algo que diz cometer sem nada que o corrobore, cabendo ao juiz uma avaliação subjetiva (ainda que assente em elementos objetivos) da "mera" voluntariedade de tais declarações. Como vimos, ninguém – nem mesmo o próprio juiz – se converte num ser iluminado capaz de detetar mentiras ou de penetrar na mente do acusado como uma espécie de *inception* adaptada[163], permitindo-lhe, no âmbito da sua livre apreciação de prova, aferir se a pessoa está a mentir ou falar verdade. Não nos equivoquemos: um determinado tipo de crime, uma moldura penal inferior ou alguma exceção do género não justifica uma condenação assente pura e simplesmente nas declarações do alegado confessor sem a devida corroboração, pelo que o caminho a seguir deve passar por trazer a fiabilidade à discussão colocando-a a nível paritário e cumulativo com a análise efetuada à (in)existência de voluntariedade, como algo de necessário que deverá ser objeto de cuidada atenção e avaliação pelos tribunais[164] evitando a condenação de inocentes, melhorando a exatidão das confissões e salvaguardando a identidade do processo penal.

vi. Uma vez obtida a confissão, quase que instantaneamente a investigação se dá por concluída mesmo que seja internamente inconsistente ou contrariada por provas externas, inexistindo qualquer vontade para prosseguir outras pistas possíveis o que leva os detetives a capitalizar

[163] *Id.* 33. Não no sentido de plantar conteúdo na mente, mas de "ler" os pensamentos da pessoa.

[164] Cf. Garrett, 2010: 1118-1119.

todos os seus esforços na extração da mesma[165] revelando-se um erro crasso dado que, muitas das vezes, o efetivo responsável não só continua em liberdade como a perpetuar o seu mal, daí a necessidade de reforma do modo como se deve investigar um crime e se alcança o seu responsável, na medida em que uma confissão não se pode tornar num pretexto para as autoridades deixarem de realizar uma investigação completa e exaustiva, com o mesmo empenho e profissionalismo como se as declarações não tivessem sido prestadas ou não existissem, muito menos nos tempos correntes em que os avanços científicos e tecnológicos possibilitam um maior desenvolvimento das técnicas de investigação e uma maior mestria na condução das mesmas[166]. Nesta linha, é usualmente feita referência a que, longe vai o tempo em que a confissão era considerada a Rainha de todas as provas (verdadeira *probatio probantíssima*), contudo trata-se de uma errónea perceção, sucedendo precisamente o contrário ainda que em menor grau, pelo que perante a presente existência deste fenómeno deve a confissão ser antes vista como Imperatriz das falsas confissões, levando a que sejam despoletadas *red flags* sempre que nos deparamos com uma[167]. Em muitos dos casos documentados, as declarações apresentadas em tribunal contêm não só uma admissão de culpa mas também detalhes vívidos sobre o crime que se tornam conhecidos do acusado através de perguntas orientadas, fotografias, visitas ao local do crime, e outras fontes "invisíveis" para o observador menos atento, situações que se complicam pelo facto de muitos dos falsos confessores declararem não só o que alegadamente fizeram e como o fizeram, mas também a razão de o terem feito, fazendo transparecer no seu discurso manifestações emocionais de vingança, ciúme, desespero ou remorso, daí que o ato de confessar (falsamente) se trate, muitas das vezes, de uma escolha racional e consequentemente de uma ação irracional, pelo que

[165] Cf. Drizin/Leo, 2004: 922.

[166] Cf. Martínez Santos, 2018: 3.

[167] Como indica Sangero, 2007: 125-126, "em vez [de se encarar] a confissão como a Rainha [de todas as] provas, deveria começar-se a encará-la como prova suspeita ou, pelo menos, como prova normal que não deve ser cega, mas sim tratada com cautela".

a "verdade" de uma confissão pode não passar de uma ilusão[168] daí a urgência da necessidade e obrigatoriedade de corroboração forte que ligue o suspeito ao crime que diz ter cometido, enquanto prova objetiva, tangível, significativa e extrínseca como condição de uma condenação para qualquer tipo de crime uma vez que isoladas não devem ter força bastante para tal, valendo como prova dotada de valor relativo, ao invés de absoluto munida de força e intensidade exagerada, devendo antes ser provada por outros meios enquanto *probatio probanda* ou prova a ser provada[169]: quando ocorreu, em que lugar, perante quem e/ou de que maneira, estabelecendo uma veracidade e coerência do seu conteúdo pois a não ser assim, facilmente a condenação se basearia em provas que não têm qualquer solidez[170]. Deste modo se tenta prevenir a condenação de inocentes e orienta os esforços das autoridades para localizar provas que estabeleçam o nexo causal com as declarações, concretizando a exigência de fidedignidade (*reliability*) das mesmas e permitindo um real juízo de culpa.

vii. Fazer do registo eletrónico audiovisual a regra[171], não apenas num campo teórico, mas prático, fornecendo às autoridades os meios para o efeito cujos benefícios suplantam as objeções, tratando-se de um ponto extremamente crucial ao ter uma função preventiva de falsas confissões permitindo munir o tribunal de um instrumento mais fiável no que respeita à (in)existência de pressão sobre o interrogado (apuramento da voluntariedade) e relativamente à capacidade de clarificar a independência ou a existência de pontos de contacto entre a informação obtida do próprio suspeito, da que lhe foi transmitida e que este reproduziu de volta como sendo sua, de forma (in)consciente (apuramento da fiabilidade). Deste modo, devido ao facto do seu contributo ser de enorme relevância, propõe-se que uma confissão não

[168] Cf. Kassin, 2006: 207-228.

[169] Como refere Jingkun, 2010: 43, "a confissão não é necessariamente superior a outros tipos de prova. (...) [E]sta problemática deve fazer com que vejamos a confissão [de modo diferente, como meio orientador] da investigação enquanto elemento de convicção para o conhecimento da verdade que se tenta alcançar. Será desta maneira que a confissão deverá ser entendida como legitimo meio de prova".

[170] Cf. Carpio Hernández, 2020: 47.

[171] Cf. Colgan/Drizin, 2001: 339-341.

documentada de forma audiovisual deverá ser considerada inadmissível como prova em tribunal. No limite, por razões temporárias do foro económico ou procedimental, admite-se o mero registo visual em cúmulo com a transcrição escrita, devendo ser sempre possível permitir a visualização da linguagem corporal dos intervenientes oferecendo ao tribunal a oportunidade de avaliar a situação e as circunstâncias em que tais declarações foram produzidas. Não obstante, é preciso ter em mente que este instrumento não erradica o problema das falsas confissões como foi visível no nosso caso, daí a necessidade de reunir provas extrínsecas, independentes e corroborantes, (re)orientando recursos para a condução de uma investigação qualitativa e profícua, pois facilmente o entusiasmo pelo falso messias do vídeo poderia continuar a levar os detetives a focarem-se na pura extração de confissões e nelas fundarem a acusação.

Bibliografia citada

Acker, James R.,
(2013) "The Flipside Injustice of Wrongful Convictions: When the Guilty Go Free", *Albany Law Review* 76, pp. 1689-1712.
Albuquerque, Paulo Pinto de,
(2011) *Comentário do Código de Processo Penal à luz da Constituição da República e da Convenção Europeia dos Direitos do Homem*, 4.ª ed. Lisboa: Universidade Católica Editora.
Alceste, Fabiana et al.,
(2018) "On the General Acceptance of Confessions Research: Opinions of the Scientific Community", *The American Psychologist* 73, pp. 63-80.
Almeida, João Alcides de, et al.,
(1972) *Código de Processo Penal – Notas de legislação, doutrina e jurisprudência*, 3.ª ed. Lisboa: Moraes Editores.
Andrade, Manuel da Costa,
(2013) *Sobre as proibições de prova em processo penal*. Coimbra: Coimbra Editora.
Annitto, Megan,
(2017) "Confessions and the Right to a Fair Trial: A Comparative Case Study", *Berkeley Journal of International Law* 35, pp. 181-218.
Asgeirsdottir, Bryndis Bjork et al.,
(2006) "Custodial Interrogation, False Confession, and Individual Differences: A National Study Among Icelandic Youth", *Personality & Individual Differences* 41, pp. 49-59.

BACHMAIER WINTER, Lorena,
(2015) "The EU Directive on the Right to Access to a Lawyer: a Critical Assessment", in: Stefano Ruggeri (eds.), *Human rights in European criminal law: New developments in European legislation and case law after the Lisbon Treaty*). Berlin: Springer, pp. 111-131.
BECCARIA, Cesare,
(1766) *Dei delitti e delle pene*, Livorno: Harlem (tradução de José de Faria Costa, revista por Primola Vingiano, 5.ª ed. Lisboa: Fundação Calouste Gulbenkian, 2017).
BELEZA, Teresa Pizarro / PINTO, Frederico de Lacerda da Costa,
(2013) *Prova Criminal e Direito de Defesa: Estudos sobre teoria da prova e garantias de defesa em Processo Penal* (nota de apresentação), Coimbra: Almedina.
BENFORADO, Adam,
(2010) "Frames of Injustice: The Bias We Overlook", *Indiana Law Journal* 85, pp. 1333-1378.
BERNUZ BENEITEZ, María José,
(2019) "Cuando los menores declaran en la justicia de menores", *Cuadernos Electrónicos de Filosofía del Derecho* 40, pp. 1-22.
BERRESHEIM, Alexander / CAPELLMANN, Michael,
(2013) "Personen mit und ohne Aussagewiderstand: Taktische Kommunikation im Rahmen der Strukturierten Vernehmung", *Kriminalistik* 67, pp. 93-99.
BERRY, Sheila Martin,
(2003) "Bad Lawyering: How Defense Attorneys Help Convict the Innocent", *Northern Kentucky Law Review* 30, pp. 487-513.
BÍBLIA (de Jerusalém),
(2003) 2.ª impressão. São Paulo: Paulus Editora.
BLANDON-GITLIN, Iris et al.,
(2011) "Jurors believe interrogation tactics are not likely to elicit false confessions: Will expert witness testimony inform them otherwise?", *Psychology, Crime & Law* 17, pp. 239-260.
BUCKLEY, Joseph P. et al.,
(2013) *Criminal Interrogations and Confessions*, 5th ed. Massachusetts: Jones and Bartlett Publishers, Inc.
CABRAL, José António dos Santos,
(2020) "Prova direta e indireta", *Coleção Temas: Da prova Indireta ou por indícios*. Lisboa: CEJ, pp. 13-25.
CARPIO HERNÁNDEZ, Alberto,
(2020) *La presunción de inocencia y la declaración del acusado*. Tenerife: Universidad de La Laguna.
CAUFFMAN, Elizabeth et al.,
(2014) "Interrogations, Confessions, and Guilty Pleas Among Serious Adolescent Offenders", *Law and Human Behavior* 38, pp. 181-193.
COLGAN, Beth A. / DRIZIN, Steven A.,
(2001) "Let the Cameras Roll: Mandatory Videotaping of Interrogations Is the Solution to Illinois' Problem of False Confessions", *Loyola University Chicago Law Journal* 32, pp. 337-424.

Condie, Lois Oberlander et al.,
(2004) "Juvenile offenders' Miranda rights comprehension and self-reported likelihood of false confessions", *Assessment* 10, pp. 359-369.
Cunha, Diana da Silva,
(2016) *Os acordos sobre a sentença penal: questões, desafios e prospetivas*. Braga: Universidade do Minho.
Davis, Deborah / Leo, Richard A.,
(2006). "Strategies for Preventing False Confessions and Their Consequences", in: Mark R. Kebbell and Graham M. Davies (eds.), *Practical Psychology for Forensic Investigations and Prosecutions*. New Jersey: Wiley & Sons, pp. 121-149.
Department of Justice,
(2015) "New Department Policy Concerning Electronic Recording of Statements", *Harvard Law Review* 128, pp. 1552-1559.
Diamond, Shari Seidman et al.,
(2007) "Evaluating videotaped confessions: Expertise provides no defense against the camera-perspective effect", *Psychological Science* 18, pp. 224-226.
Donzelmann, Nadine / Heubrock, Dietmar,
(2010) *Psychologie der Vernehmung. Empfehlungen zur Beschuldigten-, Zeugen- und Opferzeugen--Vernehmung*. Frankfurt: Verlag für Polizeiwissenschaft.
Drizin, Steven A. et al.,
(2010) "Police-Induced Confessions: Risk Factors and Recommendations", *Law and Human Behavior* 34, pp. 3-38.
(2012) "Combating Contamination in Confession Cases (reviewing Convicting the Innocent: Where Criminal Prosecutions Go Wrong by Brandon L. Garrett)", *University of Chicago Law Review* 79, pp. 837-862.
Drizin, Steven A. / Leo, Richard A.,
(2004) "The Problem of False Confessions in the Post-DNA World", *North Carolina Law Review* 82, pp. 890-1003.
Drogin, Eric Y. et al.,
(2014) "Mired in Miranda Misconceptions: A Study of Legally Involved Juveniles at Different Levels of Psychosocial Maturity", *Behavioral Sciences & the Law* 32, pp. 104-120.
Faria, Carlos Gomes de,
(2011) *A confissão integral e sem reservas em Processo Penal*, VII Congresso dos Advogados Portugueses – para uma reforma da Justiça, novembro de 2011, disponível em https://portal.oa.pt (consultado em 01/06/2022).
Ferreira, Manuel Cavaleiro de,
(1986) *Curso de Processo Penal*, vol. 1. Lisboa: Editora Danúbio, Lda.
Findley, Keith / Scott, Michael,
(2006) "The Multiple Dimensions of Tunnel Vision in Criminal Cases", *Wisconsin Law Review* 2, pp. 290-397.
Firstman, Richard / Salpeter, Jay,
(2008) *A criminal injustice: A true crime, a false confession, and the fight to free Marty Tankleff*. New York: Ballantine Books.

FRAUKE, Drews,
(2015) "Die Königin unter den Beweismitteln? Eine interdisziplinäre Untersuchung des (falschen) Geständnisses Berlin", *R&P* 33, pp. 58-63.
GARMOE, William et al.,
(2005) "Miranda comprehension in adults with mental retardation and the effects of feedback style on suggestibility", *Law and Human Behavior* 29, pp. 359-369.
GARRETT, Brandon L.,
(2010) "The Substance of False Confessions", *Stanford Law Review* 62, pp. 1051-1119.
GEERS, Andrew L., et al.,
(2002) "Videotaped confessions and interrogations: A change in camera perspective alters verdicts in simulated trials", *Journal of Applied Psychology* 87, pp. 867-874.
GELLER, William A.,
(1993) "Videotaping Interrogations and Confessions", *National Institute of Justice Research in Brief.* 13, pp. 1-11.
GOHARA, Miriam S.,
(2006) "A lie for a lie: False confessions and the case for reconsidering the legality of deceptive interrogation techniques", *Fordham Urban Law Journal* 33, pp. 791-842.
GOLDSTEIN, Naomi E. S. et al.,
(2018) "Waving Good-Bye to Waiver: A Developmental Argument Against Youths' Waiver of Miranda Rights", *N.Y.U. Legislation and Public Policy* 21, pp. 1-67.
GREABE, John M.,
(2016) "The Riddle of Harmless Error Revisited", *Houston Law Review* 54, pp. 59-123.
GRISSO, Thomas,
(1980) "Juveniles Capacities to Waive Miranda Rights: An Empirical Analysis", *California Law Review* 68, pp. 1134-1166.
GROSS, Samuel R. et al.,
(2005) "Exonerations in the United States: 1989 through 2003", *Journal of Criminal Law and Criminology* 95, pp. 523-553.
GUDJONSSON, Gisli, H. / KASSIN, Saul M.,
(2004) "The psychology of confessions: A review of the literature and issues", *Psychological Science in the Public Interest* 5, pp. 35-69.
GUIHONG, Mu,
(2016) "Study on the rules of confession reinforcement", *CNKI*, pp. 1-32.
JIMENO BULNES, Mar,
(2014) "La Directiva 2013/48/UE del Parlamento Europeo y del Consejo de 22 de octubre de 2013 sobre los derechos de asistencia letrada y comunicación en el proceso penal: ¿realidad al fin?", *Revista de Derecho Comunitario Europeo* 18, pp. 443-489.
JINGKUN, Liu,
(2010) "The role of "Confessions" and reinforcing evidence", *CNKI*, pp. 41-43.
JOUSSE, Daniel,
(1971) *Traité de la justice criminelle de France – Tome 4*. Paris: Debure Père.
KASSIN, Saul M.,
(2006) "A critical appraisal of modern police interrogations", *T. Williamson's Investigative interviewing: Rights, research, regulation.* UK: Willan Publishing, pp. 207-228.

(2017) "False confessions", *WIREs Cognitive Science* 8, pp. 1-11.
Kassin, Saul M. et al.,
(2005) "I'd know a false confession if I saw one: A comparative study of college students and police investigators", *Law and Human Behavior* 29, pp. 211-227.
Kassin, Saul M. / Meissner, Christian A.,
(2002) "He's guilty!: investigator bias in judgments of truth and deception", *Law and Human Behavior* 26, pp. 469-480.
Kroll, Ottmar,
(2012) *Wahre und falsche Geständnisse in Vernehmungen*. München: Richard Boorberg Verlag.
Kunz, Mara et al.,
(2018) "Strikte Beweisverwertungsverbote – Ein Gebot des Rechtsstaats: Ein kriminalpolitisches Plädoyer für eine grundlegende Reform", *KriPoZ* 5, pp. 259-266.
Lapp, Kevin,
(2017) "Taking back juvenile confessions", *UCLA Law Review* 64, pp. 902-966.
Lavigne, Michele / Miles, Sally,
(2019) "Under the Hood: Brendan Dassey, Language Impairments, and Judicial Ignorance", *Albany Law Review* 82, pp. 873-947.
Leo, Richard A.,
(2009) "False Confessions: Causes, Consequences, and Implications", *Journal of the American Academy of Psychiatry and the Law Online* 37, pp. 332-343.
(2008) *Police Interrogation and American Justice*. Cambridge: Harvard University Press.
Leo, Richard A. / Ofshe, Richard J.,
(2001) "The Truth About False Confessions and Advocacy Scholarship", *Criminal Law Bulletin* 37, pp. 294-370.
Lopes Jr., Aury,
(2019) *Direito Processual Penal*, 16.ª ed. São Paulo: Saraiva.
López Pérez, Rafael Manuel / Navamuel Nieto, María,
(2017) "Persuasión en el interrogatorio policial: una revisión sistemática", *Behavior and Law Journal* 3, pp. 11-25.
Mack, Raneta Lawson,
(2011) "The importance of international and comparative law: Exploring complex issues in a global community", *Creighton International and Comparative Law Journal* 1, pp. 1-4.
Manco, Eva,
(2016) "Protecting the child's right to participate in Criminal Justice Proceedings", *Amsterdam Law Forum* 8, pp. 48-77.
Martínez Santos, Antonio,
(2018) "Confesión policial y prueba penal: el valor procesal de las declaraciones autoinculpatorias realizadas ante la policía", *Revista General de Derecho Procesal* 45, pp. 1-46.
Martins, Joana Boaventura,
(2014) *Da Valoração das declarações de arguido prestadas em fase anterior ao julgamento – Contributo para uma mudança de paradigma*. Coimbra: Coimbra Editora.

MATTA, Paulo Saragoça da,

(2004) "A livre apreciação da prova e o dever de fundamentação da sentença", in: Maria Fernanda Palma (coord.), *Jornadas de Direito Processual Penal e Direitos Fundamentais*. Coimbra: Almedina, pp. 221-279.

MAY, Lennart / VOLBERT, Renate,

(2016) "Falsche Geständnisse in polizeilichen Vernehmungen – Vernehmungsfehler oder immanente Gefahr?", *R&P* 34, pp. 1-10.

MCCANN, Joseph T.,

(1998) "A conceptual framework for identifying various types of confessions", *Behavioral Sciences and the Law* 16, pp. 441-453.

MENDES, Paulo de Sousa,

(2010) "A prova penal e as regras da experiência", in: Manuel da Costa Andrade, Maria João Antunes, Susana Aires de Sousa (coord.), *Estudos em homenagem ao prof. Doutor Jorge de Figueiredo Dias*, vol. III. Coimbra: Coimbra Editora, pp. 997-1011.

(2011) "Os direitos e deveres do arguido", in: Paulo Otero, Fernando Araújo e João Taborda da Gama (coord.), *Estudos em Memória do prof. Doutor, J. L. Saldanha Sanches*, vol. II. Coimbra: Coimbra Editora, pp. 819-828.

MERRYMAN, Buffie Brooke,

(2010) "Arguments Against Use of the Reid Technique for Juvenile Interrogations", *Communication Law Review* 10, pp. 16-29.

MORAS MOM, Jorge R.,

(2004) *Manual de Derecho Procesal Penal. Juicio Oral y Público Penal Nacional*, 6.ª ed. Buenos Aires: Abeledo-Perrot.

PARECER ASJP,

(2012) *Proposta de Lei que visa a alteração ao CPP*, disponível em www.asjp.pt (consultado em: 01/06/2022).

PARECER SMMP,

(2010) *Projeto de Proposta de Lei de alteração ao CPP*, disponível em www.smmp.pt (consultado em: 01/06/2022).

PARRY, John T. / RICHARDSON, L. Song,

(2013) *The Constitution and the Future of Criminal Justice in America*. Cambridge: Cambridge University Press.

PATRY, Marc W. et al.,

(2012) "Confession evidence in Canada: psychological issues and legal landscapes", *Psychology Crime and Law Crime & Law* 18, pp. 317-333.

PENNEY, Steven M.,

(2012) "Police Questioning in the Charter Era: Adjudicative versus Regulatory Rule-making and the Problem of False Confessions", *Supreme Court Law Review* 57, pp. 263-292.

PEREIRA, Rui Soares,

(2014) "Acerca do Valor Probatório da Confissão do Arguido", *Direito da Investigação Criminal e da Prova*. Coimbra: Almedina, pp. 183-222.

Perestrelo, Maria Faria,
(2013) *Reflexão acerca da possibilidade de valoração em audiência de julgamento das declarações do arguido prestadas em fases anteriores*. Lisboa: UCP.
Pickel, Kerri L.,
(1995) "Inducing jurors to disregard inadmissible evidence: a legal explanation does not help", *Law and Human Behaviour* 19, pp. 407-424.
Projeto Inocência,
(2016) *Action agenda for making a murderer watchers*, disponível em: https://www.law.northwestern.edu/legalclinic/wrongfulconvictionsyouth/resources/publications/documents/ACTION%20AGENDA%20FOR%20MAKING%20A%20MURDERER%20WATCHERS.pdf (consultado em: 01/06/2022).
Rabanal Palacios, William,
(2004) "La Confesión Sincera en el Proceso Penal", *Lex* 2, pp. 67-75.
Reed, Vicki A.,
(2017) *An Introduction to Children with Language Disorders*, 5th ed. London: Pearson Education.
Report,
(1993) *Royal Commission on Criminal Justice*, disponível em: https://www.gov.uk/government/publications/report-of-the-royal-commission-on-criminal-justice (consultado em: 01/06/2022).
Riego Ramírez, Cristián,
(2019) "Confesiones frente a la policía en el Processo Penal chileno", *Revista de Derecho (Valdivia)* 32, pp. 273-295.
Rigoni, Mary Elizabeth,
(2007) *Is it time for a revolutionary technique in the interrogation room? Empirically validating the influence of inquisitorial techniques on true and false confessions*. Texas: ETD Collection for University of Texas.
Rodrigues, Anabela Miranda,
(1998) "A celeridade do Processo Penal: Uma visão de Direito Comparado", *RPCC* 8, pp. 233-250.
Rosenberg, Irene M. / Rosenberg, Yale L.,
(1988) "In the Beginning: The Talmudic Rule Against Self-Incrimination", *N.Y.U. Law Review* 63, pp. 955-1050.
Sangero, Boaz,
(2007) "Miranda is not enough: a new justification for demanding "strong corroboration" to a confession", *Cardozo Law Review* 28, pp. 100-139.
Schollum, Mary,
(2017) "Bringing PEACE to the United States: A Framework for Investigative Interviewing", *Police Chief Magazine* 11, pp. 30-37.
Sheriff's Department,
(2006) *Calumet County: Interview of Brendan Dassey*, Complaint n.º 05-0157-955, disponível em: https://www.wrongfulconvictionpodcast.com/documents/bd/interview-transcripts/24%20-%20Mar.%201%202006%20Manitowoc%20Police%20Dept%20Interview%20Transcript.pdf (consultado em: 01/06/2022).

Sullivan, Thomas P.,
(2004) "Police Experiences with Recording Custodial Interrogations", *Judicature* 88, pp. 132-136.
Taslitz, Andrew E.,
(2010) "Police Are People Too: Cognitive Obstacles to, and Opportunities for, Police Getting the Individualized Suspicion Judgment Right", *Ohio State Journal of Criminal Law* 8, pp. 7-78.
Thaman, Stephen C.,
(2011) "Should criminal juries give reasons for their verdicts?: The spanish experience and the implications of the european court of human rights decision in Taxquet v. Belgium", *Chicago-Kent Law Review* 86, pp. 613-668.
Trainum, Jim,
(2007) *I Took a False Confession – So Don't Tell Me It Doesn't Happen!*, The California Majority Report, disponível em: https://seeingtheforest.com/i-took-a-false-confession-so-dont--tell-me-it-doesnt-happen/ (consultado em: 01/06/2022).
Valente, Manuel Monteiro Guedes,
(2019) "Interrogatório de arguido privado da sua liberdade sem a assistência de advogado", *ROA* 79, pp. 753-762.
Veloso, Francisco,
(1989) "A confissão Fatal", *Revista de Investigação Criminal* 30, pp. 17-18.
Volbert, Renate,
(2013) "Falsche Geständnisse – Über die möglichen Auswirkungen von Voreinstellung, Vernehmung und Verständigung", *Forensische Psychiatrie, Psychologie, Kriminologie* 7, pp. 230-239.
Vouglans, Pierre-François Muyart de,
(1957) *Institutes au droit criminel, ou Principes généraux en ces matières*. Paris: Le Breton.
Warden, Rob,
(2003) "The Revolutionary Role of Journalism in Identifying and Rectifying Wrongful Convictions", *UMKC Law Review* 70, pp. 803-846.
Warville, Jacques-Pierre Brissot de,
(1836) *Théorie des lois criminelles*. Paris: J.-P. Aillaud.
Wupeng, Li,
(2009) "On the whole synchronous audio and video recordings instead of transcripts fixed confessions", *Evidence Science* 17, pp. 110-118.

Jurisprudência citada

Estados Unidos da América

U.S. Court of Appeals For the Seventh Circuit, case n.º 16-3397, Argued September 26, 2017 – Decided December 8, 2017

U.S. Court of Appeals For the Seventh Circuit, Brendan Dassey v. Michael A. Dittmann, case n.º 16-3397, Argued February 14, 2017 – Decided June 22, 2017
U.S. District Court for the Eastern District of Wisconsin, Brendan Dassey v. Michael A. Dittmann, case n.º 14-CV-1310, 12.08.2016
O'Quinn v. Spiller, 14-1836 (7th Cir. 2015)
Bailey v. Lemke, 735 F.3d 945 (7th Cir. 2013)
People v. Thompson, B242201 (Cal. Ct. App. Jun. 20, 2013)
J.D.B. v. Carolina do Norte 564 U.S. 261 (2011)
Berghuis v. Thompkins, 560 U.S. 370 (2010)
U.S. v. Silva-Arzeta, 602 F.3d 1208 (10th Cir. 2010)
U.S. v. Villalpando, 588 F.3d 1124 (7th Cir. 2009)
State of Wiscounsin v. Brendan Dassey, case n.º 06CF88, 16.04.2007
Rice v. Collins, 546 U.S. 333 (2006)
State v. Jeffrey, 03-16977A (Fla. Cir. Ct. Oct. 16, 2006)
Missouri v. Seibert, 542 U.S. 600 (2004)
People v. Wise, 194 Misc. 2d 481 (N.Y. Sup. Ct. 2002)
U.S. v. Dillon, 150 F.3d 754 (7th Cir. 1998)
U.S. v. Wilderness, 160 F.3d 1173 (7th Cir. 1998)
People v. Cahill, 5 Cal.4th 478 (Cal. 1993)
Arizona v. Fulminante 499 U.S. 279 (1991)
U.S. v. Rutledge, 900 F.2d 1127 (7th Cir. 1990)
Colorado v. Connelly, 479 U.S. 157 (1986)
Stephan v. State, 711 P.2d 1156 (1985)
Strickland v. Washington 466 U.S. 668 (1984)
Fare v. Michael C. 442 U.S. 707 (1979)
Schneckloth v. Bustamonte, 412 U.S. 218 (1973)
Frazier v. Cupp, 394 U.S. 731 (1969)
Miranda v. Arizona, 384 U.S. 436 (1966)
Escobedo v. Illinois, 378 U.S. 478 (1964)
Rogers v. Richmond, 365 U.S. 534 (1961)
Blackburn v. Alabama, 361 U.S. 199 (1960)
Opper v. U.S., 348 U.S. 84 (1954)
Smith v. U.S., 348 U.S. 147 (1954)
Bram v. U.S., 168 U.S. 532 (1897)
Coffin v. U.S., 156 U.S. 432 (1895)

Israel
Cr.F.H 4342, 4350/97 Israel v. Al Abid; Al Abid v. Israel 51(1) P.D. 736, 836

Portugal
Ac. TC, n.º 391/2015, de 12/08/2015, Proc. 224/2015, Rel. Cura Mariano
Ac. TC n.º 72/2012, de 08/02/2012, Proc. 51/2012, Rel. Cunha Barbosa

Ac. TC n.º 416/2003, de 24/09/2003, Proc. 82/2004, Rel. Mário José de Araújo Torres
Ac. TRC, de 27/02/2019, Proc. 107/17.5PBCVL.C1, Rel. Belmiro Andrade
Ac. TRL, de 22/09/2020, Proc. 3773/12.4TDLSB.L1-5, Rel. Jorge Gonçalves
Ac. TRL, de 04/07/2012, Proc. 679/06.0GDTVD.L1-3, Rel. João Carlos Lee Ferreira

Reino Unido
The King v. Warrickshall, 1 Leach C.C. 262, 168 E.R. 234 (K.B. 1783)

CAPÍTULO VI
PROVA DIGITAL

§ 8.

O REGIME JURÍDICO DOS CONHECIMENTOS FORTUITOS EM AMBIENTE DIGITAL: CONTRIBUTO DA *PLAIN VIEW DOCTRINE* À LUZ DA LEGISLAÇÃO PORTUGUESA

Joana Reis Barata*

Sumário: Introdução. I. A recolha de prova no Direito português: o problema da privacidade na era digital. 1. Quando se descobre o que não era suposto descobrir – o mundo físico. 2. Quando se descobre o que não era suposto descobrir – o mundo digital. II. A *plain view doctrine* – conceito e abordagem. 1. A *plain view doctrine* e a Quarta Emenda à Constituição dos EUA. 2. A *plain view doctrine* em ambiente físico no Direito norte-americano. 3. A aplicação da *plain view doctrine* em ambiente digital no ordenamento jurídico norte-americano. 3.1. A inexistência de especificidades em ambiente digital. 3.2. A introdução de medidas corretivas – recuperação do requisito da *inadvertence*. 3.3. A negação da aplicação da *plain view doctrine* em ambiente digital. 4. O estado da arte no ordenamento jurídico norte americano – súmula conclusiva. III. O contributo da *plain view doctrine* para o ordenamento jurídico português – proposta de solução. 1. A exigência de delimitação dos despachos de autorização de pesquisas informáticas. 2. As limitações *ex ante*. 3. Os mecanismos de controlo *ex post*. 4. Síntese conclusiva: o cumprimento do despacho de autorização e a sua sindicância. Conclusão. Bibliografia citada. Jurisprudência citada.

* Assistente Convidada na Faculdade de Direito da Universidade de Lisboa. Advogada.

Resumo: O presente artigo tem como intuito escrutinar a recolha de prova em ambiente digital, mais concretamente o tratamento que deverá ser dado aos conhecimentos que são fortuitamente obtidos no decurso de uma pesquisa a um sistema informático. Não sendo a lei portuguesa clara quanto ao regime a aplicar a estes conhecimentos, convocámos a *plain view doctrine*, uma doutrina que foi desenvolvida nos Estados Unidos da América quanto à recolha de prova em ambiente físico e que tem vindo a ser aprimorada no que se refere à recolha de prova em ambiente digital. Não existindo uma resposta unívoca quanto à possibilidade de apreensão dos elementos descobertos, a conclusão a que chegámos não foi um *sim* nem um *não*, mas um típico *depende*.

Palavras-Chave: Prova digital; *plain view doctrine*; conhecimentos fortuitos; cibercrime; apreensão de dados informáticos.

Introdução

Com a entrada progressiva da sociedade atual no mundo digital e o deslocamento de uma parte relevante da sua vida para o ciberespaço, instalou-se uma crescente necessidade de adaptar os cânones tradicionais a este *admirável mundo novo*.

Inúmeras foram as questões com que se deparou um sistema jurídico tradicional que foi conformado para uma realidade corpórea, e vários foram os desafios fomentados pelas realidades a que era alheio. A adaptação do Direito Processual Penal a novos corolários, perigos e ameaças – e também a novas mais-valias que o ambiente digital começou a proporcionar – iniciou-se há alguns anos e tem ainda um longo caminho pela frente. Neste âmbito, e para o que ora releva, em matéria de prova, as alterações aos paradigmas inicialmente concebidos têm sido abruptas e negá-lo é apenas tratar com uma *insustentável leveza* uma nova realidade que indisputavelmente suscita novas indagações.

Em matéria de recolha de prova, esta temática é especialmente preponderante, uma vez que muita da *nova criminalidade* – e também da *antiga criminalidade* que é agora praticada com outros contornos – apenas é suscetível de ser provada com recurso a meios de prova que se encontram armazenados no cibermundo. A necessidade de recolha de prova neste novo ambiente defronta-se com grandes problemas relacionados com os seus critérios de admissibilidade, considerando que cada vez mais urge a necessidade de acautelar a privacidade numa Era em que a informatização dos conteúdos coloca desafios constantes a essa proteção.

Uma das questões que tem estado nos holofotes internacionais – e que tem sido solucionada no ordenamento jurídico norte-americano por referência à aplicação (ou negação) da *plain view doctrine* – diz respeito aos *conhecimentos fortuitos* que são obtidos no decurso de pesquisas informáticas. A *plain view doctrine* já foi intensa e ostensivamente abordada no ordenamento jurídico norte-americano e vários foram os limites estabelecidos à sua invocação para efeitos de aproveitamento de prova recolhida fora das condições legais. Todavia, o paulatino desenvolvimento do mundo digital tem vindo a convocar a discussão relativa à possibilidade da aplicação da *plain view doctrine* nesta sede e, admitindo-a, com que pressupostos e limitações. Atendendo à doutrina e à jurisprudência perfeitamente antagónica nesta sede, podemos afirmar com alguma convicção que a estabilização da discussão desta temática está longe de conhecer o seu termo.

De outro passo, no ordenamento jurídico português, o debate a respeito desta questão foi apenas *timidamente* instalado, sendo que escassa é a jurisprudência que se debruça sobre ela e, quando o faz, fá-lo em termos análogos a outras situações materialmente diversas.

Tendo estes dados como assentes, o presente estudo incidirá sobre o tratamento dos conhecimentos fortuitos quanto aos variados meios de obtenção de prova, com especial enfoque na recolha de prova em ambiente digital à luz da legislação vigente. Posteriormente, será abordado o conceito de *plain view doctrine* aplicado ao ambiente físico, abordagem essa que serve como ponto de partida para a identificação de pressupostos que poderão ser adaptados ao ambiente digital. Finalmente, alcançadas as devidas conclusões, indagaremos se o *nó górdio* existente na legislação portuguesa pode ser *desatado* com os contributos da *plain view doctrine* tal como tem vindo a ser configurada no ordenamento jurídico norte americano.

I. A recolha de prova no direito português: o problema da privacidade na era digital

É consabido que a *abertura das portas* do mundo físico para um interminável mundo digital coloca múltiplos desafios no que concerne à adaptação dos sistemas jurídicos a esta nova realidade, o que se reflete também na lógica do sistema processual penal. Um desses problemas está relacionado com a tutela da privacidade, em particular – e para o que ao nosso estudo interessa de forma mais premente – em matéria de recolha de prova[1].

Sendo certo que o direito à privacidade não é um direito absoluto, entendemos ser necessário tentar encontrar um *ponto ótimo* que permita conciliar a preservação da intimidade e da vida privada dos cidadãos sem, contudo, comprometer o desenvolvimento das diligências investigatórias necessárias ao apuramento da verdade material[2].

O reconhecimento do direito à privacidade remonta ao século XIX[3], tendo a sua densificação sofrido paulatinas alterações em função da própria evolução do mundo envolvente. O legislador europeu, não tendo sido alheio a esta necessidade, consagrou no art. 8.º da CEDH o direito ao respeito pela vida privada e familiar, o qual tem inegável projeção no direito à privacidade[4]. Quanto a esta questão, já se pronunciou inúmeras vezes o TEDH, inclusivamente no que concerne à expressão deste direito quando está em causa a recolha de informação armazenada em suporte digital[5]. Infelizmente, porém, a jurisprudência deste órgão deixa uma insípida sensação, uma vez que do seu posicionamento não é possível extrair critérios concretos que permitam

[1] Naturalmente, muitas outras questões de que não nos poderemos ocupar no âmbito deste estudo se colocam em torno da privacidade na era digital. Para uma exposição sumária de alguns dos problemas relevantes, cf. WITTLER CONTARDO, 2020: *passim*, em especial, 294 e ss.

[2] Entendendo que o foco deveria ser o da regulação (e limitação) da atuação policial e não tanto a densificação da proteção da privacidade, e considerando ainda que deveria existir uma redefinição do sistema processual penal, cf. STUNTZ, 1995: *passim*, em especial 1060 e ss.

Para uma crítica genérica a este entendimento, *vide* YEAGER, 1997: *passim*. Apesar de concordar com aquele em certos aspetos, o autor entende que a privacidade merece proteção *per se*, enquanto valor autónomo.

[3] WARREN / BRANDEIS, 1890: *passim*. Os autores referem, inclusivamente, a necessidade de proteção da privacidade também do ponto de vista do direito penal, *Ibidem*, 219.

[4] A este respeito, veja-se o Ac. TRL, de 23/02/2017, Proc. 23019/16.5T8LSB.L1-8, Rel. Isoleta Almeida Costa, que aplicou diretamente este preceito para determinar que um livro que expunha diversos acontecimentos da vida privada de um particular violava o seu direito à reserva da vida íntima e privada.

[5] Para uma análise detalhada sobre a questão, cf. SOUSA MENDES, 2021: 110 e ss.

estabelecer regras quanto à exclusão de provas obtidas em violação do art. 8.º da CEDH[6].

A esta disposição outras se juntam. No direito nacional, para além das variadas manifestações infraconstitucionais, está constitucionalmente previsto o direito à reserva da intimidade e da vida privada – com necessária ramificação no direito à privacidade – no art. 26.º da CRP e o direito à autodeterminação informacional, no art. 35.º da CRP[7]. Esta preocupação é ainda partilhada pelo legislador internacional, ao prever semelhante direito no art. 12.º da DUDH e ainda no art. 17.º do PIDCP.

É de notar que, em 2008, o BVerfG[8] entendeu mesmo ser necessário reconhecer um *direito fundamental à integridade e confidencialidade dos sistemas informáticos*, o qual visa garantir, por um lado, a confidencialidade dos dados gerados num sistema informático e, por outro, que a integridade do sistema não é comprometida através de terceiros que não disponham de autorização para o efeito[9].

Todas estas preocupações são plenamente justificadas e agora ainda mais adensadas, olhando para o mundo digital que nos circunda[10], sendo certo e

[6] *Ibidem*, 120. Paulo de Sousa Mendes aponta ainda, com razão, que essa evolução será improvável caso o TEDH entenda que a valoração, numa lógica de ponderação do interesse do Estado e do acusado, será possível sempre que o acusado tenha a oportunidade de contestar a prova recolhida, *Ibidem*, 121. De facto, cremos que uma posição como esta abre portas a múltiplos abusos por parte da entidade investigatória, ancorada na ideia de que a prova recolhida serve os interesses do Estado, preterindo a proteção da privacidade do acusado, que acaba por ver os seus direitos atacados, com a única garantia de poder contestar a prova recolhida.

[7] Gomes Canotilho / Vital Moreira, 2007: 551 consideram este direito um direito fundamental imanente da dignidade da pessoa humana e do livre desenvolvimento da personalidade, implicando que cada pessoa tenha a possibilidade de controlar a informação que lhe diz respeito, impedindo que se transforme num "*simples objeto de informação*". Reconhecendo também este direito, cf. Silva Rodrigues, 2010: 342.

[8] BVerfG, 1 BvR 370, 595/07, de 27 de fevereiro de 2008.

[9] Cf. Hornung / Schnabel, 2009: 116 e ss.

[10] Várias já foram as metáforas estabelecidas por diversos autores entre o atual "mundo real" e o mundo utópico criado na literatura, sendo a comparação mais comum aquela que é estabelecida entre a atual sociedade digital e o *Big Brother* idealizado por George Orwell no seu livro *1984*. Interessante será a opinião de Solove, 2001: 1398, que refere que o problema que reside na conciliação entre o mundo digital e a privacidade será bem ilustrado com recurso à metáfora de Kafka no seu livro *O Processo*: "I argue that the problem is best captured by Franz Kafka's depiction of bureaucracy in The Trial — a more thoughtless process of bureaucratic indifference, arbitrary errors, and dehumanization, a world where people feel powerless and

indisputável que a eventual lesão do direito à privacidade no âmbito da recolha de prova em processo penal está patente, com maior ou menor intensidade, em cada diligência em que se visa a obtenção de prova, com especial veemência nas revistas, buscas (ou pesquisas) e apreensões e nas escutas telefónicas.

Não nos deteremos nas questões que orbitam em torno das escutas telefónicas, uma vez que entendemos não ser esta a sede própria e também porque, de resto, essa questão já foi debatida à saciedade na doutrina e na jurisprudência, tendo o legislador português acompanhado essa mesma discussão, o que o levou a estabelecer um regime bastante detalhado nos arts. 187.º e 188.º do CPP[11].

Enquanto armas lesivas de direitos, liberdades e garantias, os meios de obtenção de prova estão sujeitos a vários critérios de admissibilidade, que têm de ser respeitados, sob pena de ser obtida *prova proibida*, a qual não pode ser

vulnerable, without any meaningful form of participation in the collection and use of their information".

[11] Cumpre, em todo o caso, realçar que um dos traços identitários da excecionalidade das escutas telefónicas reside na circunstância de as mesmas apenas poderem ser autorizadas relativamente a certos crimes, os designados *crimes de catálogo*. Através de um critério quantitativo – crimes puníveis com pena de prisão superior, no seu máximo, a 3 anos (art. 187.º, n.º 1, al. *a)*, do CPP) – e de um critério qualitativo – certas categorias de crimes (art. 187.º, n.º 1, als. *b)* a *g)*, do CPP) –, o legislador limitou os crimes relativamente aos quais poderia ser ordenada uma escuta telefónica no âmbito de um processo crime. A par desta limitação, outras foram consagradas na lei processual penal portuguesa, nomeadamente limitações de cariz temporal e subjetivo e ainda ao nível da entidade competente para autorizar a sua realização. Todas estas constrições se justificam pela natureza deste método de obtenção de prova que, sendo um *método oculto*, se afigura altamente lesivo dos direitos fundamentais dos particulares, nomeadamente do direito à reserva da vida privada. Assim, a consagração de um método oculto de obtenção de prova, se está legitimada pelo princípio da descoberta da verdade material, não deixa de ser, em si mesma, uma arma aniquiladora do direito de defesa e do direito à não autoincriminação, pelo que terá de ser sujeita a critérios de admissibilidade adstringentes.
Na verdade, os métodos ocultos de obtenção de prova são mecanismos perniciosos e que contrariam a própria lógica do sistema processual penal, o qual se pauta pela atribuição de relevantes garantias de defesa ao arguido – as quais, neste caso, estão fortemente constrangidas –, em compensação da inevitável desigualdade de armas existentes entre si e o Estado, cf. Gomes Canotilho / Vital Moreira, 2007: 516.
Esta razão justifica que sejam identificados vários princípios gerais que devem presidir à consagração de métodos ocultos de obtenção de prova, a saber, o princípio da reserva de lei, da proporcionalidade, da subsidiariedade e da reserva de juiz, cf. Silva Ramalho, 2017: 213 e ss.

utilizada (ou valorada) no processo[12]. Por essa razão, para que os direitos do visado estejam protegidos[13] e para que a sua vida intimidade e vida privada – no fundo, a sua privacidade – seja legitimamente *invadida*, é imprescindível a existência de um meio legitimador. A pergunta que pretendemos colocar, refletir e, a final, responder, será o que fazer com os *elementos ilícitos* – por agora vamos chamar-lhes assim – que são descobertos no âmbito de uma investigação que visava um outro crime. O investigador deve simplesmente ignorá-los ou poderá proceder livremente à sua apreensão para que os mesmos sejam posteriormente valorados?

Se estamos conscientes de que estas questões não são (ou não devem ser) de resposta simples quando estamos a falar do ambiente físico, estamos seguros de que a dificuldade se acentua quando entramos no mundo digital. Essa tarefa revela-se mais exigente sobretudo porque são adaptados à recolha de prova digital meios que foram preconizados para a recolha de prova em ambiente físico, sendo certo que a acomodação dos mecanismos clássicos a uma realidade para a qual não foram pensados coloca desafios relevantes tanto a nível prático, quanto dogmático[14].

Nesta senda, se a tutela da privacidade não pode servir de expediente facilitador para a prática de crimes[15], não poderão o poder punitivo e os interesses de realização de justiça implicar a sua total desconsideração[16]. A pedra de toque é – tem de ser – uma correta concatenação entre o interesse público na administração da justiça penal, por um lado, e a tutela do direito à privacidade do visado, por outro, devendo a priorização de um interesse em relação a outro depender de diversos fatores, que podem variar consoante as circunstâncias[17].

[12] Crê-se que o meio mais eficaz para dissuadir a entidade investigatória de ter a *tentação* de obter prova fora das condições legalmente prescritas será a inutilização, como regra geral, da prova descoberta. Para mais desenvolvimentos sobre a questão, cf. Sousa Mendes, 2015: 182 e ss.

[13] Sendo certo que a proteção da privacidade não deve ser encarada como uma necessidade do homem individualmente considerado, mas sim da própria sociedade, cf. Claro Oubiña, 2009: 23.

[14] Abordando esta dificuldade, Silva Ramalho, 2014: 124.

[15] Assim, Faria Costa, 1998: 173.

[16] Considerando a eventual constrição dos direitos constitucionalmente garantidos em razão da tecnologia, concluindo que a privacidade não deve ser restringida por esta nova realidade, cf. Tomkovicz, 2002: *passim*, em especial, 424 e ss.

[17] Vaciago / Silva Ramalho, 2016: 88. Os autores identificam como exemplos a gravidade do crime em causa ou a (im)possibilidade de obter prova atrás de outro meio. Apontam também que tem prevalecido a tutela do interesse do Estado em detrimento dos direitos dos

1. Quando se descobre o que não era suposto descobrir – o mundo físico

Conforme referido a título introdutório, o foco do nosso estudo será o de encontrar um regime jurídico que mereça aplicação aos conhecimentos que são obtidos inadvertidamente em ambiente digital, *i.e.*, àqueles conhecimentos que não dizem respeito (pelo menos diretamente) ao objeto do processo ou, pelo menos, ao objeto da pesquisa que estava a ser realizada. Iremos fazê-lo, conforme também adiantado, colhendo os frutos das discussões que foram travadas no ordenamento jurídico norte-americano quanto à *plain view doctrine*, precisamente porque foi esta a tese que mereceu aplicação em ambiente físico quando são descobertos novos elementos cuja procura não estava a eles direcionada. Voltaremos a esta questão a seu tempo.

Antecipamos apenas por ora que não é possível encontrar nos sistemas jurídicos romano-germânicos um correlativo de *plain view*. A *plain view doctrine* nasceu, cresceu e tem vindo a ganhar maturidade no ordenamento jurídico norte-americano – razão pela qual nos deteremos na análise deste ordenamento mais à frente –, sendo que, apesar de alguns seus *parentes próximos* terem sido desenvolvidos nos sistemas europeus, inexiste um *gémeo idêntico* que permita que seja estabelecido um paralelismo tecnicamente rigoroso. Os *sinos conceptuais* estarão a apontar para a existência de uma figura no ordenamento jurídico português que seria, pelo menos, *vizinha* deste conceito anglo-saxónico: a figura dos conhecimentos fortuitos (*Zufallsfunde*), a qual, como é consabido, é abordada no âmbito de um específico meio de obtenção de prova – as escutas telefónicas. Todavia, conforme referido, o *nosso* conhecido conhecimento fortuito não é um sinónimo, mas tão só uma realidade com a qual podemos estabelecer um *lugar paralelo* relativamente à *plain view doctrine*. A par deste conceito, é também comummente identificado um seu relativo – o conhecimento da investigação (*Untersuchung Erkenntnissen* ou *Untersuchungserkenntnissen*). Ambos os conhecimentos – os fortuitos e os da investigação – podem ser coligidos e catalogados numa categoria mais ampla: *os conhecimentos fortuitos lato sensu*[18].

particulares (por referência à utilização de *malware* pelo primeiro para investigar o segundo) e que essa orientação deverá ser constitucionalmente sindicada.

[18] Assim, Costa Andrade, 2013a: 165.

A distinção entre os conceitos de conhecimentos fortuitos e da investigação[19], que tinha especial valência no âmbito das escutas telefónicas antes da reforma de 2007, perdeu a sua virtualidade, uma vez que esta alteração veio pôr fim às discussões que existiam a respeito do seu tratamento e, sobretudo, da possibilidade da sua valoração[20].

[19] Em traço grosso, COSTA ANDRADE, 2013b: 306 definiu os conhecimentos da investigação, num primeiro momento, como factos que são fortuitamente descobertos e que ainda pertencem à própria investigação em curso, fornecendo uma lista – não taxativa, segundo o autor – de alguns exemplos que ilustram esta realidade. Estes casos seriam, portanto, delimitados através das designadas "*constelações típicas*". Os conhecimentos fortuitos seriam, diversamente, aferidos de forma residual, por contraposição ao grupo de casos pelo autor identificados. Mais à frente, o mesmo autor avançou uma definição mais concretizada, referindo, para o efeito, que "o que verdadeiramente define a figura dos conhecimentos da investigação e que a distingue e contrapõe à dos conhecimentos fortuitos é a particular conexão que subsiste entre os crimes a que se reportam os conhecimentos da investigação e o originário crime que determina a medida de investigação [...] Em termos tais que a investigação do crime originário já leva consigo a investigação dos crimes novos, como conhecimentos da(quela) investigação de que fazem parte", cf. COSTA ANDRADE, 2013a: 157.
Por sua vez, AGUILAR, 2004: 21, sustentou, em crítica à primeira conceção avançada por Manuel Costa Andrade, que não poderia ser prescindido um critério objetivo de base legal para a definição destas realidades, avançando que os conhecimentos da investigação deveriam ser encontrados por referência ao conceito de "unidade de investigação processual" e de "uma mesma situação história de vida" que deveriam ser configurados por referência ao art. 24.º do CPP.
Já a jurisprudência oscilava entre o acolhimento de uma ou de outra tese, acabando, na verdade por, em termos práticos, ambas as posições dogmaticamente diversas conduzirem a idênticas conclusões, como reconheceu o próprio Francisco Aguilar ao salientar que a adoção do critério do art. 24.º, n.º 1, do CPP apenas leva a que tenhamos um critério objetivo, sendo que os exemplos dados por Manuel da Costa Andrade seriam, todos eles, reconduzíveis àquele preceito, *Ibidem*, 22-23.

[20] Em 2007, o legislador português decidiu incluir na legislação processual penal um regime para os conhecimentos fortuitos, através da Lei n.º 48/2007, de 29 de agosto, numa importação em muito inspirada no regime alemão a respeito da mesma matéria. Assim, a discussão relativamente à proibição absoluta de valoração dos conhecimentos fortuitos que teve lugar no nosso ordenamento jurídico perdeu hoje a sua virtude, em razão da assinalada mudança legislativa. Até 2007, na esteira de Störmer, Francisco Aguilar negava o aproveitamento de quaisquer conhecimentos fortuitos obtidos na sequência de uma escuta telefónica, cf. AGUILAR, 2004: 73 e ss. O autor considerava que, estando em causa a restrição de direitos, liberdades e garantias com assento constitucional, a sua limitação apenas poderia ser feita em obediência aos arts. 18.º, n.º 2 e 32.º, n.º 8, da CRP, o que implicava que existisse uma lei que permitisse a constrição dos direitos nesta sede postos em causa e, não a havendo, então a sua restrição seria inconstitucional. Depois da alteração de 2007, o mesmo autor aplaudiu a solução do legislador em consagrar expressamente a possibilidade de aproveitamento dos

Já no que respeita aos demais meios de obtenção de prova, semelhante distinção não foi efetuada pela doutrina, ou pelo menos não foi realizada por forma a dela serem extraídas verdadeiras consequências quanto ao eventual (des)aproveitamento da prova recolhida.

Por comodidade, referir-nos-emos doravante a *conhecimentos fortuitos* (ao invés de "*conhecimentos fortuitos em sentido lato*") sempre que estejam em causa conhecimentos obtidos *ocasionalmente* no decurso de uma diligência para obtenção de prova, estejam eles ainda relacionados com o crime investigado ou não tenham com ele qualquer relação.

Recentrando-nos no ponto essencial, a verdade é que casos há em que são descobertos meios de prova quanto a um outro crime no decurso de uma diligência para obtenção de prova que não eram conhecidos até então. A pergunta que sucede a esta afirmação é quase intuitiva: o que fazer com esses conhecimentos fortuitos?

O regime processual penal português não estabelece uma disciplina própria para esses conhecimentos adquiridos ocasionalmente, no decurso de um meio de obtenção de prova, com exceção da única situação já apontada: a das escutas telefónicas. Assim, quanto aos demais meios de obtenção de prova, o legislador demitiu-se de encetar semelhante trabalho, não havendo regulação na lei para o seu tratamento. Essa omissão não significa, porém, segundo o nosso entendimento, que algumas ressalvas e precauções não tenham de ser salientadas, uma vez que não cremos que a ausência de uma disciplina jurídica a este respeito possa significar, sem mais, o aproveitamento indiscriminado de

conhecimentos fortuitos obtidos no decurso de uma escuta telefónica, mais elogiando o facto de o legislador ter consagrado um requisito adicional de subsidiariedade, tal como tinha anteriormente proposto, cf. Aguilar, 2016: 562.

Costa Andrade, por seu turno, adotou uma posição antagónica, sustentando que seria possível o aproveitamento dos conhecimentos fortuitos ainda antes de 2007, desde que o crime descoberto fosse um crime de catálogo, e mais que se verificasse o requisito adicional de "*estado de necessidade investigatório*", cf. Costa Andrade, 2013b: 311 e 312.

Em sentido semelhante, na esteira do Supremo Tribunal Federal alemão, Marques da Silva, 1999: 205 antes da alteração legislativa, já pugnava pela valoração dos conhecimentos fortuitos desde que estes dissessem respeito a crimes de catálogo.

Em suma, nos termos do art. 187.º, n.º 7, do CPP, para serem aproveitados os *conhecimentos fortuitos* obtidos no decurso de uma escuta telefónica, os mesmos têm de respeitar a *crimes de catálogo*, tendo ainda de passar por um crivo de *subsidiariedade*.

todo e qualquer conhecimento fortuito obtido no decurso de uma diligência para obtenção de prova.

Apesar de a doutrina ter vindo a permanecer tendencialmente alheia quanto à problemática da obtenção de conhecimentos fortuitos fora das escutas telefónicas, vem tecendo algumas (breves) considerações. Este *alheamento* é propositado uma vez que, inexistindo crimes de catálogo que tenham de ser respeitados, contrariamente ao que acontece nas escutas telefónicas, na grande maioria das vezes não são suscitadas questões de maior.

Suponhamos que é realizada uma busca no âmbito de uma investigação criminal (*v.g.* pelo crime de fraude fiscal) e que, no decurso da realização da referida busca, são encontrados elementos respeitantes a um crime diverso daquele que constava do despacho que a determinou (*v.g.* crime de tráfico de estupefacientes). Em princípio, tendo a busca sido validamente determinada nos termos dos arts. 174.º e 176.º do CPP, as apreensões efetuadas no seu decurso sê-lo-ão também nos termos do art. 178.º do CPP.

Os elementos relativos à prática de um crime de tráfico de estupefacientes consubstanciam, portanto, *conhecimentos fortuitos*. Parece, assim, que nenhuma questão se suscitou na presente situação, aplicando-se sem grande dificuldade o regime processual penal. Mas será (ou deverá ser) realmente assim?

Na doutrina, Manuel Guedes Valente entende que, por referência às medidas cautelares e de polícia ou com fundamento no estado de necessidade, legítima defesa ou conflito de direitos e de deveres, os meios de obtenção de prova poderão ser operacionalizados sem prévia autorização, sob condição de posterior comunicação e validação pela entidade competente[21]. Assim, segundo este entendimento, o problema dos conhecimentos fortuitos está invariavelmente ligado à existência de crimes de catálogo, os quais, por serem mais graves e de difícil investigação através dos métodos ditos tradicionais, legitimam a utilização de métodos ocultos de obtenção de prova[22].

Manuel da Costa Andrade não tem entendimento inteiramente convergente com este autor, considerando que o problema dos conhecimentos fortuitos se colocará não apenas no âmbito das escutas telefónicas, mas também relativamente a outros meios de obtenção de prova, assinalando as buscas e

[21] Guedes Valente, 2006: 97.

[22] *Ibidem*, 98.

a apreensão de correspondência, como exemplo[23]. Não obstante, acaba por concluir que, podendo ser efetuadas buscas relativamente a quaisquer crimes, "nada parece contrariar a tese da admissibilidade geral da apreensão e valoração de todos os conhecimentos fortuitos"[24].

Estas posições vão, de resto, ao encontro do postulado no §108 do StPO – sendo que Manuel da Costa Andrade baseia neste preceito a sua posição – o qual admite, como regra geral, a validade da apreensão dos objetos que sejam encontrados durante uma busca, ainda que não se relacionem com a investigação em curso.

Também a jurisprudência portuguesa se tem alinhado em idêntico sentido, referindo que a obtenção de conhecimentos fortuitos no âmbito das buscas não coloca os mesmos problemas que são colocados no âmbito das escutas telefónicas[25].

Sendo certo que inexistem crimes de catálogo no âmbito da realização de buscas[26], existe um pressuposto de que parte a doutrina, e também a jurisprudência, que nos parece um tanto ou quanto enviesado: a circunstância de não existir um catálogo prévio de crimes, relativamente aos quais (e apenas àqueles) poderão ser realizadas buscas e/ou apreensões, não significa que as mesmas possam ser realizadas, por esse mesmo motivo, em *quaisquer* circunstâncias.

Os meios de obtenção de prova são operacionalizados considerando a existência prévia de suspeitas da prática de um crime. Parecendo quase tautológico, a verdade é que caso não existam suspeitas da prática de um crime,

[23] Costa Andrade, 2013: 277.

[24] *Ibidem*, 277-278.

[25] Por todos, cf. Ac. TRL, de 13/09/2007, Proc. 5724/2007-9, Rel. Rui Rangel: "Os conhecimentos fortuitos em sede de realização de buscas não suscitam, ao contrário do que sucede nas escutas telefónicas, quaisquer dúvidas. Assim, podem os órgãos de polícia criminal proceder a apreensões no decurso de buscas de objetos que nada tenham a ver com o objeto inicial dos autos"; Ac. TRE, de 20/12/2012, Proc. 305/09.0 GESLV.E1, Rel. Martinho Cardoso: "O objeto do processo só se fixa com a acusação, pelo que, no âmbito de busca domiciliária judicialmente autorizada, os órgãos de polícia criminal podem proceder a apreensões de objetos que constituam elementos de prova de outros crimes de natureza pública, para além do especificamente visado pela busca."

[26] Ainda que, note-se, do regime positivado no art. 174.º e, em especial, no art. 177.º do CPP, resulte claro que existem certas condições de admissibilidade para a realização das buscas, em especial das buscas domiciliárias.

não poderá ser realizada uma busca, uma apreensão ou qualquer outro meio de obtenção de prova[27]. Nesta conformidade, a realização de uma busca, em especial de uma busca domiciliária, deverá somente ser ordenada quando exista a convicção de que, com elevado grau de probabilidade, serão encontrados os objetos procurados[28].

Sendo, eventualmente, autorizada uma busca relativamente a um crime – *um crime em específico* – não parece juridicamente aceitável que toda e qualquer prova recolhida nesse âmbito seja admissível, sob pena de se aceitar que existe uma *permissão legal* para que sejam realizadas verdadeiras *fishing expeditions*[29].

Num Estado de Direito Democrático não se poderá conceber que, uma vez autorizada a realização de uma busca através de despacho emitido pela autoridade judiciária competente, possa ser aproveitada *toda e qualquer descoberta* para os fins que forem ajuizados corretos. E assim é porque os despachos que ordenam a realização das referidas diligências ordenam-nas para um determinado fim, designadamente para a obtenção de prova referente ao ilícito objeto da investigação criminal em curso, razão pela qual as buscas e apreensões realizadas são *funcionalmente orientadas* para o assinalado desígnio e sujeitas ao princípio da proporcionalidade[30]. É incabível e, de resto, juridicamente indefensável, sustentar que os despachos de autorização para a realização de

[27] Ac. do TEDH *Gillan and Quinton v. Reino Unido*, queixa n.º 4158/05, de 12.01.2010, o qual reconheceu que a realização de uma revista ou busca sem a existência de suspeita razoável viola o direito à privacidade previsto no art. 8.º da CEDH.

[28] Assim, Fidalgo, 2011: 166.

[29] As denominadas *fishing expeditions* são pesquisas ou buscas efetuadas sem o mínimo substrato factual ou legal, mas sim com base em meras suspeitas que não estão suficientemente substanciadas para que seja emitido um despacho que as legitime.

O TEDH já se pronunciou acerca da aplicação direta do art. 8.º da CEDH para efeitos de proteção dos particulares contra as investigações arbitrárias. Veja-se, a título de exemplo, o caso *Société Colas Est and Others v. França*, queixa n.º 37971/97, de 16.04.2002 (concretamente em relação ao direito da concorrência).

Ainda quanto à posição do TEDH a este respeito, mas por referência ao art. 6.º da CEDH, Machado / Raposo, 2009: 33, referem que ainda que alguma doutrina defenda que a posição sustentada pela Comissão e pelo TEDH no caso *Saunders v. Reino Unido*, queixa n.º 19187/91, de 17.12.1996 visa evitar as *fishing expeditions* pelas autoridades administrativas, a verdade é que a mesma tem "um campo de aplicação muito restritivo, deixando de fora a apresentação de documentos com base em mandato judicial em processo penal".

[30] Pinto de Albuquerque, 2018: 468 e ss.

diligências destinadas à obtenção de prova são um mero *expediente legitimador* para o acesso a um dado espaço físico.

Não podemos aceitar que a exigência legal de densificação do objeto do mandado conferido através de despacho judicial, bem como de fundamentação do mesmo com base nos elementos disponíveis no inquérito (art. 176.º, n.º 3, do CPP)[31] seja uma mera *pró-forma* ou, utilizando uma metáfora, uma chave-mestra capaz de abrir qualquer porta. Caso, apesar dessas exigências, a busca pudesse ser efetuada sem fronteiras, então haveria um total desvirtuamento das imposições feitas aos órgãos investigatórios.

Um despacho ordenador de uma busca não deve – nem pode – ser entendido como uma *carta branca* concedida ao investigador, para que este, envergando a "armadura legal", se sinta habilitado a *vasculhar* toda a prova que possa, ainda que remotamente, configurar um ilícito criminal.

Sendo certo que nem sempre o visado pela diligência é o arguido[32], sê-lo-á na grande maioria das vezes. E, pese embora não seja o arguido o visado pela diligência, a verdade é que será em relação a si que a diligência para obtenção de prova será feita, pelo que têm de continuar a ser acautelados os direitos que lhe são conferidos e a posição que lhe é reconhecida. Assim, esta limitação será uma derivação das suas garantias de defesa e, em particular, do princípio da presunção de inocência consagrado no art. 32.º, n.º 2, da CRP.

Este princípio impõe que, no decurso de todo o processo, o arguido tenha um tratamento próprio de alguém que é considerado inocente[33], sendo que, inclusivamente, na doutrina vários autores chegam a referir-se à presunção de inocência como um "direito subjetivo"[34]. Não deve ser esquecido que o princípio em causa foi positivado na sequência de inúmeros abusos no passado e que é encarado como um símbolo do processo equitativo[35], o que também nesta sede terá de ser relevado. Não só com projeção no tratamento no arguido ao longo do processo, mas também com interferência na prova em processo

31 Rodrigues, 2009: 61; Simas Santos / Leal-Henriques, 2008: 1120.

32 Pinto de Albuquerque, 2018: 488.

33 Neste sentido, Patrício, 2005: 17.

34 Figueiredo Dias, 2004: 122; o mesmo é reconhecido na jurisprudência, como já aconteceu com o Supremo Tribunal Espanhol, Jaén Vallejo, 1987: 19.

35 Koering-Joulin, 1998: 20.

penal[36], terão de ser extraídas consequências deste princípio também no âmbito que aqui analisamos. Consequências essas que não podem deixar de impedir que um arguido possa ver a sua privacidade invadida para além daqueles que foram os termos inicialmente estabelecidos. Se é verdade que a recolha de prova com ingerência no direito à privacidade do arguido é um *mal necessário* no processo penal em razão da descoberta da verdade material, não é menos verdade que essa intromissão tem de estar cingida aos limites previamente estabelecidos, por forma a encontrar um equilíbrio entre as necessidades investigatórias e a proteção dos direitos do arguido que não podem ser simplesmente alienados pelo facto de contra si correr um processo criminal.

É, por isso, necessário garantir que a recolha de prova é feita em cumprimento do despacho que ordenou a realização da diligência com vista à obtenção de prova, nos estritos termos nele previstos e tendo em vista o fim que dele decorre.

Depois destas nossas asserções, cremos pairar no ar uma nova questão: então nunca poderão ser valorados os conhecimentos fortuitos que são obtidos no decurso de uma busca? Também não é esse o nosso entendimento.

Entendemos, sim, que os conhecimentos fortuitos poderão ser relevados desde que o *despacho que ordenou a diligência tenha sido cumprido.*

Cremos que quaisquer que sejam os elementos de prova ocasionalmente obtidos, apenas poderão ser utilizados caso tenha existido um *cumprimento global do despacho.* Esta exigência – que parece adicional em face do que tem vindo a ser sustentado até aqui, mas que na realidade não o é – significa que todas as provas obtidas através de *fishing expeditions*, em que o escopo do despacho é claramente extravasado e onde presenciamos uma verdadeira *vasculhagem* por parte do investigador, não deverão poder ser utilizadas.

No fundo, a pedra de toque, no nosso entendimento, é o respeito pelo despacho que foi proferido, permitindo-se, assim, encontrar um equilíbrio entre a descoberta da verdade material e a garantia dos direitos do visado, que devem permanecer salvaguardados[37].

[36] Por todos, Marques da Silva, 2013: 93 e ss.

[37] Este controlo, em princípio, será efetuado *ex post*, analisando o modo como foi realizada a diligência de obtenção de prova e como foram encontrados os elementos de prova que não

Se assim for, estamos perante uma medida cautelar ou de polícia quanto aos elementos que não se incluem no objeto da investigação. Nesta linha, confrontando-se o OPC com um novo ilícito, poderá proceder às devidas diligências nos termos gerais previstos nos arts. 248.º e ss. do CPP, em particular, em obediência ao art. 249.º, n.º 1, al. *c)*, do CPP. Através deste mecanismo, conseguimos garantir que o acesso a esses novos elementos é feito em cumprimento da lei e, simultaneamente, que não estamos perante uma ingerência injustificada na privacidade do visado.

Pode parecer um certo preciosismo enfatizar a necessidade de cumprimento do despacho, mas não cremos que assim seja. Esta imposição (aparentemente) adicional é, segundo acreditamos, aquela que permite distinguir as atuações legítimas dos órgãos de investigação das ingerências ilegítimas e desautorizadas nos direitos, liberdades e garantias dos cidadãos.

Nesta conformidade, será interessante atentar no já referenciado acórdão do TRL[38] que decidiu, sem escolhos, que a recolha de prova na sequência de uma busca não oferecia especificidades e que, consequentemente, toda a prova recolhida poderia ser utilizada. Este acórdão veio revogar a decisão do Tribunal de 1.ª instância, no qual foi decidido que a prova tinha sido indevidamente recolhida, uma vez que foram apreendidos objetos que não se relacionavam com os crimes que estavam a ser investigados e cujo caráter ilegal não era imediatamente apreensível, a saber, um computador portátil, um autorrádio e certa quantia em dinheiro.

Pode ler-se no aresto que "[a] Mma. Juiz [de 1.ª instância] apresenta três argumentos para a sua decisão: (1) não é ao arguido que incumbe provar a proveniência lícita dos bens que detinha; (2) os objetos em causa nada têm a ver com o crime objeto dos presentes autos; (3) As diligências com vista à demonstração de que determinado objeto tem proveniência ilícita têm de ser prévias e não posteriores à apreensão.".

A esta posição opôs-se o MP, merecendo a adesão do Tribunal de 2.ª instância, referindo-se na decisão que "[t]em razão o MºPº quando, a propósito do segundo argumento, refere: "0 mesmo relaciona-se com os conhecimentos

diziam respeito ao crime inicialmente investigado, segundo critérios lógicos, Oliveira e Silva, 2011: 554.

[38] Ac. do TRL, de 13/09/2007, cit..

fortuitos em sede de realização de buscas, *os quais não suscitam, ao contrário do que sucede nas escutas telefónicas, no presente caso quaisquer dúvidas.* Assim, podem os órgãos de polícia criminal proceder a apreensões no decurso de buscas de objetos que nada tenham a ver com o objeto inicial dos autos; São razões de economia processual, de garantia da verdade material e de não adulteração dos meios de prova que ditam a apreensão direta ou valoração probatória dos objetos que corporizam os conhecimentos fortuitos. De facto, *a apreensão é um ato de polícia criminal que tem como escopo obter prova, protegendo portanto a realização do direito criminal, consubstanciando uma medida meramente cautelar.* Daí que se conclua que a apreensão efetuada pelo órgãos de polícia criminal foi lícita, porquanto efetuada de acordo com os comandos legais e necessária para efeito de prova, daí que a mesma deva ser validada e mantida na íntegra"; No que tange ao terceiro argumento [o de que as diligências com vista à demonstração de que determinado objeto tem proveniência ilícita têm de ser prévias e não posteriores à apreensão] ele só falha para as situações em que ocorrem *detenções de bens de forma inesperada e fortuita, como aconteceu.* Por último também acompanhamos a posição do MºPº, quando anota *que o tribunal, nesta fase, não pode limitar o objeto dos presentes autos à prática de um crime contra as pessoas e de um outro de detenção de arma proibida, porquanto o objeto do processo só se fixa com a acusação.*" (destaques nossos)

Ainda que se desconheça os exatos termos do despacho que ordenou esta busca domiciliária, e que sejam omissos os concretos crimes que estavam sob investigação, parece-nos manifesto que os OPC, ao procederem à apreensão de bens que em nada se relacionavam com o crime investigado e, sobretudo, cuja natureza ilícita não era imediatamente apreensível[39], extravasaram os termos do despacho, e que por isso – com as reservas já manifestadas de não

[39] Veja-se, precisamente contra o entendimento do TRL, o caso *Arizona v. Hicks*, 480 U.S. 321 (1987) no qual se entendeu que, pelo facto de o caráter ilícito do bem apreendido em causa não ser imediatamente apreensível não poderia o mesmo ter sido apreendido. No caso, os agentes suspeitaram que um computador fosse roubado, tendo retirado o número de série do mesmo, movendo-o para o efeito. O número de série correspondia, de facto, a um computador roubado, contudo entendeu o Tribunal que o facto de o computador ter sido mexido constituía uma busca adicional e não autorizada.
A respeito deste caso existiram votos vencido que contrariaram esta opinião, considerando que seria permitida uma *cursory inspection* aos agentes e que, por essa razão, a apreensão deveria ser válida.

se conhecer os seus termos – a decisão de 1.ª instância seria mais consentânea com o entendimento que temos vindo a sustentar até aqui. Cremos ser especialmente relevante o facto de a natureza ilícita não ser imediatamente apreensível, uma vez que, ao abrir portas a este tipo de atuação dos órgãos de investigação, estão a ser permitidas verdadeiras *buscas ilimitadas*, nas quais é permitida a apreensão indiscriminada de todos os elementos encontrados que possam, remotamente, ter caráter ilícito, o qual só virá a ser confirmado *a posteriori*. A situação relatada nestes autos é em tudo dissemelhante daquela em que se encontram à vista estupefacientes, armas proibidas ou outros elementos de prova cujo caráter ilícito é imediatamente detetável pelo investigador sem recurso a demais diligências.

Em qualquer caso, e independentemente do circunstancialismo subjacente a cada situação, cremos que uma posição como aquela que foi sufragada na instância de recurso é perigosa e pode desconsiderar os direitos, liberdades e garantias no arguido – em concreto, o seu direito à privacidade. Assumir, à partida, que todos os elementos que forem encontrados numa busca podem ser livremente apreendidos e mais que o objeto da investigação apenas se define com a acusação e que, por essa razão, até esse momento existe total liberdade para investigar o arguido sem quaisquer restrições, é uma posição que, em nosso entender, não encontra guarida no sistema processual penal português.

Cumpre, por fim, apreciar uma última particularidade que reside nas situações em que a recolha de prova é efetuada sem a existência prévia de um despacho de autorização, possibilidade prevista em diversas disposições legais[40]. Nesta situação, a verificação da correta atuação do investigador revela algumas dificuldades por não existir um elemento prévio que permita a desejada sindicância da conformidade das atividades desenvolvidas no decurso da diligência. Por essa razão, a aferição da correta atuação dos OPC quando inexiste um despacho prévio de autorização deverá ser feita por referência a critérios de *razoabilidade*. Estando estas diligências sujeitas a validação posterior pelo MP ou pelo JI, consoante o caso[41], deverá a entidade competente fazer

[40] Entre outros, cf. arts. 174.º, n.º 5, 177.º, n.º 3, *in fine* e 178.º, n.º 4, do CPP.

[41] Realçando a necessidade de validação pelo MP ou pelo JI consoante a diligência desenvolvida, Pinto de Albuquerque, 2018: 487, 498 e 505.

um controlo *a posteriori* no sentido de perceber se se verificam os pressupostos para a ocorrência do meio de obtenção de prova em causa e, para o que ora importa, se o *modo* como a busca foi efetuada foi correto e adequado[42]. Para ilustrar a nossa ideia, caso houvesse uma situação de flagrante delito pelo furto de um veículo e o investigador, realizando uma busca à garagem do visado sem que tivesse sido proferido um despacho prévio, começasse a abrir gavetas de móveis que se encontravam na mesma e encontrasse estupefacientes, poderíamos concluir pela *desrazoabilidade* do modo como foi conduzida a busca, na medida em que não é concebível crer que o veículo pudesse estar dentro de uma das gavetas que decidiu abrir[43].

Chegados a este ponto, e apontadas as especificidades que cremos existir também no tratamento dos conhecimentos fortuitos obtidos no decurso de um meio de obtenção de prova que não configure uma escuta telefónica, como é o identificado caso da busca, vejamos seguidamente se essas especificidades serão mantidas – ou até adensadas – quando estamos perante uma pesquisa informática.

2. Quando se descobre o que não era suposto descobrir – o mundo digital

Dando um passo atrás antes que possamos alcançar as desejadas conclusões, no ordenamento jurídico português podemos identificar uma profusão de diplomas aplicáveis ao ambiente digital, o que, desde logo, dificulta inevitavelmente uma perceção correta e adequada do regime concretamente aplicável[44]. Concorrem para este *tumulto* legislativo o CPP, em especial, o seu art. 189.º[45],

[42] *Ibidem*, 498.

[43] Por referência ao ordenamento jurídico norte-americano, mas ilustrando o que aqui procuramos sustentar, Clancy, 2005: 275: "If small objects (such as fibers or bullets) are the target of the search, law enforcement officials can look anywhere such an object may be hidden; *if only large objects are sought, the officials can only look where that size of object can be concealed.*" (destaque nosso)

[44] Neste sentido, Conde Correia, 2014: 30 e ss.

[45] Apesar de, atualmente, a doutrina maioritária, com a qual concordamos, defender que este preceito deverá ser desaplicado à recolha de prova digital, em virtude da posterior aprovação de leis extravagantes (neste sentido, por todos, Dá Mesquita, 2010: 117), existem vozes que se insurgem contra esta ideia (por todos, Pinto de Albuquerque, 2018: 549). Também sobre a questão, Santos Cabral, 2021: 769.

a Lei n.º 32/2008, de 17 de julho[46] e, por último, a Lei n.º 109/2009, de 15 de setembro, comummente conhecida por "Lei do Cibercrime"[47].

Será na LCCrim que centraremos as nossas atenções, uma vez que é nela que reside verdadeiramente o quadro jurídico relativo à recolha de prova em ambiente digital. Através deste instrumento legislativo, estabeleceu-se uma verdadeira disciplina jurídica – substantiva e adjetiva – dos ilícitos perpetrados em ambiente digital. Para além de terem sido tipificados vários crimes (arts. 3.º a 10.º), o legislador teve a preocupação de consagrar normas específicas para a recolha de prova (arts. 11.º a 19.º), e ainda de precaver eventuais necessidades de cooperação internacional (arts. 20.º a 26.º). No que ao nosso estudo concretamente diz respeito, atentaremos com maior acutilância no regime da recolha de prova aqui estabelecido, o qual consubstancia um verdadeiro estribo nesta matéria, até em detrimento do regime estabelecido no CPP.

As pesquisas serão efetuadas nos termos do art. 15.º da LCCrim[48], a apreensão de dados informáticos deverá ser realizada com respeito pelo postulado no art. 16.º do mesmo diploma[49] e, por fim, a apreensão de correio eletrónico e registos de comunicações de natureza semelhante deverá obedecer ao disposto no art. 17.º da mesma Lei[50], o qual estabelece um regime mais garantístico para o arguido, relativamente àquele que é estabelecido para a apreensão dos demais dados informáticos[51].

[46] Esta lei preocupa-se predominantemente com a conservação de dados, no entanto foram inseridas algumas disposições relativas ao acesso daqueles. Criticando esta opção e sustentando que deveria ter existido uma segregação entre a conservação de dados propriamente dita e a sua aquisição e valoração processual, Conde Correia, 2014: 33-34.

[47] Esta Lei transpôs para a ordem jurídica portuguesa a Decisão Quadro nº 2005/222/JAI, do Conselho, de 24 de fevereiro, adaptando ainda o direito interno à Convenção sobre Cibercrime do Conselho da Europa (Convenção de Budapeste), vindo colmatar as falhas existentes no ordenamento jurídico português, que não dispunha de uma disciplina jurídica para a recolha de prova em ambiente digital, Silva Ramalho, 2014: 134.

[48] Verdelho, 2016: 444 e ss.

[49] *Ibidem*, 447 e ss.

[50] *Ibidem*, 448 e ss.

[51] Sobre a interpretação e aplicação do art. 17.º da LCCrim e sua concatenação com os vários aspetos constantes do art. 179.º do CPP, inúmera doutrina e jurisprudência já se pronunciou, não cumprindo, porém, nesta sede dissecar essa questão. Para maiores desenvolvimentos, Wittler Contardo, 2020: 281 e ss..; Cardoso, 2018: 188 e ss.; Castanheira Neves, 2011: 276-277; Verdelho, 2009: 740 e ss.; Fidalgo, 2019: 155 e ss.; Reis Barata, 2022: 390 e ss.

Da conjugação do regime dos arts. 15.º e 16.º da LCCrim, deslindamos um regime muito idêntico àquele que foi consagrado no CPP para as buscas e apreensões. Assim, regra geral, deverá ser proferido um despacho que autorize a pesquisa de dados informáticos nos termos do art. 15.º, n.os 1 e 2, da LCCrim. A pesquisa de dados informáticos sem prévia autorização apenas poderá ocorrer nos casos especialmente previstos no art. 15.º, n.º 3, do CPP que se resumem *(i)* à circunstância de ter existido consentimento documentado do visado ou *(ii)* aos casos de terrorismo, criminalidade violenta ou altamente organizada, quando haja fundados indícios da prática iminente de crime que ponha em grave risco a vida ou a integridade de qualquer pessoa. Os casos previstos no n.º 3 do referido preceito coincidem precisamente com duas das exceções também consagradas para as revistas e buscas, positivadas no art. 174.º, n.º 5, do CPP.

Já quanto à apreensão dos referidos dados, a mesma poderá ser legitimamente efetuada no decurso de uma pesquisa informática previamente ordenada, nos termos do art. 16.º, n.º 2, da LCCrim, sendo certo que terá de ser validada pela autoridade judiciária competente no prazo de 72 horas, conforme é estipulado no n.º 4 do mesmo artigo. É ainda possível promover a apreensão de dados informáticos sem prévia autorização quando haja urgência ou perigo na demora. No que se refere à apreensão de correio eletrónico, é questionado pela doutrina e pela jurisprudência se esta deverá ser sempre precedida de despacho judicial, ou se poderá existir uma apreensão provisória sem despacho judicial para o efeito, ordenando o JI apenas a apreensão definitiva[52].

[52] No sentido de ser sempre necessária a existência de despacho prévio, Castanheira Neves, 2011: 275; Fidalgo, 2019: 157-158; Reis Barata, 2022: 395-399. Na jurisprudência, entre outros, Ac. TRL, de 06/02/2018, Proc. 1950/17.0 T9LSB-A.L1-5, Rel. João Carrola; Ac. TRL, de 07/03/2018, Proc. 184/12.5TELSB-B.L1-3, Rel. Conceição Gonçalves. Recentemente, também o TC se pronunciou sobre esta questão, no seu Acórdão n.º 687/2021. Este acórdão foi proferido na sequência de ter sido submetida à fiscalização preventiva de constitucionalidade o art. 5.º do Decreto n.º 167/XIV da Assembleia da República, o qual previa especificamente que a apreensão de correio eletrónico poderia ser precedida apenas de despacho de autorização do MP e que os OPC poderiam, inclusivamente, proceder à apreensão das referidas mensagens, sem prévia autorização da autoridade judiciária, no decurso de uma pesquisa informática ordenada e executada nos termos do art. 15.º da LCCrim, ou ainda caso houvesse urgência ou perigo na demora, desde que a apreensão fosse validada no prazo de 72 horas.

Feitas estas considerações iniciais, semelhante questão àquela que foi colocada acima, deverá ser suscitada neste âmbito: qualquer elemento probatório que configure um *conhecimento fortuito* obtido no decurso de uma pesquisa informática poderá ser apreendido?

Considerando que não está prevista na lei qualquer especificidade quanto à recolha de prova nesta sede, procuraremos responder a esta questão tendo em conta os contributos da jurisprudência e da doutrina norte-americana quanto à aplicação da *plain view doctrine* em ambiente digital, como se verá seguidamente.

Vejamos, porém, a título preliminar, qual parece ser a solução que resulta do nosso ordenamento jurídico, atentando nas disposições aplicáveis.

Adiantamos desde já que, no caso concreto das pesquisas informáticas, por comparação às buscas encetadas em ambiente físico, cremos que maiores cautelas deverão ser tomadas. Dizemo-lo desde logo porque, caso outros motivos não houvesse – que os há – a quantidade de informação ao dispor da entidade investigatória é incomensuravelmente maior.

Já em 2005 – e, portanto, muito longe do papel que o *mundo digital* assume hoje no nosso quotidiano – Orin Kerr sustentava que "[t]oday, limiting a search to a particular computer is something like *limiting a search to a city block;* ten years from now, it will be more like limiting a *search to the entire city*"[53] (ênfase nossa). Esta afirmação ilustra de forma bastante clara a amplitude – ou potencial amplitude – que uma pesquisa informática pode ter e a quantidade imensa de dados que poderá abarcar.

Por essa razão, é nosso entendimento que a análise que deverá ser realizada nesta sede, e a consequente ponderação do aproveitamento dos conhecimentos fortuitos que sejam acidentalmente encontrados, tem de ser feita com sujeição a critérios mais adstringentes do que aqueles que deverão ser aplicados à busca em ambiente físico.

Pese embora esta circunstância que é, para nós, um pressuposto irremível nesta análise, consideramos, novamente, que a pedra de toque estará,

O TC considerou que esta norma era inconstitucional por violar os arts. 26.º, n.º 1, 34.º, n.º 1, 35.º, n.ºs 1 e 4, 32.º, n.º 4 e 18.º, n.º 2, da CRP.
Contra, admitindo a apreensão provisória das mensagens de correio eletrónico encontradas, Pedro Verdelho, 2009: 743-744; Cardoso, 2018: 195 e ss.

[53] Kerr, 2005b: 303.

a montante, na *validade do despacho de autorização* e, a jusante, no *escrupuloso cumprimento do mesmo*[54].

A validade do despacho que, naturalmente, é também imprescindível quando se trata de uma busca em local físico, assume um papel particularmente relevante quando está em causa uma pesquisa em ambiente digital, uma vez que será este o elemento *delimitador* da pesquisa que será efetuada num ambiente tendencialmente *ilimitado*. Por essa razão, é importante que exista uma correta fundamentação do mesmo e, bem assim, que seja determinado – de forma mais ou menos exauriente, consoante as circunstâncias do caso – o modo como deverá ser conduzida a pesquisa informática.

O ponto de partida será, pois, a existência de um despacho suficientemente concreto e delimitador (mais do que seria exigido nas buscas em ambiente físico) que permita ao investigador e ao visado saber o que pode ser investigado e em que termos. Em qualquer caso, a apreensão de dados informáticos que sejam pessoais ou íntimos deverá ser efetuada por um juiz, em cumprimento do art. 16.º, n.º 3, da LCCrim. Nos demais casos, ainda que possa o OPC proceder à apreensão sem a intervenção de uma autoridade judiciária, deverá esta ser sempre validada pela autoridade judiciária competente. A necessidade de apreensão por um juiz quando se trate de dados íntimos, assim como a necessidade de posterior validação, são importantes garantias para o arguido, no sentido em que existirá um segundo crivo de admissibilidade quanto aos dados recolhidos. Em particular, é possível sindicar se os dados recolhidos o foram em conformidade com o que estava previsto no despacho – ou, pelo menos, contido no objeto da investigação caso inexista um despacho prévio – ou se, pelo contrário, o investigador se desviou da pesquisa que deveria ter efetuado. Por sua vez, no que respeita à apreensão de mensagens de correio eletrónico, o facto de a sua apreensão dever ser precedida de despacho judicial, nos termos do art. 17.º da LCCrim, será também uma proteção adicional dos direitos, liberdades e garantias do visado.

Na realização destas pesquisas informáticas importa ter em conta o papel do órgão investigatório que procede à recolha de prova em ambiente digital.

[54] Sem prejuízo da possibilidade de existirem situações em que não haja um despacho de autorização prévio, caso em que deverá haver uma sujeição a critérios de razoabilidade mais veementes, conforme se sustentou acima quanto às buscas em ambiente físico sem despacho prévio, conforme referido acima.

Este investigador deverá ser dotado de um conjunto de características que não são reclamadas na recolha de prova em ambiente físico[55]. Em particular, é necessário que o investigador conheça as vicissitudes do mundo informático por forma a conseguir proceder a uma recolha de prova adequada[56]. Esse domínio do sistema informático e das especificidades a si atinentes é imprescindível sobretudo por duas ordens de razão. À uma, por forma a que não seja contaminada a prova existente; à outra, para que não deixe de ser recolhida prova relevante por desconhecimento do investigador (por exemplo, pelo facto de este não saber como recuperar ficheiros eliminados). Em suma, é determinante que, cada vez mais, os investigadores sejam formados no sentido de compreenderem o funcionamento das tecnologias da informação e da comunicação ou que trabalhem de forma concertada com entidades independentes, num esforço conjugado para que a recolha de prova seja adequada[57].

Assim, e como ponto de partida, as pesquisas informáticas deverão ser encetadas por pessoas qualificadas que possam cingir-se ao objeto da investigação, recolhendo todos os elementos necessários àquela, mas sem que procedam a uma *apreensão de arrasto*, *i.e.*, a uma apreensão indiscriminada de elementos irrelevantes para o processo, ferindo o direito à privacidade do visado.

Apesar de a jurisprudência portuguesa não ser particularmente abundante a respeito da descoberta de conhecimentos fortuitos no âmbito de pesquisas informáticas e respetiva apreensão de dados, um recente Acórdão do TRL pronunciou-se sobre a apreensão de mensagens de correio eletrónico por parte da AdC (portanto, no âmbito contraordenacional)[58]. Neste caso foi alegado pela visada, entre o mais, a excessiva abrangência do despacho de autorização,

[55] Ramalho, 2017: 134. Refere o autor que, ainda que não esteja expressamente prevista na lei portuguesa essa imposição, existe uma obrigatoriedade implícita de que assim o seja, atendendo aos termos em que está regulada a recolha de prova em ambiente digital, designadamente pela necessidade de "*preservação, por meios tecnológicos, da integridade dos dados*" (art. 16.º, n.º 7, al. *b*)), da LCCrim) e da certificação da prova recolhida através de assinatura digital, prevista no art. 16.º, n.º 8, da LCCrim.

[56] Mencionando precisamente a necessidade de os juristas terem conhecimento sobre os procedimentos técnicos adequados e, bem assim, de os técnicos de informática carecerem de formação jurídica na recolha de prova digital, Marques Dias, 2019: 144.

[57] A necessidade de recorrer a pessoas qualificadas (*qualified personnel*) também é suscitada no ordenamento jurídico norte-americano, Brenner / Frederiksen, 2002: 69.

[58] Ac. TRL, de 12/11/2019, Proc. 71/18.3YUSTR-J.L1-PICRS, Rel. Rui Teixeira.

o qual não continha *keywords* que se cingissem ao objeto do processo, mas sim muitas outras que permitiam o acesso a inúmeras informações que em nada se relacionavam com aquele. Como consequência, foram encontradas evidências da prática de outros ilícitos, que não teriam certamente sido descobertos se os termos fossem mais concretos e direcionais ao objeto sob investigação.

A instância recursória não reconheceu, porém, razão à recorrente. A discordância com aquela não residiu na necessária limitação que o despacho deve revestir, mas sim na circunstância de a matéria factual não permitir chegar à conclusão de que aquele era demasiado abrangente em face do objeto do processo.

Refere-se no aresto que "embora possa por vezes não parecer esta decisão do Tribunal a quo ainda é uma decisão judicial e baseia-se em factos e, lidos os factos provados, não consta dos mesmos que assim ahaj [haja] ocorrido. Na verdade, o que ficou assente foi que no decurso das diligências de exame e recolha, os funcionários da AdC devidamente credenciados procederam à *execução do mandado no local*, realizando nomeadamente *ações de pesquisa e análise de documentos potencialmente relevantes para a investigação, contidos nas cópias obtidas dos discos rígidos dos computadores dos colaboradores das visadas considerados relevantes*, mediante a *utilização de um programa informático* e através de *elementos de pesquisa temporais, temáticos e nominais dos colaboradores da visada*, que não excluíram mensagens de correio eletrónico aberto e/ou lido" e que "Mercê das operações de pesquisa, as listas de resultados eram consultadas pelos funcionários da AdC, aferindo do seu teor e relevância para o objeto do mandado e por recurso, quando necessário, à leitura parcial ou integral do seu conteúdo, sem qualquer limitação temporal por referência ao ano de 2016. [...] se foram usados termos indevidos nos critérios de busca seria curial que as recorrentes os indicassem e que, em 1ª instância, *houvessem alegado e arribado prova de molde a que fossem fixados factos capazes de alicerçar a conclusão que a AdC procedeu a operações de varrimento usando os termos amplos, como cartel, alinhamento ou PVP dissociados de outros que ancorasse a busca ao tema da contraordenação em causa*." (destaques nossos)

Resulta, portanto, que considerou o Tribunal *ad quem* que do ponto de vista da realização da pesquisa tudo decorreu em cumprimento das normas e que, quanto à excessiva abrangência dos termos, a mesma não merecia provimento atendendo à matéria factual constante dos autos.

De qualquer modo, denota-se um certo laconismo da decisão em causa, não se detalhando de modo aprofundado as *keywords* que seriam, em tese, admissíveis por referência ao objeto do processo e o modo como a pesquisa deveria ter sido conduzida.

Um outro processo que teve especial importância, designadamente pela sua chegada até ao TEDH, foi o caso *Sérvulo & Associados – Sociedade de Advogados, RL e outros v. Portugal*[59]. Neste caso, foi ordenada uma busca a um escritório de advogados no âmbito de uma investigação criminal. Para além de questões relacionadas com o segredo profissional que foram suscitadas neste âmbito[60], para o que ora releva, o despacho que autorizava a referida diligência permitia a pesquisa informática por documentos eletrónicos relativos à referida compra, a qual deveria ser realizada por meio de *keywords*, no caso 35 *keywords*. No final desta pesquisa, o JI ordenou que fossem juntos aos autos 89.000 documentos eletrónicos e 29.000 e-mails, uma quantidade bastante considerável de informação.

O TEDH concluiu que não existia qualquer violação ao art. 8.º da CEDH. Na ótica do decisor, para além de a ingerência em causa estar prevista na lei, de as buscas e apreensões visarem um fim legítimo, a ingerência ser proporcional, entre outros[61], entendeu o Tribunal que as *keywords* utilizadas eram proporcionais ao fim prosseguido, ainda que, de entre elas, estivessem palavras muito comuns no dia a dia de um escritório de advogados que trata de contratação pública[62]. Sem prejuízo de todas as críticas que podem ser tecidas a esta decisão[63], centraremos as nossas atenções na decisão do TEDH quanto ao uso das *keywords* em causa. Sendo certo que a tutela do segredo profissional sempre reclamaria um tratamento ainda mais exigente deste tipo de pesquisas, a verdade é que, em qualquer caso, as *keywords* utilizadas – seja quanto ao seu número, seja no que se refere aos próprios termos utilizados – parecem-nos

[59] *Sérvulo & Associados – Sociedade de Advogados, RL v. Portugal*, queixa n.º 27013/10, de 3 de setembro de 2015.

[60] Sobre esta questão e para uma análise aprofundada do caso, Sousa Mendes, 2021: 112 e ss.

[61] Sérvulo v. Portugal, cit., § 96 e ss.

[62] Sérvulo v. Portugal, cit., § 111.

[63] A este propósito, o Juiz Saragoça da Matta votou vencido, explanando de forma exauriente os motivos que justificavam que a decisão do Tribunal devia ter sido oposta àquela que foi proferida, cf. Sérvulo v. Portugal, cit., Opinião dissidente de Saragoça da Matta, III. Também crítico da decisão adotada, Sousa Mendes, 2021: 119 e ss.

manifestamente desproporcionais em face do objeto do processo que estava a ser investigado. *Keywords* como aquelas que foram usadas propiciam a descoberta de milhares e milhares de ficheiros que em nada se relacionam com aquela específica investigação, abrindo portas a uma verdadeira *fishing expedition* onde os conhecimentos fortuitos são quase uma inevitabilidade[64].

Cremos ser desrazoável, e que escapa inteiramente ao crivo da proporcionalidade, a permissão da utilização de um número tão avultado de *keywords* e com recurso a conceitos tão genéricos. Parece-nos evidente que o mero uso de *keywords* não pode, *per se*, servir como garantia da proteção dos direitos fundamentais dos visados[65], sobretudo quando são tão abrangentes que a sua utilização, do ponto de vista da segregação entre os documentos potencialmente relevantes para a investigação e aqueles que não lhe dizem respeito, acaba por ser praticamente inútil. Por outro lado, a questão relacionada com os conhecimentos fortuitos obtidos foi inteiramente desconsiderada pelo TEDH, não lhe tendo sido conferido qualquer tratamento diferenciado, o que não pode deixar de se lamentar.

Estas primeiras *passadas* ajudam a firmar um ponto de partida para o estudo que pretendemos fazer, mas cremos serem manifestamente insuficientes para avançar com uma conclusão com o rigor que o problema jurídico sob análise obriga, sem que sejam convocados outros contributos, como são aqueles que a *plain view doctrine* pode fornecer. Em concreto, é visível a *leveza* como estas questões são abordadas e a falta de densificação que subjaz às decisões proferidas neste âmbito, as quais são, em qualquer caso, muito escassas.

Avancemos, por isso, na nossa análise.

II. A *plain view doctrine* – conceito e abordagem

1. A *plain view doctrine* e a Quarta Emenda à Constituição dos EUA

Já tivemos oportunidade de expor em que termos deverão, a título preliminar, os conhecimentos fortuitos ser valorados, à luz do ordenamento jurídico português, apontando, nessa análise, as intrínsecas insuficiências que este

[64] Os quais, no caso, foram efetivamente obtidos e remetidos inclusivamente a outros processos, *Ibidem*, 118.

[65] No mesmo sentido, *Ibidem*.

detém, sobretudo no que diz respeito à prova digital, que é o foco central do nosso estudo.

Assim, cumpre salientar que, tal como acontece no ordenamento jurídico português, a obtenção de prova no ordenamento jurídico norte-americano deverá obedecer a diversos requisitos, não podendo ser efetuada de forma desvinculada pelo investigador, sob pena de os direitos dos particulares serem *beliscados* por atuações ilícitas. Com efeito, as limitações que foram consagradas ao nível da recolha de prova, nomeadamente quanto às consequências jurídicas da violação de preceitos legais imperativos, visam, em primeira linha, dissuadir os órgãos de polícia criminal de atuarem de forma desconforme aos comandos legais[66].

A *plain view doctrine* tem sido desenvolvida ao longo dos anos no ordenamento jurídico norte-americano como forma de justificar o aproveitamento de prova obtida fora dos trâmites legais consagrados para a sua recolha[67]. Assim, a sua aplicação é convocada quando, no decurso de uma busca, os

[66] Neste sentido, aplicado ao direito norte-americano, Brueggemann Ward, 2011: 1165. No direito português, por todos, Sousa Mendes, 2015: 177 e ss., em especial, 180.

[67] Para além da *plain view doctrine* que será o objeto do nosso estudo, cumpre realçar que outras teses têm sido desenvolvidas para permitir o aproveitamento de prova que seria, em princípio, inutilizada. Assim, sem que nos cumpra nesta sede aprofundar as demais teses que procuram justificar este aproveitamento (as designadas exceções à "*exclusionary rule*"), salienta-se que tem sido vasta a jurisprudência sobre esta temática. O ordenamento jurídico norte-americano tem sido, uma vez mais, precursor no desbravamento deste caminho, preocupando-se sobretudo com a possibilidade de aproveitamento de prova secundária, obtida através de uma prova primária diretamente afetada, desenvolvendo-se teses que se ocupam das designadas "exceções ao efeito-à-distância das proibições de prova". Esta ideia – que foi graficamente exteriorizada como "*fruit of the poisonous tree doctrine*" – segundo a qual a prova secundária está também ela contaminada se a prova primária o estiver, acabava por impedir a valoração de toda e qualquer prova que estivesse, de algum modo, relacionada com a prova primária, pelo que têm sido desenvolvidas construções essencialmente jurisprudenciais que regem os requisitos que deverão estar verificados para que a prova secundária possa vir a ser valorada em juízo. Alguns desses exemplos são a fonte independente (Murray v. United States, 487 U.S. 533 (1988)), a descoberta inevitável (Nix v. Williams, 467 U.S. 431 (1984)), a conexão atenuada (Nardone v. United States, 308 U.S. 338 (1939)), a boa fé (United States v. Leon, 468 U.S. 897 (1984)), a "*a não ser que*" (Wong Sun v. United States, 371 U.S. 471 (1963)), entre outras. Para um estudo comparatístico da evolução das exceções ao efeito-à-distância nos ordenamentos jurídicos norte-americano, alemão e português, Morão, 2006: *passim*.
Para um estudo da aplicação da *exclusionary rule* na jurisprudência do TEDH, Costa Ramos, 2017: 742 e ss.

investigadores se deparam com elementos (ilícitos) que não estão cobertos pelo mandado previamente concedido. A sua aplicação apenas poderá ser sequer considerada caso o mandado primário seja válido, o que pressupõe que tenha existido, desde logo, e sem prejuízo dos demais requisitos, "*probable cause*"[68].

Sem prejuízo da abordagem à luz dos critérios estabelecidos pela jurisprudência norte-americana que será feita *infra*[69], cumpre clarificar a ideia que subjaz à *plain view doctrine*: esta exceção tem por base a premissa elementar segundo a qual o investigador não pode simplesmente *ignorar* o caráter ilícito dos elementos descobertos, ainda que o tenham sido no decurso de uma investigação desenvolvida relativamente a um outro crime.

No fundo, há aqui um princípio geral de que, sendo percetível aos sentidos (neste caso à visão) que um dado objeto tem proveniência ilícita, não pode ser imposto ao investigador que o ignore e que deixe de proceder à sua apreensão para posterior valoração.

Quando é trazida à colação a possibilidade de aplicação da *plain view doctrine* enquanto exceção à regra de exclusão da prova que é obtida fora das condições legais, é imediatamente convocado a Quarta Emenda à Constituição dos EUA e a sua respetiva interpretação.

Demos, então, um passo atrás, e atentemos nesta Quarta Emenda à Constituição.

[68] A "*probable cause*" é uma condição necessária para que seja concedido um mandado, porém a mesma não é definida pela lei, resultando, sim, de uma construção jurisprudencial.
Entre outros, Brinegar v. United States, 338 U.S. 160 (1949), § 175-176: "[t]he substance of all the definitions' of probable cause 'is a reasonable ground for belief of guilt'", sendo certo que "means less than evidence which would justify condemnation", reconhecendo, em qualquer caso que "it has come to mean more than bare suspicion: probable cause exists where 'the facts and circumstances within their [the officers'] knowledge and of which they had reasonably trustworthy information [are] sufficient in themselves to warrant a man of reasonable caution in the belief that'"; Carroll v. United States, 267 U.S. 132 (1925), § 161: "If the facts and circumstances before the officer are such as to warrant a man of prudence and caution in believing that the offense has been committed, it is sufficient.", acautelando, em qualquer caso, que "'[...] good faith is not enough to constitute probable cause. That faith must be grounded on facts within knowledge of the Director General's agent".
No caso *Illinois v. Gates*, (Illinois v. Gates, 462 U.S. 213 (1983)), o Supremo Tribunal dos EUA atenuou os requisitos até então estabelecidos.

[69] Cf. § 3. *infra*.

A Quarta Emenda prevê "[t]he right of the people to be secure in their persons, houses, papers, and effects, against unreasonable searches and seizures, shall not be violated, and no warrants shall issue, but upon probable cause, supported by oath or affirmation, and particularly describing the place to be searched, and the persons or things to be seized.". Esta consagração, há muito positivada para proteção dos cidadãos, foi inicialmente pensada para a recolha de prova em ambiente físico[70], como forma de reação contra os mandados gerais (*general warrants*) que eram recorrentemente emitidos na época colonial[71].

A respeito da Quarta Emenda, o Supremo Tribunal de Justiça norte-americano já se pronunciou no sentido de que "searches conducted outside the judicial process, without prior approval by judge or magistrate, are per se unreasonable under the Fourth Amendment - subject only to a few specifically established and well-delineated exceptions"[72]. Não obstante esta conclusão, a verdade é que foram pensadas tantas exceções a esta regra que proliferam casos em que, não obstante inexistir mandado, se considerou que a prova era válida, por se entender que as circunstâncias do caso justificavam o seu aproveitamento[73].

Em qualquer caso, seja no momento da emissão do mandado seja na forma de condução da diligência, a pedra de toque para a análise da eventual violação do Quarto Aditamento à Constituição é feita à luz da *reasonableness*[74].

[70] KERR, 2005a: 533.

[71] Para maiores desenvolvimentos sobre o contexto histórico da sua elaboração, LASSON, 1937: 75 e ss..

[72] Katz v. United States, 389 U.S. 347 (1967), § 357.

[73] Veja-se a volatilidade (e muitas vezes inexplicável abrangência) das exceções por referência ao caso *Ker v. California* (Ker v. California, 374 U.S. 23 (1963)). Neste caso, agentes à paisana entraram dentro do apartamento de um traficante de marijuana sem mandado, invocando que tinham visto que entrou na habitação outro traficante de droga e que havia o risco de destruição da marijuana, pelo que era imperativo apreendê-la imediatamente. O Tribunal considerou que a apreensão da droga era válida, uma vez que a marijuana é facilmente destruível e que os agentes estavam de facto sob investigação, valendo-se da exceção "*exigent circumstances*".

[74] United States v. Hill, 459 F.3d (9th Cir. 2006), § 974: "As always *under the Fourth Amendment, the standard is reasonableness.* To take an extreme example, if police have probable cause to seize business records, the warrant could not authorize seizure of every piece of paper on the premises on the theory that the police conducting the search might not know how to read". (destaque nosso)

Como veremos seguidamente, a aplicação da *plain view doctrine* teve uma paulatina evolução no direito norte-americano, sendo certo que o seu surgimento se deu em ambiente físico. Não obstante, os avanços da tecnologia e a consequente descoberta de materiais ilícitos em pesquisas informáticas colocaram *em cima da mesa* a possibilidade da sua aplicação também ao ambiente digital.

Para que cheguemos a este ponto, recuemos um pouco.

2. A *plain view doctrine* em ambiente físico no Direito norte-americano

A decisão pioneira no âmbito da *plain view doctrine* foi proferida em 1971, no caso *Coolidge v. New Hamphire*[75], contudo, nesta decisão, a referida temática foi apenas tangencialmente abordada.

Ainda que a *plain view doctrine* não tenha sido o foco precípuo do caso, ao mesmo é reconhecida uma valência indisputável, uma vez que nele se abordou o conceito de *inadvertence*, enquanto requisito necessário para efeitos de aproveitamento da prova recolhida fora do escopo do mandado. Ao conceito de *inadvertence* no ordenamento jurídico norte-americano subjaz a ideia de que o agente que enceta a busca não deverá estar convicto (ou sequer ciente) de que poderá encontrar provas contra o visado relativamente a outro crime, não havendo, por isso, uma *intenção prévia* de recolha de prova relativamente a outro crime que não quanto àquele que está sob investigação[76].

Naquele mesmo caso, foi referido pelo Tribunal que a *plain view*, por si só, não poderia justificar a apreensão de prova para a qual não foi emitido um mandado[77], sendo necessário, cumulativamente, que os agentes não soubessem antecipadamente que iriam encontrar prova não coberta pelo mandado e que não atuassem no sentido de a recolher[78].

Esta corrente jurisprudencial veio posteriormente a ser alterada numa decisão que configura um marco na história da *plain view doctrine*, o caso *Horton v. Califórnia*[79], de onde se retiram três requisitos para a sua aplicação[80], a saber

[75] Coolidge v. New Hampshire, 403 U.S. 443 (1971).

[76] Coolidge v. New Hampshire (1971), cit., § 469-471.

[77] Coolidge v. New Hampshire (1971), cit., § 468.

[78] Coolidge v. New Hampshire (1971), cit., § 470.

[79] Horton v. California, 496 U.S. 128 (1990).

[80] Horton v. California (1990), cit., § 136-137.

(i) o investigador tem de ter legitimidade para se encontrar no local em causa; *(ii)* a natureza incriminadora da prova tem de ser "imediatamente apreensível"[81]; e *(iii)* o objeto tem de poder ser legitimamente alcançado.

Segundo o primeiro requisito, ainda que a prova que viesse a ser descoberta não estivesse coberta por um mandado, teria de ser garantido que o mandado inicialmente emitido o tinha sido em respeito pelas condições legais ou que, inexistindo mandado, o investigador pudesse, legitimamente, encontrar-se naquele local[82]. Quanto ao segundo requisito, foi entendido que a natureza ilícita do objeto tinha de ser ostensiva e percetível de imediato, uma vez que seria isso que justificava que o objeto não pudesse ser ignorado pelas autoridades[83]. Por fim, seria necessário que o agente conseguisse alcançar o sítio onde se encontrava o objeto legitimamente, não implicando introduzir-se em local no qual a sua presença não fosse já previamente autorizada[84].

Nesta decisão foi especificamente rejeitada a *inadvertence* enquanto requisito de aplicação da *plain view doctrine*[85], por duas ordens de razão: à uma, porque os critérios objetivos deveriam ser preferidos os subjetivos; à outra, porque tal requisito não é necessário para evitar que a polícia converta os mandados em mandados gerais, uma vez que tal desígnio é desde logo alcançado pelos requisitos da emissão do próprio mandado, o qual deve descrever com pormenor o local que será objeto de busca e os objetos que deverão ser

[81] Foi precisamente a falha deste requisito que levou a que, no caso *Arizona v. Hicks* (1987), cit., se decidisse que a exceção da *plain view doctrine* não se verificava, uma vez que o objeto apreendido não tinha um caráter ilícito imediatamente percetível.

[82] Horton v. California (1990), cit., § 136, "It is, of course, an essential predicate to any valid warrantless seizure of incriminating evidence that the officer did not violate the Fourth Amendment in arriving at the place from which the evidence could be plainly viewed."

[83] Horton v. California (1990), cit., § 136-137 "First, not only must the item be in plain view; its incriminating character must also be "immediately apparent."".

[84] Horton v. California (1990), cit., § 137, "Second, not only must the officer be lawfully located in a place from which the object can be plainly seen, but he or she must also have a lawful right of access to the object itself."

[85] No caso Horton v. California (1990), cit., § 131, a descoberta não foi inadvertida: "Since the officer had testified that, while he was searching Horton's home for the stolen property, he was also interested in finding other evidence connecting Horton to the robbery, the seized evidence was not discovered 'inadvertently'.".

apreendidos[86]. É de atentar que esta decisão contou com votos dissidentes, nos quais foi sustentado que o critério da *inadvertence* deveria ser mantido[87].

Presentemente, a jurisprudência norte-americana tem-se alinhado no sentido de dispensar a *inadvertence* enquanto requisito para a aplicação da *plain view doctrine*, apesar de algumas vozes discordantes se continuarem a insurgir[88].

Encontra-se, assim, legitimação para esta doutrina no facto de, apesar de não existir mandado prévio, os direitos dos particulares não serem beliscados, uma vez que o investigador terá sempre uma justificação para se encontrar no local em causa. De outro passo, a imposição de que as buscas sejam o mais limitadas possível também não é comprometida, considerando que a *plain view doctrine* não transforma o mandado inicial num mandado geral. Por fim, e em qualquer caso, entende-se que rejeitar a *plain view doctrine* seria tornar inexequível a apreensão dos elementos ilícitos entretanto descobertos, atendendo ao elevado risco de os mesmos serem extraviados[89].

A jurisprudência também há muito sustenta que a legitimação da *plain view doctrine* encontra arrimo no não comprometimento das *legítimas expectativas de privacidade* do visado[90]. Nas palavras de Evan B. Citron, "Katz marked a departure from an earlier regime of Fourth Amendment doctrine by clarifying that the "touchstone" of Fourth Amendment analysis is an inquiry into *whether a person has a "constitutionally protected reasonable expectation of privacy."*[91] (destaque nosso). Nesta conformidade, podemos afirmar que, desde esta

[86] Horton v. California (1990), cit., § 138-139.

[87] Horton v. California (1990), cit., § 142, *footnote* 11. Nestes votos dissidentes pode ler-se que o Justice Brennan, acompanhado pelo Justice Marshall, entenderam que deveria ter sido aplicada a doutrina sustentada no caso *Coolidge v. New Hampshire*.

[88] Contra a dispensa deste requisito, apreciando individual e separadamente os motivos aduzidos pelo Tribunal, Behar, 2012: 482; Também contra o abandono deste requisito, Eyer, 1992: *passim*, concluindo que "Restoration of the inadvertence requirement will *preserve the fundamental Fourth Amendment interests implicated in a plain view seizure and will prevent objectively unconstitutional pretextual activity*. An additional no pretext requirement is necessary to *combat those situations in which a plain view seizure may be objectively constitutional*, yet an inquiry into the *subjective motivation of the officer would reveal that the officer's intention was simply to circumvent the commands of the Fourth Amendment.*" (destaques nossos), *Ibidem*, 489.

[89] Citron, 2006: 2772-2773.

[90] Katz v. United States, (1967), cit., § 353.

[91] Citron, 2006: 2773.

decisão, a verificação da eventual violação do Quarto Aditamento à Constituição dos EUA foi efetuada por via deste teste objetivo-subjetivo, centrando-se as preocupações na tutela da *privacidade*[92].

Nos dias de hoje, outros são os desafios que se colocam. Em concreto, a evolução da *plain view doctrine* em ambiente físico foi depois projetada para o ambiente digital, quando as primeiras descobertas ocasionais surgiram no âmbito de pesquisas informáticas, como veremos seguidamente.

3. A aplicação da *plain view doctrine* em ambiente digital no ordenamento jurídico norte-americano

Algum tempo – e espaço – tem de ser obrigatoriamente dedicado ao tratamento da *plain view doctrine* em ambiente digital nos EUA, uma vez que foi neste ordenamento que foram proferidas as decisões vanguardistas nesta matéria.

Como vimos, o Quarto Aditamento à Constituição dos EUA foi consagrado para a regulação das revistas e buscas em ambiente físico. Assim, o seu modo de aplicação ao ambiente digital tem sido alvo de discussão na jurisprudência norte-americana, sendo visível uma distonia entre as decisões dos designados *Circuit Courts*, no que se refere a várias vicissitudes da *plain view doctrine*.

Para efeitos do nosso estudo será, então, particularmente importante atentar no tratamento que é dado pelos vários *Circuit Courts* quanto à recolha de prova em ambiente digital o qual, adiantamos, está longe de encontrar consenso.

Podemos, assim, identificar três abordagens-mestras neste âmbito: *(i)* o entendimento segundo o qual inexistem especificidades em ambiente digital, aplicando-se os mesmos exatos requisitos estabelecidos para o ambiente físico; *(ii)* o entendimento segundo o qual têm de ser introduzidas medidas corretivas na aplicação da *plain view doctrine*, recuperando o requisito da *inadvertence*; e *(iii)* o entendimento segundo o qual a *plain view doctrine* não deverá ter aplicação em ambiente digital.

Vejamos cada uma destas linhas argumentativas.

92 Assim, Clancy, 1998: 329. Porém, o autor critica a análise (excessivamente) centrada na privacidade, *Ibidem*, 340 e ss., concluindo que o Quarto Aditamento protege o direito à segurança, *Ibidem*, 345 e ss.

3.1. A inexistência de especificidades em ambiente digital

Ilustrativo desta primeira posição, é o caso *United States v. Williams*[93], decidido pelo *Fourth Circuit*. O Tribunal chegou à conclusão de que não existia nenhuma especificidade na recolha de prova em ambiente digital, referindo que "the sheer amount of information contained on a computer does not distinguish the authorized search of the computer from an analogous search of a file cabinet containing a large number of documents."[94].

Neste caso, foram enviadas várias mensagens de correio eletrónico através das quais alguns jovens que frequentavam o *Fairfax Baptist Temple* foram ameaçados de violação e de ofensa à integridade física. Depois de ter sido descoberto em que nome estava registado o e-mail através do qual foram enviadas as referidas ameaças, foi emitido um mandado que ordenava a apreensão do computador do suspeito, bem como de CD's, DVD's e outros dispositivos eletrónicos. No âmbito do mandado, foram abertos vários documentos que integravam a pasta dos ficheiros eliminados, os quais exibiam fotos eróticas de rapazes ainda menores, tendo sido ainda aberto um DVD rotulado "*Virus Shield, Quaranteed Files, Destroy*" que continha milhares de fotografias em miniaturas de crianças, sendo que cerca de 39 dessas imagens constituíam pornografia infantil[95].

Foi alegado pela defesa que o material apreendido estava excluído do escopo do mandado, e ainda que os agentes já suspeitavam que o agente detinha pornografia infantil atendendo aos elementos que constavam da investigação e que, por isso, não estaria preenchido o requisito da *inadvertence*[96].

O Tribunal entendeu, em primeira linha, que não era claro que a apreensão de material pornográfico não estivesse no escopo do mandado. Em qualquer caso, concluiu que ainda que assim se entendesse, então a apreensão sempre estaria legitimada com recurso à *plain view doctrine*. Para o efeito, o Tribunal considerou que os agentes estavam legitimados a abrir ficheiro a ficheiro e a ver o seu conteúdo no âmbito da execução do mandado[97], uma vez que não se poderia aceitar que os mesmos estivessem limitados à descrição de cada

[93] United States v. Williams, 592 F.3d 511 (4th Cir. 2010), cert. denied, 131 S. Ct. 595 (2010).

[94] United States v. Williams (2010), cit., § 523.

[95] United States v. Williams (2010), cit., § 516.

[96] United States v. Williams (2010), cit., § 516-518

[97] United States v. Williams (2010), cit., § 523-524.

documento porque estas descrições poderiam ser facilmente adulteradas[98]. Em segunda linha, pronunciou-se pela inaplicabilidade do requisito da *inadvertence*, o qual já teria sido há muito recusado pelo Supremo Tribunal de Justiça norte-americano[99].

O caso *United States v. Williams* é, portanto, ilustrativo da posição segundo a qual a aplicação da *plain view doctrine* em ambiente digital não tem especificidades relativamente à sua aplicação em ambiente físico e que, por conseguinte, os únicos requisitos que têm de ser respeitados são aqueles que para aquela foram estabelecidos em termos gerais.

Em sentido concordante com esta jurisprudência, Kate Brueggemann Ward refere que, deste modo, se evita que haja uma quebra do precedente já há muito estabelecido para a recolha de prova física[100/101]. Na opinião da autora, os requisitos que estão previstos para a recolha de prova em ambiente físico são suficientes para assegurar o respeito pelos direitos no visado na recolha de prova digital[102]. Quanto ao facto de a quantidade de informação que está disponível no computador ser muito superior àquela que está disponível num espaço físico "normal", a autora pronuncia-se no sentido de este ser um argumento meramente factual e não jurídico, acrescentando que a quantidade de informação disponível nunca foi tomada em conta pelo Supremo Tribunal dc Justiça norte-amerciano e ainda que este seria sempre um conceito relativo – afinal, o que se deve entender por "elevada quantidade de informação"? –, terminando referindo que não é condição necessária que um dispositivo eletrónico tenha, de facto, um acervo muito relevante de dados armazenados[103].

Também é este o entendimento pugnado por Thomas Clancy que considera que a aplicação da *plain view doctrine* ao ambiente digital não deverá ter qualquer especificidade e que os princípios daquela doutrina podem ser

98 United States v. Williams (2010), cit., § 523.

99 United States v. Williams (2010), cit., § 522-523.

100 Brueggemann Ward, 2011: 1181.

101 Apesar de não concordar com esta opção e de entender que existem fortes argumentos contra a aplicação da *plain view doctrine* em ambiente digital, Ray Ming Chang considera que este será um argumento relevante, reforçando que esta opção consta aliás das *Guidelines* do Departamento de Justiça e que, deste modo, a perseguição criminal seria mais eficaz, Ming Chang, 2007: 60.

102 Brueggemann Ward, 2011: 1181 e ss.

103 *Ibidem*, 1182-1183.

transpostos para este sem questões de maior[104]. Não obstante, reconhecendo que existe um perigo de transformar as pesquisas informáticas em "pesquisas gerais", o autor refere que deve ser concretamente identificada a conduta que está a ser investigada e os elementos que estão a ser procurados[105].

Veremos seguidamente que várias vozes na jurisprudência e na doutrina norte-americana se opõem a este entendimento.

3.2. A introdução de medidas corretivas – recuperação do requisito da *inadvertence*

Espelhando a posição segundo a qual o requisito da *inadvertence* deve ser recuperado aquando da aplicação da *plain view doctrine* em ambiente digital, podem ser identificados dois casos decididos pelo *Seventh* e pelo *Tenth Circuit*, a saber, o caso *United States v. Mann*[106] e o caso *United States v. Carey*[107], respetivamente.

Começando pelo mais antigo, no caso *United States v. Carey*, o Tribunal pareceu negar a aplicação da *plain view doctrine*[108], todavia a verdade é que a argumentação por si expendida acabou por ir ao encontro da mesma, negando-a por considerar que o requisito da *inadvertence* não se encontrava preenchido.

Quanto à factualidade do referido caso, em traço grosso, foi emitido um mandado para que fosse realizada uma pesquisa informática ao computador do visado, no decurso da qual se deveriam pesquisar por nomes, números de telefone, moradas e outros elementos relativos à venda e distribuição de substâncias psicotrópicas[109]. Durante a pesquisa, foram apreendidas imagens em formato "JPEG" que, depois de descarregadas e abertas, evidenciavam um cenário de pornografia infantil. O Tribunal decidiu que, nesse caso, não se poderia aplicar a *plain view doctrine*, uma vez que era apenas a legenda dos ficheiros e não o seu conteúdo que se encontrava à vista[110]. Adicionalmente, apesar de conceder que, de facto, aquando da abertura do primeiro ficheiro, não

[104] Clancy, 1998: 196, 275 e ss. e 286.

[105] *Ibidem*, 202.

[106] United States v. Mann, 592 F.3d 779 (7th Cir. 2010).

[107] United States v. Carey, 172 F.3d 1268 (10th Cir. 1999).

[108] United States v. Carey (1999), cit., § 1273.

[109] United States v. Carey (1999), cit., § 1270.

[110] United States v. Carey (1999), cit., § 1275.

era expectável que fosse descoberta uma imagem de pornografia infantil[111], a verdade é que, quando o agente abriu as restantes fotografias, esperava encontrar material relativo àquele crime e não quanto ao crime de tráfico de estupefacientes, relativamente ao qual o mandado tinha sido emitido[112]. Assim, depois da descoberta da primeira fotografia, o agente estava conscientemente a atuar fora do âmbito do mandado[113], e que deveria ter requerido a emissão de um novo mandado quanto o crime de pornografia infantil para que pudesse continuar a pesquisa quanto àquele[114]. O Tribunal rejeitou também que fosse estabelecida uma analogia pura com a recolha de prova física, referindo que a quantidade de informação armazenada num computador é muito superior[115].

Em sentido concordante, no caso *United States v. Mann*, o Tribunal decidiu também que a intenção do agente de procurar mais prova relativa a um crime para o qual não foi conferido mandado prévio constituía impedimento à aplicação da *plain view doctrine*, contudo o desfecho seria antagónico àquele que teve o caso *United States v. Carey*, atentas as diferenças de atuação de ambos os agentes.

Em termos factuais, a situação foi relativamente idêntica: foi emitido um mandado para a pesquisa de imagens relacionadas com o crime de *voyeurism*, tendo sido encontrada pornografia infantil. O Tribunal evidenciou, porém, as dissemelhanças quanto à factualidade apurada neste caso e no caso *United States v. Carey*, que conduziam a um desfecho diverso. Por um lado, enquanto no caso *United States v. Carey* o mandado era relativo à pesquisa de documentos, o caso *United States v. Mann* era especificamente à direcionado recolha de fotografias[116]. Por outro, enquanto o agente, no caso *Carey*, referiu especificamente que quando abria as fotografias não esperava encontrar provas relativamente ao crime de tráfico de estupefacientes, no caso *Mann*, o agente referiu que quando continuava a abrir as imagens estava à procura de prova

111 United States v. Carey (1999), cit., § 1273.

112 United States v. Carey (1999), cit., § 1273.

113 United States v. Carey (1999), cit., § 1273, em especial "We infer from his testimony Detective Lewis knew he was expanding the scope of his search when he sought to open the JPG files.".

114 United States v. Carey (1999), cit., § 1276.

115 United States v. Carey (1999), cit., § 1275.

116 United States v. Mann, (2010), cit., § 783.

relativa ao crime de *voyeurism*[117]. O Tribunal considerou, portanto, que nada na jurisprudência do Supremo Tribunal de Justiça norte-americano apontava no sentido de não poder ser aplicada a *plain view doctrine* ao ambiente digital[118], e que, por isso, a sua aplicação apenas terá de ser mais cautelosa, nomeadamente garantindo que o mandado é pontualmente cumprido pelo agente, o que implica que as buscas digitais sejam estritamente orientadas para encontrar evidências quanto aos elementos elencados no mandado[119].

O entendimento propugnado nestes arestos enfatiza que, atendendo às especificidades do ambiente digital – nomeadamente, como realçado no caso *United States v. Carey*, à quantidade de informação disponível nos dispositivos eletrónicos – fará sentido recuperar o requisito da *inadvertence*, por forma a garantir que a pesquisa informática é realizada de forma direcionada ao que consta do mandado e que o investigador não tem intenção de investigar um novo crime com fundamento num mandado emitido para um crime diverso.

Na doutrina encontramos também partidários desta tese, como é o caso de David C. Behar que considera que, atendendo à quantidade de informação disponível num dispositivo eletrónico e ao facto de os ficheiros que são objeto de pesquisa poderem estar armazenados em qualquer parte do mesmo, a *inadvertence* enquanto requisito deverá estar verificada para que a *plain view doctrine* possa ser aplicada[120]. O autor refere inclusivamente que nas buscas a locais físicos existem espaços que estão, em princípio, limitados pela própria natureza das coisas[121], contrariamente ao que acontece nos dispositivos eletrónicos, *maxime* nos computadores, nos quais a pesquisa poderá ser feita em todos os locais de armazenamento. Conclui, portanto, que impor a *inadvertence* enquanto requisito "will be *in favor* of protections, not *at the expense* of them"[122].

[117] United States v. Mann, (2010), cit., § 784.

[118] United States v. Mann, (2010), cit., § 785.

[119] United States v. Mann, (2010), cit., § 786, "Instead, we simply counsel officers and others involved in searches of digital media *to exercise caution to ensure that warrants describe with particularity the things to be seized and that searches are narrowly tailored to uncover only those things described.*" (ênfase nossa).

[120] Behar, 2012: 492 e ss.

[121] Refere o autor que "*if the warrant allows for search of a shot gun, the officers may not open a cabinet that cannot physically contain a shot gun*", *Ibidem*, 493.

[122] *Ibidem*, 494.

Também no mesmo sentido advoga Nicholas Hood, referindo que "without the inadvertence requirement in plain view analysis of electronically stored information, the Fourth Amendment's goals of encouraging police resort to the warrant process and limiting authorized intrusions to the smallest extent possible is substantially and irreparably subvert"[123]. O autor considera ainda que a aplicação do requisito da *inadvertence* permite que o investigador possa proceder a pesquisas informáticas mais latas, garantindo simultaneamente que os direitos constitucionais do visado são assegurados[124].

Em termos análogos, Alison Bonelli considera que através da recuperação do requisito da *inadvertence* se poderá continuar a aplicar a *plain view doctrine*, obviando ao seu afastamento, conforme proposto no caso *United States v. Comprehensive Drug Testing, Inc.*[125]. Por referência a este caso jurisprudencial, entendeu a autora que poderiam ter sido excluídos os elementos de prova quanto aos quais não se verificou o requisito da *inadvertence* em vez de ter sido negada a aplicação da *plain view doctrine* ao ambiente digital[126].

Contra esta tese algumas vozes se manifestam, em concreto para referir que a *reasonableness*, conforme pensada para a aplicação da *plain view doctrine* em ambiente físico e enquanto decorrência da Quarta Emenda à Constituição dos EUA, deverá manter a sua aplicação também em ambiente digital, não sendo necessária a *inadvertence* enquanto requisito adicional.

Entre outros, Jim Dowell refere que este entendimento contraria o precedente jurisprudencial do Supremo Tribunal de Justiça norte-americano[127], e considera que devem apenas ser seguidos critérios objetivos quando é apreciada a razoabilidade (*reasonableness*) da pesquisa. A este respeito, entende o autor que a razoabilidade deverá ser aferida casuisticamente, e que permitir que os critérios subjetivos sejam sobrevalorizados poderá trazer consequências negativas, nomeadamente pode levar a que o agente seja incentivado a mentir[128] – referindo que a sua intenção era unicamente encontrar evidências quanto ao crime que estava a ser investigado e não outro – e que sejam

[123] Hood, 2011: 1581.
[124] *Ibidem*, 1583.
[125] Bonelli, 2011: 783 e ss.
[126] *Ibidem*, 789.
[127] Dowell, 2001: 666 e 676. No mesmo sentido, cf. Ming Chang, 2007: 49.
[128] Referindo o mesmo perigo, Blake, 2010: 507.

utilizados agentes inexperientes, uma vez que estes não saberão tão bem onde deverão procurar a informação em causa, podendo pesquisar em locais onde manifestamente não fosse crível que estivessem alojados os ficheiros versados no mandado[129]. Independentemente da argumentação expendida a este respeito, a verdade é que, em termos práticos, o autor chegou à mesma exata conclusão que foi sustentada na decisão *United States v. Carey*, apenas com recurso a um critério diverso[130].

Em sentido próximo, Corey J. Mantei concorda que a aferição da legalidade de uma pesquisa a um computador deverá ser feita apenas por referência ao requisito da *reasonableness*, sendo esse, na ótica do autor, o critério prevalecente, muito embora reconheça que a aplicação desse racional à prova digital convoca maiores dificuldades[131]. No seu entendimento, a análise quanto à validade da prova obtida deverá ser feita por referência ao respeito pelo escopo do mandado[132]. Quanto às concretas circunstâncias em que elementos ilícitos poderiam ser ocasionalmente encontrados, o autor dá como exemplo a *cursory review*[133], durante a qual, sendo autorizada, poderiam ser descobertos materiais ilícitos relativos a outros crimes.

A doutrina e jurisprudência que consideram que será de exigir o requisito adicional da *inadvertence* mostram as suas reservas quanto à aplicação da *plain view doctrine* tal como configurada para o ambiente físico, sobretudo em razão

[129] Dowell, 2001: 676.

[130] Refere o autor que "At that point, a reasonable officer would have known that Carey had either not undertaken the effort to disguise files or did not have the knowledge necessary to disguise files. It then *became unreasonable for Detective Lewis to open any additional JPG files labeled with sexually explicit titles.* In fact, it was probably unreasonable at that point for Detective Lewis to open any files that ordinarily contain image files. *The warrant listed only documentary evidence,* and, at that point, *Detective Lewis had no reason to believe that Carey would have intentionally mislabeled documentary evidence as JPG files.* This is true regardless of whether Detective Lewis intended or expected to find evidence of drug trafficking in those files.
Thus, had the Carey court properly applied an objective standard, it would have reached the same result." (destaques nossos), *Ibidem*, 684.

[131] Mantei, 2011: 1006 e ss.

[132] *Ibidem*, 1008: "Therefore, the photographs' admissibility depends entirely on *whether the government was in a lawful position to seize the child pornography.* This analysis should ultimately focus on *how the agents discovered the evidence*" (destaques nossos).

[133] *Ibidem*, 1009: "if the investigators discovered the child pornography during a cursory review of the computer's file system – that is, of course, assuming the files fell within the warrant's scope".

de o mundo digital ser um espaço quase ilimitado que abarca uma quantidade infindável de informação, contrariamente ao que acontece nos espaços físicos. De outro passo, a doutrina que considera que a *reasonableness* é crivo suficiente, parece centrar o seu desacordo na circunstância de entender que os critérios objetivos são mais *confiáveis* do que os critérios subjetivos e que, por essa razão, a introdução do requisito adicional de saber qual era a motivação interna do agente seria dispensável[134].

Denota-se, em qualquer caso, uma preocupação com uma não transposição acrítica da *plain view doctrine* do ambiente físico para o ambiente digital, preocupação essa que, como veremos seguidamente, é levada ao limite por alguma doutrina e jurisprudência que acabam por negá-la completamente.

3.3. A negação da aplicação da *plain view doctrine* em ambiente digital

Conforme anunciado, decisões existem que negam a aplicação da *plain view doctrine* ao ambiente digital. Ilustrativo disso mesmo é o caso *United States v. Comprehensive Drug Testing, Inc.*[135/136], decidido pelo *Ninth Circuit*[137].

Neste caso, foi emitido um mandado que autorizava a apreensão dos resultados de testes de droga pertencentes a dez jogadores, porém foram apreendidos dados relativos a centenas deles, com fundamento na *plain view doctrine*[138].

Neste âmbito, o Tribunal entendeu que o problema com a aplicação da *plain view doctrine* às pesquisas e apreensões informáticas era o de não haver forma de saber com exatidão o que contém determinado ficheiro até que o mesmo seja aberto e o seu conteúdo seja examinado[139]. Na tentativa de resolver esta questão, o Tribunal afastou a aplicação da *plain view doctrine* ao ambiente digital[140], referindo, para o efeito, que será muito mais recorrente encon-

[134] *Ibidem*, 996.

[135] United States v. Comprehensive Drug Testing, Inc., 579 F.3d 989 (9th Cir. 2009).

[136] Importa notar que este caso foi objeto de recurso, o qual foi procedente, porém as considerações relativas à obtenção de prova digital mantiveram-se.

[137] Não obstante a referenciada decisão no sentido de negar a aplicação da *plain view doctrine*, no passado este *Circuit Court* chegou a aplicar aquela doutrina, aproveitando conhecimentos fortuitos obtidos no decurso de uma pesquisa informática, cf. United States v. Wong, 334 F.3d (9th Cir. 2003).

[138] United States v. Comprehensive Drug Testing, Inc., (2009), cit., § 997.

[139] United States v. Comprehensive Drug Testing, Inc., (2009), cit., § 1004.

[140] United States v. Comprehensive Drug Testing, Inc., (2009), cit., § 998.

trar o que não se espera numa pesquisa informática do que numa busca, circunstância que reclama um maior cuidado na ponderação entre o interesse do Estado em aplicar a lei e a proteção dos direitos dos cidadãos quanto a buscas e apreensões indevidas. Por essa razão, entendeu o Tribunal que a segregação que tem de ser feita entre o que deve ser apreendido e o que não deve sê-lo não deverá funcionar como um expediente para que o Estado tenha acesso a dados relativamente aos quais não havia *probable cause*[141].

Assim, no âmbito de uma pesquisa informática, entendeu o Tribunal que deveriam ser seguidos os seguintes passos: *(i)* os magistrados devem insistir para que o governo renuncie à doutrina da *plain view doctrine* em casos de prova digital; *(ii)* a segregação deve ser feita por uma entidade especializada ou por um terceiro independente. Se não puder ser realizada por uma entidade externa, deverá ser acordado que o indivíduo que efetuará a pesquisa não divulgará aos investigadores outras informações além daquelas que são objeto do mandado; *(iii)* os mandados e intimações devem divulgar os riscos de destruição de informações, bem como os esforços anteriores para apreendê-las noutros foros judiciais; *(iv)* o mandado deve ser elaborado para que se procure apenas as informações para as quais existe *probable cause*, e apenas essas informações poderão ser examinadas pelos agentes do caso; e *(v)* o governo deve destruir os dados encontrados ou, se o destinatário os detiver legitimamente, devolvê-los[142]. Por fim, sustentou o Tribunal que os magistrados têm o papel fundamental de preservar as garantias dos cidadãos e que, por essa razão, devem ter um papel ativo na imposição de restrições *ex ante* no papel de investigação[143].

Em sentido concordante com esta abordagem, Chang considera que a *plain view doctrine* deverá ser eliminada do ambiente digital uma vez que

[141] United States v. Comprehensive Drug Testing, Inc., (2009), cit., § 1006, no original "[w]e accept the reality that such over-seizing is an inherent part of the electronic search process and proceed on the assumption that, when it comes to the seizure of electronic records, this will be far more common than in the days of paper records. *This calls for greater vigilance on the part of judicial officers in striking the right balance between the government's interest in law enforcement and the right of individuals to be free from unreasonable searches and seizures.* The process of segregating electronic data that is seizable from that which is not must not become a vehicle for the government to gain access to data which it has no probable cause to collect." (destaques nossos)

[142] United States v. Comprehensive Drug Testing, Inc., (2009), cit., § 1006.

[143] United States v. Comprehensive Drug Testing, Inc., (2009), cit., § 1007.

"[...] the Fourth Amendment was created to combat general warrants, yet the digital plain view currently allows for general searches of a suspect's digital property"[144].

Acrescenta ainda o autor que a eliminação da *plain view doctrine* pode, inclusivamente, revelar-se proveitosa para a realização das pesquisas pelas autoridades competentes, referindo, para o efeito, que "[e]liminating digital plain view creates a bright-line rule that provides a clearer standard for police to apply. This solution obviates the need to dissemble on the part of police and deters police misconduct. Abolishing digital plain view allows police the most flexibility to conduct forensic searches of digital property. *Police do not have to rely on criminals clearly labeling or otherwise categorizing their files.* This will also provide society with real protection for their privacy with the added benefit that *the law would be more in line with society's expectations.*"[145] (destacados nossos).

Apesar de identificar alguns inconvenientes na eliminação deste mecanismo no ambiente digital[146], acaba por concluir que os benefícios obtidos suplantam os prejuízos. Assinala ainda o autor que, de entre os malefícios que a aplicação da *plain view doctrine* ao ambiente digital poderá trazer, se destaca o abuso do poder policial e, em concreto, as "*fishing expeditions*"[147].

Indo também ao encontro deste entendimento, Orin Kerr refere que ao eliminar a *plain view doctrine* se respeitariam os "law enforcement interests by granting the police every power needed to identify and locate evidence within the scope of a warrant given the particular context-sensitive needs of the investigation.". Simultaneamente, na opinião do autor, "the approach would protect privacy interests by barring the disclosure of any evidence beyond the scope of a valid warrant in most cases.". Conclui, deste modo, que "it would allow the police to conduct whatever search they needed to conduct (to ensure recovery) and then limit use of the evidence found (to deter abuses)"[148].

Frontalmente contra esta orientação, manifesta-se Corey J. Mantei, entendendo que esta tese "transforms computer hard drives into a safe harbor

[144] Ming Chang, 2007: 65.

[145] *Ibidem*

[146] *Ibidem*, 65-66.

[147] *Ibidem*, 60.

[148] Kerr, 2005a: 583-584. E, mais recentemente, 2018: 574-575.

for any evidence of criminal activity"[149]. Entende ainda o autor que excluir liminarmente a aplicação da *plain view doctrine* ao ambiente digital implica que o investigador se veja forçado a ignorar elementos ilegais, pela única razão de terem sido convertidos em formato digital. É ainda por si realçado que, com a constante evolução das tecnologias, é possível que sejam desenvolvidas ferramentas de pesquisa cada vez menos invasivas, concluindo, em qualquer caso, que a aplicação desta doutrina tem necessariamente de evoluir através da jurisprudência[150].

No fundo, os partidários da eliminação da *plain view doctrine* ao ambiente digital fundam a sua posição na circunstância de entenderem que, desse modo, a pesquisa poderá ser feita sem qualquer restrição, o que facilita as diligências investigatórias, ao mesmo tempo que os direitos dos particulares são devidamente acautelados. Nesta aceção, não será necessário impor restrições aos investigadores, uma vez que todos os elementos que forem encontrados e que não estiverem relacionados com o crime sob investigação não serão relevados[151].

4. O estado da arte no ordenamento jurídico norte americano – súmula conclusiva

Resulta desta breve incursão que está longe de existir consenso no ordenamento jurídico norte-americano quanto à aplicação da *plain view doctrine* em ambiente digital, sendo reconhecido pela generalidade da doutrina e da jurisprudência que não existe ainda um critério ótimo[152]. Na realidade, as propostas de solução que vão sendo avançadas espelham os prós e os contras que as próprias encerram[153].

[149] MANTEI, 2011: 1011.

[150] *Ibidem*

[151] Neste sentido, KERR, 2010: *passim*, em especial, 1277 e ss.

[152] TREPEL, 2008: 150.

[153] Veja-se, inclusivamente, que ORIN KERR, que propõe a eliminação da *plain view doctrine* em ambiente digital, é o primeiro a reconhecer que a sua eliminação é uma "imperfect answer" e que será "too severe", ainda que conclua que é a solução que, presentemente, melhor concatena o direito à privacidade e recolha de prova digital, KERR, 2005a: 583. Mais recentemente, o autor veio a reforçar a sua posição no mesmo sentido, KERR, 2015b: 20. Contudo, o mesmo autor considera que o problema poderá não estar verdadeiramente na *plain view doctrine*: "The plain view doctrine might not be the problem, and eliminating the plain view exception might not be the answer", *Ibidem*, 21.

Esta circunstância não prejudica o reconhecimento maioritário de que existem especificidades inerentes ao ambiente digital que têm de ser tidas em conta, designadamente a quantidade de informação disponível que em nada se compadece com aquela que existe num ambiente físico e a possibilidade de a pesquisa ocorrer *off-site*[154], podendo, portanto, ser feita por tempo tendencialmente ilimitado[155]. É ainda identificado pela doutrina que as pesquisas informáticas são, regra geral, precedidas de uma busca física, o que implica que tenhamos um mandado executado em dois momentos: um primeiro no qual se apreende o material físico (*v.g.* um computador) e um segundo momento em que se efetua a pesquisa propriamente dita, a qual poderá tomar lugar algum tempo depois[156]. Nesta conformidade, os paradigmas inicialmente pensados para a recolha de prova em ambiente físico têm de ser repensados e adaptados para a recolha de prova em ambiente digital, o que começa logo no momento da emissão do mandado[157].

Apesar de existirem *Guidelines* gerais para a recolha de prova em ambiente digital[158] – as quais preveem com detalhe o modo como deve ser emitido e posteriormente executado o mandado –, a verdade é que as dúvidas quanto aos conhecimentos fortuitamente obtidos permanecem e não se espera que haja, para já, um relativo consenso doutrinário e jurisprudencial[159].

154 Sendo certo que as pesquisas *on-site* são possíveis e até recomendáveis quando tal seja adequado, Brenner / Frederiksen, 2002: 71- 74, as pesquisas *off-site* por vezes são as únicas fazíveis para que a investigação seja corretamente efetuada, razão pela qual devem estar sujeitas a uma autorização especial, *Ibidem*, 75 e ss.

155 Abordando os limites temporais a que está sujeita a pesquisa informática, e reconhecendo que quanto mais longa for a pesquisa, maior será a possibilidade de encontrar elementos inesperados, Ming Chang, 2007: 56.

156 Kerr, 2015a: 94 e ss.

157 *Ibidem*, 100 e ss.

158 Estas *Guidelines* foram sofrendo uma evolução ao longo dos anos para serem progressivamente adaptadas às novas realidades. Para uma análise detalhada até 2002, *Ibidem*, 47 e ss. Hoje em dia, o documento mais atualizado quanto à pesquisa e apreensão de prova em ambiente digital é o *Searching and Seizing Computers and Obtaining Electronic Evidence in Criminal Investigations Manual* (2009).

159 As próprias *Guidelines* referem, a este respeito, a divergência jurisprudencial quanto à aplicação da *plain view doctrine*, referindo, contudo, que: "Importantly, the plain view exception cannot justify violations of na individual's reasonable expectation of privacy. The exception merely permits the seizure of evidence that an agent is already authorized to view in accordance with the Fourth Amendment. *This means that agents cannot rely on the plain view*

Nesta conformidade, os *Circuit Courts* continuam a digladiar-se no sentido de encontrarem o melhor critério que permita a aplicação da *plain view doctrine* sem que com essa aplicação sejam largamente prejudicados os direitos dos visados, em particular, o direito à privacidade. Esse almejado critério acaba por ser influenciado por outros fatores que não se circunscrevem ao modo como foram descobertos os novos elementos probatórios, mas que abarcam também questões relacionadas com os termos do próprio mandado.

A forma como o mandado deverá ser emitido e o grau de densificação que o mesmo deverá ter para ser considerado válido é objeto de controvérsia da jurisprudência norte-americana, sendo certo que os Tribunais tendem a ter um entendimento bastante flexível quanto ao apelidado requisito da *particularity*[160].

Parece-nos, cada vez mais, que a negação da aplicação da *plain view doctrine* ao ambiente digital é um caminho que será progressivamente abandonado. Sendo certo que ao arredar a sua aplicação garantimos o direito à privacidade do visado, estamos convictos de que o papel da doutrina e da jurisprudência será a busca por um equilíbrio ótimo que não implique a supressão total nem do direito à privacidade, nem da administração da justiça. Esta ideia ganha densidade quando pensamos que a informatização está ainda em desenvolvimento e que muito do mundo físico ainda existente passará inevitavelmente para o ciberespaço. Esta gradual migração leva a que a recolha de prova em ambiente digital assuma progressivamente uma relevância que, tanto quanto cremos, será ainda mais evidente num futuro próximo. Tendo isto em mente, cremos que não podemos demitir-nos da hercúlea tarefa de encontrar o já referenciado ponto de equilíbrio entre os interesses em

exception to justify opening a closed container that they are not otherwise authorized to view." (destaque nosso), *Ibidem*, 35.

[160] Por todos, United States v. Upham, 168 F.3d (1st Cir. 1999), § 535 que refere que a procura de ficheiros no espaço digital é como "finding some needles in the computer haystack"; em United States v. Hall, 142 F.3d (7th Cir. 1998), §996-997 entendeu-se que o mesmo requisito estava preenchido porque "the items listed on the warrants were qualified by phrases that emphasized that the items sought were those related to child pornography. [...] Police officers executing the warrants were not unguided and free to rummage through Hall's property."; já no caso United States v. Wong, cit., § 837 foi decidido que "search warrant contained a comprehensive list of twelve items the police expected to find in Wong's home that directly related to Sin's murder.".

confronto e que não podemos permitir-nos nem aceitar a valoração de conhecimentos fortuitos sem reservas – porquanto essa aceitação propulsionaria a (quase total) supressão do direito à privacidade –, nem negá-la sem mais – na medida em que essa opção significaria o sacrifício da descoberta da verdade material.

Dito isto, é certo que não podemos transpor para o ordenamento jurídico português as soluções que foram concebidas para o ordenamento jurídico norte-americano, uma vez que o quadro legal em que nos movemos é manifestamente dissemelhante. Por outro lado, é também indisputável que a profusão de critérios avançados pela doutrina e jurisprudência norte-americana dificulta o encontro da melhor solução do ponto de vista do nosso ordenamento jurídico. Porém, a verdade é que os argumentos esgrimidos e avançados, ainda que possam não merecer acolhimento direto e acrítico, configuram um ponto de partida relevante para ponderar as diversas perspetivas, as suas implicações e impactos na solução a adotar.

III. O contributo da *plain view doctrine* para o ordenamento jurídico português – proposta de solução

Feita esta incursão pela aplicação da *plain view doctrine* no ordenamento jurídico norte-americano, seja em ambiente físico, seja em ambiente digital, mudemos a objetiva e foquemos novamente no recanto oeste da Europa: Portugal. Vejamos de que modo poderão as discussões tidas a respeito desta teoria apontar o caminho a ser percorrido por terras lusitanas.

Na análise da questão que inicialmente colocámos e que nos predispusemos a responder – ou a encontrar *trilhos de resposta* – é importante ter em mente que, caso não sejam tidas especiais cautelas relativamente às pesquisas e apreensões em ambiente digital, corremos o risco de *esbarrar* em verdadeiros *general warrants* que a tanto custo procuraram ser evitados[161].

[161] Trepel, 2008: 150.

1. A exigência de delimitação dos despachos de autorização de pesquisas informáticas

Assim, e antes de ulteriores considerações, é imprescindível a especial exigência de que os mandados – ou, aplicando à lei portuguesa, que os despachos que autorizam ou ordenam a realização de pesquisas informáticas –, sejam tão concretos quanto possível[162]. É difícil, senão impossível, que seja estabelecido em termos gerais o grau de especificidade exigível, uma vez que os diferentes contornos factuais de cada caso poderão requerer diferentes níveis de densificação do despacho[163], o que não significa que esta exigência não deva estar sempre patente. Nessa conformidade, será fundamental que sejam especificados os *tipos de documentos* que devem ser procurados ou o *tipo de conteúdo* que se pretende encontrar[164], sendo que a aferição da validade do despacho deverá ser feita caso a caso[165].

No fundo, está aqui em causa o já referenciado *particularity requirement*, que deverá existir na emissão de qualquer mandado válido[166], e que terá especial importância na recolha de prova em ambiente digital[167]. Em Portugal, embora não exista propriamente um *particularity requirement*, está patente o dever de fundamentação na emissão de qualquer despacho nos termos gerais do art. 97.º do CPP e, em especial, do art. 176.º, n.º 3, do CPP, quando se menciona a verificação das "razões" para presumir que se encontram verificados os requisitos previstos na lei[168]. Nessa medida, a exigência de fundamentação deverá assumir especial relevância quando estamos perante uma pesquisa

[162] Blake, 2010: 521 e ss.

[163] United States v. Henson, 848 F.2d 1374 (6th Cir. 1988), §1383, o qual remete para United States v. Blum, 753 F.2d 999, (11th Cir. 1985), §1001.

[164] United States v. Ricciardi, 405 F.3d 852 (10th Cir. 2005), §872.

[165] No caso United States v. Burgess, 576, F3d 1078 (10th Cir. 2009), §1083 foi considerado que o mandado era válido porquanto apesar de apenas se referir a "*computer records*", era especificamente mencionado que estes documentos informáticos deveriam demonstrar conspiração para venda de droga, incluindo folhas de pagamento, agendas, *pagers*, armas de fogo e dinheiro. Já no caso United States v. Otero, 563 F.3d 1127 (10th Cir. 1999), §1130, o mandado dizia apenas que autorizava a pesquisa de qualquer informação armazenada no computador, sem referir a que tipo de documentos os agentes se deveriam cingir ou sequer o conteúdo que deveria ser pesquisado, o que redundou na sua invalidade.

[166] Winick, 1994: 85 e ss. e 103 e ss.

[167] Hood, 2011: 1535.

[168] Pinto de Albuquerque, 2018: 486.

informática dirigida à apreensão de prova digital, sobretudo para permitir a sindicância da sua validade e, bem assim, o modo como foi realizada a pesquisa, num juízo de prognose póstuma[169].

2. As limitações *ex ante*

A este respeito, tem sido suscitada na doutrina e em alguma jurisprudência norte-americana a imposição de limitações *ex ante* na pesquisa informática[170]. Nesta sede, discute-se qual o papel que deve assumir a autoridade judiciária que profere o despacho que autoriza a realização da referenciada pesquisa. Adiantamos desde já que propendemos para uma posição segundo a qual o papel do magistrado deve ser ativo na diligência que será executada. A influência do magistrado deverá verificar-se tanto nos termos em que o despacho é proferido quanto na delimitação do modo como deverá ser realizada a diligência. Muito embora sejamos sensíveis a alguns dos argumentos esgrimidos contra esta orientação (como seja a falta de conhecimento que o magistrado aprioristicamente tem para delimitar o despacho de autorização)[171], na nossa opinião, a imposição de restrições *ex ante* deverá ocorrer apenas na medida do possível e somente quando a autoridade judiciária competente tiver dados que lhe permitam proceder a essa delimitação, sendo certo que as limitações estabelecidas poderão ser flexíveis[172]. Consideramos, pois, que as imposições *ex ante* são necessárias para garantia dos direitos dos visados e que quanto mais delimitados forem os termos do despacho que ordena uma pesquisa informática, menor será o risco de violação do direito à privacidade do visado, sempre que tal seja possível sem que constitua um prejuízo relevante para a investigação.

[169] *Ibidem*, 487.

[170] A favor destas limitações *ex ante*, Winick, 1994: 102-114; Brenner / Frederiksen, 2002: 82-84; Saylor, 2011: *passim*, em especial, 2852 e ss.
Contra esta possibilidade, sendo coerente com a sua posição de rejeição da aplicação da *plain view doctrine* ao ambiente digital para permitir uma maior abrangência da pesquisa e conforme já referido *supra*, Orin Kerr, 2010: 1277 e ss.; e, mais recentemente, abordando a mesma questão, 2015a: 102.

[171] Assim, Kerr, 2010: 1282.

[172] Saylor, 2011: 2856.

Por este motivo, cremos ser recomendado que, sempre que possível, as pesquisas informáticas sejam conduzidas através de *keywords*[173] e que os métodos de pesquisa sejam funcionalmente orientados para o objeto do processo que está a ser investigado[174], sob pena de se abrirem portas a *fishing expeditions*[175].

Apesar de considerarmos que esta deverá ser a abordagem tendencialmente recomendada, não excluímos a possibilidade de serem efetuados *cursory looks* quando as circunstâncias do caso assim o reclamarem, como acontecerá, por exemplo, se estiver sob investigação um crime de tráfico de estupefacientes ou pornografia infantil, em que será natural que o nome dos ficheiros não seja "*lista de compradores de cocaína*" ou "*vídeo pornográfico_menor1*". De outro passo, se estiver em causa uma pesquisa informática num escritório de advogados, numa instituição bancária, numa grande empresa, entre outros, entendemos que será plenamente justificado o uso de *keywords* e mais que essas *keywords* se cinjam à matéria que está a ser investigada, pois não é razoável supor que, nesse caso, os ficheiros e/ou as mensagens de correio eletrónico trocadas sejam guardados com um nome diverso daquele que seria adequado[176].

As *keywords* propiciam, deste modo, um *direcionamento* da pesquisa informática, o qual será naturalmente desvirtuado caso seja admitido o uso de termos muito abrangentes e em elevado número, pelo que também essa circunstância deve ser tida em devida conta aquando da prolação do despacho de autorização. Na eventualidade de o despacho de autorização ter de

[173] Alertando para as dificuldades que podem existir com o recurso a *keywords*, como seja a possibilidade de manipular os nomes atribuídos ao ficheiros e assim escapar ao escrutínio judicial, Vahid Moshirnia, 2010: 624 e ss.; Questionando sobre se os nomes dos ficheiros deverão limitar o escopo da pesquisa, cf. Clancy, 2005: 208-213; Analisando os benefícios e inconvenientes de uma pesquisa automatizada, designadamente através da utilização de *keywords*, Brenner / Frederiksen, 2002: 60 e ss.

[174] Brenner / Frederiksen, 2002: 102.

[175] Winick, 1994: 107 e ss.

[176] No mesmo sentido, veja-se a posição de Dowell, 2001: 680-682. O autor fornece dois exemplos que mostram como se poderão aceitar duas abordagens diversas da investigação dependendo do caso. Refere o autor que se um mandado é emitido para que pesquisas sejam efetuadas ao computador de uma empresa para que se procurem informações específicas acerca de um colaborador, então não fará sentido procurar por outros ficheiros que não aqueles que àquele concretamente dizem respeito, uma vez que não será razoável supor que a empresa grave a informação de um colaborador no nome de outro. O mesmo racional já não se aplicará, por exemplo, à pesquisa efetuada no âmbito do tráfico de estupefacientes, onde será usual que as descrições dos ficheiros não correspondam ao seu conteúdo.

ser necessariamente amplo atendendo às circunstâncias do caso concreto, então o investigador deverá estar *especialmente* atido ao objeto da investigação. Queremos com isto significar que deverá existir um esforço na delimitação da pesquisa, de modo a que se evite uma excessiva amplitude da atuação do investigador, impondo-se que a visualização e a análise da informação se cinja àquela que se encontra em *relação direta* com o objeto do processo ou que, pelo menos, não seja àquele *evidentemente alheia*.

Por outro lado, a tendencial limitação dos tipos de documentos procurados será também relevante. Se estiver a ser investigada a venda e distribuição de substâncias psicotrópicas, como acontecia no caso *Carey*, não será razoável que o investigador se detenha na análise de ficheiros de imagem, pelo que as fotografias eventualmente encontradas deverão, em princípio, ser desconsideradas por não fazerem parte do escopo do despacho de autorização. O mesmo não acontecia, recorde-se, no caso *Mann*, no qual se procurava especificamente por ficheiros de imagem e, entre eles, se descobriram fotografias que diziam respeito ao crime de pornografia infantil.

A inegável preocupação que existe quanto ao efetivo cumprimento do despacho em ambiente digital, propicia que recomendações haja para que a diligência seja documentada através de um relatório, no qual se inclua o procedimento utilizado no decurso da pesquisa, designadamente os programas pesquisados e as *keywords* utilizadas[177].

3. Os mecanismos de controlo *ex post*

É de notar que esta obrigação será especialmente relevante para efeitos de controlo *ex post*. Através destes mecanismos, será possível sindicar o cumprimento do despacho proferido e garantir que os conhecimentos fortuitos eventualmente obtidos no decurso de uma pesquisa informática têm, de facto, caráter fortuito e que não foram alcançados no decurso de uma *fishing expedition*. Esta documentação tem também a indisputável valência de permitir efetuar uma repetição do procedimento adotado na pesquisa informática se

[177] Mason / Sheldon / Dries, 2017: 317 e ss.. Em sentido análogo, Casey, 2011: 473. Na doutrina portuguesa, seguindo o entendimento da referida doutrina, cf. Silva Ramalho, 2017: 258-259.

dúvidas houver sobre o seu modo de realização[178], em particular, quanto ao caráter efetivamente fortuito dos conhecimentos obtidos. Acresce ainda que esta documentação terá sempre a mais-valia de atestar a autenticidade da prova digital, a qual é, não raras vezes, questionada no decurso dos processos criminais[179].

Não pode ser desconsiderado que, na raiz da suscetibilidade de abusos no âmbito das pesquisas realizadas em ambiente digital, está a inegável existência de uma fonte de informação incomparável a qualquer ambiente físico que seja inspecionado. Esta evidência, conjugada com os apetrechos que permitem uma análise exauriente deste conteúdo, não poderá ser legitimadora de uma verdadeira *cruzada* para busca de novos crimes[180], preterindo-se, inclusivamente, o ilícito inicialmente investigado e, de resto, legitimador da referida diligência probatória.

Por esta razão, Raphael Winick propôs que fosse utilizada a doutrina acolhida no clássico caso *United States v. Tamura*[181] à recolha de prova em ambiente digital, referindo que quando é encontrada muita informação potencialmente relevante "misturada" (*intermingled*) com informação irrelevante para o caso, o investigador deve parar de analisar esses documentos até obter a validação de um magistrado para continuar a sua pesquisa quanto àqueles[182]. Essencial será sempre que esta pesquisa seja monitorizada por um magistrado independente[183]. Entende o autor que a apreensão indiscriminada de todos os elementos que forem encontrados, ainda que não cobertos pelo mandado, para posterior exame e análise, é o tipo de "*investigação de arrasto*"[184] que a Quarta Emenda à Constituição dos EUA pretendeu evitar[185].

[178] Casey, 2011: 473; também semelhante preocupação é demonstrada pela doutrina italiana a respeito da mesma questão, Iovene, 2012: 1616.

[179] Abordando os problemas suscitados pela prova digital, designadamente o facto de esta ser facilmente corrompida, danificada ou apagada e originar questões relacionadas com a sua autenticidade, Paolo, 2009: 202.

[180] D'Aiuto / Levita, 2012: 202.

[181] United States v. Tamura, 694 F.2d 591 (9th Cir. 1982).

[182] Winick, 1994: 105.

[183] *Ibidem*, 106.

[184] No original "investigatory dragnet".

[185] *Ibidem*.

Ainda que algumas críticas possam ser avançadas contra esta posição[186], cremos ser importante a convocação da participação da autoridade judiciária competente no cenário apontado. Assim, perante a descoberta de evidências quanto a um crime que não é o crime investigado, deve o órgão de investigação cessar a sua atividade e remeter o material encontrado para a autoridade judiciária competente, aguardando que esta o analise e que, caso assim o entenda, profira um novo despacho para que a investigação possa prosseguir quanto ao novo crime descoberto[187]. Essa prolação apenas deverá ocorrer se a autoridade judiciária competente entender que os elementos encontrados o foram em cumprimento escrupuloso do despacho primário e que estão reunidos os requisitos para que um novo despacho possa ser proferido quanto ao novo crime descoberto[188].

Este escrutínio tem o desígnio de garantir que o direito à privacidade do visado não é deixado nas mãos de um órgão de investigação e que existe uma entidade judiciária que pode atestar que toda a pesquisa é realizada em conformidade com uma tutela equilibrada dos direitos, liberdades e garantias daquele. Caso seja entendido que os conhecimentos fortuitos encontrados apenas o foram porque o despacho inicialmente proferido foi incumprido, então deverão ser desconsiderados esses novos elementos, apenas assim sc garantindo o equilíbrio entre os interesses em confronto.

[186] Trepel, 2008: 134-135.

[187] Como, aliás, foi a proposta adiantada no acima referenciado caso *United States v. Carey*. Inclusivamente, no caso *United States v. Mann* foi salientado que apesar de a atuação do agente ainda se conter dentro do mandado, que este falhou ao não ter parado a pesquisa e requerido um segundo mandado relativo ao crime de pornografia infantil, cf. United States v. Mann, (2010), cit., § 786. Também neste sentido, cf. United States v. Burgess (2009), cit., §1095. Parece ser este também o entendimento avançado por Sousa Mendes, 2021: 140, por referência ao caso State v. Schroeder, 613N.W.2d911 (Wis. App. 2000), no qual o investigador, tendo descoberto evidências quanto a um crime diverso do crime inicialmente investigado, susteve a sua pesquisa informática até obter novo mandado que possibilitasse o seu legítimo prosseguimento.

[188] A decisão pela prolação de novo despacho de autorização poderá ir além da mera verificação de que a pesquisa inicialmente efetuada o foi nos seus devidos termos. Por exemplo, Silva Ramalho, 2017: 255-257 propõe que a apreensão seja sujeita a um princípio de proporcionalidade, impedindo-se a apreensão de meios de prova quanto a crimes que são manifestamente menos graves do que o crime investigado, solução que nos parece razoável e que funciona a favor do arguido.

Quando a diligência não for precedida de despacho, nos casos em que a lei o admita, o único controlo aparentemente possível será o controlo *ex post*. Nestas circunstâncias, a análise do modo como foi desenvolvida a pesquisa informática – designadamente se foi feita segundo critérios de razoabilidade –, deverá ser especialmente rigorosa. Em qualquer caso, e pese embora não haja mecanismos de contro *ex ante*, importa que o investigador tenha a consciência do modo como deverá ser conduzida a pesquisa, ainda que não tenha um despacho que delimite e oriente a sua atuação. Nessa medida, cremos que é cada vez mais importante que os investigadores sejam formados e orientados no sentido de realizar pesquisas direcionadas, e que não seja *normalizada* a procura por conhecimentos fortuitos que extravasam o objeto do processo.

4. Síntese conclusiva: o cumprimento do despacho de autorização e a sua sindicância

Tentando fazer um ponto de ordem, cremos que grande parte do problema que inere à descoberta fortuita de novos elementos que apontam para a prática de um ilícito diverso se solucionará com um despacho tão preciso quanto possível, do qual seja possível extrair quais são os conhecimentos obtidos de modo *legítimo*, e aqueles que são alcançados de forma *ilegítima*. Por outras palavras: o controlo começará sempre *ex ante*.

Para além disto, entendemos ser imprescindível que seja avaliado o modo como foi efetivamente conduzida a pesquisa, através de um controlo *ex post*, para efeitos de decidir sobre a prolação de um despacho complementar que permita que as pesquisas prossigam relativamente ao novo crime descoberto. E isto deverá acontecer independentemente de o investigador suspeitar que poderia encontrar prova quanto a outro crime no decurso da pesquisa informática, isto é, independentemente de se ter por verificado o requisito da *inadvertence*.

Indo ao encontro de alguns dos argumentos esgrimidos acima, apesar de considerarmos que a *plain view doctrine* – ou, no direito português, o aproveitamento dos conhecimentos fortuitamente obtidos – não pode ser feito sem determinadas cautelas, estamos convictos de que essas cautelas não passam pela aferição dos elementos subjetivos do investigador. Para além de todos os argumentos expendidos contra a recuperação deste requisito, a verdade é que cremos que resultados semelhantes (e melhores) podem ser alcançados com recurso a critérios objetivos, de razoabilidade. Independentemente do que investigador diga ter pensado quando desenvolveu a pesquisa informática, cremos ser relevante avaliar, do ponto de vista objetivo, qual seria a atuação que deveria ter sido adotada. Convocando os casos *Carey* e *Mann*, nos quais esta questão foi abordada, deveria ser irrelevante que o agente do caso *Carey* dissesse que quando abria novas imagens continuava a investigar o crime de tráfico de estupefacientes, uma vez que isso não é crível nem aceitável de um ponto de vista objetivo. Por sua vez, ainda que o agente do caso *Mann* referisse que tinha alguma expectativa de encontrar fotos com pornografia infantil, a verdade é que o crime de *voyarism* que ele investigava reclamava a abertura e análise de fotografias. Sendo certo que, conforme já referido, também este agente deveria ter suspendido a sua pesquisa, a verdade é que, mesmo que a pesquisa continuasse, como continuou, seria possível equacionar o aproveitamento dos elementos fortuitamente encontrados atendendo a que, em boa verdade, o mandado continuou a ser cumprido, não tendo havido uma *espiolhagem* para além daquela que inicialmente se previa.

Estamos cientes de que as conclusões aqui alcançadas e avançadas estão longe de resolver todos os problemas que se colocam e continuarão a colocar quanto ao aproveitamento de conhecimentos fortuitos obtidos no decurso de uma diligência de recolha de prova em ambiente digital, mas estamos também certos que o avanço de um critério unívoco para todos os casos seria uma solução facilmente falível, atendendo aos múltiplos contornos com que nos poderemos deparar. Por essa razão, entendemos que a prudência exige que sejam ainda dados apenas pequenos passos que poderão sofrer densificações e até mutações com o próprio desenvolvimento das ferramentas tecnológicas. Importante reter, segundo cremos, é que deverá existir um esforço de densificação, a montante, e de cumprimento, a jusante, do despacho que autoriza ou ordena a pesquisa informática. Em concreto, o aproveitamento dos conhecimentos fortuitamente obtidos deverá estar dependente de mecanismos de controlo *ex ante*, mas sobretudo *ex post*, por forma a avaliar se a pesquisa informática foi conduzida de modo correto e com respeito por critérios gerais de razoabilidade.

Conclusão

A recolha de prova em ambiente digital depara-se com relevantes desafios em matéria de privacidade, uma vez que a quantidade de informação presente nos sistemas informáticos é tendencialmente ilimitada e abrange grande parte da vida dos cidadãos nas mais variadas vertentes. É, por isso, premente encontrar um equilíbrio que permita que as diligências investigatórias sejam frutíferas, sem que isso signifique restringir de forma inadmissível os direitos dos visados.

Uma das questões que se coloca no âmbito da recolha de prova está relacionada com o aproveitamento de conhecimentos fortuitos que são obtidos no decurso de uma diligência para obtenção de prova. A lei portuguesa não é particularmente prolixa a este respeito, estabelecendo apenas uma disciplina para os conhecimentos fortuitos obtidos no decurso de uma escuta telefónica, ficando os demais meios de obtenção de prova numa *terra de ninguém*, onde (aparentemente) qualquer conhecimento fortuito obtido poderá ser valorado.

Não podemos concordar com essa abordagem, e entendemos que será necessário perceber se o modo como foi conduzida a diligência para obtenção de prova justifica a valoração dos conhecimentos fortuitos obtidos.

Sendo certo para nós que essa análise deverá existir em ambiente físico, estamos seguros de que o tratamento a ser dado em ambiente digital deverá estar sujeito a critérios mais adstringentes, seja porque a informação armazenada em ambiente digital é tendencialmente muito superior àquela que pode ser encontrada em ambiente físico, seja mesmo pelo facto de a duração de uma pesquisa informática ser, regra geral, superior a uma busca em ambiente físico.

Considerando a falta de densificação na lei portuguesa, entendemos que o modo como é aplicada a *plain view doctrine* em ambiente digital no ordenamento jurídico norte-americano é uma relevante *bússola* para que possamos alcançar algumas conclusões. Em particular, cremos que a possibilidade de aproveitamento de conhecimentos fortuitos obtidos deverá ser analisada por referência a um duplo controlo: por um lado, através de um controlo *ex ante* (no momento da prolação do despacho que autoriza ou ordena a realização da pesquisa informática, o qual deverá ser tão limitado quanto possível, designadamente elencando as *keywords* que deverão ser utilizadas sempre que as circunstâncias do caso o permitam) e, por outro – e sobretudo –, através de um controlo *ex post* (escrutinando a razoabilidade com que foi conduzida a pesquisa informática).

Entendemos, por isso, que não poderá ser dada uma resposta unívoca quanto ao aproveitamento de conhecimentos fortuitamente obtidos no decurso de uma pesquisa informática. A possibilidade da sua valoração dependerá, essencialmente, do modo como foi conduzida a pesquisa informática, aferindo-se se o órgão investigador respeitou o despacho de autorização ou, não o havendo quando a lei o admita, se efetuou a pesquisa segundo critérios de razoabilidade e atido ao objeto do processo, deparando-se com elementos exteriores ao objeto da investigação de forma inesperada, só assim se garantindo que está a ser protegido o direito à privacidade do visado.

Bibliografia citada

AA.VV.,
(2021) *Código de Processo Penal Comentado*, 3.ª ed. Coimbra: Almedina.
Aguilar, Francisco,
(2004) *Dos conhecimentos fortuitos através de escutas telefónicas*. Coimbra: Almedina.
(2016) "Notas reflexivas sobre o regime das escutas telefónicas no Código de processo penal português", *O Direito*, Ano 148.º, pp. 559-583.
Albuquerque, Paulo Pinto de,
(2011) *Comentário do Código de Processo Penal*, 4.ª ed. Lisboa: Universidade Católica Editora;
Andrade, Manuel da Costa,
(2013a) "O regime dos "conhecimentos da investigação" em Processo Penal – Reflexões a partir das escutas telefónicas", in: André Lamas Leite (org.), *Alterações de 2013 ao Código Penal e de Processo Penal: uma revisão cirúrgica?* Coimbra: Coimbra Editora, pp. 153-202.
(2013b) *Sobre as Proibições de Prova em Processo Penal*. Coimbra: Coimbra Editora (reimp. 1992).
Barata, Joana Reis,
(2022) "O *desassossego* do Tribunal da Relação de Lisboa quanto à aplicação do regime de apreensão de mensagens de correio eletrónico: apontamentos sobre o artigo 17.º da Lei do Cibercrime", in *Prof. Doutor Augusto Silva Dias – in Memoriam*, vol. II. Lisboa: AAFDL, pp. 383-404.
Behar, David C.,
(2012) "An Exception To An Exception: Officer Inadvertence As A Requirement To Plain View Seizures In The Computer Context", *University of Miami Law Review* 66, pp. 471-494.

BLAKE, Scott D.,
(2010) "Let's be reasonable: fourth amendment principles in the digital age", *Seventh Circuit Review* 5, pp. 491-531.
BONELLI, Alison,
(2011) "Computer Searches in Plain View: An Analysis of the Ninth Circuit's Decision in United States v. Comprehensive Drug Testing, Inc.", *Journal of Constitutional Law* 13, pp. 759-790.
BRENNER, Susan W. / FREDERIKSEN, Barbara A.,
(2002) "Computer Searches and Seizures: Some Unresolved Issues", *Michigan Telecommunications and Technology Law Review* 39, pp. 39-114.
CANOTILHO, José Joaquim Gomes / MOREIRA, Vital,
(2007) *Constituição da República Portuguesa Anotada*, vol. I. Coimbra: Coimbra Editora.
CARDOSO, Rui,
(2018) "Apreensão de correio eletrónico e registos de comunicações de natureza semelhante – artigo 17.º da Lei n.º 109/2009, de 15.IX", *RMP* 153, pp. 167-214.
CASEY, Eoghan,
(2011) "Applying Forensic Science to Computers", in *Digital Evidence and Computer Crime: Forensic Science, Computers and the Internet*, Eoghan Casey (dir.), 3.ª ed. San Diego: Elsevier Science Publishing, pp. 465-512.
CHANG, Ray Ming,
(2007) "Why the Plain View Doctrine Should Not Apply to Digital Evidence", *Suffolk Journal of Trial and Appellate Advocacy* 12, Spring, pp. 31-67.
CITRON, Evan B.,
(2006) "Say hello and wave goodbye: the legitimacy of plain view seizures at the threshold of the home", *Fordham Law Review* 74, pp. 2761-2808.
CLANCY, Thomas K.,
(1998) "What Does the Fourth Amendment Protect: Property, Privacy, or Security?", *Wake Forest Law Review*, N.º 33, pp. 307-370.
(2005) "The Fourth Amendment Aspects of Computer Searches and Seizures: a Perspective and a Primer", *Mississippi Law Journal* N.º 175, pp. 193-286.
CONTARDO, Ricardo Wittler,
(2020) "Apreensão de Correio Eletrónico em Portugal: Presente e Futuro de uma Questão de "Manifesta Simplicidade", in: Paulo de Sousa Mendes, Rui Soares Pereira (coord.), *Novos Desafios da Prova Penal*. Coimbra: Almedina, pp. 277-313.
CORREIA, João Conde,
(2014) "Prova digital: as leis que temos e a lei que devíamos ter", *RMP*, 139, pp. 29-59.
COSTA, José de Faria,
(1998) *Direito Penal da Comunicação: alguns escritos*. Coimbra: Coimbra Editora.
D'AIUTO, Gianluca, LEVITA, Luigi,
(2012) *I reati informatici — Disciplina sostanziale e questioni processual*. Milão: Giuffrè Ed.
DEPARTAMENTO DE JUSTIÇA DOS ESTADOS UNIDOS DA AMÉRICA,
(2009) *Searching and Seizing Computers and Obtaining Electronic Evidence in Criminal Investigations Manual*.

DIAS, Jorge Figueiredo,
(2004) *Direito Processual Penal*. Coimbra: Coimbra Editora.
DIAS, Vera Marques,
(2019) "A ameaça do cibercrime numa sociedade ciberdependente", *Revista Semestral de Investigação Criminal, Ciências Criminais e Forenses*, N.º 4, Associação Sindical dos Funcionários de Investigação Criminal da Polícia Judiciária, abril, pp. 132-155.
DOWELL, Jim,
(2001) "Criminal Procedure: Tenth Circuit Erroneously Allows Officers' Intentions to Define Reasonable Searches: United States v. Carey", *Oklahoma Law Review* 54, pp. 665-684.
EYER, Robert,
(1992) "The Plain View Doctrine After Horton v. California: Fourth Amendment Concerns and the Problem of Pretext", *Dickinson Law Review* 96, pp. 467-490.
FIDALGO, Ana Rita,
(2011) "Autorização Judicial e Legalidade nas Buscas Domiciliárias", in: Teresa Pizarro Beleza e Frederico Costa Pinto (org.), *Prova Criminal e Direito de Defesa: Estudos sobre Teoria da Prova e Garantias de Defesa em Processo Penal*. Coimbra: Almedina, pp. 161-183.
FIDALGO, Sónia,
(2019) "A recolha de prova em suporte eletrónico – em particular, a apreensão de correio eletrónico", *Julgar* 38, pp. 151-160.
HOOD, NICHOLAS,
(2011) "No Requirement Left Behind: The Inadvertent Discovery Requirement – Protecting Citizens One File at a Time", *Valparaiso University Law Review* 45, 4, pp. 1529-1587.
HORNUNG, Gerrit, SCHNABEL, Christoph,
(2009) "Data Protection in Germany II: Recent Decisions on Online-searching of Computers, Automatic Number Plate Recognition and Data Retention", *Computer Law & Security Review* 25, pp. 115-123.
IOVENE, Federica,
(2012) "Perquisizione e sequestro di cumputer: um'analisi comparatística", *Rivista di Diritto Processuale* 67, 6, pp. 1607-1616.
JAÉN VALLEJO, Manuel,
(1987) *La Presunción de inocencia en la jurisprudencia constitucional*. Madrid: Akal.
KERR, Orin,
(2005a) "Searches and Seizures in Digital World", *Harvard Law Review* 119, pp. 531-585.
(2005b) "Digital Evidence and the New Criminal Procedure", *Columbia Law Review* 105, pp. 279-318.
(2010) "Ex Ante Regulation of Computer Search and Seizure", *Virginia Law Review* 96, 6, pp. 1241-1293.
(2015a) "Search Warrants in an Era of Digital Evidence", *Mississippi Law Journal* 75, pp. 85-145.
(2015b) "Executing Warrants for Digital Evidence: The Case for Use Restrictions on Nonresponsive Data", *Texas Tech Law Review* 48, 1, pp. 1-36.
(2018) *Computer Crime Law*, 4.ª ed. St. Paul. MN: West Academic Publishing.

Koering-Joulin, Renée Véase,
(1998) "La Présomption d'Innocence, un Droit Fondamental? Rapport Introductif", in : *La Présomption d'Innocence en Droit Comparé*. Paris: Société de Législation Comparée, pp. 19-26.
Lasson, Nelson B.,
(1937) *The History and Development of the 4th Amendment to the United States Constitution*. Baltimore: Jones Hopkins Press.
Machado, Jónatas, Raposo, Vera Lúcia,
(2009) "O Direito à não auto-incriminação e as pessoas colectivas empresariais", *Revista Brasileira de Direitos Fundamentais e Justiça*, ano 3, n.º 8, jul./set., pp. 13-47.
Mantei, Corey J.,
(2011) "Pornography and Privacy in Plain View: Applying the Plain View Doctrine to Computer Searches", *Arizona Law Review* 53, pp. 985-1012.
Mason, Stephen, Sheldon, Andrew, Dries, Hein,
(2017) "Proof: the technical collection and examination of electronic evidence", in: Stephen Mason / Daniel Seng (ed.), *Electronic Evidence*, 4.ª ed. Londres: Institute of Advanced Legal Studies, pp. 285-338.
Mendes, Paulo de Sousa,
(2015) *Lições de Direito Processual Penal*, 3.ª reimp. Coimbra: Almedina.
(2021) "A privacidade digital posta à prova no processo penal", *RMP* 165, pp. 109-143.
Mesquita, Paulo Dá,
(2010) *Processo Penal, Prova e Sistema Judiciário*. Coimbra: Coimbra Editora.
Morão, Helena,
(2006) "O Efeito à distância das proibições de prova no direito processual penal português", *RPCC* 4, pp. 575-620.
Moshirnia, Andrew Vahid,
(2010) "Separating Hard Fact From Hard Drive: A Solution For Plain View Doctrine in the Digital Domain", *Harvard Journal of Law & Technology* 23, 2, pp. 609-634.
Neves, Rita Castanheira,
(2011) *As Ingerências nas Comunicações Eletrónicas em Processo Penal*. Coimbra: Coimbra Editora.
Oubiña, Ana Mercedes Claro,
(2009) "As telecomunicações, a vida privada e o direito penal", in: Manuel da Costa Andrade, Rita Castanheira Neves (org.), *Direito Penal Hoje – Novos Desafios e Novas Respostas*. Coimbra: Coimbra Editora, pp. 9-41.
Paolo, Gabriella Di,
(2009) "Judicial Investigations and Gathering of Evidence in a Digital Online Context", *Revue internationale de droit pénal* 80, pp. 201-246.
Patrício, Rui,
(2005) "O Direito Fundamental à Presunção de Inocência (Revisitado – A Propósito do Novo Código de Processo Penal de Cabo Verde)", *Separata Direito e Cidadania* 22, Ano VII, pp. 9-25.

Ramalho, David Silva,
(2014) "A recolha de prova penal em sistemas de computação em nuvem", *RDI* 2, pp. 123-166.
(2017) *Métodos Ocultos de Investigação Criminal em Ambiente Digital*. Coimbra: Almedina.
Ramos, Vânia Costa,
(2017) "Novos problemas em matéria de proibições de prova – a dimensão internacional – regras de exclusão da prova obtida em violação da Convenção Europeia dos Direitos Humanos na jurisprudência do Tribunal Europeu dos Direitos Humanos", in: José de Faria Costa et al. (org.), *Estudos em Homenagem ao Prof. Doutor Manuel da Costa Andrade*, vol. II, Coimbra: Boletim da Faculdade de Direito da Universidade de Coimbra, pp. 739-773.
Rodrigues, Anabela,
(2009) "A jurisprudência constitucional portuguesa e a reserva do juiz nas fases anteriores ao julgamento ou a matriz basicamente acusatória do processo penal", in *XXV anos de jurisprudência constitucional portuguesa*. Coimbra: Coimbra Editora, pp. 47-66.
Rodrigues, Benjamim Silva,
(2010) *Da Prova Penal – Tomo II, Bruscamente... A(s) Face(s) Oculta(s) dos Métodos Ocultos de Investigação Criminal*. Lisboa: Rei dos Livros.
Santos, Manuel Simas, Leal-Henriques, Manuel,
(2008) *Código de Processo Penal Anotado*, vol. I, 3.ª ed. Lisboa: Rei dos Livros.
Saylor, James,
(2011) "Computers as Castles: Preventing the Plain View Doctrine from Becoming a Vehicle for Overbroad Digital Searches", *Fordham Law Review* 79, pp. 2809-2858.
Silva, Germano Marques da,
(1999) *Curso de Processo Penal*, vol. II, 2.ª ed. Lisboa: Verbo.
(2013) *Direito Processual Penal Português*, vol. I. Lisboa: Universidade Católica Editora.
Silva, Sandra Oliveira e,
(2011) "Legalidade da Prova e Provas Proibidas", *RPCC* 4, pp. 54-591.
Solove, Daniel J.,
(2001) "Privacy and Power: Computer Databases and Metaphors for Information Privacy", *Stanford Law Review* 53, pp. 1393-1462.
Stuntz, William J.,
(1995) "Privacy's Problem and the Law of Criminal Procedure", *Michigan Law Review* 93, pp. 1016-1078.
Tomkovicz, James J.,
(2002) "Technology and the Threshold of the Fourth Amendment: a Tale of Two Futures", *Mississippi Law Journal* 72, pp. 317-433.
Trepel, Samantha,
(2008) "Digital Searches, General Warrants, and the case for the Courts", *Yale Journal of Law an Technology* 10, pp. 120-150.
Vaciago, Giuseppe, Ramalho, David Silva,
(2016) "Online searches and online surveillance: the use of trojans and other types of malware as means of obtaining evidence in criminal proceedings", *Digital Evidence and Electronic Signature Law Review* 13, pp. 88-96.

VALENTE, Manuel Guedes,
(2006) *Conhecimentos Fortuitos – A busca de um equilíbrio apuleiano*. Coimbra: Almedina.
VERDELHO, PEDRO,
(2009) "A nova Lei do Cibercrime", *Scientia Iuridica* 320, out./dez., pp. 717-749.
(2016) "Obtenção de Prova Online", in: Daniela Dupuy, Mariana Kiefer (org.), *Cibercrimen*. Montevideo Buenos Aires: BdeF, pp. 441-449.
WARD, Kate Brueggemann,
(2011) "The plain (or not so plain) view doctrine: applying the *plain view doctrine* to digital seizures", *University of Cincinnati Law Review* 79, pp. 1163-1187.
WARREN, Samuel D., BRANDEIS, Louis D.,
(1890) "The Right to Privacy", *Harvard Law Review* 4, 5, pp. 193-220.
WINICK, Raphael,
(1994) "Searches and Seizures of Computers and Computer data", *Harvard Journal of Law & Technology* 8, 1, pp. 75-128.
YEAGER, Daniel B.,
(1997) "Does Privacy Really Have a Problem in the Law of Criminal Procedure?", *Rutgers Law Review* 49, pp. 1283-1315.

Jurisprudência citada

Alemanha
BVerfG, 1 BvR 370, 595/07, de 27.02.2008

Estados Unidos da América
Carroll v. United States, 267 U.S. 132 (1925)
Nardone v. United States 308 U.S. 338 (1939)
Brinegar v. United States, 338 U.S. 160 (1949)
Ker v. California 374 U.S. 23 (1963)
Wong Sun v. United States 371 U.S. 471 (1963)
Katz v. United States, 389 U.S. 347 (1967)
Coolidge v. New Hampshire, 403 U.S. 443 (1971)
United States v. Tamura 694 F.2d 591 (9th Cir. 1982)
Illinois v. Gates 462 U.S. 213 (1983)
Nix v. Williams, 467 U.S. 431 (1984)
United States v. Leon, 468 U.S. 897 (1984)
United States v. Blum, 753 F.2d 999, (11th Cir. 1985)
Arizona v. Hicks, 480 U.S. 321 (1987)
Murray v. United States, 487 U.S. 533 (1988)
United States v. Henson, 848 F.2d 1374 (6th Cir. 1988)
Horton v. California, 496 U.S. 128 (1990)

United States v. Hall, 142 F.3d (7th Cir. 1998)
United States v. Carey, 172 F.3d 1268 (10th Cir. 1999)
United States v. Upham, 168 F.3d (1st Cir. 1999)
United States v. Otero, 563 F.3d 1127 (10th Cir. 1999)
State v. Schroeder, 613N.W.2d911 (Wis. App. 2000)
United States v. Wong, 334 F.3d (9th Cir. 2003)
United States v. Ricciardi, 405 F.3d 852 (10th Cir. 2005)
United States v. Hill 459 F.3d (9th Cir. 2006)
United States v. Comprehensive Drug Testing, Inc., 579 F.3d 989 (9th Cir. 2009)
United States v. Burgess, 576, F3d 1078 (10th Cir. 2009)
United States v. Williams, 592 F.3d 511 (4th Cir. 2010), cert. denied, 131 S. Ct. 595 (2010)
United States v. Mann, 592 F.3d 779 (7th Cir. 2010)

Portugal
Ac. TRL, de 13/09/2007, Proc. 5724/2007-9, Rel. Rui Rangel
Ac. TRE, de 20/12/2012, Proc. 305/09.0 GESLV.E1, Rel. Martinho Cardoso
Ac. TRL, de 23/02/2017, Proc. 23019/16.5T8LSB.L1-8, Rel. Isoleta Almeida Costa
Ac. TRL, de 06/02/2018, Proc. 1950/17.0 T9LSB-A.L1-5, Rel. João Carrola
Ac. TRL, de 07/03/2018, Proc. 184/12.5TELSB-B.L1-3, Rel. Conceição Gonçalves
Ac. TRL, de 12/11/2019, Proc. 71/18.3YUSTR-J.L1-PICRS, Rel. Rui Teixeira
Ac. TC, n.º 687/2021, de 30/08, Proc. 830/2021, Rel. Mariana Canotilho

Tribunal Europeu dos Direitos Humanos
Saunders v. Reino Unido, n.º 19187/91, de 17/12/1996
Société Colas Est and Others v. França, n.º 37971/97, de 16/04/2002
Gillan and Quinton v. Reino Unido, n.º 4158/05, de 12/01/2010
Sérvulo & Associados – Sociedade de Advogados, RL v. Portugal, n.º 27013/10, de 03/09/2015

CAPÍTULO VII
PROIBIÇÕES DE PROVA

§ 9. CONTRIBUTO SOBRE A PROVA ILICITAMENTE OBTIDA POR PARTICULARES: A SENTENÇA N.º 116/2017 DO SUPREMO TRIBUNAL ESPANHOL ("CASO FALCIANI")

Ana Matilde de Assis Pacheco Duarte*

Resumo: No presente estudo discutimos o problema de saber se a prova obtida por colaboradores de instituições de crédito, em violação do segredo bancário e profissional, poderá ser utilizada em processo-crime contra os acusados. Para tal,

* Licenciada pela Faculdade de Direito da Universidade de Lisboa. Aluna do Mestrado em Direito e Ciência Jurídica – Especialidade de Direito Penal e Ciências Criminais, da Faculdade de Direito da Universidade de Lisboa.

partimos da pronúncia dos tribunais espanhóis sobre o "Caso Falciani" e analisámos o tratamento desta matéria nos Direitos espanhol, norte-americano e alemão. No Direito português, debruçámo-nos sobre as orientações vigentes em matéria de proibições de prova e concluímos que a obtenção ilícita de prova por particulares deve acarretar uma proibição da sua valoração. Abordámos o pensamento do Tribunal Europeu dos Direitos Humanos neste domínio e, de seguida, discutimos as dificuldades de aplicação da teoria da ponderação de interesses. Por fim, adotámos a teoria do domínio da informação, alicerçada no direito à autodeterminação informativa. Dentro desta lógica, quanto ao caso de que partimos, a ilegítima recolha, conexão e divulgação das informações do acusado pelo particular, originaria uma proibição da sua admissão e valoração no processo como prova.

PALAVRAS-CHAVE: prova ilícita; proibição de prova; sigilo bancário e profissional; teoria da ponderação de interesses; teoria do domínio da informação.

Introdução

Sabendo-se que é missão dos órgãos de investigação penal a obtenção de provas para serem utilizadas em processo penal, o instituto das proibições de prova visou garantir o respeito pelos direitos fundamentais dos acusados. Não obstante, também os particulares são capazes de recolher elementos que venham a constituir prova em processo penal, agudizando-se a questão sempre que nessa atividade incorram na prática de ilícitos, assim pondo em causa os direitos dos arguidos.

Abordaremos a temática da prova ilícita obtida pelos particulares e a sua utilização em processo a partir do "Caso Falciani", tal como decidido em Espanha, que retomaremos ao longo da exposição. Na sua esteira, discutiremos se os clientes de uma instituição bancária poderão ver contra si valorados como prova os seus dados bancários, indiciadores do cometimento de crimes, quando os mesmos tenham sido obtidos e revelados por um colaborador da mesma instituição, em violação do sigilo bancário e segredo profissional, com intuito de obtenção de um rendimento económico.

Exposto o caso que enquadrará o nosso trabalho, analisaremos, num primeiro momento, o tratamento desta matéria no Direito espanhol e, por constituírem uma referência essencial nesta temática, nos Direitos norte-americano e alemão, à luz dos quais ensaiamos uma solução para o "Caso Falciani". De seguida, no que ao ordenamento jurídico português respeita, veremos que a valoração da prova obtida por particulares em processo depende do juízo de licitude penal, razão pela qual importa determinar se a conduta do particular se poderia considerar uma ingerência lícita à luz da lei, especialmente em face das crescentes possibilidades de interferência legítima em matérias abrangidas pelo segredo bancário e profissional. Para além disso, e por assumir aqui relevância, indagaremos acerca das exigências da jurisprudência do Tribunal Europeu dos Direitos Humanos nesta matéria. Subsequentemente, estaremos em condições de analisar a admissibilidade da aplicação, no Direito português, da teoria da ponderação de interesses, amplamente utilizada na Alemanha e também em Espanha.

Tudo visto, a ser de recusar a aplicação daquela teoria, terminaremos com uma abordagem da matéria das proibições de prova à luz da teoria do domínio da informação, com especial assento no direito à autodeterminação informativa que beneficia, entre nós, de previsão constitucional expressa. Dentro desta lógica, quanto ao caso de que partimos, concluiremos que, no Direito português, a ilegítima recolha, conexão e divulgação dos dados do arguido pelo particular, originará uma proibição da sua admissão e utilização no processo como prova.

I. Análise do "Caso Falciani"

1. Generalidades: antecedentes e factualidade

Para efeitos da análise da problemática da prova ilícita obtida pelos particulares, optámos por partir do "Caso Falciani", objeto de recurso apreciado pelo TS[1], contra a decisão proferida pela APM[2].

"F" – à época colaborador da sucursal suíça do Banco *HSBC Private Bank* – foi indiciado pela prática de diversos crimes na Suíça, entre eles, o crime de violação de segredo bancário. Após copiar e compilar dados bancários e pessoais de diversos clientes do Banco, os quais indiciavam o cometimento de diversos crimes, extratos dessa informação teriam sido revelados aquando da

[1] STS n.º 116/2017, de 23/02/2017.

[2] APM n.º 280/2016, de 29/04/2016.

tentativa da sua venda a várias entidades privadas e estatais[3]. As autoridades francesas tomaram posse dos vários documentos coligidos por "F" – denominados "Lista Falciani" –, no âmbito de uma busca e apreensão no domicílio do mesmo, em França. "F" veio a ser detido em Espanha, em razão de uma ordem de detenção internacional emitida pela Suíça, a qual veio a apresentar um pedido de extradição[4].

As autoridades espanholas solicitaram a França o envio da informação relativa aos contribuintes submetidos à soberania fiscal espanhola que figurassem na documentação coligida por "F", tendo sido enviada uma cópia desses documentos, entregue num formato de CD-ROM. Da documentação examinada resultava que o arguido – "D" – era titular de diversas contas na *HSBC Private Bank*, que continham somas avultadas, tendo por intenção manter os seus fundos ocultos ao fisco[5]. O arguido não declarou à Fazenda Pública a existência destas contas, seus fundos ou ativos, nem pagou o devido imposto em qualquer Estado. As quantias integrantes dos saldos indicados na lista acabaram por ser declaradas como ganhos patrimoniais injustificados.

2. Da decisão da APM n.º 280/2016, de 29/04/2016

No essencial, no processo que decorreu perante a APM, o arguido "D" sustentou que a documentação entregue às autoridades espanholas havia sido ilicitamente obtida, pois teve origem num crime cometido por "F" – declarado no Estado onde este foi julgado (Suíça). Neste quadro, argumentou que as denúncias devem ser feitas pelas vias legais instituídas e legítimas, tendo sido

[3] Para alguns antecedentes, cf. AN, auto n.º 19/2013, de 08/05/2013, relativo ao procedimento de extradição n.º 26/2012 de "F", e TPF, Cour des Affaires Pénales, jugement du 27/11/2015 (SK.2014.46). Quanto a esta última decisão, "F" foi indiciado pelos crimes de subtração de informação - art. 143 do CP -, de violação de segredo comercial - art. 162 do CP -, de violação de segredo bancário - art. 47 da Lei Federal dos Bancos e Caixas de Aforro - e de espionagem/serviço de informações económicas - art. 273 do CP -, previstos no Direito suíço. Diga-se, nomeadamente, que muitos dos factos praticados por "F" estavam já prescritos e que este foi absolvido da prática do crime de subtração de informação.

[4] Como referido, decidido em AN, auto n.º 19/2013, de 08/05/2013.

[5] Do CD-ROM fornecido pelas autoridades francesas constavam um elevado número de arquivos, com dados sobre pessoas singulares e coletivas (quase todas constituídas em "paraísos fiscais"). "F" havia construído perfis com associação entre pessoas e entidades. As contas detidas por "D" eram de titularidade individual ou partilhada com outras pessoas singulares e coletivas associadas ao seu perfil.

violado o seu direito à intimidade – que abrange os dados económicos –, sem que se possa sustentar que o mesmo deva ceder perante um interesse superior relativo ao combate às evasões fiscais, e acentuou que os direitos fundamentais só podem ser restringidos por decisão judicial. A origem ilícita da prova obtida imporia, assim, a sua exclusão do processo: à luz do art. 11.1 da LOPJ[6], que institui a regra da exclusão de prova no Direito espanhol, a prova obtida em violação de direitos fundamentais é ineficaz. Subsidiariamente, apontou ser inválida qualquer prova derivada da primeira, em virtude de existir uma "conexão de antijuridicidade". Por fim, o arguido questionou ainda a autenticidade e correção dos dados constantes da documentação informática.

A APM acabou por condenar o arguido por crimes contra a Fazenda Pública, nos termos do art. 305 do CP espanhol. Em abono da sua posição, a APM sublinhou que haviam sido cumpridos, por parte das autoridades, os mecanismos de cooperação judiciária internacional[7], sendo certo que aos tribunais espanhóis não caberia indagar da legalidade das atuações que têm lugar noutro Estado, nem submeter as provas aí obtidas a uma comparação com a legislação espanhola ("princípio da não indagação")[8]. Decisivamente, nem a atuação de "F" constituiria um ilícito: a violação do segredo bancário não constituiria um crime em Espanha[9] e nem teria sido cometido qualquer

[6] Lei n.º 6/1985, de 01/07/1985.

[7] Invocou os art(s). 3.º e 7.º da Convenção Relativa ao Auxílio Judiciário Mútuo em Matéria Penal entre os Estados-Membros da União Europeia, segundo os quais é permitido o intercâmbio de informações entre autoridades estatais, acerca de infrações penais e violação de disposições legais.

[8] Este princípio impediria que os tribunais aferissem acerca da legalidade da obtenção de prova no Estado que a transfere e, em particular, da sua conformidade com as normas nacionais (Blanco Cordero, 2015a: 20-21). Na Alemanha, entende-se que a prova obtida num Estado estrangeiro pode ser admitida em processo, ainda que o modo da sua obtenção não obedeça à lei alemã, mas sim à lei do Estado que a remete. Não obstante, o juiz tomará em devida conta esse facto, podendo conferir-lhe um menor peso (Schünemann, 2014: 163; Gless, 2013: 95). De uma perspetiva global, vários Estados têm utilizado o "princípio da não indagação" no âmbito da cooperação judicial internacional; contudo, outros Estados confirmam se a obtenção de prova obedeceu às suas normas legais, bem como às do Estado que a obtém e transfere, como é o caso da Suíça (Bachmaier Winter, 2013: 139).

[9] Além de que a legislação espanhola e da União Europeia, em matéria de combate à fraude fiscal e ao branqueamento de capitais, impõem, como orientação geral, a punição de condutas que atentem contra a transparência fiscal.

crime de revelação de segredos de empresa[10] [11], sendo também certo que, neste caso, o sigilo bancário ou segredo comercial apenas serviriam o propósito de subtrair os referidos ativos às obrigações fiscais. Desta forma, restaria concluir-se pela inaplicabilidade da doutrina dos frutos da árvore envenenada à restante atividade probatória realizada. Por último, a APM sustentou ainda que os dados da lista incluídos no processo como prova eram autênticos, não tendo sido manipulados por quaisquer autoridades[12].

3. Da STS n.º 116/2017, de 23/02/2017

No recurso dirigido pelo arguido "D" ao TS, aquele sustentou, no essencial, que no âmbito da sentença recorrida havia sido valorada prova ilicitamente obtida. Neste sentido, salientou que a informação económica integra o conteúdo constitucionalmente protegido do direito à intimidade – estando ainda em causa dados pessoais –, objeto de proteção jurídica face a intromissões ilegítimas, sendo o segredo bancário oponível, igualmente, aos particulares. Deste ponto de vista, "F" teria realizado uma intromissão ilegítima, não tendo sequer autorização em razão da sua profissão para aceder, compilar e difundir os dados relativos à intimidade económica dos clientes do Banco. Ademais, essa ilicitude derivada da intromissão nos direitos fundamentais não poderia ser sanada por via da aplicação da doutrina da ponderação de interesses e, por outro lado, nem o princípio da dupla incriminação poderia ter sido invocado para validar a prova[13], porque não seria pressuposto da aplicação

[10] Para que se tratasse de um "segredo digno de proteção" seria necessário que a informação fosse lícita.

[11] A APM aponta, ainda, que no TPF, Cour des Affaires Pénales, jugement du 27/11/2015 (SK.2014.46), a prova foi aceite. Ademais, no referido processo, que se centrou nos crimes de espionagem/serviço de informações económicas, de segredo comercial e bancário, absolveu-se "F" do crime de subtração de dados, o que debilitaria a tese de ilicitude sustentada pelo arguido.

[12] Além de que, quanto às autoridades estrangeiras, aplicar-se-ia o "princípio da não indagação". Não teria existido, ademais, qualquer violação da cadeia de custódia, na medida em que o procedimento de entrega da prova, entre as autoridades competentes, foi direto e oficial, tendo sido tomadas todas as precauções relacionadas com a inacessibilidade e preservação dos suportes informáticos, nos termos da lei.

[13] Questão debatida na AN, auto n.º 19/2013, de 08/05/2013, para efeitos de extradição, e, como vimos, na APM n.º 280/2016, de 29/04/2016. No mencionado auto n.º 19/2013 da AN, conclui-se, a propósito do requisito da dupla incriminação para efeitos de extradição, que nem a espionagem financeira é objeto de proteção penal em Espanha.

do art. 11.1 da LOPJ: a intromissão ilegítima de "F" deu-se em violação do direito fundamental à intimidade, independentemente de constituir ou não um crime tipificado em Espanha. O arguido "D" rejeitou, ainda, a pertinência da invocação do "princípio da não indagação" no caso, já que estaria impedida a utilização de documentação ilicitamente obtida, independentemente da origem estrangeira dessa prova e, especialmente, quando o Estado onde foi obtida a considera um produto de um crime[14]. Por último, reiterou a dúvida quanto à autenticidade dos documentos utilizados no processo como prova[15].

Para o que nos importa, o TS começou por sustentar que a regra de exclusão de prova é uma decorrência do direito a um processo com todas as garantias, de uma exigência ética ligada à fonte legitimante da função jurisdicional e viria, igualmente, imposta pelo efeito de contaminação processual[16].

[14] As alegações do arguido "D" completam-se com a citação da decisão da Cour de Cassation, Chambre Criminelle, arrêt du 31/01/2012 (11-13097), também relativa ao "Caso Falciani", a qual declarou a não utilização dos documentos obtidos. Em sentido contrário, porém, cf. Cour de Cassation, Chambre Criminelle, arrêt du 27/11/2013 (13-85042), onde o mesmo Tribunal declarou a possibilidade da sua utilização, com base no princípio do contraditório nos debates em plenário e na asserção de que as autoridades francesas não tiveram qualquer intervenção nos factos ilícitos. Note-se, contudo, que a discutida Lei francesa n.º 2013-1117, de 06/12, relativa à luta contra a fraude fiscal e delinquência económica e financeira, recusa que a origem remota de uma prova, entregue às autoridades francesas, contamine a sua validez probatória.

[15] Reforçando o argumento com uma declaração vertida em TPF, Cour des Affaires Pénales, jugement du 27/11/2015 (SK.2014.46), onde se entendeu existirem indícios de que as cópias remetidas pelas autoridades francesas não correspondiam de forma exata aos ficheiros originais encontrados no domicílio de "F".

[16] Não obstante, o TS aponta que noutros Estados os respetivos tribunais afastaram o efeito de contaminação, ao rejeitarem a análise remota relativa ao modo como os agentes públicos obtiveram esses documentos. Cita, neste sentido, as decisões da *Corte Suprema di Cassazione* italiana, Sez. III, n.º 38753, de 26/09/2012, e Sez. III, n.º 29433, de 17/04/2013, onde esta afirmou a possibilidade da valoração dos documentos coligidos, devido à intervenção dos mecanismos de cooperação judicial e à incerteza quanto às circunstâncias da subtração dos documentos. Já na *Cour de Cassation de Belgique*, arrêt du 22/05/2015 (F.13.0077.N), referente ao "Caso KB Lux", sustentou-se que face à inexistência de disposição geral proibitiva da utilização de prova ilícita em matéria fiscal, os documentos subtraídos pelo particular só devem ser excluídos feito um juízo de ponderação no caso concreto, designadamente, pesando-se o direito a um processo justo e o "princípio da boa administração". Somente quando o modo de obtenção de prova se tenha afastado inaceitavelmente das regras que definem uma administração cumpridora da lei é que se imporá a exclusão da prova. Cf., ainda, Cour de Cassation, Chambre Criminelle, arrêt du 27/11/2013 (13-85042).

De seguida, considerou que o "princípio da não indagação" não permitiria resolver as dúvidas de licitude no presente caso. Segundo o TS, este relaciona-se, designadamente, com a diferença entre os requisitos dos ordenamentos jurídicos para a prática de um mesmo ato probatório. Se é verdade que ao juiz não caberia efetuar um prévio processo de validação da prova face a normas processuais estrangeiras, tal não poderá converter-se numa indiferença dos tribunais frente às violações de direitos fundamentais. Haveria, então, que se limitar este princípio ao seu âmbito exclusivamente formal, que lhe seria próprio, sob pena de incompatibilidade com os valores constitucionais envolvidos no exercício da função jurisdicional. Por outro lado, o "princípio da dupla incriminação" não resolveria a questão: ainda que "F" não tenha incorrido na prática de nenhum crime, o art. 11.1 da LOPJ considera ilícitas as provas obtidas em violação de direitos ou liberdades fundamentais, pelo que o conceito de prova ilícita não exige, como pressuposto, a prática de um facto penalmente ilícito. Assim, a conclusão acerca da validade da documentação da "Lista Falciani" não teria porque se apoiar neste argumento.

Decisivamente, o TS entendeu que a valoração de uma fonte de prova obtida ilicitamente por um particular é possível, considerando o sentido literal da fórmula do art. 11.1 do LOPJ, especialmente quando se considere que a regra da exclusão de prova, tendo em conta a sua origem histórica e sistematização jurisprudencial funcionaria, sobretudo, como um elemento de prevenção em face dos potenciais excessos cometidos pelas autoridades estatais na investigação do crime. Efetivamente, de acordo com o TS, a atuação de um agente de autoridade, atentatória dos direitos fundamentais, que personifica os interesses do Estado na punição do crime, nunca poderia ser equiparada à ação de um particular que não se encontra vinculado ao exercício do *ius puniendi*. A regra de exclusão de prova almejaria, tão-só, dissuadir as autoridades de violarem os direitos fundamentais, limitando a avidez do Estado na persecução dos ilícitos penais. Afirmando não pretender, com isto, formular qualquer regra geral, tratando-se, tão-só, da necessidade de ponderar as circunstâncias do caso, e sem deixar de mencionar que a violação do direito à intimidade não poderá conduzir sempre a uma declaração de ilicitude – havendo que diferenciar o seu núcleo duro dos seus outros conteúdos, bem como o alcance e a intensidade da sua afetação –, o TS realçou ser, sobretudo, essencial atender ao significado da atividade do particular. Neste sentido, o TS argumentou que somente é necessário que o particular nunca tenha atuado ao lado do Estado na investigação criminal, pois aí a proibição de valorar esses documentos apoiar-se-ia nas razões já enunciadas. Neste caso, o apoderamento dos dados bancários por "F" teve em vista a obtenção de um rendimento económico[17], não existindo qualquer indício de que a obtenção desses ficheiros resultou de uma colaboração com quaisquer autoridades estatais. Por consequência, o TS concluiu que os ficheiros bancários foram corretamente valorados pelo tribunal, não estando afetados pela regra da exclusão, tendo ainda recusado, por fim, que a prova tivesse sido manipulada ou que não fosse autêntica[18].

II. Direito comparado

1. Direito espanhol

Apresentado o caso, analisaremos o tratamento que tem sido dado a esta questão no ordenamento jurídico espanhol.

Em Espanha, a exigência de exclusão de prova ilícita do processo – entendida como a que deriva da violação de um direito fundamental – ficou plasmada na jurisprudência do TCE. Com efeito, na STC n.º 114/1984, de 29/11/1984[19], sufragou-se que a inviolabilidade dos direitos fundamentais – art. 10.1 da

[17] Segundo pode ler-se no antecedente 3º da AN, auto n.º 19/2013, de 08/05/2013: "(...) la investigación suiza se inicia luego de una alerta del 20 de marzo de 2008 de la Asociación Suiza de Banqueros que informaba de que los llamados Vicenta y Juan Pablo, de la sociedad Palorva, se presentaron, el 4 de febrero de 2008, en el Banco Audi (Suisse) S.A, en Beirut con el fin de negociar la venta de una base de datos de clientes de diferentes bancos suizos: según la información, la base de datos habría sido creada pirateando (interceptación electrónica) faxes que se referían, sobre todo, órdenes relativas a instrucciones de suscripción de fondos, en las cuales aparecen los principales datos de los suscriptores (...). El 22 de diciembre de 2008, Vicenta y el llamadeo Juan Pablo - cuyo verdadero nombre es Falciani -, ambos empleados en el departamento IT del HSBC Private Bank (Suisse) S.A en Ginebra, fueron detenidos en interrogados".

[18] Neste sentido, o parcelamento e reorganização dos ficheiros teria ocorrido por razões práticas, tendo a entrega de informação de se cingir aos contribuintes espanhóis. Assim, não teriam sido violados os direitos do arguido à tutela judicial efetiva, à presunção de inocência e a um processo com todas as garantias (art. 24 da CE).

[19] No caso, porém, este considerou que a gravação realizada por um dos participantes da conversa não constituía uma violação de um direito fundamental do outro interlocutor, pois o segredo das comunicações não seria oponível a um participante nas mesmas.

CEsp. – culminaria na impossibilidade de se admitir em processo prova obtida através da sua violação. Só assim se respeitaria o direito a um processo com todas as garantias – art. 24.2 da CEsp. – e a garantia da igualdade entre as partes – art. 14 da CEsp. Sustentou o TCE que não sendo esta problemática alheia ao conflito de interesses entre a descoberta da verdade no processo e a garantia dos direitos subjetivos dos indivíduos, o segundo interesse jamais pode ceder face ao primeiro quando esteja em causa a violação de direitos fundamentais. Desta forma, o fundamento da regra da exclusão probatória seria a força dos direitos fundamentais e operaria quer a prova lesiva tivesse sido obtida por um agente público ou por um particular[20].

É com base neste entendimento que, em 1985, foi aprovado o art. 11.1 da LOPJ, que instituiu a regra de exclusão de prova obtida em violação dos direitos fundamentais no ordenamento jurídico espanhol, não prevendo, no seu sentido literal, quaisquer matizações[21]. O art. 11.1 da LOPJ dispõe, então, que "não terão efeito as provas obtidas, direta ou indiretamente, em violação dos direitos ou das liberdades fundamentais"[22]. Na sequência deste dispositivo, as provas ilicitamente obtidas por particulares deverão receber o mesmo tratamento do que as obtidas pelas autoridades públicas[23], sendo, aliás, maioritárias, as decisões jurisprudenciais que aplicam aos meios de prova obtidos pelos particulares a regra constante do art. 11.1 da LOPJ.

Boa parte da doutrina espanhola sustenta, com base no art. 11.1 da LOPJ, que só a prova obtida em violação de direitos fundamentais acarreta uma proibição da sua valoração em processo, adotando-se, pois, uma conceção restritiva de prova ilícita[24]. Para esta linha de pensamento, a solução do problema

[20] MIRANDA ESTRAMPES, 1999: 62-63; BLANCO CORDERO, 2015a: 6.

[21] MOSQUERA BLANCO, 2018: 12.

[22] Originalmente, lê-se: "No surtirán efecto las pruebas obtenidas, directa o indirectamente, violentando los derechos o libertades fundamentales". A ausência de efeito mencionada no preceito deverá abranger, de acordo com MIRANDA ESTRAMPES, 1999: 93-95, o momento processual de admissão de prova, devendo o juiz rejeitar, desde logo, a sua introdução no processo, e o momento da sua valoração.

[23] MIRANDA ESTRAMPES, 1999: 27.

[24] Face à STC n.º 114/1984, de 29/11/1984, e à redação do art. 11.1 da LOPJ, discute-se o conceito de prova ilícita, a qual pode ser entendida num sentido estrito, segundo boa parte da doutrina e da jurisprudência do TCE e do TS, assumindo o significado de prova obtida em violação dos direitos e liberdades fundamentais, por oposição à prova irregular, que abrangeria todos os restantes casos, normalmente ligados a irregularidades processuais (MOSQUERA

depende, então, de uma ponderação dos interesses em conflito no caso concreto, que ditará qual deverá prevalecer: caso se conclua que a prova ilícita não viola direitos fundamentais, então poderá ser admitida e valorada no processo[25]. Este juízo de ponderação de interesses parece emergir como um mecanismo essencial à aplicação da regra de exclusão à prova obtida por particulares, gozando de ampla aceitação[26], convindo aqui notar ainda que, para alguns, a regra de proibição de valoração de prova ilícita só seria absoluta em relação às autoridades públicas, havendo que a relativizar perante os particulares[27].

Para além deste quadro geral, em sede de gravações ocultas realizadas por particulares, Muñoz Conde entende que a sua valoração em processo dependerá dos interesses em conflito. Sem embargo sustentar que aquelas constituem um crime e uma violação do direito fundamental à intimidade, afirmando-se por norma, por via do art. 11.1 da LOPJ, uma proibição de valorar essa prova, reconhece limitações a este princípio em casos excecionais. Nomeadamente, defende que poderão ser valoradas as gravações efetuadas pela vítima de um crime, ou por terceiro em seu benefício, agindo ao abrigo de uma causa de justificação[28]. Por outro lado, Miranda Estrampes reconhece como exceção à proibição de valoração de prova ilícita os casos em que esta seja favorável ao acusado, em obediência a uma adequada ponderação de interesses e circunstâncias, de modo a impedir-se a condenação de inocentes[29].

Blanco, 2018: 5; Armenta Deu, 2011: 51-52; Miranda Estrampes, 1999: 20-26, 55). A prova ilícita *stricto sensu* suscitaria a aplicação do regime constante do art. 11.1 da LOPJ e da teoria dos frutos da árvore envenenada e não do regime geral sobre a nulidade dos atos processuais, constante do art. 238.3 da LOPJ (Blanco Cordero, 2015a: 5; Miranda Estrampes, 1999: 24-25, 73 e ss.). A jurisprudência constitucional distingue ainda os direitos fundamentais de natureza processual (art. 24 da CE), que reclamariam a mera nulidade, já que originam uma situação de falta de defesa, e não comportariam a ilicitude *stricto sensu*. Não obstante, há doutrina que não adota essa distinção, em função do sentido literal do art. 11.1 da LOPJ. Assim, um conceito amplo abarcaria os direitos fundamentais de natureza processual, dando estes igualmente azo à ilicitude *stricto sensu* (Armenta Deu, 2011: 52-53). A favor de um conceito mais amplo de prova ilícita e da aplicação das proibições de valoração de prova e do efeito-à-distância às provas obtidas sem violação de um direito ou liberdade fundamental, cf. Miranda Estrampes, 1999: 29 e ss., 72-73, 80-84.

[25] Miranda Estrampes, 1999: 63, 67.

[26] Mosquera Blanco, 2018: 23, 26.

[27] Blanco Cordero, 2015a: 6, n.r. 8.

[28] Muñoz Conde, 2004: 109-115.

[29] Miranda Estrampes, 1999: 101-103.

Na jurisprudência, tem-se entendido predominantemente que a prova ilicitamente obtida por particulares não pode ser valorada em processo, recorrendo-se a um juízo de ponderação de interesses assente no princípio constitucional da proporcionalidade, destinado a examinar o conflito entre o direito fundamental lesado e os bens jurídicos podem justificar a sua restrição. Caso se conclua que, no caso concreto, os direitos fundamentais do arguido não foram violados pela obtenção da prova pelo particular, então esta poderá ser admitida e valorada no processo, em conformidade com o art. 11.1 da LOPJ. Tal é a solução adotada pelo TCE[30] e, convergentemente, pelo TS[31] em múltiplos casos.

[30] Neste sentido, cf. STC n.º 186/2000, de 10/07/2000, relativa à videovigilância de trabalhadores através de câmaras ocultas instaladas pelo empregador, onde se sustenta a necessidade de se pesar os interesses constitucionais em jogo, por via do princípio da proporcionalidade, para aferir da legitimidade das medidas do empregador, uma vez que o direito do empregador de monitorizar os seus trabalhadores, para garantir o bom funcionamento da empresa, seria limitado pelo direito à intimidade pessoal e à imagem destes últimos (art. 18.1 da CE). Neste caso, o TCE considerou que as medidas de vídeovigilância adotadas pelo empregador não haviam violado os direitos à intimidade pessoal e à imagem do trabalhador. Com efeito, estas foram justificadas por suspeitas razoáveis de conduta irregular, bem como teriam sido proporcionais ao objetivo prosseguido, ou seja, de verificar se o trabalhador estava efetivamente a praticar condutas irregulares e adotar medidas disciplinares se necessário. Em particular, as gravações teriam sido necessárias, porque constituiriam prova das condutas irregulares levadas a cabo pelo trabalhador, e proporcionais, pois a vídeovigilância foi limitada no espaço e no tempo de modo a atingir o fim que visava alcançar. O TCE julgou, ademais, não ser pertinente examinar se os trabalhadores foram previamente informados da instalação de câmaras de vídeo. Por fim, a admissão da prova obtida em processo não teria violado, nem o direito à tutela judicial efetiva (art. 24.1 da CE) - porque a decisão foi também baseada noutros elementos probatórios -, nem o direito a um processo com todas as garantias (art. 24.2 da CE) - já que as imagens eram autênticas, tendo sido trazidas ao processo e exibidas conforme os requisitos do processo laboral e acompanhadas da declaração testemunhal das pessoas que controlaram as filmagens.

[31] Na STS n.º 793/2013, de 28/10/2013, relativa a uma gravação oculta efetuada por particulares, o TS, concedendo que essa prova pudesse vir a ser admitida no processo, assinalou que terá de se diferenciar as atuações dos agentes públicos e dos particulares e, quanto a estes, haverá também que distinguir conforme as circunstâncias (diferenciando-se, por exemplo, o caso de obtenção de imagens por um jornalista, para efeitos televisivos, do de uma vítima, que o faz para obter provas para denúncia, ou o caso em que a gravação é feita no momento da prática do crime, daqueles em que se procura investigar um crime já cometido ou ainda não executado). Em especial, a admissibilidade como prova, no processo, das imagens e sons captados dependeria de um juízo de ponderação, cabendo determinar se existe um fim legítimo que justifique a sua utilização e se tal é autorizado pelos princípios da necessidade,

Noutro plano, o efeito de contaminação da prova secundária (derivada da prova ilícita), encontrou suporte na expressão "obtidas direta ou indiretamente", utilizada no art. 11.1 da LOPJ, e foi reconhecido pela jurisprudência constitucional[32]. Sem embargo, desde cedo, o efeito de contaminação veio acompanhado de um conjunto de exceções[33].

racionalidade e proporcionalidade. Na STS n.º 45/2014, de 07/02/2014, foi admitida como prova uma gravação de uma conversa, feita por um dos seus intervenientes, por se considerar que o segredo das comunicações não seria oponível a um participante das mesmas. Refira-se que para Muñoz Conde, 2004: 120, esta linha interpretativa é discutível, pois deixaria sem proteção a intimidade nas conversações. Já na STS n.º 239/2014, de 01/04/2014, relativa a um furto de dinheiro de uma caixa registadora de uma empresa, sustentou-se que as gravações ilícitas das câmaras colocadas no escritório do arguido não poderiam constituir prova do facto. Conclusão que derivou, precisamente, do juízo de proporcionalidade: as câmaras instaladas nos locais comuns da empresa permitiam identificar o agente do crime, existiam testemunhas e as gravações foram realizadas por câmaras instaladas num local de uso exclusivo, em que a expetativa de intimidade é maior. De igual modo, na STS n.º 569/2013, de 26/06/2013, excluiu-se do processo a prova obtida por um particular, através da retirada de materiais informáticos do carro do arguido, por se ter concluído que o seu direito à intimidade havia sido violado - quer pela abertura do carro, quer pela visualização do conteúdo dos materiais - e na STS n.º 1066/2009, de 04/11/2009, em que estava em causa a prova de crimes de natureza sexual, a gravação feita pelo particular não foi admitida, pois teria sido feita com o fim predeterminado de conseguir as provas necessárias e não teria derivado de uma conversa espontânea.

[32] Mosquera Blanco, 2018: 12-13. Ainda para este efeito, cf. STC n.º 85/1994, de 14/03/1994.

[33] Em especial, na STC n.º 81/1998, de 02/04/1998, impôs-se a exigência de uma *conexión de antijuridicidad*, para que se estabeleça um nexo de inconstitucionalidade entre a prova ilícita e as provas derivadas. Para tal, terá de se analisar a tutela exigida pelo direito fundamental (perspetiva externa), para depois se atender à violação do direito pela prova ilícita e ao seu resultado (perspetiva interna). Esta construção jurisprudencial tornou-se uma referência para efeitos da decisão de exclusão do efeito de contaminação (Mosquera Blanco, 2018: 15; Miranda Estrampes, 1999: 112 e ss.) e flexibilizou o disposto no art. 11.1 da LOPJ. Este entendimento, porém, foi alvo de críticas. Muñoz Conde, 2004: 101, considera que estas interpretações acabam por converter o art. 11.1 da LOPJ numa declaração de princípios puramente simbólica, sustentando que amplitude desta tese ignora a expressão "indiretamente" integrada no art. 11.1 da LOPJ. No mesmo sentido, Miranda Estrampes, 1999: 118, fala, a propósito da mencionada STC n.º 81/1998, de 02/04/1998, de um "duro golpe" ao reconhecimento efetivo do efeito de contaminação da prova ilícita. De qualquer modo, na STS n.º 228/2017, de 03/04/2017, este expõe que são aceites como critérios para excluir a "conexão de antijuridicidade" e para validar as provas secundárias, entre outros, o critério da descoberta inevitável, o da conexão atenuada, o da fonte independente, a ponderação de interesses e a autoincriminação do acusado em plenário. Estas exceções foram reconhecidas, entre outras, na STS n.º 912/2013, de 04/12/2013, na STS n.º 511/2015, de 21/07/2015, na STS n.º 49/1996, de 26/03/1996 e na STS n.º 974/1997, de 04/97/1997. Diga-se, adicionalmente, que à semelhança do que aconteceu nos Estados Unidos, adotaram-se teorias que afastam a

Alguma doutrina espanhola já se pronunciou quanto ao "Caso Falciani". De uma perspetiva, Blanco Cordero sustenta que se a prova foi obtida pelo particular em violação de direitos fundamentais e sendo, ainda, a sua atuação constitutiva de um crime, tal reclamará, por princípio, a aplicação da regra da exclusão probatória (art. 11.1 da LOPJ), com base no seu fundamento constitucional[34]. Logo em face dos crimes de relevação de segredos (art. 199 do CP) e de revelação de segredos de empresa (art. 279 do CP), o autor conclui ser difícil excluir a responsabilidade penal do particular[35] e, portanto, a lesão de um direito fundamental na obtenção da prova. Por outro lado, Mosquera Blanco entende que se deveria ter colocado a ênfase da resolução do caso na exigência de ponderação entre os bens jurídicos em confronto, juízo, no essencial, omitido pelo TS, para decidir se a intimidade do cliente teria sido efetivamente violada e se se impunha a exclusão da valoração da prova[36]. Na realidade, o que se veio a verificar foi que o TS acompanhou a orientação norte-americana, afastando-se decisivamente da origem da regra da exclusão de prova no Direito espanhol, alicerçada na salvaguarda dos direitos fundamentais[37].

Poderemos, assim, concluir que a jurisprudência e a doutrina maioritárias concebem a aplicação da regra da exclusão de prova ilícita, prevista no art. 11.1 da LOPJ e fundada na garantia dos direitos e liberdades fundamentais,

própria regra da exclusão, como a teoria da boa-fé. Com efeito, quando o agente tenha obtido prova ilicitamente, mas na convicção de que a sua conduta era conforme ao ordenamento jurídico, esta será admitida no processo. Neste sentido, cf. STC n.º 22/2003, de 11/02/2003. Contra esta exceção apresenta-se Miranda Estrampes, 1999: 28.

[34] Blanco Cordero, 2015a: 5-6.

[35] Blanco Cordero, 2015b: 291-305. O autor discute a eventual aplicação dos crimes acima referidos, em contradição com o que foi afirmado pelas instâncias judiciais do caso. De uma outra perspetiva, o autor também abordou o problema de saber se a prova adquirida através dos mecanismos de cooperação internacional pode ser questionada, *ab initio*, no processo penal (Blanco Cordero, 2015a: 7). Ao nível do princípio da não indagação, reconhecido em Espanha, considerou que os fundamentos que lhe subjazem podem ser hoje questionados, pois colocam problemas, nomeadamente, no plano do respeito pelos direitos humanos, da garantia de um processo justo e da igualdade de armas. Como tal, deve reconhecer-se o direito ao arguido de questionar a licitude e fiabilidade da prova perante o tribunal e de requerer a sua exclusão do processo. Entende, nomeadamente, que o Estado que vai utilizar a prova deve requerer informações acerca do modo como foi obtida, verificando a existência de eventuais infrações (Blanco Cordero, 2015a: 21-28).

[36] Mosquera Blanco, 2018: 23 e ss., 31.

[37] Mosquera Blanco, 2018: 21-23.

quer aos particulares, quer às forças públicas. Além disso, quanto às relações entre particulares, a delimitação do direito fundamental e a ponderação do conflito de interesses em presença são relevantes para determinar se a prova pode ser admitida e valorada. Deste modo, a decisão do "Caso Falciani" representou um marco na evolução jurisprudencial desta matéria, ao modificar o fundamento da regra da exclusão de prova ilícita e ao omitir, no essencial, o juízo de ponderação, divergindo, desta forma, da jurisprudência e doutrina maioritárias.

2. Direito norte-americano

O Direito norte-americano foi uma importante fonte de desenvolvimento da regra de exclusão de prova ilícita do processo, sendo a sua formulação e fundamento, contudo, diversos dos do Direito espanhol.

A *exclusionary rule* surgiu na jurisprudência do U.S. *Supreme Court*, como consequência do direito a não sofrer buscas e apreensões arbitrárias – consagrado na 4.ª Emenda à Constituição norte-americana –, sob pena de este ser esvaziado de conteúdo[38]. Deste cedo, o U.S. *Supreme Court* entendeu que a 4.ª Emenda visaria impor limites à atividade de investigação das autoridades públicas[39]. Como na sua origem histórica esta disposição havia visado, tão-só, impor uma restrição à sua atuação, o U.S. *Supreme Court* advogou que a *exclusionary rule não seria aplicável aos particulares, n*a ausência de conexão da sua conduta com a atividade de investigação estatal[40-41].

[38] Fixada, em especial, em Weeks v. U.S., 232 U.S. 383 (1914). De facto, a 4.ª Emenda protege os cidadãos contra *searches and seizures* arbitrárias, mas não oferecia qualquer forma de prevenção ou remédio para a sua violação até à formulação da *exclusionary rule*, cuja aplicação, de início, era limitada aos tribunais federais. Na jurisprudência de Wolf v. Colorado, 338 U.S. 25, 31 (1949), estendeu-se a aplicação da *exclusionary rule* a todos os Estados pela 14.ª Emenda (*due process clause*), embora o U.S. *Supreme Court* ainda não tivesse tornado vinculativo o seu uso nas hipóteses de violação da 4.ª Emenda. Somente no caso Mapp v. Ohio, 367 U.S. 643 (1961), é que se tornou obrigatória a aplicação da *exclusionary rule*, como modo de salvaguardar a 4.ª Emenda (Gittins, 2007: 455-459).

[39] Como afirmado em Weeks v. U.S., 232 U.S. 383 (1914).

[40] Burdeau v. McDowell, 256 U.S. 465 (1921). Estando em causa o furto e entrega de documentos pelo particular às autoridades, ditou-se a sua utilização em processo por ausência de conexão da atuação do particular com as autoridades públicas. Salienta-se o seguinte trecho: "The papers having come into the possession of the government without a violation of petitioner's rights by governmental authority, we see no reason why the fact that individuals,

Quanto ao fundamento da *exclusionary rule* – com funções essencialmente processuais –, pese embora esta seja uma exigência para salvaguardar a 4.ª Emenda[42], a jurisprudência norte-americana parece tê-la alicerçado, particularmente, no propósito de evitar arbitrariedades e excessos cometidos pelos agentes públicos no âmbito da investigação, isto é, no efeito de dissuasão[43]. Recorde-se da afirmação expressiva do U.S. *Supreme Court*[44], sustentando que "(...) the 'prime purpose' of the rule, if not the sole one, 'is to deter future unlawful police conduct'". Todavia, outros fundamentos para a *exclusionary rule* foram pensados pela jurisprudência e doutrina, como sejam, a preservação da *judicial integrity*[45] – visto que, a admitir-se prova ilegal, os tribunais estariam a aceitar tacitamente violações à 4.ª Emenda, o que não poderia ser admitido –, a *equitable restoration* – que encara a prova obtida ilegalmente pelo governo, como um benefício indevido, que deve ser remediado pela sua desconsideração – e a *judicial review* – que visando evitar uma validação de atuações inconstitucionais, implicaria que essas atuações deveriam ser tidas como inválidas[46].

Deste modo, somente de forma secundária a *exclusionary rule* adquire um sentido material-substantivo (de proteção e afirmação dos direitos fundamentais constitucionais), colocando-se a ênfase numa perspetiva processual, segundo a qual os direitos fundamentais constituem, primariamente, uma garantia contra as intervenções ilegítimas das autoridades públicas. Neste sentido, as normas constitucionais a que os tribunais recorrem em matéria

unconnected with the government, may have wrongfully taken them should prevent them from being held for use in prosecuting an offense (...)".

41 Atenda-se, porém, ao caso do Estado do Texas, cuja legislação processual penal prevê que a *exclusionary rule* se aplica, igualmente, aos particulares (Costa, 2019: 176).

42 Costa, 2019: 176-177.

43 Nos casos Elkins v. U.S., 364 U.S. 206 (1960), Linkletter v. Walker, 381 U.S. 618 (1965) ou U.S. v. Calandra, 414 U.S. 338 (1974), esta função preventiva da *exclusionary rule*, destinada a desincentivar as autoridades de praticar ilegalidades durante a atividade de investigação, é assumida pelo U.S. *Supreme Court*.

44 U.S. v. Janis, 428 U.S. 433 (1976).

45 Utilizado em Elkins v. U.S., 364 U.S. 206 (1960). O mesmo argumento foi aduzido pelo TEDH, em Gäfgen v. Germany, n.º 22978/05, de 01/06/2010, ao afirmar: "(...) the admission into a trial of evidence obtained in violation of an absolute human right would undermine and jeopardise the integrity of that process".

46 Re, 2014: 1902-1907.

de proibições de prova assumem uma estrutura eminentemente processual, como é o caso do mencionado dispositivo das buscas e apreensões (4.ª Emenda), da claúsula *do due process of law* (14.ª Emenda), ou do *privilege against self-incrimination* (5.ª Emenda)[47].

Por outro lado, em termos sintéticos, neste ordenamento jurídico foi reconhecida a *fruit-of-the-poisonous-tree-doctrine*[48], que exclui todas as provas derivadas da ilicitamente obtida. Sem embargo, posteriormente, foram desenvolvidas exceções ao efeito de contaminação gerado pela prova ilícita[49].

Em face do exposto, conclui-se que no direito norte-americano as provas ilicitamente obtidas por particulares podem ser utilizadas em processo, desde que a sua atuação não se desenvolva em ligação com a das autoridades públicas na persecução penal; caso contrário, estes ficarão vinculados à *exclusionary*

[47] Andrade, 1992: 136.

[48] Silversthorne Lumber Co. v. U.S., 251 U.S. 385 (1920). Neste caso, a obtenção ilegal (sem mandado) dos documentos, resultaria na impossibilidade de os utilizar para descoberta de outros meios de prova. A designação acima exposta foi, posteriormente, utilizada em Nardone v. U.S., 308 U.S. 338 (1939).

[49] Como sejam os casos da exceção da prova independente, da teoria da descoberta inevitável, ou da doutrina do nexo atenuado, reconhecidas pelo U.S. *Supreme Court*, respetivamente, em Segura v. U.S., 468 U.S. 796 (1984), Nix v. Williams, 467 U.S. 431 (1984) e Wong Sun v. U.S., 371 U.S. 471 (1963). Para além das exceções ao efeito de contaminação, a jurisprudência norte-americana acabou por desenvolver, como referimos *supra*, critérios de afastamento da própria *exclusionary rule*, como em U.S. v. Leon, 468 U.S 897 (1984), onde se aplicou a teoria da boa-fé e do qual se salienta o seguinte trecho: "(...) exclusionary rule should not be applied so as to bar the use (...) of evidence obtained by officers acting in reasonable reliance on a search warrant issued by a detached and neutral magistrate but ultimately found to be invalid". A teoria da boa-fé foi reafirmada em Herring v. U.S., 555 U.S. 135 (2009). Igualmente, de acordo com o caso Davis v. U.S., 564 U.S. 229 (2011), fora do âmbito da *exclusionary rule*, fundada no efeito de dissuasão, ficam as hipóteses em que as buscas foram ilícitas, mas baseadas na confiança objetiva da aplicação de um precedente jurisprudencial vinculativo. Mais recentemente, na decisão Hudson v. Michigan, 547 U.S. 586 (2006) – na qual a polícia não havia respeitado a "*knock and announce*" *rule* – o U.S. *Supreme Court* recusou a aplicação da *exclusionary rule*, no essencial, porque não verificaria que, no caso, o efeito de dissuasão superasse os custos sociais inerentes a esta regra e, mesmo, devido à ausência de efeito dissuasório sobre a atuação policial. Para este efeito, cf. Armenta Deu, 2011: 179. Inclusive, há quem defenda a inaplicabilidade da *exclusionary rule* noutros casos, como no da violação da *nighttime search rule* (cf. Gittins, 2007: 467-482). Quanto ao estado atual da questão, cf. Re, 2014: 1889.

rule, tal como aplicável às instâncias formais de perseguição penal[50-51]. Desta forma, tendo em conta o entendimento jurisprudência do U.S. *Supreme Court* e os fundamentos que este e a doutrina associaram à *exclusionary rule*, é possível defender-se que se o "Caso Falciani" viesse a ser resolvido no Estados Unidos, os dados constantes da documentação elaborada por "F", em prejuízo dos direitos fundamentais dos clientes, poderiam ser valorados como prova no processo contra o arguido. Neste caso, como vimos, a atuação do particular foi independente de qualquer colaboração com as autoridades públicas, pelo que não lhe seria aplicável a *exclusionary rule*.

3. Direito alemão

No sistema germânico predomina um entendimento material-substantivo das proibições de prova, tomando-se por referência os direitos de personalidade, como é o caso da dignidade da pessoa humana (art. 1 da GG), do livre desenvolvimento da personalidade (art. 2 da GG) ou da inviolabilidade do domicílio (art. 13 da GG)[52 53]. Distingue-se entre as proibições de produção de prova e as proibições de utilização de prova, sem que exista, porém, uma relação de implicação entre elas[54].

[50] Costa, 2019: 175-176, 178.

[51] Um último apontamento para elucidar que, conforme explica Novais, 2018: 61-63, o Direito norte-americano adere à tese de recusa de eficácia dos direitos fundamentais nas relações entre particulares. Os direitos fundamentais constitucionais apenas valem nas relações verticais entre indivíduo e Estado, salvo se a atuação do particular puder ser caracterizada como *state action*.

[52] Andrade, 1992: 137.

[53] Como recordam Roxin / Schünemann, 2019: 282, para a construção das proibições de prova como um problema autónomo foi essencial o contributo de Beling. Este advogou que certos factos não poderiam ser provados de determinada forma, impondo-se limitações derivadas das referidas proibições de prova, as quais poderiam ser absolutas ou relativas, justificando-se por diferentes motivos, nomeadamente, o interesse do indivíduo na proteção da esfera da personalidade, precludindo-se, por exemplo, que o acusado tenha de contribuir para a sua condenação (Beling, 2009: 5-9, 16-17).

[54] Ambos, 2009: 64-68. Com efeito, a doutrina alemã reconhece a existência das proibições de utilização dependentes e independentes, conforme estas derivem da violação de uma proibição de produção, ou de uma violação das normas constitucionais. A não existir uma norma expressa que imponha uma proibição de valoração, a violação de uma proibição de produção de prova não a desencadeará necessariamente. Inversamente, uma proibição de valoração de prova poderá emergir, ainda que não exista uma violação de uma norma de proibição de produção de prova (Ambos, 2009: 67-68; Costa, 2019: 179).

Quanto aos casos em que se devem aplicar proibições de valoração de prova não positivadas, foram disputadas diversas teorias ao longo do tempo. Parece, porém, que a teoria da ponderação tem prevalecido, a qual procede a um balanceamento entre o interesse público da perseguição penal ou da administração eficiente da justiça penal e o interesse do indivíduo na proteção dos seus direitos[55]. Para efeitos da ponderação a efetuar, a jurisprudência parece levar em conta uma panóplia de fatores: a gravidade da suspeita e do crime a perseguir; a existência de outros meios de prova; a gravidade da interferência no direito do visado; se a prova poderia ter sido obtida de forma lícita, ou se a sua obtenção ilegal foi determinada por dolo ou negligência grosseira[56] [57].

Roxin e Schünemann notam que as recentes decisões jurisprudenciais demonstram uma situação paradoxal na Alemanha, porque os pressupostos de produção de prova e respetiva transferência são restritivos, enquanto que as possibilidades de valoração de prova obtida ilegitimamente se determinam de forma muito ampla[58]. Com efeito, as proibições de valoração de prova são perspetivadas pela jurisprudência como uma limitação, ou mesmo, como uma exceção ao dever da procura da verdade por parte dos órgãos de investigação[59]. A sua aplicação deverá, então, ser justificada, até por prejudicarem o alcance de uma decisão justa[60]: tal dependerá, segundo o BGH, de uma norma expressa ou da existência de razões de "hierarquia superior"[61].

[55] Ambos, 2009: 104-105; Roxin / Schünemann, 2019: 282, 286-288; Wolter, 2018b: 132.

[56] Greco, 2018: 65; Costa, 2019: 181. Quanto a este aspeto, ilustrando a diferença entre o Direito norte-americano e o alemão, Bradley, 1983: 1044, após análise de um dos famosos casos do diário, afirma que as proibições de utilização de prova na Alemanha não visam um efeito de dissuasão dirigido à polícia, mas, antes, por via da ponderação,"(...) the rule operates to maximize privacy interests consistently with society's interest in prosecuting serious crimes".

[57] Ainda para este efeito, cf. BGH StB 2/94, de 30/03/1994.

[58] Roxin / Schünemann, 2019: 287.

[59] Wolter, 2018b: 115.

[60] Roxin / Schünemann, 2019: 287.

[61] Wolter, 2018b: 136-137. A propósito da teoria da ponderação, Roxin / Schünemann, 2019: 287-288, indicam que a jurisprudência do BVerfG e do BGH, considerando que as proibições de valoração devem ser restritas, sustentam que estas só serão constitucionalmente exigidas quando da violação do Direito derive: a insuficiente influência do acusado sobre o desenvolvimento e resultado do processo; a ausência de garantias de obtenção de uma verdade fiável; a valoração conduza a uma ingerência desproporcional no direito à personalidade e/ou a um favorecimento de produções de prova decorrentes de violações graves, conscientes e arbitrárias, em que as garantias de direitos fundamentais foram ignoradas de forma sistemática

Wolter é particularmente crítico do modo como a teoria da ponderação tem sido utilizada pela jurisprudência, especialmente pelo BGH. Entende verificar-se um retrocesso na defesa da dignidade humana em processo penal, a qual, não obstante a sua intocabilidade, é praticamente aniquilada, e denuncia a tendência de se considerar que os interesses de administração de justiça e de prevenção penal devem prevalecer sobre a dignidade e liberdade dos indivíduos, apesar de – segundo o próprio BVerfG – o processo penal ter por função a salvaguarda dos direitos fundamentais[62].

No que toca aos particulares, entende-se que as proibições de prova da StPO apenas vinculam os órgãos de polícia criminal, pelo que se propugna pela admissibilidade de princípio da valoração da prova ilícita obtida por particular[63]. Sem embargo, existe uma exceção inultrapassável: a violação da dignidade humana determina que essas provas não podem, em caso algum, ser valoradas, pois desrespeitar-se-ia a ideia de Direito que estrutura o processo penal[64]. Para Wolter, quanto à prova ilicitamente obtida por particulares – pressupondo que a sua atuação não é imputável ao Estado –, deverá afirmar-se, em definitivo, uma proibição de valoração quando aquela tenha implicado uma violação de direitos fundamentais intocáveis, posição assente no art. 1 da GG e na impossibilidade de o Estado se valer dessa prova, de modo

ou planeada. Por outro lado, sintetiza Gössel, 1992: 416, que a utilização de prova ilícita será possível sempre que se esteja perante criminalidade grave ou se for essencial para identificar e condenar os agentes do crime ou para absolver inocentes.

[62] Wolter, 2018a: 83-85; 2018b: 111, 115-131, 134-135. Em relação à posição do autor sobre as proibições de valoração de prova, cf. Wolter, 2018b: 142-146. Com preocupações semelhantes, no contexto do reforço de combate à criminalidade organizada e expansão das intervenções das autoridades públicas na privacidade e dados pessoais e do conflito gerado face aos direitos fundamentais, cf. Roxin, 2009: 392-395, 397. De todo o modo, em síntese, para Roxin, 2007: 110, quando não existam normas positivas quanto a proibições de valoração, dever-se-á tomar em conta, nomeadamente, os direitos fundamentais constitucionalmente protegidos e os requisitos do princípio do *fair trial*.

[63] Gössel, 1992: 416; Andrade, 1992: 157-158.

[64] Roxin / Schünemann, 2019: 306-307; Gössel, 1992: 422 e ss. Nestes casos, a não utilização da prova pode assentar na necessidade de salvaguardar a credibilidade do processo penal como forma de revelação do Estado de Direito (Andrade, 1984: 575), sendo, ainda, decisivo determinar se a valoração da prova renova uma violação da esfera da personalidade, agora da responsabilidade das autoridades públicas (Andrade, 1992: 154; Roxin / Schünemann, 2019: 307; Gössel, 1992: 416).

a preservar-se o prestígio da justiça penal. Fora desses casos, é de aplicar a teoria da ponderação[65].

Em função do exposto, dir-se-á ser possível a aplicação de uma proibição de valoração da prova àquela recolhida ilicitamente pelos particulares, tendo a jurisprudência reconhecido, por vezes, essa solução[66]. Em especial, em matéria de privacidade, parece que este interesse só tende a prevalecer, no juízo de ponderação, perante a persecução de crimes menos graves[67] [68].

De relevo para a nossa discussão, ainda no âmbito do Direito alemão, apresenta-se o "Caso Liechtenstein"[69], no qual um funcionário de um Banco copiou para um CD-ROM dados relativos a clientes alemães que se haviam subtraído ao pagamento de impostos, tendo tentado extorquir esta entidade. Todavia, esta hipótese afasta-se do "Caso Falciani" em alguns aspetos, pois esses dados foram posteriormente comprados pelos serviços secretos alemães, além de que somente se discutiu se os mesmos podiam fundar um mandado de busca domiciliária na residência dos arguidos. Para o que nos importa, o BVerfG sufragou o entendimento de que as proibições de valoração de prova constituem uma exceção, pois restringem o dever de busca da verdade. A sua própria jurisprudência, afirmou o BVerfG, só reconheceu proibições de utilização de prova absolutas nas hipóteses de violação do núcleo da vida privada, tendo reiterado que estas só devem ser impostas quando haja um incumprimento das regras processuais sério, deliberado ou arbitrário,

[65] Wolter, 2018b: 134, 146. O autor defende ainda a positivação de certas proibições de valoração de prova, como as hipóteses de gravações secretas (2018b: 146).

[66] Cf. BGH 5 StR 302/97, de 21/07/1998; BGH 4 StR 519/63, de 21/02/1964, e BGH 1 StR 683/59, de 14/06/1960.

[67] Roxin, 2007: 108.

[68] Outra matéria discutida no Direito alemão é a de saber se as proibições de valoração acarretam um efeito de contaminação da prova secundária, precludindo-se o seu uso. De acordo com Roxin / Schünemann, 2019: 303, o BGH parece entender, na maioria dos casos, que aquele efeito deve ser rejeitado, no essencial, porque o processo não deveria ver-se paralisado em razão de um único erro processual.

[69] BVerfG, de 09/11/2010 (2 BvR 2101/09), no seguimento das decisões AG Bochum, de 08/04/2009 (64 Gs-35 js 220/07-1491/08) e LG Bochum, de 07/08/2009 (2 Qs 2/09). Sinteticamente, neste caso, os arguidos alegaram que a informação subtraída do Banco, que estava na base da busca empreendida, não poderia ser utilizada, porque teria sido obtida em violação do Direito internacional e interno. Para uma descrição do processo, cf. Blanco Cordero, 2015a: 10-14.

que tenha levado à ignorância sistemática das garantias constitucionais. O referido Tribunal sublinhou não existir sequer, neste caso, qualquer violação do núcleo do direito à vida privada, estando em causa informação económico-financeira ou relativa a negócios, e reafirmou que as normas da StPO se dirigem aos órgãos de investigação criminal, pelo que a prova obtida pelos particulares pode ser, por regra, utilizada no processo, e que, em qualquer caso, a teoria da ponderação sempre autorizaria a sua utilização, ainda que as condutas do particular e das autoridades fossem ilícitas (independentemente da violação do direito internacional e interno)[70].

Tudo visto, é de concluir que as proibições de valoração de prova comportam uma aplicação muito restrita no Direito alemão e que, no que respeita aos particulares, entende-se que as normas da StPO não se lhes dirigem. Tanto no caso da obtenção de prova ilícita pelas autoridades públicas, como no dos particulares, deverá afirmar-se uma proibição de utilização, fora as hipóteses de atentados à dignidade da pessoa humana – e de proibições de valoração positivas –, em função de um juízo de ponderação. A teoria da ponderação, porém, só beneficia os acusados em casos muito restritos, privilegiando-se tendencialmente o interesse público da administração eficiente da justiça penal.

Nestes termos, parece que no nosso caso seria possível valorar a prova obtida por "F" (particular) contra o arguido, em função do princípio de que as normas da StPO não se aplicam aos particulares. Por outro lado, não estaria afetado o núcleo da vida privada, que participa da garantia da dignidade da pessoa humana, como referido pelo BVerfG "Caso Liechtenstein", mas uma "mera" invasão da intimidade patrimonial dos clientes do Banco. Desta forma, comportaria aplicação a teoria da ponderação: tendo-se em conta,

[70] Os arguidos recorreram para o TEDH, que se pronunciou em K.S e M.S v. Alemanha, n.º 33696/11, de 10/06/2016. Aqueles argumentaram, nomeadamente, que a busca na sua residência desrespeitou o disposto no art. 8º da CEDH, pois o mandado de busca alicerçou-se em prova ilícita, devendo impor-se uma proibição de utilização da prova. O TEDH rejeitou qualquer violação da CEDH, porque se haviam respeitado as normas processuais e a jurisprudência alemã consolidada. O mandado de busca foi emitido no âmbito de investigações criminais, servindo um fim legítimo, como a prevenção do crime, sendo a ingerência nos direitos dos recorrentes necessária numa sociedade democrática. Cumpriu-se, assim, o princípio da proporcionalidade, aliás, constituindo a evasão fiscal um grave delito que afeta os interesses coletivos e tendo as autoridades dado ao material o destino exigido pelo processo penal respetivo. No fundo, ter-se-ia cumprido a exigência do *fair trial* (art. 6º da CEDH).

designadamente, a gravidade do crime (sendo a fuga aos impostos um dos flagelos da sociedade atual), a inexistência de outras provas conclusivas quanto à responsabilidade de "D" e a intensidade de interferência no direito, traduzida na "mera" invasão da intimidade patrimonial, a prova poderia ter sido admitida em processo. Ademais, neste caso, nem concorria qualquer potencial ilegitimidade da atuação das autoridades estatais.

III. Direito português

1. Regime legal das proibições de prova, doutrina e jurisprudência

No Direito português, o art. 32.º, n.º 8 da CRP é a fonte primordial de proibições de prova, sendo o art. 126.º do CPP, relativo aos métodos proibidos de provas, espelho daquele dispositivo. A obtenção de provas através de tortura, coação, ofensa da integridade física ou moral da pessoa é absolutamente proibida; em contrapartida, no âmbito da reserva da vida privada, da inviolabilidade do domicílio, da correspondência e telecomunicações, as proibições de prova só resultam de uma intromissão abusiva[71]. Em relação a estes direitos, caso do art. 126.º, n.º 3 do CPP, a proibição de obtenção de prova é afastada pelo acordo do visado ou através de ordens ou autorizações de determinadas autoridades, em conformidade com a lei[72]. O desrespeito destas regras acarreta uma proibição de valoração expressa de prova (art. 126.º, n.º 1 e n.º 3 do CPP).

O CPP consagra uma distinção entre as proibições de produção de prova e as proibições de valoração de prova[73], as quais, no geral, intentam reforçar e privilegiar a proteção dos direitos fundamentais no âmbito processual, pelo que o Direito português lhes confere um carácter material-substantivo[74]. Em qualquer caso, constata-se que o enunciado art. 126.º do CPP não esclarece quem são os seus destinatários e, por isso, não oferece uma resposta imediata à questão de saber se se dirige igualmente aos particulares.

[71] Silva, 2008: 139-140.

[72] Mendes, 2004: 138.

[73] Mendes, 2004: 142.

[74] Andrade, 1992: 188, 196; Mata-Mouros, 2011: 291.

Nesta matéria, a jurisprudência não se tem apresentado consensual. Desde logo, assume relevância uma pronúncia do TRL[75], relativa a prova obtida por um particular em violação de sigilo bancário, na qual se sustenta que a obtenção ilícita de um meio de prova por um particular não é irrelevante, aplicando-se o art. 126.º do CPP. Na falta de referência expressa nesse sentido, os órgãos de perseguição penal não seriam os destinatários exclusivos desta norma; por outro lado, tal solução derivaria da compreensão material-substantiva das proibições de prova[76]. Inversamente, em matéria de gravações ilícitas empreendidas por particular, o TRL[77], na esteira da mesma argumentação de que as proibições de prova visam a imposição da tutela de direitos fundamentais, vem afirmar que as proibições de prova consagradas no art. 126.º do CPP se dirigem aos órgãos de perseguição penal. As provas obtidas por particulares seriam remetidas para o regime previsto no art. 167.º do CPP, dependendo a sua valoração da sua obtenção de forma penalmente (i)lícita[78].

Em termos doutrinários, de um lado, se alinham aqueles que defenderam a vinculação dos particulares às normas processuais de proibição de produção de prova, caso da estatuição do art. 126.º do CPP[79]. Por outro lado, outros vieram a expressar o entendimento de que os particulares não se encontram a elas vinculados, dirigindo-se a proibição aos órgãos de perseguição penal e aos sujeitos processuais[80].

[75] Ac. TRL, de 03/07/2012, Proc. 14538/10.4TFLSB.L1-5, Rel. Jorge Gonçalves. Contudo, o TRL parece admitir a documentação sujeita a sigilo bancário no processo, pois o próprio denunciante não estava abrangido pela norma de segredo profissional (art. 195.º do CP), na medida em que não era um colaborador do Banco. O TRL até considerou que este não havia cometido nenhum ilícito, mas agido em cumprimento do art. 79.º, n.º 2, al. *a)* do RGICSF, instituído pelo Decreto-Lei n.º 298/92, de 31/12. A revelação ilícita encontrar-se-ia a montante, pelo envio da documentação (por um sujeito anónimo) ao denunciante.

[76] No mesmo sentido, cf. Ac. STJ, de 14/01/1999, Proc. 96P176, Rel. Nunes da Cruz.

[77] Ac. TRL, de 28/05/2009, Proc.10210/2008-9, Rel. Fátima Mata-Mouros.

[78] No mesmo sentido, cf. Ac. TC, n.º 192/2001, de 08/05, Proc. 517/2000, Rel. Artur Maurício; Ac. STJ, de 28/09/2011, Proc. 22/09.6YGLSB.S2, Rel. Santos Cabral; Ac. TRP, de 03/02/2010, Proc. 371/06.5GBVNF.P1, Rel. Eduarda Lobo; Ac. TRL, de 04/03/2010, Proc. 1630/08.8PFSXL.L1-9, Rel. Calheiros da Gama.

[79] Rosa, 2010: 232-233; Albuquerque, 2011: 335; Silva, 2008: 138; Andrade, 1992: 196-198; Costa, 2013: 318-325.

[80] Mendes, 2004: 138-141, 145; Martins, 2013: 180-181, 200; 2014: 138 e ss.; Barin, 2013: 252; Costa, 2019: 190-191.

Quanto a este último entendimento, poder-se-ia afirmar que, de facto, os particulares não têm poderes reconhecidos por lei ou obrigações legais específicas como as atribuídas às autoridades públicas, quanto ao dever de recolha de provas. Entre nós, aos particulares fora do processo penal não são reconhecidas competências de investigação e recolha de provas: estas são conferidas a uma atividade soberana e aos sujeitos processuais[81]. Deste ponto de vista, não haveria razão para que a atividade dos particulares fosse regulada por uma norma processual de proibição de produção de prova, como a do art. 126.º do CPP. Este dispositivo, visando fins de disciplina, parece dirigir-se somente à atividade probatória das autoridades competentes e aos demais sujeitos processuais, sendo esta a posição "(...) de maior conformidade à letra da lei e à teleologia da legislação processual"[82]. Note-se, porém, que a atuação dos particulares pode ser imputada ao Estado, estendendo-se-lhes o respetivo regime, se estes colaborarem, direta ou indiretamente, com quaisquer instâncias de perseguição penal[83].

Não obstante, num Estado de Direito Democrático impõe-se o respeito dos particulares pelos direitos fundamentais universalmente atribuídos, que os vinculam através da sua concretização infraconstitucional[84]. Essa concretização é feita no próprio Direito Penal substantivo, o qual incrimina condutas que atentam contra determinados bens jurídicos, derivados dos direitos constitucionalmente protegidos. Cumpre saber, porém, se a obtenção ilicíta de prova pelos particulares, isto é, através do cometimento de um crime, deve impedir a sua utilização no processo penal. No CPP existe pelo menos uma disposição capaz de responder afirmativamente a esta questão, revelando

[81] Veja-se, designadamente, os art(s). 262.º e 263.º, quanto ao Ministério Público, o art. 340.º, n.º 1 e n.º 2 quanto aos juízes, o art. 61.º, n.º 1, al. *g)*, quanto ao arguido, e o art. 69.º, n.º 2, al. *a)*, aplicável ao assistente, todos do CPP.

[82] Costa, 2019: 191.

[83] Costa, 2019: 170-171. Este entendimento é, de resto, compartilhado no Direito comparado: no Direito espanhol, cf. STS n.º 2290/2018, de 27/06/2018; no Direito norte-americano, cf. Burdeau v. McDowell, 256 U.S. 465 (1921); no Direito alemão, cf. BGH 5 StR 302/97, de 21/07/1998.

[84] É este o entendimento sufragado pela tese da eficácia mediata e pela tese dos deveres de proteção, isto é, os destinatários dos direitos fundamentais constitucionais são o Estado e os poderes públicos, pelo que a vinculação dos particulares ao respeito dos direitos fundamentais de outrem apenas surge após a sua concretização pelo legislador ordinário (Novais, 2018: 65-68).

uma conexão entre prova ilícita e proibição de valoração. O art. 167.º, n.º 1 do CPP, dispõe que "(...) quaisquer reproduções mecânicas só valem como prova dos factos ou coisas reproduzidas se não forem ilícitas, nos termos da lei penal"[85], solução aplicável às reproduções mecânicas de documentos, o que sai reforçado pelo art. 168.º do CPP. Sendo indubitável que os particulares se encontram vinculados ao Direito Penal substantivo, pode-se sustentar que as reproduções mecânicas ilicitamente obtidas pelos mesmos, não podem ser valoradas em processo. A ser assim, porém, admitir-se-ia uma contradição valorativa se outros meios de prova ilicitamente obtidos por particulares, em violação de outros bens jurídicos, pudessem ser valorados em processo, ou seja, se se considerasse que a proibição de valoração de prova ilicitamente obtida só vale para as reproduções mecânicas. Desta forma, impõe-se o entendimento de que aquelas normas são reflexo de um princípio geral de inadmissibilidade de valoração da prova ilicitamente obtida por particulares[86], raciocínio que completaremos *infra*.

Por conseguinte, dever-se-á entender que a obtenção dos particulares de prova através de uma conduta penalmente ilícita impõe uma proibição de valoração da prova obtida. Desta forma, preclude-se a utilização da prova obtida em violação de interesses jurídicos salvaguardados pela Constituição, protegidos sob a forma de ilícitos típicos, reconhecendo-se, igualmente, que, de outro modo, a tutela dos direitos do arguido não estaria completa. Esta visão não implicará a ausência ou uma insuficiente proteção dos direitos fundamentais, na medida em os enunciados no art. 126.º do CPP já encontram proteção sob a forma de ilícitos típicos, não se permitindo mais aos particulares do que às autoridades de perseguição penal. É desta forma que se poderá dizer que o regime das proibições de valoração é unidimensional, isto é, afeta a recolha de prova, quer pelas autoridades, quer pelos particulares, em violação de direitos fundamentais[87]. E tal é compatível, e aliás, fundado, no nosso entender, num

[85] Posteriormente, o art. 167.º, n.º 2 do CPP dispõe que não se consideram ilícitas, designadamente, as reproduções mecânicas que respeitarem o título III do mesmo livro (III).

[86] A favor deste princípio, Martins, 2013: 181-182; Barin, 2013: 253.

[87] Como refere Martins, 2014: 45, as proibições de valoração de prova impõem-se à atividade dos particulares, pelo que o CPP tem, neste momento, aplicação efetiva, em conformidade com a ideia de Estado de Direito. Já quanto ao momento da produção da prova, tal dependerá do juízo feito pelo Direito Penal substantivo. A obtenção ilícita de prova, por princípio, implicará uma proibição de valoração. Deste modo, como explica Martins, 2013: 180-181,

entendimento material-substantivo das proibições de prova, na medida em que as violações de direitos fundamentais perpetradas por particulares, neste domínio, não são indiferentes ao ordenamento jurídico.

2. Enquadramento legal do "Caso Falciani"

Entre nós, o segredo bancário é imposto aos colaboradores de instituições de crédito por via do art. 78.º do RGICSF, impedindo-os de revelar ou utilizar informações relativas à vida da instituição e das relações desta com os seus clientes, cujo conhecimento derive do exercício das suas funções ou prestação dos seus serviços[88]. Não obstante, o art. 79.º do RGICSF consagra as exceções a esse dever, preceito a que regressaremos para efeitos de exclusão da ilicitude. Por ora, cabe apenas dizer que a violação do dever de segredo bancário é punível nos termos da legislação penal (*ex vi* art. 84.º do RGICSF).

Deste modo, se o caso viesse a ser decidido em Portugal, a atuação de "F" poderia cair sob o art. 195.º do CP, constituindo crime de violação de segredo. O segredo bancário é pacificamente incluído neste dispositivo, no qual, embora prevalecendo a tutela do direito individual à reserva da vida privada (dos clientes), se reconhece, de forma reflexa, a defesa de interesses públicos e institucionais[89]. A pena poderia, inclusive, ser agravada, pois o facto foi praticado com intuito de obter recompensa ou enriquecimento (art. 197.º, al. *a)* do CP). Conclui-se, em primeira linha, que a revelação do conteúdo da documentação coligida por "F", integrada por informações pessoais e bancárias dos clientes do Banco, poderá constituir um ilícito penal. A valoração desta prova é, desde logo, precludida por via do art. 167.º do CPP, se se tratar de reproduções mecânicas ilícitas.

200; 2014: 138 e ss., só o regime das proibições de valoração será unidimensional, no sentido de que a violação de direitos fundamentais acarreta uma proibição de valoração, quer para as autoridades, quer para os particulares. No mesmo sentido, apresenta-se Barin, 2013: 252, segundo a qual a obtenção de prova pelos particulares é limitada pelas normas substantivas do CP, como ilustra o art. 167.º do CPP. A ser assim, as provas obtidas por particulares em violação dos direitos fundamentais suscitam a aplicação de uma proibição de valoração.

[88] Inclusos nesse segredo encontram-se os nomes dos clientes, as contas de depósito, respetivos movimentos e outras operações bancárias, de acordo com o art. 78.º, n.º 2 do RGICSF.

[89] Rocha, 1999: 233-234; Mendes, 2010: 202-204.

3. Da (i)licitude da atuação do particular

Se o nosso direito faz depender a valoração da prova obtida pelo particular da licitude que lhe é concedida pelo Direito Penal substantivo, tal pressupõe determinar se o particular agiu ilicitamente. Neste quadro, tem operado um consenso na doutrina e jurisprudência relativo à análise da atipicidade ou das causas de justificação – a maioria da doutrina aposta nesta última via –, que permita não punir o agente e abrir o caminho à valoração da prova[90]. Porém, no caso de que partimos, nem as vias da atipicidade, nem das causas de justificação, parecem revelar-se particularmente frutíferas para excluir a responsabilidade penal do particular[91].

Neste contexto, colhe interesse referir que, atualmente, os Direitos internacional e europeu são favoráveis à proteção dos denunciantes ou *whistleblowers* e à promoção da denúncia de ilegalidades cometidas por entidades, normalmente efetuadas pelos seus colaboradores, o que não constitui a violação de segredo profissional ou infração de qualquer dever. Tais disposições,

[90] ANDRADE, 1992: 255 e ss.; 1984: 617 e ss.

[91] Primeiramente, a tipicidade do crime de revelação de segredo (art. 195.º do CP) só é preenchida se a pessoa obrigada ao segredo, sem consentimento de quem de direito, o revela a um terceiro que não seja parte do círculo dos que têm legitimidade para o conhecer (ALBUQUERQUE, 2021: 835; SILVA, 1998: 51-52). Como explanado *supra*, no "Caso Falciani", "F" estava obrigado ao segredo, tendo revelado extratos dos dados recolhidos, sem consentimento, aquando da sua tentiva de venda a outras pessoas e entidades, as quais não tinham legitimidade para conhecer aquelas informações. Quanto às causas de justificação clássicas, quer a legítima defesa, quer o estado de necessidade se apresentam, no nosso caso, dificilmente concebíveis, sendo duvidoso que o particular tenha agido ao seu abrigo, preenchendo todos os elementos exigidos. Quanto à legítima defesa, por um lado, sempre se diria que a subtração de dados bancários por um particular não constitui o meio necessário, menos gravoso para o "agressor", para fazer cessar a "agressão", admitindo-se, no máximo, a mera denúncia aos canais instituídos para o efeito. A aplicação do estado de necessidade, afigura-se também duvidosa. Por exemplo, é questionável que haja adequação do meio empregue pelo particular, porquanto apenas a denúncia autoridades públicas seria a mais idónea. Além disso, nem se verificaria o elemento subjetivo das causas de justificação. Para além destas, a doutrina tem reconhecido a existência de outras excludentes de ilicitude (ANDRADE, 1992: 257-258; BARIN, 2013: 255 e ss.). Entre elas, há quem admita a vigência de uma causa justificação traduzida na "prossecução de interesses legítimos", sem que a sua vigência seja, contudo, consensual face à sua revogação do art. 185.º do CP, em 1995 (ALBUQUERQUE, 2021: 837-838; SILVA, 1998: 55; ANDRADE, 2012: 1163-1164). Ainda que se admita a sua vigência, é patente que o particular, no caso de que partimos, visou a obtenção de um rendimento económico, não tendo visado satisfazer qualquer dever ou interesse legítimos.

embora com âmbitos de aplicação material distintos, têm influenciado, ainda que de modo insuficiente, o Direito nacional[92] e fornecem orientações quanto ao modo como a informação acerca de práticas ilícitas pode ser revelada.

Um traço geral destes regimes é o de que a comunicação de factos e elementos que indiciem o cometimento de infrações ou irregularidades devem ser feitos aos canais instituídos para o efeito, dentro da organização, ou a outras entidades externas, como de natureza judiciária ou administrativa, que deverão iniciar os procedimentos adequados[93]. Deste modo, não parece ser admissível a revelação, sem mais, daquelas informações obtidas pelo denunciante, em razão das suas funções ou por causa delas, a terceiros. Noutro plano, para a denúncia exige-se frequentemente que o denunciante o faça de boa-fé ou vise a prossecução de um interesse legítimo[94]. Todavia, fica por saber se o mesmo pode, sem mais, subtrair e entregar informações sujeitas a segredo que possam constituir prova da prática de certos ilícitos[95]. Ademais, questiona-se se se tem em vista a denúncia de práticas ilícitas, não só das próprias organizações, mas também dos seus clientes, embora se possa argumentar que é possível a comunicação de que a instituição favorece ou ignora o cometimento de certos crimes, nessa medida, influindo nas práticas delitivas dos seus clientes[96]. Independentemente, parece que atuações como as levadas a cabo por "F", no âmbito do "Caso Falciani", serão dificilmente justificadas ao abrigo deste tipo de regimes; se não fosse pelo seu âmbito de aplicação material, a atuação do particular sempre cairia fora das exigências comuns para denúncia legítima[97].

[92] Brandão, 2020: 112-113.

[93] Brandão, 2020: 112-113.

[94] Brandão, 2020: 111.

[95] Como referido, a propósito da análise dos casos Falciani e Liechstenstein, no âmbito do Direito espanhol, por Blanco Cordero, 2015b: 299-300. Por seu lado, Brandão, 2020: 112, constata que, no Direito português, nada se diz quanto à questão de saber se o denunciante, para esclarecer ou comprovar a sua suspeita, pode realizar factos ilícitos relacionados com o acesso ilegítimo a sistemas informáticos, correspondência eletrónica ou se se admite a violação de segredos comerciais.

[96] Blanco Cordero, 2015b: 289-290.

[97] Para a construção de um quadro geral nesta matéria, tomámos por referência as soluções constantes do art. 33.º da Convenção das Nações Unidas contra a Corrupção, de 31/10/2003; do art. 22.º da Convenção Penal sobre a Corrupção, de 27/01/1999, do Conselho da Europa, em conjunto com o parágrafo 111 do Relatório Explicativo da referida Convenção;

No campo específico do segredo (profissional ou bancário) vigoram, cada vez mais, múltiplas autorizações legais para a revelação de factos por ele abrangidos[98], embora não necessariamente concebidas em relação com o *whistleblowing*. Estas têm permitido relativizar aquele dever face aos interesses de persecução penal e de cooperação com a Justiça. Não obstante, o levantamento de segredo ou a exclusão da ilicitude da sua revelação encontram-se sujeitos a certas condições, além de que se trata de ponderações empreendidas pelo legislador, positivadas na lei[99].

do art. 5.º, al. *c)* da Convenção n.º 158, relativa à cessação do contrato de trabalho por iniciativa do empregador, de 22/06/1982, da Organização Internacional do Trabalho; os art(s). 6.º a 15.º da Diretiva (UE) 2019/1937, de 23/10/2019, do Parlamento Europeu e do Conselho, relativa à proteção de pessoas que denunciem violações de direito da União; do art. 5.º al. *b)*, em conjunto com o parágrafo 20 dos considerandos da Diretiva (UE) 2016/943, de 08/06/2016, do Parlamento Europeu e do Conselho, relativa à proteção de *know-how* e de informações comerciais confidenciais (segredos comerciais) contra a sua aquisição, utilização e divulgação ilegais; do art. 4.º da Lei n.º 19/2008, de 21/04; do art. 20.º da Lei n.º 83/2017; do art. 116.º-AA do RGICSF e dos art(s). 304.º, n.º 4, 305.º-F, 382.º, n.º 5 do Código de Valores Mobiliários. De igual modo, note-se que a proteção do denunciante e a prevalência do dever de denúncia são vertidas na jurisprudência do TEDH, de que destacamos a decisão Guja v. Moldávia, n.º 14277/04, de 12/02/2008. Nesta, o recorrente alegou ter agido como um *whistleblower*, ao revelar documentação com informação acerca de tentativas de ocupantes de altos cargos políticos de influenciar o poder judiciário, que acabou por ser publicada num artigo de jornal. O TEDH determinou ter existido uma violação do art. 10.º da CEDH por parte da Moldávia, ao afastar o recorrente do seu posto de trabalho, e, para o que nos interessa, analisou alguns parâmetros para a permissão de divulgação de certas informações e proteção do denunciante. Nomeadamente, deverá tomar-se em consideração: a existência de canais próprios para denúncia, por referência à legislação existente; o interesse público na revelação da informação em causa; a autenticidade da informação; o dano causado à instituição/entidade pela revelação, determinando-se se o interesse público no conhecimento da informação supera o interesse da instituição/entidade em manter a sua confidencialidade; e se o denunciante agiu de boa-fé, ou seja, se não agiu motivado pela obtenção de uma vantagem pessoal, por vingança ou ressentimento contra a instituição/entidade ou seus colaboradores. Ainda quanto a este ponto, cf. Lourenço, 2019: 187.

[98] Andrade, 2012: 1153 e ss.; Albuquerque, 2021: 836.

[99] Por exemplo, veja-se o art. 135.º, n.º 3 do CPP. Em contexto de prestação de testemunho admite-se a quebra de segredo, convocando-se para tal uma ponderação de interesses, no caso concreto, devendo recorrer-se aos critérios previstos, designadamente, no art. 34.º do CP (Silva, 1998: 56). Excluir-se-á a ilicitude da revelação de facto abrangido por segredo, sempre que se vise cumprir um dever jurídico "sensivelmente" superior ou um interesse (público ou privado) legítimo (Rocha, 1999: 233). Trata-se de uma ponderação, porém, assente em critérios estreitos, pois o segredo desfruta de uma "(...) resiliência superlativa que é própria do regime dos direitos, liberdades e garantias (...)", de tal modo que este não pode ser afastado

Em particular, o Direito português conhece uma regulação expressa quanto às exceções ao dever de segredo por parte de colaboradores de instituições de crédito. No seguimento do art. 78.º do RGICSF, que impõe o dever de segredo, o art. 79.º do RGICSF consagra que os factos por ele abrangidos podem ser revelados *(i)* mediante autorização do cliente, *(ii)* a certas entidades ou autoridades competentes, *(iii)* ou quando haja outra disposição legal que limite o dever de segredo. A revelação de segredo fora das hipóteses previstas neste preceito implica a prática do crime previsto no art. 195.º do CPP[100].

Regressando ao nosso caso, "F" – o particular –, enquanto colaborador da instituição de crédito, não agiu ao abrigo deste dispositivo. Os dados dos clientes foram recolhidos, tendo em vista a obtenção de uma vantagem, através da sua venda, sem que haja comunicado os indícios de ilicitudes cometidas pelos clientes (ou eventualmente pelo Banco), a qualquer autoridade competente no âmbito das suas atribuições, para que se promovesse a investigação ou processo devidos. Por outro lado, aquela informação não poderia ter sido revelada a terceiros fora daquele círculo, sendo certo que "F" revelou extratos dos dados recolhidos aquando da tentativa da sua venda. É duvidoso, ainda, que o dispositivo autorize, sem mais, a subtração de dados bancários, como o fez "F", dos clientes do Banco, que possam vir a constituir prova das suas atividades delitivas (ou, eventualmente, do próprio Banco)[101]. Em conclusão, parece ser de entender que o particular agiu contrariamente ao sistema,

quando o crime contra o património ou pessoa tiver pouca gravidade (Mendes, 2010: 206). Palma, 2010: 197, aponta que o levantamento do segredo bancário deve beneficiar de uma fundamentação específica e ater-se ao estritamente necessário, sem que se revele aspetos da vida pessoal. Neste plano, avulta, ainda, o art. 242.º do CPP que impõe aos funcionários (na aceção do art. 386.º do CP) o dever de denunciar a prática de crimes, visto que a proteção do segredo em todos os casos conduziria à promoção da violação das próprias normas do Direito Penal (Albuquerque, 2021: 834). Aqui, o dever de denúncia prevalece sobre o dever de segredo (Albuquerque, 2011: 664-665).

[100] Silva, 1998: 35-36.

[101] Em matéria de segredo bancário, a questão adensa-se face aos vários regimes que impõem que a autoridade competente solicite ao Banco os documentos visados. O art. 181.º do CPP reserva ao juiz apreensão de documentos ou objetos em estabelecimento bancário (art. 268.º do CPP). O art. 182.º do CPP dispõe que as pessoas sujeitas a segredo profissional só podem entregar documentos na sua posse para apreensão quando as autoridades judiciárias o ordenarem, caso em que devem invocar o segredo profissional, convocando-se a aplicação do art. 135.º do CPP.

pesem embora as tendências de proteção de denunciantes e de permitir a denúncia de práticas ilícitas. Assim, a prova ilicitamente obtida não poderia valer como prova dos factos alegadamente praticados pelos clientes do Banco.

4. Reflexões acerca das proibições de prova à luz da jurisprudência do TEDH

Apresenta especial interesse considerar o modo como a matéria das proibições de prova tem sido encarada pela jurisprudência do TEDH, cabendo saber em que ocasiões a obtenção de prova viola o direito ao respeito pela vida privada e familiar, consagrado no art. 8.º da CEDH, dispositivo que engloba a proteção dos dados bancários, bem como quando é que a sua utilização em processo viola o direito ao processo equitativo, firmado no art. 6.º da CEDH[102].

Sublinhe-se que o ponto de partida do TEDH é distinto, pois a CEDH não delineia quaisquer regras específicas em matéria de proibições de prova, não ficando excluída, por princípio, a utilização de uma prova ilícita em processo penal[103]. A sua utilização é uma decisão sobretudo cometida aos tribunais nacionais, dependente do direito interno de cada Estado. Contudo, o TEDH não se coibirá de determinar se o processo, no seu conjunto, foi equitativo, inclusive, examinando o modo como a prova foi obtida[104], pois o direito ao processo equitativo (art. 6.º da CEDH) constitui uma garantia comum a qualquer Estado de Direito Democrático[105]. Nesta matéria, o TEDH já sustentou que mesmo perante as preocupações relativas ao crescimento da criminalidade organizada, a importância daquele direito preclude que ele seja, sem mais, sacrificado por razões de mera conveniência[106].

Refira-se, agora, que a decisão sobre a violação do direito ao respeito pela vida privada e familiar (art. 8.º da CEDH), que abrange a proteção dos dados bancários, depende, como resulta do próprio dispositivo, de um juízo de

[102] De modo a compreender-se, aliás, a apreciação feita por este Tribunal do "Caso Liechstentein", em K.S e M.S v. Alemanha, n.º 33696/11, de 10/06/2016.

[103] Pélissier e Sassi v. França, n.º 25444/94, de 25/03/1999.

[104] Pélissier e Sassi v. França, n.º 25444/94, de 25/03/1999; Paixão Moreira Sá Fernandes v. Portugal, n.º 78108/14, de 25/02/2020; Kostovski v. Holanda, n.º 11454/85, de 20/11/1989.

[105] Paixão Moreira Sá Fernandes v. Portugal, n.º 78108/14, de 25/02/2020.

[106] Furcht v. Alemanha, n.º 54648/09, de 23/10/2014; Teixeira de Castro v. Portugal, n.º 44/1997/828/1034, de 09/06/1998.

ponderação de interesses[107]. Todavia, segundo o TEDH, como este preceito está vocacionado para as intervenções de autoridades públicas, a sua violação por particulares só pode ser encarada do ponto de vista das obrigações positivas do Estado de assegurar o respeito por este direito. Nesta hipótese, o TEDH verificará a existência de legislação adequada, de remédios em caso de violação das suas normas e de uma ponderação adequada dos interesses em causa, em especial, efetuada pelos tribunais internos[108]. Ao contrário do que acontece com a obtenção de prova em violação de um direito como o do art. 3.º da CEDH, relativo à proibição da tortura[109], quando se conclua

[107] Este direito vai além de um círculo íntimo e engloba informações relativas a atividades profissionais ou negócios (López Ribalda e Outros v. Espanha, n.º 1874/13 e n.º 8567/13, de 17/10/2019; M.N e Outros v. São Marino, n.º 28005/12, de 07/07/2015; Vukota-Bojic v. Suíça, n.º 61838/10, de 18/10/2016). Aqui se enquadram os casos de prova obtida através de sistemas de videovigilância ou de informações retiradas de documentos bancários, apreendidos ou copiados, independentemente de a informação ser ou não sensível, dados esses cujo armazenamento ou revelação constitui uma interferência para efeitos do art. 8.º da CEDH (López Ribalda e Outros v. Espanha, n.º 1874/13 e n.º 8567/13, de 17/10/2019; Köpke v. Alemanha, n.º 420/07, de 05/10/2010; M.N e Outros v. São Marino, n.º 28005/12, de 07/07/2015). Neste âmbito, o TEDH recorre a um juízo de ponderação de interesses alicerçado no art. 8.º da CEDH, de acordo com o qual se determinará se o direito do recorrente foi violado. Exige-se que a interferência no direito seja feita de acordo com a lei, que prossiga um fim legítimo e que seja necessária numa sociedade democrática (M.N e Outros v. São Marino, n.º 28005/12, de 07/07/2015; K.S e M.S v. Alemanha, n.º 33696/11, de 10/06/2016). A proteção da confidencialidade de dados pessoais pode prevalecer sobre o interesse da investigação criminal e a da prossecução do crime, dependendo de fatores como a importância da pessoa em questão, a natureza e propósito da intervenção. Os dados bancários, quando não esteja em causa a transmissão de dados íntimos, não reclamam uma proteção intensificada (G.S.B v. Suíça, n.º 28601/11, de 22/12/2015).

[108] López Ribalda e Outros v. Espanha, n.º 1874/13 e n.º 8567/13, de 17/10/2019.

[109] Este direito absoluto constitui um dos valores fundamentais das sociedades democráticas, não admitindo quaisquer exceções ou derrogações, independentemente da conduta do visado, da motivação das autoridades ou da infração em causa. Aqui, a ponderação de interesses é excluída, em virtude do interesse público na preservação da integridade judicial do processo e dos valores das sociedades fundadas sob a égide do Estado de Direito. A prova obtida em violação do art. 3.º da CEDH origina sérios problemas ao nível do direito ao processo equitativo, que será desrespeitado sempre que as provas resultantes das práticas proibidas pelo dispositivo sejam utilizadas para estabelecer quaisquer factos relevantes no processo penal, independentemente do seu valor probatório ou da sua utilização ter sido determinante para a condenação do arguido. Sob pena de se invalidar, indiretamente, condutas vedadas pelo art. 3.º da CEDH, também a prova que resulte diretamente daquela, por princípio, não poderá servir para fundar a responsabilidade do indivíduo. Além daquelas, a utilização de prova derivada de

que a mesma violou do art. 8.º da CEDH, tal não resultará forçosamente na lesão do direito ao processo equitativo – a qual pode, ainda, ser autónoma e independe da violação de qualquer outro direito. A questão de saber se prova obtida em violação do art. 8.º da CEDH, ou do direito interno de um Estado, acarreta uma violação do art. 6.º da CEDH, depende da consideração de todas as circunstâncias do caso, como do respeito pelos direitos defesa do recorrente e da qualidade e relevância da prova. Como tal, ao arguido deve conferir-se a oportunidade de contestar a autenticidade da prova e de se opor à sua utilização, bem como se deverá atender à sua qualidade e analisar se as circunstâncias que rodeiam a sua obtenção originam dúvidas quanto à sua fiabilidade ou correção. De igual modo, cabe considerar o peso da prova no resultado do processo[110].

Compreendendo-se melhor o pensamento do TEDH, diremos, no que tange ao caso de partimos, que a decisão do Tribunal sobre a violação do direito garantido pelo art. 8.º da CEDH pelo particular, dependeria da análise da existência de legislação adequada para a sua proteção, de remédios em caso da sua violação, bem como de se o tribunal teria realizado uma ponderação adequada dos interesses em causa. Por outro lado, a concluir-se que a obtenção da prova violou o art. 8.º da CEDH, a utilização no processo dos dados relativos ao arguido só acarretaria a violação do direito ao processo equitativo, caso de não fossem respeitados os seus direitos de defesa, tomando-se em conta a qualidade e relevância da prova. Em Espanha, foi-lhe conferida oportunidade para contestar a autenticidade da prova, a sua fiabilidade e correção e opor-se à sua utilização, só colocando dúvidas quando se considere que a prova obtida pelo particular foi decisiva para a condenação do arguido. A ser resolvido em Portugal, os tribunais não se poderiam furtar ao cumprimento das mesmas imposições.

modo mais remoto da violação do art. 3.º da CEDH poderá conduzir à violação do art. 6.º da CEDH, mas tão-só se a violação do primeiro tiver adquirido peso na condenação do arguido. Neste sentido, cf. Gäfgen v. Alemanha, n.º 22978/05, de 01/06/2010.

[110] López Ribalda e Outros v. Espanha, n.º 1874/13 e n.º 8567/13, de 17/10/2019; Gäfgen v. Alemanha, n.º 22978/05, de 01/06/2010; Vukota-Bojic v. Suíça, n.º 61838/10, de 18/10/2016. Assinale-se que Miranda Estrampes, 1999: 58, é crítico desta orientação do TEDH, considerando duvidoso que a admissão e utilização no processo de uma prova ilícita, como fundamento da responsabilidade do arguido, não viole sempre o direito a um processo equitativo, proclamado no art. 6.º, n.º 1 da CEDH.

5. Da teoria da ponderação como teoria das proibições de prova

Segundo o TEDH, a utilização da prova ilícita em processo, embora possível, não poderá desrespeitar o direito ao processo equitativo e, para a análise da violação do direito à reserva da vida privada, releva um juízo de ponderação de interesses. Cabe, porém, determinar se a teoria da ponderação de interesses, utilizada na Alemanha e em Espanha, deverá funcionar, entre nós, como uma teoria das proibições de prova.

Primeiramente, deve sublinhar-se que o Direito português não coincide com o alemão, ao conceber as proibições de prova como um instituto autónomo no domínio do processo penal, ao distinguir expressamente entre proibições de produção e de valoração de prova e ao positivar o valor probatório das reproduções mecânicas (art. 167.º do CPP), que estende a proibição da sua valoração à prova ilícita obtida por particulares[111]. Também o modo como a regra da exclusão de prova ilegitimamente obtida é formulada no Direito espanhol não é, como vimos, inteiramente coincidente com o Direito português. Por outro lado, não podemos olvidar que a teoria da ponderação padece de uma insegurança jurídica quanto às soluções que oferece, em parte devido à insuficiente fixação de regras que determinem os casos em que se deva proibir a valoração de prova e acarreta a diminuição da força das posições jurídicas subjetivas do arguido, à medida que a gravidade do crime e o interesse na persecução penal aumentam. Noutra linha, propugna por um entendimento do direito exageradamente orientado para as consequências e para a última fase processual, debatendo-se, ademais, com a problemática da presença de ponderações já empreendidas pelo legislador, nomeadamente, patentes nos regimes processuais de prova, frente às quais, em especial, o aplicador não poderá exercer uma função político-legislativa através da produção de soluções casuísticas[112].

Quanto a este último aspeto, se na Alemanha se entende, predominantemente, que a valoração da prova se deve dar perante um interesse punitivo especialmente qualificado, excluindo-se, por essa via, a ilicitude penal[113], a ponderação de interesses reclamaria, no ordenamento jurídico português,

[111] Como assinala Andrade, 1992: 188-193, 196-197.

[112] Quanto a estes aspetos, cf. Mata-Mouros, 2011: 317-319; Morão, 2006: 602-604; Ambos, 2009: 105; Costa, 2013: 328.

[113] Andrade, 1984: 615.

uma aplicação muito mais estreita, em face de normas como as dos art(s). 167.º e 126.º do CPP, que demonstrariam a recusa por parte do legislador de conferir relevância aos interesses da eficiência na administração da justiça e da persecução penal. Neste sentido, a gravidade do crime a perseguir não seria suficiente para valorar a prova no processo[114]. Também Figueiredo Dias, favorável à aplicação da ponderação de interesses, sufraga que a sua aplicação obedece a dois limites inultrapassáveis: a dignidade essencial da pessoa humana (limitação absoluta), que não pode ser lesada pelo resultado a favor da valoração dominante no conflito, e a existência de lei que expressamente consagre o resultado da ponderação (limitação relativa)[115]. Por isso, entre nós, a doutrina tem consentido na valoração da prova ilícita quase exclusivamente quando estejam em causa interesses protegidos de outros particulares, como a vida, a integridade física ou a liberdade, afastado que esteja o mero interesse na perseguição penal. Trata-se, por exemplo, da necessidade de absolver ou fazer cessar uma pena injustamente imposta a um inocente[116].

Além disso, questiona-se, em geral, se a aplicação desta teoria desemboca, tendencialmente, num resultado viciado de prevalência dos interesses supraindividuais sobre os individuais[117]. De facto, e no que respeita ao ordenamento jurídico alemão, os seus tribunais, através da aplicação da referida teoria, têm validado intervenções na esfera intocável dos direitos e a prevalência, por norma, do interesse da perseguição penal, em desfavor dos direitos fundamentais[118].

[114] Como refere Andrade, 1992: 190-191, 201-202; 1984: 616.

[115] Dias, 2016: 9-10, 13. Estas considerações do autor surgem no contexto das dificuldades de delimitação entre "verdadeiras" proibições de prova e nulidades, que deveria depender de um juízo de ponderação de interesses, de modo a restringir-se a aplicação das proibições de valoração de prova (2016: 6-8, 11-14).

[116] Andrade, 1984: 616-617; Barin, 2013: 253-254, 257, 262; Martins, 2013: 182; Rosa, 2010: 258-260.

[117] A propósito do segredo bancário, Palma, 2010: 196-197, refere que a ponderação de interesses constante do art. 34.º do CP não acolhe o valor da realização da justiça por si, pois no confronto com o valor da vida privada implicaria sempre uma derrogação deste último, devido à sobreposição tendencial do interesse público, sendo uma "lógica viciada", na qual o resultado da ponderação já estaria, por princípio, definido.

[118] Wolter, 2018b: 135-136. Acrescenta aqui o mesmo autor, que o papel de proteção dos direitos fundamentais desempenhado princípio da proporcionalidade teria sido, até, subvertido e utilizado contra eles, ao alicerçar intervenções nos mesmos por via da valoração de prova,

É certo que a jurisprudência nacional já aplicou o juízo de ponderação de interesses no próprio seio do art. 167.º do CPP[119]. No caso de que partimos, porém, a teoria da ponderação de interesses nada viria a resolver. Ainda que se considerasse que através do art. 167.º do CPP o legislador não visou excluir a relevância do interesse punitivo do Estado como fator a ponderar para efeitos de valoração da prova, o aplicador sempre se depararia com ponderações de interesses já positivadas, com destaque para o art. 79.º do RGICSF. Permite-se a revelação de factos ou elementos cobertos pelo dever de segredo por colaboradores das instituições (*in casu*, de crédito), mas sempre dependente do cumprimento de certos requisitos. O aplicador não poderia, ao abrigo de uma função político-legislativa, vir a afastar esta ponderação de interesses firmada e a sobrepor-lhe uma outra, à luz do art. 18.º da CRP, segundo a qual, afinal, mesmo que incumpridas as condições exigidas em lei, a ingerência do particular seria lícita em razão da prevalência do interesse punitivo do Estado, permitindo-se a valoração da prova.

Por último, diga-se, aliás, que o nosso ordenamento jurídico não se coaduna verdadeiramente com a proposição que tem sido reforçada na Alemanha, isto é, a de que salvo as limitações previstas na lei que proíbem certas provas,

aliás, em desacordo com a orientação do BVerfG, segundo a qual a sua limitação só pode ocorrer quando seja vital à descoberta da verdade e ao alcance de uma decisão justa (2018b: 136).

[119] Na sua maioria, em matéria de videovigilância efetuada por particulares sem consentimento do visado. Recorre-se a um juízo de proporcionalidade que tem servido, fundamentalmente, para excluir a ilicitude da conduta dos particulares, admitindo-se, dessa forma, a utilização da prova em processo. Este juízo não surge, porém, muitas vezes, de modo independente e autónomo das considerações acerca da atipicidade ou das causas de justificação já existentes. De qualquer modo, a ilicitude da captação de imagens por sistema de videovigilância será excluída, por exemplo, se existir uma justa causa, se esta abranger locais públicos ou espaços de acesso às habitações que podem ser utilizados por todos, se tiverem ocorrido publicamente, se se visar alcançar um interesse público, como a defesa de pessoas e bens, se documentarem a prática de um crime e se não disserem respeito ao núcleo da vida privada (como a intimidade, a sexualidade, a saúde, ou a vida particular e familiar mais restrita). Esta "justa causa" é limitada, no entanto, pelos atentados intoleráveis à liberdade, à dignidade e à integridade moral. Para este efeito, cf. Ac. TRL, de 04/03/2010, Proc. 1630/08.8PFSXL.L1-9, Rel. Calheiros da Gama; Ac. TRP, de 03/02/2010, Proc. 371/06.5GBVNF.P1, Rel. Eduarda Lobo; Ac. TRP, de 25/02/2015, Proc. 349/13.2PEGDM.P1, Rel. Maria Deolinda Dionísio; Ac. TRC, de 18/05/2016, Proc. 148/12.9PBLMG.C1, Rel. Maria Pilar de Oliveira; Ac. STJ, de 28/09/2011, Proc. 22/09.6YGLSB.S2, Rel. Santos Cabral.

"(...) todas as provas são permitidas desde que relevantes para os autos (...)"[120]. Neste sentido, como propugna Mata-Mouros, o princípio correto de que se deveria partir é o de que só deve ser admissível a prova que restrinja direitos fundamentais nos casos em que lei admita a hipótese de ingerência nos mesmos[121]. Só esta posição parece ser coerente com as orientações emanadas, não só do art. 18.º, n.º 2 e n.º 3 da CRP, quanto às restrinções de direitos fundamentais, mas também do art. 32.º, n.º 8 da CRP e dos art(s). 126.º e 167.º do CPP, partindo-se, também quanto aos particulares, da ideia de que uma ingerência ilícita num direito deve acarretar uma proibição de utilização da prova em processo[122].

6. Posição adotada: da teoria do domínio da informação

Cremos ser mais coerente com as perspetivas atuais adotar uma teoria das proibições de prova que confira a devida relevância, no âmbito da sociedade da informação, à necessidade de controlo da informação que diga respeito a cada indivíduo e aos novos rumos possibilitados pelo direito fundamental à autodeterminação informativa. A teoria do domínio da informação adquire

120 Mata-Mouros, 2011: 352.

121 Mata-Mouros, 2011: 352.

122 Nesta sede, cf. ainda Sousa, 2020: 29, 34, que conclui pela relevância praticamente residual do critério da proporcionalidade para aferir da (i)licitude de uma determinada prova em processo penal. Com efeito, salienta que, por regra, uma prova ilicitamente obtida não pode ser valorada em processo, constituindo esta, pois, a asserção mais consentânea com os princípios do Estado de Direito e, de resto, com o disposto no art. 32.º, n.º 8 da CRP e no art. 126.º do CPP. Em especial, a ilicitude da prova decorrente de uma intromissão na vida privada constituiria a regra, pois logo se veria que o art. 126.º, n.º 3 do CPP institui como exceção a ingerência nos direitos ali consignados, admitida nos casos previstos na lei, sendo que tão-só no seio desta "norma excecional" emergiriam as considerações ligadas ao critério da proporcionalidade (Sousa, 2020: 27-29). Considerando que o disposto no art. 32.º, n.º 8 da CRP seria ainda extensível à prova "privada", defende o autor que nem aqui a aferição da sua (i)licitude dependeria de um critério de proporcionalidade – como o patente nas condições legais para a aquisição e utilização de provas por parte das autoridades –, obedecendo, antes, às regras gerais desta matéria. Desta forma se poderia afirmar que qualquer prova obtida por via de uma intromissão na vida privada do acusado/arguido seria, desde logo, ilícita (Sousa, 2020: 30-31). Por outro lado, referindo-se às provas contaminadas por um vício procedimental, acaba também o autor por concluir que a construção alemã sobre a ponderação de interesses, não teria, em geral, cabimento face ao CPP português, onde as múltiplas normas sobre prova constituem, já por si, uma ponderação empreendida pelo legislador, excluindo, pois, qualquer ponderação por parte do aplicador (Sousa, 2020: 33-34).

eco perante as possibilidades de devassa do domínio informativo das pessoas, que vai além da esfera íntima, e de interconexão dos dados, capazes de formar uma imagem total do indivíduo[123]. Apesar de rara, entre nós, esta perspetiva que conexiona a proteção da vida privada com os dados pessoais, no quadro do processo penal[124], trata-se de encarar a proteção de dados pessoais como informações relativas aos indivíduos que devem ser controladas pelos mesmos, dando-se luz a novas dimensões de ingerência no direito de personalidade[125].

A teoria do direito ao domínio da informação[126] exprime a ideia de que o titular da informação dispõe de direitos subjetivos de obstar à sua compilação, transferência ou valoração por terceiros. Desde logo, refere-se aos direitos à proteção das esferas de segredo ou privacidade e estende-se aos dados já recolhidos e/ou compilados, pois estes só podem ser divulgados, transferidos para outrem ou utilizados para fins diversos dos que se encontraram subjacentes à sua recolha, em função da autorização do seu titular. Este direito primário ao domínio sobre a informação, quando violado, em virtude de ingerência ilegal, transforma-se num direito secundário de informação. Este direito secundário traduz-se na reintegração da posição do titular da informação lesado, ou seja, visa colocá-lo na situação em que estaria se não tivesse existido uma intromissão ilegal, afastando as suas consequências. Isto é, obtida a informação de modo ilegal, poderá o titular do direito opor-se à sua recolha, transferência ou valoração[127]. A proibição de utilização da prova ilícita baseia-se naquela pretensão de eliminação dos resultados informativos injustificados derivados da violação do direito primário do visado à autodeterminação informativa. Obtidas ilicitamente informações acerca do titular do direito, então, o mesmo

[123] Faria, 2010: 788.

[124] Mata-Mouros, 2011: 367. Conforme enuncia Castro, 2016: 62, a jurisprudência constitucional tem recorrentemente perspetivado as questões alusivas às informações pessoais do ponto de vista do direito à reserva da intimidade da vida privada (art. 26.º da CRP) ou do direito à inviolabilidade das telecomunicações (art. 34.º da CRP).

[125] Mata-Mouros, 2011: 355.

[126] Esta teoria tem em Amelung o seu representante alemão (cf. Mata-Mouros, 2011: 358), não estando, porém, isenta de críticas. Para este efeito, cf. Roxin / Schünemann, 2019: 284-286; Mata-Mouros, 2011: 360 e ss.

[127] Mata-Mouros, 2011: 358-359. Note-se que direitos fundamentais, como os de propriedade, à inviolabilidade do domicílio, da correspondência e telecomunicações, asseguram direitos de domínio de informação ao seu titular (2011: 359).

terá o direito à sua não utilização[128]. Esta teoria é especialmente relevante quando nos deparamos com uma violação processual do direito à autodeterminação informativa do visado, devendo ser-lhe concedida, enquanto titular dessas informações, a possibilidade de decidir acerca da sua utilização[129].

A teoria do domínio da informação, com especial relevo no domínio em que nos movemos, assume particular sentido à luz do direito fundamental à autodeterminação informativa. No Direito português, este direito beneficiou de concretização constitucional expressa e autónoma no art. 35.º da CRP, entre os direitos, liberdades e garantias, encontrando o seu fundamento na dignidade da pessoa humana, no desenvolvimento da personalidade e na autodeterminação do indivíduo[130]. O direito à autodeterminação informativa deve ser encarado como um direito fundamental autónomo, possuindo um âmbito de proteção apenas parcialmente coincidente com o direito à reserva da intimidade da vida privada (art. 26.º, n.º 1 da CRP), pois a proteção de dados pessoais conferida pelo direito à autodeterminação informativa não se limita àqueles que integram a esfera íntima da vida privada[131]. Esta noção

[128] Ambos, 2009: 107.

[129] Ambos, 2009: 108; Costa, 2013: 329.

[130] Canotilho / Moreira, 2007: 551; Castro, 2016: 65.

[131] Neste sentido, Castro, 2016: 50, 63-64; Faria, 2010: 783, 785; Canotilho / Moreira, 2007: 551; Moniz, 1997: 245-247. A construção do direito à autodeterminação informativa com autonomia face ao direito à intimidade da vida privada e familiar é, inclusive, reconhecida através da sua consagração em preceitos distintos (art(s). 7.º e 8.º) na Carta dos Direitos Fundamentais da União Europeia. No Direito nacional, no Ac. TC, n.º 213/2008, de 02/04, Proc. 671/07, Rel. João Cura Mariano, a jurisprudência constitucional já considerou que a proibição do art. 35.º, n.º 4 da CRP, que veda, por regra, o acesso a dados pessoais de terceiros, abrange todos os dados relativos à pessoa, ainda que não afetem a sua privacidade, e não apenas aos de natureza íntima. Visa-se salvaguardar, afirma o TC, a informação individual da pessoa e impedir o risco de violação dos seus direitos fundamentais, estando em causa o direito à autodeterminação informativa, cujo âmbito é apenas parcialmente coincidente com o âmbito do direito à reserva da intimidade da vida privada. De facto, entre os dados pessoais, somente os sensíveis se aproximam do âmbito da intimidade da vida privada (art. 35.º, n.º 3 da CRP); todos os demais, se incluem no domínio da reserva da vida privada (Moniz, 1997: 245). Contudo, para outros, o direito à autodeterminação informativa surge como uma garantia do direito à reserva da intimidade vida privada, cf. Pinto, 2006: 2. Neste mesmo sentido, no Ac. TC, n.º 278/95, de 31/05, Proc. 510/91, Rel. Alves Correia, este entendeu que a proibição de acesso de terceiros a dados bancários, relativos às relações bancárias com os clientes, consubstancia uma dimensão do direito consagrado no art. 26.º, n.º 1 da CRP. Em relação a este direito, Canotilho / Moreira, 2007: 467-469, já se sustentaram, porém, que não haveria

abrangente de dados pessoais, protegidos pelo direito à autodeterminação informativa resulta, de resto, do art. 4.º, n.º 1 do Regulamento (UE) 2016/679, de 27/04/2016[132]. Em suma, a proteção concedida por este direito não dependerá da presença de informações que integrem o âmbito de proteção do art. 26.º, n.º 1 (ou do art. 34.º) da CRP[133].

O direito fundamental à autodeterminação informativa desdobra-se num conjunto de poderes e faculdades[134] e dirige-se à proteção do indivíduo perante o tratamento de dados pessoais, que abrange aspetos como a sua recolha, conexão, transmissão, utilização e publicação[135]. Ao garantir ao indivíduo o domínio dos dados que lhe respeitem, permitindo-lhe estabelecer o que outros podem saber a seu respeito e com que extensão, este direito visa obstar à transformação da pessoa num mero objeto ou fonte de informações[136]. Naturalmente, ao não se tratar de um direito absoluto, este poderá ser limitado em cumprimento ao regime de afetação de direitos, liberdades e garantias. Nos termos do art. 18.º da CRP, o legislador (vigorando a reserva de lei) pode prever a possibilidade de ingerência neste direito (verificados determinados pressupostos), por razões de interesse público, em respeito do princípio da proporcionalidade[137] [138]. Constitui-se, num primeiro momento, como um

um princípio que abarcasse o "segredo do ter", que até reclamaria uma compatibilização com outros interesses, como o combate à fraude fiscal ou à criminalidade organizada.

[132] Segundo o qual se entende por dados pessoais toda a "(...) informação relativa a uma pessoa singular identificada ou identificável («titular dos dados»); é considerada identificável uma pessoa singular que possa ser identificada, direta ou indiretamente, em especial por referência a um identificador, como por exemplo um nome, um número de identificação, dados de localização, identificadores por via eletrónica ou a um ou mais elementos específicos da identidade física, fisiológica, genética, mental, económica, cultural ou social dessa pessoa singular".

[133] Castro, 2016: 64.

[134] Faria, 2010: 789; Castro, 2016: 50-51.

[135] Canotilho / Moreira, 2007: 550.

[136] Faria, 2010: 786; Castro, 2008: 94; Canotilho / Moreira, 2007: 551.

[137] Mata-Mouros, 2011: 356, 359; Canotilho / Moreira, 2007: 555; Moniz, 1997: 247-248.

[138] Na Alemanha, o direito à autodeterminação informativa é fruto de uma construção jurisprudencial fundada na dignidade humana (art. 1, I da GG) e no direito geral de personalidade (art. 2, I da GG) (Faria, 2010: 783-784). O BVerfG reconheceu que o livre desenvolvimento da personalidade reclama a proteção dos indivíduos contra toda a obtenção, armazenamento, utilização e transferência de dados pessoais e, apesar de não ser um direito absoluto, as suas limitações só podem derivar da lei em obediência ao princípio da proporcionalidade. Ademais, segundo o referido Tribunal, cada uma das fases de obtenção, armazenamento, utilização e transferência de dados pessoais constitui uma intervenção autónoma que, por isso, carecerá de

direito de defesa e um direito de liberdade com conteúdo negativo, que se traduz na possibilidade de o indivíduo decidir "(...) quem, quando, e em que condições, poderá usar, ou tornar pública, informação que lhe diz respeito (...)"[139]. Num segundo momento, a própria CRP mune o indivíduo de faculdades e poderes de conteúdo positivo, de decisão e supervisionamento, de modo a evitar ou reparar lesões que advenham da violação dos seus direitos informativos, como seja os direitos de acesso, retificação ou cancelamento dos dados ou ao sigilo imposto aos responsáveis pelo seu tratamento[140]. O direito primário de domínio da informação e o direito secundário, de eliminação das consequências lesivas, formulados no âmbito da teoria do domínio da informação encontram, assim, essencial correspondência no conteúdo de sentido negativo e de sentido positivo do direito à autodeterminação informativa[141].

A teoria do domínio da informação dá expressão ao princípio de que só deve ser admissível a prova que restrinja direitos fundamentais nos casos em que lei admita a hipótese de ingerência nos mesmos, que, quanto a nós, deverá ser aplicável às autoridades públicas e particulares. Por outro lado, coloca a ênfase na proteção e reparação do direito fundamental lesado do arguido, bem como proporciona segurança jurídica na aplicação do direito e no domínio dos direitos fundamentais do visado. Comporta, ainda, grandes vantagens no domínio das proibições de prova, como a de garantir, desde logo, a tutela contra ingerências em direitos fundamentais num momento anterior ao da sentença e de estendê-la a situações jurídicas exteriores ao processo penal, uma vez que o direito secundário à eliminação das consequências da ingerência ilícita é dirigido, desde logo, ao armazenamento ou compilação

uma norma autorizativa individual para ingerência. O direito à autodeterminação informativa constitui-se, agora, como um verdadeiro direito de alcance geral, que supera a ideia de um direito fundamental contra o processamento de dados (Greco, 2018: 42-44). Face ao exposto, a introdução da teoria do domínio da informação, no Direito português, é simplificada em função do direito à autodeterminação informativa beneficiar de previsão constitucional expressa. Já em Espanha, como explica Faria, 2010: 785, o TCE entende que o art. 18.º, n.º 4 da CE, do qual resulta uma imposição legiferante de regulação do uso da informática, encontra a sua justificação no direito fundamental à proteção dos dados pessoais, sendo dotado de um conteúdo diverso do direito à intimidade pessoal, plasmado no art. 18.º, n.º 1 da CE.

139 Faria, 2010: 789.

140 Faria, 2010: 789.

141 Cipriano, 2020: 514-515.

das informações assim obtidas e, caso aconteçam, contra a sua utilização em processo[142].

Desta forma, se oferece uma resposta coerente à questão das proibições de valoração da prova ilicitamente obtida. A existir uma ingerência ilícita no direito ao domínio informativo do seu titular, porque sem o seu consentimento ou em desrespeito das disposições legais, o mesmo terá o direito à reposição da situação anterior, originando-se, como já é orientação do art. 167.º do CPP, uma proibição de utilização em processo penal da informação recolhida ou compilada pelo particular. Isto posto, compreende-se que mesmo não estando em causa reproduções mecânicas ilícitas, as quais beneficiam de uma proibição de valoração de prova expressa, toda a ingerência ilícita e não autorizada no domínio informativo do seu titular deva acarretar uma proibição de utilização dessa informação em processo. Deste modo se fecha o raciocínio que iniciámos, devendo vigorar no nosso ordenamento o princípio de que toda a prova ilicitamente obtida por particulares, atentatória dos direitos fundamentais dos indivíduos, deva ser excluída do processo.

No "Caso Falciani", vimos que o particular ("F") coligiu, relacionou e divulgou dados pessoais relativos ao arguido, tendo em vista a sua posterior venda a terceiros a troco de uma vantagem económica. A ingerência do particular no direito fundamental do arguido ("D") não se encontrava justificada, sendo ilícita e, ao tratar-se de reproduções mecânicas, desde logo, o art 167.º do CPP impunha uma proibição de valoração dessa prova. Ainda que não constituíssem reproduções mecânicas, a recolha, conexão, transmissão, utilização e divulgação dessas informações, não autorizadas pelo arguido e não realizadas dentro do escopo da lei, conferem-lhe, enquanto titular dos dados, um direito ao afastamento das consequências da obtenção ilegítima daquelas informações. Tendo esses dados pessoais sido aportados para o processo penal, o arguido terá o direito à não utilização dessas informações, originando-se uma proibição de utilização.

142 Mata-Mouros, 2011: 359-360.

Conclusão

Para efeitos da discussão do problema da obtenção ilícita de prova pelos particulares, partimos da análise do "Caso Falciani", apreciado em Espanha, hipótese que fomos retomando ao longo da exposição. Começámos por abordar o tratamento deste problema no Direito comparado, onde oferecemos, respetivamente, uma solução ao caso de que partimos. No Direito espanhol vigora a regra de exclusão da prova obtida em violação de direitos fundamentais e predomina a aplicação de um juízo de ponderação de interesses para aferir da sua lesão efetiva, de que dependerá a possibilidade de valoração da prova em processo. Posteriormente, discutimos este problema no Direito norte-americano, cuja regra de exclusão de prova, em função dos fundamentos que lhe foram alocados, não se aplica à atividade dos particulares isolada das autoridades públicas. No Direito alemão, as proibições de utilização de prova ilícita são aplicadas restritamente. Contudo, embora se entenda que as normas da StPO não se dirigem aos particulares, a prova por eles obtida em violação da dignidade da pessoa humana não pode ser valorada em processo. Fora desse caso, aplicar-se-á a dominantemente a teoria da ponderação.

No Direito português, as proibições de prova assumem um teor material-substantivo dirigido à proteção dos direitos fundamentais dos visados. Se a aplicação do art. 126.º do CPP, relativo aos métodos proibidos de prova, à atividade de recolha de prova dos particulares é difícil justificar, argumentámos que, num Estado de Direito Democrático, impõe-se o respeito dos particulares pelos direitos fundamentais, que os vinculam através de concretização infraconstitucional feita no Direito Penal. No nosso ordenamento, vigora o princípio de que a obtenção de uma prova ilícita por um particular – sempre que atue de modo independente dos órgãos de perseguição penal – deve acarretar uma proibição da sua valoração em processo penal. Neste sentido, ilustra o disposto no art. 167.º do CPP, relativo às reproduções mecânicas. Por conseguinte, dever-se-á indagar se a atuação do particular foi ilegítima em face da legislação penal. Sabendo que sobre os funcionários das instituições de crédito impende um dever de segredo e que a sua revelação constitui crime, discutimos, face ao caso de que partimos, se a conduta do particular ("F") se poderia considerar legítima, para o que considerámos diversas vias de exclusão da ilicitude. Goradas estas tentativas, a proibição de utilização dos dados do arguido ilegitimamente recolhidos e revelados pelo particular resultaria do art. 167.º do CPP.

Neste domínio, a jurisprudência do TEDH examina se a utilização de uma prova ilícita em processo viola o direito ao processo equitativo. A violação do direito garantido no art. 8.º da CEDH depende, segundo o próprio dispositivo, de uma ponderação de interesses. Contudo, a prova obtida em violação deste direito só resultará na lesão do direito ao processo equitativo se forem desrespeitados os direitos de defesa do arguido. No "Caso Falciani", em Espanha, parece ter sido respeitado o direito ao processo equitativo, exigência que se imporia se o caso viesse a ser decidido em Portugal.

Em virtude da sua larga aplicação em Espanha e na Alemanha, discutimos a valência da teoria da ponderação de interesses para efeitos de estabelecimento de uma proibição de valoração de prova no processo. Neste plano, considerámos que o regime português de proibições de prova apresenta singularidades próprias, que suscitaria uma aplicação muito mais estreita daquela teoria. Além disso, debatemos as suas fragilidades e verificámos, ainda, que esta seria incompatível com o princípio de que só é admissível a prova que restrinja direitos fundamentais nos casos em que a lei admita a ingerência nos mesmos. Aliás, no caso de que partimos, a mesma nada viria a resolver.

Sufragámos que a teoria do domínio da informação se compatibiliza com o nosso ordenamento jurídico, assumindo-se como uma teoria das proibições de prova coerente, que põe em relevo a necessidade de controlo da informação que diga respeito a cada indivíduo, assentando no direito constitucional à autodeterminação informativa, que protege os dados pessoais das pessoas, sem se limitar à esfera da intimidade. A violação de um direito (primário) de domínio da informação do visado, através de ingerência ilegítima, originará um direito (secundário) à eliminação das suas consequências, podendo o arguido opor-se à valoração da prova. Esta via possui atributos consideráveis e respeita o princípio de que só deve ser admitida e valorada em processo a prova obtida resultante de uma ingerência lícita no direito fundamental do arguido.

No "Caso Falciani", o particular coligiu, relacionou e divulgou dados pessoais relativos ao arguido, constituindo uma ingerência injustificada no seu direito fundamental. Tratando-se de reproduções mecânicas, desde logo, o art 167.º do CPP impunha uma proibição de valoração dessa prova.

Não obstante, ainda que não constituíssem reproduções mecânicas, a recolha, conexão, transmissão, utilização e divulgação dessas informações, não autorizadas pelo arguido e realizadas fora do escopo da lei, conferem-lhe, enquanto titular dos dados, um direito a impedir a sua utilização, originando-se uma proibição de utilização da prova.

Bibliografia citada

Albuquerque, Paulo Pinto de,

(2011) *Comentário do Código de Processo Penal – à luz da Constituição da República e da Convenção Europeia dos Direitos do Homem*, 4.ª ed. Lisboa: Universidade Católica Editora.

(2021) *Comentário do Código Penal – à luz da Constituição da República e da Convenção Europeia dos Direitos do Homem*, 4.ª ed. Lisboa: Universidade Católica Editora.

Ambos, Kai,

(2009) "Las prohibiciones de utilización de pruebas en el proceso penal alemán", in: Ernst Beling, Kai Ambos e Óscar Julián Guerrero, *Las Prohibiciones Probatorias*. Bogotá/Colombia: Temis, pp. 57-149.

Andrade, Manuel da Costa,

(1984) "Sobre a valoração, como meio de prova em processo penal, das gravações produzidas por particulares", *BFD – Estudos em Homenagem ao Prof. Doutor Eduardo Correia*, n.º especial, vol. I, pp. 545-622.

(1992) *Sobre as proibições de prova em processo penal*. Coimbra: Coimbra Editora.

(2012) "Anotação ao art. 195.º", in: Jorge de Figueiredo Dias (dir.), *Comentário Conimbricense do Código Penal – Parte Especial, Art(s). 131.º a 201.º*, t. I., 2.ª ed. Coimbra: Coimbra Editora, pp. 1116-1165.

Armenta Deu, Teresa,

(2011) *La Prueba Ilícita (Un Estudio Comparado)*, 2.ª ed. Madrid: Marcial Pons.

Bachmaier Winter, Lorena,

(2013) "Transnational Criminal Proceedings, Witness, Evidence and Confrontation: Lessons from the ECtHR´s Case Law", *Utrecht Law Review*, vol. 9, 4, setembro, pp. 127-146.

Barin, Catiuce Ribas,

(2013) "A valoração das gravações de áudio produzidas por particulares como prova no processo penal", *C&R* 16, pp. 245-294.

Beling, Ernst von,

(2009) "Las prohibiciones de prueba como límite a la averiguación de la verdad en el proceso penal", in: Ernst Beling, Kai Ambos e Óscar Julián Guerrero, *Las Prohibiciones Probatorias*. Bogotá/Colombia: Temis, pp. 3-56.

Blanco Cordero, Isidoro,

(2015a) *La admisibilidad de las listas de evasores fiscales sustraídas en el extranjero como prueba para acreditar la comisión de delitos fiscales*, Indret: Revista para el Análisis del Derecho, n.º 3, julho, disponível em https://dialnet.unirioja.es/ejemplar/403419 (consultado em 02/02/2020).

(2015b) "Problemas penales que suscita la sustracción de datos bancarios de evasores fiscales", in: António Doval Pais e Clara Moya Guillem (coord.), *Nuevos límites penales para la autonomía individual y la intimidad: aspectos referidos a los delitos contra la vida y la salud, violencia de género, tráfico de órganos humanos, "stalking", contra la libertad y la indemnidad sexuales y dopaje.* Navarra: Aranzadi Thomson Reuteurs, pp. 287-305.

Bradley, Craig M.,

(1983) "The Exclusionay Rule in Germany", *Harvard Law Review*, vol. 96, 5, pp. 1032-1066.

Brandão, Nuno,

(2020) "O *whistleblowing* no ordenamento jurídico português", *RMP* 161, pp. 99-113.

Canotilho, J. J. Gomes / Moreira, Vital,

(2007) *Constituição da República Portuguesa Anotada*, vol. I., 4.ª ed. Coimbra: Coimbra Editora.

Castro, Catarina Sarmento e,

(2008) "Privacidade e proteção de dados pessoais em rede", in: José de Oliveira Ascensão (coord.), *Direito da Sociedade da Informação*, vol. VII. Coimbra: Coimbra Editora, pp. 91-106.

(2016) "40 anos de "Utilização da Informática" – o artigo 35º da Constituição da República Portuguesa", *EPública*, vol. 3, 3, dezembro, pp. 43-66.

Cipriano, Diogo,

(2020) "Prova Comprada: o Caso Liechtenstein LGT (2008)", in: Paulo de Sousa Mendes e Rui Soares Pereira (coord.), *Novos Desafios da Prova Penal.* Coimbra: Almedina, pp. 487-532.

Costa, José Neves da,

(2013) "Do aproveitamento em processo penal das provas ilicitamente obtidas pelos particulares", *C&R* 16, pp. 295-344.

(2019) "Provas Ilicitamente Obtidas por Particulares", in: Paulo de Sousa Mendes e Rui Soares Pereira (coord.), *Prova Penal Teórica e Prática.* Coimbra: Almedina, pp. 159-193.

Dias, Jorge de Figueiredo,

(2016) "Revisitação de algumas ideias-mestras da teoria das proibições de prova em processo penal – (Também à luz da jurisprudência constitucional portuguesa)", *RLJ* 4000, pp. 3-16.

Faria, Maria Paula Ribeiro de,

(2010) "Comentário ao art. 35.º", in: Jorge Miranda e Rui Medeiros (coord.), *Constituição da República Portuguesa Anotada*, t. I., 2.ª ed. Coimbra: Coimbra Editora/Wolters Kluwer, pp. 779-801.

Gittins, Jeffry R.,

(2007) "Excluding the Exclusionary Rule: Extending the Rationale of *Hudson v. Michigan* to Evidence Seized During Unauthorized Nighttime Searches", *Brigham Young University Law Review*, vol. 2007, 2, pp. 451-482.

Gless, Sabine,

(2013) "Transnational Cooperation in Criminal Matters and the Guarantee of a Fair Trial: Approaches to a General Principle", *Utrecht Law Review*, vol. 9, 4, setembro, pp. 90-108.

GÖSSEL, Karl-Heinz,
(1992) "As proibições de prova no direito processual penal da República Federal da Alemanha", *RPCC* 3, pp. 397-441.

GRECO, Luís,
(2018) "O inviolável e o intocável no direito processual penal – Considerações introdutórias sobre o direito processual penal alemão (e suas relações com o direito constitucional, o direito de polícia e o direito dos serviços de inteligência)", in: Luís Greco (org.), *O Inviolável e o Intocável no Direito Processual Penal – Reflexões sobre Dignidade Humana, Proibições de Prova, Proteção de Dados (e Separação Informacional de Poderes diante da Persecução Penal)*. São Paulo: Marcial Pons, pp. 21-82.

LOURENÇO, Rodrigo Serra,
(2019) "Aprender a denunciar na era da técnica – O *whistleblowing* e o impacto da sua consagração legal para as organizações e relações de trabalho", *RCEJ* 2, pp. 181-189.

MARTINS, Milene Viegas,
(2013) "A admissibilidade de valoração de imagens captadas por particulares como prova no processo penal", *C&R* 14-15, pp. 175-208.
(2014) *A admissibilidade de valoração de imagens captadas por particulares como prova no processo penal*. Lisboa: AAFDL.

MATA-MOUROS, Maria de Fátima,
(2011) *Juiz das Liberdades – Desconstrução de um Mito do Processo Penal*. Coimbra: Almedina.

MENDES, Paulo de Sousa,
(2004) "As proibições de prova no processo penal", in: Maria Fernanda Palma (coord.), *Jornadas de Direito Processual Penal e Direitos Fundamentais*. Coimbra: Almedina, pp. 133-154.
(2010) "A orientação da investigação para a descoberta dos beneficiários económicos e o sigilo bancário", in: Maria Fernanda Palma, Augusto Silva Dias e Paulo de Sousa Mendes (coord.), *2.º Congresso de Investigação Criminal*. Coimbra: Almedina, pp. 201-213.

MIRANDA ESTRAMPES, Manuel,
(1999) *El concepto de prueba ilícita y su tratamiento en el proceso penal*. Barcelona: J. M. Bosch Editor.

MONIZ, Helena,
(1997) "Notas sobre a proteção de dados pessoais perante a informática – (o caso especial dos dados pessoais relativos à saúde)", *RPCC* 1, pp. 231-298.

MORÃO, Helena,
(2006) "O *efeito-à-distância* das proibições de prova no direito processual penal português", *RPCC* 4, pp. 575-620.

MOSQUERA BLANCO, Augusto Javier,
(2018) *La prueba ilícita tras la sentencia Falciani: Comentario a la STS 116/2017, de 23 de Febrero*, Indret: Revista para el Análisis del Derecho, n.º 3, junho, disponível em https://dialnet.unirioja.es/servlet/revista?codigo=1891 (consultado em 14/11/2019).

MUÑOZ CONDE, Francisco,
(2004) "Prueba prohibida y valoración de las grabaciones audiovisuales en el proceso penal", *RP* 14, pp. 96-123.

Novais, Jorge Reis,
(2018) *Direitos fundamentais nas relações entre particulares – do dever de protecção à proibição do défice*. Coimbra: Almedina.
Palma, Maria Fernanda,
(2010) "Perspectivas constitucionais em matéria de segredo bancário", in: Maria Fernanda Palma, Augusto Silva Dias e Paulo de Sousa Mendes (coord.), *2.º Congresso de Investigação Criminal*. Coimbra: Almedina, pp. 189-199.
Pinto, Paulo Mota,
(2006) *A Proteção da vida privada na jurisprudência do Tribunal Constitucional*, em colaboração com Raquel Reis, VIII Conferencia Trilateral, 2-3 octubre 2006, Lisboa, disponível em https://www.tribunalconstitucional.es/es/trilateral/documentosreuniones/30/ponencia%20portugal%202006.pdf (consultado em 06/11/2020).
Re, Richard M.,
(2014) "The due process exclusionary rule", *Harvard Law Review*, vol. 127, 7, pp. 1885-1966.
Rocha, Manuel António Lopes,
(1999) "Violação do segredo bancário e a exclusão da ilicitude", in: *Direito Penal Económico e Europeu: Textos Doutrinários – Problemas Especiais*, vol. II. Coimbra: Coimbra Editora, pp. 227-237.
Rosa, Luís Bértolo,
(2010) "Consequências processuais das proibições de prova", *RPCC* 2, pp. 219-277.
Roxin, Claus,
(2007) *Pasado, presente y futuro del Derecho Procesal Penal*. Santa Fe: Rubinzal-Culzoni Editores.
(2009) "Conferência inaugural – Sobre o desenvolvimento do direito processual penal alemão", in: Mário Ferreira Monte (dir.), Maria Clara Calheiros, Fernando Conde Monteiro e Flávia Noversa Loureiro (coord.), *Que Futuro Para o Direito Processual Penal? – Simpósio em Homenagem a Jorge de Figueiredo Dias, por ocasião dos 20 anos do Código de Processo Penal Português*. Coimbra: Coimbra Editora, pp. 385-398.
Roxin, Claus / Schünemann, Bernd,
(2019) *Derecho Procesal Penal*. Ciudad Autónoma de Buenos Aires: Didot.
Schünemann, Bernd,
(2014) "Solution Models and Principles Governing the Transnational Evidence-Gathering in the EU", in: Stefano Ruggeri (ed.), *Transnational Evidence and Multicultural Inquiries in Europe: Developments in EU Legislation and New Challenges for Human Rights-Oriented Criminal Investigations in Cross-border Cases*. Cham: Springer, pp. 161-180.
Silva, Germano Marques da,
(1998) "Segredo bancário: da tutela penal na legislação portuguesa", *DJ*, vol. XII, 2, pp. 31-58.
(2008) *Curso de Processo Penal*, vol. II, 4.ª ed. Lisboa: Editorial Verbo.
Sousa, Miguel Teixeira de,
(2020) "A prova ilícita em processo civil: em busca das linhas orientadoras", *RFDUL* 2, pp. 15-52.

Wolter, Jürgen,
(2018a) "Dignidade humana e liberdade no processo penal", in: Luís Greco (org.), *O inviolável e o Intocável no Direito Processual Penal – Reflexões sobre Dignidade Humana, Proibições de Prova, Proteção de Dados (e Separação Informacional de Poderes diante da Persecução Penal)*. São Paulo: Marcial Pons, pp. 83-108.
(2018b) "Proibições de prova e proibições de circunvenção: entre a busca da verdade e a proibição de devassamento", in: Luís Greco (org.), *O inviolável e o Intocável no Direito Processual Penal – Reflexões sobre Dignidade Humana, Proibições de Prova, Proteção de Dados (e Separação Informacional de Poderes diante da Persecução Penal)*. São Paulo: Marcial Pons, pp. 109-158.

Jurisprudência citada

Alemanha
BVerfG, de 09/11/2010 (2 BvR 2101/09)
BGH 1 StR 683/59, de 14/06/1960
BGH 4 StR 519/63, de 21/02/1964
BGH StB 2/94, de 30/03/1994
BGH 5 StR 302/97, de 21/07/1998
LG Bochum, de 07/08/2009 (2 Qs 2/09)
AG Bochum, de 08/04/2009 (64 Gs-35 js 220/07-1491/08)

Bélgica
Cour de Cassation de Belgique, arrêt du 22/05/2015 (F.13.0077.N)

Espanha
STC n.º 114/1984, de 29/11/1984
STC n.º 85/1994, de 14/03/1994
STC n.º 81/1998, de 02/04/1998
STC n.º 186/2000, de 10/07/2000
STC n.º 22/2003, de 11/02/2003
STS n.º 49/1996, de 26/03/1996
STS n.º 974/1997, de 04/97/1997
STS n.º 1066/2009, de 04/11/2009
STS n.º 569/2013, de 26/06/2013
STS n.º 793/2013, de 28/10/2013
STS n.º 912/2013, de 04/12/2013
STS n.º 45/2014, de 07/02/2014
STS n.º 239/2014, de 01/04/2014
STS n.º 511/2015, de 21/07/2015

STS, n.º 116/2017, de 23/02/2017
STS n.º 228/2017, de 03/04/2017
STS n.º 2290/2018, de 27/06/2018
APM n.º 280/2016, de 29/04/2016
AN, auto n.º 19/2013, de 08/05/2013

Estados Unidos da América
Weeks v. U.S., 232 U.S. 383 (1914)
Silversthorne Lumber Co. v. U.S., 251 U.S. 385 (1920)
Burdeau v. McDowell, 256 U.S. 465 (1921)
Nardone v. U.S., 308 U.S. 338 (1939)
Wolf v. Colorado, 338 U.S. 25, 31 (1949)
Elkins v. U.S., 364 U.S. 206 (1960)
Mapp v. Ohio, 367 U.S. 643 (1961)
Wong Sun v. U.S., 371 U.S. 471 (1963)
Linkletter v. Walker, 381 U.S. 618 (1965)
U.S. v. Calandra, 414 U.S. 338 (1974)
U.S. v. Janis, 428 U.S. 433 (1976)
Segura v. U.S., 468 U.S. 796 (1984)
Nix v. Williams, 467 U.S. 431 (1984)
U.S. v. Leon , 468 U.S 897 (1984)
Hudson v. Michigan, 547 U.S. 586 (2006)
Herring v. U.S., 555 U.S. 135 (2009)
Davis v. U.S., 564 U.S. 229 (2011)

França
Cour de Cassation, Chambre Criminelle, arrêt du 31/01/2012 (11-13097)
Cour de Cassation, Chambre Criminelle, arrêt du 27/11/2013 (13-85042)

Itália
Corte Suprema di Cassazione, Sez. III, n.º 38753, de 26/09/2012
Corte Suprema di Cassazione, Sez. III, n.º 29433, de 17/04/2013

Portugal
Ac. TC, n.º 278/95, de 31/05, Proc. 510/91, Rel. Alves Correia
Ac. TC, n.º 192/2001, de 08/05, Proc. 517/2000, Rel. Artur Maurício
Ac. TC, n.º 213/2008, de 02/04, Proc. 671/07, Rel. João Cura Mariano
Ac. STJ, de 14/01/1999, Proc. 96P176, Rel. Nunes da Cruz
Ac. STJ, de 28/09/2011, Proc. 22/09.6YGLSB.S2, Rel. Santos Cabral
Ac. TRC, de 18/05/2016, Proc. 148/12.9PBLMG.C1, Rel. Maria Pilar de Oliveira
Ac. TRL, de 28/05/2009, Proc.10210/2008-9, Rel. Fátima Mata-Mouros

Ac. TRL, de 04/03/2010, Proc. 1630/08.8PFSXL.L1-9, Rel. Calheiros da Gama
Ac. TRL, de 03/07/2012, Proc. 14538/10.4TFLSB.L1-5, Rel. Jorge Gonçalves
Ac. TRP, de 03/02/2010, Proc. 371/06.5GBVNF.P1, Rel. Eduarda Lobo
Ac. TRP, de 25/02/2015, Proc. 349/13.2PEGDM.P1, Rel. Maria Deolinda Dionísio

Suíça
TPF, Cour des Affaires Pénales, jugement du 27/11/2015 (SK.2014.46)

Tribunal Europeu dos Direitos Humanos
Kostovski v. Holanda, n.º 11454/85, de 20/11/1989
Teixeira de Castro v. Portugal, n.º 44/1997/828/1034, de 09/06/1998
Pélissier e Sassi v. França, n.º 25444/94, de 25/03/1999
Guja v. Moldávia, n.º 14277/04, de 12/02/2008
Gäfgen v. Germany, n.º 22978/05, de 01/06/2010
Köpke v. Alemanha, n.º 420/07, de 05/10/2010
Furcht v. Alemanha, n.º 54648/09, de 23/10/2014
M.N e Outros v. Sao Marino, n.º 28005/12, de 07/07/2015
G.S.B v. Suíça, n.º 28601/11, de 22/12/2015
K.S e M.S v. Alemanha, n.º 33696/11, de 10/06/2016
Vukota-Bojic v. Suíça, n.º 61838/10, de 18/10/2016
López Ribalda e Outros v. Espanha, n.º 1874/13 e n.º 8567/13, de 17/10/2019
Paixão Moreira Sá Fernandes v. Portugal, n.º 78108/14, de 25/02/2020

§ 10.
O CONSENTIMENTO NAS INTERVENÇÕES CORPORAIS INVASIVAS PROBATÓRIAS NA JURISPRUDÊNCIA DO TRIBUNAL EUROPEU DOS DIREITOS HUMANOS: DIZER "SIM" SEM LIMITES? – CONSIDERAÇÕES À LUZ DE UMA ILICITUDE QUALIFICADA

Inês Vieira Santos*

Sumário: Introdução. I. O caso R.S. v. Hungria, queixa n.º 65290/14, de 2 de julho de 2019. II. A obtenção de provas por intervenção corporal invasiva no direito comparado. 1. A intervenção corporal invasiva na Hungria. 2. A intervenção corporal invasiva na Itália. 3. A intervenção corporal invasiva na Alemanha. 4. A intervenção corporal invasiva nos EUA. III. As premissas do *case law* do TEDH. 1. As proibições de prova na jurisprudência do TEDH. 2. O entendimento da jurisprudência de Estrasburgo acerca do consentimento para obtenção de prova corporal invasiva.

* Licenciada em Direito pela Faculdade de Direito da Universidade de Lisboa. Pós-Graduada em Corporate Governance pelo Centro de Investigação de Direito Privado. Mestranda em Direito e Ciência Jurídica, Especialidade em Direito Penal e Ciências Criminais pela Faculdade de Direito da Universidade de Lisboa. Assistente Convidada na Faculdade de Direito da Universidade de Lisboa. Investigadora do Centro de Investigação de Direito Privado. Advogada-Estagiária na PLMJ Advogados, SP, RL.

IV. Um especial fator fragilizador associado à prova obtida por intervenção corporal invasiva e o consentimento: conceção tolerante do *nemo tenetur*. V. Uma proposta dogmática de uma proibição de prova por intervenção corporal invasiva em função do especial fator fragilizador que a pauta. 1. A defesa de uma ilicitude qualificada do art. 3.º da CEDH: que proibição de prova? 2. A ilicitude qualificada alternativa do art. 6.º da CEDH na excisão da proibição de prova. VI. O consentimento para efeitos de exclusão de ilicitude qualificada do art. 3.º da CEDH. 1. As exigências de uma justificação qualificada. 2. A aproximação do consentimento probatório para exclusão de ilicitude de prova por intervenção corporal invasiva a uma *procedural defense*. VII. A cateterização urinária probatória no ordenamento jurídico português. 1. Proibições de prova e generalidades sobre um processo equitativo. 2. A cateterização urinária probatória no ordenamento jurídico português. Conclusão. Bibliografia citada. Jurisprudência citada.

Resumo: É do cerne da dignidade da pessoa humana e dos direitos nucleares à integridade física e moral que advêm as mais lógicas proibições de obtenção de prova por intervenções corporais e consequentes proibições de valoração, limites à descoberta da verdade no processo penal, que não poderá lograr-se a todo o custo. É a ideia de Estado de Direito e o abandono da justiça inquisitorial que, concebendo o arguido como pessoa e sujeito processual, obstam a que este seja instrumentalizado em função de uma sua redução a meio ou método de prova. Os interesses estatais cessam onde os direitos fundamentais como garantias processuais imperam. Também a CEDH tem sido palco das referidas considerações, com especial enfoque no *nemo tenetur se ipsum accusare* como limite à obtenção e valoração de prova corporal. Pretendemos ocupar-nos da forma como deverá ser valorada a existência e a possibilidade de consentimento, e que consentimento, por parte do arguido, à luz da qualificação da intervenção como degradante e desumana e das exigências de *fair trial* ao nível das proibições de prova da CEDH. Através da análise do caso *R.S. v. Hungria*, do direito comparado e dos fundamentos de um especial fator fragilizador inerente à prova corporal, concluiremos pelo valor da ilicitude de uma prova corporal invasiva, que se terá por qualificada, e de um eventual consentimento probatório mais exigente. A renovação destas reflexões afigura-se fulcral para a compreensão dos arts. 3.º e 6.º da CEDH no âmbito processual penal, como garantias fundamentais que irrogam uma ampla tutela ao corpo do arguido e afrontam o absolutismo de uma livre autodeterminação.

Palavras-Chave: intervenções corporais invasivas; proibições de prova; ilicitude qualificada; consentimento; *fair trial*.

Introdução

O corpo humano, estrutura biológica com dignidade jurídica e supraconstitucional, é objeto dotado de aptidão probatória, pedra de toque dos sistemas democráticos garantísticos, que pretexta particulares desafios à ciência do direito, em concreto, à prossecução penal.

O presente estudo visa, atento o confronto entre a dignidade humana e a integridade física e moral e a descoberta da verdade que pautam o processo penal, esclarecer em que medida deve o consentimento relevar para efeitos de exclusão de ilicitude probatória em sede de intervenções corporais invasivas, no âmbito da CEDH.

Uma palavra cabe quanto à opção terminológica por intervenções corporais probatórias invasivas em detrimento de ingerências corporais, que adquire um sentido mais abrangente, ou intrusões, e que não esgotam a panóplia de vocábulos limítrofes. "Intervenções corporais" abrange as intervenções que implicam a extração de elementos internos ou externos do corpo e, por isso, impõem um relativo grau de sacrifício à integridade física. São ingerências *stricto sensu* que até poderão implicar a violação concomitante de outros direitos fundamentais como a intimidade e a autodeterminação pessoal, mas que revelam a dimensão especial de vulnerabilidade e limitação da autonomia pessoal em relação ao corpo da pessoa, em concreto, na esfera da integridade física[1]. Ao nível das intervenções, reportamo-nos às graves[2], classificadas como invasivas[3], que se pautam por um especial carácter intrusivo da afetação material do corpo, em função do grau de desconforto causado, da intensidade, dos riscos que comporta ou da desnecessidade por que se pauta.

Num primeiro capítulo procuramos expor os contornos do caso *R.S. v. Hungria*, da jurisprudência do TEDH, de julho de 2019, nos termos do qual se compreenderá a problemática em apreço, considerando que o Sr. R.S., arguido

[1] Bravo, 2020: 135-139.

[2] Excluídas do objeto do presente estudo estão as intervenções leves que, apesar de visarem a extração de substâncias corporais, não são objetivamente suscetíveis de comprometer a saúde do visado, nem de lhe causar sofrimento, motivo pelo qual o sacrifício imposto à integridade física é muito pouco significativo. Será o caso da zaragatoa bucal, da extração de pelos, unhas, cabelos ou até de amostras de sangue.

[3] Das quais são exemplos a recolha de líquido cefalorraquídeo, intervenções cirúrgicas ao sistema digestivo, punções lombares e, segundo julgamos, cateterizações urinárias, porquanto "afetam a substância corporal", cf. Agostinho, 2014: 38.

e requerente, foi alvo de duas intervenções corporais, uma não invasiva, a recolha de amostra de sangue, e uma invasiva, a cateterização urinária, para efeitos de prova de condução sob o efeito de álcool ou estupefacientes. O caso *sub judice* foi escolhido por duas ordens de razão. Pelos contornos fácticos que adquire e que, em termos hipotéticos, permitirão exemplificar a questão por nós adensada. Em segundo, pela exposição da metodologia adotada[4] pelo TEDH, de que o consentimento escusaria a análise dos fatores que permitem concluir pela violação do art. 3.º da CEDH. Ademais, vem agora revelar a necessidade de, no contexto probatório, se tecerem maiores considerações às exigências de consentimento, reconhecendo que poderá haver casos em que este simplesmente não possa ter lugar.

Evidencia-se necessário reservar maior espaço às circunstâncias em que é prestado o consentimento, densificando os critérios de liberdade e esclarecimento que já vinham imperando – questionando se sequer caberia consentimento sob o efeito de álcool e num contexto genérico de controlo policial[5], mas mais até, acrescentamos, se não resultará do tipo de prova, a corporal invasiva, a necessidade de o consentimento conhecer limites em função dos valores jurídicos fundamentais que potencialmente afeta, exigindo ponderação à luz das finalidades processuais.

Em segundo capítulo, adentramos na análise de direito comparado, procurando identificar as bases axiológicas nos diversos sistemas – Hungria, onde se desenrola o caso em apreço, Itália, Alemanha e EUA -, que permitem adotar uma conceção de *nemo tenetur*[6], mais ou menos ampla, que atente, ou não, a estas maiores exigências de consentimento para intervenção corporal invasiva em matéria de proibições de prova.

Seguidamente, em terceiro capítulo, expomos a particular evolução da jurisprudência de Estrasburgo que, não versando sobre o aspeto do

[4] Também no Caso *Bogumil v. Portugal*, TEDH, Bogumil v. Portugal, n.º 35228/03, de 7/10/2008.

[5] TEDH, R.S. v. Hungria, n. º 65290/14, de 2/07/2019, §65.

[6] São várias as expressões utilizadas a propósito da concretização do *nemo tenetur*, nomeadamente "*nemo tenetur se ipsum accusare*", "direito à não autoincriminação", "privilégio contra a autoincriminação" (típica dos sistemas de *common law*), "proibição de autoincriminação", entre outras. A opção, e em função do seu fundamento jus-constitucional, é a de reconhecer que existe um verdadeiro direito do arguido à não autoincriminação, ou *nemo tenetur* apenas, com o referido sentido de "renúncia por parte do Estado" a algo, cf. Silva, 2016: 119.

consentimento em concreto, permite comprovar a referida opção metodológica e compreender o tratamento que confere à prova real, no que concerne à proibição de obtenção e de valoração. Explicaremos como são extraídas, da CEDH, proibições de prova – que entendemos decorrerem da natureza dupla de algumas daquelas disposições, como os arts. 3.º[7] e 6.º[8] da CEDH - e qual o seu potencial na descoberta da verdade, com respeito pelo *fair trial*.

Na sequência, em quarto capítulo, o decisivo, e adiantando, concretizamos que a prova real por intervenção corporal invasiva tem inerente um especial fator fragilizador que advém da qualidade do corpo e da sua indissociabilidade à dignidade humana e que legitima uma ilicitude qualificada, justificada pela teleologia da CEDH e pelo confronto entre os direitos fundamentais e as finalidades de persecução penal. Consequentemente, as questões afloram abruptamente. A de saber se uma tal conclusão implica uma proibição absoluta de prova que desconsidere o consentimento. Ou, não o sendo, se resulta num indício de ilicitude na obtenção de prova, próxima de uma presunção, que exige um verdadeiro consentimento probatório, com considerações substantivas e processuais, que permita o equilíbrio dos interesses heterogéneos em jogo para exclusão da ilicitude da prova. A conclusão do presente estudo demonstrará que nos inclinamos para esta segunda asserção que nos propomos desenvolver.

Finalmente, em último capítulo, analisamos a questão à luz do ordenamento jurídico português, concluindo que nunca uma cateterização urinária é

[7] Art. 3.º da CEDH, na sua redação, "Ninguém pode ser submetido a torturas, nem a penas ou tratamentos desumanos ou degradantes.".

[8] Art. 6.º da CEDH, na sua redação, "1. Qualquer pessoa tem direito a que a sua causa seja examinada, equitativa e publicamente, num prazo razoável por um tribunal independente e imparcial, estabelecido pela lei, o qual decidirá, quer sobre a determinação dos seus direitos e obrigações de carácter civil, quer sobre o fundamento de qualquer acusação em matéria penal dirigida contra ela. O julgamento deve ser público, mas o acesso à sala de audiências pode ser proibido à imprensa ou ao público durante a totalidade ou parte do processo, quando a bem da moralidade, da ordem pública ou da segurança nacional numa sociedade democrática, quando os interesses de menores ou a protecção da vida privada das partes no processo o exigirem, ou, na medida julgada estritamente necessária pelo tribunal, quando, em circunstâncias especiais, a publicidade pudesse ser prejudicial para os interesses da justiça.
2. Qualquer pessoa acusada de uma infracção presume-se inocente enquanto a sua culpabilidade não tiver sido legalmente provada.
3. (...)".

prova válida, porquanto conhecerá os limites do juízo de proporcionalidade que obstam a que sejam levadas a cabo intervenções corporais deste género, ainda que devidamente autorizadas e vigiadas, quando, exemplificativamente, existe a criação de risco para a saúde.

I. O caso R.S. v. Hungria, queixa n.º 65290/14, de 2 de julho de 2019

No dia 6 de março de 2010, R.S., cidadão húngaro, envolveu-se num confronto no parque de estacionamento circundante de um clube noturno, aparentemente, sob a influência de álcool e estupefacientes. Na sequência, a polícia húngara intercetou o indivíduo dentro da sua viatura, parada na berma da estrada, tendo aquele recusado sujeitar-se à realização de um teste respiratório de alcoolemia.

Já sob custódia policial e algemado, o indivíduo foi transportado da esquadra onde, alegadamente, sofreu maus-tratos, para as emergências hospitalares a fim de lhe ver serem extraídas amostras de urina e sangue. A recolha de urina feita de forma voluntária considerou-se frustrada, mencionando-se apenas, nos relatórios policiais, uma incapacidade do suspeito – sem qualquer justificação adicional ou explicitação do circunstancialismo desta impossibilidade, nomeadamente, se temporária ou crónica. Perante tal frustração, o médico das urgências procedeu a uma cateterização urinária, estando o suspeito algemado e sujeito a força policial durante todo o processo. Além disso, procedeu-se cumulativamente a uma recolha intravenosa de sangue, mais idónea e suficiente para, *per se*, provar a presença de substâncias daquela natureza no organismo do suspeito. Veio mais tarde a concluir-se que a cateterização nunca apresentaria resultados inequívocos, principalmente, em relação à presença de drogas, não sendo sequer um método recomendado para o efeito.

Do que se considerou provado, pelo testemunho das autoridades policiais, médico e pessoal de serviço, o suspeito terá dado o seu consentimento verbal para a cateterização num momento prévio. Certo é que nunca esse consentimento revestiu a forma escrita, pelo contrário, ter-se-á bastado com um grito de desespero em função da pressão policial, o qual, *a posteriori,* na consideração do TEDH, se tem por revogado, assim que o procedimento teve início.

Pelo exposto foi possível ao tribunal nacional concluir pela presença de álcool no organismo do arguido o que fundou a sua condenação em 2 anos e

3 meses de prisão. Importa destacar que procurou fazê-lo dissociando-o do resultado do teste de urina, mas sem com isto significar que tivesse concluído pela invalidade da prova ou exclusão desta do processo.

Ainda antes do processo, o arguido apresentou queixa criminal contra as autoridades pelo uso de força e pela forma como a colheita de sangue e urina foram levadas a cabo, porém sem sucesso. Igualmente, a queixa que apresentara à comissão independente de queixas contra a polícia não procedeu aquando da análise última, não obstante ter-se constatado que o recurso à cateterização violava a dignidade, integridade física e saúde do arguido, bem como o *fair trial*[9].

Já no decurso do processo, R.S. recorreu da condenação para o tribunal regional administrativo e laboral de Budapeste reiterando ter sido vítima de abusos por parte das autoridades e de maus-tratos na forma da cateterização - questionando-a como método de obtenção de prova -, e na ausência de consentimento. O tribunal considerou sempre que, além de ter consentido na cateterização, os moldes em que a mesma foi realizada, designadamente, por meios coercivos, se consideravam justificados em função da ausência de cooperação do suspeito. Entendeu que os contornos exatos acerca da natureza invasiva ou não da intervenção extravasavam o escopo da análise e que a mesma era conforme às regulações nacionais húngaras nesta matéria, designadamente ao *Police Act*, sec. 44, (1), (c).

Considerando o trânsito em julgado da condenação e as constantes rejeições por parte das várias instâncias, R.S. apresentou queixa contra a Hungria junto do TEDH, em 26 de setembro de 2014, alegando ter sido sujeito a tratamento desumano e degradante em resultado da extração coerciva de urina por meio de cateterização, em violação do art. 3.º da CEDH. Destacou a ausência de consentimento, ou, pelo menos, a sua retirada, em momento ainda passível de interromper o processo médico, e em conformidade com o que lhe seria permitido pelo *Health Care Act*. A recolha de urina por meio de cateterização representara uma intervenção grave na sua integridade física, de risco elevado, com propósitos exclusivamente probatórios, porém carente de eficácia na determinação e prova da presença das substâncias que justificaram a incriminação.

[9] TEDH, R.S. v. Hungria, n.º 65290/14, de 2/07/2019, §19.

O Estado Húngaro contestou, alegando que R.S. tinha consentido na intervenção, que o recurso aos meios coercivos era proporcional e justificado pela resistência do arguido e que a cateterização encontrava legitimidade e necessidade na tutela do interesse público.

O TEDH reconhece que assiste razão a R.S., constatando, por unanimidade, a sua sujeição a tratamentos desumanos e degradantes, e conclui que, apesar de o art. 3.º da CEDH não vedar, em absoluto, as intervenções médicas corporais que visem obter, do interior do corpo do suspeito, prova física, quando estas tenham lugar é necessário que a sua necessidade e justificação resultem de um particular escrutínio dos factos concretos.

Pese embora o facto de o TEDH não poder concluir sobre as exigências concretas que recaíam sobre o consentimento, dada a ausência de regulação específica, dirige a sua argumentação à absoluta desconsideração, pelas autoridades e pelos tribunais, das circunstâncias em que o suspeito consentira, designadamente, pelo facto de o mesmo ser prestado sob a influência de álcool e controlo das forças policiais. Questiona se, razoavelmente e neste contexto, o suspeito teria poder de escolha. Não só se encontrava psiquicamente alterado como o dito consentimento é extraído de um grito, "*do the catheterisation (!)*", no âmbito de um circunstancialismo de força constante e violência policiais, não inequívoco nem necessariamente sério, questionavelmente livre e esclarecido como exige o *Act no. CLIV of 1997, Health Care*, e que, em todo o caso, sempre poderia ser retirado segundo a sec. 15, parag. 6.

O afastamento do consentimento levado a cabo pela jurisprudência do TEDH, neste caso, não se foca, segundo melhor nos parece, numa absoluta inexistência de consentimento material. Ainda que, aparentemente, possa existir consentimento, a sua subestima poderá bastar-se com os moldes e contexto em que o mesmo é prestado, no limite porque não caiba sequer a possibilidade de consentir, ponderados os interesses. *In casu*, note-se que o TEDH se vê forçado a considerações de índole processual ao nível da análise do consentimento quando, além de questionar a existência de uma norma legitimadora do procedimento, o faz no âmbito de regulamentações sobre o seu uso para obtenção de prova em processo penal[10]. Ao ponderar, à luz das referidas circunstâncias, se existem casos em que nem sequer se pode colocar

[10] TEDH, R.S. v. Hungria, n.º 65290/14, de 2/07/2019, §63.

a questão da possibilidade de um consentimento válido, e quais, abre a porta a saber se também outros limites podem ser erigidos à admissibilidade de consentimento na delimitação da prova que deve ser admitida e valorada, como os decorrentes de direitos fundamentais que devam prevalecer. Por outro lado, ao concluir que na incerteza sobre a existência de consentimento se deve concluir favoravelmente no sentido da sua não existência, tece uma consideração de índole processual, próxima de um corolário da presunção de inocência e da tutela das garantias fundamentais do arguido.

No caso *sub judice*, o TEDH conclui que inexistiu consentimento livre e informado e prossegue com a análise dos restantes fatores para aferição da violação do art. 3.º da CEDH, evidenciando a desnecessidade e desproporcionalidade da cateterização perante a existência de meios alternativos, como a recolha de sangue, que efetivamente ocorreu e é dotada de maior aptidão probatória. Por outro lado, não é possível concluir pela inexistência de riscos associados à cateterização. Ademais, a intervenção não conhecia necessidade terapêutica, antes, apenas e exclusivamente, como método de obtenção de prova, reconhecendo o TEDH que uma intervenção com tal natureza invasiva tem um impacto negativo na saúde física e mental do arguido, suscetível de provocar sentimentos de insegurança, angústia e stress. Também na análise destes fatores o TEDH acaba por, frequentemente, tecer considerações processuais a par com substantivas, principalmente no que diz respeito a juízos de proporcionalidade e necessidade. Genericamente, esta ponderação exprime uma exigência de adequação global do procedimento em processo penal.

Assim, depreende o TEDH que, uma tal intervenção é violadora do art. 3.º da CEDH, na medida de um tratamento degradante e humilhante, injustificado e desproporcional, e que o mesmo justifica a condenação do Estado Húngaro no pagamento de uma indemnização por danos não patrimoniais, no valor de 9.000,00€, e por custas e despesas, no valor de 4.080,00€.

II. A obtenção de provas por intervenção corporal invasiva no direito comparado

A jurisprudência do TEDH comunga, em certo grau, do sentido da juridicidade dos ordenamentos vinculados à CEDH, na medida de uma necessária harmonização entre aqueles. Contudo, acaba por ir beber de contributos aos ordenamentos transatlânticos em função da sua potencialidade regulatória internacional, motivo pelo qual o presente estudo também não os desconsiderará.

1. A intervenção corporal invasiva na Hungria

As buscas corporais para efeitos de obtenção de prova encontram previsão no direito húngaro, no âmbito da sec. 150, 2) do *Act no. XIX of 1998 on Criminal Proceedings*, nos termos do qual carecem de determinação pelo procurador ou autoridade que investiga. Não obstante, é possível, à luz do *Act no. XXXIV of 1994*, sec. 44[11], forçar o condutor a fornecer amostras de sangue e urina, com auxílio médico, desde que a mesma não configure uma intervenção cirúrgica. Uma tal habilitação legal admite como resultado, segundo o entendimento que lhe nega uma natureza cirúrgica, o recurso a uma cateterização urinária para obtenção de prova, tal como decorre no caso *R.S. v. Hungria* e pese embora entendamos que a medida, por ser excessiva, sempre colidiria com o limite da razoabilidade da atuação policial.

No que diz respeito ao direito à não autoincriminação, a sec. 8, do *Act no. XIX of 1998 on Criminal Proceedings*, consagra, expressamente e em termos genéricos, o *nemo tenetur*. Contudo, a necessária harmonização daquele com a legislação avulsa complementar, como o *Act no. XXXIV of 1994*, importa que, em última instância, as garantias processuais do arguido sejam menores do que aparentam no âmbito de prova corporal invasiva.

2. A intervenção corporal invasiva na Itália

Em Itália, a problemática das intervenções corporais invasivas probatórias reporta-se às diligências incidentes sobre a "liberdade física ou moral da pessoa (como, amostras de sangue, investigações psicológicas ou

[11] Atente-se o texto da habilitação: "sec. 44. (1) No exercício das suas funções de gestão de trânsito, especificadas na presente lei e em legislação avulsa, um agente de polícia pode, (...) exigir que o condutor de um veículo forneça uma amostra de ar expirado através de dispositivo móvel, se for suspeito de ter cometido uma infração penal ou uma infração administrativa punível com uma coima administrativa relacionada com o tráfego rodoviário, ou impor a recolha de sangue, urina ou outra amostra que não constitua uma intervenção cirúrgica, através do serviço de saúde, sob a influência de uma substância que prejudique a sua capacidade de condução ou sob a influência do álcool", trad. nossa.

psiquiátricas, exames internos, ou a partes do corpo normalmente não expostas)"[12]. Os exames que traduzem uma ingerência profunda no organismo encontram, hoje, regulação nos arts. 224.º-*bis* e 359.º-*bis do* CPP italiano (Lege n.º 85, de 30 de junho de 2009). Este ordenamento jurídico tem assumido a tarefa de bem delimitar o regime de obtenção de prova, quando inexista consentimento, ainda que incipientemente[13].

No que em especial concerne ao consentimento, quando este exista, as intervenções corporais para obtenção de prova poderão ter lugar "sem particulares formalidades, prescindindo da gravidade do crime e independentemente do requisito da indispensabilidade para fins probatórios [...] [embora não possa o indivíduo consentir em] actos que acarretem uma diminuição permanente da integridade física ou psíquica ou que lesem a dignidade."[14]. Esta ressalva é, quanto a nós, de particular relevância porquanto traduz a não subscrição, neste ordenamento jurídico, de um consentimento consentimento putativo. A própria doutrina italiana frisa a necessidade de regular os termos e pressupostos do consentimento, para efeitos de obtenção de prova por meio de intervenções corporais invasivas, especialmente no que à sua voluntariedade e informação diz respeito, bem como ao tipo de atividade que pode ser executada ao abrigo de uma habilitação específica[15].

Considerando os limites já referidos, quando o consentimento não tenha ou não possa ter lugar, caberá a aplicação do art. 224.º-*bis* do CPP italiano, nos termos do qual se prevê a possibilidade de determinação judicial para a obtenção de fios de cabelo, pelo ou mucosa bucal. Além de não ser unânime a taxatividade das formas de intervenção corporal permitidas, erige-se sempre o limite de "não criação de perigo para a vida, integridade física ou saúde da pessoa", ou de sofrimento que, de acordo com a ciência médica, seja de grau elevado (n.º 4). Acresce que sempre aquelas terão de ser conformes à dignidade e o menos invasivas possível (n.º 5).

[12] Felicioni, 1999: 506.

[13] Não obstante a reforma de 2009 ter logrado, e positivamente, regular de forma detalhada as referidas intervenções, deixa ainda por resolver a problemática da tradicional recondução de exames e revistas ao regime das perícias, o que na prática conduz a um tratamento unitário de realidades que reclamam regulação e exigências dissemelhantes, dada a sua distinta gravidade.

[14] Tonini, 2003: 337.

[15] Conti, 2010: 995.

Concretamente, e considerando o caso *R.S. v. Hungria*, no que diz respeito à questão da condução sob o efeito de álcool e substâncias psicotrópicas, o CE italiano[16] determina que se admitem testes qualitativos não invasivos, via portátil, como os alcoolímetros, nos termos dos arts. 186.º, n.º 3 e 187.º, n.º 2. Apenas na sequência de acidente rodoviário caberá ainda a recolha de sangue por profissionais de saúde nos termos do art. 186.º, n.º 5[17], para deteção de álcool. A preocupação do legislador é a do respeito das referidas medidas pela integridade física dos suspeitos, e em conformidade com o art. 224.º-*bis* do CPP italiano.

Note-se que, em momento algum parece a lei prever a possibilidade de recolha de urina, nos termos em que tem lugar no caso *R.S. v. Hungria*, pelo contrário, promovem-se sempre as medidas menos invasivas, atento o respeito por valores como a privacidade pessoal e a integridade física. Ganha aqui destaque o acórdão da Corte Constitucional de Itália n.º 238/1996, no sentido de a não regulação de um método de obtenção de prova excluir a sua admissibilidade quando traduza uma restrição à liberdade pessoal, vedada pelo art. 13.º, n.º 2 da Constituição Italiana por inexistência de habilitação legal específica para o efeito[18].

3. A intervenção corporal invasiva na Alemanha

No ordenamento jurídico germânico as intervenções corporais invasivas (*körperliche Eingriffe*), conhecem regulação ao nível do §81a StPO[19] ao abrigo

[16] Decreto-Lei de 30 de abril de 1992, n.º 285, na sua redação atual.

[17] *V.g.*, Acórdão da quarta secção penal do Supremo Tribunal, processo n.º 4943, de 1 de fevereiro de 2018. Também, na sequência de um resultado positivo daqueles testes primários, caberá ainda a possibilidade de realização de exames clínicos, e toxicológicos, e amostras da mucosa da cavidade oral colhidas pelo pessoal auxiliar de saúde (art. 187.º, n.º 2-*bis* do código da estrada).

[18] A prova obtida de forma ilícita não deve ser utilizada nos termos do art. 191.º, n.º 1 do CPP italiano. Teríamos, pois, neste sentido, não regras de exclusão *tout court*, mas de nulidade, de inutilização da prova. Concretamente quanto ao direito à não autoincriminação no sistema italiano, "One inference that can be drawn is that Italy has decided it is more efficient to exclude evidence than to prosecute the police." Cf. Pakter, 1985: 23. Este A. entende que a doutrina e jurisprudência italianas olham com grande admiração para a *exclusionary rule* americana, adotando-a efetivamente, cf. Pakter, 1985: 51.

[19] Afastamos aqui a aplicação do §102 StPO, pois, pese embora a sua maior adequação a situações de apreensão e recolhas, o carácter invasivo da intervenção corporal, por contraste com as meras investigações corporais (*körperliche Untersuchungen*) e por pressupor risco para

do qual são, em princípio, admissíveis para efeitos de investigação, e independentemente do consentimento do sujeito, devendo, contudo, ser realizadas de acordo com as exigências médicas devidas e desde que não impliquem uma diminuição considerável da saúde do indivíduo.

Apesar de a cateterização configurar uma violação do direito fundamental à integridade física a ser integrada no âmbito de aplicação daquele preceito[20], estas intervenções têm sido excluídas pelo BGH apenas quando afrontam a dignidade humana (art. 1, sec. 1 da lei fundamental)[21]-[22].

Na concretização do *nemo tenetur* – que, apesar de não ter previsão expressa no ordenamento jurídico germânico, é unanimemente aceite em função do princípio da dignidade humana e da receção de fontes internacionais, como a CEDH –, a doutrina e jurisprudência germânicas maioritárias ainda distinguem entre deveres de colaboração ativa e de tolerância. Delimitam o *nemo tenetur* em função da qualidade da conduta[23], reduzindo-o ao direito à não autoincriminação ativa. Onde a intervenção corporal invasiva probatória não implique um *facere* do arguido, não se colocam problemas, independentemente de consentimento[24]-[25]. Seria este o sentido que o legislador teria querido atribuir ao permitir a imposição coativa neste âmbito, nomeadamente, nos termos do §81a StPO.

Por outro lado, é consentânea, na jurisprudência e doutrina alemãs, a não limitação do *nemo tenetur* a declarações verbais, estendendo-se igualmente à participação em exames físicos, como as amostras de sopro, que se traduzam

a saúde, terá necessariamente de se reconduzir ao §89a, (1), 2) StPO. A execução coerciva ao abrigo do §81a StPO, exige sempre a intervenção do juiz, que as ordena, salvo em casos de urgência cuja autorização pode ser concedida pelo Ministério Público, cf. Agostinho, 2014: 40.

20 Gössel, 1992: 411.

21 Weigend, 2019: 66.

22 O A. baseia-se nas decisões do BGH, Judgment of 29 April 2010 – 5 StR 18/10 e Judgment of 20 June 2012 – 5 StR 536/11, para excluir o vómito induzido para efeitos de obtenção de prova nos casos de tráfico de droga, limite à admissibilidade de intervenções corporais, naquele sentido.

23 Silva, 2016: 126.

24 Gössel, 1992: 422-423.

25 Note-se que esta teoria conduz a que sejam preferíveis medidas interventivas potencialmente mais gravosas e lesivas.

em deveres de colaboração ativa[26], bem como a exigência absoluta de consentimento, livre e esclarecido, para as mesmas, quando impliquem uma conduta ativa do arguido[27]-[28]. Havendo consentimento, é irrelevante[29] a forma de colaboração, ativa ou passiva, para efeitos de admissibilidade e valoração da prova obtida por intervenção corporal. Não obstante, não existe uma previsão processual específica que verse sobre os requisitos do consentimento para efeitos de obtenção de prova por intervenção corporal.

Escusamo-nos de extensas considerações críticas à teoria da conduta, por não ser o escopo deste estudo. Contudo, sempre se sublinhe a boa corrente de superação que se tem erigido àquela, e que passa por Wolflast, na esteira de outros[30], para quem, o referido binómio deve ser rejeitado. A instrumentalização do arguido terá lugar quer este colabore ativamente ou apenas tolere "que o próprio corpo seja utilizado como meio de prova"[31]. Em todo o caso, o §89a StPO admite aquele tipo de intervenções corporais, com ou sem consentimento[32].

No sistema germânico, distingue-se entre as proibições de produção de prova, nomeadamente as que decorrem do §81a StPO, e as proibições de valoração, de modo que as duas são articuladas para efeitos de atividade probatória

[26] WEIGEND, 2019: 79.

[27] SILVA, 2019: 646.

[28] A A. nota que se é unânime a exigência de consentimento para efeitos de intervenções corporais que ultrapassem o mero tolerar, já as considerações acerca das consequências de uma violação daquela exigência reúnem escasso consenso. Por um lado, a doutrina tradicional considera que a inexistência de consentimento neste ponto não implica necessariamente a invalidade da prova obtida por tal meio, por outro, autores como KLAUS ROGALL entendem que a omissão à advertência da liberdade de colaborar ativamente, paralelamente com a ausência de esclarecimento sobre o direito ao silêncio, culmina na proibição de valoração da prova obtida.

[29] Pode questionar-se, já aqui, se não seria justificado ainda assim a colocação de limites inultrapassáveis ao consentimento, designadamente, quando este implicasse a "renúncia" a determinados bens jurídicos constitucionalmente protegidos.

[30] Outras teorias têm sido avançadas no sentido da superação do sobredito binómio clássico que contrapõe conduta ativa ao mero tolerar, tais como a do binómio *vis compulsiva/vis absoluta* que expressa o critério do tipo de meio coativo, de GRÜNWALD, a previsão de deveres explícitos de conduta, de NEUMANN, entre outros. *Vide*, por todos, cf. SILVA, 2019: 649-677.

[31] ROCHA, 2019: 24.

[32] Na Alemanha cada Estado federado tem legitimidade para determinar as medidas de obtenção de prova para efeitos de condenação por condução sob o efeito de álcool, sendo comum a recolha de ar, sangue e/ou urina.

num processo penal que continua a conhecer o seu expoente máximo no princípio da descoberta da verdade, de base constitucional. É, por isso, excecional a admissão de regras de exclusão de prova[33].

O consentimento no âmbito processual penal alemão traduz, necessariamente, a exclusão de ilicitude da obtenção da prova real, não cabendo, em princípio, considerações sobre a exclusão da prova[34]. A terem lugar, as referidas sempre dependeriam da ponderação de outros fatores determinados pela lógica do *fair trial*, omisso do Código de Processo Penal alemão – e, por isso, com dificuldade - mas transposto para o ordenamento através da CEDH e reconhecido pelo BVergfG, e com fundamento constitucional no *Rechtsstaatprinzip*, i.e., uma garantia similar à de *due process* (art. 20.º, sec. 3 e art. 28.º, sec. 1 da lei fundamental[35]).

[33] Geralmente aceite como regra de exclusão de prova apenas o §100, sec. 4 e 5, e §136, sec. 3 StPO (este último reporta-se apenas à prova confessória e à forma como é obtida, mas não se estende a prova real). Quanto a este ponto, a jurisprudência germânica não deixa que o seu juízo se baste com uma regra da inadmissibilidade da prova obtida ilicitamente, antes parte da ilicitude da recolha de prova para concluir pela existência de um conflito entre os direitos individuais violados por aquela e a necessidade de fazer justiça que se traduz na descoberta da verdade. A produção de prova ilícita não traduz uma inadmissibilidade automática da sua valoração. Caberá antes um juízo de ponderação, à luz do qual se sopesam os interesses em jogo. Alguns dos fatores que se consideram relevantes para uma tal ponderação serão a gravidade da violação da regra processual, a importância da prova obtida para a descoberta da verdade, a seriedade do crime em causa e a teleologia da norma processual violada, cf. Weigend, 2019: 74.

[34] A Alemanha caminha agora no sentido da ampliação do âmbito da exclusão de prova a favor do fortalecimento das garantias dos direitos fundamentais, e principalmente por influência do TEDH, cf. Weigend, 2019: 87-89. Para este efeito, torna-se cada vez mais necessário reconhecer o mérito de construções que olham para o procedimento germânico nesta matéria como bifásico, como se de uma verdadeira *exclusionary rule* se tratasse. Em concreto, no que concerne a intervenções corporais invasivas, cabe aferir da conformidade ao *Rechtsstaatprinzip*, por recurso a vários critérios semelhantes aos que a jurisprudência do TEDH vem impondo (como a gravidade da intervenção e do crime em apreço, o conhecimento do agente estatal sobre a sua conduta violadora da regra processual, a relevância da prova obtida, entre outros. *In* Jalloh v. Alemanha, §100.) e, em segundo lugar, ao *Verhältnismäßigkeit*, que traduz um juízo de proporcionalidade das medidas, cf. Bradley, 1983: 1042.

[35] Aprovada pela lei de 23 de maio de 1949 e emendada pela última vez em 28 de março de 2019.

4. A intervenção corporal invasiva nos EUA

Os sistemas da *common law* pautaram-se, durante décadas, por uma tradição inclusiva da prova, independentemente do seu método de obtenção, salvo o caso das confissões ilícitas. Só em 1914, com *Weeks v. US* (1914), o USSC adota a *exclusionary rule*[36], no âmbito processual penal, permitindo a exclusão de prova obtida em violação de direitos constitucionais, designadamente prova por intervenção corporal (*real evidence*), esclarecendo a sua ilicitude à luz da 4.ª Emenda[37] da Constituição americana[38], mediante uma ponderação casuística da razoabilidade da obtenção da prova, protegendo os cidadãos contra buscas e apreensões desrazoáveis, mormente, na sua pessoa[39-40].

Em relação aos especiais contornos do *privilege against self-incrimination*[41], ainda se afigura mínima a corrente[42] que abarca esta prova real no âmbito daquele[43], sendo o entendimento mais comum o que reduz o seu âmbito à prova testemunhal, i.e., às declarações verbais[44].

Os exemplos mais paradigmáticos neste âmbito são o *Rochin v. California*[45] e *Schmerber v. California*[46]. No primeiro, o USSC concluiu pela desrazoabilidade da sujeição do suspeito à administração de eméticos tendo em vista a

[36] A qual visava alcançar o equilíbrio entre a dissuasão das privações constitucionais e os custos sociais implicados, i.e., encontrava o seu *rationale* na integridade judicial, cf. White, 1964: 262.

[37] Em detrimento da 5.ª Emenda (*privilege against self-incrimination*) ou até da 14.ª (*substantive due process clause*), à luz das quais tradicionalmente era considerada.

[38] Bloom/Dewey, 2011: 38.

[39] The Constitution, The White House. n.d.

[40] Cumpre notar que nos ordenamentos jurídicos da *common law*, uma tal proteção constitucional é principalmente conferida em função da privacidade dos cidadãos, mais do que da sua integridade física e moral, cf. Borgmann, 2014: 1065-1067; 1127.

[41] "No person [...] shall be compelled to be a witness against thim self". E que não se deve aqui confundir com o *nemo tenetur*, por terem origens e amplitudes distintas.

[42] A corrente em causa aproximar-se-ia em muito da doutrina germânica que adota a teoria da conduta ativa, através da que designa de "*affirmative action rule*".

[43] USSC, Rochin v. California, 342 U.S. 165 (2/01/1952).

[44] Silva, 2016: 118; 125./ Note-se que a redução do escopo da 5.ª Emenda à prova testemunhal está necessariamente associada à sua origem no direito inglês, mormente por ter surgido como uma reação contra o juramento *ex officio* no âmbito da defesa técnica nos tribunais eclesiásticos, tendo divergido e sido acolhido posteriormente pela Constituição norte-americana em 1971, cf. Silva, 2016: 118.

[45] USSC, Rochin v. California, 342 U.S. 165 (2/01/1952).

[46] USSC, Schmerber v. California, 384 U.S. 757 (20/06/1966).

regurgitação de bolotas de droga que continha no estômago, de forma coativa e sem consentimento, no confronto com o carácter global da intervenção e à luz das garantias da *due process clause*, que encerra hoje a 14.ª Emenda, dada a inexistência, naquela altura, da 4.ª Emenda com a redação atual. A *exclusionary rule* nos EUA concebe a violação de um direito constitucional apenas como um "ponto de partida para a ponderação do *deterrence effect*[47] via exclusão da prova como forma de obviar a novas violações"[48].

Com *Schmerber v. California*[49], em que um suspeito de conduzir sob a influência de álcool é compelido a uma recolha de sangue para efeitos probatórios, o USSC considera que a 4.ª Emenda não obsta a intervenções corporais, nem à licitude da prova assim obtida, desde que estas se revelem razoáveis em consideração de três fatores de ponderação (*Schmerber Rule*): a probabilidade da prova pretendida ser obtida por aquela via (*clear indication*), o método selecionado para a obtenção ser razoável, bem como, e por último, a forma de realização procedimental em si. Todos os referidos critérios devem ser ponderados, numa perspetiva de *case law*[50]. A jurisprudência americana adota, em relação ao *privilege against self-incrimination*, uma postura moderada de defesa de um equilíbrio entre os direitos do suspeito e a necessária descoberta da verdade, que não pode ter lugar a todo o custo ou legitimar atuações ilegais e abusivas por parte das autoridades[51].

Com *Graham v. Connor*[52]-[53], o USSC descarta, definitivamente, a análise deste tipo de intervenções à luz do processo equitativo e concentra-a, exclusivamente, na 4.ª Emenda, lógica que mantém até hoje, e não obstante parte

[47] Este efeito dissuasor era já resultado da própria evolução jurisprudencial, *v.g. Mapp v. Ohio* (1961). Considerar válida a prova "[...] independentemente da forma como foi obtida, é estar a estimular comportamentos abusivos das autoridades públicas, para que combatam o crime a todo o custo [...]", cf. ROCHA, 2019: 28.

[48] SOUSA, 2010: 36.

[49] USSC, Schmerber v. California, 384 U.S. 757 (20/06/1966).

[50] SARNAKI, 1984: 133-140.

[51] ROCHA, 2019: 31.

[52] USSC, Graham v. Connor, 490 U.S. 386 (15/05/1989).

[53] A principal razão para o afastamento de outras garantias constitucionais quando seja possível a aplicação da 4.ª Emenda prende-se com a maior segurança textual desta em relação às restantes, como a 14.ª que, por encerrar apenas a referência a processo equitativo, é mais ambígua e não confere uma elevada certeza quanto ao seu conteúdo, cf. BORGMANN, 2014: 1073.

da doutrina mais atual considerar preferível uma análise que congregasse as várias garantias constitucionais[54] neste âmbito[55].

De extrema relevância, para o presente estudo, o recente *Riis v. Shaver*[56]. Pese embora se trate de uma pronúncia de um tribunal inferior, traduz a análise, inovatória, de cateterizações urinárias[57] para obtenção de prova, em tudo semelhante ao *R.S. v. Hungria*[58]. O juiz, Robert Lange, aprecia, à luz dos critérios do *Schmerber*, a razoabilidade de uma cateterização urinária para obtenção de prova e conclui pela sua contrariedade à 4.ª Emenda. O tribunal considera que, apesar da gravidade da cateterização não ser consensual, sempre comportará um risco moderado, particularmente intrusivo e angustiante para as vítimas. Em relação à extensão da intervenção e eficácia, ao contrário da extração de sangue, além de implicar uma clara exposição da área genital e, por isso, uma maior vulnerabilidade na sua privacidade, viola a dignidade pessoal do suspeito[59]. Por último, não só se concluiu que provavelmente a urina poderia ter sido obtida naturalmente, evitando a intrusão, como que a extração de sangue seria um método mais idóneo e muito menos agressivo. Quanto à *clear indication* poder-se-ia ter por respeitada na medida em que, *in casu*, tinham sido emitidos mandatos para a recolha de urina dos suspeitos, ainda que não contemplassem o método da cateterização forçada – o que, a nosso ver, revela a sua insuficiência para a exclusão da ilicitude do método. A licitude daquela, ainda que na sequência de um mandato, permanece

[54] "O tratamento da quarta emenda como fonte exclusiva de protecção constitucional para as intrusões corporais (...), é clivar a análise constitucional das intrusões corporais sem razão óbvia.". Uma análise de maior amplitude permitiria abranger um maior número de casos e considerar outros fatores, como psicológicos, subvalorizados quando a análise se basta com a 4.ª Emenda, cf. Borgmann, 2014: 1108.

[55] Borgmann, 2014: 1107-1113.

[56] Riis v. Shaver, 458 F.Supp.3d 1130 (28/04/2020).

[57] Uma prática na atuação policial americana, que não consubstancia novidade, como revelou, em 2016, o projeto Marshall, cf. Armstrong, 2016. A propósito do caso de Lockard, no Indiana, suspeito de conduzir sob a influência de álcool e que para efeitos probatórios foi submetido a um cateterismo uretral forçado. Não obstante ter processado a força policial, em 2011 o processo foi arquivado por um juiz federal que considerou a intervenção policial legítima sob imunidade qualificada. No âmbito deste projeto, vários testemunhos de vítimas de cateterizações forçadas foram expostos, os quais qualificavam o procedimento como aterrorizante, animalesco e doloroso ["*Just as if somebody would take a burning hot coal and stick it up your penis.*"].

[58] TEDH, R.S. v. Hungria, n.º 65290/14, de 2/07/2019.

[59] No mesmo sentido, já havia sido frisado em Ellis v. City of San Diego, 1999.

dúbia, e, particularmente por não se tratar de um método tradicional, consentâneo, sendo o mandato omisso quanto a este e ao procedimento. A natureza e gravidade do crime alegadamente praticado pelos suspeitos, por si, não permitiram afastar a desrazoabilidade da intervenção dado tratar-se de crime pelo uso individual de substâncias psicotrópicas, um crime de seriedade diminuta quando ponderado à luz do interesse da comunidade que não justificaria o recurso a métodos de obtenção de prova tão intrusivos.

O juiz concluiu pela ilegalidade da cateterização urinária, pela ilicitude da prova obtida por meio daquela e respetiva exclusão, cujo fundamento não se basta com a violação do direito à integridade física ou à privacidade na mais profunda intimidade, antes exigindo que sejam sopesados os vários fatores, à luz da 4.ª Emenda. Apesar de metodologicamente díspares, o TEDH conclui em sentido semelhante em *R.S. v. Hungria*[60].

Não obstante a jurisprudência americana concentrar, em regra, a sua análise do consentimento na dicotomia coerção/vontade que decorre da doutrina das declarações voluntárias do suspeito, é legítimo questionar em que medida também as intervenções "consentidas" deveriam estar sujeitas a uma verdadeira análise de razoabilidade. Neste sentido, defende-o Burke[61], para efeitos de exceção à exigência de mandato e admissibilidade da prova obtida mediante intervenção corporal consentida. Não é claro, segundo entendemos, que o consentimento[62] por si baste para afastar a desrazoabilidade da intervenção.

Note-se que apesar de o consentimento admitir a dispensa de mandato[63] e considerando que nem sempre o mandato é suficiente para afastar, em qualquer caso e inequivocamente, a desrazoabilidade da intervenção, é, no mínimo, questionável que o consentimento o seja. No caso *Riis v. Shaver* é considerada a hipótese de existir um mandato que expressamente tenha previsto a intervenção, porém não é possível afirmar que a medida em si não

[60] TEDH, R.S. v. Hungria, n.º 65290/14, de 2/07/2019.

[61] Burke, 2016: 562.

[62] Nada obsta a que os direitos resultantes da 4.ª Emenda possam ser renunciados com base no consentimento do suspeito. Contudo, aquele deverá corresponder a uma real manifestação de voluntariedade e pressupor o conhecimento do direito do suspeito a opor-se a tais intervenções, cf. White, 1964: 260-263.

[63] *V.g.* United States v. Uscanga-Ramirez, 475 F.3d 1024, 1027 (31/01/2007), no sentido de o consentimento ser uma exceção válida ao requisito do mandato, considerando que aquele é devidamente informado e voluntário.

seja inconstitucional, em conformidade com o processo equitativo, dada a sua desrazoabilidade procedimental e independentemente da existência de habilitação naqueles termos. Podemos, por isso, estender as mesmas considerações e exigir esta ponderação também quando se trate não da existência de mandato, mas de consentimento do suspeito. Além dos seus limites e contornos, não é certo que o consentimento baste para afastar a desrazoabilidade de qualquer intervenção, em qualquer caso e independentemente da sua configuração.

III. As premissas do *case law* do TEDH

1. As proibições de prova na jurisprudência do TEDH

A jurisprudência de *soft guidelines* do TEDH, oferece uma proteção de mínimos dada a sua ampla abrangência subjetiva, i.e., de Estados destinatários. É a responsável por estabelecer padrões europeus de referência, pela "casuística diferenciada (...) densific[adora das] garantias de defesa em processo penal estabelecidas na Convenção"[64], e apesar de não exaustiva.

De entre as mais variadas vertentes do princípio do processo equitativo, surgem as proibições de prova[65], não obstante a não consagração expressa e direta de regras de prova proibida e de proibição de valoração na CEDH. Apesar de, por isso, o TEDH se considerar incompetente para aferir da admissibilidade de prova, o art. 6.º da CEDH garante o direito a um processo justo e equitativo, motivo pelo qual, não podendo determinar a exclusão de uma prova pela sua obtenção ilícita, sempre poderá aferir da justiça do processo como um todo[66] (*proceedings fair as a whole*)[67]. Para o efeito, em primeiro,

[64] Gless, 2011: 402-408.

[65] Grabenwarter, 2014: 98-170.

[66] Primordialmente, o TEDH tendia a concluir pela justeza do processo independentemente da forma como a prova havia sido obtida, reforçando o entendimento, na altura maioritário, de que o art. 6.º da CEDH era desprovido de regras de exclusão probatória. Atualmente, este entendimento encontra-se fragilizado, considerando a intensa construção jurisprudencial que permitiu desenvolver, neste sentido, um acervo normativo de proteção significativo. Uma sua ultrapassagem é até incitada pelo facto de, frequentemente, aquela conclusão surgir em casos em que a prova era obtida mediante a violação do art. 8.º, mas não do art. 6.º da CEDH, cf. Ramos, 2017: 744.

[67] Barkhuysen, et al., 2018: 561-568.

determina se a obtenção de prova implica a violação de um direito protegido pela CEDH e, em segundo, analisa esta violação à luz das exigências do *fair trial*[68]. Trata-se da *two tiered analysis*, na expressão de Ölçer[69-70], que permite a exclusão de prova e que o TEDH assume como um "remédio diretamente resultante de uma violação de um direito"[71].

É na análise da violação da norma substantiva da CEDH, da qual se extrai a proibição de prova, e na sua configuração processual, que se coloca a questão do valor jurídico do consentimento excludente de ilicitude na obtenção de prova. Considerando a omissão de regras de proibição de prova na CEDH, a abordagem do TEDH traduz-se no reconhecimento, a algumas daquelas disposições, como os arts. 3.º, 6.º, n.os 1 e 3, e 8.º, de uma dupla funcionalidade de norma substantiva, mas também processual penal, cuja violação traduz uma ilicitude da prova obtida[72]. Contudo, algumas destas disposições de natureza dupla, e salvo o art. 6.º, n.º 3 da CEDH, são dotadas de carácter iminentemente axiológico e abstrato que sempre carece de maior ponderação e concretização para a extração de verdadeiras regras de proibição de prova.

[68] Esta segunda etapa de consideração é uma generalizada que considera o processo como um todo, ao contrário da ponderação que sugerimos num primeiro momento para aferição da ilicitude da obtenção de prova que terá por referência as exigências de lealdade processual cingidas à recolha *per se*, e não no processo como um todo, apesar de comungar de parte dos critérios.

[69] Ölçer, 2013: 372-375.

[70] O *rationale* é próximo do que sustenta a jurisprudência americana para as *exclusionary rules*, o de integridade judicial e de equidade do processo, em prevenção de abusos de autoridade na aplicação de justiça. Isto mesmo resulta da múltipla jurisprudência do TEDH, designadamente do *Jalloh v. Alemanha* ("evitar conferir uma aparência de legalidade à brutalidade", "erros judiciários", entre outros).

[71] Sousa, 2010: 21.

[72] O significado de uma tal conclusão é a de que não há um desvio do tratamento da prova ilícita pelo TEDH, em comparação com as abordagens nas ordens jurídicas da europa continental, pois na primeira camada de análise, estamos perante verdadeiras "proibições de obtenção de prova" aferidas em função da violação de determinados direitos fundamentais (constantes da CEDH). Neste sentido, Robert Esser, *apud* Ramos, 2017: 746, nota 23, faz corresponder estes dois níveis de análise à nomenclatura germânica de "proibições de obtenção de prova" e "proibições de valoração de prova".

2. O entendimento da jurisprudência de Estrasburgo acerca do consentimento para obtenção de prova corporal invasiva

Em matéria de proibições de prova, a relevância do consentimento, no âmbito das intervenções corporais invasivas, conhece escassa abordagem na dogmática processual penal, e em concreto no âmbito da jurisprudência de Estrasburgo. O enquadramento dogmático da obtenção de prova corpórea, que não escale a tortura, na jurisprudência do TEDH conhece os seus primeiros contornos através do *obiter dictum* de *Saunders v. Reino Unido*[73]. Inserto no direito à não autoincriminação, a adoção do critério da existência independente da vontade do suspeito – adveniente da teoria da conduta de origem germânica –, pelo tribunal de Estrasburgo, seria aplicável à prova real. Admite-se a obtenção coerciva de elementos cuja existência não dependa daquela vontade, como amostras de sangue, urina ou tecidos corporais[74-75]. Esta lógica não implicaria necessariamente que a prova dependente da vontade estivesse sempre vedada, porém, nenhuma referência, em concreto, é dirigida ao consentimento.

Importantes desenvolvimentos surgem com *Jalloh v. Alemanha*[76], porquanto – e apesar da iteração do critério da existência independente –, o TEDH veio operar a restrição daquele que era o seu entendimento. Assim, acresce ao referido critério, no sentido de não dispensar a ponderação de outros fatores determinantes, designadamente, da seriedade e gravidade do crime cuja prova se pretende com a obtenção material corpórea, o princípio da subsidiariedade e alternatividade na seleção do método e o mínimo de severidade admitido pelo art. 3.º da CEDH em consideração do risco de lesão duradoura para a saúde através da duração da intervenção, do seu impacto físico e mental, da disponibilidade supervisora médica bem como de outras categorias de fatores como a idade e sexo do visado[77]. O TEDH concluiu, *in casu*, por decisão maioritária de onze votos contra seis, que a remoção forçada de invólucros de droga, que se encontravam no estômago do Sr. Abu Bakar Jalloh, através da administração, neste caso coerciva, de eméticos indutores de vómito,

[73] TEDH, Saunders v. Reino Unido, n. º 19187/91, de 17/12/1996.

[74] TEDH, Saunders v. Reino Unido, n. º 19187/91, de 17/12/1996, §69.

[75] Silva, 2019: 376-377.

[76] Jalloh v. Alemanha, n. º 54810/00, de 11/07/2006.

[77] Costa, 2011: 157.

consistia num tratamento desumano e degradante à luz do art. 3.º da CEDH[78]. Consequentemente, a utilização da prova ilícita violava o princípio do processo equitativo, espraiado no art. 6.º da CEDH, e em consideração da natureza e grau de coerção empregue para obter a prova, da importância do interesse público na investigação e punição da infração em apreço, da existência de garantias relevantes no processo e da utilização prevista dos meios de prova obtidos dessa forma[79].

Não podemos desconsiderar a imprecisão que por vezes pauta a análise do confronto entre a violação dos arts. 3.º e 6.º da CEDH no que aos fatores de ponderação concerne[80]. Alguns considerandos poderão facilmente dizer respeito a ambas as categorias de violação ou, sendo apontados em relação a uma, estender-se à outra. Veja-se, exemplificativamente, o considerando acerca da relevância de aferir, para efeitos de qualificação do tratamento como desumano (art. 3.º da CEDH), se o objetivo da intervenção era apenas o de humilhar e rebaixar o visado, cuja verificação, porém, poderá já ser dotada de uma certa dimensão compreensiva processual penal, que extravase uma sua forma legítima à luz da disciplina substantiva[81]-[82].

Com *Bogumil v. Portugal*[83] o foco é redirecionado para o papel do consentimento em matéria de proibições de prova por intervenção corporal invasiva. Na análise da contrariedade da intervenção médica realizada ao Sr. Bogumil, para a remoção das embalagens de cocaína no seu estômago, aos arts. 3.º e 6.º da CEDH, afigura-se litigiosa a existência de consentimento. O TEDH insere, sistematicamente, a questão da valoração do consentimento no âmbito da

[78] Apesar de não decisiva a finalidade terapêutica da intervenção, a reduzida seriedade do crime de tráfico de rua, com punição de 6 meses suspenso, não tornava indispensável a obtenção de prova por administração de eméticos, a qual apresentava riscos para a saúde do visado e causou sentimentos de angústia e humilhação na pessoa do visado não obstante a supervisão médica.

[79] Mendes, 2010: 135; Mendes, 2019: 1064.

[80] *Vide*, TEDH, Jalloh v. Alemanha, n.º 54810/00, de 11/07/2006, §108 – §123.

[81] TEDH, Jalloh v. Alemanha, n.º 54810/00, de 11/07/2006, *§68.*

[82] Também é interessante notar, a título residual, que nos votos de vencido e de concordância são comuns as referências a casos da jurisprudência americana (*Rochin v. California*), o que desde logo nos permite repensar uma aproximação da jurisprudência do TEDH ao *case law* americano, bem como às respetivas compreensões do *privilege against self-incrimination* [*nemo tenetur*].

[83] TEDH, Bogumil v. Portugal, n. º 35228/03, de 7/10/2008.

análise da ilicitude da prova. Esclarece que a haver consentimento esclarecido, "não se coloca questão alguma na perspetiva do art. 3.º da Convenção."[84], i.e., também em matéria probatória, na CEDH, o consentimento funcionaria como causa de justificação, suscetível de afastar a ilicitude da intervenção. Apenas caberá a análise dos contornos da intervenção – grau de severidade, finalidade essencialmente terapêutica ou probatória, riscos e efeitos para a saúde e vigilância médica – se num primeiro momento se excluir o consentimento.

Apesar da conclusão pela não violação do art. 3.º da CEDH, no caso *sub judice*, a sistematização que o TEDH adota levanta várias questões. De um ponto de vista processual penal, qual a natureza jurídica do consentimento? Será mero fator de ponderação, a par com os restantes, na análise da violação do art. 3.º da CEDH? Poder-se-á reconduzir a uma causa de justificação substantiva ou adquire contornos próprios de uma ilicitude processual específica que o TEDH procura edificar no que respeita ao art. 3.º da CEDH?

Novamente, agora com *R.S. v. Hungria*[85], e na análise da (i)licitude de uma cateterização urinária para investigação por crime rodoviário, o TEDH versa sobre a relevância do consentimento para efeitos excludentes da violação do art. 3.º da CEDH, a par com os restantes fatores de ponderação. É possível constatar, não obstante o objeto ser urina, o carácter invasivo da cateterização e, por isso, a inadequação e insuficiência da manutenção ou prevalência de um critério assente na existência independente da vontade do suspeito, que subtraia, em abstrato, a urina ao âmbito de proteção do direito à não autoincriminação. Sopesando todo o exposto *supra*, e em consideração das exigências fundamentais que se colocam, sempre será preferível a adoção de um critério associado à forma como o procedimento é realizado e aos seus efeitos.

Começam a refletir-se as hodiernas preocupações do TEDH com o consentimento no âmbito probatório e que extravasam a mera forma escrita ou verbal. No que consideramos ser um tímido ensaio de alteração de paradigma, o TEDH questiona se dado o contexto do caso e a desnecessidade da intervenção seria sequer possível consentir – alcoolizado e sob força policial, *in casu*. Por concluir que o consentimento não foi prestado, ou que este foi validamente revogado em tempo útil, ou seja, aquando do início do procedimento

[84] TEDH, Bogumil v. Portugal, n. º 35228/03, de 7/10/2008, §71.

[85] TEDH, R.S. v. Hungria, n. º 65290/14, de 2/07/2019.

e quando a sua interrupção era possível em condições de segurança, o TEDH prossegue na análise dos restantes fatores de ponderação. Coloca em evidência a natureza particularmente intrusiva da cateterização, não obstante a sua realização médica, bem como a sua desnecessidade, face à recolha de sangue com superior valor probatório e a absoluta carência de finalidades terapêuticas. Acaba por constatar que a forma como o procedimento foi levado a cabo infligiu no suspeito sofrimento físico e mental, stress e angústia, além de comportar riscos para a saúde[86]-[87] do indivíduo, degradando a sua condição humana na sua pessoa e integridade[88].

A jurisprudência do TEDH é ainda muito incipiente, limitando-se a reconduzir a análise da obtenção de prova por intervenção corporal invasiva à violação substantiva do art. 3.º da CEDH, numa primeira etapa, o que, como procuraremos demonstrar, poderá não ser uma solução unívoca, e o consentimento, às exigências do ordenamento jurídico nacional, sem sequer ponderar com a devida relevância se o consentimento deverá ser sequer valorado face à necessidade da intervenção ou à forma como o procedimento é realizado. Os referidos fatores caberiam apenas numa segunda etapa de aferição da violação do art. 3.º da CEDH que nunca se atingiria na eventual existência de consentimento livre e esclarecido.

A referida metodologia revela que o TEDH ainda subscreve, quanto ao consentimento, uma lógica essencialmente substantiva. Contudo, duas observações caberão, a nosso ver, e que poderão romper com a referida lógica. A primeira, a de que a ponderação de fatores para efeitos da violação do art. 3.º da CEDH reveste, necessariamente, uma dimensão processual na medida em que traduz, de um modo geral, um juízo de proporcionalidade e adequação da intervenção, que, quando realizada no contexto probatório, não poderá ser desprovida de considerações procedimentais e processuais penais específicas, como procuraremos concretizar *infra*. A segunda, a de que se os fatores que permitem concretizar o que seja um comportamento

[86] Como tivemos oportunidade de densificar, não pode deixar de ser algo significativo o risco de uma cateterização urinária para a saúde, sendo o procedimento, ainda que em termos médicos e com finalidades terapêuticas, aconselhado apenas e na medida do estritamente necessário.

[87] Ministério da Saúde, s.d.

[88] TEDH, R.S. v. Hungria, n.º 65290/14, de 2/07/2019, §56-§73.

desumano e degradante comportam uma dimensão compreensiva processual penal, também o consentimento, para efeitos de exclusão desta ilicitude, terá necessariamente de comportar.

Adiantando, tratar-se-á de edificar, quanto a este tipo de intervenções corporais invasivas, uma ilicitude específica, qualificada, de carácter substantivo e processual penal. Consequentemente terá de existir um consentimento para efeitos probatórios, também ele específico e mais exigente.

De certa forma, o TEDH acaba por não ser absolutamente alheio às considerações que acabámos de tecer na medida em que, e pelo menos no sentido de prolações mais recentes, dá especial preponderância à necessidade da medida e ao princípio da subsidiariedade. Veja-se, em *R.S. v. Hungria*[89], quando releva e evidencia que também havia sido levada a cabo a recolha de uma amostra de sangue, reveladora de maior aptidão para a prova pretendida. Estamos perante considerações axiológicas suscetíveis de uma dimensão processual penal que se afigura indispensável no âmbito de obtenção de prova real.

Poderá isto significar que, timidamente, a jurisprudência do TEDH almeja mais do que uma primeira leitura dos seus acórdãos pode sugerir.

Para facilitar a compreensão da relevância de um conteúdo processual, quer dos fatores, quer do consentimento, a questão a formular deverá ser a de saber se nas circunstâncias descritas, e hipoteticamente, ainda que de uma perspetiva substantiva o consentimento fosse válido porque prestado pela forma devida, livre e esclarecido, podia, de um ponto de vista processual penal, ter existido sequer. Mas mais: se considerações processuais penais podem ser feitas na aferição da validade do consentimento, para efeitos de ilicitude, quer à luz do art. 3.º quer do art. 6.º da CEDH.

IV. Um especial fator fragilizador associado à prova obtida por intervenção corporal invasiva e o consentimento: conceção tolerante do *nemo tenetur*

Em *R.S. v. Hungria*[90], o TEDH considera, e bem, a cateterização urinária como uma intervenção dotada de uma natureza particularmente invasiva, destinada

[89] TEDH, R.S. v. Hungria, n.º 65290/14, de 2/07/2019.

[90] TEDH, R.S. v. Hungria, n.º 65290/14, de 2/07/2019.

à recolha de prova real do interior do corpo do arguido e que coloca problemas em função do método de obtenção enquadrável na categoria de proibições de produção de prova[91].

O TEDH reconduz estes casos ao art. 3.º da CEDH como norma com potencialidade para configurar a base de uma proibição de prova, devendo a análise caber à luz do que seja um "tratamento desumano ou degradante"[92].

O corpo humano é "um vasto e fecundo campo de informação"[93], inevitavelmente, instrumentalizado ao processo penal, e que traduz um importante contributo para a descoberta da verdade. Além de sujeito processual, é inegável que o arguido seja objeto do processo, meio de obtenção de prova e prova em si mesmo. Onde a instrumentalização do corpo humano ao processo penal encontra maior resistência é precisamente na obtenção de prova com manipulação invasiva porquanto se traduz numa especial agressão das garantias fundamentais do indivíduo.

O carácter invasivo *stricto sensu*[94] que pauta os referidos procedimentos, como a cateterização urinária, traduz uma intromissão no corpo do arguido por meio da utilização de substâncias e instrumentos, comprometendo a sua essência, a qual reclama exigências acrescidas de legitimação e tutela.

Este tipo de intervenções compromete os mais fundamentais valores axiológicos, como o princípio da dignidade da pessoa humana, o direito à vida, à integridade física e moral e à não autoincriminação, e em função do qual se concretiza o que seja "desumano e degradante" no âmbito probatório corporal.

Apesar de o direito à não autoincriminação não encontrar consagração expressa na CEDH, é prerrogativa do art. 6.º da CEDH, "coração do processo

[91] Roxin, 2019: 278-279; 316-321.

[92] Descrito como o que é "premeditado, aplicado por várias horas a fio e causador de lesões corporais atuais ou sofrimento intenso, físico ou mental" ou "provocador nas vítimas de sentimentos de medo, angústia ou inferioridade suscetíveis de humilhação", respetivamente. *In* TEDH, Jalloh v. Alemanha, n.º 54810/00, de 11/07/2006, §68.

[93] Bravo, 2012: 9.

[94] Falamos de "revistas em cavidades corporais, sondagens, administração de eméticos, intervenções cirúrgicas", entre outros. Note-se ainda que para determinados autores aquela pode abranger ainda a intervenção com um nível de intimidade elevado apenas, cf. Bravo, 2020: 196.

equitativo"[95], uma das garantias mais relevantes da tutela fundamental assegurada por aquele instrumento europeu.

A própria *ratione materiae* do princípio do *nemo tenetur* reside na dignidade da pessoa humana, a par com o direito ao livre desenvolvimento da personalidade, do ponto de vista substantivo[96], e, processualmente, na prerrogativa de que o arguido, como pessoa e sujeito processual, não pode ser objeto da sua própria incriminação, como garantia, com origem na alteração de paradigma dos sistemas inquisitórios[97] para os acusatórios[98]. Associado ao Estado de Direito e a ideias legitimantes como o processo equitativo, perpetua garantias como a garantia de privacidade e de integridade, entre outras[99]. Segundo perspetivas atuais, o princípio engloba, o direito ao silêncio e a não facultar provas, inclusive as corporais[100].

Apesar de uma relativa parcimónia que parece resultar da delimitação do fundamento e limites à atividade probatória que recai sobre o corpo de forma invasiva, o TEDH é perentório em conferir centralidade ao direito à não autoincriminação. Aparentemente, mais até do que em função dos próprios valores de dignidade humana e de integridade física e moral.

O consentimento no âmbito desta matéria coloca desafios acrescidos às exigências de um processo equitativo e, em especial, na sua articulação com o *nemo tenetur se ipsum accusare*, seja pela escassez de jurisprudência quando a intervenção corporal invasiva probatória é "consentida", seja pela tendência redutora do âmbito do *nemo tenetur* à proibição de recolha de prova em função da contrariedade à vontade do arguido[101_102]. Uma conceção restritiva do

95 Costa, 2011: 118.

96 Silva, 2019: 370-371.

97 "No processo inquisitório, a ideia-força era a de uma realização absoluta do interesse do estado, que exigia a redução do arguido a objecto do processo sem quaisquer direitos ou liberdade de actuação." cf. Palma, 1994: 102.

98 Silva/Ramos, 2009: 9.

99 Anastácio, 2010: 215.

100 Mendes, 2010: 125.

101 O *nemo tenetur se ipsum accusare*, na atual jurisprudência do TEDH, traduz a necessidade de a acusação provar o seu caso contra o arguido sem recurso a provas obtidas através de métodos de coação ou opressão, contrários à vontade do arguido, cf. Jalloh v. Alemanha, §100, n.º 54810/00, de 11/07/2006.

102 Ölçer, 2013: 382. Relaciona-se, em primeira instância, com o respeito pela vontade da pessoa do acusado, mas, acrescento nosso, não apenas.

nemo tenetur obstaria a que se afigurasse necessária uma análise da ilicitude da prova obtida com consentimento porque sempre este tornaria aquela lícita e admissível.

Atento este núcleo essencial do direito, o que estaria fundamentalmente em causa seria "(...) garantir que qualquer contributo do arguido, que resulte em desfavor da sua posição, seja uma afirmação esclarecida e livre de autorresponsabilidade"[103]. O que inexistiria seria um dever de colaboração e verdade do arguido, mas não uma proibição de assunção de responsabilidade[104]. Assim, o consentimento seria, e é na decorrência da análise jurisprudencial levada a cabo *supra*, o primeiro limite da confrontação entre as finalidades da persecução penal e as garantias do arguido, designadamente o seu direito à não autoincriminação. Onde o arguido escolhesse autoincriminar-se, não caberia tutela.

Não podemos ignorar o reducionismo extremo de uma tal perspetiva. Haverá que tecer duas precisões quanto a este aspeto.

A primeira, a da necessidade de conhecer a delimitação concreta do *nemo tenetur se ipsum accusare*, designadamente do elemento da contrariedade à vontade do arguido. Uma conceção tolerante daquele brocardo implica uma ampliação compreensiva do âmbito da tutela que confere, e ora recentrada na dignidade da pessoa humana mais do que na sua liberdade de atuação como arguido. A proteção do arguido enquanto sujeito processual penal, que é pessoa, e a proibição de produzir prova real em certas circunstâncias é condição da sua essência humana e existência multidimensional e inter-relacional.

Tratar-se-á, defende-se, de conferir, em sede de prova real, uma interpretação compreensiva ao que se deve entender, processualmente, por tratamento desumano e degradante, i.e., da ilicitude do art. 3.º da CEDH. Uma tal conceção implica reconhecer que o consentimento para efeitos de afastamento desta ilicitude no âmbito processual penal é um mais exigente, por força de considerações processuais e dos interesses em jogo, que pode conhecer limites. O próprio *nemo tenetur*, com o conteúdo que lhe recorta o princípio da autorresponsabilização e da liberdade, conhecerá, ele próprio, limites,

[103] Andrade, 2022: 128.
[104] Silva, 2016: 115.

até ao ponto onde, em certos casos, nem a autorresponsabilização tenha cabimento.

A segunda, a de que ainda que se adote um entendimento restritivo do *nemo tenetur se ipsum accusare,* sempre outras garantias, como a do processo equitativo, impõem que nem sempre se deve ter por lícita qualquer intervenção corporal invasiva para obtenção de prova em processo penal ainda que exista consentimento livre e esclarecido.

As referidas considerações encontram razão de ser na ponderação entre, por um lado, a consideração do arguido como mais do que objeto de prova, sujeito processual, como pessoa digna de integridade física e moral, e, por outro, a descoberta da verdade material.

Haverá em torno do corpo do arguido um especial fator fragilizador por configurar a essência do que é humano nas suas múltiplas vertentes, física, intelectual, emocional e relacional que admite elevar as considerações de não-instrumentalização do arguido ao processo penal com fundo no princípio da dignidade da pessoa humana. A atividade probatória sobre aquele corpo afetará particularmente cada uma daquelas vertentes, tanto quanto mais invasiva, íntima ou humilhante se revelar.

A recondução da ilicitude no âmbito da prova real à de um tratamento desumano e degradante, na CEDH, revela mais do que à primeira vista poderia resultar, designadamente a proibição de prova em função desta essência digna da pessoa e de uma sua completa integridade, conformando o direito à não autoincriminação de uma perspetiva autónoma do direito ao silêncio.

Significa, portanto, que no que diz respeito à prova real a verdadeira preocupação do legislador e do TEDH ultrapassa este âmbito restrito do direito à não autoincriminação para atingir o cerne das garantias fundamentais, a dignidade da pessoa humana, valor absolutamente incompressível[105], e a sua integridade que reclamam uma tutela superior enquanto tal no âmbito da persecução penal.

A descoberta da verdade não pode aniquilar as exigências de um processo justo e equitativo, pautado pelo princípio da proporcionalidade e pelo respeito pela dignidade da pessoa humana que obstam à instrumentalização do arguido em situações em que as intervenções se afiguram desnecessárias,

[105] Bravo, 2020: 86.

ineficazes, incompatíveis com os sistemas processuais penais garantísticos ou injustificadas, e independentemente do consentimento.

Em si, o *nemo tenetur se ipsum accusare* é "um corolário do princípio do Estado de Direito e dos seus subprincípios (...) ou ainda como projeção da estrutura acusatória do processo"[106]. A conclusão por um direito processual penal a duas velocidades, à da descoberta da verdade, por um lado, e à da justiça e respeito pelos direitos, por outro, implica que em matéria probatória seja imperioso que a obtenção de prova decorra de forma lícita.

Não se trata de erigir o tratamento desumano e degradante a uma proibição absoluta, em termos tais como figura o art. 3.º da CEDH para a tortura. Contudo, as finalidades da persecução penal encontram como obstáculo inultrapassável o respeito pelo corpo humano do arguido como objeto de prova e prova em si mesmo. Em sistemas de matriz acusatória a instrumentalização corporal cede onde maiores valores se impõem e com maior necessidade por ser exercida pelo Estado, com elevação das garantias.

É este o especial fator fragilizador: o ser levado a cabo por entidades Estatais, visando a realização do Estado, amplamente considerado, na vertente processual penal e na obtenção da verdade - o que apenas faz legitimado pela pessoa e pela sua dignidade -, associado à obtenção de prova por intervenções corporais invasivas que afetam a essência corporal do arguido com especial gravidade – e que decorre do duplo estatuto do arguido como pessoa e sujeito processual (modalidade de objetificação por excelência) –, que legitima a necessidade de ir mais além na questão da proibição de prova e, consequentemente, do consentimento.

A própria teleologia da CEDH, erigida sob o princípio da dignidade da pessoa humana, impõe, no confronto com as referidas cogitações, uma interpretação compreensiva e específica da ilicitude do art. 3.º (ou até do art. 6.º), bem como também o impõe o dinamismo inerente às suas leituras resultantes do constante diálogo aberto que mantém com a multiplicidade de ordenamentos jurídicos nacionais vinculados. Pese embora quantitativamente a CEDH confira uma proteção de mínimos, qualitativamente, estabelece uma proteção de máximos, por visar a salvaguarda dos núcleos duros dos mais fundamentais dos direitos e onde a sua afetação tenha especial relevância para a

[106] Silva, 2016: 121.

tutela da pessoa. Será o caso em que a afetação tenha finalidades probatórias de utilidade estatal, infligida no *corpus* inerente à existência da pessoa, com dor e sofrimento, e levado a cabo por quem tem o dever primário de respeitar e proteger as pessoas, o Estado.

As proibições de prova, assentes na ideia de que "o processo de obtenção de prova não pode estar manchado pelo atentado contra os direitos humanos"[107], são a intersecção por excelência entre os direitos humanos, expressão da dignidade humana, e a atividade probatória na prossecução penal que é levada a cabo pelo Estado na realização de si mesmo apenas porque legitimado pela essência da pessoa humana nas suas múltiplas vertentes existenciais e relacionais. Assim, quer do ponto de vista substantivo da dignidade e integridade da pessoa, quer do ponto de vista processual penal, dos princípios que as norteiam, a licitude de um procedimento como o que se descreveu no caso *sub judice* colocará, necessariamente, exigências mais elevadas.

V. Uma proposta dogmática de uma proibição de prova por intervenção corporal invasiva em função do especial fator fragilizador que a pauta

1. A defesa de uma ilicitude qualificada do art. 3.º da CEDH: que proibição de prova?

O fator fragilizador associado à prova corporal invasiva, em concreto e no confronto com as finalidades da persecução penal, justifica considerar que opera, quanto àquela, uma ilicitude particularmente qualificada no contexto probatório, específica, para cuja aferição concorrem considerações substantivas e processuais, tal como para a sua exclusão via consentida.

A maioria dos ordenamentos jurídicos, com especial enfoque nos europeus continentais, faz depender a proibição e exclusão de prova da sua contrariedade a um direito fundamental ou constitucional. A referida contrariedade poderá encontrar-se já acautelada pelo legislador em regras jurídicas expressas, as quais revelam no imediato o juízo e solução de prevalência entre valores, escusando juízos de ponderação entre direitos e interesses – e não obstante eventuais considerações que devam ter lugar na aplicação das normas –, ou

[107] Mendes, et al., 2000: 105.

não, tornando indispensável a ponderação casuística[108]. Thaman dá nota da metodologia adotada pelo USSC[109] na concretização do que sejam os direitos fundamentais violados e que faz depender de ponderação da "totalidade das circunstâncias"[110].

Neste ponto, o legislador europeu, apesar de ter resolvido qualquer conflito em relação à tortura, considerando absoluta a proibição de prova, confessória ou real, que resulte de um tratamento qualificado como tal, em relação à violação de outros direitos não estabeleceu *a priori* qualquer regra de resolução de conflito de interesses. Como disposição dotada de natureza também processual, o que já defendemos e deixámos melhor exposto *supra*, o art. 3.º da CEDH consagra a regra de proibição de prova real por excelência. Contudo, em relação à intervenção corporal invasiva, apenas consagra a proibição, em termos ambíguos, do que se considere um "tratamento desumano e degradante", o qual, pela sua natureza particularmente intrusiva, exige um especial e rigoroso escrutínio das circunstâncias[111].

A ausência de regras concretas e unívocas em matéria desta proibição de prova, logo num primeiro momento, exige que a ilicitude probatória seja concretizada e que, quer esta, quer válidas causas de exclusão, como o consentimento, adquiram um conteúdo específico afeto a "tratamento degradante e desumano".

O fundamento é a dignidade da pessoa humana como ser com direito à vida e à integridade física e moral, porém não em termos abrangentes o suficiente para impedir qualquer ingerência, independentemente da sua gravidade. O que se proíbe é o tratamento que seja desumano e degradante, o que revela uma seriedade da lesão aos direitos à integridade física e moral da pessoa, restringindo o âmbito de proteção às lesões particularmente gravosas. A proibição de prova não é uma proibição de intervenções físicas ou de

108 Thaman, 2013: 416.

109 Do *case law* americano, podemos concluir que os direitos fundamentais em que a jurisprudência assenta, principalmente, a aplicação da regra de exclusão de prova são direitos iminentemente processuais, nomeadamente o *due process*, a invocação de causa provável, entre outros. Veja-se a este propósito o caso USSC, Illinois v. Gates, 462 U.S. 213, 267 – 274 (08/06/1983).

110 Thaman, 2013: 417.

111 TEDH, R.S. v. Hungria, n.º 65290/14, de 2/07/2019, §57.

lesões à integridade moral, antes é a proibição de tratamentos que, pelos seus contornos, se caracterizem por uma certa gravidade.

São duas as premissas a extrair em ordem à solução devida. A primeira, a de que a tutela conferida pela CEDH, neste aspeto, é mais restrita do que a que algumas ordens jurídicas continentais, como a portuguesa ou a italiana, consagram. Contudo, não podemos, em *R.S. v. Hungria,* desconsiderar que a cateterização urinária é dotada daquele mínimo de severidade que exige o art. 3.º da CEDH, o que o próprio TEDH reconhece. Não apenas porque implica a inserção subcutânea de um tubo pela uretra até à bexiga, sem anestesia, como também pelos riscos que acarreta, nomeadamente de desenvolvimento de infeções graves, formação de cálculos na bexiga e lesões no aparelho urinário temporárias ou definitivas (como perfuração vesical, desvios e falsos trajetos, cicatrizes e estenoses), hemorragias, entre outros[112]. Acresce que, por se tratar de uma intervenção através do aparelho urinário e reprodutor, realizada na presença de autoridades policiais, além do pessoal médico, implica, necessariamente, uma maior ingerência corporal e psicológica, mais íntima e suscetível de causar sentimentos de angústia e humilhação.

Ora, a aferição desta severidade para efeitos de qualificação do tratamento como desumano e degradante e, consequentemente, como prova ilícita, torna necessária, em certa medida, a ponderação de fatores como a gravidade da intervenção, a sua necessidade, a natureza, o risco, entre outros, e independentemente de eventual consentimento, segundo melhor julgamos. Porque o consentimento poderá excluir, num segundo momento, a ilicitude, mas não a qualificação de um tratamento como desumano e degradante, salvo melhor entendimento. Perante um comportamento que, pela sua qualidade sempre seria ilícito e legitimador de proibição de prova, haverá, eventualmente, apenas uma justificação que permite concluir pela sua não contrariedade à juridicidade, mas que não o desqualifica como primariamente proibido, e a qual não opera automaticamente.

A segunda premissa, a de que as diversas proibições de prova que se extraem da CEDH são dotadas de diferentes níveis de gravidade. Isto fica patente quando comparamos a relevância e forma como o TEDH trata a violação do art. 3.º da CEDH, em relação à tortura, art. 3.º, *in fine*, da CEDH em relação ao

[112] CHUNG, et al., 2020.

tratamento desumano e degradante, e art. 8.º da CEDH, relativo ao direito à privacidade. Parece-nos então que a ideia de uma ilicitude específica edificada pelo TEDH para esta prova real, menos grave do que a da tortura, não choca.

A proibição de tratamentos desumanos e degradantes traduz uma ilicitude qualificada, que não escala à de uma proibição absoluta[113], mas que não só se aproxima de uma presunção de ilicitude quando se qualifique a intervenção corporal como invasiva, como de uma presunção da injustiça do processo como um todo[114], numa segunda etapa, repercussão da qualificação especial em função do fator fragilizador que pauta a referida prova e respetivo método de obtenção.

A não adoção de uma definição objetiva de "tratamento desumano e degradante", antes, e principalmente num contexto processual penal, de fatores determinados e dirigidos a um juízo de ponderação, aliada, por um lado, ao carácter especialmente fragilizador dos direitos salvaguardados pelo art. 3.º da CEDH e, por outro, às suas finalidades probatórias, admite uma elevação da ilicitude a específica, onde ocorram intervenções corporais invasivas. Onde estas existam, para efeitos probatórios, pelo seu perfil intrusivo no confronto com a hermenêutica processual penal, existe, a nosso ver, uma ilicitude qualificada[115], próxima de presunção, de que pelo seu carácter particularmente intrusivo e pelas exigências particulares da lealdade processual na procura pela verdade, sempre será necessária uma análise rigorosa de todas as circunstâncias que permita concluir pela licitude da intervenção, e da respetiva prova obtida, independentemente da existência de consentimento e da forma que revista.

[113] A ilicitude específica da proibição de prova por tortura que traduz uma sua absolutização, contamina todo o processo e legitima uma verdadeira regra de exclusão de prova, cf. Ölçer, 2013: 374.

[114] Ideia que é em parte avançada por Vânia Costa Ramos quanto ao art. 3.º da CEDH que justifica uma "forte presunção de violação do art. 6.º decorrente de prova assim obtida, não obstante tal não dispensar a análise caso a caso e com critérios de aplicação que variam consoante a violação em causa", cf. Ramos, 2017: 757-764, que traduz uma regra de exclusão de prova, ainda que implícita. Esta construção não é invalidada pelas conclusões que se teceram até aqui, antes reforçará a defesa de uma tal ilicitude qualificada, e vice-versa.

[115] Também Silva/Pereira, 2018: 91, apelam a uma qualificação, no caso, da nulidade por referência a uma contrariedade de natureza constitucional dos atos (procedimentais administrativos pré-inquérito) que permitem a obtenção de prova, em função da violação da estrutura acusatória do processo ou de garantias de defesa do arguido com fundamento no princípio do Estado de Direito.

A densificação da proibição de prova através da ponderação de fatores como a necessidade da intervenção, a finalidade terapêutica, o acompanhamento médico, os riscos para a saúde, entre outros, revelam uma lógica de ponderação de interesses que não se tem colocado noutros ditames analíticos do TEDH e que, consequentemente, traduz a qualificação da ilicitude que pauta as intervenções invasivas corporais pelo facto de o serem, corporais e invasivas[116].

Ademais, a especificidade de uma tal ilicitude decorre, igualmente, do contexto probatório processual penal em que se inserem estas intervenções e da vulnerabilidade do objeto de prova, os quais implicam que a ponderação e qualificação abranjam já considerações de índole processual. É que a referida proibição de prova surge numa das áreas mais frágeis do confronto entre a descoberta da verdade e a necessidade de assegurar um processo penal justo, de credibilização e confiança no sistema, onde a atividade probatória recai sobre o próprio suspeito e o seu corpo como meio de prova[117]. Sobre o tipo de fatores em ponderação influi a lógica de uma lealdade processual, dos limites à persecução penal.

Trata-se de equacionar a ilicitude, de base ontológica penal substantiva, com a viabilidade processual e os princípios e limites que a norteiam, designadamente na obtenção de prova. A ponderação do grau de necessidade da intervenção médica probatória, por exemplo, é considerada em função da finalidade, terapêutica ou não, mas também do tipo de crime de que o arguido está a ser acusado, indiciando que as finalidades essencialmente não terapêuticas podem ser mitigadas pelo tipo de crime praticado, ou seja, por

[116] Cumpre sublinhar que este tipo de exigências acrescidas não deve colocar-se, e segundo a jurisprudência do TEDH no estado atual, a propósito de outro tipo de violações processuais como as ordens coativas de desencriptação, art. 8.º da CEDH a propósito da violação da privacidade. Estas são desprovidas da essência *dignitas* que pauta o corpo da pessoa como pessoa e sujeito processual – limite determinante à atividade estatal e que traduz uma maior restrição da "coisificação" da pessoa –, designadamente de que em matéria de intervenções corporais invasivas a pessoa não possa consentir independentemente das circunstâncias. *Vide*, ainda em análise, Minteh v. França, n.º 23624/20, de 10/06/2020.

[117] A tensão permanente entre a necessidade de ter poder e o agir estatal, com origem na inquisitoriedade, e a prova, especialmente em consideração da cientificismo daquela no que concerne ao corpo humano, dita uma conturbada coexistência que reclama especial atenção no âmbito processual penal, cf. Thaman, 2013: 404. A humanização da prova, física e extra-física, limita a descoberta da verdade.

considerações processuais com fundamento na ponderação dos interesses em jogo – o estatal, de justiça, e o de proteção dos direitos dos cidadãos.

Também a necessidade da intervenção se prende com o princípio da subsidiariedade e alternatividade de métodos, o que por si só revela já uma vertente processual, mas também com apelo a um juízo genérico de necessidade do procedimento perante as exigências criminais. Os próprios fatores que o TEDH erigiu na aferição da violação do art. 3.º da CEDH, e que ainda hoje procura densificar, têm inerente uma vertente processual para efeitos probatórios. Traduzem uma lógica de ponderação de interesses que permite por si extrair e interpretar a proibição de prova implícita no art. 3.º da CEDH.

A presente reflexão indicia a inclusão de considerações processuais nesta primeira etapa de determinação da violação da norma da CEDH, que traduz uma elevação da ilicitude a específica, nestes casos e num contexto probatório e qualificado. Consiste em concretizar e interpretar o normativo substantivo, proibição de prova, com potencialidade de causa de exclusão de ilicitude e culpa penal, de uma perspetiva de lealdade processual[118], através de juízos de proporcionalidade na obtenção de prova[119] e à luz dos ideais axiológicos do processo penal democrático, revelando uma causa de exclusão de ilicitude processual própria e específica.

O carácter qualificado e mais exigente da ilicitude, que se vem defendendo, implica que os fatores erigidos para aferir da admissibilidade da intervenção sejam ponderados de forma não excludente, antes articulada, e é resultado apriorístico da evolução da construção jurisprudencial do TEDH.

Afinal, o busílis da questão está em considerar a ilicitude do tratamento desumano e degradante onde é devida, no âmbito das proibições de prova, o que exige a sua consideração à luz do contexto probatório processual em que ocorre a intervenção, numa ponderação de valores, mais do que numa

[118] Cf. Dias, 2016: 12. Atinente à atuação processual das autoridades competentes, aos seus limites e finalidades processuais penais que se pautam por princípios e ideais específicos.

[119] Que são por si também uma exigência de um processo penal orientado pelo *fair trial* e por um ideal de descoberta da verdade material, atualmente mitigado nos países europeus cujos sistemas de base inquisitorial registam evolução.

lógica de exclusão de ilicitude penal substantiva[120]. Exige-se que um tratamento desumano e degradante possa sê-lo também porque do ponto de vista processual a obtenção de prova, no confronto com a relevância das exigências da prossecução penal, naquele caso em concreto, exige uma sua proibição, independentemente da sua compreensão substantiva poder revelar outro resultado, e em especial perante a existência de consentimento.

A ilicitude e, por isso, a proibição de prova adquirem um significado iminentemente processual. Trata-se do confronto entre a dignidade da pessoa humana, concretizada na proibição de humilhação, ofensas à integridade física e moral, mas também na proibição de instrumentalização da pessoa ao *ius imperii* do Estado e da persecução penal, da descoberta da verdade e justiça. Haverá que solucionar a constante "tensão dialéctica inarredável entre tutela dos interesses do arguido e tutela dos interesses da sociedade representados pelo poder democrático do Estado"[121].

A ideia subjacente recupera, em parte, considerações primitivas que remontam a Pufendorf, designadamente as de uma imputação e defesas intrinsecamente processuais. A teoria, assente na Retórica, de que nunca uma imputação-acusação ao agente moral traduziria automaticamente a sua punição (imputação-punição) sem consideração pelos designados "estádios intermédios" reforçava a natureza processual da imputação, com especial pendor para as defesas por exceção[122]. Motivada pelo furor das sociedades abertas participativas, a imputação implicaria sempre que o aplicador do direito considerasse as circunstâncias do caso de um ponto de vista compreensivo, privilegiando o contraditório, mas não só.

Neste sentido, também Sousa Mendes explora a teoria da imputação processual, a qual se inspira na retórica adversarial em que "a verdade no processo não é encontrada, mas é construída (...)", criticando o princípio da verdade material essencialmente pelo "risco que [este] comporta de transformar o

[120] Desde logo é possível, de entre vários ordenamentos jurídicos, como o germânico e o português, identificar esta lógica de ponderação de valores em matéria de direito processual penal. Neste sentido, vários AA. como Figueiredo Dias, Klaus Rogall, Paulo Pinto de Albuquerque. Por todos, *vide* Sousa, 2020: 27.

[121] Dias, 1983: 206.

[122] Mendes, 2018: 66-75.

arguido num mero objeto de prova"[123]. Apesar de não particularmente dirigido a esta questão de uma ilicitude qualificada, e consequente dimensão processual de uma causa de justificação, a defesa de uma teoria nos moldes expostos admite que num Estado de direito liberal e democrático, o processo penal é dominante sobre o direito penal material[124] na medida em que a verdade última é a que resulta do confronto entre as provas, no limite do que é legalmente admissível em consideração das exigências do sistema, sujeitas ao escrutínio do juiz, com a relevante distribuição de "ónus de prova" e graus de probabilidade estabelecidos.

Silva Dias[125] colocou em evidência a tendência atual, na doutrina penal continental contemporânea, de problematizar articulando "os princípios fundamentais do Direito Penal com a viabilidade processual penal". Constatou ser ilógico desconsiderar as limitações e necessidades da *praxis* processual nos elementos do crime ou, pelo menos, na ilicitude.

Em sentido intuitivamente próximo, já Figueiredo Dias[126], a propósito das proibições de prova, apelava à necessidade de o aplicador de direito considerar sempre *a priori* uma "ponderação das valorações conflituantes", atribuindo-lhe natureza conflitual. O conflito prende-se entre o "dever geral do Estado de realização de um processo penal eficiente, capaz de em tempo côngruo alcançar decisões justas dos casos da vida e o [...] dever estadual de proteção das liberdades fundamentais da pessoa".

A aferição da ilicitude de uma prova em processo penal estará sujeita a uma ponderação de proporcionalidade que considere as exigências do *ius puniendi* do Estado[127]. A *dignitas humana* é o limite intransponível da atuação estatal e, principalmente, das finalidades probatórias quando a prova seja o

[123] Mendes, 2018: 87.

[124] Neste sentido, Dias, 2013: 401, não deixa descurar "[a ideia de uma certa] "dominância" do processo sobre o direito substantivo, de acordo com a máxima de que *in principio erat processus non ius*. (...) [o qual] corre por vias diversas, (...) a deslocação progressiva do centro das atenções metodológicas do momento contemplativo da norma geral e abstrata para o processo de aplicação da norma ao caso da vida".

[125] Dias, 2018: 224.

[126] Dias, 2016: 9

[127] Que visa a mútua compreensão dos valores ou das finalidades em conflito, por forma a atribuir a cada um ou a cada uma a máxima eficácia possível." Cf. Dias, 2016: 9, ainda que muitas das vezes estas lógicas conduzam ao reconhecimento da preponderância de um daqueles em detrimento do outro.

corpus humano o que implica uma sua instrumentalização à atividade estatal, incompatível com um Estado de Direito. Uma sua compressão indevida compromete a credibilidade da prova obtida e a dos interesses da comunidade num processo justo que visa a descoberta da verdade[128].

A inclusão de considerações de natureza processual na ilicitude do art. 3.º da CEDH reforça uma lógica de ponderação à luz da lealdade processual, de origem germânica, que resulta da ilicitude qualificada em função do objeto de tutela em causa. Uma tal constatação implica uma predisposição para, também logo ao nível da proibição de prova, segundo melhor julgamos, fazer predominar a proibição sempre que possa afirmar-se que se violou a exigência de lealdade do procedimento[129], e que aqui se traduz na desnecessidade e censura jurídica da obtenção, e forma de obtenção, de prova, principalmente no contexto da CEDH, da qual as proibições de prova não decorrem expressa ou explicitamente.

Do que se vem expondo, defendemos que iguais considerações procedem na jurisprudência do TEDH que faz depender a segunda etapa de análise da justiça do processo como um todo, e não do *fair trial* na obtenção de prova em concreto. Se é a justiça do processo como um todo que determina a exclusão da prova, restará na primeira etapa acautelar preocupações com o aspeto da lealdade processual do procedimento probatório e das finalidades da perseguição penal na aferição da proibição ou permissão de um meio ou método de obtenção de prova.

O recurso a esta lógica de ponderação de valores reclama a opção metodológica pela aplicação do princípio da proporcionalidade, cuja legitimidade reside no confronto entre o *ius puniendi* estatal na persecução penal e os direitos fundamentais dos indivíduos[130]. O referido princípio terá, então, aplicação ao nível das proibições de prova, e que incluem necessariamente a qualificação do que seja o ilícito probatório, pois estas e as proibições de valoração são vertentes indissociáveis. Também em relação à própria prova em si e à sua licitude, a obtenção que contenda com direitos fundamentais, em nome da persecução penal, apenas pode ter lugar a título excecional,

[128] Também o BGH tem subscrito a "teoria da ponderação", apesar de dirigida à proibição de valoração de prova e inutilização da prova ilícita. Cf. Dias, 2016: 11-12.

[129] Dias, 2016: 12.

[130] Sousa, 2020: 27.

sendo a regra – se não presunção –, a da ilicitude daquelas provas[131] em Estado de Direito e no contexto da CEDH no que concerne à prova corporal invasiva.

Não pretendemos conferir tratamento único a ambas as vertentes, proibição de prova e proibição de valoração de prova, tendo-se que a prova que seja ilícita não é sempre, e necessariamente, a que está subtraída à valoração. Antes se trata da necessidade de conferir maior relevância à proibição de prova em si, o que já implicará que, onde as proibições de prova sejam implícitas, decorrentes de princípios e não de regras, seja necessário delinear uma teoria geral da proibição de prova ilícita que conceba a interpretação de uma proibição com um certo nível de ponderação entre os interesses conflituantes e que é reclamada pelos princípios processuais penais. Com efeito, julgamos ser já o que está a suceder na jurisprudência do TEDH, ainda que com relativa parcimónia.

O recurso ao critério da proporcionalidade, e principalmente no âmbito da CEDH, que se pauta por ideais comuns aos partilhados por diversos e diversificados Estados de Direito, é justificado quando não seja inequívoco que a prova obtida é ilícita, i.e., quando possa ser ilícita nuns casos e noutros não. Ora é o que acontece com provas obtidas por intervenção corporal invasiva, porquanto apesar da sua licitude não dever ser a regra - dada a relevância do objeto de tutela que justifica a sua ilicitude qualificada, carente de uma ponderação assente em considerações substantivas e processuais -, sempre será possível à luz do art. 3.º e da teleologia da CEDH concluir que, em determinados casos, a prova possa ser lícita ou ilícita, antes de qualquer juízo sobre uma sua eventual exclusão de ilicitude por se tratar de prova obtida com consentimento do visado.

Detalhando, para que caiba, ao nível da ilicitude, um juízo de proporcionalidade é necessário "haver uma incerteza quanto à medida em que um interesse pode ser sacrificado em função de um outro interesse; (...)" tendo aquele cabimento apenas no âmbito da exceção, mas não da regra, que é a proibição de prova[132]. Não se trata de uma hierarquização *a priori* de interesses, apenas de uma bitola para a construção dessa hierarquia casuisticamente e

[131] Sousa, 2020: 29.

[132] Sousa, 2020: 28-33; Thaman, 2013: 441.

perante determinados interesses em conflito[133]. Assim, é certo que nunca, *a priori*, o art. 3.º da CEDH proíbe intervenções corporais, porém, onde uma norma substantiva seja suscetível de consagrar implicitamente uma proibição de prova através de conceitos indeterminados, a respetiva ilicitude sempre será de carácter conflituante de modo que o seu conteúdo, e principalmente, o conteúdo processual penal, dependa de ponderação[134].

2. A ilicitude qualificada alternativa do art. 6.º da CEDH na "excisão" da proibição de prova

A negação de uma teoria de ilicitude qualificada do art. 3.º da CEDH – no que não se concede - não obsta à defesa de uma teoria que reconheça a necessidade de existirem considerações processuais na análise da violação do direito que culmine em proibição de prova para intervenção corporal invasiva e à necessidade um consentimento mais exigente.

O art. 6.º da CEDH, também dotado de dupla natureza, substantiva e processual, e que consagra, genericamente, o princípio do processo equitativo, espraia-se em múltiplas prerrogativas, as quais poderão, a nosso ver, traduzir a necessidade de atuação das forças estatais em conformidade com a lealdade processual. Uma tal consideração implicará sempre que uma intervenção corporal invasiva, para efeitos de obtenção de prova real, seja realizada com ponderação de gravidade, finalidades, efeitos, necessidade e proporcionalidade, principalmente sopesando os interesses em conflito no caso concreto, designadamente o tipo de crime em causa, a necessidade daquela prova, entre outros.

Assim, as referidas considerações processuais encontram igual legitimidade ao abrigo do art. 6.º da CEDH do qual sempre será possível extrair uma proibição de prova decorrente da ilicitude da sua obtenção no confronto com

[133] Sousa, 2020: 24.

[134] Também parte da doutrina germânica, a defensora da "theory of protective purpose", e por referência à rejeição da "balancing approach" para aferição de regras de exclusão de prova implícitas, evidencia que tudo quanto seja a ponderação de valores está já consagrado nas normas proibitivas de prova. Neste sentido, Gless, 2010: 7-8. Apesar de não rejeitarmos uma "balancing approach", em concreto no âmbito de aplicação da CEDH, não podemos deixar de congratular a primeira por evidenciar que a ponderação reside, também, num primeiro momento.

os princípios que orientam o processo penal e que decorrem genericamente do princípio do processo equitativo.

De igual forma, procederá quanto ao art. 6.º da CEDH a ideia de um consentimento probatório específico, nos termos em que se procurará densificar melhor *infra*. O que se defende assenta numa conceção processualista da ilicitude que se justifica onde a violação substantiva aferida, também, através da instrumentalidade probatória que pauta a intervenção ao abrigo do art. 6.º da CEDH, consagre uma panóplia de garantias processuais e, genericamente, o direito a um processo equitativo, o qual podendo determinar uma ilicitude qualificada, próxima de presunção, da atuação processual, encerra a base substantiva da potencial proibição de prova.

VI. O consentimento para efeitos de exclusão de ilicitude qualificada do art. 3.º da CEDH

1. As exigências de uma justificação qualificada

A metodologia tradicional do TEDH, no âmbito das intervenções corporais invasivas, é a de uma genérica admissibilidade da prova e dos métodos de obtenção perante a existência de consentimento dos arguidos, frequentemente reclamando apenas que revista a forma exigida pelo ordenamento jurídico nacional e seja livre e esclarecido. Em tais casos não caberá sequer mencionar a lesão de bens jurídicos, tendo-se a prova e métodos utilizados por automaticamente lícitos e conformes às garantias da CEDH.

Torna-se, porém, necessária a reconfiguração daquela metodologia perante os contornos qualificantes que acabamos de atribuir à ilicitude do art. 3.º da CEDH. Tais contornos obstam a que o mero consentimento legitime as mais desproporcionadas e inadequadas ingerências estatais na dignidade e integridade da pessoa por meio da atividade probatória dirigida à descoberta da verdade.

Compreende-se que, em abstrato, a carência de tutela seja mais proeminente quando inexista consentimento. Contudo, o *balancing* levado a cabo pelo TEDH não deverá ser absolutamente dispensado, nem reduzido à sua forma – determinada nos termos da legislação nacional de cada Estado-membro –, nos casos em que a ilicitude é qualificada em função do já referido fator fragilizador do corpo do arguido enquanto pessoa e sujeito processual nos limites do *fair trial*.

Releva saber se no conceito de "desumano e degradante", na ilicitude da prova, cabem intervenções corporais que, ainda que teórica e tradicionalmente consentidas, por revelarem uma especial fragilização e desnecessidade, serão insuscetíveis de consentimento ou se se pode sempre dizer sim sem limites[135]. Adiantamos que não.

O TEDH opta por, frequentemente, descredibilizar o suposto consentimento e, em caso de dúvida, desconsiderá-lo, o que só por si revela, por um lado, a ilicitude qualificada implícita daquele art. 3.º da CEDH e, por outro, a articulação de considerações processuais logo ao nível daquela ilicitude. Assim é porquanto, na dúvida, o TEDH decide sempre pela inexistência ou invalidade do consentimento, na consideração de que uma intervenção corporal invasiva será, em regra, contrária ao art. 3.º da CEDH e, por isso, em casos dúbios decide a favor daquela violação e do visado, expressão do princípio *in dubio pro reo*[136], de índole processual penal.

Recuperando, a particular gravidade de uma intervenção corporal invasiva para efeitos de obtenção de prova traduz um seu carácter especialmente fragilizado, porque atentatória da essência do corpo humano do arguido como pessoa e sujeito processual, em contraposição com uma sua objetificação na persecução penal. Por conseguinte, nos termos da construção dogmática que propusemos, quando o contexto seja o de obtenção de prova em processo penal, a violação do art. 3.º da CEDH, cuja ilicitude é qualificada e de carácter iminentemente processual, exige, igualmente, um consentimento qualificado, probatório, para efeitos da sua exclusão.

Resultando uma ilicitude qualificada do contexto probatório em que a intervenção se insere, também as causas de exclusão de ilicitude da atividade probatória e, ou, da prova obtida terão de ser concebidas em moldes processuais penais, e mais exigentes, numa lógica de ponderação, o que implica que

[135] A este propósito, sublinhe-se, sempre no pressuposto de que o consentimento seja prestado em termos formalmente válidos, em conformidade com as exigências da legislação nacional de cada ordenamento jurídico, e de forma livre e esclarecida.

[136] A crescente preocupação com a justificação de condenações justifica que globalmente os tribunais tendam a adotar juízos favoráveis ao arguido quando subsistam dúvidas acerca da prova, cf. Fletcher, 1968: 888.

seja perspetivado em articulação com os restantes fatores de densificação de ilicitude[137].

A estrutura normativa da justificação assume frequentemente o modelo de normas permissivas ou de exceção a uma norma geral proibitiva[138], consoante o sistema da teoria geral da infração[139]. Em bom rigor, parece-nos que o consentimento, e designadamente na intervenção corporal invasiva para efeitos de proibição de obtenção de prova na CEDH, não se identifica com nenhum dos modelos suprarreferidos.

Neste sentido, o consentimento como causa de exclusão de ilicitude e o consentimento como desvio à proibição de prova são institutos estrutural e funcionalmente distintos. Uma tal conclusão implica que se rejeite a identidade entre condutas, i.e., que se reconheça que a conduta que seja apta a não constituir crime por força do consentimento como norma permissiva da atuação, possa ainda assim constituir uma atuação contrária à proibição de prova que obsta à sua licitude e validade em processo penal. O consentimento probatório aproximar-se-ia das designadas defesas processuais, à luz do *fair trial*, e que se prendem essencialmente com a justiça dos procedimentos. Não se trata de uma norma permissiva de ingerência na esfera jurídica do sujeito ou de uma exceção à norma proibitiva que permita concluir pela licitude material daquela conduta.

O que seja um consentimento para efeitos de não incriminação da conduta não é o que seja o consentimento para efeitos de afastar a ilicitude de uma prova obtida em violação da dignidade da pessoa humana e da sua integridade física e moral, bem como da lealdade processual que deve pautar a atividade probatória levada a cabo sob a égide do *ius imperii*. Este terá de ser um consentimento também ele específico, de natureza probatória.

[137] Não seria possível, no âmbito da CEDH, elencar um conjunto fechado de intervenções que só por si estariam sempre proibidas e não admitiriam consentimento, no caso do art. 3.º, *in fine*, da CEDH, além de não ser tarefa fácil em consideração da multiplicidade de ordenamentos jurídicos que compõem o ordenamento europeu, e da adoção de recomendações e procedimentos oficiais médicos diferentes, a que o TEDH não se pode fazer substituir.

[138] A diferença prende-se com ter a justificação por regra e a norma proibitiva por exceção, ou vice-versa, respetivamente. Acresce que a conceção da causa de justificação como norma permissiva implica regular as relações entre sujeitos jurídicos, extravasando a mera relação entre norma e agente, cf. Palma, 2020: 247.

[139] Palma, 2020: 247.

É uma dimensão compreensiva[140] do consentimento no contexto probatório, essencialmente processual e mais exigente, em consequência da ilicitude qualificada e probatória do art. 3.º da CEDH, não alheia a considerações de lealdade processual e *fair trial*, que conhece os seus contornos e limitações também em função de considerações processuais como o confronto com os limites à atividade probatória[141]. Tudo considerado, o que vem de se expor implica que se conclua pela ilegitimidade do procedimento onde haja consentimento sem se poder consentir e sem que os restantes fatores não excluam a ilicitude.

Bem assim, importa densificar em que consiste um tal consentimento probatório, com exigências de *procedural defense* ao nível da proibição de prova.

Sempre se sublinhe que o TEDH fica ainda aquém no tratamento do consentimento como causa de exclusão de ilicitude probatória. Em *R.S. v. Hungria*, reitera os termos em que o consentimento deve ser prestado para efeitos de exclusão dc ilicitudc do art. 3.º da CEDH[142]. Neste caso em concreto, o TEDH acaba por concluir que não existiu consentimento. Contudo, para o escopo do presente estudo, cabe equacionar se a conclusão pela existência efetiva de consentimento *ab initio* seria condição exclusiva para efeitos de afastamento da ilicitude da prova obtida e à luz do art. 3.º da CEDH.

Concluímos *supra* que as exigências do processo equitativo no que concerne à prova obtida por intervenção corporal invasiva afiguram-se maiores na

[140] A ideia de um modelo dogmático omnicompreensivo de responsabilização criminal como apresenta Fletcher, 1968: 892-913, apesar de associado à doutrina de Beling, é meritoso por visar uma primeira abertura à necessidade de articular a teoria da infração penal com o princípio da investigação, limitado pelo da acusação, não obstante o apelo à estrutura tripartida de imputação substantiva e à colocação de todas as questões substantivas, afirmativas ou negativas, no mesmo patamar e momento - inclusive as defesas que passariam a figurar condições necessárias à imputação. Designadamente, o sobredito A. avança que como desenvolvimento correlativo ao surgimento destas regras compreensivas surge a necessidade de estender o princípio *in dubio pro reo* a todos os elementos substantivos do crime.

[141] A conceção de uma ilicitude e exclusão de ilicitude nos termos descritos confere força e encontra legitimidade, simultaneamente, numa teoria processual de imputação, mais do que numa substantiva, tal como decorre dos ensinamentos de Pufendorf. Cf. Mendes, 2018: 79.

[142] Novamente num primeiro momento, indiciando que a verificação de consentimento que seja livre e esclarecido dispensa a análise de todos os restantes fatores que vêm sendo apontados na delimitação do sentido jurídico de ilicitude do que sejam tratamentos desumanos e degradantes.

medida em que o corpo humano, enquanto campo de exploração probatória, traduz inevitavelmente um elemento fragilizador para a produção de prova e para a atividade processual penal. São os direitos fundamentais, como já referido, que recortam e delimitam juridicamente a liberdade de intervenção do Estado sobre os cidadãos e em concreto a busca pela justiça e descoberta da verdade. Consequentemente, deverão também estes ser limite à possibilidade de consentir, ainda que o consentimento seja expressão da liberdade e autodeterminação do sujeito enquanto pessoa e arguido.

O corpo humano nas suas mais variadas dimensões físicas ou extra-físicas, e na medida em que o direito processual penal é "direito constitucional aplicado"[143], baliza os limites da autodeterminação, inclusive no que respeita ao consentimento como defesa processual na obtenção de prova corporal invasiva.

Assim, além de questionar se o consentimento foi livre e esclarecido, caberá igualmente saber se as finalidades da persecução criminal justificavam sequer a obtenção do consentimento face ao sacrifício que implica e que sempre será incompatível, quer com os limites à autodeterminação individual, quer com a razoabilidade da ingerência estatal atentas aquelas finalidades. Tratar-se-ia de aplicar o juízo de ponderação usado para densificar a ilicitude do art. 3.º da CEDH, mas também, genericamente, um juízo de lealdade processual, de proporcionalidade na avaliação da instrumentalização do indivíduo - contrária à sua não degradação humana - e às finalidades e relevância da obtenção de prova para a persecução penal. Porque uma tal instrumentalização, ainda que consentida, viola, a nosso entender, as exigências do processo equitativo e é idónea a preencher o conceito de tratamento degradante quando estão em causa intervenções corporais invasivas.

O consentimento deverá revestir a forma exigida por legislação interna para os procedimentos, ser esclarecido e livre, mas também deverá ser processualmente bastante, o que implica desde logo que aquela idoneidade e esclarecimento não sejam meramente relativas à intervenção, mas também ao seu concreto âmbito probatório, de utilização do material probatório recolhido, dos crimes pelos quais será acusado, entre outros.

[143] Dias, 2016: 4.

O que seja a liberdade e esclarecimento do consentimento deve ser aferida também em função das suas finalidades probatórias e potencialidade incriminatória. Contudo, também o consentimento deixará de existir onde não possa existir, porque o sacrifício é injustificado. Uma tal ilação implica uma ponderação final à luz de todos os fatores, *ex ante* e *ex post* (como a gravidade da ingerência, a forma como é levada a cabo e os interesses públicos subjacentes) que permita aferir se, casuisticamente, o consentimento deveria valer como justificação no sentido de defesa processual para legitimar a atuação do Estado, em concreto na obtenção de prova e, consequentemente, na sua utilização e valoração. No limite, um mesmo método de obtenção de prova poderá ser lícito ou ilícito consoante os contornos do caso.

Também à luz da CEDH se justifica que, na consideração da natureza dupla das suas disposições como normas de proibição de prova, e atenta a sua teleologia, quando esteja em causa uma intervenção corporal invasiva, não só a sua ilicitude é qualificada e, por isso, próxima de presumida, como podem existir intervenções que não admitam o consentimento, obstando a que o arguido possa dizer sim sem limites. Antes não caberá dizer sim quando a isso conduza a ponderação de interesses, o que inevitavelmente variará em função dos contornos do caso concreto e dos diversos fatores que já vêm sendo apontados para a densificação do que se considere ser um tratamento desumano e degradante.

Será sempre possível que mesmo onde o arguido consinta a intervenção corporal invasiva, para obtenção de prova pelo Estado, se continue a revelar um tratamento desumano e degradante que preserva a ilicitude da prova. Assim será se ponderados os fatores, inclusive o consentimento como predisposição do arguido, de um ponto de vista processual penal, se concluir que a atuação continua a comprometer não apenas a dignidade da pessoa humana substantiva e a integridade física, como a própria lealdade processual e *fair trial* que devem pautar a atuação estatal na prossecução penal, i.e., a comprometer a integridade e credibilidade do próprio processo penal e das finalidades de justiça.

Tal como de uma forma geral se submete a ilicitude a um juízo de proporcionalidade e "balanceamento", também o consentimento se deverá compreender processualmente e à luz daqueles fatores a fim de ver aferida a sua admissibilidade. A ideia de considerações processuais na aferição da violação do direito da CEDH na primeira etapa de análise é já indiciada por Olçer[144] a propósito de direitos que sejam implícitos[145] de certa forma, e cuja violação pressupõe a ponderação de fatores como o interesse público, interesses das vítimas, necessidades de combate ao crime organizado, entre outros. As mesmas considerações procedem, a nosso ver, para direitos "implícitos" em função do seu sentido não unívoco como o que decorre do art. 3.º, *in fine*, da CEDH.

Em *R.S. v. Hungria*, contando que, hipoteticamente, não teria sido retirado o consentimento, *a priori*, e que este seria formalmente válido, consideramos que a referida cateterização urinária para obtenção de prova seria invasiva por implicar a ingerência profunda e grave na integridade física e mental do arguido. Do ponto de vista processual, em consideração da alternatividade e subsidiariedade de métodos, o procedimento em causa seria sempre desnecessário atendendo a que também uma recolha de sangue foi levada a cabo, além de que a referida cateterização não era uma intervenção com aceitação genérica e consensual na comunidade médica, a qual, inequivocamente, de uma gravidade suscetível de provocar no arguido sentimentos de humilhação, inferioridade e angústia.

Tudo considerado, num juízo de ponderação no contexto probatório e iminentemente processual, *in casu*, a atividade probatória não requeria aquela prova e o consentimento não seria suficiente para legitimar a mesma, a qual vexatória.

As finalidades da persecução penal não devem superar os direitos humanos por força do consentimento, principalmente quando esses direitos sejam o direito à integridade física e moral da pessoa, à vida e à dignidade humana, que se expressam na proibição de instrumentalização do Homem ao processo penal, reduto último da própria integridade do sistema processual penal, como regra em sociedades democráticas e salvo as situações excecionais em que pela sua diminuta gravidade, ingerência ou carácter não invasivo se devem admitir.

A irrelevância do consentimento já conhecia o seu esplendor com os tratamentos que ascendem a tortura, e enquanto proibição absoluta. A diferença está em que, quando não amonte a tortura, a intervenção corporal invasiva

[144] Ölçer, 2013: 374.

[145] O A. identifica como direitos implícitos o direito à não autoincriminação, direito ao silêncio, o direito a aconselhamento jurídico e o direito a não ser incitado ou induzido a cometer crimes, porém não taxativamente, cf. Ölçer, 2013: 375.

para recolha de prova não deixa de ser desumana e degradante pelo facto de existir consentimento, antes caberá sempre sujeitá-la a uma ponderação de valores e de fatores de ordem substantiva, mas também processual, em consideração das finalidades e legitimidade da persecução processual penal. A existência de consentimento é indício da licitude da prova obtida, não o negamos. Contudo, a tratar-se de uma ilicitude específica, qualificada, a que decorre do art. 3.º da CEDH, o mesmo não bastará para, sem mais exigências, a excluir ou, pelo menos, não bastará nos termos em que tem sido erigida.

2. A aproximação do consentimento probatório para exclusão de ilicitude de prova por intervenção corporal invasiva a uma *procedural defense*

A proposta de um consentimento especificamente probatório para este efeito, não passa por edificar o consentimento para efeitos da ilicitude do art. 3.º da CEDH a um elemento do crime, como *offense*[146]. No caso da agressão física, por via de intervenção corporal invasiva probatória, sempre o consentimento seria perspetivado como uma *defense*[147]. A questão aqui está na possibilidade de, no contexto da atividade probatória estatal, o consentimento operar como *procedural defense*. Apesar de a distinção entre *substantive* e *procedural defense* ser característica dos ordenamentos jurídicos da *common law*, podemos encontrá-la a propósito do direito penal internacional. Kai Ambos[148] caracteriza as últimas como dirigidas à jurisdição e ao direito de um tribunal em julgar um arguido que desafiam e comprometem a legitimidade do procedimento legal levado a cabo.

[146] Neste sentido, John Gardner, 2004: 820 demonstra como o consentimento é elemento do ilícito no caso da violação – ou a ausência de consentimento – por não existir nenhuma razão de ordem geral para proibir a relação sexual, mas já assim não será com a ofensa à integridade física, onde existe uma regra de razão geral para não provocar ofensas corporais que dispensa que a ausência de consentimento seja uma sua premissa. Em relação ao consentimento que constitui elemento do ilícito é possível a sua conceção como uma "defense", uma "failure of proof", cf. Cryer, et al., 2010: 403, mas que não se confunde aqui com o que pretendemos propugnar, um consentimento probatório associado às deficiências processuais na obtenção de prova, elas próprias contrárias às exigências de *fair trial*.

[147] Gardner, 2004: 820.

[148] Ambos, 2011: 300. E referindo-se às "procedural defences", de origem britânica, no confronto com as "procedural defenses" de origem americana.

A defesa de um consentimento probatório adquirirá o sentido de uma *procedural defense* na medida em que o mesmo não nega a ação penalmente relevante, no caso, o tratamento desumano e degradante, antes traduz um afastar de ilicitude da conduta em função da preservação de um valor social, uma negação da valoração negativa daquela ação penal com fundamento numa aplicação da justiça indevida.

Sousa Mendes[149] deixa claro que estaremos perante *procedural defenses,* nomeadamente, no caso das *exclusionary rules,* ou equivalentes proibições de valoração de prova (*civil law*)[150], as quais são dotadas de uma "intencionalidade iminentemente processual"[151] e compatíveis com uma modalidade de imputação processual.

É a compreensão das regras de proibição de prova na sua qualidade de protetoras do arguido face a um abuso punitivo, primeira linha de garantia do seu estatuto processual, com repercussões diretas e indiretas no desenrolar do procedimento e processo penal, ainda que não deem por si, e sempre, lugar ao desentranhamento de prova.

O consentimento aqui serviria para legitimar processualmente a atuação probatória, o que significa que se trata de uma defesa do Estado na atuação ou, na sua ausência ou até inadmissibilidade, para o que aqui releva, uma defesa processual do arguido.

Perante a atribuição de um conteúdo processual à ilicitude do art. 3.º da CEDH e ao consentimento para a sua exclusão, nada obsta a que também a este se reconheça uma finalidade de defesa processual, na medida em que a violação daquelas regras traduz a violação do *fair trial,* semelhante à violação das garantias da *due process,* genericamente reconhecida como defesa processual nos sistemas da *common law.*

[149] Mendes, 2018: 73.

[150] As regras de exclusão de prova que "obrigam ao desentranhamento das provas obtidas com violação de direitos fundamentais de liberdade" cf. Mendes, 2018: 73 e que nada se relacionam com a existência ou não de um facto ilícito.

[151] Colocando em evidência que as mesmas são dirigidas não à defesa do arguido em função do facto praticado, mas em função de argumentos que podem culminar numa decisão favorável.

VII. A cateterização urinária probatória no ordenamento jurídico português

1. Proibições de prova e generalidades sobre um processo equitativo

No ordenamento jurídico português, o princípio do *nemo tenetur*, de base constitucional, é dotado de natureza substantiva, fundada na dignidade da pessoa humana[152] (art. 1.º da CRP) e livre desenvolvimento pessoal, mas também processual, como corolário do Estado de Direito e projeção de um sistema acusatório, contando, entre outros subprincípios e garantias processuais (art. 20.º, n.º 4, *in fine*, e 32.º, n.º 1 da CRP), com o do *fair trial*[153].

A doutrina nacional diverge entre os que consideram legítima a restrição do *nemo tenetur* e exclusão da prova real do âmbito daquele[154], e os que a incluem, delimitando o *nemo tenetur* em função de "qualquer contributo involuntário (baseado em violência, coação ou engano) do suspeito para alimentar uma pretensão punitiva pública contra si próprio"[155], a qual não se esgota na prova confessória. A última, a maioritária, aponta para que, ao nível do direito português, o *nemo tenetur* se paute por uma compreensão ampla incompatível com a teoria da conduta, mas também com qualquer critério de existência independente da vontade do arguido[156], de base germânica.

Num sistema processual de base acusatória, como o português, o confronto entre a matéria probatória e o *nemo tenetur* encontra razão de ser nos limites colocados à descoberta da verdade. Neste sentido, e concretamente a propósito do *nemo tenetur*, já Silva Dias e Costa Ramos[157] apelavam à necessidade de uma "ponderação valorativa dos bens em conflito".

[152] Apesar de alguns AA. considerarem que o princípio do *nemo tenetur* apenas tutela a *dignitas humana* de forma mediata, segundo Agostinho, 2014: 110. Contrariamente, na perspetiva germânica, como aponta Thomas Weigend, 2019: 19.

[153] Silva, 2019: 370-371.

[154] Neste sentido, Dias e Andrade adotam a distinção entre deveres de colaboração ativa e deveres de tolerância, e Pinto, em posição semelhante à do direito norte-americano, restringe aquele à prova com natureza comunicativa, cf. Agostinho, 2014: 111-112.

[155] Silva/Ramos, 2009: 32.

[156] Silva/Ramos, 2009: 19-34; Silva, 2016: 127.

[157] Silva/Ramos, 2009: 34.

A CRP contém um elenco dos métodos de obtenção de prova proibidos no art. 32.º, n.º 8, o qual encerra um dos "pilares fundamentais das garantias do processo penal"[158] e que vai muito além do *nemo tenetur*. A obtenção de prova, e principalmente a corporal[159], no cumprimento pelas garantias de um processo justo e equitativo, é uma exigência do sistema garantístico português em função da "estreita conexão de tais direitos com a dignidade da pessoa humana e [d]a relevância processual penal que assume em matéria probatória"[160].

No sistema jurídico nacional, as regras de proibição e admissão de prova afloram onde o próprio legislador estabeleceu a necessidade de os juízos de proporcionalidade operarem. Neste sentido, as provas obtidas através de tortura, coação, ofensa à integridade física ou moral[161] das pessoas têm-se por constitucionalmente nulas, e igualmente, nos termos do art. 126.º, n.º 1 CPP que encerra a sua proibição absoluta.

De todo modo, o legislador português não esgotou os casos em que meios ou métodos de obtenção prova contendem com os direitos fundamentais, admitindo-se, desde que justificado, a aplicação analógica do regime do art. 32.º, n.º 8 da CRP, como já vem sugerindo Helena Morão[162]. Assim, onde o juízo de proporcionalidade e o caso concreto axiologicamente o ditem, procederá (ou não) um juízo *ad hoc* de proibição de obtenção e valoração de prova.

2. A cateterização urinária probatória no ordenamento jurídico português

O facto de o legislador português ter consagrado um sistema com a previsão de proibições absolutas de prova traduz a rejeição de "relevância putativa do consentimento – ainda que efetivamente esclarecido, autónomo e informado das consequências – [...] perante uma gama de práticas com tamanho significado

[158] Rocha, 2019: 18.

[159] Expoente máximo da dignidade humana (art. 1.º CRP) e integridade pessoal (art. 25.º CRP), cf. Silva, 2011: 577.

[160] Morão, 2006: 589.

[161] Nos termos do n.º 2 daquele preceito determina-se que "ofensa à integridade física e moral" será toda a prova obtida através de "perturbação da liberdade de vontade ou de decisão através de maus-tratos, ofensas corporais, administração de meios de qualquer natureza, utilização de meios cruéis ou a utilização da força, fora dos casos e dos limites permitidos por lei.

[162] Morão, 2006: 590.

na interferência da dignidade humana como são os previstos no art. 126.º, n.os 1 e 2 do CPP"[163], respaldo do art. 32.º, n.º 8 da CRP.

Onde caiba a proteção não apenas do próprio visado, titular do direito fundamental fragilizado, contra ingerências inadmissíveis do Estado, mas, igualmente, a preservação da credibilidade e reputação do processo penal num Estado garantístico que deverá pautar a sua atuação, designadamente para a descoberta da verdade, no princípio do processo equitativo, o consentimento pode não ser suficiente.

A cateterização urinária[164], como é levada a cabo em *R.S. v. Hungria*, não encontra previsão específica enquanto método de obtenção de prova[165], porém é possível a sua recondução, no ordenamento jurídico português, à disciplina legal relativa aos exames ou perícias[166]. A limitação, de natureza fundamental, que é imposta ao consentimento e coercibilidade nesta matéria é a de que os exames ou perícias não podem criar perigo para a saúde do visado, segundo os arts. 156.º, n.º 6 e 172.º, n. º 2 do CPP. Aqui, o juízo de proporcionalidade é antecipado pela exigência de realização por médico e do evitar de risco para a saúde, bem como pela aplicação do princípio da proporcionalidade pelo juiz, em respeito pela dignidade e pudor. Onde exista risco para a saúde, no confronto com a dignidade, caberá uma prevalência da tutela dos direitos fundamentais do arguido em detrimento das finalidades probatórias. Também, entendemos, quando exista consentimento terá este de respeitar aqueles limites onde a liberdade pessoal e a autodeterminação não permitam a cedência do núcleo duro de proteção de direitos. Estamos no cerne do conflito que circunda o arguido, por um lado como sujeito processual e, por outro, como meio de prova ele próprio.

[163] Bravo, 2020: 265.

[164] Este tipo de intervenção apenas deve ser realizado em situações de necessidade perentória, associado a finalidades médicas. Cf. a norma da Direção Geral da Saúde, n.º 019/2015, de 15/12/2015, atualizada em 30/05/2017.

[165] Estaremos no âmbito dos designados métodos de obtenção de prova proibidos, por se tratar de um procedimento para recolha de meios de prova, neste caso urina, cf. Mendes, 2004: 137. Pese embora as que adquiram carácter médico encontrem previsão nos arts. 150.º e 151.º do CP.

[166] É o próprio legislador português que confunde e trata indistintamente este tipo de intervenções corporais como exames (art. 171.º CPP) ou perícias (art. 151.º CPP). Contudo, a harmonização dos requisitos e limites de ambos os regimes não obsta a um seu tratamento uniforme.

Na interpretação de Paulo Pinto de Albuquerque, uma tal limitação obsta a que se possa consentir, ainda que de forma livre e esclarecida, relativamente a medidas que tipicamente potenciem a criação de perigo para a saúde do visado. Nos exemplos que fornece, identifica, em concreto, a colheita de urina através de cateter – o caso em *R.S. v. Hungria* – de líquidos cerebrais ou da medula espinal e a pneumencefalografia [atual n.º 6 do art. 156.º, segundo retificação n.º 105/2007, de 09 de novembro][167]. Segundo a perspetiva deste A., com a qual concordamos por nos parecer a mais coerente com o sistema processual penal e com a forma como o legislador ordinário português acomodou os limites constitucionais ao regime de proibições de prova, nunca o consentimento seria suficiente para afastar a ilicitude desta obtenção de prova proibida, que nem constituiria perícia, face aos limites do regime – o qual, como mencionado, não comporta aplicação analógica - e que sempre desencadearia a sua nulidade e "inutilizabilidade". Aplicar-se-iam os limites do art. 126.º, n. os 1 e 2 do CPP e a regra geral, segundo a interpretação de Sousa Mendes[168], aqui seguida, da taxatividade[169] dos métodos de obtenção de prova decorrente do art. 125.º do CPP.

Esta emancipação de determinados valores como os fundamentais que não admitem sequer autorização de lesão traduz já uma relativa ponderação de interesses[170] que, neste caso, é levada a cabo, num primeiro momento, pelo legislador português que opta por consagrar regras com maior concretização neste sentido[171], e contrariamente à opção do legislador da CEDH. E isto

[167] Albuquerque, 2011: 442.

[168] Mendes, 2013: 175-176.

[169] Interpretação no sentido de que a "única liberdade que existe relativamente à escolha dos meios de prova consiste na possibilidade de selecionar do catálogo dos meios de prova típicos" cf. Mendes, 2013: 175. Ainda que se adotasse o entendimento da não taxatividade dos meios e métodos de prova, como fazem, cf. Albuquerque, 2011: 332 e Seiça, 2003: 1408, sempre os meios atípicos estariam sujeitos ao art. 126.º do CPP reflexivo dos limites fundamentais do art. 32.º, n. º 8 da CRP.

[170] Silva, 2008: 138 considera que também o regime das proibições de prova português apresenta um efeito dissuasor no sentido de motivarem os órgãos da polícia a proceder com maior cautela e respeito pelos suspeitos no momento das diligências para obtenção de prova.

[171] O sistema jurídico processual penal português pauta-se por um sistema de nulidades processuais onde uma prova proibida não deve ser valorada, antes inutilizada, cf. Silva, 2011: 587, aproximando-se em muito do sistema jurídico italiano, e contrariamente ao que resulta do americano que adota a *exclusionary rule*. A este propósito é possível identificar duas correntes

apesar de, ao nível da interpretação das regras probatórias para efeitos de aferir da excecional licitude da prova que contenda com a integridade do arguido, caber espaço ao aplicador para maior ponderação. No limite a ponderação incidirá, ainda, sobre o que crie perigo para a saúde ou seja desrazoável segundo o *fair trial*. Há uma primazia da proporcionalidade na resolução conflitual de interesses entre direitos fundamentais e persecução penal e na determinação da licitude da prova, apenas onde esta não tenha já consagração.

Isto significa que no ordenamento jurídico português não custa admitir, no âmbito processual penal, o recurso a um critério de proporcionalidade na determinação da licitude da prova[172], mas que nem sempre este critério se afigura essencial. Antes dependerá de a resolução conflitual ter cabido *a priori* ao legislador com o estabelecimento de verdadeiras regras concretas de proibição de prova que o refletem, ou não, caso em que caberá ainda margem para apreciação axiológica dos direitos afetados e das finalidades do Estado na prossecução penal.

Por fim, e concretamente, no que concerne à articulação do regime processual penal no direito português com as referidas leis acerca da condução sob o efeito de álcool ou substâncias psicotrópicas, releva atender aos diplomas que concretamente regulam as referidas matérias, designadamente, em fase

maioritárias nacionais. Uma, a de Paulo Pinto de Albuquerque, 2011: 335 que defende um duplo regime, distinguindo entre nulidades absolutas – do art. 126.º, n.º 1 e 2 do CPP – e, por isso, insanáveis, e as relativas – do art. 126.º, n.º 3 do CPP – sanáveis pelo consentimento do titular, *ex ante* ou *ex post*. A outra, a de que existe apenas uma espécie de nulidades, comum aos n.os 1 a 3 do art. 126.º, decorrente da expressão "igualmente nulas" e que jamais admitiria consentimento *ex post*, na medida em que aquele diz respeito à obtenção de prova e não já á violação do direito consumada, cf. Dias/Pereira, 2018: 92-94. Por uma ou outra, esta nulidade, a verificar-se, e não se sanando e/ou não sendo sanável, traduz uma "inutilizabilidade" da prova em processo penal, subtraindo-se enquanto contributo para a descoberta da verdade a favor da proteção dos direitos individuais e fundamentais do arguido. E diferentemente do TEDH que faz depender a exclusão de prova da análise da justiça do processo como um todo, independentemente da ilicitude da prova obtida.

[172] Com as devidas ponderações acerca da natureza abusiva, substantiva e processual, da prova ou obtenção de prova, da necessidade, adequação e proporcionalidade *stricto sensu*. Também neste sentido, Paulo Pinto de Albuquerque, 2011: 337, art. 126.º, ponto 7. Em conformidade com o Acórdão do TC, n.º 607/2003, Processo n.º 594/03, de 5/12/2003 - Rel. Jorge Marques Leitão Ritto.

pré-processual. Nos termos do CE[173], relevam os arts. 153.º e 158.º, condução sob o efeito de álcool e substâncias psicotrópicas, respetivamente. Além daquele, é necessário atender à Lei n.º 18/2007, de 17 de maio, e à Portaria n.º 902-B/2007, de 13 de agosto, que regulamentam a fiscalização da condução sob influência do álcool ou de substâncias psicotrópicas e os métodos de fiscalização. A articulação entre a lei geral e especial impõe formas vinculadas de obtenção de prova, que não devem ser desrespeitadas, bem como uma sua priorização. Para o exame de identificação da presença de álcool, prevê-se, como método de obtenção de prova admissível, pesquisa de álcool no ar expirado e, na sua impossibilidade ou para efeitos da sua confirmação, exame de sangue. Em relação à identificação de substâncias psicotrópicas prevê-se a sujeição a um exame prévio de rastreio[174] para efeitos de indiciação apenas (art. 11.º da Lei n.º 18/2007) e uma eventual confirmação, no caso de o primeiro se revelar positivo ou impossível, através de uma colheita de sangue (art.11.º, n.º 3 e 12.º da Lei n.º 18/2007). Somente no caso de frustração da colheita de sangue em quantidade suficiente caberá realizar exame médico, por análise de amostra de urina, o qual obedece ao procedimento fixado em regulamentação, mas não consiste na obtenção por cateterização urinária forçada[175] (art. 13.º da Lei n.º 18/2007 e Portaria n.º 902-B/2007, de 13 de agosto).

Cumpre concluir, nestes termos, que a realização de uma cateterização urinária não seria um método de obtenção de prova válido no ordenamento jurídico português, independentemente do consentimento[176], e considerando a inexistência de habilitação legal a regular a referida afetação ao direito à integridade física. O que se refere sai reforçado porquanto a mesma não encontraria respaldo nem seria um método compatível quer com o art. 156.º, n.º 6 (e com o mesmo, *ex vi* n.º 2 do art. 172.º), quer com o próprio art. 126.º, n.ºs 1 e 2, todos do CPP, afigurando-se uma proibição absoluta de prova e que, nesta medida, não deverá ser valorada no processo[177].

[173] Aprovado pelo Decreto-Lei n.º 114/94, de 3 de maio, alterado pelo Decreto-Lei n.º 102-B/2020, de 09 de dezembro.

[174] A realizar através de testes rápidos a amostras biológicas de urina, saliva, suor ou sangue.

[175] Procedimento médico exclusivamente realizado com finalidades terapêuticas, em caso de necessidade física do paciente e como último meio, considerando o seu carácter invasivo.

[176] Mendes, 2004: 138.

[177] Embora nem sempre assim seja. *V.g.* Mendes, 2004: 142-144.

Conclusão

Partindo-se da análise do caso *sub judice*, caso *R.S. v. Hungria*, julgado pelo TEDH, concluiu-se que o estado atual da arte na jurisprudência do TEDH é o de que o consentimento seria causa de exclusão de ilicitude de prova em termos semelhantes aos de uma justificação material, que, a existir, obstaria, logo num primeiro momento, à qualificação de uma atuação processual penal como desumana e degradante.

Na verificação de que o consentimento é livre e esclarecido, com frequente apelo à inexistência de coação e à forma exigida pelos ordenamentos nacionais respetivos, não caberia avaliar os restantes parâmetros avançados para aferir da licitude da intervenção probatória, designadamente a gravidade e alternatividade da intervenção, a sua realização e supervisão pelas autoridades médicas e os ricos para a saúde. O consentimento, a existir, leva o TEDH a concluir que não há lesão do bem jurídico, tornando desnecessária qualquer ponderação ou consideração adicional.

Contudo, e da análise comparativa formulada, lográmos demonstrar que a matéria de proibição de prova é complexa e limitada em função do seu objeto e finalidades, que ultrapassam as da ilicitude material, reclamando uma verdadeira teoria de proibições de prova. Apesar de metodológica e finalisticamente díspares, a disciplina das proibições probatórias, em concreto, a corporal, convoca preocupações de matriz processual internacionais, nomeadamente no que concerne ao *nemo tenetur* e aos limites que a procura pela verdade deve conhecer.

A prova por intervenção corporal invasiva traduz uma especial vulnerabilidade que, apesar de mitigada, não é, em absoluto, excluída pela autorização legalmente reconhecida do titular dos direitos à vida, integridade física e dignidade para a sua restrição. Não é pelo simples facto de estar em causa o corpo humano que a ilicitude é uma ilicitude qualificada, antes o é porque é uma ingerência profunda e grave na integridade física e psíquica do arguido com origem na atividade estatal, o *ius puniendi*. É da instrumentalização do arguido, meio de prova e sujeito processual, mas também agente legitimante e impulsionador do próprio *ius imperii*, que decorre esse especial fator fragilizador que eleva as exigências de proibição de prova.

Do especial fator fragilizador que pauta a prova por intervenção corporal invasiva, exacerbada pela teleologia da CEDH assente na dignidade da pessoa humana, bem como da dupla natureza das suas normas substantivas também como potenciais proibições de prova, foi possível extrair uma ilicitude qualificada probatória do art. 3.º. Esta traduz-se, por um lado, na tendencial ilicitude de uma tal intervenção corporal invasiva, próxima de presunção, que exige um especial escrutínio para efeitos de admissibilidade de prova, e, por outro, no reconhecimento de que considerações de índole processual influem na determinação do que seja essa ilicitude, no caso, do que seja um tratamento desumano e degradante.

Concluímos assim que o "tratamento desumano e degradante" que pauta a proibição de prova corporal decorrente do art. 3.º da CEDH, poderá resultar de considerações processuais que ultrapassam as exigências reclamadas por uma sua criminalização.

Além de, segundo melhor julgamos, caberem considerações processuais logo no momento de aferição do carácter esclarecido e livre do consentimento. Uma intervenção corporal invasiva probatória pode configurar um tratamento desumano e, principalmente, degradante na medida da instrumentalização do arguido às finalidades de descoberta da verdade, por se revelar incompatível do ponto de vista do princípio do *fair trial*, na medida da desproporcionalidade da intervenção, da sua desnecessidade, da sua finalidade essencialmente persecutória e vexatória em detrimento do bem-estar do arguido e da justiça do processo, entre outros, e independentemente do consentimento.

Consequentemente, o que seja o consentimento suscetível de excluir uma tal ilicitude não pode bastar-se com o que seja idóneo materialmente para excluir a incriminação de uma lesão à integridade física, que reclama essencialmente ideais de reparação e regulação individual das relações. A ilicitude da prova para efeitos de prossecução penal reclama e bebe das exigências de credibilidade da prova e do sistema, bem como de justiça geral. Esta segunda concebe o indivíduo não apenas como vítima e titular de um direito que é violado, mas como verdadeiro limite intransponível à instrumentalização estatal, não podendo, para efeitos de reposição da verdade, usar-se o *ius puniendi* de forma abusiva.

O consentimento não deve legitimar práticas processuais indevidas e injustificadas nem qualquer gravidade de ingerência e, por isso, não pode caber em tais casos, não se podendo dizer que verdadeiramente exista consentimento.

Assim, numa aceção compreensiva do *nemo tenetur*, o que seja "contrariedade à vontade do arguido" incluirá todos os casos que se subtraem à sua vontade, apesar de motivado genericamente por exigências de lealdade processual.

Do exposto conclui-se que, se hipoteticamente R.S. tivesse consentido, aparentemente, em termos válidos, em todo o caso, nunca o consentimento teria sido suficiente, porque sempre a cateterização urinária seria um método especialmente invasivo, desnecessário e subsidiário, desprovida da devida eficácia probatória e essencialmente vexatória e íntima. Apesar de levada a cabo por médicos, também no contexto médico é desaconselhada e relativizada por apresentar elevado desconforto e riscos para a saúde designadamente de lesões definitivas para a integridade física. Configura, por isso, um tratamento degradante e prova proibida, em sentido semelhante ao entendimento que é adotado no ordenamento jurídico português.

Uma tal proposta dogmática implicará sempre o recurso à proporcionalidade. O consentimento não obsta a uma análise dos restantes parâmetros que contribuem para uma análise global da razoabilidade da intervenção em si e determinam a sua (i)licitude. O consentimento indiciará a licitude, devendo sempre ser sopesado com os restantes fatores, eles próprios dotados de considerações processuais que permitirão concluir da admissibilidade do "sim" no contexto probatório.

Absolutizar a liberdade é limitar a *dignitas humana*, o que não é, em si, necessariamente incompatível com os direitos fundamentais, contudo poderá sê-lo onde consentir afete o núcleo duro daquela, como fará uma cateterização urinária desnecessária, vexatória e ineficaz.

Bibliografia citada

Agostinho, Patrícia Naré,

(2014) *Intrusões Corporais em Processo Penal*. Coimbra: Coimbra Editora.

Albuquerque, Paulo Sérgio Pinto de,

(2011) *Comentário do Código de Processo Penal à luz da Constituição da República e da Convenção Europeia dos Direitos do Homem*, 4.ª ed. Lisboa: Universidade Católica Editora.

Ambos, Kai,

(2011) "Defences in international criminal law", in: Bertram Brown (coord.), *Research handbook on international criminal law*. Chicago: Edward Elgar, pp. 299–329.

ANASTÁCIO, Catarina,
(2010) "Colaboração no âmbito de processos de contra-ordenação por infração às regras de defesa da concorrência e o princípio do nemo tenetur se ipsum accusare", *C&R* 1, pp. 199-235.
ANDRADE, Manuel da Costa,
(2022) *Sobre as Proibições de Prova em Processo Penal*, 2.ª ed. Coimbra: Coimbra.
ARMSTRONG, Ken,
(2016) *When the Cops Take Your Urine by Force*. março 10, 2016, disponível em: https://www.themarshallproject.org/2016/10/03/when-the-cops-take-your-urine-by-force. (consultado em 3/11/2020).
BARKHUYSEN, Tom / EMMERIK, Michiel Van / JANSEN, Oswald / FEDOROVA, Masha,
(2018) "The Right to a Fair Trial", in: Leo Zwaak, Arjen Rijn, Pieter Dijk and Hoof Godefridus (coord.), *Theory and Practice of the European Convention on Human Rights*. Cambridge: Intersentia, pp. 561-581.
BLOOM, Robert/DEWEY, Erin,
(2011) "When Rights Become Empty Promises: Promoting An Exclusionary Rule That Vindicates Personal Rights", *Irish Jurist* 46, pp. 38-73, disponível em https://www.jstor.org/stable/44027087 (consultado em 20/11/2020).
BORGMANN, Caitlin,
(2014) "The Constitutionality of Government-Imposed Bodily Intrusions", *University of Illinois Law Review*, pp. 1059-1128, disponível em https://illinoislawreview.org/print/volume-2014-issue-4/the-constitutionality-of-government-imposed-bodily-intrusions/ (consultado em 20/12/2020).
BRADLEY, Craig,
(1983) *The Exclusionary Rule in Germany*. Articles by Maurer Faculty, pp. 1032-1066.
BRAVO, Jorge dos Reis.
(2012) "Intervenções Corporais Probatórias e Direitos Fundamentais: Compatibilidade e Limites", *Revista da Faculdade de Direito e Ciência Política da Universidade Lusófona do Porto* 1, disponível em https://revistas.ulusofona.pt/index.php/rfdulp/issue/view/228 (consultado em 3/12/2020).
(2020) *Corpo e Prova em Processo Penal*. Coimbra: Almedina.
BURKE, Alafair,
(2016) "Consent Searches and Fourth Amendment Reasonableness", *Florida Law Review* 67, pp. 509-563.
CHUNG, Paul,
(2020) *Cateterismo vesical*, maio 2020, disponível em https://www.msdmanuals.com/pt-pt/profissional/dist%C3%BArbios-geniturin%C3%A1rios/exames-e-procedimentos-geniturin%C3%A1rios/cateterismo-vesical.
(consultado em 10/12/2020).
CONTI, Carlotta,
(2010) "I diritti fondamentali della persona tra divieti e "sanzioni processuali":il punto sulla perizia coattiva", *Diritto Penale e Processo* 8, pp. 993-1005.

Costa, Joana,
(2011) "O princípio do nemo tenetur na Jurisprudência do Tribunal Europeu dos Direitos do Homem", *RMP 32* (128), pp. 117-183.
Cryer, Robert/Friman, Hakan /Robinson, Darryl /Wilmshurst Elizabeth,
(2010) *An Introduction to International Criminal Law and Procedure*, 2.ª ed. New York: Cambridge University Press.
De Sousa, João Gomes,
(2010) "Em Busca da Regra Mágica. O Tribunal Europeu dos Direitos do Homem e a Universalização da Regra de Exclusão da Prova - o Caso GÄFGNE v. Alemanha", *Julgar* 31, pp. 21-39.
Direção Geral da Saúde,
(2015) *"Feixe de Intervenções" de Prevenção de Infeção Urinária Associada a Cateter Vesical, Norma n.º 022/2015*, disponível em https://www.dgs.pt/directrizes-da-dgs/normas-e-circulares-normativas/norma-n-0192015-de-15122015-pdf.aspx (consultado em 15/11/2020).
Dias, Augusto Silva,
(2018) *Crimes Culturalmente Motivados*. reimpressão. Coimbra: Almedina.
Dias, Augusto Silva/Pereira, Rui Soares,
(2018) *Sobre a Validade de Procedimentos Administrativos Prévios ao Inquérito e de Fases Administrativas Preliminares no Processo Penal*. Coimbra: Almedina.
Dias, Augusto Silva/ Ramos, Vânia Costa.
(2009) *Direito à Não Auto-Inculpação (nemo tenetur se ipsum accusare) no processo penal e contra-ordenacional*. Coimbra: Coimbra Editora.
Dias, Jorge de Figueiredo,
(1983) "Para uma reforma global do processo penal português: da sua necessidade e de algumas orientações fundamentais", in: Ciclo de conferências no concelho distrital do Porto da Ordem dos Advogados, Eduardo Correia [et. al.] (coord.), *Para uma nova justiça penal*. Coimbra: Almedina, pp. 189-242.
(2013) "Sobre o sistema do facto punível", in: Fernando Correia, João Calvão da Silva, José de Andrade, José Gomes Canotilho e José Manuel da Costa (coord.), *Estudos em Homenagem a António Barbosa de Melo*. Coimbra: Almedina, pp. 361-404.
(2016) "Revisitação de algumas ideias-mestras da teoria das proibições de prova em processo penal (também à luz da constituição portuguesa)", *RLJ* 146 (4000), pp. 3-15.
Felicione, Paola,
(1999) "Considerazioni sugli accertamenti coattivi nel processo penale: lineamenti costituzionali e prospettive di riforma", *L'indice Penale* 2, pp.495-526.
Fletcher, George,
(1968) "Two Kinds of Legal Rules: A Comparative Study of Burden-of-Persuasion in Criminal Cases", *The Yale Law Journal* 77 (5), pp. 880-935.
Gardner, John,
(2004) "Fletcher on Offences and Defences", *Tulsa Law Review* 39 (4), pp. 817-828.
Gless, Sabine,
(2010) "Truth or Due Process? The Use of Illegally Gathered Evidence in the Criminal Trial", *Criminal Trials – Germany* 19, pp. 1-35.

(2011) "A Europa vista a partir de uma perspetiva alemã: um desafio para a defesa em processo penal", *RPCC* 21 (3), pp. 395-426.

Gössel, Karl-Heinz,

(1992) "As Proibições de Prova no Direito Processual Penal da República Federal da Alemanha", *RPCC* 2 (3), pp. 397-441.

Grabenwarter, Christoph,

(2014) *European Convention on Human Rights Commentary*. Basel: C.H. Beck.

Henkel, Heinrich,

(1968) *Strafverfahrensrecht, ein Lehrbuch*. Stuttgart: Kohlhammer.

Justia US Law,

Consent Searches. sd., disponível em https://law.justia.com/constitution/us/amendment-04/18-consent-searches.html. (consultado em 22/12/2020).

Mendes, Paulo de Sousa,

(2004) "As Proibições de Prova no Processo Penal", in: Maria Fernanda Palma (coord.), *Jornadas de Direito Processual Penal e Direitos Fundamentais*. Coimbra: Almedina, pp. 138-154.

(2010) "As garantias de defesa no processo sancionatório especial por práticas restritivas da concorrência confrontadas com a jurisprudência do tribunal europeu dos direitos do homem", *C&R* 1 (1), pp. 121-144.

(2013) *Lições de Direito Processual Penal*. Coimbra: Almedina.

(2018) *Causalidade complexa e prova penal*. Coimbra: Almedina.

(2019) "Processo equitativo e público", in: Paulo Pinto de Albuquerque (coord.), *Comentário da Convenção Europeia dos Direitos Humanos e dos Protocolos Adicionais*. Lisboa: Universidade Católica Editora, pp. 1056-1066.

Mendes, Paulo de Sousa/ Santana, Cecília Santana/ Soares, Carlos / Rocha, António / Reis, Célia,

(2000) *Questões avulsas de processo penal*. Lisboa: AAFDL.

Ministério da Saúde.

Recomendações Ministério da Saúde, Norma n.º 3, Prevenção da infeção urinária em doentes algaliados, n.d., disponível em

http://www.chln.minsaude.pt/media/k2/attachments/GCLPPCIRA/norma_3/NORMA%20n%C2%BA%203%20%20Prevencao%20da%20infecao%20urinaria%20em%20doentes%20algaliados%202019.pdf. (consultado em 20/07/2021).

Morão, Helena,

(2006) "O efeito à distância das proibições de prova no direito processual penal português", *RPCC* 4 (16), pp. 575-620.

Ölçer, Pinar,

(2013) "The European Court of Human Rights: The Fair Analysis Under Article 6 of the European Convention of Human Rights", in: Stephen Thaman, *Exclusionary Rules in Comparative Law*, vol. 20, Springer: IUS GENTIUM, pp. 371-399.

Pakter, Walter,

(1985) "Exclusionary Rules in France, German and Italy", *Hastings International and Comparative Law Review* 9, (1), pp. 1-56.

PALMA, Maria Fernanda,

(1994) "A constitucionalidade do artigo 342º do Código de Processo Penal (o direito ao silêncio do arguido)", *RMP* 15, (60), pp. 101-110.

(2020) *Direito Penal, Parte Geral, Teoria da Infração como Teoria da Decisão Penal*, 5.ª ed. Lisboa: AAFDL.

RAMOS, Vânia Costa.

(2017) "Novos Problemas em Matéria de Proibições de Prova – A Dimensão Internacional – Regras de Exclusão da Prova Obtida em Violação da Convenção Europeia dos Direitos Humanos na Jurisprudência do Tribunal Europeu dos Direitos Humanos", in: José de Faria Costa, Anabela Miranda Rodrigues, Maria João Antunes, Helena Moniz, Nuno Brandão, Sónia Fidalgo (coord.), *Estudos em Homenagem ao Prof. Doutor Manuel da Costa Andrade*, vol. II, Coimbra: Universidade de Coimbra, pp. 739-773.

ROCHA, Lígia Noronha,

(2019) *O Regime de Obtenção de Provas Através de Intervenção Corporal Não Consentida*. Braga: Nova Causa.

ROXIN, Claus,

(2019) *Derecho Procesal Penal* (trad. Gabriela Córdoba e Daniel Pastor), 29.ª ed. Buenos Aires: Editores del Puerto.

SARNAKI, David,

(1984) "Analyzing the Reasonableness of Bodily Intrusions", *Marquette Law Review* 68, pp. 130-153.

SEIÇA, Alberto Medina de,

(2003) "Legalidade da prova e reconhecimentos "atípicos" em processo penal: notas à margem de jurisprudência (quase) constante", in: Manuel da Costa Andrade, José de Faria Costa, Anabela Rodrigues e Maria João Antunes (coord.), *Liber Discipulorum para Jorge de Figueiredo Dias*. Coimbra: Coimbra Editora, pp. 1387-1421.

SILVA, Germano Marques da,

(2008) *Curso de Processo Penal*, vol. 2, 5.ª ed. Lisboa: Verbo, 2008.

SILVA, Sandra Oliveira,

(2011) "Legalidade da Prova e Provas Proibidas", *RPCC* 21 (4), pp. 545-591.

(2016) "A liberdade contra a autoincriminação no processo penal: breves considerações em torno do princípio do nemo tenetur se ipsum accusare", *RMP* 80, pp. 111-128.

(2019) *O Arguido Como Meio de Prova Contra Si Mesmo – Considerações em Torno do Nemo Tenetur Se Ipsum Accusare*. Coimbra: Almedina.

SOUSA, Miguel Teixeira de,

(2020) "A prova ilícita em processo civil: em busca das linhas orientadoras", *RFDUL* 61 (2), pp. 15-52.

THAMAN, Stephen,

(2011) "Constitutional Rights in the Balance: Modern Exclusionary Rules and the Toleration of Police Lawlessness in the Search for Truth", *The University of Toronto Law Journal* 61 (4), pp. 691-735.

(2013) *Exclusionary Rules in Comparative Law*. Dordcrecht: Springer.

The constitution,
The White House. n.d., disponível em https://www.whitehouse.gov/about-the-white--house/the-constitution (consultado em 15/04/2020).
Tonini, Paolo,
(2003) *Manuale di Procedura Penale*, 5.ª ed. Milão: Giuffré.
Weigend, Thomas,
(2019) "The Potential to Secure a Fair Trial Through Evidence of Exclusion: A German Perspective", in: Gless Sabine e Thomas Richter, (coord.), *Do Exclusionary Rules Ensure a Fair Trial: a comparative perspective on evidentiary rules*, IUS GENTIUM 74: Comparative Perspectives on Law abd Justice, Springer Open, disponível em https://link.springer.com/chapter/10.1007/978-3-030-12520-2_3 (consultado em 18/04/2020), pp. 61-91.
White, Welsh,
(1964) "Effective Consent to Search and Seizure", *University of Pennsylvania Law Review* 113, pp. 260-277.

Jurisprudência citada

Alemanha
BGH 5 StR 18/10, de 29/04/2010
BGH 5 StR 536/11, de 20/06/2012

Estados Unidos da América
Weeks v. US, 232 U.S. 383 (24/02/1914)
Rochin v. California, 342 U.S. 165 (2/01/1952)
Mapp v. Ohio, 367 U.S. 643 (19/06/1961)
Schmerber v. California, 384 U.S. 757 (20/06/1966)
Graham v. Connor, 490 U.S. 386 (15/05/1989)
US v. Uscanga-Ramirez, 475 F.3d 1024, 1027 (31/01/2007)
Riis v. Shaver, 458 F.Supp.3d 1130 (28/04/2020)
Ellis v. San Diego, 176 F.3d 1183 (14/05/1999)
Illinois v. Gates, 462 U.S. 213 (08/06/1983)

Itália
Corte Costituzionale, sez. n.º 238/1996, de 27/06/1996
Cassazione penale, sez. IV, n. º 4943, 1/02/2018

Portugal
Ac. TC, n.º 607/2003, de 05/12, Proc. 594/03, Rel. Jorge Marques Leitão Ritto

Tribunal Europeu dos Direitos Humanos
Saunders v. Reino Unido, n.º 19187/91, de 17/12/1996
Jalloh v. Alemanha, n.º 54810/00, de 11/07/2006
Bogumil v. Portugal, n.º 35228/03, de 7/10/2008
R.S. v. Hungria, n.º 65290/14, de 2/07/2019
Minteh v. França, n.º 23624/20, de 10/06/2020

§ 11.
MODELOS DE PROIBIÇÕES DE PROVA NUMA PERSPETIVA COMPARADA: ALEMANHA, EUA E CHINA

UN TONG WONG*

SUMÁRIO: Introdução. I. O modelo das proibições de prova na Alemanha. 1. Breve história e evolução jurisprudencial do modelo alemão de proibições de prova. 2. As proibições de produção de prova. 3. As proibições de valoração da prova. 3.1 As proibições de valoração de prova dependente. 3.2 As proibições de valoração de prova independente. 3.2.1. Recolha ilegal de provas devido à violação das regras do processo penal. 3.2.2. Violação do direito à privacidade dos indivíduos. II. O modelo das proibições de prova nos EUA. 1. O conteúdo da *exclusionary rule* no sistema jurídico norte-americano. 2. A evolução jurisprudencial da *exclusionary rule*. 3. A doutrina dos frutos da árvore envenenada (*The Fruit of the Poisonous Tree*). 4. As exceções à doutrina dos frutos da árvore envenenada. 4.1. A doutrina da fonte independente (*The independent source doctrine*). 4.2. A doutrina do nexo causal atenuado (*The attenuation doctrine*). 4.3. A doutrina da descoberta inevitável (*The inevitable discovery doutrine*). 4.4. A exceção da boa-fé (*The good faith exception*). III. O modelo das proibições de prova na China. 1. História e desenvolvimento das regras de exclusão de prova ilícita no sistema jurídico chinês. 2. A teoria das regras de exclusão de prova ilícita no sistema jurídico chinês. 2.1. O conceito de "prova ilícita". 2.2. O modo de exclusão

* Licenciada em Direito pela Universidade de Macau e Mestranda em Direito e Ciências Criminais na Faculdade de Direito da Universidade de Lisboa.

de prova ilícita. 3. Os princípios das regras de exclusão de prova ilícita no sistema chinês. IV. Uma análise comparada dos mecanismos de exclusão de prova ilícita nos sistemas jurídicos alemão, norte-americano e chinês. Conclusão. Bibliografia citada. Jurisprudência citada.

Resumo: Desempenhando a prova um papel fundamental no Processo Penal, o seu modo de recolha e a sua valoração surgem como essenciais a fim de se poderem dar os factos como provados. O Código de Processo Penal confere aos diferentes órgãos de investigação importantes poderes com vista à dita recolha e valoração da prova, poderes estes que não poderão pôr em causa os direitos fundamentais dos cidadãos. É neste sentido que se apresenta como essencial, a fim de assegurar a justiça do processo penal, rever os diferentes sistemas de recolha e valoração da prova. Dado que a complexidade da recolha e valoração da prova levantam restrições que variam conforme os diferentes modelos processuais que se implementem, afigura-se pertinente analisar diferentes sistemas jurídicos, no que diz respeito ao âmbito da proibição da prova. Optou-se por centrar essa análise nos ordenamentos jurídicos da Alemanha, dos EUA e da China. Partindo desta análise, serão, então, apuradas as respetivas mais-valias, assim como os seus inconvenientes, a fim de encontrar eventuais pontos de consenso entre estas diferentes práticas, e, assim, aportar um contributo para um modelo processual mais justo neste domínio.

Palavras-Chave: Proibições de prova; regras de exclusão; admissibilidade da prova; processo penal.

Introdução

No âmbito do Processo Penal, a prova possui um papel de extrema importância, pelo que o seu modo de recolha e valoração surgem como essenciais a fim de determinar os factos que sejam relevantes na decisão da matéria de facto. Ora, neste contexto, são conferidos importantes poderes aos órgãos de investigação, a fim de recolher e utilizar provas que, no entanto, não poderão ir contra os direitos fundamentais dos cidadãos. Com efeito, possuindo o processo penal grande relevância, não apenas na descoberta da verdade, mas também na defesa dos direitos humanos e consequente salvaguarda da justiça, afigura-se necessário impor determinadas restrições aos poderes dos órgãos de investigação no que diz respeito à recolha e utilização de provas, impedindo que sejam utilizadas provas ilícitas como base de condenação. Aqui, no âmbito do processo penal, as regras de proibição de prova são de suma relevância pelo lugar que ocupam na salvaguarda dos direitos dos cidadãos, mas também na defesa da justiça processual.

No ordenamento jurídico alemão, que serve referência fundamental a outros ordenamentos jurídicos, de matriz romano-germânica, o modelo das proibições de prova divide-se essencialmente em proibições de produção de prova e proibições de valoração de prova. Estas últimas têm sido, porém, as que geram maior controvérsia no seio da doutrina, visto que se subdividem em proibições de valoração de prova positivadas e não positivadas, derivando estas últimas dos direitos fundamentais dos cidadãos que se encontram consagrados na Constituição. Por outro lado, nos EUA (*Common Law*), o processo de restrição de prova assenta em duas figuras essenciais, designadamente na chamada "regra de exclusão" (*Exclusionary rule*), que impede a recolha de evidências que vão contra os direitos fundamentais dos cidadãos, consagrados constitucionalmente, bem como na doutrina dos frutos da árvore envenenada (*fruit-of-the-poisonous-tree*), que determina a ilicitude das provas. Tanto a *Exclusionary rule* como a doutrina *Fruit-of-the-poisonous-tree* encontram-se consagradas no direito norte-americano, apesar de ainda suscitarem controvérsia no seio da doutrina.

No caso do Direito chinês, verificamos que o seu modelo de proibições de prova tem semelhanças com o sistema jurídico alemão. Porém, também apresenta significativas diferenças, designadamente no que respeita às disposições relativas à modalidade de estabelecimento das regras de proibição de prova, grau de proteção dos direitos do arguido.

Tendo as regras de proibição de prova um relevante papel no processo penal e revestindo-se concomitantemente de extrema importância na salvaguarda dos direitos dos cidadãos, bem como na defesa da justiça processual, encetaremos, nos capítulos I, II e III, uma análise aos modelos de proibição de prova/provas ilícitas vigentes nos sistemas jurídicos da Alemanha, dos EUA e da China, por forma a ser possível realizar, no capítulo IV, uma análise comparada, tanto de ordenamentos jurídicos de matriz romano-germânica como da família jurídica da *commom law*. A partir desta análise comparada, procuraremos chegar a conclusões quanto aos princípios fundamentais consagrados no modelo de proibições de provas dos diferentes ordenamentos jurídicos aqui estudados, bem como às exceções que possam existir relativamente a tais princípios.

I. O modelo das proibições de prova na Alemanha

1. Breve história e evolução jurisprudencial do modelo alemão de proibições de prova

O ordenamento jurídico alemão, enquanto importante referência dos sistemas jurídicos de matriz romano-germânica[1], desenvolveu um sistema bem estabelecido e consolidado de proibição de prova. Ora, o conceito das proibições de prova (*Beweisverbote*) foi proposto no século XX pelo estudioso alemão Ernst Beling, acabando por se expandir e tornar-se uma das teorias mais importantes do processo penal alemão[2]. Segundo Beling, as regras das proibições de prova surgem como uma limitação à obtenção da verdade dos factos, tendo por base a análise do valor de cada interesse. Com efeito, este estudioso defende que, se o interesse exterior do processo penal exceder o interesse da procura da verdade, as provas obtidas com a violação destes interesses externos devem ser afastadas, surgindo tal proposta como base do atual regime alemão das proibições de prova[3].

Segundo Gless, as regras de proibições de prova na Alemanha respeitam dois princípios fundamentais, designadamente a doutrina de Beling sobre a integridade processual, correspondente ao conceito de *fair-trial*, e a proteção da privacidade dos indivíduos, quer sejam suspeitos, vítimas ou testemunhas[4]. Ora, sendo este sistema de classificação das proibições de prova essencial a um melhor entendimento do regime probatório alemão e subdividindo-se o mesmo em proibições de produção de prova e proibições de valoração de prova, proceder-se-á, no ponto seguinte, a uma exploração deste sistema, analisando-se a posição do Direito alemão relativamente à vinculação a cada tipo de proibição de prova.

[1] Conhecido também como o sistema jurídico continental ou de *Civil Law*. Cf. Moura Vicente, 2012: 62.

[2] Ernst Beling realiza uma aula inaugural na Universidade de Tubinga. a 15 de janeiro de 1903, com a palestra intitulada *"Die Beweisverbote als Grenze der Wahrheitsforschung im Strafprozess"*, onde formula pela primeira vez o conceito de proibição de provas, que serve ainda hoje em dia como base para o sistema probatório no processo penal (Beling, 2009).

[3] Costa, 2019: 179.

[4] Gless, 2013.

2. As proibições de produção de prova

As proibições de produção de prova, também conhecidas como proibições de obtenção de prova, são normalmente dirigidas às atividades dos OPC, visando essencialmente regular eventuais problemas de abuso de poder por parte de tais órgãos aquando da investigação criminal.

No Código do Processo Penal alemão (*Strafprozessordnung* ou StPO) encontram-se, com efeito, várias normas que consagram proibições de produção de prova, nomeadamente no *§136a, Abs. 1 e 2* StPO[5]. À luz deste artigo, é proibido os OPC perturbarem a liberdade de vontade ou de discernimento do arguido mediante tortura, maus-tratos, hipnose ou utilização de qualquer meio enganoso ou violento, entre outros, mesmo que com o consentimento do arguido. Por regra, a violação das proibições de produção de prova implica proibições de valoração de prova, como se pode verificar no *§136a, Abs. 3* StPO, visto que, de acordo com esta norma, as provas que são obtidas através dos métodos mencionados em Abs. 1 e 2 não podem ser valoradas em julgamento. No entanto, segundo Costa, "nem sempre uma proibição de produção de prova conduz a uma proibição de valoração de prova"[6], já que é ainda necessário considerar outras condições, ou seja, a proibição de valoração de prova não será uma consequência absoluta quando se viola uma norma de proibição de produção de prova.

3. As proibições de valoração de prova

De acordo com Beulke, no sistema jurídico alemão, o reconhecimento de uma proibição de valoração de prova não depende da sua expressa previsão normativa[7].

[5] Veja-se o texto original, §136a "Prohibited examination methods; prohibited evidence", onde se refere, no texto em inglês, traduzido do alemão: (1) The accused's freedom to make up his mind and to manifest his will must not be impaired by ill-treatment, induced fatigue, physical intervention on the body, the administration of drugs, torture, by means of deception or hypnosis. Compulsion may be used only insofar as this is permitted by criminal procedure law. Threatening the accused with measures not permitted under the provisions of criminal procedure law and holding out the prospect of an advantage not envisaged by statute shall be prohibited.; (2) Measures which impair the accused's memory or his capacity to understand the wrongfulness of an act shall not be permitted. Disponível em https://www.gesetze-im-internet.de/englisch_stpo/englisch_stpo.html#p1223. [consultado a 20/05/2020].

[6] Costa, 2019: 179.

[7] Beulke, 2016: 457.

O sistema é deveras complexo e, tal como anteriormente mencionámos, uma proibição de valoração nem sempre advém de uma violação das proibições de produção de prova. Como tal, é essencial ter em consideração a classificação sobre as proibições de valoração de prova que, devido à sua origem, possuem duas naturezas, variando estas conforme haja, ou não, violação de produção de prova, e podendo, por isso, ser consideradas como dependentes ou independentes[8]. Por outras palavras, quando uma proibição de valoração resulta de uma proibição de produção será uma proibição de valoração de prova dependente, porém, e em sentido contrário, se uma proibição de valoração não tem por base uma violação de produção, ou seja, não é explicitamente prevista na lei, será considerada como uma proibição de valoração de prova independente.

3.1. As proibições de valoração de prova dependente

No direito alemão, *grosso modo*, as proibições de valoração de prova dependente são positivadas, ou seja, são determinadas claramente por lei. Tal como já mencionado, de acordo com o *§136a StPO, caso as provas sejam obtidas mediante tortura, maus-tratos, hipnose ou utilização de qualquer meio enganoso ou violente, entre outros, é proibid*a a sua valoração em julgamento, visto que são ilegais, sendo tais casos, tal como referimos, explicitamente determinados na lei alemã[9].

Por outro lado, neste mesmo âmbito, quando deparamos com uma circunstância que não se encontra regulada no direito alemão, ou seja, uma circunstância não positivada, é necessário que o juiz pondere se tais provas podem, ou não, ser utilizadas à luz das circunstâncias do caso em questão, problemática esta cuja resolução no ordenamento jurídico alemão analisaremos no ponto seguinte.

3.2. As proibições de valoração de prova independente

Como acima referido, o sistema das proibições de prova alemão é dotado de complexidade, considerando que nem todas as circunstâncias proibidas são positivadas[10], pelo que a apreciação da legalidade de provas em tais casos de-

[8] Beulke, 2016: 457.

[9] Para mais informação adicional sobre os casos de valoração de prova dependente proibidos, cf. os §81a, Abs, 3, §81c, Abs, 3, §100c, Abs, 5, terceira parte, entre outros, da StPO.

[10] Costa, 2019: 179.

penderá da ponderação do juiz, ponderação esta designada como "o princípio da livre ponderação de prova"[11].

Por outras palavras, quando se verifica uma situação não prevista na lei alemã, convém o juiz ponderar independentemente se aceita, ou não, as provas inicialmente tidas como ilegais, com base no princípio da livre ponderação de prova. Neste sentido, as provas que são excluídas com recurso a este princípio da livre ponderação serão consideradas como proibições de valoração de prova independente, sendo tal princípio uma solução dominante no âmbito do direito alemão. Ademais, temos de destacar que a proibição da valoração de prova independente advém mormente, ora de uma recolha ilegal de provas devido à violação das regras do processo penal, ora devido à violação do direito à privacidade dos indivíduos[12].

3.2.1. Recolha ilegal de provas devido à violação das regras do processo penal

Nos casos criminais, encontramos, por vezes, circunstâncias de recolha de provas que são consideradas ilegais pela violação das regras do processo penal alemão por parte dos OPC, não sendo tais circunstâncias, todavia, tão graves ao ponto de implicarem uma proibição da valoração de tais provas ilícitas em julgamento. Neste caso, com o objetivo de avaliar que tipo de violação poderá causar o efeito da exclusão de provas ilícitas, desenvolveram-se três teorias no seio do direito alemão: (1) Teoria do balanceamento (*Abwägungstheorie*)[13] (2) Teoria do objetivo de proteção (*Schutzzwecktheorie*)[14] (3) Teoria dos di-

[11] Beling, 2009: 10.

[12] Gless, 2013: 119.

[13] BGH 1 StR 154/96, de 5/21/1996 (BGHSt 42, 170) e BGH 1 StR 221/96, de 16/07/1996 (BGHSt 42, 179)

[14] Esta teoria não permite uma ponderação "Balancing" entre os interesses existentes no caso, nomeadamente entre os interesses estatais e os interesses individuais, quando surgem dúvidas quanto à aplicação, ou não, das regras da proibição de provas. Ora, a base desta teoria sugere que se a circunstância de produção da prova não tiver sido prevista pelo legislador nas regras de proibições de provas, não se deverá excluir a prova, tendo, portanto, o juiz de a valorar em julgamento, ou seja, esta apresenta-se como uma teoria que defende uma perspetiva positivada da proibição da valoração da prova. Em suma, as proibições de provas ilícitas apenas podem ser aplicadas quando são previstas claramente na lei, caso contrário, as provas obtidas não serão consideradas como ilegais, sendo assim aceites em julgamento. Para mais informação, cf. Grüwald, 1993: 155, e Gless, 2013: 120.

reitos de controlo da informação (*Lehre von den Informationsbeherrschungsrechten*)[15], das quais se destaca a primeira aqui mencionada como a mais preponderante, no direito alemão, já que constitui a solução dominante no âmbito deste ordenamento jurídico quanto à proibição da valoração da prova independente[16].

No que concretamente respeita à teoria do balanceamento, esta visa permitir realizar um equilíbrio entre a justiça substancial e a justiça processual, surgindo como solução principal no direito alemão. Ora, quando encontramos uma violação das regras do processo penal, mas a sua consequência, ou seja, a proibição das provas ilícitas desta violação não é prevista na lei, convém o juiz, neste caso, ponderar a importância da gravidade de determinados elementos, nomeadamente a gravidade da conduta indevida dos OPC, a gravidade da violação dos interesses legais, a gravidade do crime cometido pelo acusado e a relevância das provas apresentadas no caso[17], a fim de concluir se aceita, ou não, tais provas. Após a consideração de tais elementos, se a gravidade da conduta ilegal da polícia for significativamente superior à gravidade da violação dos interesses legais e do crime cometido, será proibida a valoração, excluindo-se assim as provas ilícitas do julgamento[18]. A título de exemplo, se, durante a fase da investigação, o arguido não for informado dos seus direitos, designadamente o direito de prestar ou não declarações sobre a sua acusação e o direito de consultar um advogado antes do inquérito, a declaração feita por si feita não poderá ser considerada em julgamento[19].

3.2.2. Violação do direito à privacidade dos indivíduos

Como acima referimos, na fase de recolha de provas, além de poder ocorrer a violação das regras do processo penal, pode ainda dar-se o caso de haver uma

[15] Esta teoria dos direitos de controlo da informação tem significativa importância no direito de privacidade dos cidadãos, propondo-se que se as provas forem obtidas pelos OPC sob a violação dos direitos de privacidade dos cidadãos, mesmo que os direitos violados sejam na esfera social, devem as provas ser excluídas do julgamento. Para mais informação sobre esta teoria, cf. Amelung, 1990: 24,30, e Gless, 2013: 120.

[16] Gless, 2013: 119, 120.

[17] BGH 1 StR 220/01, de 22/11/2001 (BGHSt 47, 172, 179-180) e BGH 2 StR 341/2, de 14/03/2003 (BGHSt NJW 2003, 2034).

[18] Gless, 2013: 120.

[19] BGH 4 StR 126/92, de 29/10/1992 (BGHSt 38, 372).

violação dos direitos privados por parte dos OPC. Neste caso, é necessária uma ponderação entre o interesse público e o interesse particular do cidadão na proteção dos seus direitos privados, porém, surge aqui a questão de como se deverá e poderá delimitar o escopo do interesse particular.

Nesta linha, e com o intuito de definir um critério comum com vista a solucionar dita problemática, o Tribunal Constitucional alemão (*BVerfG*) propôs a "teoria das três esferas", que abrange a esfera social, a esfera de privacidade simples e a esfera íntima[20]. Deste modo, com base nesta mesma teoria, os tribunais alemães têm base para a ponderação entre os interesses existentes, tendo em conta o âmbito em que se envolvem as provas, a fim de verificar se essas mesmas provas podem, ou não, ser valoradas.

Com efeito, a teoria das três esferas prevê que as provas com lugar na esfera social não gozem de particular proteção e que, por seu turno, as provas que envolvam o âmbito da esfera de privacidade simples gozem de maior proteção, sendo necessária uma ponderação entre o interesse estatal e o interesse particular como, por exemplo, no caso de uma gravação de uma conversa particular sem o consentimento das partes[21]. Neste sentido, segundo Costa, no caso de ocorrer uma colisão entre ambos os interesses, "o aproveitamento das provas será decidido, nomeadamente, pela gravidade da acusação e a indispensabilidade do meio de prova em questão"[22]. No que respeita à esfera íntima, esta apresenta-se como um espaço inviolável, o que significa que, quando a mesma está envolvida, não haverá lugar a ponderação. No entanto, é aqui importante destacar que não existe ainda uma definição consensual sobre o que podemos claramente entender por esfera íntima.

Para um melhor entendimento da teoria das três esferas, é importante, desde logo, analisar um caso paradigmático, decidido a 21 de fevereiro de 1964 no processo 4StR 519/63, conhecido também como "o caso do diário"[23]. Neste caso, o arguido foi indiciado por homicídio pelo MP tendo descoberto a polícia que o mesmo tinha confessado o crime no seu diário. Como tal, apesar da oposição do arguido, o BGH (Supremo Tribunal Federal Alemão), ainda assim, decidiu investigar o diário, utilizando o mesmo como base de

[20] Beling, 2009: 10.

[21] Estes exemplos são originários de Costa, 2019: 183.

[22] Costa, 2019: 181.

[23] BGH 4 StR 519/63, de 21/02/1964 (BGHSt 19, 325).

decisão para o caso. Neste processo judicial, o BGH afirmou que, por um lado, a esfera íntima era tida como um domínio absoluto, não podendo ser inviolável e que, por outro lado, o diário era uma prova considerada no âmbito da esfera da privacidade simples, pelo que não seria, em absoluto, proibida em processo penal[24]. Com efeito, devido à gravidade do crime em apreço, os interesses públicos prevaleceriam sobre os interesses de proteção dos direitos de privacidade do arguido, pelo que o dito diário foi admitido como prova.

Em suma, após uma breve análise do modelo de proibições de prova no Direito Alemão, podemos ver que o modelo de proibições deste ordenamento jurídico é deveras complexo devido à sua relação entre as proibições de produção de prova e as proibições de valoração. Tendo em conta que a violação de produção não será condição absoluta nem mesmo única para que se constitua a proibição de valoração, é necessário assim o juiz apreciar as provas relativas junto com as circunstâncias e os elementos no caso presente.

II. O modelo das proibições de prova nos EUA

1. O conteúdo da *exclusionary rule* no sistema jurídico norte-americano

As regras sobre proibições de valoração de prova nos EUA surgem como uma medida de tutela constituída a fim de impedir o uso de provas obtidas pela violação da Constituição norte-americana.

Tais regras aparecem no fim do século XIX e no início do século XX sob a designação de regra de exclusão (*exclusionary rule*), tendo como paradigma a Quarta Emenda[25] da Constituição norte-americana, que proíbe buscas e apreensões arbitrárias. É importante destacar, contudo, que ditas regras não se aplicam somente à violação da Quarta Emenda, sendo também aplicadas a

[24] BGH 4 StR 519/63, de 21/02/1964 (BGHSt 19, 325).

[25] Reza a Quarta Emenda que: the right of the people to be secure in their persons, houses, papers, and effects, against unreasonable searches and seizures, shall not be violated, and no Warrants shall issue, but upon probable cause, supported by Oath or affirmation, and particularly describing the place to be searched, and the persons or things to be seized. Disponível em https://constitutioncenter.org/interactive-constitution/amendment/amendment-iv.

violações das Quinta[26], Sexta[27], e Décima Quarta Emendas[28]. Neste caso, poderemos, então, inferir que as provas que podem ser excluídas em julgamento não serão apenas as provas materiais encontradas pela polícia no exercício das suas funções de autoridade, mas, de igual modo, os depoimentos e as declarações do acusado.

2. A evolução jurisprudencial da *exclusionary rule*

A *exclusionary rule* norte-americana teve um desenvolvimento jurisprudencial e foi reconhecida pela primeira vez no caso penal *Weeks v. United States*[29]. Ora, em 1914, neste caso paradigmático, o Supremo Tribunal dos EUA apoiou os fundamentos do arguido, declarando que a busca não autorizada pela polícia violava os arts. 4.º e 5.º da Constituição dos EUA, pelo que as provas apreendidas não eram admissíveis em julgamento. No parecer do Supremo Tribunal, considerou-se ainda que os atos ilícitos como, neste caso, a busca sem mandado, não devem ser aceites, qualquer que seja a situação, pois ao

[26] A Quinta Emenda refere-se principalmente ao conteúdo de auto-incriminação. Reza a mesma Emenda que: [...] no person shall be compelled in any criminal case to be a witness against himself, nor be deprived of life, liberty or property without due process of law [...]. Disponível em https://constitutioncenter.org/interactive-constitution/amendment/amendment-v [consultado a 08/02/2021].

[27] A Sexta Emenda refere-se ao facto de o arguido ter direito a um defensor. Reza a mesma Emenda que: In all criminal prosecutions, the accused shall enjoy the right to [...] have the Assistance of Counsel for his defense.
Disponível em https://constitutioncenter.org/interactive-constitution/amendment/amendment-vi [consultado a 08/02/2021].

[28] A Décima Quarta Emenda garante um processo justo. Reza a secção 1 da mesma Emenda que: [...] No State shall make or enforce any law which shall abridge the privileges or immunities of citizens of the United States; nor shall any State deprive any person of life, liberty, or property, without due process of law; nor deny to any person within its jurisdiction the equal protection of laws.
Disponível em https://constitutioncenter.org/interactive-constitution/amendment/amendment-xiv [consultado a 08/02/2021].

[29] Neste caso paradigmático *Weeks v. United States*, 232 U.S. 383 (1914), o arguido Weeks, enquanto funcionário de uma empresa de correios, foi acusado de enviar, precisamente por correio, uma cautela da lotaria, violando o art. 217.º da lei penal dos EUA. Consequentemente, a polícia prendeu o arguido, entrando em sua casa e apreendendo vários documentos sem qualquer mandado. Por este facto, o arguido impugnou e considerou que tais documentos não podiam ser usados como prova, pois os mesmos tinham sido apreendidos ilegalmente, violando os arts. 4.º e 5.º da Constituição americana.

serem executados, são concomitantemente prejudicados os direitos humanos garantidos pela Constituição. Neste sentido, tais atos ilícitos não poderão ser admitidos em decisões judiciais, devendo os tribunais assumir o papel de defender a Constituição, razão pela qual as provas obtidas por tais métodos ilegais devem ser excluídas. Assim, nesta linha de pensamento, o Supremo Tribunal dos EUA estabeleceu o princípio da *exclusionary rule,* reconhecendo o mesmo como meio de proteção dos direitos humanos consagrados na Quarta Emenda.

Dois anos depois, em 1939, a metáfora de *the fruit of the poisonous tree* foi apresentada pela primeira vez por Justice Frankfurter no caso *Nardone v. United States*[30], no qual foram admitidas provas obtidas como resultado da violação de uma lei federal. No entanto, já anteriormente, em 1920, as regras respeitantes à exclusão da prova indireta emergiram no caso *Silverthorne Lumber Co. v. United States*[31]. No caso, Justice Holmes reconheceu que, para que não se reduzisse a Quarta Emenda a *form of word* o âmbito da aplicação da *exclusionary rule*, não se deveria limitar à prova da violação direta da Constituição, devendo ser igualmente aplicável às provas indiretas ou derivadas de condutas inconstitucionais.

Posteriormente, em 1961, na decisão do caso *Mapp v. Ohio*[32], a jurisprudência do caso *Wolf v. Colorado* [33] foi derrogada, impondo-se a *exclusionary rule* a todos os Estados, isto é, a exclusão, em julgamento criminal, de provas obtidas

30 *Nardone v. United States,* 308 U.S. 338 (1939).

31 *Silverthorne Lumber Co. v. United States,* 251 U.S. 385 (1920).

32 Neste caso, suspeitava-se que o arguido *Dollree Mapp* tivesse material explosivo em sua posse, pelo que a polícia entrou na sua residência, procedendo a uma busca, ainda que sem mandado. Embora não tenha sido encontrada qualquer evidência suspeita, a polícia encontrou *no local*, fotografias e livros obscenos cuja posse, naquele então, era proibida de acordo com as leis do Estado de Ohio. Neste sentido, com base nestas provas, o Tribunal condenou o arguido pela posse de materiais obscenos. Tendo o arguido recorrido, o Supremo Tribunal de Ohio examinou dito recurso e admitiu, posteriormente, a ilegalidade da busca, porém, manteve a condenação de *Mapp,* alegando as *exclusionary rules* estabelecidas num determinado Estado não tinham de ser aplicadas em outros Estados, referindo-se aqui ao caso *Wolf v. Colorado,* 338 U.S. 25 (1949). No entanto, na decisão 6-3 de 19 de junho de 1961, o Supremo Tribunal anulou a decisão do Tribunal de Ohio, entendendo que a Quarta Emenda implica estritamente que a utilização de provas proibidas é inconstitucional. Segundo a opinião do *Justice Tom C. Clark*, se da Quarta Emenda não fosse extraída consequência, tal Emenda acabaria reduzida a "form of words", entendimento este que considera a *exclusionary rule* como inerente à sua eficácia. Cf. *Silverthorne Lumber Co. v. United States,* 251 U.S. 385 (1920) e *Mapp v. Ohio,* 367 U.S. 643 (1961).

33 *Wolf v. Colorado,*338 U.S. 25 (1949).

por buscas e apreensões inconstitucionais, tal como previsto na Constituição dos EUA. Por outras palavras, este é o primeiro caso no qual o Supremo Tribunal dos EUA ampliou a *exclusionary rule* a todos os Estados[34]. Todavia, é importante notar que nem todas as regras de exclusão são idênticas na totalidade dos Estados. Por exemplo, no Estado do Texas, há uma conceção da *exclusionary rule* contrastante com a da jurisprudência do Supremo Tribunal dos EUA e com o entendimento federal da Quarta Emenda[35], pois, na Constituição federal, as regras de buscas e apreensões[36] apenas regulam as forças policiais, porém, de acordo com o art. 38.23 do *Texas Code of Criminal Procedure*, as provas ilícitas obtidas quer por indivíduos, quer por agentes da autoridade, não podem ser admitidas como prova contra um arguido no julgamento de qualquer caso criminal[37]. Neste sentido, podemos concluir que a *exclusionary rule* do Estado do Texas não apenas se aplica às forças policiais, como também às pessoas individuais.

Para além de a *exclusionary rule* ter surgido, inicialmente, como uma das consequências da violação da Quarta Emenda, verificamos que posteriormente surge também como regra aplicada pelo Supremo Tribunal dos EUA em casos que envolveram violações da Quinta e Sexta Emendas. Por um lado, em 1964, no caso *Massiah v. United States*[38], o Supremo Tribunal dos EUA considerou que a declaração do acusado deveria ser excluída se o seu advogado não estivesse presente quando aquele prestasse a dita declaração. Por outro lado, em 1966, no caso *Miranda v. Arizona*[39], o Supremo Tribunal dos EUA

[34] Cammack, 2013: 4.

[35] Costa, 2019: 176.

[36] No direito americano, "search and seizures".

[37] Texto original em inglês do art. 38.23 do *Texas Code of Criminal Procedure* "[...]no evidence obtained by an officer or other person in violation of any provisions[...], shall be admitted in evidence against the accused on the trial of any criminal case. Disponível em https://statutes.capitol.texas.gov/StatutesByDate.aspx?code=CR&level=SE&value=38.23&date=3/13/2015 [consultado a 08/02/2021].

[38] *Massiah v. United States*, 377 U.S. 201 (1964).

[39] Neste caso paradigmático *Miranda v. Arizona*, 385 U.S. 436 (1966), o arguido *Miranda* foi detido por se suspeitar de ter cometido os crimes de rapto e de violação. Na esquadra, uma testemunha reconheceu o arguido e, por este facto, dois polícias interrogaram-no durante duas horas. Após esta interrogação, o arguido assinou uma confissão sobre o crime cometido. Ora, no julgamento, o júri deu como provado que o arguido *Miranda* era culpado pelos crimes de rapto e de violação, pelo que o mesmo foi condenado na pena de 20 a 30 anos de prisão.

considerou que a declaração do acusado em que o mesmo admitia ter cometido os crimes não poderia ser usada em julgamento, a menos que o arguido tivesse sido informado sobre os seus direitos e renunciasse voluntariamente aos mesmos. Com estes dois acórdãos, podemos, portanto, verificar que, na jurisprudência norte-americana, a *exclusionary rule* não se dirige somente à Quarta Emenda, como também à Quinta e à Sexta Emendas.

Com base nesta evolução da *exclusionary rule*, o Supremo Tribunal dos EUA tem, hoje em dia, o âmbito de aplicação de tais regras algo mais definido. Contudo, com o desenvolvimento da doutrina neste âmbito, têm também vindo a surgir cada vez mais exceções acerca de tais regras, nomeadamente *the Attenuation Doctrine* no caso *Brown v. Illinois*[40], em 1975, *the Standing Doctrine* no caso *United States v. Payne*[41], em 1980, *the Inevitable Discovery Doctrine* no caso *Nix. v. Williams*[42] e *the Good Faith Exception*[43] no caso *United States v. Leon*, em 1984, e *the Independent Source Doctrine* no caso *United States v. Murray*[44], em 1988, exceções estas cujo conteúdo analisaremos em detalhe no ponto seguinte.

3. A doutrina dos frutos da árvore envenenada (*The Fruit of the Poisonous Tree*)

The Fruit of the Poisonous Tree Doctrine, conhecida também como a doutrina jurisprudencial dos frutos da árvore envenenada ou o efeito-à-distância das proibições de prova[45], enquanto metáfora da "nódoa" de ilegalidade, é uma extensão da *exclusionary rule.* Esta doutrina impede provas que advenham de outras cuja origem é ilícita, não podendo, portanto, ser admitidas em tribunal como fundamento à verdade dos factos, ou seja, esta doutrina jurisprudencial baseia-se no facto de que as provas que atentem contra os direitos da liberdade

Posteriormente, o arguido recorreu ao Supremo Tribunal do Arizona, porém, o Tribunal considerou que os direitos constitucionais de *Miranda* não tinham sido violados no momento em que ele prestara a declaração da sua confissão. Tal decisão acabou por ser anulada pelo Supremo Tribunal dos EUA, como acima podemos verificar.

40 *Brown v. Illinois*, 422 U.S. 590 (1975).

41 *United States v. Payne*, 447 U.S. 727 (1980).

42 *Nix. v. Williams*, 467 U.S. 431 (1984).

43 *United States v. Leo*, 468 U.S. 897 (1984).

44 *United States v. Murray*, 487 U.S. 533 (1988).

45 A expressão "efeito-à-distância" é a tradução portuguesa consagrada da palavra alemã "*Fernwirkung*", Cf. Sousa Mendes, 2014: 219.

levem a que se considere *inaproveitáveis as provas secundárias que a elas se encontram causalmente vinculadas*[46].

A doutrina dos frutos da árvore envenenada foi apresentada, pela primeira vez, como uma metáfora, por Justice Frankfurter no caso *Nardone v. United States*[47], porém, a teoria a ela inerente já tinha sido reconhecida em 1920 no caso *Silverthorne Lumber Co. Inc. v. United States*[48], no qual as provas obtidas acabaram por ser consideradas inadmissíveis por se ter vindo a verificar que a busca durante a qual tinham sido recolhidas era inconstitucional. Neste caso paradigmático, os documentos foram apreendidos durante uma busca ao escritório do arguido, contudo, depois de se verificar que esta mesma busca tinha sido, com efeito, inconstitucional, os documentos foram devolvidos ao arguido. No entanto, antes da devolução de tais documentos, o procurador copiou o seu conteúdo com vista a obter uma nova intimação que ordenasse ao arguido a entrega dos documentos originais. Como o arguido se recusou a entregar ditos documentos, foi acusado por desacato às ordens do tribunal, tendo-se levado, deste modo, o caso para o Supremo Tribunal dos EUA.

Ora, de acordo com a opinião de Justice Holmes em dito caso, se o tribunal admitisse e valorizasse tais documentos em julgamento reduziria a Quarta Emenda *to a form of words*, pelo que o âmbito da *exclusionary rule* não se limitaria apenas a provas diretamente descobertas por meios inconstitucionais, mas também a provas indiretas ou derivadas de condutas inconstitucionais[49]. Neste sentido, o Supremo Tribunal apoiou, por fim, a posição do arguido, considerando a referida intimação como inválida, já que não era possível que se analisasse os documentos ilegalmente obtidos com a intenção de encontrar outros meios que permitissem à polícia obter provas legalmente.

Pelo exposto, podemos concluir que esta doutrina terá como objetivo evitar que os investigadores policiais, os procuradores e os juízes violem a Constituição com o intuito de prosseguir investigações às quais, de modo geral, não poderiam chegar através dos meios fornecidos pelo Estado de Direito[50]. Todavia, será importante destacar que, embora tal doutrina possa afastar

[46] Sousa Mendes, 2014: 219.
[47] *Nardone v. United States*, 308 U.S. 338 (1939).
[48] *Silverthorne Lumber Co. Inc. v. United States*, 251 U.S. 385 (1920).
[49] Cammack, 2013: 4.
[50] Sousa Mendes, 2014: 220.

provas secundárias em julgamento, a sua eficácia pode ser atenuada através de uma série de exceções, minorando ou até mesmo eliminando as suas consequências, questão que desenvolveremos no ponto que se segue.

4. As exceções à doutrina dos frutos da árvore envenenada

Como referimos no ponto anterior, a *exclusionary rule* e a doutrina dela derivada, designadamente *The fruit of the poisonous tree* podem efetivamente impedir as autoridades policiais de usar métodos inconstitucionais a fim de obter provas, protegendo assim os direitos dos cidadãos previstos na Constituição americana. Porém, as doutrinas referidas não são absolutas. Como não há regra sem exceção, com o intuito de alcançar um equilíbrio entre a verdade dos factos e a justiça judicial, ao mesmo tempo que se consagrou a doutrina dos frutos da árvore envenenada, foram também apresentadas as suas exceções, ou seja, as limitações a esta mesma doutrina, nomeadamente *The Independent source doctrine, The attenuation doctrine, The inevitable discovery doctrine* e *The good faith exception,* o que será discutido no ponto seguinte.

4.1. A doutrina da fonte independente (*The independent source doctrine*)

Nos EUA, a aplicação da *exclusionary rule* implica sempre a causalidade entre provas obtidas e a violação da Quarta Emenda. Hoje em dia, ainda existem divergências quanto a tal causalidade. Porém, nos últimos anos, o Supremo tribunal dos EUA estreitou o escopo da *exclusionary rule,* ampliando as circunstâncias em que as provas serão consideradas adquiridas por meios independentes[51], pelo que se estabeleceu assim a exceção da fonte independente.

A exceção da fonte independente foi reconhecida em 1920, no paradigmático caso, já aqui mencionado, *Silverthorne Lumber Co. Inc. v. United States*[52]. Neste mesmo caso, a jurisprudência do Supremo tribunal dos EUA decretou que as provas secundárias deveriam ser consideradas admissíveis sempre que, independentemente de terem sido obtidas por meio considerado ilícito, tivessem concomitantemente sido adquiridas por um meio independente e legal[53].

[51] Cammack, 2013: 15.

[52] *Silverthorne Lumber Co. Inc. v. United States*, 251 U.S. 385 (1920).

[53] Tal como afirmado pelo Supremo Tribunal dos EUA, "(...) does not mean that the facts thus obtained become sacred and inaccessible. If knowledge of them is gained from an independent source they may be proved like any others", *apud* Lafave, 2004: 261.

Ora, em 1988, esta exceção da fonte independente foi reafirmada no caso *Murray v. United States*[54], no qual a polícia suspeitou da existência de canábis num armazém. Ainda que na ausência de mandado, pela suspeita existente, as autoridades judiciais entraram em dito armazém, descobrindo uma significativa quantidade de canábis, contudo, por ausência de mandado, não foi possível proceder à sua apreensão. Neste sentido, as autoridades policiais imediatamente solicitaram o mandado, voltando ao armazém após posse do documento e acabando por apreender a droga. Finalmente, o Supremo Tribunal Federal considerou que, muito embora a entrada no armazém tivesse sido realizada sem mandado, as provas não tinham sido contaminadas, visto que a intenção de requerer o mandado para proceder à apreensão da droga tinha sido originada pela suspeita inicial e não pela posterior entrada no armazém. Como tal, as provas foram consideradas legais e admissíveis.

4.2. A doutrina do nexo causal atenuado (*The attenuation doctrine*)

The attenuation doctrine, conhecida também como a teoria do nexo causal, foi estabelecida, primeiramente, no caso *Nardone v. United States*[55]. Segundo a opinião do Justice Frankfurter, permite-se, nas circunstâncias de um determinado caso, o uso de provas produzidas que tenham origem em provas proibidas se "a conexão se tiver tornado tão atenuada a ponto de dissipar a mácula".

Um exemplo paradigmático de aplicação da teoria do nexo causal é o caso *Utah v. Strieff*[56], no qual a polícia recebeu uma denúncia anónima de tráfico de droga que ocorria numa determinada residência particular. Ora, após uma semana de vigilância, a polícia intercetou um indivíduo que saía da casa, verificando, assim, que este possuía "*traffic warrant*"[57], pelo que procedeu à sua detenção. Na sequência da mesma, encontrou droga e respetivos utensílios na sua posse.

54 *Murray v. United States*, 487 U.S. 533 (1988).

55 *Nardone v. United States*, 308 U.S 338 (1939).

56 *Utah v. Strieff*: No. 14-1373; A título de exemplo, veja-se ainda os casos *Wong Sun v. United States*, 371 US 471 (1963), *Brown v. Illinois e Hudson v. Michigan*, 547 U.S 586 (2006).

57 "Traffic warrant" é um mandado que ordena a detenção de uma pessoa. O tribunal emite este mandado quando não é paga uma multa ou não se comparece em tribunal para responder a uma intimação por infração de trânsito.

Já em tribunal, o arguido entendeu que as provas obtidas pela polícia, designadamente a droga e respetivos utensílios, não deveriam ser valoradas, ou seja, que deveriam ser excluídas do julgamento por ter havido interceção ilícita. Inicialmente, o Tribunal de primeira instância rejeitou o pedido, por considerar que o mandado atenuava o nexo, que neste caso era a interceção ilícita, porém, o Supremo Tribunal de Utah acabou por reverter essa mesma decisão. Foi, então, interposto novo recurso para o Supremo Tribunal dos EUA, que finalmente corroborou a decisão do Tribunal de primeira instância, expondo o seu entendimento da teoria do nexo causal atenuado, aplicada a este caso concreto. Ora, segundo o Supremo Tribunal dos EUA, a teoria do nexo causal atenuado permite que as provas sejam ou venham a ser admitidas quando o nexo entre a conduta inconstitucional e a prova ilícita é remoto ou foi interrompido por uma circunstância interveniente. Neste caso, o Supremo Tribunal considerou os três fatores seguintes quando aplicou a teoria do nexo causal atenuado (ainda que tais fatores não tenham necessariamente de ser cumulativos):

1. O período de tempo entre a inconstitucionalidade e a descoberta da prova ilícita. Em geral, quanto mais próximo for o nexo em termos temporais, é mais provável que as provas sejam ou venham a ser excluídas.
2. A presença de circunstância interveniente, ou seja, de uma incidência. Aqui, a circunstância interveniente foi um mandado válido, ou seja, o designado *"traffic warrant"*.
3. A finalidade e evidência da conduta imprópria da polícia. Quanto mais flagrante é a conduta imprópria, maior será a necessidade de anular o ato. Contudo, o Supremo Tribunal dos EUA reiterou que a negligência, tal como o erro de julgamento, entre outros, não seriam suficientes para afastar as provas.

Em conclusão, o Supremo Tribunal considerou que uma vez que a polícia tinha encontrado um mandado válido, era obrigada a deter e a revistar o arguido. Como tal, a relação entre a interceção ilegal e as provas descobertas era atenuada por um mandado válido (*traffic warrant*), mitigando, por isso, a sua ilicitude. Neste sentido, o Supremo Tribunal dos EUA corroborou a decisão do tribunal de primeira instância, revogando o pedido de exclusão de provas.

4.3. A doutrina da descoberta inevitável (*The inevitable discovery doctrine*)

The *inevitable discovery doctrine*, conhecida como a exceção da descoberta inevitável, é uma variante da doutrina da fonte independente, que foi reconhecida no caso *Nix v. Williams*[58] de 1984, no qual o cadáver da vítima tinha sido descoberto com base numa confissão ilegal do arguido. Neste caso, o arguido, sem ter sido informado pela polícia dos seus direitos e garantias legais, fez uma confissão cujo conteúdo levou à descoberta do local de ocultação do cadáver. Posteriormente, a polícia, apoiada nesta confissão ilegal, encontrou o corpo da vítima. Em princípio, com base na doutrina dos frutos da árvore envenenada, o cadáver em causa deveria ter sido excluído do processo enquanto prova, pois esta descoberta tinha a sua origem numa confissão ilegítima, todavia, o Supremo Tribunal dos EUA argumentou que, no caso concreto, o corpo da vítima teria sido inevitavelmente encontrado pelas equipas de busca já estabelecidas mesmo que o arguido não tivesse feito a confissão, pelo que a prova em questão seria válida e deveria ser admissível no processo[59].

Ora, temos aqui de destacar que esta doutrina da exceção da descoberta inevitável não se aplica apenas a provas derivadas, mas também à preservação de provas primárias maculadas[60]. Ademais, muito embora seja uma variante da doutrina da *fonte independente*, difere desta pelo facto de não se exigir à polícia que tenha obtido provas através de fontes autónomas e legítimas. Em vez disso, apenas se presume que a polícia iria inevitavelmente obter as ditas provas e que poderia obtê-las por meios legais[61].

4.4. A exceção da boa-fé (*The good faith exception*)

Nas últimas décadas, nos EUA, havendo uma maior preocupação em dissuadir a polícia de práticas inconstitucionais com vista à obtenção de provas, passou a considerar-se, regra geral, excluída qualquer prova que viole a Quarta Emenda, à exceção dos casos em que a dita prática não tenha intencionalmente violado os direitos previstos na Constituição. Um caso exemplificativo de exceção à exclusão de prova por violação à Quarta Emenda é *United States v. Leon*[62], no

[58] *Nix v. Williams*, 467 U.S 431 (1984).

[59] LAFAVE, 2004: 265.

[60] A título de exemplo, veja-se o caso *Clough v. State*, 555 P.2d 840 (1976).

[61] SOUSA MENDES, 2014: 221.

[62] *United States v. Leon*, 468 U.S 897 (1984).

qual o Supremo tribunal dos EUA criou uma exceção de boa-fé (*the good faith exception*) a esta mesma Emenda. No dito caso, o Supremo Tribunal entendeu que poderiam ser admitidas provas apreendidas pela polícia com um mandado que foi declarado inválido, argumentando que para chegar ao efeito da "dissuasão" da *exclusionary rule*, a polícia deveria ter agido deliberadamente ou, pelo menos, negligentemente. No caso concreto, os órgãos policiais estavam de facto convencidos de que esse mandado era válido e legal, pelo que, apesar de ter sido declarado inválido, provou-se que a polícia tinha agido de boa-fé, acabando por ser aceites as provas obtidas por via de tal mandado.

Para além do caso acima referido, nos últimos anos, o Supremo Tribunal dos EUA tem aplicado o conceito de "boa-fé" em inúmeros casos distintos entre si, nomeadamente no caso de *Illinois v. Krull*[63], no qual decidiu que a exceção de boa-fé deveria ser aplicável na busca administrativa apesar de esta ser infundada e inconstitucional ou, por exemplo, no caso *Arizona v. Evans*[64], no qual o Tribunal considerou que a exceção de boa-fé aplicada à polícia tinha dependido de informações incorretas no repositório de dados do Tribunal. Por tudo isto, quando a obtenção de provas por parte da polícia não visa violar intencionalmente os direitos previstos na Constituição, a *exclusionary rule* não pode ser aplicada, pois não produzirá o efeito para o qual é originariamente destinada.

No entanto, podemos questionar se a *exclusionary rule* é, de facto, eficaz no que respeita ao fim a que se destina, designadamente no efeito preventivo da violação dos direitos consagrados nos arts. 4.º, 5.º, 6.º e 14.º da Constituição dos EUA, quanto à recolha de provas que surjam como anticonstitucionais. Tal questionamento reside no facto de que a aplicação da referida doutrina para exclusão das provas ilícitas só pode ter lugar na fase de julgamento, quando os órgãos policiais já terão violado os direitos constitucionais dos cidadãos na obtenção da(s) prova(s). Por tudo isto, apresentam-se dúvidas quanto à eficácia do efeito preventivo da *exclusionary rule* no sistema jurídico dos EUA. Todavia, segundo Walker, podemos confirmar que desde a aplicação da *exclusionary rule* a todos os estados nos EUA, verifica-se um maior cumprimento dos fundamentos da Constituição por parte da polícia americana[65].

[63] *Illinois v. Krull*, 480 U.S 340 (1987).

[64] *Arizona v. Evans*, 514 U.S 1 (1995).

[65] Walker, 1993.

III. O modelo das proibições de prova na China

1. História e desenvolvimento das regras de exclusão de prova ilícita no sistema jurídico chinês

No seio do sistema jurídico chinês[66], o conceito de prova ilícita e as regras de exclusão de prova têm, principalmente, origem estrangeira.

Porém, quando estas regras foram implementadas na China, na década de 1990, não se desenvolveu adequadamente uma investigação neste âmbito[67]. Com efeito, embora a Lei Penal chinesa de 1979 proibisse a tortura, agressões e outros meios ilegais de obtenção de provas, não definia expressamente o que eram provas ilícitas e como aplicá-las[68]. Assim, a fim de resolver este dilema, durante as décadas seguintes, a China renovou as suas leis de direito processual penal, promulgando várias interpretações judiciais, nomeadamente duas interpretações emitidas em 2010, neste domínio, com vista a aperfeiçoar a doutrina de exclusão da prova ilícita, interpretações estas que iremos analisar em seguida.

Ora, no sistema jurídico da China, com o intuito de combater os meios ilícitos de obtenção de prova, proibiu-se expressamente a utilização de violência e de outros meios ilícitos com o fim de obter provas[69] segundo a Lei de Processo Penal de 1979, tendo sido esta a primeira lei processual penal chinesa aprovada[70]. Ora, com a promulgação desta lei, os legisladores de então, na sua maioria, consideraram que esta lei seria o meio mais eficaz de dissuadir a polícia do recurso à violência. No entanto, segundo Liu, devido à complexidade dos sistemas jurídicos tradicionais, às deficiências no sistema judicial, e ainda às pressões na investigação criminal, a polícia chinesa acabava por

[66] Apesar de ainda haver referência aos princípios fundamentais do comunismo na Constituição da China, após anos de reforma e desenvolvimento, o país possui atualmente um sistema jurídico com caraterísticas socialistas chinesas. Cf. Moura Vicente, 2012: 65.

[67] Na verdade, estas regras encontram-se algo fragmentadas no sistema jurídico chinês pelo facto de não ter sido desenvolvida investigação que adequasse a implementação deste novo conceito no Direito Chinês.

[68] Lei de Processo Penal de 1979.

[69] Segundo a Lei Penal chinesa, art. 247.º, qualquer órgão judicial que obtivesse uma confissão por tais meios ilícitos seria punido com uma pena de prisão até três anos.

[70] Para mais informação sobre a aprovação da Lei de Processo Penal de 1979, consulte-se https://www.macaudata.com/macaubook/book164/html/0001001.htm#0001005 [consultado a 20/03/2021].

continuar a recorrer à violência como meio de obtenção de provas, já que as consequências penais muitas vezes nem sequer chegavam a ser imputadas[71]. Como tal, à época, apesar de existir uma lei que proibia os meios ilícitos de obtenção de provas, o uso da força era ainda um recurso comum no processo de investigação criminal.

No sentido de assegurar e de encontrar um maior equilíbrio entre a proteção dos direitos humanos e o controlo da taxa dos casos criminais, o direito de Processo Penal foi revisto em 1996, reforçando-se a proteção do direito do arguido no processo criminal, nomeadamente com o princípio da presunção de inocência no art. 12.º e com o direito à assistência do defensor no art. 96.º, entre outros. Todavia, segundo Liu, no direito do processo penal chinês de 1996 não houve uma significativa reforma nas regras de exclusão de prova ilícita, pois apenas se retomou o que estava previsto no direito processual penal de 1979 sobre os meios de obtenção de tais provas, não se encontrando previsto se os meios de obtenção ilícita de prova teriam implicações na legalidade da prova, para além de se evitarem os pontos mais problemáticos relativos às evidências ilegais e às suas regras de exclusão[72].

Ora, dado que o direito de Processo Penal de 1996 não resolveu a problemática acima referida, o Supremo Tribunal Popular da China e o MP emitiram a *Interpretação do Supremo Tribunal Popular da China sobre Várias Questões para a Observância da Lei Processual Penal da R.P.C.*[73], em 1998, e *as Regras de Processo Penal da Procuradoria Popular*[74], em 1999, sendo estas duas importantes interpretações judiciais que previam expressamente que, caso se provasse que os depoimentos, as declarações do arguido, e as confissões criminais tivessem sido obtidos por meios ilícitos, designadamente através de tortura, ameaças, indução e engano, não poderiam ser admitidos nem deveriam servir de base à acusação. Neste sentido, a China estabeleceu, através destas duas interpretações judiciais, as regras principais de exclusão de provas testemunhais ilícitas, resolvendo temporariamente os problemas dos depoimentos adquiridos através de métodos ilegais na prática judicial.

[71] Liu, 2019: 2.

[72] Liu, 2019: 4.

[73] Tradução nossa para o português de *Interpretation of the Supreme People 's Court of China on Several Issues on Enforcing the Criminal Procedural Law of PRC.*

[74] Tradução nossa para o português de *The rules for Criminal Procedure of the People 's Procuratorate.*

Pelo exposto, podemos concluir, por um lado, que as interpretações judiciais acima mencionadas se referem apenas aos meios de prova testemunhal, não havendo qualquer referência às provas materiais; por outro lado, segundo Lu, nestas só se encontra prevista a exclusão de provas testemunhais produzida pela violação do direito substantivo, mas não quando se viola o direito processual[75]. Como tal, podemos entender que as duas interpretações referidas se limitaram a constituir um esboço para os princípios fundamentais da exclusão de prova ilícita, existindo ainda na altura, portanto, diversas lacunas no âmbito do processo penal chinês.

Ora, neste contexto, e com a finalidade de superar esta lacuna no direito chinês, em junho de 2010, o Supremo Tribunal de Justiça da China promulgou duas importantes interpretações judiciais, nomeadamente as "Disposições sobre várias questões relativas à análise e valoração de provas em casos de pena de morte" (designado por *Disposições sobre provas em casos de pena de morte*)[76]e as "Disposições sobre várias questões relativas à exclusão de prova ilícita em processo criminal" (designado por *Disposições sobre a exclusão de prova ilícita*)[77], estabelecendo assim uma série de regras de exclusão de prova ilícita mais adaptadas à realidade processual penal chinesa e que levaram a um significativo desenvolvimento no âmbito do direito processual penal chinês.

2. A teoria das regras de exclusão de prova ilícita no sistema jurídico chinês

Como referimos na secção anterior, o Supremo Tribunal Popular da China já tinha consagrado, em 1998, o princípio de exclusão de prova ilícita na *Interpretação do Supremo Tribunal Popular da China sobre Várias Questões para a Observância da Lei Processual Penal da R.P.C.*.

Porém, nesta interpretação judicial apenas se estabeleceu uma regra algo genérica quanto a problemas substantivos de exclusão da prova ilícita, não se

[75] Lu, 2011.

[76] Cf. *The Provisions on Several Issues Concerning the Examination and Judgment of Evidence in Death Penalty Cases*. Disponível em https://www.spp.gov.cn/spp/flfg/sfjs/201212/t20121228_52202.shtml [consultado a 13/03/2021].

[77] Tradução nossa para o português de *The Provisions on Several Issues Concerning the Exclusion of Illegal Evidence in Criminal Cases*. Disponível em https://www.spp.gov.cn/spp/flfg/sfjs/201212/t20121228_52203.shtml [consultado a 20/03/2021].

fazendo referência a questões de natureza processual como, por exemplo, a forma de iniciação de um processo, estabelecimento de princípios de apreciação da prova, atribuição do ónus probatório, entre outros. Como tal, as regras de exclusão de prova ilícita estabelecidas na interpretação judicial de 1998 não se aplicavam de uma forma consensualizada na prática judicial chinesa.

Nesta linha, em 2010, o governo chinês lançou uma nova série de reformas penais com o objetivo de prever, de forma mais sistemática, o âmbito de aplicação das regras de exclusão de prova ilícita, na expectativa de que estas mesmas regras servissem de princípios orientadores à prática judicial, não se limitando meramente ao plano teórico. Ora, neste sentido, após uma análise cuidada sobre esta reforma penal, o Supremo Tribunal Popular da China, juntamente com a Suprema Procuradoria Popular, o Ministério da Segurança Pública, o Ministério da Segurança Nacional e o Ministério da Justiça, publicou, em junho de 2010, duas interpretações intituladas "Disposições sobre provas em casos de pena de morte" e "Disposições sobre a exclusão de prova ilícita".

Ora, nas duas interpretações judiciais acima referidas, os legisladores consagraram não só as normas substantivas de exclusão de prova ilícita, mas também as normas processuais. Por um lado, no que concerne às normas substantivas, estabeleceu-se a "exclusão obrigatória" e a "exclusão discricionária", estabelecendo-se ainda a "exclusão sanável" para as provas ilícitas cuja ilegalidade não fosse grave. Por outro lado, no que respeita às normas processuais, instruiu-se sobre a forma de iniciação de um processo durante as diferentes fases de julgamento, estabelecendo-se o princípio da prioridade do processo de revisão e as regras de ónus da prova quando a legalidade da prova oferecesse dúvidas[78].

2.1. O conceito de "prova ilícita"

De acordo com Yang e Sun, as duas interpretações emitidas pelo Supremo Tribunal da China, em 2010, regulam mais detalhadamente as regras de exclusão de prova ilícita, indicando claramente que estas regras não só se aplicam a provas testemunhais, como também a provas materiais[79].

[78] Cf. *Explicação e aplicação das Disposições sobre a exclusão de prova ilícita* emitida, em, 2014, pelo Supremo Tribunal Popular da China no seu jornal oficial, disponível em http://www.court.gov.cn/shenpan-xiangqing-6618.html [consultado a 19/03/2021].

[79] Yang/Sun, 2010.

Segundo as «Disposições sobre a exclusão de prova ilícita», no que diz respeito a provas testemunhais, o tribunal deve excluí-las em julgamento se os órgãos judiciais tiverem usado métodos ilegais como tortura, violência, ameaça, a fim de obter depoimento e declarações do acusado, não podendo as mesmas servir de fundamento à decisão do juiz. No que respeita a provas materiais, caso se verifique que o método usado pelos órgãos judiciais é "manifestamente contrário à lei" e que "pode afetar a justiça do julgamento", deve o tribunal ordenar que tais órgãos sanem ou justifiquem a ilicitude das provas recolhidas, caso contrário, as provas ilícitas não podem servir de base à decisão.

Ora, com base no exposto sobre as «Disposições sobre a exclusão de prova ilícita», podemos verificar que se apresenta, nestas mesmas disposições, um conceito genérico e abrangente sobre o que são as provas ilícitas, dando-se uma definição mais determinada dos métodos ilícitos aí referidos nas «Disposições sobre provas em casos de pena de morte». Concretamente no que diz respeito a provas testemunhais, estabelece-se nas «Disposições sobre provas em casos de pena de morte» que, se os órgãos judiciais interrogarem testemunhas ou arguidos sem que o tenham feito individualmente ou sem que haja as assinaturas dos arguidos, entre outros, deve afastar-se tais provas testemunhais. Relativamente às provas materiais, se os órgãos judiciais não tiverem, para as mesmas, um auto de inspeção, de inquérito, de penhora, de apreensão, entre outros, tais provas também não poderão servir de base à decisão[80].

2.2. O modo de exclusão de prova ilícita

Na teoria geral do direito probatório, a exclusão de prova ilícita subdivide-se em "exclusão obrigatória" e "exclusão discricionária".

No primeiro caso, se as provas forem reconhecidas como ilegais pelo tribunal, devem ser afastadas do julgamento, não podendo servir de fundamento a decisões jurídicas, ao passo que, no caso da "exclusão discricionária", se as provas forem reconhecidas como ilegais pelo tribunal, o juiz ainda poderá ponderar os interesses em causa, nomeadamente a gravidade da ilegalidade

[80] Para mais detalhes sobre o conteúdo das duas interpretações jurisprudenciais, consulte-se http://www.lawinfochina.com/display.aspx?lib=law&id=8745&CGid= [consultado a 22/05/2020].

de prova, o grau do prejuízo de bens jurídicos, entre outros, antes de tomar uma decisão sobre a exclusão de tais provas ilícitas[81].

Ora, como bem se sabe, as provas podem ser apresentadas como provas testemunhais ou materiais. No sistema jurídico chinês, antigamente, o Supremo Tribunal da China adotava como critério de exclusão de prova ilícita a forma da prova[82], independentemente da gravidade que os métodos de obtenção de prova pudessem ter. Todavia, dada a complexidade dos casos criminais, havia lacunas neste critério, pelo que, com vista a uma reforma neste âmbito, o Supremo Tribunal Popular da China aboliu o critério da forma da prova, passando a adotar "a gravidade da violação por órgãos judiciais" como novo critério de exclusão de prova ilícita. Consequentemente, estabeleceu-se, nas «Disposições sobre a exclusão de prova ilícita», as regras de exclusão de prova ilícita que integravam o conceito de exclusão obrigatória e de exclusão discricionária, criando-se ainda sob esta última, a "exclusão sanável", reforma esta que foi considerada um grande avanço no sistema jurídico chinês[83].

Face ao exposto, partindo do critério da violação por órgãos judiciais, podemos distinguir a exclusão obrigatória, a exclusão discricionária e a exclusão sanável. Quando os atos ilícitos são graves, como por exemplo no caso de se violarem as disposições da Convenção contra a Tortura e Outras Penas ou Tratamentos Cruéis, Desumanos ou Degradantes[84], ofendendo gravemente a integridade física do arguido, entre outros, a exclusão obrigatória de tais

[81] R. Chen, 2010.

[82] Partindo do facto de que as provas se podem apresentar sob forma testemunhal e material, segundo R. Chen (2010), no passado, os tribunais chineses consideravam que quando se tratava de provas testemunhais que se considerassem ilícitas, não se admitia usar tais provas em julgamento. Se, pelo contrário, as provas ilícitas fossem materiais, como, por exemplo, provas documentais, poder-se-ia usá-las em julgamento, independentemente da gravidade que os meios de obtenção de prova pudessem ter. Neste sentido, seguindo este critério, e conforme o autor mencionado, poder-se-ia entender o sistema jurídico chinês como um sistema que atribuía mais importância à verdade dos factos do que à justiça processual, o que, por sua vez, nos remete para a necessidade de proteção dos direitos humanos fundamentais.

[83] R.Chen, 2010.

[84] Convenção adotada pela resolução 39/46 da Assembleia Geral das Nações Unidas, de 10/12/1984. Em inglês, disponível em https://www.ohchr.org/Documents/ProfessionalInterest/cat.pdf; disponível também em português em https://gddc.ministeriopublico.pt/sites/default/files/documentos/instrumentos/convencao_contra_tortura_e_outras_penas_ou_tratamentos_crueis.pdf.

provas ilícitas é necessária. Já nos casos em que a gravidade das circunstâncias ilegais e a lesão do bem jurídico não são graves, o juiz pode utilizar a sua discricionariedade, ponderando cuidadosamente cada interesse e decidindo se admite tais provas em julgamento.

Ora, o motivo de adoção deste critério no sistema jurídico chinês será o de encontrar um "equilíbrio" entre a verdade dos factos e a justiça processual, uma vez que, se se excluírem todas as provas ilícitas, pode dificultar-se a descoberta da verdade dos factos, levando a consequências negativas na prática judicial[85]. Desde logo, em relação a provas ilícitas de que só existam infrações leves, deve o juiz ponderar todos os interesses existentes antes de proferir decisão sobre a admissibilidade de tais provas. Ademais, se as provas ilícitas possuírem apenas vícios de forma, nomeadamente a falta da assinatura do arguido, o juiz pode ainda requerer que os órgãos judiciais sanem estes vícios. Nesta linha, após uma nova investigação e sanação pelos órgãos judiciais, ou com a justificação dos vícios do processo por parte dos mesmos órgãos, é possível que se admitam tais provas ilícitas em julgamento, isto é, segue-se neste caso o terceiro modo de exclusão de prova ilícita, a exclusão sanável. Contrariamente à exclusão obrigatória, a exclusão sanável incide sobre os pequenos vícios de forma, designadamente no que respeita à ocorrência de problemas de métodos, termos do processo, tempo, lugar, assinatura, entre outros[86]. Com efeito, dado que os pequenos vícios de forma não violam os princípios jurídicos nem os bens jurídicos relevantes, não se verifica a necessidade de proceder à exclusão absoluta das provas, devendo antes proceder-se à exclusão discricionária, ou seja, deve ser dada a oportunidade de sanação aos órgãos judiciais em causa[87].

Face ao exposto e seguindo a linha de pensamento de R. Chen, podemos considerar, por um lado, a exclusão obrigatória como "exclusão insanável", uma vez que o tribunal tem de excluir provas ilícitas que violem gravemente os direitos, não podendo dar aos órgãos judiciais a oportunidade de sanação[88]. Por outro lado, quanto às provas ilícitas em que se aplica a exclusão discricionária, nomeadamente provas materiais, provas documentais, entre

85 Liu, 2019: 43.

86 Cf. «Disposições sobre provas em casos de pena de morte» arts. 9.º, 14.º, 20.º, 21.º e 26.º.

87 R. Chen, 2010.

88 R. Chen, 2010.

outras, o juiz tem de ter em conta a gravidade das circunstâncias ilegais, a sua influência na justiça e a possibilidade de os vícios serem sanados antes de ser tomada decisão sobre a sua admissibilidade. Se, após nova investigação, os órgãos judiciais verificarem que tais provas ilícitas poderiam ser obtidas por via legal, poderá ser sanado o vício das provas ilícitas, tendo o juiz a possibilidade de admiti-las. Para além desta situação, também nos casos em que os órgãos judiciais conseguem justificar, perante o juiz, uma conduta imprópria como sendo involuntária, isto é, como mero vício de forma, poder-se-á também considerar sanado o vício de tais provas ilícitas.

Daqui decorre que, ao decidir sobre a aplicação da exclusão discricionária, o juiz recorrerá ao critério de sanação de vícios, pelo que, em sentido lato, poder-se-á considerar a exclusão sanável como uma ramificação especial da exclusão discricionária.

3. Os princípios das regras de exclusão de prova ilícita no sistema jurídico chinês

Em relação a qualquer ordenamento jurídico, os fins que os direitos pretendem abranger devem ser claros e ter em conta a sua compatibilidade com outros regimes que com eles se relacionem. Neste sentido, é essencial haver uma exploração da orientação das regras de exclusão de prova ilícita no âmbito doutrinário, tendo esta mesma exploração doutrinária diretamente influência na aplicação prática de tais regras de exclusão. Ora, segundo Y. Chen[89], embora as duas interpretações judiciais de 2010 apresentem ideias e conceitos da exclusão de prova de outros sistemas jurídicos, estes não se reproduzem *ipsis verbis*, tendo em conta que o conteúdo destas duas interpretações considera as necessidades da prática judicial chinesa[90], assegurando-se assim que as disposições sejam devidas e efetivamente aplicadas no sistema jurídico chinês. Neste sentido, cumpre aqui analisar mais detalhadamente o desenvolvimento de tais princípios das regras de exclusão de prova ilícita no quadro do dito ordenamento jurídico.

Tal como referimos no ponto anterior, em 1998, o Supremo Tribunal Popular da China promulgou uma nova interpretação judicial – *Interpretation*

[89] Y. Chen, 2017.

[90] Y. Chen, 2017.

of the Supreme People's Court of China on Several Issues on Enforcing the Criminal Procedural Law of PRC-, na qual o critério de admissão de prova ilícita passou mormente a basear-se na veracidade de prova, ou seja, na possibilidade de comprovação da sua veracidade. Neste sentido, embora o Supremo Tribunal Popular tivesse estabelecido as regras de exclusão de prova ilícita a fim de limitar os métodos ilegais tais como tortura e maus-tratos, podemos entender que o foco, ou seja, o ponto central desta interpretação jurisprudencial, era "a veracidade da prova"[91]. Ora, dado que o critério de veracidade da prova foi considerado de maior relevância nas regras de exclusão, parte da doutrina considerava que não deveriam ser afastadas provas ilícitas se a sua verdade pudesse ser comprovada. Com efeito, analisando tanto a revisão da Lei do Processo Penal chinês de 1996, na qual se reforça a necessidade de proteção dos direitos humanos através de maior justiça processual, como a Interpretação Judicial de 1998, onde se dá maior destaque ao critério de "veracidade da prova", verificamos que as normas de justiça processual e de proteção dos direitos humanos acabam por ficar apenas num plano teórico, não tendo sido elaboradas disposições concretas, nas quais se materializassem esses intuitos[92].

Visto que as regras de exclusão estabelecidas nas duas interpretações judiciais acima referidas não produziram os efeitos pretendidos, por serem bastante amplas e genéricas e não apresentarem procedimentos claros e específicos, o Supremo Tribunal Popular da China emitiu duas interpretações judiciais importantes em 2010, designadamente *Disposições sobre várias questões relativas à análise e valoração de provas em casos de pena de morte* e *Disposições sobre várias questões relativas à exclusão de prova ilícita em processo criminal*, nas quais, em lugar de dar destaque à veracidade da prova, se reforçou a justiça processual e a proteção dos direitos humanos[93]. Notavelmente, na Revisão Constitucional de 2004, salientou-se que "os direitos humanos são respeitados e protegidos pelo Estado", tendo tido tal promulgação um impacto profundo na reforma do processo penal no sistema jurídico da China. Com efeito, segundo Liu, embora a relação entre a Constituição e as leis do Processo Penal não seja tão estrita na China como o é nos EUA e na Alemanha, o processo penal enquanto meio

[91] Zheng, 2000.
[92] Liu, 2019: 54.
[93] Fan, 2017.

regulador de proteção dos direitos e liberdades individuais é geralmente aceite no sistema jurídico chinês[94]. Deste modo, a justiça processual e o reforço da proteção dos direitos humanos tornaram-se verdadeiramente os princípios das regras de exclusão da prova ilícita.

Pelo exposto, segundo G. Chen, podemos inferir que o princípio das regras de exclusão de prova ilícita no sistema jurídico atual da China resume-se, principalmente, a dois importantes aspetos, designadamente: (i) numa decisão judicial baseada em provas legítimas a fim de evitar casos de condenação; e (ii) na garantia da justiça processual para reforço da proteção dos direitos humanos, sendo, atualmente, estes os dois princípios fundamentais nas regras da exclusão de prova ilícita no ordenamento jurídico chinês[95].

IV. Uma análise comparada dos mecanismos de exclusão de prova ilícita nos sistemas jurídicos alemão, norte-americano e chinês

Nos capítulos precedentes, debruçámo-nos sobre as regras de exclusão de prova ilícita nos sistemas jurídicos da Alemanha, dos EUA da América e da China, explorando-os individualmente. Com o intuito de aprofundar este nosso trabalho, analisando como estas regras são aplicadas nos diferentes sistemas jurídicos penais, procederemos, então, a uma breve análise comparada, tanto no que respeita ao modo de exclusão de prova ilícita, como relativamente ao fim central das regras de exclusão, e ainda em relação ao seu modo de implementação.

Partindo do sistema jurídico alemão que, no âmbito do sistema jurídico de *civil law*, constitui referência maior no que às regras de exclusão de provas diz respeito, verificamos que a StPO impõe claramente a proibição de valoração de prova ilícita, sendo estas, *grosso modo*, as proibições de valoração de prova dependente. Aqui, em casos não previstos como, por exemplo, quando as provas ilícitas não violem os direitos fundamentais ou a Constituição, o juiz tem o poder discricionário de ponderar a gravidade e inconstitucionalidade de tais provas, decidindo se as admite ou exclui. Neste sentido, segundo Roxin, no ordenamento jurídico alemão, as regras de exclusão de prova ilícita surgem

[94] Liu, 2019: 55.
[95] G. Chen, 2014.

como uma combinação da "exclusão obrigatória" e da "exclusão discricionária". Por outras palavras, o sistema jurídico alemão não impõe ao juiz que exclua todas as provas ilícitas, dando-lhe antes discricionariedade a fim de ponderar estas provas[96]. No entanto, quando as provas ilícitas são obtidas por meios ilegais que se proíbam na StPO, o juiz deve excluí-las obrigatoriamente.

Por outro lado, o mecanismo de exclusão de prova ilícita utilizado no sistema jurídico dos EUA funciona de forma bastante diferente das proibições de prova do sistema alemão. No ordenamento jurídico norte-americano, a "exclusão obrigatória" é o principal critério de exclusão de prova ilícita, o que diverge do direito alemão, no qual é conferido poder discricionário ao juiz, ficando a cargo deste o poder de decisão sobre a possibilidade, ou não, de admissão da prova ilícita. Contudo, é necessário destacar que existe no sistema americano uma exceção ao critério de "exclusão obrigatória": ocorrerá tal exceção quando, por exemplo, a exclusão de uma prova ilícita pode ter comprovadamente[97] um efeito perverso no julgamento. Nestes casos, o Tribunal tem autonomia para ponderar os diferentes fatores relativos a tais provas e decidir se as mesmas são admissíveis ou não. Com efeito, segundo Lafave e Israel, este tem sido o sistema de regras de exclusão de prova ilícita adotado pelo enquadramento jurídico americano, no qual a "exclusão obrigatória" é o principal meio, com "raras exceções"[98].

No que diz respeito ao sistema jurídico da China, as duas interpretações judiciais do Supremo Tribunal Popular da China, promulgadas em 2010, estabeleceram as regras de exclusão de prova ilícita, que combinaram "a exclusão obrigatória" e "a exclusão discricionária". Segundo estas duas interpretações judiciais acima referidas, se a prova ilícita tiver sido obtida por meios ilegais, como violência, ameaça, entre outros meios que se lhes equiparem, o tribunal tem de excluir tal prova, não devendo esta servir de base à decisão do juiz. Pelo contrário, se a prova ilícita obtida não violar os princípios jurídicos relevantes e não prejudicar a justiça judicial, cabe ao juiz decidir se aceita ou não tal prova ilícita. Ademais, R. Chen destaca que, no que respeita à teoria da prova, em diferentes outros ordenamentos jurídicos, as regras de exclusão de prova

[96] Roxin, 2003: 210.

[97] Por exemplo, no caso *Nix. V. Williams*, 467 U.S. 431 (1984).

[98] Lafave / Israel, 1992: 459-498.

ilícita surgem como uma norma de "All or Nothing"[99], ou seja, uma vez que o tribunal decide excluir uma prova ilícita, a totalidade das provas ilícitas a ela relativas deve igualmente ser excluída do julgamento e não pode servir de base à decisão, sendo o contrário também válido, ou seja, se uma prova ilícita for considerada admissível, as provas que dela advenham também o deverão ser. No entanto, no ordenamento jurídico da China, quando uma prova ilícita apresenta apenas um pequeno vício de forma, pode recorrer-se à "exclusão sanável" como terceiro modo de exclusão. Mais concretamente, quando o tribunal chinês considera uma prova como ilícita, pode não decidir imediatamente se afasta ou não esta prova, optando por um terceiro "caminho"[100], que é o de solicitar aos órgãos policiais que sanem a sua conduta ilegal. Neste sentido, depois de sanados os pequenos vícios por tais órgãos, o tribunal vai decidir se aceita ou não tal prova ilícita.

À parte do facto de cada ordenamento jurídico ter o seu próprio modo de exclusão de prova ilícita, os três sistemas jurídicos mencionados têm também, cada um, as suas particularidades, a par de algumas semelhanças, quanto aos princípios que orientam as regras de exclusão de prova ilícita. No ordenamento jurídico alemão, por exemplo, estabeleceram-se as regras das proibições de prova ilícita com o objetivo de salvaguardar a justiça processual com base num critério de ponderação que busque equilíbrio entre os interesses estatais e individuais, garantindo assim que os direitos fundamentais dos cidadãos sejam tratados de forma equitativa. Por outro lado, no ordenamento jurídico dos EUA, a opinião doutrinária dominante considera que as regras das proibições de prova ilícita existem com o objetivo de proteger os direitos dos cidadãos consagrados na Constituição, impedindo outrem, nomeadamente os órgãos da polícia, de efetuar condutas impróprias para violar ditos direitos no processo de investigação criminal. Finalmente, no ordenamento jurídico chinês, verificamos que os princípios seguidos para o estabelecimento destas regras de proibições são, em essência, idênticos aos da Alemanha, na medida em que as regras de exclusão existentes baseiam-se de igual modo numa ponderação entre os interesses estatais e individuais, com vista a uma maior justiça processual e proteção dos direitos dos cidadãos.

[99] R. Chen, 2010.
[100] R. Chen, 2010.

Conclusão

No presente artigo, procurámos analisar, ainda que de modo breve, o estabelecimento das regras das proibições de prova ilícita em sistemas jurídicos de diferentes famílias jurídicas, designadamente de matriz romano-germânica, da família jurídica da *common law* e da família jurídica chinesa, tendo sido aqui escolhidos os ordenamentos jurídicos da Alemanha, dos EUA e da China.

Com base numa breve comparação dos ordenamentos jurídicos mencionados, nomeadamente dos princípios orientadores, das exceções e mecanismos de exclusão da prova ilícita neles adotados, constatamos que existem semelhanças entre os três sistemas jurídicos no que respeita aos princípios orientadores das regras de exclusão. Porém, no que diz respeito ao modo de exclusão de prova ilícita, o sistema jurídico americano distingue-se do alemão e do chinês, tendo em consideração que estes últimos dois sistemas encontram mais semelhanças entre si. No sistema jurídico alemão, sempre que as proibições de produção de prova sejam positivadas, ou seja, que estejam expressamente previstas na lei, regra geral, dá-se o efeito imediato da proibição de valoração de prova, funcionando o sistema jurídico chinês de igual modo neste ponto. Além deste meio de proibição de valoração de prova, na Alemanha, afastar-se-á igualmente do julgamento qualquer prova que intervenha na esfera íntima, não havendo lugar para a ponderação do juiz, o que se assemelha à exclusão obrigatória do sistema jurídico da China. É de destacar que, no ordenamento jurídico chinês, se as provas obtidas violarem os direitos humanos, serão afastadas diretamente do julgamento, não podendo ser usadas como critério de decisão por parte do juiz, ou seja, todas as provas ilícitas que violem os direitos humanos implicarão sempre a sua exclusão obrigatória no âmbito do sistema jurídico chinês.

Para além da exclusão obrigatória, no sistema jurídico da China, existe a possibilidade de o juiz recorrer à exclusão discricionária quando as circunstâncias não são graves, com o objetivo de decidir se exclui, ou não, uma prova ilícita. Ademais, se as provas ilícitas se referem a um pequeno vício, pode ainda o juiz adotar a regra da exclusão sanável a fim de solicitar que os órgãos policias o sanem, pelo que, em rigor, a exclusão sanável advém da exclusão discricionária. Por outro lado, também no sistema jurídico alemão, quando se verifica a existência de uma circunstância menor na violação das regras do processo penal, existe a possibilidade de recurso à Teoria do Balanceamento ou *Balancing*, princípio que visa uma ponderação entre a justiça substancial e a justiça processual. De acordo com esta teoria alemã, se as provas forem obtidas através de uma violação das regras do processo penal por parte dos OPC, o juiz pode recorrer ao *Balancing* para ponderar as condições existentes, nomeadamente a gravidade da violação e a gravidade do crime cometido num dado caso, decidindo se tais provas ilícitas podem ser valorizadas ou não em julgamento. Daqui decorre que a exclusão discricionária e a exclusão sanável da China se assemelham, *grosso modo*, à teoria *Balancing* do sistema jurídico alemão, visto que ambos os sistemas jurídicos (alemão e chinês) conferem liberdade ao juiz para que este possa ponderar as condições ou as circunstâncias existentes num caso concreto, decidindo assim se as provas ilícitas serão excluídas ou valoradas em julgamento.

Quanto aos EUA, como o seu sistema jurídico, sendo de *common law*, é baseado na jurisprudência, não existe lei explícita que consagre regras da exclusão de prova ilícita em moldes equiparáveis aos ordenamentos jurídicos continentais. No entanto, partindo dos casos que aqui apresentamos, julgados nos EUA, podemos extrair que as provas ilícitas não podem ser valorizadas caso violem os direitos humanos protegidos pela Constituição. Ora, além da Constituição como princípio fundamental, os EUA têm desenvolvido uma série de exceções, nomeadamente a exceção da boa-fé, o que se revela como característica distintiva do sistema jurídico americano.

Uma legislação justa e adequada à realidade é um trabalho contínuo que, por isso mesmo, requer um longo período de desenvolvimento e aperfeiçoamento para garantir o sucesso do seu funcionamento. Neste sentido, e concretamente no que respeita à importância da prova no processo penal, constatamos que tem vindo a ser este o caminho traçado por qualquer um dos ordenamentos jurídicos acima referidos, visto que o lugar que as regras de exclusão de prova ilícita têm assumido nas suas revisões tem sido relevante, ainda que a ritmos e momentos diferentes em cada um deles. Com efeito, através da nossa análise, quer do desenvolvimento histórico, quer das regras de exclusão de prova ilícita adotadas, verificamos que, embora cada um dos sistemas jurídicos aqui estudados tenha os seus próprios critérios de exclusão de prova ilícita, os três têm em comum o facto de se orientarem pelo mesmo fim, que é "a proteção dos direitos humanos fundamentais dos cidadãos para um julgamento justo".

Bibliografia citada

AMELUNG, Knut,

(1990) *Informationsbeherrschungsrechte im Strafprozess*, Schriften zum Prozessrecht. Berlin: Duncker & Humblot.

BELING, Ernst,

(2009) "Las prohibiciones de prueba como limite a la averiguación de la verdad en el proceso penal", in: Kai Ambos e Óscar Julián Gerrero (coord.), *Las Prohibiciones Probatorias*. Bogota: Editorial Temis, pp. 4-56.

BEULKE, Werner,

(2016) *Strafprozessrecht*, 13.ª ed. Heidelberg: C.F. Müller.

CAMMACK, Mark E.,

(2013) "The United States: The Rise and Fall of the Constitutional Exclusionary Rule", in: Stephen C. Thaman (ed.), *Exclusionary Rules in Comparative Law*. St. Louis, MO, USA: Springer, pp. 3-32.

CHEN, Guangzhong,

(2014) *Um aspecto importante do estudo sobre o direito de processo penal*, People 's Daily, China, 2014, disponível em: https://baike.baidu.com/reference/3320351/09a1tutHxseaj0JgsM4Jm-TcQA7rvwY27L-u1Kj07oOp69wdWBY5qTx4ngtfOJbckv7d5ScF6Amg-p89z-MOm1pYc8tfYgm8rfr0nAJZ9USr1z-pJMzsLtetVmkQ. (consultado em 22/03/2021).

CHEN, Ruihua,

(2010) *The Exclusionary rule of China*, China legal science, nº 6, disponível em: https://www.legal-theory.org/?mod=info&act=view&id=23427. (consultado em 22/05/2020).

CHEN, Yueli,

(2017) *Estudo sobre as regras de exclusão de prova ilícita sob os novos ordenamentos*, disponível em: https://www.chinacourt.org/article/detail/2017/02/id/2554953.shtml. (consultado em 22/03/2021).

COSTA, José Neves da,

(2019) "Provas ilícitas obtidas por particulares", in: Paulo de Sousa Mendes e Rui Soares Pereira (coord.), *Prova penal teórica e prática*. Coimbra: Almedina, pp. 159-192.

FAN, Chongyi,

(2017) *Regras de exclusão de prova ilícita e humanismo*, disponível em: https://www.chinacourt.org/article/detail/2017/08/id/2960607.shtml.(consultado a 22/03/2021).

GLESS, Sabine,

(2013) "Germany, Balancing Truth Against Protected Constitutional Interests", in: Stephen C. Thaman (ed.), *Exclusionary Rules in Comparative Law*. St. Louis, MO, USA: Springer, pp. 113-144.

GRÜNWALD, Gerald,

(1993) *Beweisrecht der Strafprozessordnung*. Baden-Baden: Nomos.

LAFAVE, Wayne R.,

(2004) *Search and Seizure – A treatise on the Fourth Amendment*, vol. VI, 4.ª ed. New York: Thomson Reuters.

LAFAVE, Wayne R., ISRAEL, Jerold H.,
(1992) *Criminal Procedure*, 2.ª ed. St. Paul, Minnesota: West Publishing Co.
LIU, Jingkun,
(2019) *The Exclusionary Rule of Illegal Evidence in China: Theory, Case, Application*. Beijing, China: Springer.
LU, Hao,
(2011) "Estudo sobre as regras probatórias da Lei do Processo Penal", Xangai, Faculdade de Direito da Universidade de Fudan.
MENDES, Paulo de Sousa,
(2014) "O efeito-à-distância das proibições de prova", *Revista do Ministério Público do RS* 74, pp. 219-228.
ROXIN, Claus,
(2003) *Strafprozessrecht* (trad. chinesa por Kexin Lou). Beijing, China: Law Press China.
VICENTE, Dário Moura,
(2012) *Direito Comparado*, vol. I, 2.ª ed. Coimbra: Almedina.
WALKER, Samuel,
(1993) *Taming the System: The Control of Discretion in Criminal Justice 1950-1990*. New York: Oxford University Press.
YANG, Yuguan/ SUN, Jun,
(2010) "Estabelecimento das regras de exclusão de prova ilícita com particularidades chinesas – «Explicação das Disposições sobre a exclusão de prova ilícita»", *Jornal of National Prosecutors College*, 4, XVIII.
ZHENG, Xu,
(2000) "Regras probatórias no direito penal", Pequim, University of Political Science and Law.

Jurisprudência citada

Alemanha
BGH 1 StR 154/96, de 5/21/1996 (BGHSt 42, 170)
BGH 1 StR 221/96, de 16/07/1996 (BGHSt 42, 179)
BGH 1 StR 220/01, de 22/11/2001 (BGHSt 47, 172, 179-180)
BGH 2 StR 341/2, de 14/03/2003 (BGHSt NJW 2003, 2034)
BGH 4 StR 126/92, de 29/10/1992 (BGHSt 38, 372)
BGH 4 StR 519/63, de 21/02/1964 (BGHSt 19, 325)

Estados Unidos da América
Arizona v. Evans, 514 U.S 1 (1995)
Brown v. Illinois, 422 U.S. 590 (1975)
Clough v. State, 555 P.2d 840 (1976)
Hudson v. Michigan, 547 U.S. 586 (2006)

Illinois v. Krull, 480 U.S. 340 (1987)
Mapp v. Ohio, 367 U.S. 643 (1961)
Massiah v. U.S, 377 U.S. 201 (1964)
Miranda v. Arizona, 385 U.S. 436 (1966)
Nardone v. U.S., 308 U.S 338 (1939)
Nix. v. Williams, 467 U.S. 431 (1984)
Silverthorne Lumber Co. Inc. v. U.S., 251 U.S. 385 (1920)
U.S v. Leon, 468 U.S. 897 (1984)
U.S v. Murray, 487 U.S. 533 (1988)
U.S v. Payner, 447 U.S. 727 (1980)
Utah v. Strieff, nº 14–1373 (2016)
Weeks v. U.S, 232 U.S. 383 (1914)
Wolf v. Colorado, 338 U.S. 25 (1949)
Wong Sun v. U.S, 371 U.S 471 (1963)

CAPÍTULO VIII
COOPERAÇÃO JUDICIÁRIA E PROVA

§ 12. A obtenção de prova digital mediante acessos transfronteiriços em contexto de *loss of location*
(*Margarida Neiva Antunes*)

§ 13. A obtenção de prova pela defesa por meio de tratados de assistência mútua
(*Natália Queiroz Farinha*)

§ 12.
A OBTENÇÃO DE PROVA DIGITAL MEDIANTE ACESSOS TRANSFRONTEIRIÇOS EM CONTEXTO DE *LOSS OF LOCATION*

Margarida Neiva Antunes*

Sumário: Introdução. I. O caso *In re warrant to search a target computer at premises unknown*. II. Os problemas suscitados pela falta de conhecimento da localização da informação. 1. As dificuldades técnicas no rastreamento da informação. 2. A inadequação do princípio da territorialidade: a soberania dos Estados, território e jurisdição no ciberespaço. 3. A desconsideração pelos direitos fundamentais dos cidadãos. 4. A falta de mecanismos e esforços internacionais para a resolução do problema. III. A realização de acessos remotos e transfronteiriços a dados informáticos armazenados. 1. Na Lei do Cibercrime Portuguesa – A Lei n.º 109/2009, de 15 de setembro. 2. Na legislação norte-americana – a Rule 41(b)(6) das Federal Rules of Criminal Procedure. IV. A questão da relativização da proibição em contexto de *loss of location*. 1. A proibição dos acessos transfronteiriços. 2. A relativização da proibição em contexto de *loss of location*. V. Breves considerações sobre a validade da prova digital obtida em contexto de *loss of location* no ordenamento jurídico português. Conclusão. Bibliografia citada. Jurisprudência citada.

Resumo: O problema dos acessos transfronteiriços em contexto de *loss of location* impacta seriamente a investigação criminal pelas autoridades e OPC. Desconhecendo

* Advogada-Estagiária, Mestranda em Direito Penal e Ciências Criminais na Faculdade de Direito da Universidade de Lisboa.

a que Estado remeter o pedido de cooperação judicial internacional, devem as autoridades abster-se de aceder aos dados simplesmente por não conseguirem identificar a localização da informação? Propomos abordar as diversas questões suscitadas pela realização destes acessos, tendo como ponto de partida um caso da jurisprudência norte-americana cuja decisão originou a previsão de uma solução unilateral para o problema. A tendência já se havia verificado em Portugal, com a LCCrim a ampliar a previsão normativa da Convenção sobre o Cibercrime, desencadeando as devidas consequências ao nível do regime das proibições de prova.

Palavras-Chave: Cibercrime, *loss of location*, acessos transfronteiriços, Lei do Cibercrime, soberania, prova digital, Convenção sobre o Cibercrime.

Introdução

O atual contexto da prática de crimes no ciberespaço, sustentado na própria estrutura arquitetónica da Internet, coloca diversos entraves ao trabalho das autoridades de investigação criminal, entre os quais a impossibilidade de estabelecer com razoabilidade a localização física do agente, da infraestrutura criminosa ou da própria prova digital[1]. A esta adversidade dá-se o nome de *loss of location*[2].

A primária consequência deste inusitado problema é a distorção da jurisdição competente para proceder à investigação dos factos criminosos. Tal resulta do facto dos efeitos do crime se fazerem sentir num determinado lugar, apesar da localização da sua fonte ou dos meios utilizados permanecer totalmente desconhecida, potenciando, desse modo, a origem de conflitos jurisdicionais. Nessa sequência, verifica-se igualmente uma interferência determinante na delimitação da legislação aplicável para a obtenção da prova naquela concreta, mas desconhecida, circunscrição geográfica, em particular quanto ao uso de especiais poderes de investigação (como o *hacking* ou a monitorização de atividades criminosas)[3].

A realidade é que, assentando os poderes de investigação criminal no princípio da territorialidade e jurisdição das autoridades, não existem ainda

[1] Europol/Eurojust, 2019: 13.

[2] Ou, conforme atribuído por Koops/Goodwin, 2016: 9, também conhecido como “loss of knowledge of location”.

[3] *Ibidem*, 13; Eurojust, 2020: 5.

medidas e ferramentas adequadas que prevejam a resolução do problema. O que, por sua vez, se agrava pela natureza volátil da prova em causa, atendendo à necessidade de assegurar toda a informação relevante rapidamente.

Mas se por um lado os OPC devem agir celeremente, por outro, sem a identificação da localização, deixa de ser possível a cooperação entre o Estado onde se verificou o crime e aquele (ou até mesmo aqueles) a partir do qual se desencadeou o facto. Deste modo, inviabilizando qualquer assistência na identificação, obtenção e apreensão de prova digital relevante. Para mais, as próprias previsões das Convenções Internacionais que se dedicam à regulação dos métodos e poderes de investigação da cibercriminalidade demonstram-se insuficientes, não abordando convenientemente a questão da *loss of location*.

Sem linhas orientadoras sobre os procedimentos a adotar perante esta impossibilidade de estabelecer com razoabilidade a localização da prova digital e em face das graves consequências que o respeito pelos princípios do Direito Internacional acarreta para a eficácia da investigação e ação penal, devem as autoridades abster-se de aceder aos dados necessários à produção de prova?

Ora, a prática de acessos unilaterais transfronteiriços para a obtenção de prova digital era já controversa[4]. Neste contexto é ainda mais desafiante, dado não ser possível recorrer aos mecanismos de cooperação judiciária, nem mesmo estabelecer jurisdição para o acesso à informação no estrito cumprimento do princípio da territorialidade e em respeito pelos direitos fundamentais dos cidadãos visados, cuja aplicação não imiscui o ciberespaço.

Na falta de um quadro normativo internacional, assombrados pela potencial inviabilização de toda a investigação criminal, os Estados têm produzido e elaborado novas soluções legislativas unilaterais por forma a salvaguardar a prossecução penal dos factos. Estas soluções alargam a sua coercibilidade, formal e informalmente, desviando a atenção da violação do Direito Constitucional e Internacional e consequentes implicações ao nível da apreciação da prova, sem providenciar quaisquer garantias para os direitos dos indivíduos ou dos Estados nos quais se encontra armazenada a informação[5]. De forma mais ou menos correta, acabam por preencher as lacunas que o Direito Internacional ainda não conseguiu atender e que permitem um paraíso para a

[4] Koops/Goodwin, 2016: 53 e ss.; Seitz, 2005; Sieber/Neubert, 2017.

[5] T-CY, 2016: 44-45;

livre atuação criminosa no ciberespaço[6]. Como sucedeu, aliás, com a decisão judicial do caso *In re warrant to search a target computer at premises unknown*[7], que desencadeou a alteração à Rule 41 das FRCP de modo a permitir a emissão de tais mandados de busca e apreensão através de acessos remotos e unilaterais, independentemente da localização da informação ou quando esta seja desconhecida[8].

Este foi também o caso do legislador português que, ao elaborar a LCCrim, tomou a liberdade de ir mais além do que a Convenção de Budapeste sobre o Cibercrime pretendia. Efetivamente, no seu art. 15.º, n.º 5 acaba por permitir o acesso transfronteiriço a dados informáticos armazenados independentemente da sua localização, desde que realizada a partir de um sistema informático para o qual já teria legitimamente acesso e no cumprimento dos demais trâmites legais. A questão que fica é, então, qual a validade da prova obtida ao abrigo desta prorrogativa no direito processual penal português?

É neste contexto que nos propomos a analisar o problema da *loss of location*, procurando refletir primeiramente sobre as questões suscitadas pela inadequação do princípio da territorialidade ao ciberespaço e o impacto nos direitos dos cidadãos, tendo por base o emblemático caso *In re warrant to search a target computer at premises unknown* que ilustra claramente a importância da abordagem e resolução do nosso tema. Em seguida, procuramos analisar a obtenção de prova digital mediante a realização destes acessos transfronteiriços ao abrigo da lei portuguesa, por forma a discutir as consequências de tal recolha, tendo em consideração os atuais atrasos na resolução internacional deste problema, a relativização da proibição dos mesmos à luz do Direito Internacional e a validade dessa mesma prova.

[6] Neste âmbito, Nunes, 2018: 93, é de opinião que rejeitar a admissibilidade dos acessos remotos transfronteiriços nos casos de "loss of location" será "comprometer em absoluto o resultado da investigação, com evidente prejuízo para o interesse público numa Justiça penal funcionalmente eficaz, que tem respaldo constitucional e é um dos pressupostos essenciais do Estado de Direito". Importa também Brownlie, 2008: 304-305, 309-311.

[7] USDC, S.D. Texas, Case H-13-234M., US Magistrate Judge Stephen WM. Smith, de 22/04/2013.

[8] Raman, 2013: 171-172 e 175.

I. O caso *In re warrant to search a target computer at premises unknown*

No ano de 2013, o FBI iniciava uma investigação criminal pela prática de fraude bancária, roubo de identidade e violação de leis de segurança de informação que havia vitimado um cidadão no estado do Texas[9]. Em causa estava o acesso indevido à conta de e-mail da vítima, a partir da qual foi possível aceder à sua conta bancária. Nessa sequência, verificou-se uma tentativa de transferência de uma quantia monetária considerável, mediante a utilização de um endereço de e-mail idêntico ao da vítima, para uma conta bancária sediada no estrangeiro.

O endereço de IP do computador utilizado para a prática dos crimes parecia encontrar-se fora de território norte-americano, mas, apesar dos esforços empreendidos, o FBI não conseguiu determinar a localização exata dos suspeitos ou do dispositivo. Requereu-se, então, a emissão de um mandado de busca e apreensão ao abrigo da Rule 41 prevista na FRCP junto do US District Court for the Southern District of Texas, que dadas as circunstâncias seria essencial à prossecução da investigação. O objetivo era obter autorização para a instalação oculta de um software de extração de informação no computador utilizado para a prática dos crimes, por um período de 30 dias. Este software permitiria a realização de buscas e extração de informação já existente no dispositivo, como por exemplo os registos de atividade na Internet, os registos de endereços de IP e indícios relativamente à identidade do detentor do computador. Mas, também permitiria obter informação prospetiva, como dados sobre novas vítimas, a captura de fotografias através da *webcam* do computador, possibilitando a identificação dos seus utilizadores, e informações sobre a localização física do dispositivo.

Não obstante não ter conhecimento da localização geográfica exata ou aproximada do computador utilizado, o Estado norte-americano entendeu que a informação seria propriedade localizada dentro do próprio distrito, cumprindo a exigência da Rule 41(b)(1)[10]. Tal entendimento resultaria do facto da busca se realizar mediante um acesso remoto, em que os agentes do FBI

[9] USDC, S.D. Texas, Case H-13-234M., US Magistrate Judge Stephen WM. Smith, de 22/04/2013.

[10] A previsão da norma é a seguinte:
"(b) Venue for a Warrant Application. At the request of a federal law enforcement officer or an attorney for the government:

não teriam de efetuar qualquer deslocação física para obter a informação do computador alvo, além de que a respetiva análise da prova se circunscreveria ao território do distrito do tribunal.

A referida argumentação foi rejeitada pelo tribunal que, por sua vez, entendeu que a ação do Estado norte-americano envolveria a realização de buscas fora dos limites territoriais impostos pela norma habilitante, concluindo o seguinte: "digital information is not actually stored in clouds; it resides on a computer or some other form of electronic media that has a physical location"[11]. Assim, ocorrendo as buscas num dispositivo em lugar físico não determinado, não seria possível afirmar que as mesmas se circunscreveriam aos limites territoriais do distrito e, portanto, a prorrogativa invocada não permitiria a emissão do mandado. A falta de conhecimento da localização do computador alvo (e o facto de não se tratar de um caso de terrorismo) impedia também a verificação das demais alíneas da Rule 41(b), pelo que a sua aplicação foi totalmente afastada. Sem suporte legal para o efeito e invocando ainda a falta de cumprimento das exigências da 4.ª Emenda e dos *standards* para a videovigilância, o tribunal decidiu assim negar a emissão do mandado.

II. Os problemas suscitados pela falta de conhecimento da localização da informação

1. As dificuldades técnicas no rastreamento da informação

O caso apresentado é particularmente interessante pela clara ilustração dos atuais obstáculos experienciados pelas autoridades de investigação criminal na obtenção de prova digital. Sendo que, neste âmbito, é imperativo compreender que "o anonimato é uma característica da atual arquitetura da Internet, não um erro"[12].

(1) a magistrate judge with authority in the district – or if none is reasonably available, a judge of a state court of record in the district – has authority to issue a warrant to search for and seize a person or property located within the district;".

[11] USDC, S.D. Texas, Case H-13-234M., US Magistrate Judge Stephen WM. Smith, de 22/04/2013.

[12] Rosenzweig, 2013: 84.

Como tal, os sistemas de acesso de browsers como o The Onion Router (mais conhecido por Tor)[13], o FreeNet[14] ou o I2P[15] assentam primordialmente na impossibilidade de rastreio dos seus utilizadores, assegurando camadas de encriptação entre o seu dispositivo e a fonte da informação, que tornam a tarefa de identificação do dispositivo e respetivo local de atuação praticamente inalcançável.

Similarmente, recorrendo a um *proxy*, i.e., um serviço que opera como um *gateway* entre o utilizador e o seu tráfego online, é possível ocultar o endereço de IP de um dispositivo e simular que a sua atividade na Internet tem origem noutro local[16]. Se complementado por um serviço de VPN, qualquer conteúdo e informação é encriptado através de um canal seguro para a transferência e comunicação dos dados na rede, providenciando uma ligação totalmente protegida[17] que, por consequência, complica reforçadamente a identificação do utilizador.

Por outro lado, verifica-se a proliferação de tecnologias e serviços de computação em nuvem, cuja eficiência depende da movimentação da informação de servidor em servidor[18], atrapalhando e impedindo a determinação da localização da informação e dispositivos alvo.

[13] Sobre o funcionamento do TOR, cf. Arora et al., 2018: 166; Negi, 2017: 2542; Patil/Lingam, 2012: 2; Ramalho, 2013: 390-391; Syverson, 2011: 130 e ss.

[14] Sobre o funcionamento do FreeNet, cf. Clarke et al., 2001: 48 e ss.; Ramalho, 2013: 388; Negi, 2017: 2543.

[15] Sobre o funcionamento do I2P, cf. Negi, 2017: 2542; Haraty et al., 2017: 214.

[16] Soni, 2021: 83.

[17] Note-se que os serviços de VPN também ocultam o endereço de IP – Soni, 2021: 84.

[18] Por exemplo, o Google Mail ou a Dropbox Inc. têm algoritmos que movimentam constantemente os dados entre servidores localizados por todo o mundo, de modo a melhorar a sua eficiência relativamente à disponibilidade dos dados, ao consumo de energia e aos custos (Spoenle, 2010: 4-5). Para além disso, a Google, Inc. recorre ainda à técnica de "sharding", i.e., decompõe a informação em partes ("shards") que são armazenadas separadamente em diferentes locais, determinados pelo próprio algoritmo. Como resultou do caso In Re Search Warrant N.º 16-960-M-01 to Google, nem mesmo a Google conseguia determinar a localização da informação armazenada fora dos EUA e, na medida em que o conseguia fazer, os dados podiam já ter sido movimentados para os servidores de outro país – USDC, E.D. Pennsylvania, Case 2:16-mj-01061-TJR, US Magistrate Judge Thomas J. Reuter, de 02.03.2017. Assim, apesar de um utilizador conseguir aceder permanentemente à informação desejada, a localização exata dessa mesma informação não é facilmente, se é que é de todo, determinável. Tal implica que os pedidos de cooperação com os fornecedores de serviços se demonstrem muitas vezes ineficientes devido às técnicas de anonimização utilizadas. Cf. Spoenle, 2010.

A atuação das autoridades é assim assombrada pela *loss of location*, que consubstancia uma realidade inerente à estrutura dos diversos serviços online e da própria *World Wide Web*[19], colocando toda a investigação e eficácia da ação penal em causa, isto é, se não provocar mesmo a sua total obstrução.

2. A inadequação do princípio da territorialidade: a soberania dos Estados, território e jurisdição no ciberespaço

As dificuldades na adaptação do que era uma investigação criminal principalmente analógica para o digital são notórias no que à territorialidade e jurisdição diz respeito. Considerando os seus princípios basilares, a ordem jurídica internacional não é ainda compatível[20] com o que foi a construção de um espaço intangível e livre de fronteiras como o ciberespaço. Apesar de as suas vantagens serem inquestionáveis, a realidade é que o ciberespaço compreende a capacidade de repercutir efeitos físicos num globo territorialmente dividido em Estados devidamente delimitados. Esta comutação entre o mundo online e o mundo físico, cujo alcance territorial difere drasticamente, gera conflitos para os quais os diversos sistemas judiciais não estavam preparados, verificando-se a inexistência de ferramentas eficazes e mecanismos de resposta admissíveis entre as várias jurisdições e ordens constitucionais[21].

Vejamos: um Estado necessita de jurisdição executiva para a realização de buscas e apreensões[22], enquanto poder demonstrativo da sua soberania assente no princípio da territorialidade[23]. Tal princípio e respetivo território a que respeita têm a maior importância ao nível das ordens jurídicas interna e internacional. Efetivamente, o território é o espaço delimitado dentro do qual o Estado exerce a sua autoridade suprema[24], sendo aliás considerado condição

[19] "Between 50 and 100 per cent of cybercrime acts encountered by the police involve a transnational element." – Cf. UNODC, 2013: 5, 55, 117-118, 183.

[20] Cf. Kohl, 2007: 254 e ss.

[21] Sobre a importância do território no conceito de Estado e na Constituição portuguesa: Miranda, 2014: 242 e ss.

[22] Sobre o conceito de geral de jurisdição e os diferentes tipos de jurisdição, cf. Cryer et al., 2014: 49 e ss.; Shaw, 2021: 1314 e ss.; Oxman, 1987: 277-278.

[23] Cf. Steinberg 1987: 410; Meng 1987: 155-156; Cassese, 2003: 277 e ss.

[24] "Quidquid est in territorio, est etiam de territorio ... Qui in territorio meo est, etiam meus subditus est" – cf. Oppenheim, 1955: 452.

da sua existência[25]. Sucede que, "somente no interior das suas fronteiras, o Estado exerce em plenitude o seu poder"[26]. Daqui resulta, então, o princípio da territorialidade, que constitui simultaneamente uma prorrogativa e um limite à aplicação das normas emanadas por um determinado Estado, permitindo o exercício do poder jurisdicional que se lhe encontra adstrito apenas e só naquele mesmo território[27].

Nessa medida, nota o TIJ que "[a jurisdição] não pode ser exercida por um Estado fora do seu território, exceto se em virtude de uma norma permissiva com origem num costume ou num tratado internacional"[28]. Com efeito, "o âmbito de aplicação espacial do direito processual penal assenta na ideia de que a jurisdição penal se contém estritamente dentro dos limites do Estado, neste sentido valendo aqui o princípio da territorialidade. Isto em nada se opõe a que, em certos casos, a jurisdição penal portuguesa se aplique a crimes cometidos no estrangeiro (...) mas apenas significa ser inadmissível, salvo tratado internacional em contrário, executar em território estrangeiro atos processuais cabidos na jurisdição penal portuguesa, e vice-versa."[29].

O poder jurisdicional necessário assenta, então, numa conexão territorial que necessita de ser substancial, como são o caso da produção dos efeitos do crime no seu território, a localização do computador utilizado para a comissão do facto ou o local dos servidores em que a informação se encontra armazenada[30]. Sendo que, por sua vez, o princípio da territorialidade limita esse mesmo poder jurisdicional a tal conexão territorial. Por outras palavras, a localização do computador utilizado ou dos dados informáticos é essencial para determinar a competência jurisdicional efetiva no âmbito da investigação criminal e, mais concretamente, na obtenção de prova digital.

No caso apresentado, os efeitos do crime verificaram-se claramente em território norte-americano, conferindo jurisdição às autoridades para procederem à investigação do mesmo. Contudo, o dispositivo computacional e a

[25] Pormenorizadamente sobre isto, cf. Miranda, 2014: 242; Bernardez, 1987: 487 e ss.

[26] Miranda, 2014: 244.

[27] *Ibidem*: 247.

[28] TIJ, França v. Turquia, de 7/09/1927

[29] Dias, 2004: 105.

[30] Do ponto de vista constitucional, cf. Miranda, 2014: 247. Veja-se também Ryngaert, 2015: 80 e sobre este tema especificamente, cf. Brenner/Koops, 2004: 16.

informação desejada encontravam-se localizados no estrangeiro, provocando um conflito jurisdicional para a obtenção dessa mesma prova. Pois, um Estado tem competência para aceder e apreender os dados obtidos através de uma busca a um computador que no seu território se encontre, mas duvidosamente a terá para dados que se encontrem em infraestruturas e dispositivos além-fronteiras[31,32]. Sendo que, se o fizer, violará a soberania do Estado em causa.

A conceção de que os crimes e os atos processuais necessários à sua investigação se concentram dentro do espaço geográfico de um país ainda mantém relevância, em particular por não se ter perdido, ou sequer desvanecido, a importância de elementos como o território e a soberania. Sendo que, na verdade, em matéria criminal nem "se verifica uma limitação à soberania dos Estados, nem sequer mesmo no contexto do direito penal europeu onde as limitações à soberania poderiam ser mais intensas"[33].

Contudo, tal abordagem acaba por ser cada vez mais irrealista ao se ter em consideração o carácter transnacional do cibercrime. Afinal, até ao último quarto do século passado não era possível prosseguir com uma investigação criminal na outra ponta do globo, sem qualquer deslocação ou apoio das autoridades locais, nem tão pouco cometer crimes à distância com tanta facilidade. No entanto, atualmente é não só uma prática, como uma necessidade reiterada, obter prova que provém do ciberespaço – isto é, que se encontra em qualquer parte do mundo.

Ora, considerando a facilidade de dissipação deste tipo de prova e que a mesma nem se encontra no território nacional em questão, a investigação criminal enfrenta altos obstáculos ao seu triunfo. Ainda assim e em todo o caso, as autoridades devem recorrer aos mecanismos de cooperação internacional existentes ou socorrer-se das exceções previstas à luz do Direito Internacional por forma a desencadear e executar quaisquer meios de obtenção de prova transnacionais. Tal imposição limita o processo de obtenção da prova digital

[31] "La loi peut bien décider de faire porter son ombre plus loin que les frontières; le juge peut bien avoir assez puissante voix pour que, parlant de sa demeure, ses condamnations soient entendues du dehors; le gendarme, lui, ne peut saisir plus loin que son bras... et n'est gendarme que chez lui" – Lombois, 1979: 536. Sobre os diferentes tipos de jurisdição extraterritorial e efeitos extraterritoriais do exercício da jurisdição de um Estado, cf. Meng, 1987: 156 e ss.

[32] Sobre o problema da territorialidade no cibercrime, cf. Kleijssen/Perri, 2017: 154 e ss.

[33] Sobre esta discussão, cf. Pereira, 2019: 254 e ainda, Hörnle, 2021: 10-20; 81 e ss.

e contribui para as dificuldades verificadas, uma vez que as autoridades nacionais não necessitam verdadeira e efetivamente do apoio das autoridades locais para a alcançar[34].

3. A desconsideração pelos direitos fundamentais dos cidadãos

Em conexão às dificuldades impostas pelo princípio da territorialidade, verifica-se igualmente que qualquer meio de obtenção de prova transfronteiriço envolve um certo risco de violação dos direitos fundamentais dos cidadãos visados. Assim é, não por se verificar uma pura desconsideração pelos mesmos, mas porque ainda não se alcançou um verdadeiro *standard* global relativamente aos direitos e garantias dos cidadãos[35]. Isto quer dizer que os suspeitos e, inerentemente, os seus direitos e garantias fundamentais, seja do ponto de vista substantivo[36], seja do ponto de vista processual, ficarão sujeitos às normas internas do Estado que procede à busca e apreensão online. Por outro lado, visto que os sistemas informáticos acedidos podem armazenar informações sobre outros cidadãos, que em nada estão relacionados com o facto criminoso em causa, demonstra-se difícil que os acessos não constituam uma verdadeira ingerência na ordem constitucional do Estado acedido.

Basta tomar o caso em apreço e as pretensões expressamente declaradas por parte das autoridades nacionais norte-americanas no pedido de emissão do mandado para se compreender o acima disposto. Pois, caso o suspeito fosse nacional português e a sua informação se encontrasse em Portugal, sendo a busca realizada pelas autoridades norte-americanas, certamente que não teria as mesmas garantias e direitos como se esta fosse realizada pelas autoridades portuguesas. Ora, tal consubstancia um enorme sinal de alerta. Até mesmo

[34] Pelo menos, não nesta fase de investigação.

[35] Efetivamente, "à unidade do Estado, do povo e do território correspondem a universalidade e a igualdade dos direitos e deveres dos cidadãos, dos membros do Estado: todos eles gozam, em princípio, de todos os direitos e estão sujeitos a todos os deveres – e aos mesmos direitos e deveres – previstos na Constituição e nas leis (arts. 12.º e 13.º da Constituição" – Miranda, 2014: 248. Ora, não é possível afirmar a existência de uma correspondência destes direitos e deveres entre os diferentes Estados e Nações do mundo, nem mesmo de um verdadeiro mínimo denominador comum entre todos.

[36] Particularmente relevante em matéria de proteção de dados e privacidade dos cidadãos, tendo em conta as diferenças substanciais entre as garantias implementadas e direitos reconhecidos nas diversas jurisdições – nomeadamente entre a UE e os EUA. Sobre isto cf., Carrera et al., 2015: 72 e ss.

pelo facto de os direitos dos cidadãos assumirem "atualmente importância, não tanto no quadro de uma ordem internacional ou sequer apenas de uma ordem interna, mas sobretudo de uma verdadeira ordem de direito cosmopolita que não se confunde com as duas anteriores e almeja ir para além destas"[37].

Mas, sem a localização da informação, esta é uma preocupação dificilmente acautelável por parte de qualquer Estado-nação. Ainda que se pudesse procurar satisfazer o sistema processual dos suspeitos[38], por forma a mitigar este problema, a verdade é que as autoridades de investigação criminal não têm como o fazer. Torna-se, assim, ainda mais evidente que toda e qualquer proteção devida aos cidadãos, que integram a esfera de direitos humanos com relevância internacional, pode ser invocada perante o Estado que proceda aos acessos remotos e transfronteiriços em contexto de *loss of location*.

4. A falta de mecanismos e esforços internacionais para a resolução do problema

Neste âmbito, os esforços para responder ao problema concentram-se essencialmente na Convenção sobre o Cibercrime, que prevê duas exceções para acelerar e melhorar a obtenção da prova digital transfronteiriça. Tal previsão é, no fundo, uma forma de compromisso entre os interesses dos diferentes Estados[39], sem descurar o âmbito do próprio princípio da territorialidade[40]. As exceções[41] consagradas no art. 32.º da Convenção consistem na permissão, em primeiro lugar, do acesso a dados informáticos desde que publicamente acessíveis, independentemente da sua localização geográfica[42] e, em segundo lugar, do acesso unilateral transfronteiriço a dados informáticos protegidos no território de outro Estado-Parte desde que obtido o consentimento legal

[37] Pereira, 2019: 255.

[38] Pereira, 2019: 258.

[39] Dificilmente alcançado como dá conta o Relatório Explicativo quando refere o seguinte: "the drafters ultimately determined that it was not yet possible to prepare a comprehensive, legally binding regime regulating this area" – Conselho da Europa, 2001: n.m. 293.

[40] Cf. O art. 22.º da Convenção sobre o Cibercrime.

[41] Exceções essas que apenas valem para a informação armazenada e não abrangem os dados de tráfego ou o conteúdo em tempo real, como resulta da leitura dos arts. 33.º e 34.º da Convenção.

[42] Mesmo que seja necessário proceder a um registo prévio ou subscrição de algum tipo.

e voluntário da pessoa com legitimidade para divulgar os dados através desse sistema informático.

A primeira exceção deve-se a um já reconhecido costume internacional[43], que opera independentemente da localização da informação e, por isso, acautela a questão da *loss of location*. No entanto, por via de regra, este não será o tipo de informação mais preponderante na investigação criminal levada a cabo pelas autoridades, uma vez que a maioria da prova dos factos criminosos não se encontra publicamente acessível. Efetivamente, dependendo o acesso ao conteúdo de páginas na Dark Web (e na própria Deep Web) de configurações e softwares específicos, a informação já não se poderá considerar publicamente acessível. Assim, a norma tem na prática um alcance limitado e a exceção de pouco vale ao nosso problema[44].

Por sua vez, a exceção do art. 32.º, al. *b)* depende obviamente de que os dados se encontrem em território de um Estado-Parte da Convenção. Se a localização é desconhecida, não há como acautelar esse pressuposto, pelo que a exceção não legitima os acessos nesse contexto[45,46].

Perante a inaplicabilidade das exceções previstas na Convenção sobre o Cibercrime, restaria o recurso obrigatório às cartas rogatórias ou à realização de Tratados de Auxílio Judiciário Mútuo. No entanto, tais mecanismos de cooperação não são sequer aplicáveis devido à pendente indeterminação do Estado a que requerer auxílio[47]. A Convenção sobre o Cibercrime demonstra-se, por isso, insuficiente tanto do ponto de vista estratégico, como do ponto de vista operacional[48]. No caso apresentado fica claro que os EUA, signatários da Convenção tal como Portugal, à data, não teriam meios alternativos que permitissem a obtenção da prova.

[43] Seitz, 2005: 36-38.

[44] T-CY, 2014: 4.

[45] Cf. T-CY, 2012: 21, ns. ms. 99-100 e T-CY, 2014: 6.

[46] Sobre as demais dificuldades desta exceção, cf. Conselho da Europa, 2001: n.m. 294; T-CY, 2014: 7-8; Ramalho, 2017: 56 e 57; Seitz, 2005: 40 e ss.; e, Gercke, 2011: 469-470; Gercke, 2013: 149.

[47] Seger, 2018: 37; Depauw, 2018: 72.

[48] Sobre isto, cf. Rosenzweig, 2013: 91-92. O mesmo sucede com as disposições da Convenção Árabe sobre Combate a Infrações de Tecnologia da Informação de 2010 e a Lei Modelo sobre Cibersegurança da COMESA de 2011, que replicam a Convenção do Conselho da Europa.

A insuficiência da Convenção para casos de *loss of location* é reconhecida pelo próprio "Subgrupo ad-hoc sobre jurisdição e acesso transfronteiriço a dados do T-CY"[49], que, em 2012, considerou ser essencial a adoção de um protocolo adicional à Convenção de Budapeste sobre o Cibercrime. Nesse âmbito, com o objetivo de adereçar o problema da *loss of location*, o Subgrupo colocou, então, à consideração do T-CY as seguintes propostas para soluções adicionais ao art. 32.º da Convenção: (1) o acesso transfronteiriço mediante consentimento do art. 32.º, al. *b)*, sem limitação ao armazenamento "noutro Estado-parte"; (2) o acesso transfronteiriço sem consentimento com credenciais legalmente obtidas; (3) o acesso transfronteiriço sem consentimento em situações de "boa-fé" ou de circunstâncias exigentes; (4) a extensão das pesquisas eliminando a limitação "no seu território" do art. 19.º, n.º 3 da Convenção; (5) o poder de disposição como elemento de conexão legal[50]. No entanto, o T-CY considerou não estarem reunidas as condições entre os Estados para a negociação e implementação de um protocolo relativo à realização de acessos transfronteiriços[51].

Ainda assim, em junho de 2017, o T-CY aprovou os Termos de Referência para um Segundo Protocolo Adicional à Convenção sobre o Cibercrime, nos quais se incluía como objetivo a criação de um quadro normativo mais claro e garantístico para a prática de acessos transfronteiriços[52].

Ora, após longas negociações, em novembro de 2021, o Conselho da Europa apresentou o "Segundo Protocolo Adicional à Convenção sobre o Cibercrime relativo ao reforço da cooperação e da comunicação de provas eletrónicas"[53].

[49] Considerando a importância da realização de acessos transfronteiriços à boa prossecução da justiça, face ao insuficiente alcance da Convenção e a necessidade de formular soluções comuns entre os Estados-Parte, em 2011 o T-CY criou este Subgrupo cuja incumbência seria desenvolver instrumentos de regulação adicional aos acessos transfronteiriços. – Cf. T-CY, 2012: 4, ns. ms. 1.

[50] *Ibidem*: 49-50, ns. ms. 253-265; T-CY, 2013.

[51] Cf. T-CY, 2014: 12 a 14.

[52] Cf. T-CY, 2017; T-CY, 2019. É também de notar que a Comissão Europeia requereu a sua participação nas negociações de tal protocolo adicional – Cf. Comissão Europeia, 2019.

[53] Considerando que este Segundo Protocolo respeita, em grande medida, a matérias da competência exclusiva da UE nos termos do art. 3.º, n.º 2 do TFUE, a sua ratificação pelos Estados-membros exige, conforme estabelecido no n.º 1 do art. 2.º do TFUE, uma habilitação da União Europeia para o efeito. Ora, a 5 de abril de 2022, o Conselho da União Europeia veio proferir tal decisão habilitante, autorizando os Estados-membros a assinar o Protocolo e

Contudo e no seguimento do que já havia entendido em 2014, apesar de reconhecer no seu preâmbulo o impacto das tecnologias de informação e o associado aumento da cibercriminalidade, bem como a urgência em resolver a insuficiência das previsões normativas à obtenção de prova digital mediante acessos transfronteiriços[54], constata-se que pouco se avançou na criação de mecanismos legais para a obtenção de prova digital em contexto de *loss of location*.

De facto, verifica-se que o Protocolo não prevê nenhuma solução específica para a legitimação de acessos transfronteiriços além do que era já previsto no art. 32.º da Convenção. Pois, entre as novas previsões, apenas os arts. 6.º e 7.º deste Segundo Protocolo demonstram ter alguma utilidade ao apoio das autoridades judiciais em caso de *loss of location,* na medida em que reforçam a cooperação direta com os prestadores de serviços e entidades no território de outra Parte da Convenção[55]. Neste âmbito, o art. 6.º, sob a epígrafe "Pedido de informações de registo de nomes de domínio", prevê que os Estados-Parte deverão adotar as medidas legislativas necessárias que permitam às suas autoridades competentes realizar pedidos de informações junto de prestadores de serviços no território de outra Parte, a fim de identificar ou contactar o titular registado de um nome de domínio. Já o art. 7.º, sob a epígrafe "Comunicação de dados relativos aos assinantes", dispõe que os Estados-Parte deverão adotar as medidas legislativas necessárias para habilitar as respetivas autoridades competentes a emitir uma injunção a apresentar diretamente a um prestador de serviços no território de outra Parte, a fim de obter a comunicação de dados específicos armazenados relativos aos assinantes na posse ou sob o controlo desse prestador. Apesar da aplicação das referidas previsões não deixar de se

instruindo-os relativamente às normas e preceitos que permanecem na disponibilidade dos Estados. Em particular, recomenda que os Estados não apresentem reservas relativamente à aplicação do art. 7.º do Protocolo – Conselho da União Europeia, 2022. Note-se que tanto Portugal, como os EUA, procederam à assinatura deste Segundo Protocolo no dia 12.05.2022, juntamente com outros 22 países membros e não membros do Conselho da Europa.

[54] "Cientes de que os elementos de prova de qualquer infração penal são cada vez mais armazenados em formato eletrónico em sistemas informáticos situados em jurisdições estrangeiras, múltiplas ou desconhecidas, e convencidos de que são necessárias medidas adicionais para obter licitamente esses elementos de prova, a fim de permitir uma resposta eficaz da justiça penal e defender o Estado de direito" – Cf. Preâmbulo do Segundo Protocolo Adicional à Convenção sobre o Cibercrime.

[55] Cf. art. 5.º do Segundo Protocolo.

encontrar limitada a prestadores de serviços situados no território de outro Estado-Parte da Convenção, a verdade é que contorna a limitação da localização territorial da informação[56]. Consequentemente, ainda que não se tenha conhecimento do Estado onde se encontre a informação, caso aquela esteja sob a posse ou controlo de um prestador de serviços num Estado-Parte, da letra do Protocolo resulta a possibilidade de ser obtida legitimamente.

Também o art. 8.º do Protocolo se poderá demonstrar útil à obtenção de informações na posse ou controlo de um prestador de serviços, nos casos em que aquele decida não cumprir a injunção emitida nos termos do art. 7.º. Assim, será possível recorrer à cooperação das autoridades judiciais locais do Estado-Parte onde o prestador de serviços se encontra para obter tais dados informáticos, ainda que a localização destes seja afinal desconhecida[57].

De resto, é de salientar que mesmo as disposições relativas à obtenção de informação em caso de emergência – na qual se poderá equacionar corresponder uma situação de *loss of location*[58] – permanecem dependentes da cooperação judiciária entre os Estados-Parte[59]. Portanto, nos casos em que não se verifique a intervenção de um prestador de serviços ou em que este não seja identificável, o problema de obtenção de prova digital de modo legítimo em contexto de *loss of location* permanece[60].

[56] O relatório explicativo deste Segundo Protocolo refere «the mere fact that, for exemple, a service provider has established a contractual relationship with a company in a Party, but the service provider itself is not physically present in that Party, would not constitute the service provider being "in the territory" of that Party». Ou seja, desde que o prestador de serviços se encontre fisicamente no território daquele Estado Parte, o Protocolo não parece impedir que a informação a transmitir, que está na posse e sob o controlo do prestador, se encontre noutro Estado que não seja Parte da Convenção. – Conselho da Europa, 2022: 19, n.m. 99.

[57] Novamente, o prestador terá de se encontrar fisicamente no território daquele Estado Parte – Conselho da Europa, 2022: 24, n.m. 128.

[58] No seu art. 3.º, n.º 2, al. c), o Protocolo define «emergência» como uma "situação em que existe um risco significativo e iminente para a vida ou a segurança de uma pessoa singular".

[59] Tanto art. 9.º, como o art. 10.º, ambos previstos para a obtenção de informações em caso de emergência, pressupõem sempre o apoio e colaboração do Estado em que a informação se encontra armazenada para a sua concretização. Cf. Conselho da Europa, 2022: 28-34, ns.ms. 148-181.

[60] Ainda que não constitua uma solução legitimadora relativamente à realização de acessos transfronteiriços para a obtenção de prova, nem implique a isenção da inconveniência da *loss of location*, o art. 12.º, por sua vez, poderá demonstrar-se proveitoso neste contexto, enquanto

Assim, de que modo será então possível às autoridades judiciais salvaguardar o princípio da territorialidade e aceder à prova sem violar a soberania de outro Estado quando em contexto de *loss of location*? A investigação criminal nestas situações implica necessariamente a escolha entre a eficácia e prossecução da ação penal ou o cumprimento do princípio da territorialidade ao abrigo do Direito Internacional e Constitucional. Isto é, resume-se à escolha entre "aceder" ou "não aceder", como nota claramente o caso em estudo, dado que "one State's greater enforcement power is another State's loss of territorial control"[61].

Ao negar a emissão do mandado, o tribunal norte-americano salvaguardou os direitos fundamentais dos cidadãos e impediu a verificação de problemas jurisdicionais, mas acabou por dificultar, se não mesmo inviabilizar, o trabalho de investigação. Tal acesso remoto e unilateral, ainda que transfronteiriço, poderia ser o único modo eficaz de obter a prova necessária. Importa, deste modo, questionar se podem as autoridades aceder e apreender a informação sem terem conhecimento da sua localização? Ou devem evitar tais atuações sob pena da violação da soberania de outro Estado? A resposta a estas questões indissociavelmente se presta com as diferentes soluções nacionais unilaterais implementadas pelos Estados.

coordenação de esforços que permite o apoio conjunto e permanente entre Partes na investigação criminal. – Conselho da Europa, 2022: 38-41, ns.ms. 201-217.
A União Europeia tenciona igualmente avançar com legislação relativamente à obtenção de prova digital em matéria penal. Para o efeito, em 2018, a Comissão apresentou uma Proposta de Regulamento do Parlamento Europeu e do Conselho relativo às ordens europeias de produção ou de conservação de provas eletrónicas em matéria penal, introduzindo Ordens de Produção e Conservação transnacionais e vinculativas a dirigir diretamente a um prestador de serviços noutro Estado-membro. A exposição de motivos deste Regulamento reconhece manifestamente as dificuldades que a Internet coloca às investigações criminais na obtenção de prova digital e deixa clara a intenção de debate com os EUA e outros países para a celebração de acordos relativamente ao acesso transnacional a prova digital. – cf. Comissão Europeia, 2018. A 29 de novembro de 2022, o Parlamento Europeu e o Conselho da União Europeia alcançaram acordo político provisório relativamente às novas regras para a partilha de prova digital na UE, dando o primeiro passo para a adoção formal de legislação comunitária sobre o tema, em conformidade com a proposta apresentada pela Comissão Europeia – Cf. Comissão Europeia, 2022.

[61] Kohl, 2007: 26-27.

III. A realização de acessos remotos e transfronteiriços a dados informáticos armazenados

1. Na Lei do Cibercrime Portuguesa – A Lei n.º 109/2009, de 15 de setembro

Da adaptação do art. 19.º da Convenção sobre o Cibercrime para a legislação portuguesa verifica-se que o legislador não faz qualquer referência à tão importante limitação territorial das pesquisas informáticas à distância, consagrando assim no art. 15.º, n.º 5 que "quando, no decurso de pesquisa, surgirem razões para crer que os dados procurados se encontram noutro sistema informático, ou numa parte diferente do sistema pesquisado, mas que tais dados são legitimamente acessíveis a partir do sistema inicial, a pesquisa pode ser estendida mediante autorização ou ordem da autoridade competente, nos termos dos n.os 1 e 2.". Esta extensão da pesquisa, que era já prevista pelo n.º 2 do art. 19.º da Convenção, permite ampliar as buscas de forma expedita a outros sistemas informáticos através do primeiro, abrangendo redes de área alargada ou informação que se encontre protegida na Internet[62], com o pormenor de não haver qualquer limitação territorial à atuação dos OPC na lei portuguesa.

Numa primeira leitura, parece então ser possível proceder ao acesso transfronteiriço a dados informáticos ao abrigo da LCCrim, ampliando o âmbito de aplicação da norma da Convenção que lhe servira de fonte, ainda que tal acesso não seja considerado lícito no Estado onde a informação se encontra armazenada. Esta é a interpretação que parte da doutrina[63] e o próprio T-CY[64] têm tomado face à omissão (aparentemente consciente e intencional) da referência à limitação territorial das medidas de pesquisas informáticas. Assim, obtida uma autorização ou ordem da autoridade judiciária competente, os OPC podem aceder remotamente à informação localizada num sistema informático noutro Estado de modo totalmente legítimo.

Sem quaisquer limites à localização da informação, saber a localização da mesma torna-se dispensável ao abrigo do art. 15.º, n.º 5, o que significa que as situações de *loss of location* estarão salvaguardas pela norma. Ao contrário

62 Sequeira, 2016: 15.

63 Cf. Ramalho, 2017: 63; Verdelho, 2019: 141-142; Verdelho, 2009: 742; Cardoso, 2018: 186; Gonçalves, 2017: 26.

64 T-CY, 2012: 38, ns. ms. 199-203.

do sucedido no caso *In re warrant to search a target computer at premises unknown*, os OPC portugueses não ficariam impedidos de aceder à informação (pelo menos aquela que está armazenada, já que se exclui o acesso a quaisquer dados de tráfego ou a conteúdo em tempo real), podendo prosseguir com a obtenção da prova. Esta é uma solução particularmente importante para os acessos transfronteiriços em contexto de *loss of location* devido à falta de meios e mecanismos supranacionais que não impeçam a prossecução da investigação criminal como já notámos acima.

Esta interpretação representaria, portanto, um exercício concomitante com as "novas" conceções de soberania e jurisdição do Direito Internacional que o T-CY reclama. Como refere David Silva Ramalho, "confrontado com um bloqueio de cariz jurídico-internacional ao exercício da ação penal, o legislador português tomou uma clara opção pela remoção unilateral dos já referidos obstáculos à eficácia da investigação criminal e optou por ir mais longe do que os termos previstos na Convenção"[65]. Trata-se, pois, da consagração expressa da admissibilidade do acesso transfronteiriço por parte das autoridades portuguesas[66].

Contudo, esta não é uma posição completamente aceite na doutrina[67], entendendo-se que não se poderá ignorar as consequências ao nível da soberania do Estado em que os dados se encontram armazenados e, por outro lado, dos direitos fundamentais dos cidadãos envolvidos. Este é, desde logo, um problema que a própria previsão do art. 15.º não acautela pela falta de clareza relativamente aos sistemas informáticos que podem ser alvo desse mesmo acesso. Ou seja, não se compreende a partir da letra da lei se, além do acesso ao computador do suspeito, é também legitimado o acesso a qualquer sistema informático que por este esteja a ser utilizado – ainda que não seja da sua propriedade – ou até mesmo a sistemas de terceiros que possam conter informação relevante para a investigação do crime desde que acessíveis a partir

[65] Ramalho, 2017: 65.

[66] Ainda que não seja uma solução tão ampla quanto a do direito português, também a lei belga prevê a possibilidade de realização destes acessos pelos seus OPC, quando tal extensão da pesquisa seja necessária à descoberta da verdade e se outras medidas não se demonstrarem proporcionais para a sua obtenção ou se houver risco de perda da prova – cf. Hert, 2006: 107 e ss.

[67] Sobre isto cf. a opinião de Pereira, 2019: 259 e ss.; E ainda a diferente interpretação que é dada à previsão da norma por Correia, 2014: 42.

do sistema inicial[68]. Que consequências terá este tipo de acesso nos direitos fundamentais dos cidadãos que em nada têm que ver com a investigação?

Esta é uma questão interessante porque, no art. 25.º da LCCrim, o legislador português já não permite o total acesso a dados informáticos por Estados estrangeiros. Efetivamente, passa a impor não só a verificação das normas de transferência de dados pessoais previstas na legislação de proteção de dados pessoais, como a existência do consentimento legal e voluntário da pessoa legalmente autorizada à sua divulgação ou que os mesmos sejam publicamente acessíveis, como já resultava do art. 32.º da Convenção sobre o Cibercrime. Sem se verificar uma destas alíneas, resta apenas o recurso aos mecanismos de cooperação judiciária internacional, que implica o reconhecimento da permissão excecional dos acessos remotos transfronteiriços a informação localizada em Portugal[69]. Fora destas condições, qualquer acesso semelhante ao que o n.º 5 do art. 15.º permite seria, por isso, considerado uma violação da soberania do Estado Português e dos direitos dos seus cidadãos.

Assim, há que reconhecer a dualidade da LCCrim no tratamento dos acessos transfronteiriços em geral, mas particularmente daqueles que acontecem em contexto de *loss of location*. Tratando-se de OPC portugueses e respeitando os pressupostos do art. 15.º, n.º 5, então desconhecer a localização da informação a aceder não coloca qualquer entrave, uma vez que há uma permissão geral para a realização de pesquisas informáticas independentemente da sua localização. Porém, sendo os OPC de uma outra nacionalidade, estes não teriam como saber quais os requisitos da lei portuguesa para a admissibilidade do acesso, nomeadamente o cumprimento da legislação de proteção de dados nacional, uma vez que não se sabe que Portugal é o país de destino. Ora, tal só se pode traduzir no reconhecimento pelo legislador português de que estes acessos transfronteiriços, enquanto atos processuais no âmbito de uma investigação criminal, têm efeitos na jurisdição de destino (que acautelou no art. 25.º da LCCrim) e não se imiscuem de problemas de desconformidade com o princípio da territorialidade que impera no direito internacional e que é essencial à ordem constitucional nacional (conforme resulta da CRP e do próprio art. 6.º do CPP).

[68] Esta é uma dúvida colocada também em relação à lei espanhola, Winter, 2017: 215.

[69] Ramalho, 2017: 65.

2. Na legislação norte-americana – Rule 41(b)(6) das Federal Rules of Criminal Procedure

A decisão do tribunal no caso *In re warrant to search a target computer at premises unknown* iluminou um problema que estava pendente de resolução na ordem jurídica norte-americana – a falta de legitimidade para proceder a buscas remotas de informação que não se encontre no seu território. Em virtude dos impedimentos que a norma jurisdicionalmente limitada, até então vigente, causava, o governo norte-americano procedeu à alteração da Rule 41 das FRCP. O novo n.º (6) da Rule 41(b) passa, então, a prever a possibilidade de emissão de um mandado para buscas remotas por um juiz quando a localização da informação ou do dispositivo seja desconhecida em resultado da sua ocultação por meios tecnológicos[70].

Deste modo, a norma da Rule 41(b) das FRCP permite a realização dos acessos em contexto de *loss of location*, dado não ser necessário conhecer a localização da informação ou dos dispositivos para a emissão do mandado de busca. Contudo, levanta muitos dos mesmos problemas que o art. 15.º, n.º 5 da LCCrim portuguesa enfrenta.

Desde logo, surge a questão de a norma ser tomada como uma carta branca para a autorização de buscas e apreensões a dados ou dispositivos localizados no estrangeiro[71]. Na realidade, o U.S. Department of Justice procurou deixar expresso: "this amendment does not purport to authorize courts to issue warrants that authorize the search of electronic storage media located in a foreign country or countries"[72]. Mas, na prática, é ingénuo considerar que, presente a necessidade de realização de uma busca e apreensão de informação que as autoridades sabem encontrar-se no estrangeiro (mesmo que não conheçam a sua localização exata), não recorrerão à Rule 41(b)(6) para obter

[70] FRCP 2016 (EUA), Rule 41(b)(6): "(6) a magistrate judge with authority in any district where activities related to a crime may have occurred has authority to issue a warrant to use remote access to search electronic storage media and to seize or copy electronically stored information located within or outside that district if:
(A) the district where the media or information is located has been concealed through technological means; or
(B) in an investigation of a violation of 18 U.S.C. § 1030(a)(5), the media are protected computers that have been damaged without authorization and are located in five or more districts."

[71] Daskal, 2018: 205-206; Ghappour, 2017: 1081 e Lerner, 2016: 46.

[72] Raman, 2013: 174.

a devida autorização e que os tribunais não a concederão. A construção da norma e o pressuposto em que assenta, i.e., a prova a obter ser digital, implica a normalização das buscas extraterritoriais e ainda "the largest expansion of extraterritorial enforcement jurisdiction in FBI history"[73]. A preocupação prende-se, assim, com o evidente exercício de jurisdição pelas autoridades norte-americanas onde esta não é devida[74]. Para além de que, como Estado signatário da Convenção de Budapeste, a adoção desta norma implica também uma ampliação do que ficou plasmado nos arts. 19.º e 32.º da Convenção.

Por outro lado, há também a séria questão da proteção e salvaguarda da privacidade dos cidadãos alvo destas buscas (sejam eles os suspeitos ou cidadãos inocentes)[75], na esteira da 4.ª Emenda que consagra o seguinte: "the right of the people to be secure in their persons, houses, papers, and effects, against unreasonable searches and seizures, shall not be violated, and no Warrants shall issue, but upon probable cause, supported by Oath or affirmation, and particularly describing the place to be searched, and the persons or things to be seized"[76]. Efetivamente, sem conseguir descrever a localização do alvo de buscas surge o problema de saber se o requisito da particularidade se encontra ou não preenchido[77]. Adicionalmente, é possível que através destes acessos as autoridades se deparem com informação de cidadãos ou sistemas informáticos inocentes, em particular se todos fizerem parte de um único *botnet*[78]. Não garantindo sequer o direito plasmado na 4.ª Emenda aos cidadãos estrangeiros que não se encontrem em território norte-americano e que sejam alvo de buscas, esta norma provoca certamente aflição na comunidade internacional. Ainda para mais, quando o critério de razoabilidade para a realização das buscas[79] a que as autoridades de investigação criminal norte-

[73] Ghappour, 2017: 1081.

[74] Ghappour, 2017: 1126.

[75] Daskal, 2018: 207.

[76] Problema que já tinha sido levantado pelo tribunal relativamente ao pedido de emissão de mandado no caso USDC, S.D. Texas, Case H-13-234M., US Magistrate Judge Stephen WM. Smith, de 22/04/2013.

[77] Cf. Rauschecker, 2017: 1095 e Lerner, 2016: 49.

[78] Rauschecker, 2017: 1095.

[79] U.S. v. Odeh & Mohamed, 552 F.3d 157 (USCA, 2008).

-americanas ficam sujeitas é sustentado, neste caso, pela própria necessidade de realização da busca[80].

IV. A questão da relativização da proibição em contexto de *loss of location*

1. A proibição dos acessos transfronteiriços

Mesmo sem saber a localização da informação e do dispositivo a aceder, no caso *In re warrant to search a target computer at premises unknown*, o Estado norte-americano invoca a aplicabilidade das disposições para obtenção do mandado de busca e apreensão argumentando que realizando-se a busca mediante um acesso remoto, em que os agentes do FBI não teriam de se deslocar para obter a informação do computador alvo e cuja análise se circunscreveria ao território do distrito do tribunal, a informação tornar-se-ia propriedade localizada dentro do distrito, cumprindo a exigência da Rule 41(b)(1)[81]. O tribunal prontamente desconsiderou o raciocínio invocado, referindo que não seria possível sustentar um tal alargamento dos limites territoriais em que assenta a norma habilitante[82].

Esta argumentação de ordem prática é já recorrente na doutrina para justificar a admissibilidade dos acessos transfronteiriços[83], em particular quando ocorrem em contexto de *loss of location*. Para o efeito, encontra-se associada à ideia de que a Internet não tem fronteiras, tratando-se de um espaço livre e universal tanto do ponto de vista da navegação, como do armazenamento e serviços prestados online, e que envolve a perceção da reduzida relevância da violação da soberania decorrente deste tipo de pesquisas e apreensões em contexto de processos-crime. Especialmente, quando se tem em consideração a volatilidade da prova em causa e a elevada possibilidade da sua destruição a partir de qualquer sistema informático, agravadas pela sujeição a um sistema de resposta limitado aos mecanismos de cooperação judiciária internacionais, que é não só inadequado, como inaplicável. Por outro lado, a contraposição

[80] Raman, 2013: 174-175. Sobre isto, cf. Lerner, 2016: 52.

[81] USDC, S.D. Texas, Case H-13-234M., US Magistrate Judge Stephen WM. Smith, de 22/04/2013.

[82] *Ibidem.*

[83] Ramalho, 2018: 58-59.

entre o respeito pelos princípios do Direito Internacional e a obtenção da prova digital e consequente prossecução da investigação criminal do facto, coloca em perspetiva os interesses dos Estados e dos seus cidadãos na obtenção de justiça, considerando-se que as principais consequências são a um nível supranacional com efeitos nas relações entre os Estados.

Estas razões essencialmente pragmáticas não podem ser ignoradas, contudo também não se poderá simplesmente defender que houve já uma alteração do paradigma subjacente aos conceitos de "soberania" e "jurisdição"[84]. Para todos os efeitos, estes conceitos permanecem inalterados enquanto elementos constitutivos fundamentais do conceito de Estado[85], mesmo que se possa reclamar a necessidade dessa mudança. Como denota Rui Soares Pereira, sustentar a sua alteração ou até mesmo desaplicação acarreta negligenciar o seu papel no contexto da proteção dos direitos e garantias dos cidadãos, dado não ser sequer possível afirmar que receberão igual ou maior proteção supranacional[86].

Face à posição tomada pelo T-CY e a reprodução prática de tais soluções por alguns Estados[87], Sieber e Neubert avançam que pressupor o desinteresse dos Estados pela proteção da informação, quando no âmbito de armazenamentos técnicos/"casuais", comporta a desconsideração de qualquer preocupação pelas infraestruturas técnicas que a detém ou por qualquer proteção contra acessos indevidos à restante informação que poderão conter[88]. Apontam igualmente que não se poderá legitimar a ingerência na soberania do Estado-alvo apenas por este não ter conhecimento da ocorrência da violação[89]. Os servidores nos quais a informação se encontra fisicamente armazenada permanecem ligados a um território. Por esse motivo, a violação da soberania sempre

[84] Esta é uma reivindicação que alguns autores tomam como já consumada, cf. Goldsmith, 2001: 6, 9-10; Nunes, 2018: 92 e Ramalho, 2018: 51-52.

[85] Morais, 2015: 20.

[86] Cf. Pereira, 2019: 253-258 e Koops/Goodwin, 2016: 37-39.

[87] De acordo com as respostas registadas pelos diferentes países, em 2012 alguns Estados permitiam o acesso à informação por parte dos OPC se não fosse possível proceder à sua localização – T-CY, 2012: 29-30, ns. ms. 138, 143 e 148.

[88] Sieber/Neubert, 2017: 259-260.

[89] *Ibidem*: 260.

ocorreria e, adquirindo conhecimento, o Estado-alvo poderia invocá-la, ainda que a relação seja meramente virtual[90].

Por sua vez, defende igualmente esta doutrina que não se poderá falar da existência de um costume internacional que legitime os acessos transfronteiriços em situações de *loss of location* que implicaria, consequentemente, a não violação da soberania[91]. Ainda que se verifique a prática deste tipo de acessos nalguns Estados como já aqui ficou claro, de acordo com as respostas registadas num questionário realizado pelo Conselho da Europa sobre a prática de investigações criminais transfronteiriças, não há uma amostra significativa e expressiva de países que permita afirmar a existência de uma prática generalizada deste tipo de acessos por parte dos Estados[92]. Para o efeito, veja-se o caso da Rússia que rejeita qualquer tipo de acesso transfronteiriço, na esteira do sucedido no caso Gorshkov-Ivanov[93], apontando a questão como um dos motivos para a sua não adesão à Convenção sobre o Cibercrime[94].

Estes princípios de Direito Internacional são princípios aos quais as leis nacionais não se poderão imiscuir na elaboração de normas habilitantes para a realização dos acessos e cujas consequências de violação não se dão apenas a um nível supranacional. A nossa Constituição acolhe estes mesmos princípios e normas de Direito Internacional, que passam, por isso, a assumir importância decisiva na validade da norma infraconstitucional[95]. Por outro lado, estes acessos comportam uma verdadeira ingerência na ordem constitucional dos Estados afetados, em particular no que se refere à proteção dos

[90] *Ibidem*: 260; Tsilikis, 2020: 166-167. Esta é também a lógica por trás da Diretiva 2014/41/UE do Parlamento Europeu e do Conselho. Lógica essa que se pretende agora contrariar com base na proposta de Regulamento do Parlamento Europeu e do Conselho relativo às ordens europeias de entrega ou de conservação de provas eletrónicas em matéria penal, que prevê no seu art. 1.º que as autoridades de um Estado-Membro possam ordenar a um prestador de serviços a operar na União para produzir ou preservar prova digital, independentemente da localização da informação. O que, na verdade, vem também em linha com o já estabelecido no recente Segundo Protocolo Adicional à Convenção sobre o Cibercrime, conforme já explanado.

[91] *Ibidem:* 285 e Seitz, 2005: 49.

[92] Os resultados díspares e a dimensão da amostra não se demonstraram suficientes para o efeito, cf. T-CY, 2012: 29-30, ns. ms. 130 e ss.; UNODC, 2013: 220.

[93] Leyden, 2002.

[94] T-CY, 2008: 28.

[95] Cf. Pereira, 2019: 260-261, 268, 269.

direitos fundamentais dos seus cidadãos, o que naturalmente comporta outra limitação à validade da norma, em particular no que se refere ao regime das proibições de prova.

Em função do exposto, a maioria da doutrina rejeita por completo a admissibilidade dos acessos transfronteiriços (a informação protegida), para lá das exceções previstas nos tratados internacionais, mesmo em situações de *loss of location*. Pois, "... the inability of one state to determine the location of data at the moment of access does not mitigate the wrong caused to the affected state of a breach of territorial integrity"[96]. Assim, não será possível sustentar o acesso transfronteiriço (ainda que num contexto de *loss of location*), não sendo admissível proceder à cópia da informação encontrada como forma de salvaguarda da investigação para que posteriormente se peça autorização ao Estado afetado[97], uma vez descoberta a sua localização, inviabilizando totalmente qualquer esforço de investigação criminal.

2. A relativização da proibição em contexto de *loss of location*

Ciente das dificuldades enfrentadas e da insuficiência da Convenção face às necessidades dos Estados, o T-CY chega mesmo a afirmar a não aplicabilidade do princípio da territorialidade às situações de *loss of location*[98], reiterando a urgência de se modificar o paradigma existente relativamente aos conceitos de "soberania" e "jurisdição".

É certo que podemos reclamar uma mudança conceptual no que à soberania e jurisdição diz respeito, sendo também certo que não se trata de conceitos totalmente impermeáveis e imutáveis, podendo sofrer adaptações e evoluções em conformidade com a própria evolução do conceito de Estado. No entanto, é de considerar se não haverá já enquadramento para o problema da *loss of location* no âmbito das normas e princípios do Direito Internacional: falamos, pois, da atuação ao abrigo do estado de necessidade[99].

Na sua conceção atual[100], trata-se de uma causa de exclusão da ilicitude que permitiria a violação de uma obrigação que recai sobre um Estado em nome

[96] Koops/Goodwin, 2016: 61-62.

[97] Cf. Seitz, 2005: 49-50.

[98] Cf. T-CY, 2012: 27, n.m. 134.

[99] Defendida igualmente por Sussmann, 1999: 471; Sieber/Neubert, 2017: 295 e ss.

[100] Sobre a história do direito de necessidade, cf. Desierto, 2012: 63-122; Boed, 2000: 1-12.

da proteção de um interesse vital/essencial[101]. Não se reconduz, portanto, à afirmação de um direito em defesa da violação perpetrada, mas sim de afirmar que naquelas circunstâncias, a ordem jurídica nacional e internacional deve ser permissiva e desculpar tal atuação[102].

Segundo a CDI «The term 'state of necessity' is used by the Commission to denote the situation of a state whose sole means of safeguarding an essential interest threatened by a grave and imminent peril is to adopt conduct not in conformity with what is required of it by an international obligation to another state»[103]. O art. 25.º do projeto da CDI sobre a responsabilidade dos Estados por atos internacionalmente ilícitos é reflexo desta conceptualização, já aceite como costume internacional, instituindo como requisitos para a sua invocação: (i) que a prática do ato ilícito seja o único meio possível do Estado para salvaguardar um interesse vital contra um grave perigo iminente; e, (ii) que aquele não prejudique seriamente um interesse vital do Estado ou Estados em relação ao qual/quais se verifica a violação da obrigação internacional, ou da comunidade internacional como um todo[104].

Assim, o ato de acesso remoto e transfronteiriço deve ser o único meio disponível para o Estado salvaguardar um interesse vital contra um grave perigo iminente, sem prejudicar seriamente um interesse vital do Estado acedido.

Considerando que nas situações de *loss of location* não há quaisquer meios alternativos para obter a prova digital (o único meio possível será mediante a realização do acesso), o Estado terá, assim, de demonstrar (e documentar) que não lhe foi possível localizar os dados, apesar de ter esgotado todas as medidas possíveis e razoáveis atendendo às circunstâncias do caso concreto[105].

Neste contexto, podemos encontrar três interesses vitais aplicáveis às situações de acesso transfronteiriço: a proteção da vida e integridade física dos cidadãos; o exercício da jurisdição executiva contra criminosos; e a

[101] Cf. Boed, 2000: 7-10.

[102] Ago, 1980: 17, n.m. 8; 20, n.m. 15; 50, n.m. 77.

[103] CDI, 1980: 34.

[104] Sobre a delimitação destes requisitos, cf. Boed, 2000: 15-19; Thjoernelund, 2009: 436-440.

[105] Sieber/Neubert, 2017: 302-303, 306-307; Winter, 2017: 225.

proteção das infraestruturas tecnológicas do Estado[106]. Associados a estes interesses podemos igualmente destacar graves perigos cuja iminência é uma realidade, bastando para tanto considerar casos em que a investigação contra um terrorista ou assassino em série não pode avançar devido à *loss of location*; ou, situações de incapacidade sistemática das autoridades policiais na investigação de cibercrimes; bem como, ataques a infraestruturas tecnológicas essenciais da sociedade atual, como por exemplo ao setor bancário ou de controlo de tráfego aéreo[107].

Adicionalmente, o interesse que fundamenta o acesso tem de superar impreterivelmente o interesse do Estado-alvo (neste caso, a proteção da sua soberania territorial e os direitos fundamentais e garantias processuais dos seus cidadãos). Esta é uma ponderação que deve ser realizada para cada caso concreto, não sendo possível estabelecer sem reservas uma verdadeira regra geral. Porém, o impacto da interdição da investigação e obtenção da prova na vida dos cidadãos, na conservação da ordem pública e na estabilidade económica e social do Estado tem um peso que não se pode desconsiderar[108].

Ora, a doutrina apologista desta solução tende a não considerar o facto deste princípio constituir precisamente uma causa de exclusão da ilicitude do ato, não devendo ser usado como um verdadeiro mecanismo de resposta à impossibilidade de cooperação judiciária em matéria de obtenção de prova digital quando se verifiquem situações de *loss of location*. Desde logo, porque se trata de uma permissão excecional que apenas tem colhimento em raras situações de extrema necessidade[109]. Por outro lado, trata-se de uma solução altamente parcial, ainda mais em contexto de *loss of location*, em que o próprio Estado que acede desconhece as consequências para o Estado de destino. Este mesmo raciocínio justificativo para proceder aos acessos é, assim, facilmente adulterado, nem que seja pela defesa de que os seus interesses sempre prevalecem sobre os dos demais. Em particular, por nem se saber qual o Estado relativamente ao qual se exerce esta causa de exclusão de ilicitude para justificar

[106] Sieber/Neubert, 2017: 297-300.

[107] *Ibidem*: 300-302.

[108] *Ibidem*: 304-305. Uma vez conhecida a localização da informação, a necessidade também cessaria e o Estado-alvo deveria ser notificado, recorrendo-se para o efeito aos mecanismos de cooperação judiciária internacional.

[109] Ago, 1980: 19, n.m. 12; CDI, 1980: 47.

a ingerência na sua soberania[110]. Para mais, atendendo ao contexto em causa, deve ter-se igualmente em consideração que uma utilização pouco prudente desta justificação poderá implicar a banalização de uma total desvalorização do princípio da territorialidade e do conceito de Estado que lhe está inerente.

Ora, é evidente que uma concreta investigação de elevada exigência e em emergência, que proceda ao acesso remoto transfronteiriço para obter prova digital essencial ao sucesso da investigação e ao termo da emergência, possa encontrar acolhimento e uma justificação para a atuação faltosa neste mesmo princípio. E, para essas situações, a necessidade permite, então, justificar e legitimar os acessos do ponto de vista do próprio Direito Internacional. Se verificadas as suas condições, esta causa de exclusão da ilicitude permite justificar alguns dos problemas que anteriormente se levantavam relativamente ao princípio da territorialidade, da violação da soberania e dos próprios interesses do Estado-alvo, mas não os consegue resolver.

Trata-se, pois, de uma solução que se demonstra insuficiente a longo prazo, circunscrevendo-se a situações-limite e sem oferecer verdadeiras linhas orientadoras concisas e consistentes para um regime de atuação internacional no que à realização de acessos transfronteiriços em contexto de *loss of location* diz respeito. Sem o avanço da comunidade internacional nesse sentido, as autoridades deverão apenas proceder ao acesso nas situações excecionais e extremas em que se verifiquem as condições do estado de necessidade. Sendo que, em todo o caso, os acessos não se poderiam considerar *a priori* totalmente legitimados, pois não deixa de se verificar uma ingerência na soberania do Estado-alvo e respetivos direitos fundamentais dos seus cidadãos, com a eventual proibição de produção da prova recolhida.

V. Breves considerações sobre a validade da prova digital obtida em contexto de *loss of location* no ordenamento jurídico português

Posto isto, releva avaliar as possíveis consequências ao nível das proibições de prova da realização e obtenção de prova digital mediante acessos

[110] Considerando a falta de evidência sobre o Estado-alvo em causa, bem como das respetivas consequências do ato relativamente aos direitos fundamentais dos cidadãos em jogo, poderão encontrar-se dificuldades ao preenchimento do segundo requisito do estado de necessidade – cf. CDI, 2001: 83-84.

transfronteiriços, ao abrigo da LCCrim portuguesa e atendendo à potencial violação da soberania dos Estados nos quais se encontrem os sistemas informáticos acedidos.

Ora, tendo o legislador nacional optado propositadamente pela supressão da limitação territorial que constava do art. 19.º da Convenção sobre o Cibercrime, de forma a ampliar o seu âmbito de aplicação e consagrar a permissibilidade da realização dos acessos transfronteiriços, sem reconhecer qualquer reciprocidade às autoridades estrangeiras, deixa claro que há uma esfera da soberania e dos direitos fundamentais dos cidadãos a proteger. Esfera essa que no que além fronteiras concerne foi desconsiderada em prol dos interesses do Estado português. O nível de exigência para a atuação nacional no que se refere ao respeito e proteção dos direitos fundamentais dos cidadãos é claramente menos rigoroso do que aquele que é pedido à atuação das autoridades e OPC dos demais Estados, que procurem aceder a informação armazenada em território português. Estes permanecem sujeitos ao quadro dos mecanismos de cooperação judiciária internacional e vinculados às exceções previstas nos diplomas internacionais aplicáveis[111].

Por tudo o já exposto, não faz sentido afirmar que os acessos ocorrem sem qualquer risco de violação de princípios e normas do Direito Internacional e, de forma mais veemente, dos próprios direitos fundamentais dos cidadãos e ordem constitucional daquele Estado. Se isto é ponto assente, há também que reconhecer que estes mesmos princípios e normas de Direito Internacional, bem como a necessidade de proteção dos direitos fundamentais dos cidadãos, constituem um limite que não pode ser ultrapassado sem consequências em matéria de invalidade da prova no âmbito do sistema legal das proibições de prova. Tal é evidenciado pela prevalência de exigências de um processo justo e equitativo, no respeito pela dignidade humana, face à desmedida descoberta da verdade[112]. Para além disso, o sistema de proibições de prova português encontra-se também sujeito às normas constitucionais que resultam da CRP e visa "salvaguardar primacialmente direitos fundamentais (tanto de índole substantiva como de índole processual) e pode vir a ser convocado sempre que a ilegalidade das provas se reporte a valores constitucionalmente

[111] Pereira, 2019: 263.

[112] Cf. Pereira, 2019: 266.

relevantes"[113]. Tal não consubstancia, aliás, novidade e já resultava da teoria das proibições de prova de Beling, que entendia que a violação das normas de Direito Internacional gerava uma proibição de prova fundada no interesse do Estado[114].

Por esse motivo, não será prudente sustentar que da obtenção de prova em violação de normas ou princípios de Direito Internacional, não resulta qualquer efeito "porque a prova assim recolhida encontra legitimidade na lei, o que, em face da inexistência de qualquer contrariedade com uma disposição de cariz constitucional, é condição bastante para a sua admissibilidade, nos termos do disposto no art. 125.º do CPP"[115] ou que, mesmo que se verifiquem consequências negativas, estas apenas se registarão num plano supranacional de foro diplomático[116], quanto mais se se verificar a violação de direitos fundamentais dos cidadãos afetados.

Mas, se assim sucede para a generalidade dos acessos realizados no âmbito do n.º 5 do art. 15.º da LCCrim, aqueles que ocorrem em contexto de *loss of location* poderão eventualmente ver a sua ilicitude excluída se ocorrerem no âmbito do princípio da necessidade reconhecido internacionalmente. Para tal, não se poderá tomar o n.º 5 do art. 15.º como uma carta em branco para a realização de acessos remotos em que, sendo indiferente, nem se procura saber a localização da informação. Sem quaisquer esforços na determinação da localização física da prova não se estaria verdadeiramente perante

[113] Cf. Pereira, 2019: 266. Tome-se, por exemplo, o direito à privacidade e à proteção de dados, constitucionalmente consagrados e cuja relevância é tal que resulta numa exigência expressa do art. 25.º da LCCrim para os demais Estados.

[114] "La consideración de la correlación de los Estados como factor de cultura y la necesidad de una convivencia ordenada ha producido, junto a otros innumerables perceptos del derecho internacional, también el precepto de que cada Estado respeto bajo el fundamento de extraterritorialidad los funcionarios extranjeros y que de alguna manera emprenda actos de jurisdicción en contra de ellos o de sus bienes." – Beling, 2009: 9 e 13-14. Outras poderão ser as consequências ao nível da validade da prova obtida a partir da Rule 41(b)(6) das FRCP, ainda que a violação das normas e princípios de Direito Internacional e o ampliamento da norma da Convenção sobre o Cibercrime sejam evidentes.

[115] Ramalho, 2017: 67.

[116] Em sentido contrário, sustém Beling que "es obvio que el interés estatal en conservar los vínculos de la comunidad de los estados es mucho más significativo que el interés en llevar hasta el final un proceso penal concreto. Por lo tanto se han de mantener todas las interdicciones que proceden de las normas del derecho internacional" – Beling, 2009: 51.

uma situação de *loss of location*, o que implica desde logo a impossibilidade de aplicação da causa de exclusão da ilicitude por um estado de necessidade. Por consequência, deve procurar saber-se se a informação que se pretende consultar a partir do primeiro sistema informático se encontra no estrangeiro e, em caso positivo, onde ao certo. Só após se concluir que não é possível determinar com razoabilidade a localização da mesma, é que se poderá considerar a situação de necessidade.

Será, então, fundamental documentar e garantir que todos os requisitos e pressupostos desta causa de justificação por necessidade estão assegurados no momento da autorização ou ordem para a extensão da pesquisa. Só após atestar que o recurso ao estado de necessidade se encontra bem fundamentado, se poderá proceder ao acesso remoto e transfronteiriço sem incorrer em qualquer violação dos princípios e normas do Direito Internacional. Ainda assim, mesmo agindo ao abrigo de uma norma consuetudinária permissiva, não é certo que a prova recolhida fique a salvo de quaisquer consequências ao nível das proibições de prova, uma vez que sempre se poderão verificar violações dos direitos fundamentais dos cidadãos que a tanto não permitam. Ora, somente quando seja possível assegurar que os direitos fundamentais dos cidadãos se encontram inteiramente salvaguardados, se poderá afirmar que a obtenção da prova é válida ao abrigo do quadro das proibições de prova do art. 126.º do CPP e da CRP e passível de utilização para efeitos de valoração em sede do processo criminal em curso.

Conclusão

Quando combinada a crescente imprescindibilidade da obtenção de prova em ambiente digital mediante acessos transfronteiriços com as técnicas de anonimização e proliferação dos serviços (e da necessidade) de computação em nuvem, que têm dificultado a tarefa de identificação dos suspeitos pelas autoridades de investigação criminal, é propício a verificação de situações em que as autoridades não conseguem identificar com razoabilidade onde se localiza a prova. A partir de um caso (*In re warrant to search a target computer at premises unknown*), foi possível verificar o impacto da inadequação das medidas para a realização dos acessos em respeito dos princípios da territorialidade e da jurisdição ao abrigo do Direito Constitucional e Internacional e o impacto nos direitos fundamentais dos sujeitos visados por estas buscas e apreensões.

A falta de resposta ao problema por parte da comunidade internacional tem desencadeado diversos Estados a desenvolver as suas normas habilitantes. Tivemos oportunidade de analisar o n.º 5 do art. 15.º da LCCrim portuguesa, bem como a Rule 41(b)(6) das FRCP dos EUA. Normas essas que acautelam a realização de acessos remotos transfronteiriços independentemente do conhecimento da localização do Estado em que a informação se encontra armazenada.

Defendemos que, ainda assim, estas disposições não podem fugir às consequências da violação dos princípios e normas do Direito Internacional, nem da ingerência nas ordens constitucionais estrangeiras. Desse modo, a solução encontrada pelo legislador português não legitima suficientemente este tipo de acessos para a obtenção de prova digital. Nesse sentido, não é possível afirmar a inexistência de quaisquer efeitos e vícios no domínio da validade da prova que seja obtida através de buscas e apreensões realizadas mediante acessos remotos e transnacionais.

Tal não implica a total impossibilidade de obter prova digital mediante acessos transfronteiriços, quando em contexto de *loss of location*. É possível verificar-se uma eventual situação de estado de necessidade, conforme previsto pelo Direito Internacional, que permita legitimar a obtenção de prova. Contudo, tal norma consuetudinária apresenta limites à sua aplicação, que demonstram ser de difícil superação: desde logo, o facto do juízo de proporcionalidade se encontrar totalmente dependente da vontade unilateral do Estado que procede ao acesso, sem qualquer conhecimento das consequências implícitas para o Estado alvo – que é, até esse momento, totalmente desconhecido –, bem como, a própria inevitabilidade da violação dos direitos fundamentais dos cidadãos daquele Estado. Pelo que, no final, não é possível concluir pela total evasão dos vícios ao nível do sistema de proibições de prova vigente no ordenamento jurídico português.

Ficou, de resto, claro que a questão abordada ao longo da exposição é ainda controversa, devendo procurar-se a harmonização de um regime internacional que regule os acessos transfronteiriços em contexto de *loss of location*, consagrando o consenso da ordem internacional sobre este problema comum, indicando claramente a melhor forma de lidar com a prova transnacional e que ofereça um verdadeiro sistema de proteção de direitos fundamentais.

Bibliografia citada

AGO, Roberto,
(1980) *Addendum – Eighth report on State responsibility by Mr. Roberto Ago, Special Rapporteur – the internationally wrongful act of the State, source of international responsibility (part 1)*. Nova York: Nações Unidas.
ARORA, Siddharth / PANKAJ, Anupama / BANERJEE, Prasenjit,
(2018) "Anonymity and Anonymous Connections using TOR", *International Journal of Advanced Studies of Scientific Research* 3, 10, pp. 165-168.
BELING, Ernst von,
(2009) "Las prohibiciones de prueba como límite a la averiguación de la verdad en el proceso penal" in Ernst Beling, Kai Ambos e Óscar Julián Guerrero (coord.) *Las Prohibiciones Probatorias*. Bogotá: Editorial Themis. pp. 1-56.
BERNARDEZ, Santiago Torres,
(1987) "Territorial Sovereignty", in: R. Bernhardt (coord.), *Encyclopedia of Public International Law*. Amsterdão: Elsevier Science Publishers B.V., pp- 487-494.
BOED, Roman,
(2000) "State of necessity as a justification for internationally wrongful conduct", *Yale Human Rights and Development Journal* 3, 1, pp. 1-45.
BRENNER, Susan W./ KOOPS, Bert-Jaap,
(2004) "Approaches to Cybercrime Jurisdiction", *Journal of High Technology Law* 4, 1, pp. 1-48.
BROWNLIE, Ian,
(2008) *Principles of Public International Law*, 7th ed. Oxford: Oxford University Press.
CARDOSO, Rui,
(2018) "Apreensão de correio eletrónico e registos de comunicações de natureza semelhante – artigo 17.º da Lei n.º 109/2009, de 15.IX", *RMP* 153, pp. 167-214.
CARRERA, Sergio / FUSTER, Gloria González / GUILD, Elspeth / MITSILEGAS, Valsamis,
(2015) *Access to Electronic Data by Third-Country Law Enforcement Authorities: Challenges to EU Rule of Law and Fundamental Rights*. Bruxelas: Centre for European Policy Studies.
CASSESE, Antonio,
(2003) *International Criminal Law*. Oxford: Oxford University Press.
CLARKE, Ian / SANDBERG, Oskar / WILEY, Brandon / HONG, Theodore W.,
(2001) "Freenet: A Distributed Anonymous Information Storage and Retrieval System", in: Hannes Federrath (coord.), *Designing Privacy Enhancing Technologies*. Berlim: Springer, pp. 46-66.

Comissão de Direito Internacional (CDI),
(1980) *Report of the International Law Comission on the work of its thirty-second session, 5 May – 25 July 1980, Official Records of the General Assembly, Thirty-fifth session, supplement no. 10.* Nova York: Nações Unidas.
(2001) *Report of the International Law Comission on the work of its fifty-third session, 23 April – 1 June and 2 July – 10 August 2001, Official Records of the General Assembly, Fifty-sixth session, Supplement No. 10.* Nova York: Nações Unidas.
Comissão Europeia,
(2018) *Proposta de Regulamento do Parlamento Europeu e do Conselho 2018/0108/COD relativo às ordens europeias de entrega ou de conservação de provas eletrónicas em matéria penal,* COM (2018) 255 final, de 17/04/2018.
(2019) Recomendação de Decisão do Conselho que autoriza a participação nas negociações respeitantes ao Segundo Protocolo Adicional à Convenção do Conselho da Europa sobre o Cibercrime (STCE-185), COM (2019) 71 final, de 05/02/2019.
(2022) *e-Evidence: Comission welcomes political agreement to strengthen cross-border access for criminal investigations,* Comunicado de imprensa de 29/11/2022, disponível em: https://ec.europa.eu/commission/presscorner/api/files/document/print/en/ip_22_7246/IP_22_7246_EN.pdf (consultado em 09/12/2022).
Comité da Convenção sobre o Cibercrime (T-CY),
(2008) *Compilation of Responses to Questionnaire for the Parties Concerning the Practical Implementation of the Convention on Cybercrime,* Memorando T-CY (2008) 01, Conselho da Europa, de 11/03/2008.
(2012) *Transborder Access and jurisdiction: What are the options?,* Comité da Convenção sobre o Cibercrime, de 06/12/2012.
(2013) *(Draft) Elements of an Additional Protocol to the Budapest Convention on Cybercrime regarding transborder access to data,* Proposta do subgrupo ad-hoc sobre jurisdição e acesso transfronteiriço a dados junto do Comité da Convenção sobre o Cibercrime, de 09/04/2013.
(2014) *Transborder access to data (Article 32),* T-CY Guidance Note #3, Conselho da Europa, de 03/12/2014.
(2016) *Criminal justice access to electronic evidence in the cloud: Recommendations for consideration by the T-CY,* Relatório final T-CY (2016)5, Conselho da Europa, de 16/09/2016.
(2017) *T-CY 17: 17th Plenary of the T-CY,* Meeting Report, Conselho da Europa, 09/06/2017.
(2019) *Terms of Reference for the Preparation of a Draft 2nd Additional Protocol to the Budapest Convention on Cybercrime,* Conselho da Europa, de 09/07/2019.
Conselho da Europa,
(2001) *Explanatory Report to the Convention on Cybercrime,* European Treaty Series n.º 185, de 23/11/2001.
(2022) *Explanatory Report to the Second Additional Protocol to the Convention on Cybercrime on enhanced co-operation and disclosure of electronic evidence,* European Treaty Series n.º 224, de 12/05/2022.
Conselho da União Europeia,
(2022) *Decisão (UE) 2022/722 do Conselho de 05 de abril de 2022 que autoriza os Estados-Membros a assinar no interesse da União Europeia o Segundo Protocolo Adicional à Convenção*

sobre o Cibercrime relativo ao reforço da cooperação e da comunicação de provas eletrónicas, Jornal Oficial da União Europeia, de 11/05/2022.

Correia, João Conde,

(2014) "Prova digital: as leis que temos e a lei que devíamos ter", *RMP* 139, pp. 29-59.

Cryer, Robert / Friman, Hakan / Robinson, Darryl / Wilmshurst, Elizabeth,

(2014) *An Introduction to International Criminal Law and Procedure*, 3rd ed. Cambridge: Cambridge University Press.

Daskal, Jennifer,

(2018) "Borders and Bits", *Vanderbilt Law Review* 71, 1, pp. 179-240.

Depauw, Sofie,

(2018) "Electronic Evidence in Criminal Matters: How about E-evidence instruments 2.0?", *EuCLR* 8, 1, pp. 62-82.

Desierto, Diane A.,

(2012) *Necessity and National Emergency Clauses: Sovereignty in modern treaty interpretation*. Leiden: Brill.

Dias, Jorge de Figueiredo,

(2004) *Direito Processual Penal*, reimpr. 1.ª ed. 1974. Coimbra: Coimbra Editora.

Eurojust,

(2020) *Challenges and best practices from Eurojust's casework in the area of cybercrime*, Overview Report, de novembro de 2020.

Europol / Eurojust,

(2019) *Common chanllenges in combating cybercrime*, Relatório conjunto, de junho de 2019.

Gercke, Marco,

(2011) *Understanding Cybercrime: A guide for developing countries*, 2nd ed. Geneva: ICT Applications and Cybersecurity Division. Policies and Strategies Department. ITU Telecommunication Development Sector.

(2013) "10 years Convention on Cybercrime", *Computer Law Review International* 12, 5, pp. 142-149.

Ghappour, Ahmed,

(2017) "Searching Places Unknown: Law Enforcement Jurisdiction on the Dark Web", *Stanford Law Review* 69, pp. 1075-1136.

Goldsmith, Jack,

(2001) "The internet and the Legitimacy of Remote Cross-Border Searches", *University of Chicago Public Law & Legal Theory Working Paper* No. 16.

Gonçalves, João Gama,

(2017) "A prova digital em 2017 – Reflexões sobre algumas insuficiências processuais e dificuldades da investigação", *CEDIS Working Papers – Direito, Segurança e Democracia* 57.

Haraty, Ramzi A. / Assi, Maram / Rahal, Imad,

(2017) "A Systematic Review of Anonymous Communication Systems", in: Slimane Hammoudi, Michal Smialek, Olivier Camp e Joaquim Filipe (coord.), *Proceedings of the 19th International Conference on Enterprise Information Systems*, vol. 2. Setúbal: Scitepress, pp. 211-220.

Hert, Paul de,
(2006) "Cybercrime and Jurisdiction in Belgium and The Netherlands. Lotus in Cyberspace – Whose Sovereignty is at Stake?", in: B. J. Koops e S. Brenner (coord.), *Cybercrime and Jurisdiction; A Global Survey*. Haia: TMC Asser Press, pp. 71-110.
Hörnle, Julia,
(2021) *Internet jurisdiction*. Oxford: Oxford University Press.
Kleijssen, Jan / Perri, Pierluigi,
(2017) "Cybercrime, Evidence and Territoriality: Issues and Options", in: Martim Kuijer e Wouter Werner (coord.), *Netherlands Yearbook of International Law 2016 – The Changing Nature of Territoriality in International Law*. Haia: TMC Asser Press, pp. 147-175.
Kohl, Uta,
(2007) *Jurisdiction and the Internet: Regulatory Competence over Online Activity*. Cambridge: Cambridge University Press.
Koops, Bert-Jaap / Goodwin, Morag,
(2016) "Cyberspace, the cloud, and cross-border criminal investigation – the limits and possibilities of international law", *Tilburg Law School Legal Studies Research Paper Series* N.º 5.
Lerner, Zach,
(2016) "A Warrant to Hack: An Analysis of the Proposed Amendments to Rule 41 of the Federal Rules of Criminal Procedure", *Yale Journal of Law & Technology* 18, pp. 26-69.
Leyden, John,
(2002) "Russians accuse FBI agent of hacking", *The Register*, 16 de agosto de 2002, disponível em https://www.theregister.co.uk/2002/08/16/russians_accuse_fbi_agent/ (consultado em 20/08/2021).
Lombois, Jean Claude,
(1979) *Droit Pénal International*, 2ème ed. Paris: Dalloz.
Miranda, Jorge,
(2014) *Manual de Direito Constitucional*, vol. II, t. III. Coimbra: Coimbra Editora.
Meng, Werner,
(1987) "Extraterritorial effects of administrative, judicial and legislative acts", in: Rudolf Bernhardt (coord.), *Encyclopedia of Public International Law*, vol. 10. Amsterdão: Elsevier Science Publishers B.V., pp. 155-162.
Morais, Carlos Blanco de,
(2015) *Curso de Direito Constitucional*, t. I, 3.ª ed. Coimbra: Coimbra Editora.
Negi, Neelam,
(2017) "Comparison of Anonymous Communication Networks – Tor, I2P, FreeNet", *International Research Journal of Engineering and Technology* 4, 7, pp. 2542-2544.
Nunes, Duarte Rodrigues,
(2018) *Os meios de obtenção de prova previstos na lei do cibercrime*. Coimbra: Gestlegal.
Oppenheim, Lassa,
(1955) *International Law: A Treatise*, vol. 1, 8th ed. Londres: Longmans, Green and Co.
Oxman, Bernard H.,
(1987) "Jurisdiction of States", in: Rudolf Bernhardt (coord.), *Encyclopedia of Public International Law*, vol. 10. Amsterdão: Elsevier Science Publishers B.V., pp. 277-282.

Patil, Nilesh Madhukar / Lingam, Chelpa,
(2012) "Anonymous Connections and Onion Routing", *International Journal of Advanced Research in Computer Science and Software Engineering* 2, 2, pp. 33-38.
Pereira, Rui Soares,
(2019) "O acesso (unilateral e sem recurso a mecanismos de cooperação judiciária internacional) a dados armazenados em sistemas informáticos localizados no estrangeiro", N.º Extraordinário da *Revista de Estudios Europeos*, pp. 246-272.
Ramalho, David Silva,
(2013) "A investigação criminal na Dark Web", *C&R* 4, 14/15, pp. 383-429.
(2017) *Métodos Ocultos de Investigação Criminal em Ambiente Digital*. Coimbra: Almedina [livro eletrónico].
(2018) "A recolha de prova digital através de pesquisas informáticas transfronteiriças", in: CEJ (coord.), *O Domínio do Imaterial: Prova Digital, Cibercrime e a Tutela Penal de Direitos Internacionais*. Lisboa: CEJ [livro eletrónico], pp. 57-69.
Raman, Mythili,
(2013) *Carta à Magistrada Reena Reggi*, de 18 de setembro de 2013.
Rauschecker, Markus,
(2017) "Rule 41 Amendments Provide for a Drastic Expansion of Government Authority to Conduct Computer Searches and Should Not Have Been Adopted by the Supreme Court", *Maryland Law Review* 76, 4, pp. 1085-1101.
Rosenzweig, Paul,
(2013) *Cyber Warfare: How Conflicts in Cyberspace are Challenging America and Changing the World*. California: Praeger.
Ryngaert, Cedric,
(2015) *Jurisdiction in International Law*, 2nd ed. Oxford: Oxford University Press.
Seger, Alexander,
(2018) "E-evidence and Access to Data in the Cloud Results of the Cloud Evidence Group of the Cybercrime Convention Committe", in: Maria Angela Biasiotti, Jeanne Pia Mifsud Bonnici, Joe Cannataci e Fabrizio Turchi (coord.), *Handling and Exchanging Eletronic Evidence Across Europe*. Cham: Springer, pp. 35-42.
Seitz, Nicolai,
(2005) "Transborder Search: A New Perspective in Law Enforcement?", *Yale Journal of Law and Technology* 7, 1, pp. 22-50.
Sequeira, Cláudia,
(2016) *Os meios de obtenção de prova na Lei do Cibercrime: pesquisa de dados informáticos*, Dissertação de Mestrado. Porto: Universidade Católica Portuguesa, disponível em: https://repositorio.ucp.pt/bitstream/10400.14/21980/1/Disserta%C3%A7%C3%A3o%20Mestrado%20Direito%20Criminal%20Cl%C3%A1udia%20Sequeira%20-%20vers%C3%A3o%20final.pdf (consultado em 20/08/2021).
Shaw, Malcolm N.,
(2021) *International Law*, 9th ed. Cambridge: Cambridge University Press [livro eletrónico].
Sieber, Ulrich / Neubert, Carl-Wendelin,
(2017) "Transnational Criminal Investigations in Cyberspace: Challenges to National Sovereignty", *Max Planck Yearbook of United Nations Law* 20, 1, pp. 239-321.

SONI, Arun,
(2021) *The Cyber Security Self-Help Guide*. Boca Raton: CRC Press.
SPOENLE, Jan,
(2010) *Cloud Computing and Cybercrime investigations: territoriality vs. The power of disposal?*, Discussion Paper, Economic Crime Divison, Directorate General of Human Rights and Legal Affairs, de 31/08/2010, disponível em http://rm.coe.int/CoERMPublicCommonSearchServices/DisplayDCTMContent?documentId=09000016802fa3df (consultado em 20/08/2021).
STEINBERG, Helmut,
(1987) "Sovereignty" in Rudolf Bernhardt (coord.), *Encyclopedia of Public International Law*, vol. 10. Amsterdão: Elsevier Science Publishers B.V., pp. 397-413.
SUSSMANN, Michael,
(1999) "The critical challenges from international high-tech and computer related crime at the millennium", *Duke Journal of Comparative & International Law* 9, 2, pp. 451-489.
SYVERSON, Paul,
(2011) "A peel of onion", *Proceedings of the 27th Annual Computer Security Applications Conference, ACSAC*, pp. 123-137.
THJOERNELUND, Marie,
(2009) "State of Necessity as an Exemption from State Responsibility for Investments" in A. von Bogdandy e R. Wolfrum (coord.), *Max Planck Yearbook of United Nations Law*, vol. 13. The Netherlands: Koninklijke Brill N.V., pp. 423-480.
TSILIKIS, Dimitrios,
(2020) "Auf der grenzüberschreitenden Suche nach E-Evidence im Strafverfahren: die Unionsrechtsperspektive im digitalen Zeitalter" in Julia Meier, Nadine Zurkinden e Lukas Staffler (coord.), *Recht und innovation – innovation durch Recht, im Recht und als Herausforderung für das Recht*. Dike Verlag: Zürich, pp. 163-178.
UNODC,
(2013) *Compreensive Study on Cybercrime*, Relatório. Nova York: Nações Unidas.
VERDELHO, Pedro,
(2009) "A nova lei do Cibercrime", *Scientia Ivridica* 320, pp. 717-749.
(2019) "Obtaining digital evidence in the global world", *UNIO – EU Law Journal* 5(2), pp. 136-145.
WINTER, Lorena Bachmaier,
(2017) "Remote computer searches under Spanish Law: The proportionality principle and the protection of privacy", *ZStW* 129(1), pp. 205-231.

Jurisprudência citada

Estados Unidos da América

USDC, S.D. Texas, Case H-13-234M., US Magistrate Judge Stephen WM. Smith, de 22/04/2013

USDC, E.D. Pennsylvania, Case 2:16-mj-01061-TJR, US Magistrate Judge Thomas J. Reuter, de 02.03.2017
U.S. v. Odeh & Mohamed, 552 F.3d 157 (USCA, 2008)

Tribunal Internacional de Justiça
TIJ, França v. Turquia, de 7/09/1927

§ 13.
A OBTENÇÃO DE PROVA PELA DEFESA POR MEIO DE TRATADOS DE ASSISTÊNCIA MÚTUA

Natália Queiroz Farinha*

Sumário: Introdução. I. O caso United States v. McLellan. II. Da análise dos tratados de assistência mútua. III. Das garantias fundamentais ao julgamento justo. IV. Modelos atuais de solução. 1. Inglaterra e País de Gales. 2. EUA. 3. Austrália. 4. Holanda. V. Diretiva Europeia de Investigação. VI. Possível solução na perspetiva brasileira. Conclusão. Bibliografia citada. Jurisprudência citada.

Resumo: Partindo-se da situação retratada no caso *United States v. McLellan*, o tema da investigação foca-se na análise da Cooperação Jurídica Internacional como meio de obtenção de provas exclusivamente em favor da defesa. Para tal, foram apreciados diversos Acordos Multilaterais e Bilaterais firmados pelo Brasil, em proveito da Assistência Mútua, visando apurar a existência de eventuais cláusulas que deneguem acesso ao réu. Buscou-se, sobretudo, confrontar possíveis impedimentos face aos princípios e garantias assentes em Declarações Universais e Regionais que asseguram a devida equidade processual. Com suporte no direito comparado, e com especial ênfase no atual modelo de reconhecimento mútuo proposto pela Diretiva Europeia de Investigação, analisou-se o tratamento conferido à temática pelos sistemas

* Advogada. Graduada em Direito pela Universidade de Uberaba – UNIUBE. Mestranda em Direito Penal e Ciências Criminais pela Universidade de Lisboa, Portugal.

processuais de raízes distintas, com interesse primordial em eleger uma solução apta a restabelecer o equilíbrio à defesa de acordo com a perspetiva brasileira. Em harmonia ao modelo de direito processual perfilhado pelo ordenamento jurídico brasileiro e com alicerce na jurisprudência nacional, adotou-se uma escolha moderada quanto à paridade de armas a ditar ao judiciário a requisição probatória defensiva quando substancial ao alcance de um julgamento justo.

Palavras-Chave: Cooperação Jurídica Internacional; obtenção de provas; defesa; direito moderado à paridade de armas.

Introdução

A crescente demanda pela segurança pública internacional impôs ao Estado a necessidade de criar mecanismos de amplitude, de modo a alcançar a celeridade e eficácia no combate aos crimes transnacionais. Por consequência, para além dos métodos tradicionais de cooperação – cartas rogatórias, homologação de sentença estrangeira, pedidos de extradição e transferência de pessoas condenadas – foram celebrados entre os países os chamados Tratados de Assistência Mútua.

A razão propulsora deste novo modelo decorreu da premência em reduzir a burocracia inerente ao processamento de pedidos por canais diplomáticos e, ainda, tornar certa a prestação de assistência por um determinado Estado. Pretendeu-se, portanto, obter uma maior rapidez na transmissão e seguimento dos pedidos, mediante o ajuste prévio dos termos e condições que conduziriam o auxílio mútuo.

Ocorre que, a despeito de serem projetados para o amparo Estatal, muitos Tratados de Assistência padecem de salvaguardas relativas aos direitos e garantias processuais do arguido, atribuindo-lhe um papel de mero objeto dos pedidos de cooperação e negando-lhe ampla legitimidade de acesso. Desse modo, a posição da defesa torna-se repetidamente negligenciada, levantando a necessidade de aferir a equidade entre as partes também a nível internacional, relativamente quanto à viabilidade de acesso de provas pró arguido.

Para tanto, principiar-se-á a investigação a partir de um caso recente, objeto de apreciação pelo Tribunal de Apelações dos Estados Unidos, e prestável na elucidação dos problemas enfrentados pela defesa no alcance de provas transfronteiriças. Assente no caso, levantam-se alguns questionamentos que direcionarão e externalizarão a densidade da questão. O primeiro traduz-se na seguinte indagação: É possível que a defesa utilize dos Tratados de Assistência Mútua para obtenção de provas em seu favor?

A resposta a essa questão será limitada ao contexto brasileiro, de forma que a análise dos acordos de auxílio mútuo será restrita ao conjunto daqueles que são ajustados e endossados pelo Brasil, em virtude da ausência de solução consolidada ao problema jurídico em causa. Busca-se, portanto, averiguar a existência de eventuais cláusulas que possam impedir o acesso de provas pela defesa utilizando-se dos Tratados de Assistência Mútua.

Após serem evidenciados categóricos impedimentos – ou seja, constatada a presença de previsões expressas que impossibilitem a requisição probatória pelo arguido –, serão delineados novos questionamentos a respeito do conflito entre os pressupostos fundamentais ao julgamento justo, em especial no prisma da paridade de armas, e os impedimentos enfrentados pela defesa no âmbito probatório internacional. A partir disso, poder-se-ia também questionar: A restrição de acesso aos Tratados de Assistência Mútua acarreta desequilíbrio à defesa? A disponibilidade do uso das cartas rogatórias será suficiente para colmatar a disparidade despertada entre as partes processuais?

Guiando-se no desenvolvimento das questões apontadas, buscar-se-á, ao final da investigação e a partir do estudo comparativo das soluções aventadas por outros países (EUA, Inglaterra e País de Gales, Austrália e Holanda), oferecer sugestões às práticas futuras na ordem jurídica brasileira, bem como identificar modelos atuais – em particular o modelo de reconhecimento mútuo adotado no âmbito da União Europeia – que incluíram a participação da defesa nos instrumentos de cooperação jurídica internacional. O objetivo será delinear como o princípio da paridade de armas é concebido em determinados sistemas processuais, a fim de que a solução proposta para o direito brasileiro tenha correspondência ao sistema por ele adotado.

I. O caso United States v. Mclellan

Ross McLellan, vice-presidente executivo da empresa *State Street Corporation* e chefe global do *Street's Portfolio Solutions Group* foi acusado de integrar, entre os anos de 2010 e 2011, um esquema destinado a incorporar grandes comissões ocultas nos preços dos títulos a serem vendidos ou adquiridos em serviço de seis instituições investidoras, ora vítimas do referido esquema.

Durante a fase pré-processual, McLellan solicitou ao Tribunal Distrital a emissão de cartas rogatórias ao Reino Unido e à Irlanda, visando a obtenção de provas documentais em duas das instituições investidoras. Atenta a imprescindibilidade dos documentos solicitados, o Tribunal Distrital concedeu o pedido e emitiu nove cartas rogatórias, determinando a suspensão do julgamento pelo prazo de sete meses para assegurar tempo hábil ao cumprimento das solicitações. Não obstante, as execuções das cartas ocorreram parcialmente.

Em janeiro de 2018, a Autoridade Judicial da Irlanda notificou o Tribunal Distrital da recusa no cumprimento da carta rogatória e determinou o uso do *Mutual Legal Assistance Treaty* (*MLAT*) como único meio hábil à requisição dos documentos pretendidos. Por efeito da existência de cláusula que impedia expressamente a solicitação de pedidos pelo arguido utilizando-se do Tratado entre os EUA e a Irlanda, McLellan pleiteou ao Tribunal a emissão de uma ordem à acusação de modo a obrigá-la a transmitir tal pedido, além de formular como requisição subsidiária a exclusão de evidências acusatórias na eventual negativa de envio.

Apesar de indeferido o pedido, o Tribunal, ainda assim, manteve as evidências oferecidas em desfavor de McLellan entendendo não haver fundamento legal para as excluir. Entretanto, revelou preocupação no alcance de um julgamento justo diante da limitação dos poderes do arguido na produção de provas transfronteiriças em comparação com o governo americano[1].

Submetido a julgamento, McLellan foi condenado parcialmente pelos crimes de conspiração e fraude em títulos e sentenciado a uma pena de prisão de 18 meses. Em face desta decisão, o arguido interpôs recurso para o Tribunal de Apelações alegando – para além dos fatos atinentes à própria inocência – a ocorrência de violação à 5.ª e 6.ª Emendas à Constituição Americana como consequência da escusa do governo em utilizar-se do *MLAT* para a solicitação probatória defensiva. McLellan aduziu a não observância da paridade de armas

[1] "The more limited power available to McLellan to compel production of witnesses or documents from outside the United States as compared to within the United States potentially raise[d] fairness or due process considerations" – U.S. v. Ross Mclellan, 18-2032 (1st Cir. 2020).

entre a acusação e a defesa, mormente quando a possibilidade de obter provas no estrangeiro por meio dos Tratados é exclusiva à acusação.

O Tribunal de Apelações, todavia, manteve integralmente a sentença, entendendo que carecia de autoridade para impor ao governo americano o exercício dos seus direitos ao abrigo do *MLAT* em nome, ou em benefício, de uma pessoa privada[2]. Ademais, destacou que o direito de oferecer testemunhas e obrigar ao seu comparecimento – recurso previsto na 6.ª Emenda – não é absoluto. Assim, uma eventual violação dessa prerrogativa dependeria da existência de um ato ou omissão atribuído a uma autoridade que tenha ocasionado a perda ou destruição de um testemunho material para o caso e favorável ao acusado.

Não obstante, segundo o entendimento do Tribunal, dois desses requisitos não restaram comprovados. O primeiro dizia respeito à discricionariedade da acusação em formular pedidos em nome da defesa, já que inexistente um dever jurídico para tanto. O segundo requisito, por sua vez, se deu na ausência de comprovação plausível de que a evidência requerida pelo arguido seria de alguma forma favorável à sua defesa[3].

Trata-se, portanto, de um caso emblemático que revela a disparidade entre a acusação e a defesa no campo da cooperação jurídica internacional. Face à ineficácia das cartas rogatórias, a postulação probatória pelo *MLAT* figurou-se pertinente, despertando a necessidade de exame da disponibilidade de acesso por parte do arguido. Por conseguinte, direciona-se a investigação aos Tratados de Assistência formalizados pelo Brasil tendo em vista responder à primeira indagação enunciada – "É possível que a defesa utilize os Tratados de Assistência Mútua para a obtenção de provas em seu favor?" – e as subsequentes implicações na consecução das garantias processuais.

2 "The Constitution may protect individuals in the United States from subpoenas to comply with foreign MLAT requests, but it generally does not vest criminal defendants with the power to compel the government to lodge diplomatic requests on their behalf" – U.S. v. Ross Mclellan, 18-2032 (1st Cir. 2020).

3 "We conclude, therefore, that the district court does not have the authority to compel the government to issue MLAT requests. Nor is the "onus" on the government in this case to "make it possible" for the defendant to obtain, via an MLAT request, evidence that he cannot establish is favorable to his case" – U.S. v. Ross Mclellan, 18-2032 (1st Cir. 2020).

II. Da análise dos tratados de assistência mútua

Os tratados de cooperação que serão analisados estabelecem limites e regras quanto ao objeto, procedimento e amplitude dos pedidos de assistência jurídica. Objetiva-se, sobretudo, a coleta de provas, a tomada de depoimentos ou declarações de pessoas, o fornecimento de documentos, bens e registros, e a execução de pedidos de busca e apreensão, dentre outras medidas não proibidas pelos Estados Partes. Trata-se, portanto, da "mais ampla assistência recíproca relativa a investigações, processos e ações judiciais"[4].

Entretanto, o ponto central do presente artigo infere-se a partir da análise da legitimidade dos pedidos de assistência jurídica. Para tanto, examinam-se detidamente as Convenções Multilaterais[5] e os Acordos Bilaterais[6] firmados pelo Brasil, almejando averiguar a possibilidade de obtenção de provas em favor da defesa.

Nessa linha, principia-se o estudo pela análise da Convenção das Nações Unidas contra o Tráfico Ilícito de Entorpecentes, ratificada pelo Brasil por meio do decreto n.º 154, de 26 de junho de 1991. A Assistência Jurídica Recíproca encontra previsão no art. 7.º da referida Convenção, especificando em itens as matérias alusivas ao objeto, procedimento e motivos de recusa. Quanto a este último, não há previsão acerca da possibilidade de escusa quando o pedido de assistência partir de um particular, ou mesmo disposição relativa à exclusividade de prestação de auxílio às autoridades estatais.

[4] Trata-se de previsão extraída do art. 46.º, item 1, do Decreto n.º 5.687/06 (Convenção das Nações Unidas contra a Corrupção).

[5] O estudo do presente trabalho restringirá sua análise às seguintes Convenções Multilaterais: Convenção das Nações Unidas contra o Tráfico Ilícito de Entorpecentes (Dec. n.º 154/91); Convenção das Nações Unidas contra a Corrupção (Dec. n.º 5.687/06); Convenção das Nações Unidas contra o Crime Organizado Transnacional (Dec. n.º 5.015/14); e o Protocolo de Assistência Jurídica Mútua em Assuntos Penais do MERCOSUL (Dec. n.º 3.468/00).

[6] Serão analisados todos os Acordos Bilaterais ajustados pelo Brasil com os seguintes países: Suriname (Dec. 6.832/09), Ucrânia (Dec. 5.984/06), EUA (Dec. 3.810/01), México (Dec. 7.595/11), Espanha (Dec. 6.681/08), Peru (Dec. 3.988/01), Colômbia (Dec. 3.895/01), Reino Hachemita da Jordânia (Dec. 9.729/19), Honduras (Dec. 8.046/13), Nigéria (Dec. 7.582/11), Panamá (Dec. 7.596/11), Reino Unido (Dec. 8.047/13), Cuba (Dec. 6.462/08), China (Dec. 6.282/07), França (Dec. 3.324/99), Itália (Dec. 862/93), Portugal (Dec. 1.320/94), Canadá (Dec. 6.747/09), Coreia do Sul (Dec. 5.721/06), Suíça (Dec. 6.974/09) e Reino da Bélgica (Dec. 9.130/17).

Igualmente, tanto na Convenção das Nações Unidas contra a Corrupção (Dec. n.º 5.687/06) como na Convenção das Nações Unidas contra o Crime Organizado Transnacional (Dec. n.º 5.015/14), não se vislumbra previsão expressa que impossibilite a requisição probatória pela defesa. Depreende-se, inclusive, dentre os itens referentes à Assistência Jurídica de ambas as Convenções (art. 18.º, item 19 do Dec. n.º 5.015/14; e art. 46.º, item 19 do Dec. n.º 5.687/06) a presença de cláusula que outorga ao Estado-membro a utilização de informação em procedimento diverso do mencionado no pedido, e sem autorização prévia do Estado requerido, desde que se trate de elementos de prova que inocentem o arguido.

Em contrapartida, o Protocolo de Assistência Jurídica Mútua em Assuntos Penais do MERCOSUL (Dec. n.º 3.468/00) traz em seu bojo a restrição quanto à legitimidade ativa do pedido de assistência frente à redação conferida ao art. 1.º, item 2, *in verbis*: "As disposições do presente Protocolo não conferem direitos aos particulares para a obtenção, supressão ou exclusão de provas, ou para se oporem ao cumprimento de uma solicitação de assistência".

Seguindo idêntica redação, tal cláusula proibitiva também é aduzida nos seguintes Tratados Bilaterais: Brasil e Suriname (art. 1.º, item 6, do Dec. n.º 6.832/09), Brasil e Ucrânia (art. 1.º, item 4, do Dec. n.º 5.984/06), Brasil e Estados Unidos (art. 1.º, item 5, do Dec. n.º 3.810/01), e Brasil e México (art. 4.º, item 2, do Dec. n.º 7.595/11)[7]. Nesta mesma acepção, porém com redação distinta, encontram-se os tratados firmados entre o Brasil e a Espanha (art. 1.º, item 4, alínea *c*, do Dec. n.º 6.681/08), Brasil e Peru (art. 4.º, item 3, alínea *c*, do Dec. n.º 3.988/01), e Brasil e Colômbia (art. 1.º, item 4, do Dec. n.º 3.895/01), que determinam a inaplicabilidade do acordo a particulares ou a Estados terceiros.

Por fim, os tratados ajustados com o Reino Hachemita da Jordânia (art. 1.º, item 5, do Dec. n.º 9.729/19), Honduras (art. 1.º, item 4, do Dec. n.º 8.046/13), Nigéria (art. 1.º, item 3, do Dec. n.º 7.582/11), Panamá (art. 1.º, item 6, do Dec. n.º 7.596/11), e Reino Unido (art. 1.º, item 3, do Dec. n.º 8.047/13), desfrutam de dispositivo cujo conteúdo permite interpretá-lo como tolhimento à

[7] Para além da própria disposição constante do acordo, as autoridades Mexicanas e o Governo dos EUA já manifestaram discordância quanto aos pedidos formulados pela defesa em sede de auxílio direto. A este respeito, veja: SECRETARIA NACIONAL DE JUSTIÇA, 2019: 91 e 130.

utilização pela defesa, a julgar pela atribuição de competência para o envio de solicitações de auxílio mútuo tão somente às autoridades responsáveis ou com poder para atuar em procedimentos administrativos ou judiciais.

Com relação aos demais tratados consultados[8], são ausentes quaisquer itens manifestos da impossibilidade de solicitação. Entretanto, o fato de eles serem silentes quanto à questão não permite concluir que os países atenderiam a pedidos formulados pela defesa. A este respeito, em que pese não haver objeção expressa, os entendimentos categóricos da autoridade canadense e do Governo da China apontam para a não abrangência dos Acordos de Assistência Judiciária em Matéria Penal (Dec. n.º 6.747/09 e Dec. n.º 6.282/07) aos pedidos oriundos do arguido, os quais são, via de regra, rejeitados[9].

Nomeadamente quanto à possibilidade de utilização, dentre os Tratados analisados afigura-se presente tal disposição permissiva apenas no Acordo entre o Brasil e a Suíça (Dec. n.º 6.974/09) e no Acordo firmado com o Reino da Bélgica (Dec. n.º 9.130/17). Em relação ao primeiro tratado, tal interpretação revela-se exequível diante da previsão do art. 4.º, item 3, do Dec. n.º 6.974/09, que afasta a possibilidade de recusa do pedido de assistência quando a execução da demanda tiver por finalidade inocentar o arguido.

No que diz respeito ao segundo tratado, a interpretação se dá pela redação contida no art. 2.º, item 1, alínea "h", inciso III, do Dec. n.º 9.130/17. O referido dispositivo impede a recusa de prestação de auxílio jurídico mútuo quando a solicitação se referir a um crime passível de pena de morte na legislação do Estado requerente, salvo em se tratando de pedido formulado pelo próprio acusado ou investigado.

Logo, é patente em ambos os casos o pleito defensivo atendendo à possibilidade de execuções de demandas que visem inocentar o arguido ou que sejam por ele próprio formuladas.

Finda-se, portanto, a análise proposta com algumas conclusões intermédias. A primeira concerne ao modelo padronizado dos Tratados de Assistência Jurídica. Por meio do estudo dos acordos antepostos, detectam-se semelhanças quanto aos termos e condições negociadas. As próprias determinações que

[8] Brasil e Cuba (Dec. 6.462/08), Brasil e China (Dec. 6.282/07), Brasil e França (Dec. 3.324/99), Brasil e Itália (Dec. 862/93), Brasil e Portugal (Dec. 1.320/94), Brasil e Canadá (Dec. 6.747/09) e Brasil e Coreia do Sul (Dec. 5.721/06).

[9] Secretaria Nacional de Justiça, 2019: 73.

denegam o uso pela defesa são previstas, em geral, de modo a restringir o envio de solicitação apenas às autoridades com poder para conduzir investigações, persecuções ou procedimentos judiciais ou, ainda, restringindo as disposições do acordo apenas entre as Partes e excluindo qualquer direito de obtenção de provas por particulares.

Por conseguinte, o esforço para as tratativas entre os países é claramente voltado ao proveito da investigação e persecução penal, com consequente descuido na paridade em relação à obtenção de prova defensiva. Por outro lado, e tendo como exemplo o recente Tratado de Assistência firmado com o Reino da Bélgica, as obrigações constantes dizem respeito a pontos até então olvidados nos demais acordos.

A título de exemplo, acentua-se, entre as razões de recusas elencadas no art. 2.º, a possibilidade de rejeição de um pedido quando "houver razões para acreditar que o auxílio foi solicitado com o intuito de processar pessoa em razão de sua raça, de seu sexo, de sua religião, de sua nacionalidade ou de sua origem étnica" (art. 2.º, item 1, *c*); quando a solicitação se referir "a um crime passível de pena de morte na legislação da Parte requerente" (art. 2.º, item 1, *h*); ou se a solicitação se reportar "a uma infração que possa ocasionar a condenação à prisão perpétua de acordo com a legislação da Parte requerente, a menos que esta Parte dê garantias suficientes de que a pena será acompanhada da possibilidade de libertação posterior do condenado" (art. 2.º, item 1, *h*).

Assim sendo, mais do que apenas conferir à defesa a legitimidade ativa do pedido, verifica-se a inclusão no Tratado referenciado de aspectos sensíveis aos direitos humanos, em razão da tentativa de equilíbrio entre a maior proteção do indivíduo e o interesse no combate ao crime internacional. Não é demais esclarecer que tais conflitos obrigacionais foram saudados no contexto da extradição, mais precisamente do caso *Soering v. United Kingdom*[10], em que se discutia a violação da CEDH por um Estado Contratante ao extraditar um

[10] Este caso remete ao pedido de extradição formulado pelos EUA em razão da acusação de homicídio – passível de pena de morte – de um cidadão alemão apreendido no Reino Unido. Na apreciação do recurso de apelação, o TEDH considerou que a extradição por um Estado Contratante, que possa acarretar um eventual tratamento ou punição desumana/degradante, constituiria violação ao art. 3.º da CEDH, à qual o Reino Unido se obrigou. Soering v. United Kingdom, n.º 14038/88, de 07/071989.

indivíduo para um país estrangeiro havendo sério risco de o expor a tortura ou tratamento desumano.

As questões levantadas nesse caso poderiam ser facilmente transpostas para as obrigações de assistência mútua vinculadas por meio dos Tratados de Assistência, em particular em relação à possibilidade de violação de documentos universais ou regionais de direitos humanos por um Estado signatário, em razão do fornecimento de evidências em processos ou investigações criminais que possam ensejar tratamentos ou punições desumanas[11]. Trata-se, portanto, de pontos passíveis e cruciais de serem resguardados durante as negociações a fim de evitar futuras demandas.

III. Das garantias fundamentais ao julgamento justo

Como condição fundamental à configuração do direito ao julgamento justo, atributos mínimos de proteção contra a interferência coercitiva estatal são reservados por intermédio de instrumentos universais e regionais, como a DUDH, PIDCP, CADH e CEDH.

Os elementos incindíveis do processo equitativo compreendem direitos atinentes à efetiva e adequada defesa, como consequência dos princípios do contraditório e da paridade de armas. Compõe-se, num primeiro plano, pelo direito a julgamento por um tribunal independente e imparcial, amplo conhecimento dos termos da acusação e concessão de tempo e meios necessários à preparação da defesa[12]. No segundo plano, e como expressão de "um exercício *stricto sensu* da defesa"[13], inclui-se o direito de se defender pessoalmente ou de ser assistido por um defensor à sua escolha, e o direito de inquirir e obter o comparecimento de testemunhas e peritos que possam lançar luz sobre os fatos.

Trata-se, portanto, do reconhecimento de um padrão universal das garantias processuais, cuja verificação de correspondência destes valores com as normas de direito interno do Estado parte independe do modelo processual adotado[14]. Intrínseco ao princípio geral de equidade, a paridade de armas

[11] Sobre esta temática, cf. Currie, 2000.

[12] Ambos, 2008: 83.

[13] Ambos, 2008: 83.

[14] Fedorova, 2012: 34.

propõe-se alcançar o "equilíbrio dinâmico no que se refere às possibilidades de actuação no processo penal"[15] a fim de que a apresentação do caso pela parte suceda "em condições que a não coloquem em substancial desvantagem face a seu oponente"[16].

Consubstancia-se a paridade de armas, por oportuno, como a igualdade de oportunidades concedidas às partes processuais a favor de interesses opostos no que concerne às provas e razões a serem apresentadas perante o juiz ou tribunal, de modo a defender os seus interesses[17]. É, pois, a participação contraditória e igualitária uma diretriz fundamental para a formação de um processo penal justo e ordenado conforme as garantias judiciais, devendo ser confiados à defesa "meios eficazes para reagir à acusação formulada e aos atos praticados pelo órgão acusatório"[18], além de ser assegurada a adoção de uma abordagem ativa que implique o direito de obtenção de provas.

Nesse contexto, argumenta-se acerca da posição defensiva na cooperação judiciária internacional, sobretudo quanto às eventuais consequências ocasionadas na vertente da paridade de armas.

O primeiro ponto de discussão refere-se ao efeito da denegação da requisição probatória defensiva diante das concepções adotadas pelos diversos sistemas jurídicos. Nesse sentido, são precisas as lições de Sabine Gless[19], as quais aduzem que o uso dos Tratados de Assistência ocasiona diferentes problemas quando evidenciados no sistema acusatório, em que a investigação e apresentação dos fatos perante o juiz imparcial compete às partes processuais antagônicas, em oposição ao sistema inquisitorial, em que para a autoridade judicial encarregada da investigação o uso do *MLAT* não será restrito unicamente à obtenção de provas incriminadoras, mas também àquelas que privilegiem a defesa.

Em seu estudo, a autora socorre-se de dois modelos legais distintos – lei alemã e lei americana – para destacar as resistências que regem o acesso transnacional de provas. Na lei alemã, embora as solicitações também incidam sobre as provas defensivas, na prática a defesa ainda é colocada em desvantagem

[15] Kreutz, 2013: 84.
[16] Barreto, 2015: 169-170.
[17] Vieira, 2014: 236.
[18] Fernandes, 2008: 15.
[19] Gless, 2019: 592.

face ao seu oponente. Isto se dá em razão da possibilidade de rejeição de um pedido defensivo, quando a evidência é considerada imaterial ou impossível de obter, enquanto ao MP o uso do *MLAT* é um direito próprio[20].

Entretanto, é no sistema de justiça criminal dos Estados Unidos que a defesa enfrenta obstáculos ainda maiores no acesso transnacional de provas, uma vez que a legitimidade de emissão de um pedido cabe tão somente às autoridades governamentais, e não à defesa. As garantias formuladas na 6.ª Emenda à Constituição que asseguram ao arguido, entre outros, o direito de fazer comparecer por meios legais as testemunhas arroladas, não subsistem nos Tratados de Assistência Mútua[21].

Destarte, embora os casos apontem para diferentes sistemas de justiça criminal, tanto a legislação alemã quanto a americana aduzem problemas semelhantes na salvaguarda de garantias domésticas à nível internacional[22]. No entanto, o risco que um Tratado de Assistência Mútua de uso exclusivo ocasiona na apreciação de um caso perante um determinado sistema de justiça pode ter a sua variação aferida pelos poderes de investigação atribuídos às autoridades judiciais[23]. Especialmente num sistema de justiça criminal em que a defesa desempenha um papel ativo na solicitação e controle probatórios, as medidas de cooperação internacional formam um importante instrumento na preparação de um caso e na constituição de provas e contraprovas.

Dito isto, a impossibilidade de emissão pelo arguido de um pedido de assistência utilizando-se dos Tratados que regem o tema, é inconcebível quando envolve medidas investigativas de âmbito probatório, em que ao MP e à defesa devem ser asseguradas idênticas oportunidades.

Na inviabilidade do uso dos Tratados de Assistência Mútua por impedimento expresso, restaria ao advogado de defesa a obtenção de provas localizadas no exterior mediante pedido formal ao juiz competente, para que se providencie a emissão da carta rogatória. Insta frisar, todavia, que sob esse

[20] Gless, 2019: 593.

[21] Lyman, 2006: 279.

[22] "It is plausible, however, that defence lawyers can put up with their loneliness on the national level. But in transnational cases the exclusion from a network organized on a cross-border basis hurts more, because language and financial needs as well as the advantage of being able to contact somebody on the spot become a more valuable asset". Gless, 2013: 100.

[23] Gless, 2019: 597-596.

regime, os direitos da defesa podem ser veementemente prejudicados ante a recusa de execução pelo arbítrio judicial da análise da imprescindibilidade da prova requisitada[24].

A título de exemplo, no ordenamento brasileiro tal entendimento parte da redação conferida ao art. 222.º-A do CPPB, incluído pela Lei n.º 11.900/09, a qual condiciona a expedição das cartas rogatórias defensivas à prévia demonstração de imprescindibilidade e pagamento antecipado das custas. Apesar de a constitucionalidade desse dispositivo não ter sido alvo de controle concentrado, a questão foi apreciada em Questão de Ordem na Ação Penal n.º 470/07[25] pelo STF.

No ensejo, o plenário entendeu tratar-se de norma harmônica ao texto constitucional, especificamente com os incisos LXXIV e LXXVIII do art. 5.º da CFB. Assim, a exigência de demonstração anterior da imprescindibilidade das provas ocupar-se-ia em zelar pela rápida solução do litígio, cabendo o indeferimento daquelas provas que são reputadas inúteis, impertinentes ou protelatórias, enquanto a isenção do pagamento de encargos processuais atenderia somente àqueles que comprovassem insuficiência de recursos.

À luz da fundamentação, os ministros enfatizaram, entretanto, que não estavam a examinar a questão no contexto da paridade de armas[26]. A respeito disso, a eventual análise do art. 222.º-A sob o prisma da igualdade ensejaria a aplicação dos requisitos também ao órgão acusatório, sendo irrazoável que a condição de imprescindibilidade se dê somente em relação a uma das partes processuais.

Quanto à predileção aos Acordos de Assistência Mútua frente ao sistema clássico regido pelas cartas rogatórias, os demais pontos também são dignos de análise. O primeiro respeita diretamente às razões que sucederam na formulação dos Tratados de Assistência Mútua.

No fluxo tradicional da via diplomática, o pedido proveniente da autoridade judicial é encaminhado ao MJ, que o remeterá ao Ministério das Relações Exteriores para, então, ser transmitido ao Estado requerido. Já no país destinatário, o pleito observa o mesmo rito, do Ministério das Relações Exteriores

[24] Mangiaracina, 2014: 123.

[25] STF, AP 470, Rel. Min. Joaquim Barbosa, Tribunal Pleno, de 01/10/2009.

[26] Souza, 2015: 207 e ss.

para o MJ, e só então à autoridade competente na análise e cumprimento do pedido[27]. No retorno, segue-se a sequência invertida.

Assim sendo, a formalidade no procedimento de comunicação parece frustrar a celeridade das cartas rogatórias que, por vezes, se perdem ou são preteridas durante a transferência entre as autoridades diplomáticas. Nomeadamente quanto a essa questão, o caso *United States v. McLellan*, inicialmente introduzido, é exemplificativo da morosidade deste meio de cooperação. Recorde-se que naquele caso, mesmo após o transcurso do prazo de sete meses concedido pelo Tribunal, restou impraticável o cumprimento *in totum* das cartas rogatórias.

Em contrapartida, os Tratados de Assistência Mútua, assente na Convenção de Haia de 1965 relativa à comunicação de atos processuais, incorporaram a figura da autoridade central como responsável pela tramitação direta dos pedidos com zelo na adequação e prevenção de falhas[28]. Como resultado do aperfeiçoamento e agilidade dos canais dc comunicação, tal centralização da atividade de cooperação fez romper com o uso tradicional da via diplomática.

Também como predileção ao uso dos Tratados de Assistência Mútua, o modelo de requisição preestabelecido pelos acordos limita a discricionariedade na prestação de assistência de um Estado a outro ao determinar as condições que guiarão um pedido, a exemplo das medidas passíveis de inclusão, das razões de recusa, dos prazos e urgências. Na eventual ausência destas condições, e no caso de uma solicitação realizada tão somente por cartas rogatórias, o Estado requerido terá ampla liberdade de recusa posto que a assistência estará fundada em critérios de cortesia.

Finalmente, a análise emitida pelo Estado requerido é outro fator de diferenciação. Se, por um lado, no auxílio direto o Estado realizará um ato jurisdicional completo, cabendo-lhe a tomada de decisão quanto ao mérito do pedido emitido pela autoridade estrangeira[29], na carta rogatória a análise está restrita somente a aspectos formais de admissibilidade[30]. É exatamente sob esse elemento de diferenciação que Bechara sustenta que a gênese do auxílio

[27] Klip, 2018: 319.
[28] Ramos, A., 2018: 459.
[29] Alle, 2017: 9.
[30] Bechara, 2011: 54-55.

direto está inteiramente ligada à própria ineficácia das cartas rogatórias[31]. Isto porque, considerando a impossibilidade de análise do mérito do pedido, os Estados tendem a recusar o cumprimento das cartas sob o argumento de ser aquele ato atentatório à soberania nacional.

Em síntese, ao menos cinco vantagens podem ser extraídas do uso dos Tratados de Assistência Mútua. A primeira e já mencionada relaciona-se com a agilidade e o maior grau de presteza das solicitações[32]. Na segunda, as disposições do acordo estabelecem uma estrutura processual capaz de garantir que as provas produzidas no exterior sejam admissíveis nos tribunais nacionais, já que se atenta a parâmetros predeterminados[33]. Na terceira, os Tratados carregam uma obrigação geral de assistência entre os Estados a ensejar certa limitação em seus direitos soberanos[34]. Na quarta, as razões de recusa têm o seu escopo restrito e predeterminado. Na quinta, alguns dos tratados admitem a assistência ainda que o crime a ser investigado não seja punido em ambas as legislações.

Assim, mesmo que seja suposto ao acusado valer-se da carta rogatória, a plenitude do direito de defesa fundamenta-se no amplo acesso aos múltiplos mecanismos que facilitam o exercício da cooperação e resguardam o poder probatório. Não se trata de conceber uma igualdade *lato sensu*[35], cujas diferenças funcionais entre o MP e a defesa sejam desprezadas, mas sim de garantir o alcance fruído aos meios com grau equivalente de eficácia para a efetivação de seus direitos, de modo que um "aumento exponencial das possibilidades de acção da acusação"[36] também seja assegurado ao arguido, consoante a sua atribuição como sujeito processual.

[31] Bechara, 2011: 55.

[32] "As central authorities work together to facilitate evidentiary requests, countries become more familiar with their differing legal systems and as a result, the procedure becomes more efficient." Richardson, 2008b: 353.

[33] Richardson, 2008a: 83.

[34] Klip, 2018: 318.

[35] Nesse sentido, "uma abordagem consequente do princípio da igualdade de armas suporia a possibilidade de quantificar o grau de intermutabilidade em que se analisa a função acusação-defesa. Porém, esta função, condicionada como está por factores qualitativamente diferentes, repele qualquer lógica aristotélica de igualdade". Rodrigues, 1991: 77.

[36] Rosário, 2018: 215.

Conclui-se, portanto, por sua própria especificidade, pela primazia dos direitos reconhecidos no plano interno (art. 5.º, inciso LV da CFB) e consagrados por Tratados Internacionais de Direitos Humanos face às normas de caráter restritivo que os cerceiam[37].

Consequentemente, impõe-se a adoção de uma solução com base no ordenamento jurídico brasileiro que viabilize os interesses defensivos em circunstâncias congêneres ao caso introdutório (*United States v. McLellan*), cuja restrição do Tratado impossibilite a solicitação direta pelo arguido. Essa particular formulação será construída a partir da análise das soluções adotadas por outros países, que ora se posicionaram acerca da legitimidade de acesso à defesa – Inglaterra e País de Gales, Estados Unidos, Austrália e Holanda –, bem como pelo estudo do atual modelo de cooperação concebido no âmbito da UE por meio da diretiva relativa à DEI.

IV. Modelos atuais de solução

1. Inglaterra e País de Gales

A fase inicial de uma investigação em Inglaterra e no País de Gales é conduzida unicamente pela autoridade policial, a qual deve garantir que todas as informações e materiais relevantes sejam examinados. Dado o caráter predominantemente contraditório, o juiz carece de poderes investigativos e apenas possui um papel limitado a determinadas medidas coercitivas que demandam autorização – a exemplo de um mandado de busca e apreensão – e medidas de gerência – como agendar audiências e zelar pelo justo e eficiente desenrolar do feito[38].

É na fase de pré-julgamento que as partes processuais assumem um papel ativo na preparação do caso, podendo obter o arcabouço probatório necessário e averiguar fatos específicos. Por conseguinte, o princípio da paridade

[37] Nesse sentido, Raul Cervini e Juarez Tavares referem-se ao dispositivo do Protocolo de Assistência Jurídica Mútua em Assuntos Penais do MERCOSUL, que impede o direito dos particulares de obterem, suprimirem ou excluírem provas, como tratando-se de uma concepção arcaica que primazia a efetividade da assistência em prol das garantias individuais. Ver mais em: Cervini / Tavares, 2000: 77-78.

[38] Wijk, 2017: 146-147.

de armas – consagrado pela CEDH e incorporado pelo Reino Unido – ganha relevo na capacidade da defesa e da acusação apresentarem as suas próprias provas a fim de contraditarem aquelas obtidas por seu oponente, desempenhando um papel ativo e reativo[39]. No contexto transnacional, a Cooperação Mútua tem no *Crime International Cooperation Act* de 2003 as bases reguladoras para a obtenção de assistência em processos criminais ou investigações.

Sendo, em essência, um ato de auxílio entre autoridades, a defesa tem cerceado o exercício direto do alcance de provas transfronteiriças. Em qualquer caso, reserva a lei[40] o poder formal ao arguido de, após a instauração de um processo, requisitar ao juiz que emita solicitações em seu nome independentemente de a medida se fundar num Tratado de Assistência Mútua que contenha a previsão de uso exclusivo.

Cabe referir, entretanto, que esse poder se limita à fase de pré-julgamento. Dessa forma, o alcance de provas pela defesa pode ser prejudicado quando o período de investigação se prolonga, a ponto de se tornar impossível a obtenção futura de determinado documento ou depoimento testemunhal. Em última análise, existe a possibilidade de requisição por meio do envio informal pelo órgão acusatório, o qual pelos próprios termos do tratado é competente para o fazer no decurso da investigação.

Apesar de o referido dispositivo legal não conceber critérios para que a decisão judicial verse sobre a emissão ou não da requisição defensiva, e de serem inexistentes as disposições sobre prazos e possíveis impugnações, a jurisprudência inclina-se a favor dos pedidos sempre que for demonstrada alguma dificuldade em obter o depoimento de testemunhas residentes no exterior e relevantes para o arguido[41]. Nesse sentido, o *England and Wales Court of Appeal*, ao deliberar sobre o recurso interposto por Elizabeth Forsyth, condenada pelo crime de receptação, entendeu como sendo infundada e errônea

[39] Por óbvio, o papel ativo é inteiramente condicionado ao fator financeiro do arguido, sendo certo que a ausência de recursos impõe que o mesmo adote uma abordagem reativa firme em contrapor as evidências já identificadas em fase de investigação. Wijk, 2017: 150-152.

[40] Seção 7, 3 (c) do Crime (International Co-operation) Act 2003: "The application may be made: [...] (c) where proceedings have been instituted, by the person charged in those proceedings".

[41] Wijk, 2017: 160.

a decisão judicial que indeferiu a oitiva de testemunhas arroladas pela defesa que se encontravam fora do Reino Unido.

Nos próprios termos do Tribunal, "once it is shown that there is difficulty in obtaining the attendance of witnesses abroad whose evidence is relevant to the defence, we consider the court should lean in favor of permitting evidence to be given in this way though in particular cases there may be reasons to refuse"[42].

A liberdade de indeferir tal pedido somente se revela possível em situações excepcionais. Cita-se como exemplo pertinente para a excepcionalidade da recusa o caso de *Athwal*[43], no qual os réus, acusados da prática de homicídio na Índia, arguiram pela ausência de um julgamento justo face à rejeição do *Legal Services Comission* em financiar investigações na Índia que poderiam resultar na identificação de testemunhas hábeis a lançar luz aos fatos constantes da acusação. O Tribunal, entretanto, convenceu-se de que o aumento de recursos destinados a esse fim se firmava em argumentos totalmente fantasiosos, especulativos e irrealistas, não havendo razão para crer que uma visita mais longa ou anterior à Índia pelos advogados do arguido ensejaria a descoberta de provas diversas daquelas já obtidas pela polícia.

Por conseguinte, a decisão judicial de acatar um pedido defensivo na cooperação judiciária inglesa e galesa pressupõe a ponderação das possíveis implicações que a prova requisitada poderá ter para o resultado final do julgamento.

2. EUA

No contexto transnacional, apenas os três primeiros Tratados de Assistência Mútua assinados pelos EUA – com a Suíça, a Turquia e a Holanda – eram silentes quanto à viabilidade do uso dos Tratados pela defesa[44]. Essa ausência de proibição expressa à arguição de provas transnacionais pelo acusado foi essencial para o desfecho do caso *United States v. Sindona*[45].

Em 1980, Sindona foi acusado de fraude e condenado pelo Tribunal Distrital dos Estados Unidos para o Distrito Sul de Nova Iorque por um total de 65 acusações. Ainda em fase processual, Sindona requisitou a obtenção de provas

[42] R v. Forsyth, 2 Cr App R 299 (1997).

[43] R v. Athwal and Another, 1 WLR 2430 (2009).

[44] Funk, 2019: 558.

[45] Caso reportado por Richardson, 2008a: 100.

por meio do *MLAT* firmado entre os EUA e a Suíça. O pedido foi, à primeira vista, negado pela acusação, a qual recusou-se a emiti-lo em benefício do réu. Entretanto, como não havia cláusula expressa que impedisse o uso desse meio cooperacional pela defesa, o Tribunal ordenou que a solicitação fosse realizada pela Autoridade Central Americana – DOJ – sob pena de arquivamento dos autos. Ulteriormente, todos os demais tratados firmados pelos EUA passaram a conter uma cláusula explícita que impedia o seu uso pelo arguido[46].

Também em *United States v. Des Marteau*[47], o resultado foi satisfatório à defesa. Des Marteau, acusado do crime de tráfico de drogas, moveu-se perante o Tribunal para a obtenção de depoimentos de testemunhas canadenses. Atenta a relevância da prova testemunhal requisitada e com base na regra 15 (A) da *Federal Rules of Criminal Procedure*, o Tribunal concedeu o pedido da defesa. Diante disso, a acusação sugeriu, como alternativa à emissão das cartas rogatórias, o uso do Tratado de Assistência Jurídica entre os EUA e o Canadá, apesar de o acordo firmado entre esses países denegar expressamente a sua utilização por particulares.

Bruce Zagaris[48] aduz para mais um caso julgado por um juiz distrital dos EUA, envolvendo o derramamento de óleo por um navio holandês, em que se entendeu que somente se alcançaria um julgamento justo se admitida a utilização dos Tratados de Assistência pelos réus para obtenção de prova testemunhal, razão pela qual foi concedido tal direito à defesa. Embora se trate de uma decisão emblemática, não se presta como marco jurisprudencial posto que não se emitiu uma "ordem de memorando". Sendo as transcrições da decisão a única evidência da determinação, o processo segue com sua resolução desconhecida pela maioria dos advogados.

Apesar da existência dos precedentes anteriormente referidos, as decisões atuais dos tribunais americanos parecem ser majoritariamente contrárias à possibilidade de a defesa fazer uso dos Tratados para obtenção de provas a seu favor.

Em *United States v. Marquez*[49], o réu Quinonez moveu contra o Tribunal Distrital dos Estados Unidos para o Distrito Sul da Califórnia uma ordem

[46] Richardson, 2008a: 100.

[47] U.S. v. Des Marteau. 162 F.R.D 364. (1995).

[48] Zagaris, 2012: 269.

[49] U.S. v. Marquez, 10CR3044 WQH (S.D. Cal. Feb. 2, 2012).

para a oitiva de duas testemunhas residentes no México. Na sua decisão, o Tribunal opôs-se ao pedido de obrigar a acusação a obter as provas requisitadas mediante procedimento adotado pelo Tratado de Assistência Mútua entre os EUA e o México, por entender que a linguagem do acordo se prestava com clareza a impedir o seu uso por partes privadas. Em alternativa, foi concedido ao réu o direito de usufruir da emissão de cartas rogatórias. Este mesmo entendimento foi seguido nos seguintes casos: *United States v. Rosen*[50]; *United States v. Sedaghaty*[51]; *United States v. Schneider*[52]; *United States v. Mejia*[53]; *United States v. Jefferson*[54].

Ao que parece, portanto, a posição dos tribunais norte-americanos inclina-se para a manutenção das cartas rogatórias como alternativa ao uso do Tratado de Assistência Mútua pela defesa. Este último, entretanto, poderia ser usado apenas se houvesse a anuência do órgão acusatório em emitir o pedido de cooperação para obtenção de provas por meio dos Tratados em benefício do réu. Pelo contrário, entendem os tribunais em sua maioria não poder obrigar a transmissão dos pedidos em nome da defesa. Nesse sentido, aduzem que os direitos previstos na 6.ª Emenda à Constituição possuem aplicabilidade

[50] "The right to compulsory process extends only as far as a court's own process powers, and cannot be stretched to include compelling the invocation of treaty process powers available only to the Executive Branch". U.S. v. Rosen, 240 F.R.D. 204 (E.D. Va. 2007).

[51] "The district court had no authority to order the Executive Branch to invoke the treaty process to obtain evidence abroad for a private citizen". U.S. v. Sedaghaty, 728 F.3d 885 (9th Cir. 2013).

[52] "Rejecting the defendant's argument that the government's use of an MLAT with Russia deprived him of his rights to a fair trial, due process and compulsory process". U.S. v. Schneider, CIVIL ACTION 17-935 (E.D. Pa. Sep. 6, 2019).

[53] Neste caso os réus peticionaram ao Tribunal Distrital dos Estados Unidos exigindo a obtenção das gravações feitas durante o julgamento na Costa Rica, as quais poderiam ser garantidas por *MLAT.* O tribunal, entretanto, entendeu não haver obrigatoriedade de utilizar-se do Tratado de Assistência e que "although the defense could have asked the district court to issue letters rogatory to the Costa Rican court to obtain any tapes or transcripts that may have existed, it did not do so". U.S. v. Mejia, 448 F.3d 436 (D.C. Cir. 2006).

[54] Em referência a esse caso, face à não concordância das testemunhas da Nigéria em comparecer voluntariamente para prestar depoimento, o réu requisitou uma ordem para forçar o testemunho por meio da emissão de cartas rogatórias ou pelo Tratado de Assistência Mútua. Contudo, no entender do Tribunal "although it will be necessary to use compulsory process to obtain these depositions in the event they are authorized, it is clear that defendant is not entitled to make use of the MLA Treaty and that this result does not violate defendant's constitutional right to compulsory process". U.S. v. Jefferson, 594 F. Supp. 2d 655 (E.D. Va. 2009)

interna, não se estendendo para além das fronteiras dos Estados Unidos, como é o caso dos pedidos de cooperação a tribunais estrangeiros[55].

3. Austrália

Na Austrália, a obtenção de provas pela defesa através dos Tratados de Assistência Mútua foi regulamentada na Seção 39A do *Mutual Assistance In Criminal Matters Act* de 1987. A referida seção dispõe acerca da solicitação de assistência por um Procurador-Geral em nome do réu.

De modo a possibilitar que o pedido de assistência seja realizado pelo Procurador-Geral, a defesa deverá solicitar perante o Tribunal um certificado declarando o interesse da justiça quanto ao pedido. O mencionado certificado poderá ser obtido nas seguintes hipóteses[56]: a) quando o réu considerar necessário que uma prova ou um documento seja obtido/produzido num país estrangeiro; b) quando o réu considerar necessário que uma coisa seja apreendida num país estrangeiro; ou c) quando for necessário que uma pessoa forneça provas pessoalmente na Austrália.

Antes de decidir quanto ao pedido, o Tribunal deverá oportunizar às partes que se manifestem quanto ao mérito da solicitação. A decorrente decisão perpassa, ainda, pela ponderação de alguns critérios[57]: a) se é provável que o país estrangeiro conceda o pedido feito pelo Procurador-Geral em nome do réu; b) em que medida o material que o réu busca obter do país estrangeiro não estaria disponível internamente; c) se é presumível que o tribunal admita a prova obtida no processo; d) o provável valor probatório do material com relação a qualquer questão que possa ser determinada; e) se o arguido seria injustamente prejudicado na hipótese de não ter o material disponível.

Há, portanto, claras diferenças entre a abordagem apresentada pela Austrália em relação a Inglaterra e País de Gales, a começar pela autoridade responsável em solicitar o Tratado em nome do réu: na Austrália, este seria pedido pelo órgão acusatório, enquanto na Inglaterra e País de Gales, pelo juiz. Também, a regulamentação presente na Lei Australiana cuidou de elencar de forma detalhada a previsão quanto à solicitação de provas em favor da defesa, especificando, inclusive, os critérios a serem levados em consideração

[55] U.S. v. Rosen, 240 F.R.D. 204 (E.D. Va. 2007).

[56] Mutual Assistance In Criminal Matters Act, 1987: Sect 39A §1.

[57] Mutual Assistance In Criminal Matters Act, 1987: Sect 39A §3.

pelo Tribunal diante de uma ordem de solicitação. Em contrapartida, na regulamentação estabelecida pela Inglaterra e País de Gales, não há qualquer critério prévio a ser considerado pelo Tribunal perante uma solicitação defensiva e nem mesmo meios processuais de impugnação, o que pode, na prática, acarretar denegações discricionárias e impedir a garantia do direito de defesa.

4. Holanda

Em oposição às bases dos sistemas processuais antecipados, o processo penal holandês centra-se na ideia de que o alcance da verdade dos fatos está sujeito a uma investigação conduzida por autoridades judiciais[58]. Em consequência, a investigação criminal é dirigida pelo representante do MP – o promotor –, o qual deve buscar tanto provas incriminatórias quanto absolutórias e zelar pelos interesses e direitos defensivos[59]. Este último encargo também é atribuído ao juiz de instrução que se encontra em posição apta a equilibrar os interesses da sociedade e do suspeito[60].

A posição da defesa, portanto, difere consideravelmente no sistema holandês. Não obstante não ser parte ativa nas investigações, à defesa é resguardado o acesso aos materiais que compõe o dossier desenvolvido pelo promotor, podendo ainda requisitar a inclusão de documentos, o apuramento de determinado fato ou a inquirição de uma testemunha.

Por conseguinte, a paridade de armas na ordem jurídica holandesa – incorporada pelo art. 6.º da CEDH – não é concebida na garantia das partes de apresentarem as suas próprias provas, mas sim na salvaguarda em se discutir as informações constantes do dossier e solicitar a realização de diligências[61]. Pressupondo a imparcialidade das autoridades responsáveis pela investigação, o papel limitado da defesa seria compensado pelo dever de examinar evidências que comprovem, ou não, a suspeita criminal[62].

Condizente com a organização do processo holandês, a solicitação de evidências transnacionais tem como partes legitimadas somente as autoridades

[58] Wijk, 2017: 108.
[59] Wijk, 2017: 111.
[60] Wijk, 2017: 113.
[61] Wijk, 2017: 117.
[62] Wijk, 2017: 118.

judiciais. Assim, o papel central nos pedidos de cooperação é resguardado ao promotor – figura responsável pelas investigações – que deve enviar as solicitações e garantir que quando recebidas sejam, se possível, cumpridas[63]. Desta forma, a solicitação direta de medidas de cooperação internacional não é assegurada à defesa.

É com fundamento nas disposições do art. 182 do Código de Processo Penal Holandês que o arguido obtém provas transfronteiriças. Essa recente alteração foi introduzida em 2013 e propiciou um maior envolvimento do juiz de instrução na fase de pré-julgamento, através da viabilidade de conduzir investigações *ex officio* ou por requisição da defesa[64]. Trata-se, assim, de uma medida hábil com vista a fortalecer a posição do arguido nos procedimentos criminais ao criar, por intermédio do juiz, um ponto de contato na fiscalização do controle entre a obtenção de provas e a garantia da imparcialidade na investigação.

Em síntese, para além do próprio encargo confiado à autoridade de investigação para apuramento de todas as evidências que sejam pertinentes à clarificação do caso, é resguardada à defesa a possibilidade de solicitar provas num estado estrangeiro, mediante um pedido direto ao juiz, que deverá pronunciar-se por meio de decisão fundamentada e passível de recurso ao Tribunal.

V. Diretiva Europeia de Investigação

A princípio, a cooperação jurídica em matéria penal na UE regeu-se sob o auspício das Convenções Relativas ao Auxílio Judiciário do Conselho da Europa[65].

O acréscimo e aperfeiçoamento do sistema cooperacional sucedeu-se por efeito da integração e estreitamento das relações entre os Estados-membros. Três importantes diplomas referenciam a questão: o Acordo de Schengen

63 Wijk, 2017: 121.

64 Wijk, 2017: 124.

65 Referência máxima impõe-se à Convenção sobre Assistência Mútua em matéria penal, adotada pelo Conselho da Europa em 1959, propulsora da criação de demais instrumentos de cooperação que precederam ao atual modelo de reconhecimento mútuo, a exemplo do Tratado de Benelux de 1962, da Convenção para a Aplicação do Acordo de Schengen de 1985 e da Convenção relativa ao Auxílio Judiciário Mútuo em Matéria Penal entre os Estados-Membros da União Europeia, de 2000.

(1995), responsável por elidir o controle entre as fronteiras internas dos países signatários; o Tratado de Maastricht (1992), inaugural de uma estrutura de pilares e exponente máximo do interesse comum da UE na "cooperação em matéria de justiça e assuntos internos" ("Terceiro Pilar")[66]; e o Tratado de Amesterdão (1997), assente na gênese de um espaço de liberdade, segurança e justiça, em torno do qual gravita a ideia de cooperação[67].

A tríade consagrada no Tratado de Amesterdão alterou substancialmente a noção do auxílio judiciário como expressão da soberania dos Estados, à medida que transcendeu ao exercício comum da UE algumas matérias de prevenção e repressão do crime[68]. Entretanto, foi após o Tratado de Lisboa, com vigência desde 2009, que o panorama legal convencional deu passos largos em direção à inserção ampla da cooperação no âmbito comunitário, em particular pela extensão das faculdades da Comissão Europeia, Parlamento Europeu e Tribunal de Justiça sobre o espaço de liberdade, segurança e justiça, e adequação das Diretivas e Regulamentos como instrumentos normativos próprios à cooperação policial e judiciária em matéria penal[69].

Até tal data, todavia, o fluxo transfronteiriço probatório regulava-se na UE por entre dois modelos, o "modelo do pedido" e o "modelo de reconhecimento mútuo", que em essência se distinguiam pelo caráter de uma "assistência" ou uma "ordem de execução". Já não se está hoje, na consideração de tal processo, "perante um Estado que solicita a assistência a outro Estado, mas perante um Estado que ordena a execução de uma medida processual ou decisão penal no território de outro Estado"[70].

A adoção cabal do modelo de reconhecimento mútuo sucedeu-se de forma gradual e num contexto geral de insatisfação pela "complexidade

[66] No Tratado de Maastricht, o domínio da cooperação jurídica internacional, ainda intergovernamental, permanecia como prerrogativa primária dos Estados. A União foi tida, conforme refere Pedro Caeiro, como um "ambiente catalisador da concertação de vontades entre os vários Estados". Caeiro, 2009: 72.

[67] O espaço de liberdade, segurança e justiça é alcançado por uma ação comum dos Estados-membros em matéria da cooperação judiciária e harmonização das normas de direito penal pela via das decisões e decisões-quadros, instrumentos normativos aqui dispostos no âmbito comunitário da União. Rodrigues / Lopes da Mota, 2002: 51; Caeiro, 2009: 73.

[68] Rodrigues, 2009: 37.

[69] Silva, 2018: 511-512.

[70] Ramos, 2019: 83.

e morosidade" do sistema clássico[71]. Com referência desde o Conselho de Tampere (1999), esse princípio foi comumente aludido no Programa de Haia (2004), Programa de Estocolmo (2010-2014) e no Tratado sobre o Funcionamento da União Europeia (art. 82.º, n.º 1), e, de mais a mais, consolidado na Decisão-Quadro de 2003 relativa à execução na UE das decisões de congelamento de bens ou de provas – aqui não incluídas medidas de transferência da prova – e na Decisão-Quadro sobre mandado de provas de 2008, cujo escopo limitava-se às provas já existentes e disponíveis no Estado de execução.

A dispersão, fragmentariedade e dificuldade na aplicação de diferentes princípios subjacentes – ora o do auxílio mútuo e ora do reconhecimento mútuo – deu azo à recomendação no Livro Verde da elaboração de um mecanismo único e adequado à abrangência de todas as variantes probatórias[72]. Finalmente, doravante a Diretiva 2014/41/EU, desenvolveu-se um novo instrumento europeu de cooperação materializado na Decisão Europeia de Investigação, que substituiu o "conjunto de outros instrumentos segmentários a que, por o serem, faltava harmonia e coerência"[73].

O documento comporta no princípio do reconhecimento mútuo uma "ferramenta singular" de recolha de elementos de prova entre os Estados-membros da UE, em máxima efetividade e simplificação[74]. Fundado na cooperação direta entre autoridades judiciais, o princípio do reconhecimento mútuo torna devidamente reconhecida e aceita a livre circulação de decisões judiciais entre diferentes Estados-membros, consubstanciado no princípio da confiança mútua[75].

Digno de nota, o absoluto transpassar do modelo clássico ao modelo de reconhecimento mútuo demandou antes a validação de um mínimo comum em matéria de direitos humanos, outrora consagrados na CEDH e acolhidos pelo Tratado de Lisboa (art. 82.º TFUE). No âmbito probatório, a premente harmonização dos sistemas de justiça justificou-se na validade a ser auferida por meio de regras processuais específicas. Noutros termos, se uma determinada prova é obtida sem que um mínimo comum exista entre os estados cooperantes, a

[71] Ramos, 2019: 78.

[72] Piton, 2016: 187-188.

[73] Cluny, 2018: 19.

[74] Silva, 2018: 516.

[75] Kostoris, 2018: 281.

sua posterior admissibilidade pode ficar prejudicada ante o descumprimento de padrões preconcebidos num determinado sistema processual, a exemplo de um interrogatório realizado sem a presença de um advogado.

Nesse aspecto, o reconhecimento do valor vinculativo da CDFUE teve um impacto substancial a ensejar o respeito a direitos fundamentais também no contexto cooperacional. No âmbito da Europa, a noção da paridade de armas é inferida, há muito, pelo TEDH do princípio do juízo equitativo (art. 6.º, §1.º da CEDH), segundo a exigência de que as partes "possam apresentar o caso sob condições que não impliquem nenhuma posição desvantajosa a respeito da parte contrária"[76]. Um eventual risco à salvaguarda desse princípio deve, conforme a jurisprudência do TEDH, ser suficientemente contrabalanceado pelos procedimentos perfilhados pela autoridade judicial[77]. Isto é, se a defesa se vê em desvantagem numa determinada situação – aqui tomando como exemplo a obtenção de provas transfronteiriças –, a autoridade judicial pode adotar procedimentos no interesse de compensar essa disparidade.

Seguindo esse entendimento sobre a vasta crítica tecida em relação ao afastamento dos direitos da defesa a nível internacional[78], em particular quanto ao desequilíbrio entre a acusação e a defesa na coleta de provas alocadas no exterior, a DEI cuidou de inserir, dentre os seus dispositivos, a possibilidade – até então nunca expressa em convenções anteriores – de requisição de uma ordem pelo arguido ou por seu advogado. Entretanto, chama-se atenção especial à remissão final constante no art. 1.º, n.º 3 da DEI: "a emissão de uma DEI pode ser requerida por um suspeito ou por um arguido, ou por um advogado em seu nome, no quadro dos direitos da defesa aplicáveis nos termos do processo penal nacional".

A condicionante imposta à emissão pela defesa retém a sua possibilidade aos termos dos direitos aplicáveis num determinado processo penal nacional.

[76] Ambos, 2008: 77.

[77] Doorson v. The Netherlands, nº 20524/92, de 26/03/1996.

[78] Nas palavras de André Paulino Piton "as dúvidas suscitaram-se quanto à (im)possibilidade de utilização do mecanismo europeu de obtenção de provas por parte da defesa, pois que a proposta de directiva o havia pensado como ferramenta exclusiva da investigação. Assim, a recolha de provas transfronteiriças pela acusação estaria sujeita ao princípio do reconhecimento mútuo, enquanto, por sua vez, a defesa teria de continuar a utilizar os instrumentos próprios da assistência judiciária mútua, o que naturalmente cavaria um fosso profundo e desigual entre as duas partes". Piton, 2016: 196; Assim também, Búric, 2016: 76; e Ryolo, 2014: 109.

Significa dizer que os Estados-membros signatários da DEI devem assegurar o acesso ao arguido na medida das disposições de direito interno que regulam o processo, o momento e as condições que esse direito poderá ser exercido[79]. Essa remissão encontra razão de ser nos diferentes sistemas de justiça adotados pelos países integrantes da UE e na multiplicidade de significados em que a paridade de armas é refletida.

A exemplo do sistema português, a Diretiva foi transposta pela Lei de n.º 88/2017, a qual tratou no art. 12.º, n.º 4, a respeito da emissão de uma ordem de investigação "por iniciativa da autoridade judiciária ou a pedido dos sujeitos processuais, nos termos em que estes podem requerer a obtenção ou produção de meios de prova, de acordo com a lei processual penal". Essa disposição, portanto, não confere à defesa o poder de requisição direta às autoridades estrangeiras, mas permite-o por intermédio da autoridade judiciária.

A autora Vânia Costa Ramos aduz que, apesar de não se consagrar os critérios que apoiariam a decisão de emissão ou não de uma DEI, a "avaliação da relevância e necessidade, probatória i.e., da necessidade ou pertinência"[80] há de ser idêntica àquela já utilizada à nível nacional para a obtenção de provas locais. Apoiado nesses termos, o poder de decisão é vinculativo pois, revelando-se aquele ato necessário ao deslinde final da causa, deve ser emitido seja em favor da defesa ou da acusação[81]. Em suma, no âmbito da UE a perspetiva defensiva na cooperação internacional irá operar em conjunto com os dois sistemas jurídicos da Europa: os do modelo continental e os dos modelos "adversariais" puros[82].

A solução fornecida pela DEI, portanto, pode não ser satisfatória diante de um sistema predominantemente adversarial em que a solicitação defensiva deve ser remetida ao MP, a implicar na divulgação da estratégia ao seu oponente a quem incube unicamente o exame de provas incriminadoras[83].

79 Winter, 2015: 50.

80 Ramos, 2018: 123.

81 "Dessa forma, sempre que a emissão da DEI se revele necessária às finalidades do inquérito, instrução ou julgamento, o princípio da descoberta da verdade e investigação exaustiva dos factos, bem como das garantias de defesa impõe a sua emissão, tal como numa constelação meramente nacional. As fronteiras internas da UE são, a este respeito, irrelevantes". Ramos, V., 2018: 183.

82 Wladimiroff, 2002: 243-244.

83 Winter, 2015: 50.

Essa medida, por sua vez, parece mais coerente com o modelo continental, em que a atuação da acusação é pautada na imparcialidade e na busca da verdade tanto pelas provas que confirmam a acusação quanto nas que a excluam.

VI. Possível solução na perspetiva brasileira

Diante das considerações exauridas nos capítulos anteriores, analisa-se agora a possível solução a ser alvitrada pela defesa numa situação análoga à experienciada no caso *United States v. Ross McLellan*, em que a obtenção de provas transfronteiriças pelo arguido restou impraticável face aos termos do Acordo firmado entre os EUA e a Irlanda. Os modelos analisados reputam à autoridade judiciária ou ao órgão acusatório a obrigatoriedade de pleitear a produção probatória em favor da defesa, a depender do sistema processual adotado em cada caso. Esta também é a solução amplamente difundida pela doutrina[84].

L. Song Richardson[85], ao discorrer acerca do uso exclusivo dos Acordos de Assistência Mútua, elenca três possíveis escolhas institucionais de um tribunal quando confrontado a um direito estabelecido por leis que se encontram sob sua jurisdição. A primeira escolha, nomeada pelo autor como *"No Rights to Compulsion Parity"*, refere-se à possibilidade de o tribunal determinar que a paridade de armas não se aplicaria no contexto transnacional.

A segunda escolha, nomeada como *"Moderate Rights to Compulsion Parity"*, retrata a criação de um padrão doutrinário flexível, no qual caberiam aos tribunais decidirem quando e sob quais condições a paridade se justificaria. Dessa forma, nos casos em que houvesse requisição pela defesa da produção de provas no exterior, os tribunais considerariam a relevância probatória

[84] A este respeito, Mark Rush e Jared Kephart asseveram que apesar das disposições do MLAT impedirem ao réu a solicitação de evidências, deve-se ter em mente a viabilidade de requisição pelo órgão acusatório ou judiciário, haja vista que os tratados de auxílio mútuo apenas exigem que a solicitação provenha de autoridades estatais. Rush / Kephart, 2017: 7. Esta também foi a sugestão aventada por Vladimir Aras e Márcio Anselmo, os quais, atentando-se pela incapacidade de compelir que o Estado requerido conceba tramitação aos pedidos oriundos da defesa, propuseram que tais requisições sejam encaminhadas pelo MP ou pela autoridade judiciária, como medidas de interesse processual. Aras, 2010: 360; e Anselmo, 2010: 229.

[85] Richardson, 2008a: 105 e ss.

solicitada e, a partir disso, ordenariam à acusação ou ao juiz que solicitasse as evidências por meio do *MLAT*.

Outrossim, a terceira solução elencada pelo autor, denominada de "*Strong Rights to Compulsion Parity*", refere-se à criação de uma regra doutrinária clara quanto à aplicação da paridade como requisito constitucional em casos transnacionais. Nesse caso, exigir-se-ia a declaração de inconstitucionalidade dos Tratados de Assistência quanto à disparidade ocasionada, salvo na possibilidade de negociação de memorandos aos Tratados já existentes.

Dentre as três possíveis escolhas, a presente investigação inclina-se para a adoção de um direito "moderado" à paridade de armas, mantendo-se inalterados os dispositivos dos Tratados e impondo ao judiciário ou ao órgão acusatório a requisição probatória em nome da defesa, sempre que esta se revele necessária à garantia dos direitos defensivos e à descoberta da verdade material. Insta esclarecer que a rejeição da escolha pelo direito forte à paridade de armas, com a consequente declaração de inconstitucionalidade dos Tratados de Assistência ou renegociações, decorre do fato de que essa abordagem somente externaria um efeito positivo na utopia de harmonização de um sistema jurídico universal. Desse modo, tratando-se de Estados com acepções jurídicas diversas, os acertos seriam passíveis de objeções nas legislações internas, concebendo-se na aplicação de um direito moderado a possibilidade de coadunar o acesso à defesa dos novos instrumentos de cooperação jurídica internacional aos direitos atribuídos a nível nacional pelos Estados Parte envolvidos.

Assente, portanto, na escolha de um direito moderado, e à luz do direito comparado, admite-se na requisição por meio do judiciário a medida máxima a restabelecer a desejada igualdade de armas. Nesse passo, a menos que o órgão acusatório esteja vinculado ao "interesse público de descoberta da verdade e à realização da justiça"[86], o poder de requisição no domínio da parte contrária enfraqueceria a posição do arguido pois, como já dito, implicaria a divulgação de sua estratégia à contraparte[87]. Esse cenário é altamente perceptível no modelo de solução americano, em que a defesa se encontra vinculada à anuência do órgão acusatório que, na generalidade dos casos existentes, rejeita

[86] Mendes, 2013: 217.

[87] Piton, 2016: 197.

(sem grande rigor) remeter a solicitação em benefício do réu, por entender ser esse pedido alheio aos interesses próprios da acusação.

Conquanto a assistência direta à defesa reste inviável, o pleito requisitório demandado pela autoridade judicial não violaria as disposições dos Tratados. Nessa orientação, os itens denegatórios externam como autoridade competente para o envio aquelas responsáveis ou com poder para atuar em procedimentos administrativos ou judiciais. Enquanto isso, os demais itens apenas impedem as solicitações por parte de particulares. Assim, face à leitura literal das disposições, o envio por uma autoridade judicial observaria a legitimidade ativa dos pedidos, cabendo ao Estado requerido executá-lo ainda que se trate unicamente de interesses defensivos[88].

À vista disso, a assistência será remetida diretamente por uma autoridade competente e não por uma parte privada, mantendo inviolável os termos do acordo.

Atendendo, portanto, ao ordenamento jurídico brasileiro, a requisição por intermédio do órgão judiciário fundamenta-se nos poderes de ofício atribuídos ao juiz relativamente à produção "antecipada de provas consideradas urgentes e relevantes, observada a necessidade, adequação e proporcionalidade da medida" (art. 156.º, I, CPPB), e na determinação de realização de diligências aptas a dirimir "dúvida sobre ponto relevante" (art. 156.º, II, CPPB).

Das parcas decisões já proferidas pelo STJ/BR envolvendo a problemática de acesso pela defesa, duas apoiam a solução ora sustentada. No julgamento do Habeas Corpus n.º 147375/RJ[89], em decisão proferida pela 5.ª T, o STJ/BR ao deparar-se com o argumento defensivo de violação ao princípio da isonomia,

[88] Michael Abbell, ao defender a requisição por intermédio judicial, reforça o fato do pedido ser oriundo de autoridades governamentais. Assim, ao Estado requerido competirá a execução da requisição, sem ter em conta a origem do pedido, pois que a assistência é fornecida diretamente à autoridade do país estrangeiro e não a uma parte privada, em respeito aos termos do acordo. Abbell, 2010: 298.

[89] " [...] Muito embora o Ministério da Justiça tenha informado aos impetrantes, via e-mail, que 'segundo a Autoridade Central estadunidense, pedidos de cooperação que solicitam diligências requeridas pela defesa não estão abrangidas pelo Acordo de Assistência Judiciária em Matéria Penal entre o Governo da República Federativa do Brasil e o Governo dos Estados Unidos da América (Decreto n.º 3.810, de 21/02/2001)', o certo é que nada impede que o acusado, por seus advogados, pleiteie ao Juízo a produção de determinada prova, e que este a solicite ao Estado requerido por meio do MLAT [...]". STJ/BR, HC 147.375/RJ, Rel. Min. Jorge Mussi, 5.ª T, de 22/11/2011.

apesar de esboçar entendimento favorável ao Acordo de Cooperação Mútua Internacional, guiou-se pela possibilidade de o acusado pleitear ao Juízo a produção de determinada prova, vindo este a solicitá-la por meio do *MLAT* com respaldo na lei processual penal (art. 156.º, I e II, CPPB). Também em recente deliberação (RHC n.º 88.142/DF)[90], a 6.ª T do STJ/BR manteve a decisão proferida pelo Tribunal Regional Federal da 1.ª Região que concedeu a ordem para determinar ao Juízo de primeiro grau que remetesse ao *Whatsapp*, via Cooperação Jurídica Internacional (*MLAT*), a requisição de dados em favor da defesa.

Não obstante as decisões acima elencadas, reforça-se a necessidade de amadurecimento jurisprudencial quanto à possibilidade de requisição probatória pelo Juízo, sendo fulcral que tal solução seja aplicada uniformemente a todos os casos a fim de alcançar, em sede de cooperação jurídica internacional, o equilíbrio nos meios de obtenção de provas dispostos às partes processuais. A este respeito, evidencia-se posição contrária proferida pela 6.ª T do STJ/BR no julgamento do Agravo Regimental do HC n.º 41.888/SP[91].

O recurso insurgia-se contra a decisão que indeferiu a expedição de carta rogatória para oitiva de testemunhas de defesa nos EUA, sob o fundamento de que a coleta de provas pela cooperação penal daquele país não abrangia pedidos oriundos pela parte privada. Neste caso, o STJ/BR entendeu, ao denegar a ordem, que não houve cerceamento de defesa, limitando-se a fundamentar a sua decisão aos termos do acordo e afastando qualquer possibilidade ao arguido de pleitear a requisição de prova por intermédio do juízo.

Reconhecendo, dessa forma, a primordial necessidade de uma posição consolidada dos Tribunais Superiores, outro ponto é digno de tessitura. Por força das alterações na legislação processual penal promovida pela Lei n.º 13.964/2019, mais conhecida como "Pacote Anticrime", o adensamento

90 "Ao peticionar na primeira instância, a defesa já havia requerido, expressamente, o uso da Cooperação Jurídica Internacional – acordo firmado entre o Brasil e os EUA, alicerçado em acordo bilateral (Mutual Legal Assistance Treaties ou MLAT), promulgado pelo Decreto n. 3.810/2001. [...] Uma vez que o próprio TRF1 já concedeu ordem de habeas corpus lá impetrado para determinar ao Juízo de primeiro grau que expedisse ofícios às empresas mencionadas inclusive pela via do MLAT, não há como não assegurar à defesa que sejam requisitados os dados ao WhatsApp dos EUA por meio desse acordo [...]". STJ/BR, RHC 88.142/DF, Rel. Min. Rogério Schietti Cruz, 6.ª T, de 22/10/2019.

91 STJ/BR, AgRg no HC 41888/SP, Rel. Min. Marco Aurélio Bellizze, 6.ª T, de 05/08/2014.

ao modelo do sistema acusatório foi expressamente previsto no art. 3.º-A do CPPB: "O processo penal terá estrutura acusatória, vedadas a iniciativa do juiz na fase de investigação e a substituição da atuação probatória do órgão de acusação".

Apesar de não se vislumbrar qualquer alteração expressa ao art. 156.º do CPPB, o dispositivo em apreço impacta diretamente na viabilidade de requisição de medidas investigativas *ex officio* pelo juiz. Consequentemente, uma eventual revogação demandaria como parte legítima à emissão de uma solicitação de assistência somente o órgão acusatório, reclamando que a iniciativa em favor da defesa fosse por este órgão acolhida. De antemão, entretanto, salienta-se que a eficácia do art. 3.º-A está, até o momento da feitura do presente artigo, suspensa *sine die* em decorrência da medida cautelar concedida na Ação Direta de Constitucionalidade (ADI) n.º 6.299/DF.

Em todo o caso, na hipótese de em última análise recair nas mãos do órgão acusatório o pedido do requerimento defensivo, a garantia à não arbitrariedade e imparcialidade demandam a estrita regulamentação dos termos e condições que conduziriam o envio pelo MP, em semelhança ao modelo adotado pela Austrália. Isto asseguraria ao arguido que as pré-condições de emissão fossem, desde já, instituídas em regimento próprio, a exemplo do Manual de Cooperação Jurídica Internacional e Recuperação De Ativos do Ministério da Justiça, com menção ao meio de impugnação adequado contra a eventual rejeição do órgão acusatório em solicitar a assistência.

Conclusão

O desenvolvimento do presente trabalho principiou no estudo do caso *United States v. McLellan* para, então, adentrar ao questionamento quanto à possibilidade de utilização dos Tratados de Assistência Mútua pelo arguido. É, pois, com vista à construção crítica do tema proposto que foram analisados os Acordos firmados pelo Brasil de modo a elencar aqueles que contemplam cláusula denegatória ao direito defensivo.

Dos vastos tratados examinados – no total de 25 (vinte e cinco) –, auferiu-se o seguinte resultado: 14 (quatorze) exibem dispositivo que impede o acesso à defesa; dois são permissivos; e os restantes são silentes quanto à matéria. A respeito desses últimos, o tratamento conferido aos pedidos dependerá, em geral, do entendimento do Estado requerido. Nesse sentido, seria forçoso admitir uma postura análoga aos tratados permissivos, já que, na prática, alguns países – a exemplo do Canadá e da China – aduziram previamente pela rejeição de solicitações oriundas da defesa, ainda que tal dispositivo esteja silente no acordo.

Dito isso, a resposta ao problema jurídico formulado na introdução do trabalho – É possível que a defesa utilize dos Tratados de Assistência Mútua para obtenção de provas em seu favor? – é claramente negativa. Em verdade, os acordos de cooperação são, em sua maioria, formalizados como proposta única a facilitar a comunicação entre Estados estrangeiros, no interesse unilateral da persecução penal, e sem que haja correspondência às garantias do direito de defesa.

Baseado nessa constatação, o desenvolvimento subsequente incidiu no precípuo confronto entre a impossibilidade de uso pela defesa dos Tratados de Assistência Mútua e o conflito com as garantias fundamentais ao julgamento justo, sobretudo para responder aos consecutivos questionamentos, ora recapitulados: “A restrição de acesso aos Tratados de Assistência Mútua acarreta desequilíbrio à defesa? Seria a disponibilidade do uso das cartas rogatórias suficiente para colmatar a disparidade despertada entre as partes processuais?”.

As respostas a essas questões foram dadas a partir do confronto entre a cooperação por via dos Tratados de Assistência Mútua e pelo uso tradicional das cartas rogatórias. Afiguraram-se como aspectos positivos da transmissão dos pedidos pelo *MLAT* a simplificação procedimental, de tal maneira que as solicitações são feitas diretamente entre autoridades centrais, e sem a intermediação diplomática, bem como a consagração de dispositivos que regem a obrigação geral de assistência, como o ajuste prévio das razões de recusa e instruções que facilitam a admissibilidade de provas. Aduziram-se, portanto, nesse novo mecanismo de cooperação as predileções de uso em face da carta rogatória, ora fadada ao desuso por sua própria ineficiência.

Com efeito, a denegação de acesso manifestou-se potencialmente prejudicial à defesa, à medida que os múltiplos mecanismos efetivos e céleres ao exercício da cooperação não são também dispostos ao arguido, em ameaça de erradicar ou diminuir o seu direito probatório. Tratando-se a igualdade processual de um princípio intrínseco ao julgamento justo e consagrado em disposições internacionais devidamente reconhecidas em âmbito interno, é razoável que esse direito seja igualmente reconhecido e assegurado no contexto da cooperação jurídica internacional.

A extensão da garantia à paridade de armas, entretanto, varia entre os diferentes sistemas jurídicos que norteiam o direito comparado. Por esse motivo, uma solução abrangente é incapaz de ocupar-se das diversas ramificações procedimentais dos sistemas processuais distintos. Ainda que seja inclusa por renegociações a participação da defesa nas disposições dos Tratados, a condição de emissão de um pedido pelo arguido ficará condicionada à posterior regulamentação conforme as legislações nacionais dos Estados Partes, em idêntica orientação conferida pela DEI.

O caminho parece ser, portanto, o da adoção de um direito moderado à paridade de armas, reconhecendo a sua observância também a nível internacional e garantindo o direito de acesso ao arguido pela intermediação do órgão judiciário ou acusatório. A efetividade dessa solução mostrou-se, no entanto, prejudicada a depender dos poderes instrutórios do juiz e das atribuições do MP. Sobretudo em sistemas predominantemente acusatórios, como é o caso dos EUA, a anuência do órgão acusatório pode ser um obstáculo à recolha de provas transfronteiriças pela defesa, visto que a sua posição como oponente processual o torna alheio aos interesses defensivos.

Por outro lado, nos sistemas em que a autoridade judicial é apta a requerer a emissão em nome da defesa – em referência à Holanda e à Inglaterra e País de Gales – ou que o órgão acusatório é vinculado à descoberta da verdade material – tal como na ordem portuguesa – atuando com imparcialidade e na defesa da legalidade, o alcance desigual dos Tratados é contrabalanceado pela busca, não apenas de provas incriminadoras, mas de todas que prezem por um resultado justo ao feito.

Por todo o exposto, entende-se que, se a resolução do caso *United States v. RossMcLellan* tivesse jurisdição no Brasil com a consequente necessidade de uso de um Tratado de Assistência Mútua pela defesa, a requisição da prova transfronteiriça por intermédio judicial – como medida de interesse processual (art. 156.º, I e II, do CPPB) – atenderia melhor aos interesses defensivos. Esta solução encontra amparo na análise jurisprudencial, em particular nas decisões proferidas pelo STJ/BR – Habeas Corpus n.º 147375/RJ e RHC n.º 88.142/DF.

Entretanto, na eventual revogação desta norma face à declaração de constitucionalidade do "Pacote Anticrime" e uma vez direcionada a competência exclusiva da emissão ao MP – autoridade também habilitada para solicitar assistência por meio do Tratado –, defende-se a prévia regulamentação de regras concretas que evitem a discricionariedade da acusação em decidir sobre a emissão do pedido e garantam à defesa possíveis meios de impugnação, tal como referenciado pela ordem australiana.

Cuida-se, afinal, de uma proposta a ser gradualmente sedimentada pelos órgãos do poder judiciário, não obstante a necessidade preeminente de que os futuros tratados não contenham cláusulas de acesso exclusivo às autoridades governamentais, fazendo dispor à defesa dos mesmos meios disponibilizados à acusação pela garantia da absoluta equidade.

Bibliografia citada

Abbell, Michael,
(2010) *Obtaining Evidence Abroad in Criminal Cases*. Boston: Martinus Nijhoff Publishers.
Alle, Saulo Stefanone,
(2017) *Cooperação jurídica intenacional e auxílio direto ativo em matéria penal*. Belo Horizonte: Arraes Editores.
Ambos, Kai,
(2008) *Processo Penal Europeu: preservação das garantias e direitos individuais – Princípios processuais e análise da Convenção Europeia dos Direitos Humanos*. Tradução de Marcellus Polastri Lima. Rio de Janeiro: Lumen Juris.
Anselmo, Márcio Adriano,
(2010) "Cooperação Internacional em Matéria Penal no Âmbito do Mercosul – Autonomia do Protocolo de San Luis", in: José Paulo Baltazar Júnior e Luciano Flores de Lima (Org), *Cooperação Jurídica Internacional em Matéria Penal*. Porto Alegre: Verbo Jurídico, pp. 215-249.
Aras, Vladimir,
(2010) "O sistema de Cooperação Penal Brasil/Estados Unidos", in: José Paulo Baltazar Júniore Luciano Flores de Lima (Org), *Cooperação Jurídica Internacional em Matéria Penal*. Porto Alegre: Verbo Jurídico, pp. 321-400.
Barreto, Ireneu Cabral,
(2015) *A Convenção Europeia dos Direitos do Homem: anotada*. 5.ª ed. Coimbra: Almedina.
Bechara, Fábio Ramazzini,
(2011) *Cooperação Jurídica Internacional em matéria penal: eficácia da prova produzida no exterior*. São Paulo: Saraiva.

Búric, Zoran,
(2016) "Transnational Criminal Proceedings and the Position of Defence", in: Zlata Đurđević, e Elizabeta Karas (org.), *European Criminal Procedural Law in Service of Protection of European Union Financial Interests*: State of Play and Challenges. Zagreb: Hrvatska udruga za europsko kazneno pravo, pp. 63-90.

Caeiro, Pedro,
(2009) "Cooperação Judiciária na União Europeia", in: *Direito Penal Econômico e Europeu: textos doutrinários*, vol. III, Coimbra: Coimbra Editora, pp. 69-80.

Cervini, Raúl / Tavares, Juarez,
(2000) *Princípios de cooperação judicial penal internacional do protocolo do Mercosul*. São Paulo: Ed. Revista dos Tribunais.

Cluny, António,
(2018) "A decisão europeia de investigação e a importância do papel que, na sua aplicação, pode vir a ter a Eurojust", *Anatomia do Crime* 7, pp. 19-27

Currie, Robert J,
(2000) *Human Rights and International Mutual Legal Assistance: Resolving the Tension*, Criminal Law Forum, vol. 11, working papper no. 2, pp. 143-181, disponível em https://papers.ssrn.com/sol3/papers.cfm?abstract_id=2114339 (consultado em 16/11/2020).

Fedorova, Masha,
(2012) *The Principle of Equality of Arms in International Criminal Proceedings*. Cambridge: Intersentia.

Fernandes, Antonio Sacarance,
(2008) "Reflexões sobre as noções de eficiência e de garantismo no processo penal", in: Antônio Sacarence Fernandes, José Raul Gavião de Almeida e Maurício Zanoide de Moraes (coord.), *Sigilo no processo penal: eficiência e garantismo*. São Paulo: Revista dos Tribunais, pp. 9-28.

Funk, T. Markus,
(2019) "The Key Tools of the Trade in Transnational Bribery Investigations and Prosecutions: Mutual Legal Assistance Treaties (MLATs) and Letter Rogatory", in: Markus T. Funk e Andrew S. Boutros (ed.). *From baksheesh to bribery: understanding the global fight against corruption and graft*. New York: Oxford University Press, pp. 547-568.

Gless, Sabine,
(2013) "Transnational Cooperation in Criminal Matters and the Guarantee of a Fair Trial: Approaches to a General Principle", *Utrecht Law Review*, vol. 9, No. 4, pp. 90-108.
(2019) "Transnational Access to Evidence, Witnesses, and Suspects", in: Darryl K. Brown, Jenia Iontcheva Turner e Bettina Weisser (ed.), *The Oxford Handbook of Criminal Process*. New York: Oxford University Press, pp. 1-25.

Klip, André,
(2018) *European Criminal Law. An integrative Approach*. Antwerp: Intersentia.

Kostoris, Robert,
(2018) *Handbook of European Criminal Law*. Cham: Springer International Publishing AG.

Kreutz, Felipe Hochscheit,
(2014) *A paridade de armas e a investigação criminal*. Dissertação (Mestrado) – Curso de Direito, Lisboa: Faculdade de Direito da Universidade de Lisboa.

Lyman, Robert Neale,
(2006) "Compulsory process in globalized era: Defendant access to mutual legal assistance treaties", *Virginia Journal of International Law*, vol. 47, No. 1, pp. 262-293.
Mangiaracina, Annalisa,
(2014) "A New and Controversial Scenario in the Gathering of Evidence at the European Level: The proposal for a Directive on the European Investigation Order", *Utrecht Law Review*, vol. 10, No. 1 – janeiro, pp. 113-133.
Mendes, Paulo de Sousa,
(2013) *Lições de Direito Processual Penal*. Coimbra: Almedina.
Piton, André Paulino,
(2016) "A decisão europeia de investigação em matéria penal: breve análise histórica à luz da proteção dos direitos fundamentais", in: André Paulino Piton e Ana Teresa Carneiro (coord.). *Liber amicorum Manuel Simas Santos*. Lisboa: Rei dos Livros, pp. 187-188.
Ramos, André Carvalho,
(2018) *Curso de Direito Internacional Privado*. São Paulo: Saraiva.
Ramos, Vânia Costa,
(2018) "Meios processuais de impugnação da Decisão Europeia de Investigação – subsídios para a interpretação do artigo 14.º da Directiva com uma perspectiva portuguesa", *Anatomia do Crime n.º 7*. Coimbra: Almedina, pp. 113-173.
(2019) "Decisão Europeia de Investigação", *Revista do Centro de Estudos Judiciários (CEJ)*, vol. II, 2º semestre, pp. 77-116.
Richardson, Song,
(2008a) "Convicting the innocent in transnational criminal cases: comparative institutional analysis approach to the problem", *Berkeley Journal of International Law*, vol. 26, No. 1, pp. 62-110.
(2008b) *Due Process for the Global Crime Age: A Proposal*, Cornell International Law Journal, vol. 41, No. 2, Article 4, 2008. Disponível em: http://scholarship.law.cornell.edu/cilj/vol41/iss2/4 (consultado em 28/01/2022).
Rodrigues, Anabela Miranda,
(2009) "O mandado de Detenção Europeu – na via da construção de um sistema penal europeu: um passo ou um salto?", *Direito Penal Econômico e Europeu: textos doutrinários*, vol. III. Coimbra: Coimbra Editora, pp. 33-58.
Rodrigues, Anabela Miranda / Mota, José Luís Lopes da,
(2002) *Para uma Política Criminal Europeia: Quadros e instrumentos jurídicos de cooperação judiciária em matéria penal no espaço da União Europeia*. Coimbra: Coimbra Editora.
Rodrigues, José Narciso Cunha,
(1991) "Sobre o princípio da igualdade de armas", *Revista Portuguesa de Ciência Criminal*, vol. A1, Fasc. 1, pp. 77-103.
Rosário, Rita,
(2018) "Directiva relativa à Decisão Europeia de Investigação e a igualdade de armas", *Anatomia do Crime* 7, pp. 175-223.
Rush, Mark A. / Kephart, Jared A.,
(2017) "Lifting the Veil on the MLAT Process: A Guide to Understanding and Responding to MLA Requests". *Legal Insight (K&L Gates)*, janeiro 2017.

Ryolo, Laura Autru,
(2014) "European Investigation Order: The Defence Rights Perspective", in: Stefano Ruggeri, (ed.), *Transnational Evidence and Multicultural Inquiries in Europe: Developments in EU Legislation and New Challenges for Human Rights-Oriented Criminal Investigations in Cross-border Cases*. Heidelberg: Springer.
Secretaria Nacional de Justiça,
(2019) *Manual de cooperação jurídica internacional e recuperação de ativos: cooperação em matéria penal*. Departamento de Recuperação de Ativos e Cooperação Jurídica Internacional (DRCI), 4.ª ed. Brasília: Ministério da Justiça.
Silva, Ana Paula Gonzatti da,
(2018) "A decisão europeia de investigação em matéria penal: uma breve análise", *Revista Portuguesa de Ciência Criminal* 28, 3, pp. 511-554.
Souza, Carolina Yumi de,
(2015) *Cooperação Bilateral Brasil – EUA em Matéria Penal: alcançando o devido processo*. Tese (Doutorado) – Curso de Direito, São Paulo: Faculdade de Direito, Universidade de São Paulo.
Vieira, Renato Stanziola,
(2014) "Paridade de Armas no Processo Penal", in: Gustavo Badaró e Petrônio Calmon (coord.), *Coleção Ada Pellegrini Grinover*, vol. II. Brasília: Gazeta Jurídica, pp. 1-359.
Wladimiroff, Michail,
(2002) "Cooperation on Criminal Matters: a Defence Lawyer´s Perspective", in: Rodigo Yepes-Enriquez e Lisa Tabassi (ed.), *Treaty Enforcement and International Cooperation in Criminal Matters*. The Hague: TMC Asser Press, pp. 242-250.
Wijk, Marloes C. Van,
(2017) *Cross-border evidence gathering: Equality of arms within the EU?*, The Hague: Elevan International Publishing.
Winter, Lorena,
(2015) "Transnational Evidence: Towards the Transposition of Directive 2014/41 Regarding the European Investigation Order in Criminal Matters", in: *The European Criminal Law Associations*, Fórum 2, pp. 47-60.
Zagaris, Bruce,
(2012) "U.S – Brazil and International Evidence Gathering: The Need for Better Procedural Due Process", *Revista Brasileira de Ciências Criminais*, vol. 99, novembro-dezembro, pp. 241-274.

Jurisprudência citada

Brasil

STF, AP 470, Rel. Min. Joaquim Barbosa, Tribunal Pleno, de 01/10/2009
STJ/BR, AgRg no HC 41888/SP, Rel. Min. Marco Aurélio Bellizze, 6.ª T, de 05/08/2014
STJ/BR, HC 147.375/RJ, Rel. Min. Jorge Mussi, 5.ª T, de 22/11/2011
STJ/BR, RHC 88.142/DF, Rel. Min. Rogério Schietti Cruz, 6.ª T, de 22/10/2019

Estados Unidos da América
U.S. v. Ross Mclellan, 18-2032 (1st Cir. 2020)
U.S. v. Des Marteau. 162 F.R.D 364. (1995)
U.S. v. Jefferson, 594 F. Supp. 2d 655 (E.D. Va. 2009)
U.S. v. Marquez, 10CR3044 WQH (S.D. Cal. Feb. 2, 2012)
U.S. v. Mejia, 448 F.3d 436 (D.C. Cir. 2006)
U.S. v. Rosen, 240 F.R.D. 204 (E.D. Va. 2007)
U.S. v. Schneider, CIVIL ACTION 17-935 (E.D. Pa. Sep. 6, 2019)
U.S. v. Sedaghaty, 728 F.3d 885 (9th Cir. 2013)

Reino Unido
R v. Athwal and Another, 1 WLR 2430 (2009)
R v. Forsyth, 2 Cr App R 299 (1997)

Tribunal Europeu dos Direitos Humanos
Doorson v. The Netherlands, n.º 20524/92, de 26/03/1996
Soering v. United Kingdom, n.º 14038/88, de 07/071989

CAPÍTULO IX
DIREITO PENAL INTERNACIONAL E PROVA

§ **14.** Responsabilidade de comando no Estatuto de Roma e questões probatórias: o caso Jean-Pierre Bemba Gombo no TPI
(*Celso Vieira de Souza*)

§ 14.
RESPONSABILIDADE DE COMANDO NO ESTATUTO DE ROMA E QUESTÕES PROBATÓRIAS – O CASO JEAN-PIERRE BEMBA GOMBO NO TPI

Celso Vieira de Souza*

Sumário: Introdução. I. A responsabilidade de comando e o Estatuto de Roma. II. Falhas no exame de provas e absolvição no TPI. III. Posição geográfica do comandante (*remote commander*). IV. Medidas necessárias e capacidade material. V. Causalidade complexa e dificuldade de provas. VI. Caso "Bemba": novo paradigma de reexame probatório no TPI. Conclusão. Bibliografia citada. Jurisprudência citada.

Resumo: O presente artigo examina um tema relativamente novo no ordenamento jurídico internacional: a responsabilidade de comando do Estatuto de Roma (*command responsibility*) e as questões probatórias. O artigo baseia-se na análise de um case do Tribunal Penal Internacional: The Prosecutor v. Jean-Pierre Bemba Gombo – ICC-01/05-01/08. A figura da responsabilidade de comando ainda é pouco explorada pela doutrina, o que parece compreensível, dada a vigência e implementação do Estatuto de Roma somente no ano de 2002, o que suscita variadas discussões no cenário jurídico internacional. O precedente "Bemba" é emblemático, pois foi

* Mestrando em Direito Penal e Ciências Criminais na Universidade de Lisboa, com estágio de pesquisa na Humboldt Universität zu Berlin. Juiz Federal da Justiça Militar.

o primeiro enfrentado pelas duas instâncias da Corte Penal Internacional, com específico enfoque na responsabilidade de comando. Dada a abrangência temática, pretendemos apenas instigar o debate e no final tecer algumas reflexões sobre os impactos do julgado.

Palavras-chave: Direito Penal Internacional; Estatuto de Roma; Tribunal Penal Internacional; Crimes de Guerra; Responsabilidade de Comando; Responsabilidade do Superior; Provas.

Introdução

No mês de junho de 2018, o TPI decidiu um caso com importante repercussão para o Direito Penal Internacional, a absolvição do ex-chefe militar e político da República Democrática do Congo, Jean-Pierre Bemba Gombo, condenado anteriormente na primeira instância do TPI por crimes de guerra e contra a humanidade[1].

A decisão da Câmara de Recursos do TPI foi tomada por maioria apertada de votos (3x2), a denotar controvérsias sobre as questões fático-jurídicas do caso. A decisão absolutória fundamentou-se não só em pontos de direito material, mas também em questões probatórias rclacionadas com a figura da responsabilidade de comando.

Havia grande expectativa em relação ao caso, pois tratou-se do primeiro em que o TPI examinou a responsabilidade de comando e as suas repercussões. O TPI passa por um momento de afirmação quanto à sua legitimidade, objeto de variadas críticas de setores da comunidade internacional, que questionam a sua eficiência e acusam um desequilíbrio quanto à admissão dos casos, a maioria originários de países do continente africano[2].

Após a decisão de absolvição, houve a determinação da soltura do ex-chefe militar, que ficou preso por 10 (dez) anos sob a custódia do TPI, na Holanda.

Uma observação de cariz terminológico é necessária. Com o advento do Estatuto de Roma, a doutrina utiliza a expressão responsabilidade do superior, pois a matéria agora se aplica tanto aos chefes militares quanto aos não militares (civis). A pesquisa dá preferência à terminologia clássica, responsabilidade

[1] Sobre os crimes de guerra e contra a humanidade, ver Schabas (2016b).

[2] Ambos, 2015a: 36.

de comando, por se tratar de um caso que envolveu um chefe militar de um Estado soberano, a República Democrática do Congo.

I. A responsabilidade de comando e o Estatuto de Roma

A responsabilidade de comando como categoria jurídica do direito internacional é uma figura relativamente nova, oriunda do direito humanitário, com aplicação nos conflitos armados internacionais e não internacionais, visando a responsabilização de violações do direito internacional[3].

A sua implementação teve importante marco no pós-Segunda Guerra Mundial, com os julgamentos de Nuremberga[4] e Tóquio[5] e a adoção em 1949 das quatro Convenções de Genebra e seus dois respetivos Protocolos Adicionais de 1977 (PACG I e PACG II), diplomas ainda vigentes no atual sistema de direito internacional[6].

A responsabilidade de comando aproxima-se de outras estruturas do direito penal continental clássico, como o garante dos crimes comissivos por omissão ou mesmo a cumplicidade, mas nenhuma se confunde com a nova categoria jurídica, pois trata-se de uma figura sui generis do direito internacional[7].

O surgimento da responsabilidade de comando se coaduna com os próprios objetivos da criação do TPI: necessidade da responsabilização jurídico-penal individual no âmbito internacional e construção de um sistema de direito penal internacional permanente[8]. Os arts. 86.º e 87.º do primeiro Protocolo Adicional às Convenções de Genebra foram as primeiras normas a tratar da figura de forma consolidada no direito internacional. Os tribunais internacionais *ad hoc* também previam a responsabilidade dos comandantes em seus respetivos estatutos, a exemplo do Tribunal Internacional para a ex-Jugoslávia[9].

[3] Pereira, 2018: 36-37.

[4] Ambos, 2013: 4-15.

[5] Çakmak, 2017: 52-61.

[6] Ambos, 2013: 11.

[7] Burghardt, 2010: 695-711.

[8] Brito, 2018: 1-2.

[9] A título exemplificativo, o Tribunal Internacional para a ex-Iugoslávia. "O TPIJ foi criado pelo Conselho de Segurança da ONU para o julgamento de pessoas responsáveis por violações graves do direito internacional humanitário, cometidas o território da ex-Jugoslávia desde 1991", cf. Joana Costa, 2014: 9.

O Direito Penal Internacional contempla figuras jurídicas dos diversos sistemas legais, pois é originário do compromisso de variados estados soberanos e de diferentes tradições de sistemas punitivos. Isso resulta em dificuldades terminológicas tanto no direito positivo internacional quanto nas decisões do TPI, composto por juízes oriundos dos diversos países representativos desses sistemas[10].

A responsabilidade do comandante (*command responsibility*) pressupõe que o agente tenha posição elevada dentro do poder militar de determinada Força Armada[11]. A jurisprudência dos tribunais de Nuremberga e Tóquio (pós-Segunda Guerra Mundial) evidenciou a responsabilidade do comandante como figura jurídica em que a punibilidade se configura por omissão, numa relação de proteção de vigilância. O agente é punível em caso de omissão quanto aos deveres que a norma lhe impõe ou exige[12].

Antes da consolidação e vigência do Estatuto de Roma, a responsabilidade do superior hierárquico era denominada pela doutrina como responsabilidade do comandante (*command responsibility*), reconhecida pelo costume internacional e aplicável aos conflitos armados internacionais e não internacionais[13]. Mas foi o art. 28.º do Estatuto de Roma que estabeleceu requisitos mais detalhados da responsabilidade de comando, nos moldes em quc é atualmente aplicada. Com o Estatuto de Roma veio a extensão da responsabilidade para superiores não militares e a doutrina passou a usar a terminologia responsabilidade do superior (*superior responsibility*), mais abrangente, visando contemplar tanto agentes militares como civis.

Como dito, a configuração da responsabilidade de comando se dá por omissão, podendo o chefe responder pelos atos dos subordinados (crimes base), caso não adote medidas necessárias e razoáveis para prevenir ou reprimir as condutas dos subordinados. É um tipo de omissão sui generis, previsão peculiar do Direito Penal Internacional, inexistente na maioria dos sistemas domésticos dos Estados partes[14].

[10] Rosa Pais, 2013: 13.
[11] Ambos, 2008: 96.
[12] Rosa Pais, 2013:102.
[13] Ambos, 2008: 340.
[14] Ambos, 2008: 340.

Na jurisprudência do Tribunal de Nuremberga prevaleceu o entendimento de que a responsabilidade deveria ser limitada ao "líder", pois em relação aos meros executores, a exemplo de oficiais auxiliares sem poder de decisão, a responsabilidade de comando não restaria configurada[15]. Ou seja, Nuremberga limitou a responsabilidade do superior pelos atos praticados pelos oficiais de comando e, consequentemente, isentou a responsabilidade penal dos membros militares auxiliares. Exigia-se que o agente fosse um membro que fizesse parte do nível político (*policy level*), limitação também observada nas decisões do tribunal de Tóquio, que restringiu a responsabilidade aos membros do gabinete, ou seja, ao nível de comando. Considerando a diversidade de estrutura das Forças Armadas dos diversos Estados soberanos, a jurisprudência internacional não estabeleceu um nível hierárquico exato a que o superior deva pertencer, embora exija ser sempre do nível de condução e decisão[16].

Por outro lado, o PACG I, no seu art. 87.º, n.º 1, avançou para um conceito mais amplo nesse ponto, indicando que não só superiores em nível de condução formal podem ser responsabilizados, mas todos os que exercem poder de fato[17]. Também o art. 6.º do *Draft Code* de 1996 da CDI da ONU se referiu à responsabilidade de todos superiores, no plural. Essa diretriz mais elástica acabou influenciando a redação do art. 28.ºdo Estatuto de Roma, que permite a responsabilização tanto do chefe formalmente constituído quanto da pessoa que exerça um poder fático sobre determinada força armada[18]. Assim, para o Estatuto de Roma, o importante é que o superior possua poder de comando. Com relação ao superior não militar, o art. 28.º do Estatuto de Roma elenca um requisito de "autoridade e controlo" (*authority and control*), com a terminologia "responsabilidade dos chefes e outros superiores"[19].

Ou seja, importante é que o superior tenha poder de comando fático sobre os subordinados, independentemente da tipologia formal desse poder[20]. No caso do superior não militar, o controlo efetivo assume maior importância,

15 Douglass, 1972: 686-705.

16 Ambos, 2008: 340.

17 Ambos, 2015b: 1002.

18 Burghardt, 2008: 174.

19 Bantekas, 1999: 573-595.

20 Ambos, 2008: 350.

pois nas hierarquias civis esse controlo é menos rígido, o que exige maior prudência no exame de cada caso[21].

Importa dizer que o superior, formal ou de fato, necessita de ter competência legal e possibilidade material de prevenir ou reprimir a prática dos crimes, pois dele somente se espera contramedidas materialmente possíveis. Essas contramedidas também dependem da posição que esse superior ocupa na estrutura de comando, de acordo com cada caso concreto[22].

Quanto à análise subjetiva do ilícito (*mens rea*), deve ser dividida nos três pressupostos exigidos pela norma do art. 28.º do Estatuto de Roma. O primeiro requisito, "tinha conhecimento dos crimes", é aplicável aos chefes militares e não militares, o segundo – "deveria ter tido conhecimento dos crimes" – é aplicável apenas aos chefes militares, e o terceiro – "deliberadamente ter desconsiderado informação que indicava claramente que os subordinados estavam a cometer ou se preparavam para cometer crimes" – é aplicável somente ao chefe não militar.

O primeiro pressuposto, "teve conhecimento", denota que o superior pode ser punido se soube previamente que os subordinados estavam a cometer ou se preparavam para cometer crimes. Aqui, exige-se prova de que o superior tinha consciência de que os subordinados estavam a cometer ou na iminência de cometer delitos de competência do TPI[23]. Trata-se de conduta dolosa, em que o superior conhece as circunstâncias do tipo objetivo e não toma medidas necessárias para evitar. As maiores dificuldades deste pressuposto dizem respeito aos meios de prova, porque o estado de consciência do superior, de que teve efetivo conhecimento, não pode ser apenas presumido[24].

Quanto ao segundo pressuposto subjetivo, "deveria ter tido conhecimento", norma aplicável somente ao superior militar, indica uma exigência maior de controlo do superior, em razão da própria estrutura hierárquica militar, mais vocacionada para as relações de poder na respetiva cadeia de comando.

[21] Ambos, 2008: 340-350.

[22] Ambos, 2008: 367.

[23] Outra figura que trata da responsabilidade individual e que poderia se aproximar da responsabilidade do comandante nesse aspeto é a previsão do art. 25, nº 3), letra b) do Estatuto de Roma. Estudo sobre o art. 25, nº 3), letra b) do Estatuto de Roma, pode ser visto em Ambos, 2015c.

[24] Rosa Pais, 2013:146-147.

Assim, o art. 28.º, al. a), (i), estabelece a responsabilidade do superior militar nos casos em que, mesmo não tendo conhecimento que o subordinado estaria a cometer crimes, incorre em falha pela falta de controlo da situação, denotando uma conduta negligente. Nesse caso, a ausência de controlo pelo superior viola a norma, considerada a posição do comandante militar, que tem o dever de supervisão dos subordinados como obrigação, a caracterizar um crime culposo[25].

O último pressuposto, "deliberadamente ter desconsiderado informação que indicava claramente que os subordinados estavam a cometer ou se preparavam para cometer crimes", aplicável ao superior não militar, pode contemplar dúvidas se deve ser inserido no campo do dolo eventual ou da negligência consciente. A doutrina classifica esse requisito subjetivo como uma figura mais próxima da negligência consciente. Ou seja, o superior é responsabilizado se houver prova de que os subordinados cometiam ou se preparavam para cometer crimes e ainda assim, com a informação disponível, não leva em consideração a situação, incidindo responsabilidade pelos delitos[26].

Todas essas categorias jurídicas e elementos que integram o conceito material da figura da responsabilidade de comando implicam em significativa complexidade no exame dos casos concretos, sobretudo no campo probatório[27].

II. Falhas no exame de provas e absolvição no TPI

A Sala de Julgamento do TPI (primeira instância) condenou "Bemba" como responsável por crimes que as forças armadas sob o seu comando (Movimento de Libertação do Congo) cometeram na República Centro Africana, durante conflito militar nesse país, veredicto prolatado com base no art. 28 do Estatuto de Roma[28].

Jean-Pierre Bemba, nacional da República Democrática do Congo, era o presidente e comandante-em-chefe do Movimento de Libertação do Congo, partido político com braço militar, fundado e comandado por ele.

[25] Rosa Pais, 2013:148-149.

[26] Rosa Pais, 2013:151-152.

[27] Sobre os elementos do crime do art 28 do Estuatuto de Roma, ver também SCHABAS (2016a).

[28] ICC, 01/05-01/08, Trial Chamber III, de 21/03/2016.

Após diversos conflitos político-militares na República Centro Africana, país vizinho do Congo, o Movimento de Libertação do Congo apoiou o então presidente da República Centro Africana, Ange-Félix Patassé, na repressão de rebelião liderada por opositor militar naquele país, general François Bozizé. O apoio foi realizado por meio de uma operação militar na República Centro Africana, entre 26 de outubro de 2002 a 15 de março de 2004, comandada por Bemba.

A primeira instância do TPI concluiu que o arguido não tomara as medidas necessárias e adequadas ao seu alcance para impedir e reprimir a prática de crimes pelos seus subordinados durante a operação militar na República Centro Africana, nem mesmo ações para submeter o caso às autoridades superiores competentes[29].

Contra a decisão de primeira instância, a defesa apresentou recurso elencando fundamentos fático-jurídicos relacionados com as questões probatórias das medidas adotadas pelo ex-chefe militar, requerendo a absolvição do arguido na Câmara de Recursos do TPI. Os argumentos restaram acolhidos pela maioria dos juízes da Sala de Recursos.

As teses defensivas podem ser resumidas nos seguintes pontos[30]:

i. A Sala de Julgamento (primeira instância) não examinou corretamente a conduta do acusado em relação ao padrão normativo previsto no ER:

A defesa argumentou que a Sala de Julgamento (primeira instância) examinou as medidas tomadas pelo arguido sem considerar as limitações decorrentes das concretas condições do caso e que a decisão apontara medidas hipotéticas que deveriam ter sido tomadas pelo ex-chefe militar, mas que foram compiladas *ex post facto*, ou seja, desconsiderou o que deveria ter sido feito no momento dos fatos, privando a oportunidade da defesa em apresentar evidências probatórias sobre essas medidas.

[29] ICC, 01/05-01/08, Trial Chamber III, de 21/03/2016.

[30] ICC, 01/05-01/08, The Appeals Chamber, de 08/06/2018.

ii. *A Sala de Julgamento (primeira instância) analisou de forma inadequada as limitações de jurisdição e competência do arguido para investigar os crimes dos subordinados:*

A defesa sustentou que a Sala de Julgamento errou na avaliação probatória sobre as limitações da capacidade do arguido de conduzir investigações em outro país, no caso a República Centro Africana, onde ocorriam as operações militares. A defesa argumentou que os obstáculos enfrentados para proceder às investigações à época dos fatos, decorrentes das limitações territoriais e jurisdicionais (soberania da República Centro Africana), e dificuldades de investigação numa zona de guerra estrangeira, foram injustificadamente rejeitadas ou mesmo ignoradas na decisão condenatória, sem pelo menos uma análise perfunctória desses aspetos.

iii. *A Sala de Julgamento de primeira instância ignorou que o acusado Bemba solicitara ao Primeiro-Ministro da República Centro Africana que investigasse os supostos crimes:*

A defesa sustentou que a decisão condenatória ignorou evidências e provas relevantes, por exemplo, uma carta que o arguido enviara ao Primeiro-Ministro da República Centro Africana, especificamente sobre crimes cometidos por soldados do MLC, em que solicitara a criação de uma comissão internacional de inquérito para examinar os crimes. Também destacou que o arguido Bemba correspondeu-se por carta com o representante da ONU na República Centro Africana e com o presidente da International Federation for Human Rights. Isso seria suficiente, segundo a tese defensiva, para refutar a acusação de que o acusado não fizera nenhum esforço para encaminhar o assunto às autoridades da República Centro Africana.

iv. *A Câmara de Julgamento da primeira instância teria cometido erro ao fundamentar a decisão em questões irrelevantes:*

A defesa argumentou que a motivação de um chefe militar na tomada das medidas é irrelevante para saber se elas são necessárias e razoáveis. Sustentou que a decisão da primeira instância refutou as medidas tomadas pelo arguido porque teriam sido tomadas para contrapor críticas e alegações públicas em desfavor do MLC, na tentativa de o arguido preservar a reputação do seu exército. A defesa argumentou que não há precedentes nos tribunais internacionais em que as medidas tomadas por um chefe militar tenha que ter motivos específicos para o seu reconhecimento. Alegou, ademais, que a motivação das medidas adotadas pelo acusado foi manter o exército disciplinado, submetido a um código de conduta, com instrução para o trato com a população civil nas operações militares.

v. As conclusões do julgamento de que as medidas adotadas pelo arguido não foram adequadas distorceram ou ignoraram provas relevantes:

A defesa também sustentou que a decisão da primeira instância, nas suas conclusões sobre as medidas adotadas pelo arguido, desconsiderou o acordo entre os países do Chade e da República Centro Africana, quanto à criação de uma comissão internacional de inquérito para investigação das alegações dos crimes durante o período do conflito, a pedido Bemba junto ao Primeiro-Ministro da República Centro Africana.

Segundo argumentou a defesa, a acusação de que o arguido não tomara as providências necessárias para repressão dos crimes contraria as provas do processo, pois fundamentada apenas num relatório da International Federation for Human Rights, elaborado com suporte em depoimentos duvidosos (boatos anônimos) e testemunhas não identificadas.

Na decisão absolutória da Sala de Recursos, a maioria dos juízes entendeu, de facto, que a decisão da primeira instância não examinou corretamente os elementos de prova, com erros graves no julgamento. A Sala de Recursos concluiu que o dever dos chefes militares de tomarem medidas necessárias e razoáveis, como exige o art. 28.º do Estatuto de Roma, deve ser analisada à luz das circunstâncias concretas da época dos fatos, ou seja, os comandantes não estão obrigados a implementar todas as medidas hipotéticas em abstrato, como decidiu a primeira instância. Sempre deverão ser analisados os elementos de prova no contexto da capacidade material e a realidade operacional no teatro de operações militares em relação ao chefe militar, para não haver risco de se configurar responsabilidade objetiva[31].

[31] ICC, 01/05-01/08, The Appeals Chamber, de 08/06/2018.

A maioria dos juízes da Sala de Recursos acolheu os argumentos da defesa de que a decisão condenatória deixou de analisar testemunhos e depoimentos que indicavam as dificuldades que o arguido tivera para providências em relação à punição imediata dos subordinados em país estrangeiro. A Sala de Recursos entendeu que a primeira instância não poderia desconsiderar provas indicativas de que o arguido tomara medidas e esforços para investigar os crimes, criando comissão de inquérito para tal, embora essas providências fossem limitadas devido ao facto de os seus subordinados estarem integrados em conjunto com outras forças de país estrangeiro. Considerou-se que a primeira instância em nenhum momento examinou esses fatores, a exemplo da carta que o acusado encaminhara ao Primeiro-Ministro da República Centro Africana, solicitando a criação de uma comissão internacional para investigar os factos, situação reconhecida pela promotoria.

A Sala de Recursos julgou que essas falhas e erros na análise do caso tiveram impacto direto nos fundamentos da decisão condenatória, pois não examinara de forma adequada as limitações do arguido na investigação dos crimes dos subordinados, o qual estava numa situação remota em relação às suas forças, em país estrangeiro, pelo que a maioria decidiu pela absolvição do acusado.

III. Posição geográfica do comandante (*remote commander*)

O TPI também analisou um elemento novo na responsabilidade de comando, a situação dos comandantes cujos subordinados atuam em região geográfica diferente (*Remote commander*).

No caso "Bemba", as forças militares do MLC atuavam em país estrangeiro, a República Centro Africana, enquanto o seu comandante permaneceu no país de origem, a vizinha República Democrática do Congo[32].

Este ponto evidenciou diferentes opiniões dos juízes na Câmara de Apelação, mas a tese vencedora entendeu que a primeira instância errou ao não considerar a situação no exame da adequação das medidas tomadas pelo arguido. A maioria da Câmara julgou que a decisão recorrida não examinou adequadamente as provas nesse ponto. A tese vencedora argumentou que

[32] Ambos, 2021: 179.

os militares do MLC atuavam em país estrangeiro, quadro que dificultara a capacidade para adoção das medidas necessárias e razoáveis pelo comandante Bemba, inclusive para investigar e processar os crimes dos subordinados. Para a Câmara de Recursos, se a primeira instância tivesse considerado as provas em relação à posição remota do arguido, teria chegado à conclusão diferente sobre a adequação das medidas tomadas e sobre o resultado do julgamento[33].

O aspeto da posição geográfica do superior já havia sido examinado no TPIJ, no precedente Perišić[34]. A Câmara de Recursos do TPIJ reconhecera maiores dificuldades para obter evidência do prévio conhecimento do superior quanto aos crimes dos subordinados, quando esse comandante está atuando remotamente. Ou seja, a localização geográfica do comandante é um dado que obrigatoriamente deve ser examinado em conjunto com os outros elementos, para avaliar as contramedidas adotadas em cada situação. A posição de um superior que atua junto aos subordinados é diferente daquele que opera em outro ambiente, situação que normalmente interfere na aferição da mens rea em cada caso.

Entretanto, a decisão nesse ponto não significa uma nova interpretação do art. 28.º do Estatuto de Roma em relação à atuação dos comandantes remotos, no sentido desse critério ser fator determinante para a configuração ou não

[33] ICC, 01/05-01/08, The Appeals Chamber, de 08/06/2018, na versão original em inglês: "Nevertheless ... the Trial Chamber paid insufficient attention to the fact that the MLC troops were operating in a foreign country with the attendant difficulties on Mr. Bemba's ability, as a remote commander, to take measures. In sum, the Appeals Chamber has identified the following serious errors in the Trial Chamber's assessment ... (i) the Trial Chamber erred by failing to properly appreciate the limitations that Mr. Bemba would have faced in investigating and prosecuting crimes as a remote commander sending troops to a foreign country... The Appeals Chamber finds that the errors that it has identified have a material impact on the Trial Chamber's finding that Mr. Bemba failed to take all necessary and reasonable measures. [...] Furthermore, the Trial Chamber's failure to fully appreciate the limitations that Mr. Bemba would have faced in investigating and prosecuting crimes as a remote commander sending troops to a foreign country had an important impact on the overall assessment of the measures taken by Mr. Bemba. Indeed, in faulting the results of measures taken by Mr. Bemba, the Trial Chamber failed to appreciate that, as a remote commander, Mr. Bemba was not part of the investigations and was not responsible for the results generated. Had it done so, the Trial Chamber's assessment of the measures Mr. Bemba had taken would have been necessarily different.".

[34] ICTY, IT-04-81-A, The Appeals Chamber, de 28/02013.

da responsabilidade do superior, pois tal leitura poderia colocar em dúvida a própria finalidade da responsabilidade de comando. Ou seja, a norma do art. 28.º do Estatuto de Roma contempla tanto os casos de comandantes que atuam remotamente como aqueles que operam junto aos subordinados, independentemente da localidade geográfica. Ou seja, o afastamento geográfico dos comandantes não deve significar, de per si, critério ou base substancial para absolvições ou condenações.

Os elementos de prova acerca da localização remota do comandante devem ser examinados em cada caso, para auxiliar na avaliação da adequação/necessidade das medidas tomadas pelos superiores. A consideração da posição remota de Bemba, como elemento para a absolvição, foi parte da análise contextual como contraponto ao exame da adequação das medidas adotadas pelo arguido. Tanto as opiniões do Juiz Eboe-Osuji[35] (da maioria) como a dos Juízes Monageng e Hofmański (vencidos)[36], rejeitaram explicitamente qualquer distinção substantiva da responsabilização com base unicamente na posição geográfica do comandante.

[35] ICC, 01/05-01/08, The Appeals Chamber, de 08/06/2018, Concurring Separate Opinion of Judge Eboe-Osuji, na versão original em inglês: "[Mr. Bemba] was a commander, and was at all material times remotely located in another country. While remoteness of location is not a controlling factor of innocence, it can complicate the question of guilt (as it does in this appeal) depending on the particular circumstances of a given case. [...] I would not subscribe to any interpretation of the Majority Opinion as suggesting that the geographic remoteness of a commander is a factor all of its own, which would necessarily insulate him from criminal responsibility. Geographic remoteness is only a factor to be considered among other circumstances or peculiarities of a given case. It serves its greatest value in the assessment of what is reasonable as a measure to prevent or repress violations to submit them to competent authorities for investigation and prosecution."

[36] ICC, 01/05-01/08, The Appeals Chamber, de 08/06/2018, na versão original em inglês: "We note that in a case concerning actors operating across international borders, the traditional criteria have been applied. The specificities of the particular case, such as the structure and functioning of the military groups involved, as well as the remoteness of the commander are part of the factual considerations that the Trial Chamber must assess in order to determine whether the accused had the material ability to prevent, repress or report the commission of crime."

IV. Medidas necessárias e capacidade material

O elemento central da responsabilidade de comando diz respeito às medidas necessárias e adequadas que devem ser tomadas pelo superior[37].

A definição jurídica e o conceito do que sejam medidas necessárias e adequadas, elementares previstas no art. 28.º do Estatuto de Roma, não é pacífica. O art. 28.º imputa responsabilidade penal ao superior quando não exerce controlo apropriado em relação aos seus subordinados e não toma medidas necessárias e adequadas ao seu alcance para prevenir, reprimir ou levar ao conhecimento das autoridades competentes a prática de crimes dos subordinados. A capacidade de adotar medidas necessárias e adequadas está relacionada com o controlo efetivo dos subordinados por parte do comandante, também um requisito para configuração da responsabilidade do superior[38].

O art. 28.º do Estatuto de Roma não estabeleceu um conceito descritivo em relação à questão. A tendência dos tribunais internacionais tem sido evitar critérios fixos para definição das medidas necessárias e adequadas, por serem elementos contextuais de cada situação, o que sucedeu também no precedente "Bemba"[39].

Isso faz sentido em vista da dificuldade em nivelar conceitos desse jaez no campo do Direito Penal Internacional, o que sói ocorrer também com outras figuras, como "autoridades competentes", outra categoria prevista no art. 28.º al. a), (ii) do Estatuto de Roma, igualmente variável de acordo com a estrutura das forças armadas de cada Estado parte.

Não obstante isso, a doutrina utiliza alguns parâmetros interpretativos na análise da adequação das medidas tomadas pelos comandantes, com base nos princípios do Direito Internacional Humanitário, que funcionam como orientadores para os chefes militares ou civis. A utilização de parâmetros baseados no direito internacional humanitário ajuda a definir os tipos de medidas a cargo dos superiores e sua respetiva adequação em relação a cada situação concreta[40].

Em "Bemba", a Câmara de Julgamentos acompanhou precedentes da jurisprudência dos tribunais internacionais *ad hoc* e reiterou a natureza contextual

[37] Ambos, 2013: 217.

[38] Ambos, 2013: 219.

[39] ICC, 01/05-01/08, The Appeals Chamber, de 08/06/2018.

[40] Ambos, 2008: 317.

dessas medidas e a necessidade de defini-las em concreto. Portanto, a obrigação da adoção de medidas pelo comandante, que é uma responsabilidade baseada na omissão, resulta no dever afirmativo de impedir que os subordinados violem o direito internacional humanitário. Essa obrigação positiva dos comandantes, de garantir que o Direito Internacional Humanitário seja respeitado, já tinha reconhecimento desde o pós-Segunda Guerra Mundial, a exemplo do caso Yamashita e nos processos subsequentes de Nuremberga. Posteriormente, esse princípio foi codificado no art. 87.º do PAICG[41].

Todavia, esses parâmetros e padrões mínimos que norteiam o exame quanto à correção das medidas tomadas pelos comandantes precisam ser confrontados com a capacidade material de execução. Foi esse ponto que levou a Câmara de Recursos do TPI a cassar a decisão da primeira instância, que não analisou adequadamente os elementos de prova nesse aspeto na situação em concreto[42].

A questão da capacidade material do comandante teve papel importante no caso "Bemba". Na sua análise, a Câmara de Recursos confrontou se as medidas tomadas por Bemba foram suficientes e razoáveis na situação da sua capacidade material em concreto, pelo fato de que estava atuando remotamente. A Câmara fez avaliação da rede de comunicações, da estrutura de comando estabelecida do MLC e sobre a existência de mecanismos de relatório estabelecidos e também da posição geográfica de Bemba como comandante em chefe, no sentido de aferir sua capacidade material de tomar as medidas razoáveis e necessárias para prevenir ou reprimir os crimes ou submeter o assunto para investigação ou processo junto às autoridades competentes[43].

Nesse ponto, a Câmara de Recursos identificou provas de limitações impostas à capacidade de Bemba para a tomada das medidas, pelo fato de as tropas sob seu comando estarem operando em território estrangeiro e porque a investigação dos crimes dependia da cooperação de autoridades de outro

[41] Art. 87 do Protocolo Adicional I das Convenções de Genebra: "A fim de impedir que sejam cometidas infracções e de as reprimir, as Altas Partes Contratantes e as Partes no conflito devem exigir que os comandantes, consoante o seu nível de responsabilidade, se certifiquem de que os membros das forças armadas colocadas sob o seu comando conheçam as suas obrigações nos termos das Convenções e do presente Protocolo".

[42] ICC, 01/05-01/08, The Appeals Chamber, de 08/06/2018.

[43] ICC, 01/05-01/08, The Appeals Chamber, de 08/06/2018.

país, concluindo que o arguido não detinha plena capacidade material para investigar e processar os crimes cometidos na República Centro Africana[44].

V. Causalidade complexa e dificuldade de provas

Outro ponto divergente na responsabilidade de comando é o da causalidade.

A controvérsia radica sobre a exigência ou não de um elemento de causalidade entre a conduta do superior e os crimes cometidos pelos subordinados. O art. 28.º, al. a) do Estatuto de Roma estabelece que um comandante militar pode ser responsabilizado por crimes cometidos por suas tropas "pelo fato de não exercer um controlo apropriado sobre essas forças". A partir desse standard de redação da norma – "as a result of his or her failure to exercise control properly over such forces"[45], o requisito de causalidade para a responsabilidade do superior tem sido maioritariamente aceito pela doutrina[46].

Na jurisprudência anterior dos tribunais *ad hoc*, o entendimento prevalecente era a inexigência de um requisito de causalidade para a configuração da responsabilidade de comando. No precedente Čelebići[47], por exemplo, o TPIY entendeu que não seria adequado dizer que a falha de um comandante em punir um subordinado por um crime anterior pudesse ter causado esse delito ou outro posterior. É certo que nesse caso, de uma conduta tipicamente omissiva do comandante, que exige uma resposta posterior ao delito cometido (punição do subordinado), não há como exigir um elemento de causalidade entre o crime base e a ação posterior do superior. Entretanto, em condutas em que a omissão seja de prevenção ou mesmo de repressão de condutas delituosas dos subordinados, um nexo de causação pode ser vislumbrado, a depender do caso concreto.

Na situação dos tribunais *ad hoc*, que não exigiam um liame de causalidade, é importante dizer que tais cortes atuavam com fundamento de um sistema

[44] Ambos, 2018.

[45] Cf. original do art. 28, al. a) do ER:"A military commander or person effectively acting as a military commander shall be criminally responsible for crimes within the jurisdiction of the Court committed by forces under his or her effective command and control, or effective authority and control as the case may be, as a result of his or her failure to exercise control properly over such forces, where:"

[46] Ambos, 2008: 311.

[47] ICTY, IT-96-21-T, de 16/11/1998.

legal diferente do atual Estatuto de Roma, a exemplo do ICTY e do ICTR, cujos estatutos não continham norma expressa que indicasse/exigisse qualquer elemento de causalidade entre as condutas do chefe e dos subordinados.

No caso da redação do art. 28.º do Estatuto de Roma, o artigo menciona a responsabilidade por crimes dos subordinados que tenham sido cometidos pelo fato de o chefe militar não exercer um controlo apropriado sobre suas forças, o que indica uma mudança normativa em comparação ao contexto da anterior legislação e jurisprudência.

É certo que o tema da causalidade suscita dúvidas até mesmo nos delitos comissivos, sendo ainda mais problemática na responsabilidade de comando, figura próxima dos crimes comissivos por omissão. O tema da causalidade nos delitos comissivos por omissão tem sido objeto de reflexões da doutrina, como a monografia de Pierpaolo Cruz Bottini[48], estudo que pode auxiliar para uma reflexão mais aprofundada da causalidade na responsabilidade do comandante. O autor apresenta um modelo baseado na distinção entre duas classes de riscos, os riscos próprios e os riscos alheios, com distintas condições de responsabilização, a depender se o risco foi criado pelo omitente (ingerência) ou por outro agente. Bottini assevera que a posição de garante por ingerência se fundamenta no dever de não lesar e na confiança criada na comunidade de que o responsável pela criação do perigo deverá restituí-los aos níveis tolerados, situação que justificaria a equiparação da omissão à ação. Embora o autor não trate diretamente da responsabilidade de comando, examina interessantes modelos de transferências de riscos em sistemas empresariais, com estruturas horizontais e verticais, tipologias que podem ser equiparadas à cadeia de comando das forças militares, pois tratam do fenômeno da transferência ou delegação de poderes.

A questão da causalidade nos crimes comissivos impróprios também foi tema de importante trabalho de Luís Greco[49], o qual sustenta não haver óbice para o reconhecimento de causalidade nas omissões.

De acordo com Greco, o mais importante não é saber se as condutas omissivas podem ser consideradas causa, mas como deve ser vista a relação entre omissão e resultado, principalmente nos casos em que não se sabe se a ação

[48] Bottini, 2019.

[49] Greco, 2018: 17-19.

devida poderia ter evitado o resultado. Sua análise aponta dois planos distintos a serem examinados, primeiro o desvalor do comportamento e depois o desvalor do resultado, sendo que o exame deste último que poderá definir a imputação ou não do resultado no caso concreto[50].

No estudo, Greco aponta que a controvérsia sobre o nexo entre omissão e resultado refletem duas correntes contrárias, a teoria da evitabilidade, preponderante na doutrina e jurisprudência germânicas, em que o resultado somente pode ser imputado ao agente se a sua conduta impedisse o resultado com probabilidade próxima da certeza, e a teoria da diminuição do risco, que exige apenas a criação de uma chance de salvamento[51]. Argumentando sobre a teoria da diminuição do risco, Luís Greco assevera que ela pode ser considerada razoável do ponto de vista político-criminal, no sentido de evitar cartas brancas para a falta de cuidados em variados âmbitos. Além disso, Greco avalia que as críticas de que essa teoria poderia atuar como substituta da causalidade, violando a proibição da analogia, são infundadas, pois o resultado pode ser descrito em sua configuração concreta, com utilização de dados temporais e adequado exame de considerações como intensidade e quantidade, permitindo assim uma visível separação da causalidade e da imputação do resultado[52]. Como dito, os estudos dc Grcco c Bottini não são direcionados para a responsabilidade de comando e sim para omissão imprópria, mas são raciocínios que podem ser utilizados como parâmetros para as situações da responsabilidade dos comandantes, considerando a proximidade conceitual de ambas.

Em "Bemba", as decisões das Salas Preliminar e de Julgamento (ambas na primeira instância) adotaram posição mais cômoda para a Promotoria. O entendimento da primeira instância do TPI foi no sentido que bastava para a acusação apresentar provas a demonstrar que a falha do comandante em prevenir e reprimir os crimes dos subordinados aumentara o risco de as forças cometerem os delitos[53]. Ocorre que a decisão não detalha o *quantum* que o risco precisaria aumentar, mas sustentou apenas que a punição é parte inerente

50 Greco, 2018: 20-21.
51 Greco, 2018: 22-23.
52 Greco, 2018: 24-34.
53 Ambos, 2009.

da prevenção de futuros crimes e que a falha anterior de um comandante em punir aumentaria o risco para que outros delitos fossem cometidos[54].

O voto separado da juíza Steiner (primeira instância) tentou encontrar um meio-termo, argumentando que o requisito de causalidade estaria atendido quando houvesse, pelo menos, "alta probabilidade" de que o crime teria sido evitado, caso o comandante tivesse cumprido suas obrigações[55].

O voto da juíza Steiner denota que a posição adotada pela maioria dos juízes da primeira instância poderia abrir caminho para o risco de uma responsabilidade objetiva, pelo que propôs aumentar o limiar de evidências da conexão entre a falha de controlo do comandante e o crime subjacente. Mas a fundamentação não esclarece qual a diferença entre os padrões do "risco aumentado" e da diretriz de "alta probabilidade"[56].

O voto do juiz Eboe-Osuji, na Câmara de Recursos, foi o que explorou a questão da causalidade com maior detalhe, na tentativa de estabelecer alguns parâmetros para solucionar o ponto.

O voto do juiz Eboe-Osuji sustenta que a causalidade é elemento essencial da responsabilidade de comando e deve ser examinada levando em conta os objetivos do Estatuto de Roma, observada a exigência de conexão entre as condutas do comandante e subordinados. A fundamentação do voto indica, com relação à causalidade, que o ônus da prova da promotoria sempre deve atender o princípio da "prova além de uma dúvida razoável". O voto destaca que a prova, nesse ponto, precisa demonstrar que a contribuição do comandante para a consumação dos crimes deve "ser mais do que insignificante" e não tão pequena ao ponto de permitir ser contemplado no princípio "de minimis"[57].

O juiz Eboe-Osuji considerou que o requisito de causalidade estará atendido quando ficar provado que o comandante tem efetivo controlo sobre os subordinados, mas voluntariamente se recusa ou se abstêm de tomar as medidas

[54] ICC-01/05-01/08, Pre-Trial Chamber II, de 15/06/2009.

[55] ICC, 01/05-01/08, The Appeals Chamber, Separate Opininon of Judge Sylvia Steiner, de 08/06/2018.

[56] ICC, 01/05-01/08, The Appeals Chamber, Separate Opininon of Judge Sylvia Steiner, de 08/06/2018.

[57] ICC, 01/05-01/08, The Appeals Chamber, Separate Opinion of Judge Eboe-Osuji, de 08/06/2018.

necessárias e exigíveis, resultando em falha na prevenção ou repressão do crime. Segundo seu entendimento, deve ser provada a abstenção voluntária do comandante em tomar as medidas, no contexto da sua capacidade material, a demonstrar que os crimes dos subordinados resultem da falta das medidas, ou seja, que a situação tenha encorajado o cometimento de crimes pelos subordinados.

Como visto, o maior desafio para o padrão defendido pelo juiz Eboe-Osuji está ligado às questões das provas, ante a dificuldade para extrair evidências que demonstrem que um comandante tenha agido intencionalmente desconsiderando suas funções, conforme previsto no art. 28.º do Estatuto de Roma. Raramente haverá algum registro documentado de um superior que explicitamente recuse punir um subordinado ou tenha intencionalmente falhado em treinar suas tropas ou encorajado um subordinado a cometer crimes de guerra. Mas o voto indica que considerações sobre o afastamento geográfico do comandante e a posição de poder do chefe no momento dos crimes podem ser elementos que colaboram na análise da responsabilidade.

Os fundamentos do voto do juiz Eboe-Osuji sugerem uma análise da causalidade com lentes também nos elementos e ônus probatórios, na linha de estudo da causalidade complexa de Paulo de Sousa Mendes[58], na monografia em que o autor examina a dimensão processual das imputações e causalidade no quadro de um procedimento retórico/adversarial do processo penal.

De todo o modo, comparando os posicionamentos da primeira e segunda instância do TPI sobre a causalidade na responsabilidade de comando, o padrão adotado pelo juiz Eboe-Osuji se mostra mais coerente com os requisitos previstos no art. 28.º do Estatuto de Roma, já que o padrão adotado na decisão da primeira instância se mostrou um tanto quanto injusto para a defesa, pois aceitou um ônus da prova muito baixo para a Promotoria. Um teste simples de agravamento de risco, conforme acolhido na decisão da primeira instância, poderia permitir a responsabilidade para uma gama de comandantes que,

[58] MENDES, 2019: 29. No estudo sobre a causalidade, já na sua introdução geral, o autor assevera, entre outras conclusões que "[...] a dificuldade de fazer a prova da causalidade advém muitas vezes da quantidade de variáveis que têm de ser consideradas no caso particular e que suscitam a intervenção de diferentes saberes científicos para amparar o tribunal na decisão da matéria de facto e de direito."

por exemplo, tenham permitido infrações isoladas sem punição, embora não tenham tolerado o cometimento de futuros crimes de guerra.

VI. Caso "Bemba": novo paradigma de reexame probatório no TPI

A norma básica do Estatuto de Roma que estabelece regras de revisão na Câmara de Recursos do TPI é o seu art. 83.º[59].

Segundo esse dispositivo, se a Câmara recursal concluir que o processo padece de vícios que afetem a regularidade da decisão ou sentença, ou se estiverem materialmente maculadas por erros de fato ou de direito, ou vício processual, a instância recursal poderá: (i) anular ou modificar a decisão ou pena aplicada; ou (ii) ordenar um novo julgamento perante outro Juízo na primeira instância do TPI.

Anteriormente ao exame do caso "Bemba", a Câmara de Recursos do TPI adotava um entendimento restritivo em relação ao reexame de questões factuais das decisões da primeira instância, ou seja, a reforma da decisão de primeiro grau era um exame maioritariamente de questões de direito, com análise muito restrita das questões fáticas, apenas em situações excecionais.

No precedente "Bemba", a Câmara de Recursos do TPI modificou esse standard restritivo de revisão, relativizando essa "deferência" em relação às questões fáticas decididas pela sala de julgamento na primeira instância, ou seja, houve uma evolução do paradigma quanto à análise de erros factuais.

O voto em separado do Juiz Eboe-Osuji bem explicitou a necessidade de novo padrão de revisão na apelação (*standard of appellate review*). A corrente maioritária dos juízes sustentou a necessidade de ampliação da análise factual, em razão da exigência do standard de prova além da dúvida razoável (*proof beyond a reasonable doubt*), expressamente previsto no art. 66.º, nr. 3) do Estatuto de Roma[60].

[59] Cf. art. 83, nr. 2) do Estatuto de Roma: "Se o juízo de recursos concluir que o processo sujeito a recurso enferma de vícios tais que afectem a regularidade da decisão ou da sentença, ou que a decisão ou a sentença recorridas estão materialmente afectadas por erros de facto ou de direito, ou vício processual, ela poderá: a) Anular ou modificar a decisão ou a pena; ou b) Ordenar um novo julgamento perante um outro juízo de julgamento em 1.ª instância."

[60] Cf. art. 66, nr. 3) do Estatuto de Roma: "Para proferir sentença condenatória, o Tribunal deve estar convencido de que o arguido é culpado, para além de qualquer dúvida razoável."

O modelo de deferência em relação às questões factuais vinha sendo seguido pela jurisprudência do TPI com base na jurisprudência dos tribunais *ad hoc*, sobretudo do Tribunal Penal Internacional para a ex-Jugoslávia (TPIY). Em "Bemba" esse modelo restou superado para se adequar aos requisitos previstos no Estatuto de Roma, que exige fundamentação ampla na análise probatória, consagrando uma medida de prova no patamar além de qualquer dúvida razoável (*proof beyond a reasonable doubt*).

Um exemplo do modelo de deferência pode ser visto no caso Lubanga, em que a Câmara de Recursos do TPI decidiu não revisar questões factuais, à luz dos precedentes do TPIJ e outros tribunais *ad hoc*. Segundo o precedente, a análise factual da decisão recorrida somente poderia ser revista de modo excecional, porque o juízo de primeiro grau estaria mais próximo dos elementos de prova, com melhores condições de uma análise probatória segura das evidências e dos fatos[61].

Em "Bemba", os votos dos juízes da maioria indicaram que o modelo de deferência em relação às questões factuais da Sala de Julgamento deve ser visto com reservas, sobretudo em situações em que a análise demonstra falhas e erros de julgamento, conforme destacado na decisão da Câmara de Recursos[62].

Assim, a Câmara de Recursos concluiu que a análise probatória precisa de levar em conta o padrão de prova além de qualquer dúvida razoável, com raciocínio jurídico claro e lógico. Conforme apontado no acórdão do

[61] ICC, 01/04-01/06, The Appeals Chamber, de 14/02/2012 – "The jurisprudence relevant to appeals brought under article 82 of the Statute indicates that the Appeals Chamber should give a margin of deference to factual findings of a Trial Chamber. Nevertheless, it must be no ed that at issue in an appeal against a conviction decision are the findings of the Trial Chamber pursuant to article 66 (3) of the Statute, which requires the Trial Chamber to convict the accused only when it is "convinced of the guilt of the accused beyond reasonable doubt". It is clear that the standard of proof "beyond reasonable doubt" is to be applied only to the facts constituting the elements of the crime and mode of liability of the accused as charged. This is in line with the jurisprudence of the *ad hoc* tribunals. In Blagojević and Jokić, the Appeals Chamber of the ICTY held that "a Trial Chamber may only find an accused guilty of a crime if the Prosecution has proved each element of that crime and of the mode of liability".

[62] ICC, 01/05-01/08, The Appeals Chamber, de 08/06/2018, na versão original em inglês: "The Appeals Chamber is of the opinion that it may interfere with the factual findings of the first-instance chamber whenever the failure to interfere may occasion a miscarriage of justice, and not "only in the case where [the Appeals Chamber] cannot discern how the Chamber's conclusion could have reasonably been reached from the evidence before it,".

precedente, a Câmara de Recursos deve reexaminar as provas e as bases do raciocínio jurídico da decisão recorrida sempre que observar deficiências e contradições significativas[63]. Importa destacar que esse critério já fora adotado em precedente do Tribunal Especial do Camboja (ECCC), corte criada no ano de 1997, para julgar violações do direito internacional e crimes graves perpetrados durante o genocídio cambojano, num caso em que se concluiu que as provas eram frágeis e contraditórias[64].

Em "Bemba", nos votos separados dos juízes Christine Van den Wyngaert e Howard Morrison, restou indicado o fundamento pelo qual se adotou esse novo padrão de revisão, qual seja, a necessidade de observância dos requisitos previstos no art. 74.º do Estatuto de Roma, no sentido de uma fundamentação segura que não possa deixar dúvidas sobre o acervo probatório, ainda que a decisão possa resultar em absolvição de eventuais culpados[65].

A Câmara de Recursos em "Bemba" também indicou equívoco em relação às conclusões baseadas em testemunhos indiretos (*hearsay evidence*),

[63] ICC, 01/05-01/08, The Appeals Chamber, de 08/06/2018, na versão original em inglês, item 44: "If the supporting evidence is, on its face, weak, or if there is significant contradictory evidence, deficiencies in the trial chamber's reasoning as to why it found that evidence persuasive may lead the Appeals Chamber to conclude that the finding in question was such that no reasonable trier of fact could have reached. Nevertheless, the emphasis of the Appeals Chamber's assessment is on the substance: whether the evidence was such as to allow a reasonable trial chamber to reach the finding it did beyond reasonable doubt.".

[64] ECCC, 002/19-09-2007-ECCC/SC, de 23/11/2016 – "The starting point for the Supreme Court Chamber's assessment of the reasonableness of the Trial Chamber's factual findings is the reasoning provided for the factual analysis, as related to the items of evidence in question. In particular when faced with conflicting evidence or evidence of inherently low probative value (such as out-of-court statements or hearsay evidence), it is likely that the Trial Chamber's explanation as to how it reached a given factual conclusion based on the evidence in question will be of great significance for the determination of whether that conclusion was reasonable. As a general rule, where the underlying evidence for a factual conclusion appears on its face weak, more reasoning is required than when there is a sound evidentiary basis."

[65] ICC, 01/05-01/08, The Appeals Chamber, de 08/06/2018, na versão original em inglês: "We believe that they are the price that must be paid in order to uphold fundamental principles of fairness and the integrity of the judicial process. Ending impunity is only meaningful if it happens in full accordance with the values and principles that underpin the criminal justice process in an open and democratic society. The presumption of innocence and the corresponding benefit of the doubt in favour of the accused are central to our understanding of the rule of law. We therefore see it as our duty as appellate judges to intervene if we identify significant problems with the manner in which a Trial Chamber has analysed the evidence or applied the standard of proof."

sustentando que a Sala de Julgamento não demonstrou a contento porque outras provas do processo, as quais poderiam levar a conclusões diferentes, não foram adequadamente consideradas e examinadas[66]. O voto separado do juiz Eboe-Osuji bem destacou as origens da jurisprudência da deferência da apelação nos precedentes dos tribunais internacionais *ad hoc*, como o TPIJ e o ECCC, indicando que não há previsão da adoção desse modelo de revisão no Estatuto de Roma[67].

Na visão do juiz Eboe-Osuji, não havendo norma cogente sobre aplicação da deferência no Estatuto de Roma, não há vinculação da Câmara de Recursos quanto a esse paradigma de revisão, sobretudo quando a decisão recorrida não leva em conta princípios da presunção de inocência e da proteção dos direitos do arguido. Por isso a corrente maioritária entendeu pela possibilidade de revisão dos elementos probatórios factuais examinados pela primeira instância[68].

Não se sabe se a nova orientação da Câmara de Recursos será mantida em casos futuros, porque não foi uma decisão unânime. De todo o modo, é um precedente que tem impacto importante para o Gabinete do Procurador do TPI e para as Salas de Julgamento da Corte.

[66] Sobre o tema, há importante estudo no artigo dc Badaró, 2014, "A utilização da hearsay witness na Corte Penal Internacional – Estudo sobre sua admissibilidade e valoração".

[67] ICC, 01/05-01/08, The Appeals Chamber, de 08/06/2018, na versão original em inglês: "It must be observed that the Rome Statute does not suggest—let alone require—appellate deference to the factual findings of the Trial Chamber. Indeed, there are specific provisions of the Rome Statute the terms of which obstruct, at least, a clear view of appellate deference as a standard norm in final, merits appeals in this Court. Article 83(1) is one of them. It provides as follows: 'For the purposes of proceedings under article 81 and this article, the Appeals Chamber shall have all the powers of the Trial Chamber' [emphasis added]. As there is no equivalent provision in their statutes, the case law of the ICTY and ICTR may have forged a mould of appellate deference that may not fit the specific circumstances of administration of justice at the ICC, as a direct product of construction of the Rome Statute."

[68] ICC, 01/05-01/08, The Appeals Chamber, de 08/06/2018, na versão original em inglês: "Unlike the notion of 'appellate deference' which the Rome Statute does not provide for, the Statute specifically provides for the right of fair trial... Against that right, the notion of appellate deference becomes a difficult one where an appeal is lodged on the ground that the trial has been so unfair as to engage the risk of a miscarriage of justice, because the Trial Chamber made serious mistakes in the admission, appreciation and evaluation of the evidence. Where such a ground of appeal is engaged in a final appeal against conviction, it does seem to me wholly unsatisfactory—indeed counter-intuitive—to say that the ICC Appeals Chamber will defer to the views of the very Chamber whose proceedings, verdict or findings formed the very basis of the appeal, as the gravamen of the complaint of unfair trial."

Esse novo padrão de reexame dos recursos exige elementos de convicção mais consistentes por parte da Promotoria, com implicações nos meios investigativos e na busca de elementos de provas mais confiáveis do ponto de vista jurídico. A decisão refutou a tese de que a Sala de Julgamento pudesse estar livre para rejeitar ou não admitir provas sem uma justificativa plausível. A primeira instância até poderia deixar de analisar determinada tese jurídica, mas está obrigada a examinar todas as provas do processo, nas palavras do juiz Eboe-Osuji[69].

Essa nova orientação do padrão de análise pela Câmara de Recursos é importante para o aperfeiçoamento do exame probatório na primeira instância do TPI, pois exige uma fundamentação mais precisa e segura para casos futuros, aumentando a confiabilidade das decisões do TPI. A Câmara de Recursos do TPI é a última instância da Corte[70], diferentemente da maioria das estruturas judiciais domésticas, que em regra possibilitam outros recursos para tribunais superiores. Isso demonstra o acerto da exigência de padrão mais elevado na revisão das decisões para a busca de uma maior segurança jurídica.

Conclusão

Tratando-se do primeiro precedente do TPI com enfoque na responsabilidade de comando, o julgamento do caso "Bemba" evidenciou novos elementos no campo do direito material e probatório sobre o tema.

[69] ICC, 01/05-01/08, The Appeals Chamber, de 08/06/2018, na versão original em inglês: "In any number of ways, the failure of the Trial Chamber to give 'a full and reasoned statement of its findings on the evidence and conclusion' in support of its decision on the guilt or innocence of the accused, as required in article 74(5), does bear on concerns indicated in article 83(2). For instance, the Trial Chamber may have used evidence in a manner that was 'unfair in a way that affected the reliability of the decision or sentence' and undermined the fairness of the trial, but failed to make that apparent to the accused by refusing fully to explain how it resolved issues raised (pursuant to rule 64) against the evidence. Indeed, the danger of miscarriage of justice in this way is quite immediate, given the overly convenient trend in the jurisprudence of the Appeals Chamber to accept a presumption that 'the Trial Chamber evaluated all the evidence before it . . . . as long as there is no indication that [it] completely disregarded any particular piece of evidence."

[70] Cf. Estatuto de Roma, art. 81.

O julgado indicou uma evolução no paradigma de revisão da Câmara de Recursos do TPI quanto ao reexame fático-probatório das decisões da primeira instância, um avanço em termos de segurança jurídica para a Corte. O novo padrão denota um aperfeiçoamento da análise das provas, exigindo fundamentação mais segura para os futuros casos, fator que aumenta a confiabilidade das decisões do Tribunal. Considerando que a Câmara de Recursos é a última instância na estrutura decisória do TPI, diferente da maioria dos sistemas domésticos, que permitem novos recursos para instâncias superiores, a exigência de um padrão mais elevado de revisão mostra-se acertada.

Elementos como a posição geográfica do comandante, até então não enfrentado pelo Tribunal, bem como a questão das medidas necessárias e adequadas que o superior deve tomar, exigência do art. 28.º do Estatuto de Roma, foram examinadas com a consideração do princípio da capacidade material do comandante, em vista de que o agente não pode ser responsabilizado por não realizar o "impossível".

A Câmara de Recursos identificou falhas no exame de provas sobre as limitações impostas à capacidade do arguido para tomar medidas adequadas, em razão de que as tropas militares operavam em território estrangeiro e a investigação dos crimes dependia da coopcração dc autoridadcs de outro país (República Centro Africana), concluindo que "Bemba" não detinha plena capacidade material para investigar e processar os crimes cometidos.

Por outro lado, a discussão sobre a causalidade indicou que o standard probatório adotado na primeira instância do TPI se mostrou inadequado, por colocar um ônus de prova muito baixo para a promotoria, o que poderia permitir responsabilidade objetiva para uma gama de comandantes.

A solução proposta no voto do juiz Eboe-Osuji pareceu a mais sustentável, no sentido de um exame abrangente da totalidade das circunstâncias de cada caso concreto. Segundo o voto, sempre deverá ser observado o standard de prova além de uma dúvida razoável, e no sentido de que os atos dos subordinados sejam resultado das ações ou omissões do superior, com análise de considerações de afastamento do comandante, tanto geográfica quanto temporal, e conhecimento pelos subordinados sobre as falhas e a posição de poder do chefe no momento em que os crimes são consumados.

Como visto, a decisão dividida na Câmara de Recursos do TPI que absolveu Jean-Pierre Bemba Gombo trouxe avanços, mas deixou a responsabilidade de comando com pontos ainda sem solução, como a questão da causalidade e sua prova, o tema mais complexo e difícil. Critérios claros sobre elementos de causalidade para configuração da responsabilidade do superior precisam ser construídos pela doutrina e pela jurisprudência. A definição dessas e outras questões são importantes tanto para a promotoria coletar evidências e provas com mais objetividade, sem perda de tempo e recursos, como para a defesa ter parâmetros seguros no contraditório judicial. Isso contribui para que as futuras decisões do TPI gozem de maior segurança jurídica e legitimidade na comunidade internacional.

Bibliografia citada

Ambos, Kai,

(2008) *A parte geral do direito penal internacional, bases para uma elaboração dogmática.* São Paulo: Ed. Revista dos Tribunais.

(2009) *Critical Issues in the Bemba Confirmation Decision Leiden Journal of International Law,* Vol. 22, disponível em https://papers.ssrn.com/sol3/papers.cfm?abstract_id=1540598 (consultado em 13/12/2020).

(2013) *Treatise on International Criminal Law, Vol. I: Foundations and General Part.* Oxford: Oxford University Press.

(2015a) *Direito penal internacional: TPI e a perspetiva da África de língua oficial portuguesa.* Lisboa: Imprensa Nacional – Casa da Moeda.

(2015b) *Rome Statute of the International Criminal Court: Article-By-Article Commentary.* Baden-Baden: Nomos Verlag.

(2015c) "The International Criminal Court and the Common Purpose: Which Kind of Contribution does Article 25(3) (d) of the Rome Statute Require?", *Anatomia do Crime* 1, pp. 74-92.

(2017) *Eichmann em Jerusalém: 50 anos depois.* São Paulo: Marcial Pons.

(2018) "A absolvição de Jean Pierre Bemba e a responsabilidade do superior", *Boletim do Instituto Brasileiro de Ciências Criminais,* vol. 26, nº 308.

(2021) *El caso BEMBA y la responsabilidad del mando Comentarios y traducción de la sentencia de apelación.* Valencia: Tirant lo Blanch.

Badaró, Gustavo,

(2014) *A utilização da hearsay witness na Corte Penal Internacional – Estudo sobre sua admissibilidade e valoração.* Zeitschrift für Internationale Strafrechtsdogmatik, Ausgabe 4/2014, disponível em http://zis-online.com/dat/artikel/2014_4_810.pdf (consultado em 18/06/2020).

Bantekas, Ilias,
(1999) *The Contemporary Law of Superior Responsibility*, The American Journal of International Law, Vol. 93, disponível em https://doi.org/10.2307/2555261 (consultado em 13/05/2020).
Bottini, Pierpalolo Cruz,
(2019) *Crimes de omissão imprópria*. São Paulo: Marcial Pons.
Brito, Wladimir,
(2018) "Uma história concisa do Tribunal Penal Internacional", in: Wladimir Brito e Pedro Miguel Freitas (coord.), *Estututo de Roma do Tribunal Penal Internacional: comentários*. Ed. DH-CII – Centro de Investigação Interdisciplinar da Universidade do Minho, pp. 1-18.
Burghardt, Boris,
(2008) *Die Vorgesetztenverantwortlichkeit im völkerrechtlichen Straftatsystem, Eine Untersuchung zur Rechtsprechung der internationalen Strafgerichtshöfe für das ehemalige Jugoslawien und Ruanda*. Berlin: Berliner Wissenschafts-Verlag.
(2010) *Die Vorgesetztenverantwortlichkeit nach Völkerstrafrecht und deutschem Recht*. Zeitschrift für Internationale Strafrechtsdogmatik, Ausgabe 11/2010, disponível em https://www.zis-online.com/dat/artikel/2010_11_504.pdf (consultado em 19/06/2020).
Çakmak, Cenap,
(2017) *A Brief History of Internacional Law and International Court*. New York: Palgrave Macmillan.
Cassese, Antonio,
(2013) *Cassese's International Criminal Law*, 3ª ed. Oxford: Oxford University Press.
Costa, Joana,
(2014) *Joint criminal enterprise: o problema da imputação individual do facto colectivo na jurisprudência dos tribunais penais internacionais*. Coimbra: Coimbra Editora.
Damaska, Mirjan,
(2001) *The Shadow Side of Command Responsibility*, The American Jornal of Comparative Law, Vol. 49, dísponível em https://doi.org/10.2307/840901 (consultado em 15/05/2020).
Douglass, John Jay,
(1972) *High Command Case: A Study in Staff and Command Responsibility*. International Lawyer, disponível em https://scholar.smu.edu/til/vol6/iss4/3 (consultado em 17/06/2020).
Greco, Luís,
(2018) *Problemas de causalidade e imputação objetiva nos crimes omissivos impróprios*. São Paulo: Marcial Pons.
Mendes, Paulo de Sousa,
(2019) *Causalidade Complexa e Prova Penal*. Coimbra: Almedina (Reimpressão).
Pais, Ana Isabel Rosa,
(2010) *O direito penal internacional e a responsabilidade dos superiores hierárquicos*. Coimbra: Coimbra Editora.
Pereira, Maria de Assunção do Vale,
(2018) "A Responsabilidade internacional do indíviduo", in: Wladimir Brito e Pedro Miguel Freitas (coord.), *Estututo de Roma do Tribunal Penal Internacional: comentários*.

Ed. DH-CII – Centro de Investigação Interdisciplinar da Universidade do Minho, pp. 35-46.

SCHABAS, William,

(2016a) *The International Criminal Court – A Commentary on the Rome Statute- Commentaries on International Law*, 2ª ed. Oxford: Oxford University Press.

(2016b) *The Cambridge Companion to International Criminal Law*. Cambridge: Cambridge University Press.

Jurisprudência citada

Tribunal Especial do Camboja
ECCC, 002/19-09-2007-ECCC/SC, de 23/11/2016

Tribunal Internacional para a ex-Jugoslávia
ICTY, IT-96-21-T, de 16/11/1998
ICTY IT-04-81-A, The Appeals Chamber, de 28/02013

Tribunal Penal Internacional
ICC-01/05-01/08, Pre-Trial Chamber II, de 15/06/2009
ICC, 01/05-01/08, Trial Chamber III, de 21/03/2016
ICC, 01/05-01/08, The Appeals Chamber, de 08/06/2018
ICC, 01/04-01/06, The Appeals Chamber, de 14/02/2012

ÍNDICE

CAPÍTULO II – INFORMAÇÃO DE SEGURANÇA E PROVA

CAPÍTULO III – COLABORAÇÃO PREMIADA E PROVA

CAPÍTULO IV – IMPARCIALIDADE E GESTÃO DE PROVAS

CAPÍTULO VI – PROVA DIGITAL

CAPÍTULO VII – PROIBIÇÕES DE PROVA